EL MITO DE LA NEUTRALIDAD RELIGIOSA

EL MITO DE LA NEUTRALIDAD RELIGIOSA

Un ensayo sobre el papel oculto
de la creencia religiosa en las teorías

Edición revisada

Roy A. Clouser

Traducción de
Adolfo García de la Sienra

cántaro
publications

NIÁGARA, ONTARIO
CANTAROINSTITUTE.ORG/ES

cántaro
publications

www.cantaroinstitute.org

Published by Cántaro Publications, a publishing imprint of the Cántaro Institute, Jordan Station, ON.

El Cántaro Institute es una organización cristiana evangélica confesional, la cual busca recuperar las riquezas del protestantismo español para la renovación y edificación de la Iglesia contemporánea y promover la filosofía cristiana de la vida para la reforma religiosa del Occidente y el mundo iberoaméricano.

Libro diseñado y traducido por Adolfo García de la Sienra Guajardo

Library & Archives Canada

ISBN 978-1-990771-09-5

Printed in the United States of America

CONTENIDO

PREFACIO A LA EDICIÓN REVISADA   xi

PRÓLOGO A LA PRIMERA EDICIÓN   xiii

PREFACIO A LA EDICIÓN EN ESPAÑOL   xv

I. LA RELIGIÓN

CAPÍTULO 1

INTRODUCCIÓN   1

CAPÍTULO 2

¿QUÉ ES LA RELIGIÓN?   11

2.1. El problema   11
2.2. Una resolución   20
2.3. Algunas aclaraciones   30
2.4. Réplicas a las objeciones   33
2.5. Algunas definiciones auxiliares   38
2.6. ¿Son religiosas todas las creencias de independencia?   42

CAPÍTULO 3

TIPOS DE CREENCIAS RELIGIOSAS   51

3.1. La base para tipificar las religiones   51
3.2. El tipo pagano   52

3.3. El tipo panteísta   56

3.4. El tipo bíblico   59

3.5. ¿Por qué pensar que hay algo divino en lo absoluto?   65

II. LAS TEORÍAS

CAPÍTULO 4

¿QUÉ ES UNA TEORÍA?   71

4.1. Introducción   71

4.2. ¿Qué es una teoría?   72

4.3. La abstracción   74

4.4. Aspectos de la experiencia   76

4.5. Tipos de teorías   81

4.6. Criterios para juzgar teorías   96

CAPÍTULO 5

LAS TEORÍAS Y LA RELIGIÓN:
LAS ALTERNATIVAS   103

5.1. El irracionalismo religioso   103

5.2. Racionalismo Religioso   106

5.3. La posición radicalmente bíblica   108

5.4. La escolástica religiosa   113

5.5. El conflicto entre estas alternativas   121

CAPÍTULO 6

LA IDEA DEL CONTROL RELIGIOSO   139

6.1. El error del fundamentalismo   129

6.2. Presuposición   142

III. UN LIBRO DE CASOS

CAPÍTULO 7

TEORÍAS MATEMÁTICAS 153

7.1. Introducción 153
7.2. La teoría del mundo de los números 155
7.3. La teoría de J. S. Mill 157
7.4. La teoría de Russell 158
7.5. La teoría de Dewey 159
7.6. ¿Qué diferencia marcan tales teorías? 162
7.7. El papel de la religión en estas teorías 166

CAPÍTULO 8

TEORÍAS FÍSICAS 173

8.1. Algunos malentendidos que hay que evitar 173
8.2. La teoría de Mach 175
8.3. La teoría realista de Einstein 178
8.4. La teoría de Heisenberg 181
8.5. Qué diferencia marcan tales teorías 183
8.6. El papel de la religión en estas teorías 185

CAPÍTULO 9

TEORÍAS PSICOLÓGICAS 189

9.1. Introducción 189
9.2. Las teorías de Watson, Thorndike y Skinner 193
9.3. Las teorías de Adler y Fromm 201
9.4. La naturaleza humana 211

CAPÍTULO 10

LA NECESIDAD DE UN NUEVO COMIENZO 217

10.1. Introducción 217

10.2. ¿Por qué están las teorías inevitablemente
reguladas por alguna creencia de divinidad?   218

10.3. Una crítica filosófica del reduccionismo
como estrategia para las teorías   225

10.4. Una crítica religiosa de la reducción
como estrategia para las teorías   231

10.5. Las tradiciones teológicas capadocia
y reformacional   257

10.6. Réplicas a las objeciones   261

10.7. Conclusión   73

IV. TEORÍAS NO REDUCCIONISTAS

CAPÍTULO 11

UNA TEORÍA NO REDUCCIONISTA
DE LA REALIDAD   277

11.1. El proyecto de las teorías no reduccionistas   277
11.2. Algunos principios guía   282
11.3. La teoría del marco nómico   284
11.4. Las naturalezas de las cosas   303

CAPÍTULO 12

UNA TEORÍA NO REDUCCIONISTA
DE LA SOCIEDAD   315

12.1. Introducción   315
12.2. Hecho versus norma   321
12.3. Individualismo versus colectivismo   328
12.4. Partes y todos   334
12.5. Soberanía en su propia esfera   340

CAPÍTULO 13

UNA TEORÍA NO REDUCCIONISTA
DEL ESTADO   355

13.1. El proyecto de las teorías no reduccionistas   355
13.2. La naturaleza del estado: ¿qué es?   356
13.3. La naturaleza del estado: lo que no es   376
13.4. Postdata   380

ÍNDICE ALFABÉTICO   447

PREFACIO A LA EDICIÓN REVISADA

A principios de los años sesenta del siglo XX alguien, cuyo nombre no puedo recordar, escribió una reseña de la obra magna en cuatro volúmenes de Herman Dooyeweerd, *Una nueva crítica del pensamiento teórico*. El reseñista reconoció el vasto alcance, enorme erudición e impactante originalidad de aquella obra pero, no obstante, hacía al final una observación sardónica. Comentó que descubrir la obra de Dooyeweerd en el actual clima filosófico era análogo a encontrar un enorme roble en medio de un desierto. Aunque no pudo evitar sentirse impresionado por el roble, dijo, se quedó con el aún más fuerte sentimiento de perplejidad, preguntándose qué rayos estaba haciendo allí.

En este libro trato de crear un oasis alrededor del roble a fin de disminuir el asombro que provoca su ubicación, permitiendo así que la atención del lector se enfoque donde debiera: en la teoría filosófica más original desde Kant.

Esta segunda edición me ha permitido clarificar puntos que habían sido mal entendidos, replicar a objeciones y ofrecer argumentos más detallados en favor de las principales tesis del libro. Los cambios más importantes se encuentran en los capítulos 2, 4, 10, 11, 12 y 13, aunque hay muchos, menos notorios, a lo largo del libro. He trabajado en la ampliación de las notas y el índice.

Quiero agradecer a varias personas que ayudaron a que tuvieran lugar estas mejoras. Dirk Stafleu y Gerald Barnes leyeron y comentaron el manuscrito entero, mientras que Walter Hartt, Bruce Wearne y Martin Rice hicieron valiosas sugerencias en torno a varias cuestiones. Deseo también agradecer a Luz María García de la Sienra por su excelente trabajo en la organización y tipografía del texto.

La primera edición de este libro estuvo dedicada al profesor Dooyeweerd, quien tuvo la paciencia de sostener muchas entrevistas conmigo en su hogar durante cuatro meses, y a mi esposa, Anita, quien lo editó. Deseo ahora dedicar esta edición revisada no solamente a ellos, sino también a mis mentores a lo largo de muchos años:

William White
Robert Rudolph

Johan Vander Hoeven
James Ross
T. Grady Spires

Sin su influencia, paciencia e instrucción, esta obra no habría sido posible.

Roy Clouser
Primavera de 2005

PRÓLOGO A LA PRIMERA EDICIÓN

Este libro ofrece una reinterpretación radical de las relaciones generales entre la religión, la ciencia y la filosofía.

A pesar del hecho de que la idea de aquellas relaciones que se defiende aquí es virtualmente desconocida entre los profesionales en estas tres áreas, no es históricamente nueva. Puede trazarse su linaje a través del pensamiento de Juan Calvino hasta la misma Biblia. Sin embargo, es un elemento del pensamiento de Calvino que no ha sido preservado por la tradición protestante y está basado en una enseñanza bíblica a la que se ha dado carpetazo sin muchos rodeos por la vasta mayoría de los pensadores judíos, cristianos y musulmanes. No obstante, después de haber disfrutado de un renacimiento conducido por los calvinistas holandeses Guillermo Groen van Prinsterer y Abraham Kuyper en el siglo XIX, esta idea recibió un impresionante desarrollo en la obra de los filósofos del siglo XX, Dirk Vollenhoven y Herman Dooyeweerd.

Es el pensamiento de Dooyeweerd, en particular, el que se refleja aquí, y se presenta de un modo que está especialmente dirigido a aquellos que no están ya familiarizados con su trasfondo calvinista neerlandés.

Agradezco a varias personas que han leído el manuscrito parcialmente o en su totalidad y que han hecho valiosas sugerencias para mejorarlo. Éstas incluyen a Johan Vander Hoeven (Universidad Libre de Ámsterdam), James Ross (Universidad de Pensilvania), Grady Spires (Gordon College), Danie Strauss (Universidad del Estado Libre de Orange, Bloemfontein), Paul Helm (Universidad de Londres), Hendrik Hart (Instituto de Estudios Cristianos, Toronto), Rev. Richard Russell (St. Thomas a Becket Church, Bath), Jonathan Gold (West Liberty State College), Martin Rice (Universidad de Pittsburgh), James W. Skillen (Association for Public Justice, Washington, D. C.) y Carole Ross, mi editora en la Universidad de Notre Dame.

Otros también fueron de ayuda y consuelo a su muy especial manera: el Dr. Charles Stephenson, Dale and Lorraine Fleming, el ya desaparecido Bea Shemeley, John y Audrey Van Dyk, Gil Hunter, Arnold Olt y el ya desaparecido Peter Steen.

Deseo expresar también mi agradecimiento a diversas instituciones por su apoyo en varias etapas de la investigación y la redacción: a la Universidad de

Pensilvania por una beca Harrison, a la Universidad Libre de Ámsterdam por dos becas para realizar los viajes necesarios, y al Instituto de Estudios Cristianos Avanzados y la Fundación Andrea por apoyos financieros para la escritura de este libro.

Pero, por encima de todo, quiero expresar mi más profunda gratitud a las dos personas cuya ayuda fue de la mayor importancia para esta obra. La primera de ellas es el ya desaparecido Herman Dooyeweerd, quien tuvo la paciencia de sostener largas conversaciones conmigo en su hogar, de dos a tres veces por semana, en un total de cuatro meses; la segunda es mi amada esposa, Anita, cuya edición del manuscrito completo fue invaluable. Es a ellos a quienes dedicó con afecto esta obra.

PREFACIO A LA EDICIÓN EN ESPAÑOL

El Cántaro Institute de Canadá se complace en publicar una de las obras de filosofía más importantes de los últimos tiempos: *El mito de la neutralidad religiosa*, del gran pensador cristiano estadunidense Roy A. Clouser. Esta obra es, sin duda, la mejor exposición de la teoría del marco nómico (*Wijsbegeerte der Wetsidee*), cuya principal formulación se debe a Herman Dooyeweerd en su *Nueva crítica del pensamiento teórico*. En un lenguaje llano, con un espíritu analítico, pero al mismo tiempo con gran rigor filosófico, se guía al lector a comprender la obra filosófica más importante desde Kant.

Fue una interesante actividad la de traducir esta obra, particularmente clara en su lenguaje y planteamientos. Seguramente la comunidad filosófica de habla hispana —particularmente la reformada— encontrará en ella una fuente de inspiración y conocimientos para las tareas que le depara el cumplimiento del Mandato Cultural en todas las áreas de la vida.

Quiero agradecer aquí la valiosa colaboración de Silverio Sánchez Rodríguez, Lilia Irlanda Villegas Salas y Jesús Alfonso Guerrero García, quienes hicieron una revisión de estilo de todo el libro. Los errores que pudieran encontrarse son de mi entera responsabilidad.

Soli Deo gloria
Adolfo García de la Sienra
Coatepec, Veracruz, abril de 2022

CAPÍTULO 1

INTRODUCCIÓN

Cuando consideramos qué es la religión para la humani-
dad y qué es la ciencia, no es exagerado aseverar que el
curso futuro de la historia depende de lo que decida esta
generación con respecto a las relaciones entre ellas.

Alfred North Whitehead

¿Hasta qué punto la creencia religiosa hace una diferencia en la manera en que las personas entienden y conducen sus vidas?

La respuesta popular es que todo depende de cuán religiosa sea la persona. Virtualmente no hace diferencia alguna, en absoluto, para un ateo, mientras que en el pensamiento de un fanático no hay cabida para nada más. La respuesta popular ve entonces a la mayoría de las personas entre estos dos extremos, y supone que la religión trata principalmente de la moralidad y el destino eterno de una persona, más que del grueso de los asuntos de la vida. Así, la mayoría de los asuntos de la vida cotidiana son vistos como neutrales con respecto a la creencia religiosa.

Como resultado de investigar la creencia religiosa y sus influencias por casi cincuenta años, he llegado a convencerme de que estas opiniones populares son completamente erróneas. Más bien, encuentro que la creencia religiosa es la creencia más poderosa e influyente del mundo. Encuentro, más aún, que la creencia religiosa tiene por sí sola la más decisiva influencia sobre el entendimiento de cada quién acerca de los asuntos principales de la vida que recorren todo el espectro de la experiencia humana. Más aún, encuentro que ejerce gran influencia sobre todas las personas, independientemente de su aceptación o rechazo consciente de las tradiciones religiosas con las que se hallan familiarizadas.

La enorme influencia de las creencias religiosas permanece, sin embargo, en buena medida escondida a una mirada casual. Su relación con el resto de la

1

vida es como la de las propias placas geológicas de la superficie terrestre con sus continentes y océanos. El movimiento de estas placas no es aparente a una inspección ocular de cualquier paisaje particular y sólo puede ser detectado con gran dificultad. No obstante, estas placas son tan vastas, tan estupendo su poder, que sus efectos visibles —cadenas montañosas, terremotos y erupciones volcánicas— no son más que pequeñas manchas superficiales comparadas con la fuerza de las grandes placas mismas. De modo similar, las grandes tradiciones históricas de enseñanza religiosa, así como las instituciones dedicadas a su preservación, son meramente los efectos superficiales de la creencia religiosa , la cual es una fuerza mucho más vasta y omnipresente que todos ellos juntos.

Entre las razones por las que esta influencia suele pasarse por alto se halla la de que las personas son presa fácil de dos errores seductores acerca de la creencia religiosa. Uno consiste en suponer que las principales tradiciones religiosas son básicamente similares a aquella con la que se hallan más familiarizadas. El otro consiste en suponer que las semejanzas entre tradiciones religiosas deben encontrarse en sus características más obvias y sobresalientes. Estos dos errores sirven para esconder de la vista la verdadera naturaleza de la creencia religiosa y, de esa manera, la mayor parte de su influencia.

Nuestra primera tarea, entonces, será definir la naturaleza de la creencia religiosa buscando características comunes entre las creencias centrales de las tradiciones religiosas del mundo. La definición a la que arribaremos impactará a muchas personas como sorprendente porque mostrará que hay varias creencias religiosas que no dan lugar a un culto. Para aquellos que se hallan bajo el hechizo de los dos errores que acabamos de mencionar, la definición, por lo tanto, parecerá extraña y sospechosa. De hecho, sin embargo, una de sus grandes contribuciones se halla precisamente en mostrarnos por qué no todas las creencias religiosas tienen rituales o códigos éticos vinculados con ellas. Aunque sorprendente, ese descubrimiento es enormemente benéfico como un primer paso hacia la exposición del vasto conjunto de insospechadas conexiones entre los asuntos que se supone son religiosamente neutrales y las creencias religiosas que de hecho guían su interpretación.

Al hablar de la creencia religiosa como influyente sobre el espectro todo de la experiencia humana no quiero sugerir que hablamos nuestra lengua materna o sumamos una columna de números de modo diferente dependiendo de nuestra religión. Hablar y contar usualmente ocurren a un nivel de experiencia en el que nuestra actividad en el mundo que nos rodea y familiaridad con el mismo es notablemente el mismo para todas las personas. Pero hay un nivel más profundo de entendimiento que los humanos siempre han buscado, un nivel en el que la naturaleza de nuestro mundo y de nosotros mismos es interpretado y explicado. En nuestra cultura, tal nivel ha sido buscado por mucho tiempo a través de teorías. Es mediante las teorías de la filosofía y las ciencias que sondeamos la naturaleza más profunda de todo lo que experimentamos y construimos explicaciones de lo mismo.

La aseveración central de este libro es que ninguna de dichas teorías está desprovista de ser regulada y guiada por una u otra creencia religiosa.

Para muchos lectores esta aseveración parecerá no meramente sorprendente sino escandalosa. Se supone que especialmente las teorías científicas son, de entre todas, las explicaciones más neutrales y carentes de sesgos. Mi aseveración puede por lo tanto tentar a algunos lectores a pensar que no es posible que quiera decir eso. Así que déjenme asegurarles desde ahora que no estoy exagerándola sólo para diluirla después. Por ejemplo, no argumento que todas las teorías tienen suposiciones indemostrables para llamar fe a estas suposiciones y luego concluir que la creencia religiosa en ese sentido influye en las teorías. Eso sería una enorme pérdida de tiempo. Todo mundo en la filosofía y las ciencias sabe que las teorías tienen suposiciones indemostrables, pero una creencia no es religiosa meramente porque es indemostrable.

Tampoco argumentaré que la elaboración de teorías esté influenciada por las creencias morales de los teóricos para luego tratar de conectar la religión con la moralidad. Hay ejemplos notables de influencias morales en el teorizar, y algunas son casos en que la moralidad había sido directamente derivada de una tradición religiosa. Pero seguramente tal influencia no es verdadera de todas las teorías y no es el tipo de cosa que pretendo expresar con mi aseveración. Ni estaré meramente señalando el hecho de que los científicos a veces han tomado ideas de la religión o la teología que luego transformaron y emplearon en las teorías. Eso se queda corto frente al tipo de regulación que argumentaré, pues no es ni omnipresente ni regulatoria. Finalmente, la posición que será defendida no es solamente otra versión de la frecuentemente sugerida concepción de que la filosofía y la ciencia están limitadas en lo que pueden explicar, de modo que dejan lagunas en nuestro entendimiento que sólo las creencias religiosas pueden llenar. No estoy meramente sosteniendo que las teorías hacen espacio a la fe, como lo dijera Kant. Más bien, sostengo que una u otra creencia religiosa siempre funciona como presuposición reguladora de cualquier teoría abstracta y que esto es inevitable no meramente debido a la presencia histórico-social de tales creencias en nuestra cultura, sino porque surge del mismo proceso de elaboración de teorías.

Para ser más preciso, sostendré que una u otra creencia religiosa controlan la elaboración de teorías de tal modo que *la interpretación del contenido de una teoría difiere dependiendo del contenido de la creencia religiosa que presupone.* Esto no debe entenderse como que las creencias religiosas de alguna manera inspiran a los pensadores a inventar precisamente las hipótesis que inventan, sino más bien que la *naturaleza* de lo que una teoría propone es concebida de modo diferente dependiendo de la creencia religiosa que presuponga. Debe quedar claro, entonces, que ésta no es la aseveración de que las propuestas de las teorías se deducen todas de las convicciones religiosas (aunque lo mismo ha ocurrido a veces). Más bien, quiero decir que una u otra creencia religiosa delimita un espectro aceptable de interpretaciones de la naturaleza de lo que sea que una hipótesis propone. Es en este sentido que encuentro que la influencia de la creencia religiosa es completamente omnipresente. Y es en este sentido que virtualmente todos los desacuerdos principales entre las teorías rivales en las ciencias y en la filosofía pueden en última instancia retrotraerse a las diferencias entre las creencias religiosas que las guían.

Esto significa que las teorías en matemáticas y física, sociología y economía, arte y ética, politología y derecho nunca pueden ser religiosamente neutrales. Se hallan todas reguladas por alguna creencia religiosa. Es de este modo que los efectos de las creencias religiosas se extienden mucho más allá de proveer esperanza de vida después de la muerte o de influenciar los valores y los juicios morales. Al controlar la elaboración de teorías, producen importantes diferencias en la interpretación de los asuntos que recorren la totalidad de la vida.

Esta posición está destinada a provocar una obstinada resistencia en muchos lugares y sin lugar a dudas una de las más fuertes objeciones se levantará contra mi aseveración de que la influencia de la creencia religiosa se extiende a *todo mundo.* ¿Quiero realmente sugerir que todo mundo tiene una creencia religiosa, a pesar del hecho de que muchas personas dicen que ni tienen y ni siquiera quieren una? En este punto, también, una vez más estoy en desacuerdo con la prevaleciente opinión popular. La opinión popular dice que una persona seguramente sabe si tiene una creencia religiosa y que cualquiera que afirme que las rechaza todas no podría equivocarse al respecto. Además, dice la opinión popular, ¿no es simplemente obvio que muchas personas son totalmente arreligiosas?

Estas concepciones populares parecen plausibles, en mi opinión, debido a los dos errores citados anteriormente. Si la creencia religiosa debe involucrar culto y adherencia a un credo, entonces ciertamente hay muchas personas que carecen de ella. Sin embargo, una vez que se clarifica la definición de creencia religiosa, y se expone su involucramiento en las teorías, se vuelve muy plausible que las personas pueden mantener tal creencia sin siquiera ser conscientes de ello.

Tampoco intentaré demostrar que todas las personas son innatamente religiosas. El proyecto aquí es más modesto, pero aun así importante. Lo que demostraré es que ninguna teoría explicativa abstracta puede dejar de incluir o presuponer una creencia religiosa. En ese caso, podemos decir que *¡las únicas personas que podrían evitar toda creencia religiosa son aquellas que no creen en absolutamente ninguna teoría!*

Permítame bosquejar brevemente cómo me propongo defender una causa aparentemente tan desesperada.

Después de definir creencia religiosa, se observará con cuidado qué ocurre en la elaboración de teorías, distinguiendo algunos tipos principales de teorías, y analizaré la actividad de abstracción que es inevitable en la construcción de cualquier teoría. Se mostrará posteriormente que es el acto de abstracción y sus límites lo que hace inevitable el involucramiento de la creencia religiosa en las teorías. Examinaré entonces las ideas más populares acerca de cómo se supone que se relacionan la creencia religiosa y las teorías, y develaré por qué son deficientes comparadas con la más extensa influencia que descubriremos. Clarificaré entonces con mayor precisión de qué modo ejerce su influencia la creencia religiosa en las teorías ofreciendo un muestrario de teorías para ilustrarlo. Las teorías muestra serán algunas de las más famosas e importantes jamás propuestas en matemáticas, física y psicología. Mostrarán no solamente cómo funciona la influencia de la creencia religiosa, sino también clarificarán por qué la competencia entre teorías en estas ciencias se debe, en última instancia, a las diferencias entre las creencias religiosas presupuestas por cada una. Los argumentos que demuestran por qué tal influencia es inevitable siguen a los capítulos muestrario en el capítulo 10.

El descubrimiento de esta relación entre la creencia religiosa y la elaboración de teorías no es meramente un asunto de curiosidad intelectual, sino que es de enorme importancia para toda la vida. Pues si las teorías difieren de acuerdo con las creencias religiosas que las controlan, siempre habrá modos de que aquellos de nosotros que creemos en Dios tengamos una interpretación de todas las teorías que hacemos o adoptamos que sea distinta de las interpretaciones que presuponen alguna otra divinidad. Es por esta razón que el libro concluye con el plano de un programa para construir nuevas teorías o reinterpretar las existentes trayéndolas bajo el control de la creencia en Dios. Esto incluye un breve bosquejo de una teoría de la realidad controlada por Dios. Los resultados de esa teoría se explican entonces aplicándolos a una teoría de la sociedad y a una teoría política que son no sólo teístas en general, sino específicamente cristianas. Esto es, están guiadas no sólo por la creencia en Dios sino también por concepciones de la naturaleza humana, las relaciones sociales y las instituciones que se encuentran en el Nuevo Testamento.

Quiero dejar en claro, por lo tanto, que la intención primaria de este libro no es convertir a los lectores a la creencia en Dios, o refutar el ateísmo, el agnosticismo, el humanismo secular, o cualquier otro ismo. Cuando tales ismos llegan a ser mencionados, las referencias a ellos siempre son secundarias a mi propósito principal. Este libro está dirigido a aquellos que creen en Dios. Escribo aquí como un cristiano que busca persuadir a mis hermanos y hermanas en la familia religiosa de aquellos que sirven al Dios de Abraham, Isaac y Jacob de que nuestra creencia en un creador trascendente ordena una perspectiva distinta para la interpretación de todo aspecto de la vida. Y esta perspectiva distinta se extiende a la construcción e interpretación de las teorías filosóficas, científicas, y todas las demás porque no hay ninguna área o asunto de la vida que sea neutral con respecto a la creencia en Dios. Por añadidura, escribo a colegas cristianos para mostrarles cómo es que la interpretación básicamente teísta de las teorías puede ser combinada con las enseñanzas cristianas para desarrollar teorías específicamente cristianas.

Me doy cuenta de que ésta no es una posición que haya sido jamás mantenida por la mayoría de los cristianos u otros teístas, pese al hecho de que muchos escritores de la Biblia enseñan repetidamente que todo conocimiento y verdad está impactado por tener el Dios verdadero. El haber desdeñado esta enseñanza seriamente ha resultado en una larga historia de pensadores cristianos y otros teístas que aceptan sin saberlo teorías que son, de hecho, incompatibles con la creencia en Dios. Más aún, la ausencia de esta compenetración en precisamente de qué modo la creencia en Dios impacta las teorías es responsable de mucha de la confusión actual sobre la relación entre ciencia y religión bíblica. La posición aquí defendida deja en claro por qué no es verdad que la ciencia y la religión se hallen por naturaleza opuestas entre sí. Pero al mismo tiempo mostrará por qué sostener que la creencia en Dios impacta todas las teorías no requiere que todas ellas se deriven de, o sean confirmadas por, una apelación a la Escritura o a la teología, como intentan hacerlo los fundamentalistas. Presentará así una alternativa a todas las concepciones actualmente prevalecientes acerca de la relación general entre la creencia religiosa y las teorías.

La discusión de estos asuntos empieza en un nivel introductorio. Supone que el lector no tiene un conocimiento previo de filosofía, sino sólo nociones elementales de ciencia de nivel medio superior, y que no tiene ideas sofisticadas acerca de la religión. Sin embargo, conforme el libro progresa, cada capítulo sucesivo supone lo que ha sido explicado en los capítulos previos, de modo que no será posible entender la posición defendida en los capítulos posteriores si se saltan los capítulos anteriores. Sin embargo, incluso en su más avanzado nivel, los puntos de argumentación más técnicos han sido ubicados en las notas para mantener el texto accesible a los no profesionales.

Desde luego, mantener el texto a tal nivel de discusión tiene sus desventajas. Muchos puntos que pudieron haber sido planteados tuvieron que ser dejados fuera, y otros que fueron incluidos necesitan un análisis y una argumentación más extensas que las que podemos proporcionar en este nivel. Aunque esto es frustrante, permite que la posición como un todo sea trasmitida en un solo libro, y que el libro sea accesible a lectores cuyo trasfondo filosófico es magro o inexistente. Mi esperanza es que el tratamiento dado a los puntos principales sea lo suficientemente detallado como para indicar las líneas a lo largo de las cuales podrían y serían ulteriormente defendidas si la discusión fuera más extensa.

A pesar de las limitaciones de empezar a un nivel introductorio, oro para que esta obra sea capaz de sensibilizar incluso a los lectores más sofisticados acerca de la gran influencia de la creencia religiosa, animar a todos aquellos que creen en Dios a trabajar juntos para promover esta posición, y animar a los cristianos a desarrollar teorías que sean reguladas por las enseñanzas del Nuevo Testamento.

PARTE I

RELIGIÓN

CAPÍTULO 2

¿QUÉ ES LA RELIGIÓN?

2.1. El problema

Definir "religión" es notoriamente difícil. La palabra se usa de muchos modos: se aplica a rituales, organizaciones, creencias, doctrinas y sentimientos, así como a tradiciones de gran escala tales como el hinduismo, el budismo, el taoísmo, el judaísmo, el cristianismo y el islam. Más aún, el mismo tema de la creencia religiosa frecuentemente se halla emocionalmente cargado. Esta sensibilidad es natural porque la religión le preocupa a la gente en el más profundo nivel de sus convicciones y valores.

Para ayudar a minimizar estas dificultades, mantengamos firmes dos pensamientos en la mente mientras procedemos. El primero es que no estamos ahora tratando de establecer qué religión es verdadera o falsa, correcta o incorrecta. Estamos tratando de alcanzar un entendimiento de qué *es* la religión —cualquier religión. Para responder a esta pregunta estaré proponiendo y defendiendo lo que frecuentemente se llama una definición real, esto es, una definición que es más precisa o científica que las que se usan en el habla común. El segundo pensamiento a recordar es que la definición que ofreceré se enfoca en un uso particular del término "religión", el sentido en el que califica la *creencia*. Nuestra búsqueda de una definición de religión, entonces, será una búsqueda de lo que distingue una creencia religiosa de una creencia que no es religiosa. Esto se debe a que doy por sentado que la creencia es el asunto clave, pues son las creencias de divinidad las que incitan y guían a las personas, las prácticas, los ritos, los rituales, y las tradiciones que comúnmente llamamos "religiosas".

¿Qué es, entonces, una creencia religiosa? Considere la pregunta de este modo. Todos tenemos, literalmente, miles de creencias acerca de miles de cosas. En este momento, por ejemplo, creo que soy pariente consanguíneo de ciertas otras personas; creo que $1 + 1 = 2$; creo que el próximo día 15 es día de pago, que hubo una era de hielo hace alrededor de 20,000 años, y que hubo una guerra civil en Inglaterra en los años cuarenta del siglo XVII. Mientras que la mayoría

11

de las personas probablemente concuerdan en que ninguna de estas creencias es religiosa, los antiguos pitagóricos consideraban a $1 + 1 = 2$ ¡como una creencia religiosa! Así que necesitamos saber no solamente qué hace que una creencia sea religiosa y otra no lo sea, sino cómo puede ser que la misma creencia pueda ser religiosa para una persona y no para otra.

Conforme procedemos, debemos también mantener en mente lo que cualquier definición debe hacer si es que ha de evitar ser arbitraria. Una definición no arbitraria debe declarar el conjunto de características compartido de manera única por todas las cosas del tipo que está siendo definido. Esto se hace inspeccionando tantas cosas de ese tipo como sea posible y tratando de aislar precisamente la combinación de características que es verdadera de ellas y solamente de ellas. Esto es algo difícil de hacer incluso para objetos que podemos inspeccionar, como computadoras o sillas, pero es aún más difícil para ideas abstractas tales como las creencias de divinidad.

Lo que hace posible tales definiciones es que todos podamos reconocer que las cosas son de un cierto tipo antes de ser capaces de definir el tipo con precisión. Todos sabemos que muchas cosas son árboles, por ejemplo, mucho antes de que llevemos a cabo la difícil tarea de analizar el conjunto de características poseídas por todos los árboles y solamente los árboles. Así que, si bien el proceso de definir empieza examinando una lista inicial de cosas del tipo a ser definido, no necesitamos examinarlas todas para formular su definición. Desde luego, no podríamos hacerlo porque tendríamos que tener ya una definición para decidir si incluimos o excluimos cualquier caso controversial o limítrofe. Así que el proceso de definir empieza examinando una lista de las cosas a ser definidas que deja fuera los casos controversiales.

A primera vista parece una tarea fácil compilar una lista inicial de religiones relativamente no controvertida para buscar un elemento común entre sus creencias centrales. Virtualmente todos concederían que el judaísmo, el cristianismo, y el islam, junto con el hinduismo, el budismo[1] y el taoísmo, pueden ser ubicados con seguridad en la lista. Más aún, casi todo mundo piensa que las creencias en los antiguos dioses olímpicos griegos, los cultos griegos de misterio, el panteón romano, el politeísmo egipcio, o la antigua creencia cananea en Baal eran también religiosas. Tampoco parece objetable que creencias que nunca han generado un gran número de seguidores pueden de todos modos contar como religiones —las antiguas creencias y enseñanzas epicúreas acerca de los dioses, por ejemplo. De hecho, parece haber una "lista corta" inicial bastante grande de religiones que, más aún, incluye el druidismo, las creencias acerca de Isis y Mitra, así como las enseñanzas del zoroastrismo, el sintoísmo y una constelación de otros candidatos. ¿Cuál podría ser la razón, después de todo, para rehusarse a reconocer que todas éstas son religiones y sus creencias centrales creencias de divinidad? Son o fueron todas consideradas como tales por sus adherentes, y los adherentes de al menos la mayoría de ellas rápidamente reconocieron a otras en la lista como religiones alternativas o en competencia.

Pero, a pesar de la disponibilidad de una aceptable lista de religiones, ha resultado extremadamente difícil extraer cualquier creencia que ellas, y solamente ellas compartan en común. Para ilustrar esto demos un breve vistazo a la pobreza que la mayoría de las más ampliamente aceptadas definiciones exhiben cuando se aplican a las tradiciones de nuestra lista. Empezaremos con las que son actualmente las ideas más populares y luego daremos una mirada a algunas cuantas de las propuestas académicas más influyentes.

Una de las ideas más populares es que las creencias de divinidad son aquellas que inspiran y sancionan un código ético de algún tipo. De hecho, muchas personas suponen que el propósito primario de la creencia religiosa es proveer una dirección moral a la vida. Aunque esto puede sonar plausible, el hecho es que hay religiones en nuestra lista que no incluyen ninguna enseñanza ética en lo absoluto. El antiguo epicureísmo, por ejemplo, no hizo ninguna conexión entre la creencia en sus dioses y los deberes morales hacia nuestros semejantes. De acuerdo con lo epicúreos, los dioses no tenían ningún interés en los asuntos humanos, de modo que la persona podía estar moralmente corrompida por lo que a los dioses concierne. Otros ejemplos de religiones con esta misma creencia son la tradición sinto japonesa y algunas formas de la religión romana antigua. Para empeorar las cosas para esta propuesta, hay creencias claramente no religiosas que inspiran o incluyen enseñanzas morales. Por ejemplo, hay códigos morales de honor en las escuelas, los clubes deportivos, los ejércitos, e incluso en las organizaciones criminales. Esto es suficiente para mostrar que, incluso si todas las religiones proveyeran enseñanzas éticas, esa característica por sí sola no sería suficiente para distinguir las creencias de divinidad de aquellas que no son religiosas.

Y tampoco es el caso que todas las creencias de divinidad inspiren un culto. Aristóteles argumentó en favor de la existencia de un bien supremo que llamaba el Primer Motor. Pero puesto que él también sostenía que habría estado más allá de la naturaleza y dignidad del Primer Motor saber algo acerca de los asuntos terrenales, u ocuparse de ellos, él consideraba al culto como fútil. Los antiguos epicúreos, ya mencionados, estaban de acuerdo. Según ellos, también, a los dioses les tiene sin cuidado el mundo, así que el hecho de que los dioses existen es interesante para los humanos, pero no inspira ningún culto. Incluso en nuestro tiempo hay formas de hinduismo y budismo en las que no hay culto.

A veces se sugiere que, si las últimas dos propuestas simplemente fueran ampliadas un poco y conjuntadas, podrían conformar una definición exitosa . Partamos de la suposición de que una creencia religiosa es aquella que genera ritual y/o ética, donde el ritual puede ser de cualquier tipo en vez de específicamente un culto. ¿Funcionará? La respuesta es que no. En el caso de los rituales, conduce al círculo vicioso de tener que saber qué rituales son religiosos para identificar las creencias de divinidad, y tener que saber qué creencias son religiosas para saber qué rituales lo son. Si hubiese una lista específica de rituales generados solamente por las creencias de divinidad, esto funcionaría. Pero hay muchos rituales que a veces son religiosos y a veces no: quemar una casa, prender fuegos artificiales, ayunar, festejar, tener relaciones sexuales, cantar, entonar cánticos, cortarse, circuncidar un infante, cubrirse el cuerpo con estiércol, lavarse, matar un animal, matar un humano, comer pan y beber vino, rasurarse la cabeza y muchos más. Así que está claro que el único modo de saber si un ritual es religioso o no es saber qué es lo que creen acerca de él los que participan en el mismo. Si su creencia motivadora es religiosa, entonces el ritual puede serlo. Pero, sin saber si se realiza por razones religiosas, incluso lo que parece un acto de oración puede ser indistinguible del fantasear o el hablar con uno mismo. Y observe que muchos de los rituales recién citados tienen un código ético conjuntado con ellos cuando se hace por razones no religiosas, mientras que se cree que otros son no éticos ¡a menos que se hagan por razones religiosas! Los rituales llevados a cabo por clubes que tienen un código ético o las ceremonias de toma de posesión de una oficina de una empresa o un gobierno que tiene código ético son ejemplos de rituales no religiosos acompañados por creencias éticas, mientras que el homicidio de un humano por razones religiosas era considerado como piadoso por los aztecas quienes, por lo demás, lo consideraban como un asesinato. Concluyo, por lo tanto, que esta propuesta fracasa. Las creencias de divinidad no son necesariamente aquellas que generan enseñanza ética y/o ritual; hay creencias de divinidad que carecen de ambos y creencias no religiosas que generan ambos.

Quizá la más difundida de todas las definiciones populares es que la creencia religiosa es creencia en un ser supremo. Muchas personas no sólo parecen pensar que esto cubre a todas las religiones, sino que también sospechan que todas las religiones rinden culto al *mismo* ser supremo bajo diferentes nombres.

Esto es simplemente un error. No todas las tradiciones de nuestra lista incluyen una creencia en cualquier cosa que tenga un estatus únicamente supremo.
Lo que es más, en el hinduismo lo divino (Brahmán-Atman) no es considerado
como un ser en lo absoluto. Es más bien una indefinida "cualidad de ser" o el
"ser-mismo". Por esta misma razón Brahmán-Atman no puede estrictamente ser
llamado un dios, si se supone que un dios es individual y personal. El budismo
también niega que lo divino sea un ser, pero va todavía más allá. Temiendo que
el "ser-mismo" sea todavía una expresión demasiado definida, insiste en términos tales como "vacío", "no ser", y "nada" para lo divino. Así que, aunque esas
religiones creen que hay una realidad divina, no creen que lo divino sea un ser
en lo absoluto, ya no digamos un ser supremo.

Sorprendentemente, a uno de los intentos académicos más ampliamente aceptados por definir creencia religiosa no le va mucho mejor que a estos populares. Uno de los más influyentes de los pasados cincuenta años fue el de Paul
Tillich, quien declaró que la creencia o fe religiosa era idéntica a "la preocupación última".[2] Se supone que esta expresión muestra el tuétano de todas las religiones. Tillich sostuvo que todas las personas tienen una preocupación última
acerca de algo, y que el estado de tener esta preocupación última es la religión
de una persona.

¿Pero, qué significa precisamente tener una preocupación última en relación
con algo? El modo más plausible de entender la expresión es tomarla como refiriéndose al estado de estar preocupado con cualquier cosa que resulte ser la
realidad última. Esto, aunque no deja en claro todavía qué significa precisamente "preocupado", parece incluir el tratar con la realidad última de algún modo
y de esta manera suena bastante como lo que tiene lugar en las religiones. Más
aún, hay razones para pensar esto es precisamente lo que quería decir Tillich.[3]
Pero, incluso pasando por alto la ambigüedad de "preocupado", está también el
problema de cómo hemos de definir "último" para saber que creencias y preocupaciones son acerca de lo que es la realidad última y son por ello religiosas.

Tillich identifica lo último con "lo santo" o "lo divino",[4] pero desde luego
eso no ayuda mucho. (¿qué significan *aquellos* términos?) Sin embargo, agrega
que lo que es verdaderamente último —el único objeto apropiado de preocupación última— es el "ser mismo" o "el infinito".[5] Más aún, pone en claro que sea
lo que sea infinito en su sentido debe ser ilimitado, de tal modo que no puede
haber nada distinto de él. Piensa que si alguien fuera a decir que Dios es último
pero también creyera que el universo es una realidad distinta de Dios, tal persona sería inconsistente, pues, si hubiera otra cosa distinta de Dios, Dios estaría

limitado por lo que él no es, y por ello no sería ni infinito ni realmente último. El resultado de esto, dice Tillich, es que cualquiera que tenga una preocupación última con ese tipo de Dios (un dios que es un ser más que el ser mismo) estaría poniendo su fe o confianza en algo que no es realmente último y por lo tanto tendría una creencia religiosa falsa (él la llama "fe").[6]

Pero, al entender "última instancia" de este modo, la definición de fe de Tillich resulta ser demasiado estrecha. Más que encontrar un elemento común a todas las creencias de divinidad, Tillich cae en prescribir su versión de lo que es la religión *verdadera*. Es así que deja de darle un significado a "último" que dé cuenta tanto de la creencia religiosa falsa como de la verdadera. Pues si la creencia religiosa se preocupa acerca de lo último sólo en su sentido, entonces cualquiera que esté preocupado con algo tomado como último pero no infinito, como él entiende "infinito", simplemente no tendría ninguna creencia religiosa. Por lo tanto, Tillich ha, de hecho, definido la fe de tal modo que solamente su idea de verdadera fe cuenta como fe en lo absoluto. De modo que si su idea de religión verdadera es correcta o incorrecta es ahora irrelevante, porque es un hecho que hay religiones que no creen en nada que sea último en su sentido de "infinito".

Por supuesto, Tillich estaba consciente de esta objeción pero no se dio cuenta de que era letal para su definición. Trató de soslayar su importancia sugiriendo, como indiqué arriba, que las religiones preocupadas con algo que no es infinito en su sentido intentan que su preocupación sea con aquello que es infinito pero se quedan cortas. Su soslayo equivale a decir que la verdadera religión es una preocupación o creencia que *tiene éxito* al estar dirigido a lo infinito, mientras que la religión falsa es una preocupación que *intenta* estar dirigida a lo infinito pero falla. Pero esto simplemente no resuelve el problema. Pues las religiones teístas —el judaísmo, el cristianismo y el islam— mantienen la doctrina de la creación que se encuentran en el Génesis. Por lo tanto no intentan creer en nada que sea infinito del sentido de Tillich. En vez de ello, muy deliberadamente creen en el Dios creador, quien es distinto del universo que creó. Sostienen que el universo depende de Dios para su existencia porque Dios lo trajo a ser a partir de nada, no que sea parte de Dios. De manera que "preocupación última", como la define Tillich, no es característica de esas religiones y por ende es demasiado estrecha como para ser la definición esencial de toda creencia religiosa.

Otra definición académicamente influyente es ésta:

> la religión es la variada expresión simbólica de aquello que las personas deliberadamente afirman como siendo de valor irrestricto para ellas y la respuesta apropiada a ello.[7]

En otras palabras, lo que se crea que está dotado de valor irrestricto es por lo tanto considerado como el núcleo preciso de la creencia religiosa. Esta definición parece ser más plausible de lo que realmente es debido al modo en que a veces hablamos metafóricamente de las obsesiones de una persona como su "religión". Por ejemplo, llamamos a la devoción deportiva de un fanático hacia su deporte su religión debido a que esa devoción es como la devoción religiosa de un santo o un profeta. Pero el hecho de que el fervor o la dedicación de un fanático del deporte sea como la de un santo no convierte al deporte en una religión más de lo que convierte a una religión en un deporte. Dejando ese punto de lado, hay razones incluso mejores para pensar que esa definición simplemente no es correcta.

En primer lugar, hay politeísmos para los cuales hay dioses que son poco valorados o incluso son odiados.[8] Si la creencia religiosa fuese idéntica a la creencia en lo que una persona valora más, entonces ¡la creencia en estos dioses tendría que ser no religiosa! Pero si una creencia en un dios no es una creencia religiosa, entonces ¿qué es? Aquí, y en todo lo que sigue, adoptaré como una regla que no requiere de defensa que cualquier definición que haga que la creencia en un dios sea no religiosa se ha con ello desacreditado a sí misma.

Sin embargo, tales politeísmos no son los únicos contraejemplos a esta propuesta; también lo es el cristianismo. Pues mientras que es seguramente verdadero que lo que es de valor supremo es una parte importante de la enseñanza cristiana, el ordenamiento apropiado de los valores se presenta en el Nuevo Testamento como resultado de la creencia en Dios, más que como idéntica a ella. Lo que a un cristiano se le exhorta a valorar por encima de todas las cosas es el favor de Dios: el reino de Dios y la justicia que ofrece a aquellos que creen en él (Mt. 6:33). Pero el Nuevo Testamento también estipula que para agradar a Dios uno debe primero creer que existe y que es galardonador de los que le buscan (He. 11:6). Claramente, entonces, si la creencia de que Dios es real y confiable es la precondición para valorar el reino y el favor de Dios por encima de todas las cosas, entonces la creencia en Dios no puede ser lo mismo que valorar los resultados que derivan de ella. En pocas palabras, en la enseñanza cristiana Dios no es un valor, sino el creador de todos los valores. Y la relación adecuada con Dios para nosotros es amarle con todo nuestro ser, no meramente valorarlo. Por ello se sigue que el cristianismo es otro contraejemplo a esta propuesta, pues definir la creencia religiosa como la en lo que uno valora más haría que la creencia cristiana en Dios fuese no religiosa. (Desde luego, esto no es negar que lo que la gente valora más es frecuentemente un indicador de lo que considera como divino. Pero el hecho de que el valor más alto para uno pueda reflejar una creencia religiosa no muestra que siempre lo haga, ya no digamos que esa creencia religiosa pueda ser definida por el mismo.)

Aunque no hay espacio aquí para examinar un gran número de las otras propuestas,[9] no creo que sea necesario, pues muchos otros teóricos de la religión están ahora de acuerdo en que ninguna de ellas tiene éxito, e incluso algunos han concluido que no es posible dar una definición precisa de creencia religiosa.[10] Como resultado, la concepción prevaleciente en la actualidad es que las creencias de divinidad solamente tienen cierto "aire de familia" más que cualesquiera características definitorias comunes a todas ellas. Para apreciar por qué tantos pensadores se sienten propensos a tal aseveración, considérense los obstáculos que se interponen a la formación de una definición real. Supongamos, por ejemplo, que fuéramos a responderles que toda religión está caracterizada por una creencia en que algo es divino. Eso parece bastante verdadero pero no es muy útil; simplemente traslada el problema al de definir "divino". Preguntarían: ¿Cómo hemos de ubicar un elemento común entre las ideas de divinidad que se encuentran aunque sea en las principales religiones mundiales del presente? ¿Qué elemento común es compartido entre la idea de Dios en el judaísmo, el islam, el cristianismo, la idea hindú de Brahmán-Atman, la idea de Dharmakaya en el budismo mahayana y la idea del Tao en el taoísmo? Aislar un elemento común entre éstas parece bastante intimidatorio, pero incluso si pudiéramos hacerlo tendríamos entonces que ubicar ese mismo elemento en las ideas de divinidad que se encuentran en el antiguo Egipto, Babilonia, Palestina y Grecia; las divinidades de China y Japón, de las islas del Pacífico, de Australia, de los druidas, y en las religiones tribales de África, Norte y Sudamérica. ¿Es que no es obvio, preguntan, que no hay una característica común a las divinidades de todas estas tradiciones? Así planteada la cuestión, tendría que estar de acuerdo con la respuesta negativa que la pregunta anticipa. Las supuestas divinidades comparadas son, desde luego, tan diversas como para no presentar ninguna característica en común.

Pero, antes de rendirnos en la búsqueda de una definición precisa, vale la pena preguntar si la lista cuyas enseñanzas están siendo comparadas es tan inocente como se supone que es. Concedido, las creencias representadas en la lista son todas *prima facie* religiosas, pero ¿son religiosas en el mismo sentido? ¿No podría ser que la lista ocultara un cambio en el significado de "religioso" para las creencias que están siendo comparadas? Para ser más específicos, estoy preguntando si es posible que algunas creencias de la lista sean religiosas en un sentido que es básico para otras en esa lista, de modo que las otras sean religiosas sólo en un sentido secundario. Si esto es así, la lista ha dejado de distinguir creencias que son religiosas en un sentido primario de aquellas que son religiosas solamente en un sentido secundario, y esto podría ser la causa que impide obtener una definición precisa para la lista entera.

Ahora bien, hay al menos dos sentidos en los que una creencia puede ser primaria con respecto a otra. Uno es un sentido *noético*, esto es, un sentido que tiene que ver con el orden de nuestras creencias. En este sentido, una creencia es primaria con respecto a otra cuando es una presuposición necesaria de la otra, de tal manera que nadie podría mantener la creencia secundaria sin estar ya manteniendo (o suponiendo) la creencia primaria. El otro sentido de primacía es *óntico*, esto es, tiene que ver con el orden de la realidad. En este sentido una creencia es primaria con respecto a otra cuando se supone que el objeto de la creencia secundaria depende del objeto de la creencia primaria para existir. En cada sentido, entonces, lo que es "primario" es una precondición necesaria para lo que es secundario. En el primer caso, la creencia primaria es necesaria para mantener la creencia secundaria; en el segundo caso se sostiene que el objeto de la creencia primaria es lo que genera la realidad del objeto de la creencia secundaria.

Mi preocupación es, entonces, si la corta lista de religiones con la que empezamos este hecho una combinación de creencias secundarias así como primarias. Si lo es, puede muy bien ser el caso que la búsqueda de una definición precisa haya sido abandonada prematuramente. Pues podría ser que las creencias de divinidad primarias tengan características definitorias comunes que no comparten las creencias de divinidad secundarias, haciendo que la lista entera tenga solamente "parecidos de familia".

Considere la siguiente analogía con este punto. Suponga que quisiéramos definir qué cuenta como escuela, y tratáramos de hacerlo bajo la descripción "organización educativa". Guiados por esa descripción compilaríamos una lista de todos los tipos de escuela que pudiésemos pensar, pero también incluiríamos en nuestra lista las asociaciones de padres y maestros (APAMAS) formadas en muchas comunidades como auxiliares de sus escuelas primarias públicas locales. Suponga que entonces tratáramos de formar una definición precisa de escuela sólo para encontrar que no hay características compartidas por todas las organizaciones de nuestra lista. La razón sería que aunque hay características comunes compartidas por un jardín de niños, una escuela primaria, una escuela secundaria, una preparatoria, una universidad, etcétera, estas características no son verdaderas de las APAMAS. Pero las APAMAS son claramente organizaciones educativas solamente en los sentidos secundarios de ese término. No puede haber APAMAS a menos que haya escuelas, y no podemos creer que necesitemos una APAMA, o que formemos creencias acerca de lo que deberíamos hacer para apoyar una escuela, sin creer que tenemos una escuela y sin creencias acerca de la naturaleza de las necesidades de la escuela. Está claro que en este caso nuestra incapacidad para producir una definición precisa de escuela sería el resultado de haber enlistado una organización que es educativa, solamente en el sentido secundario de apoyar a las escuelas, junto con organizaciones que son educativas en el sentido primario de impartir educación a los estudiantes. Pues mientras que todas las escuelas tienen la meta común de proporcionar educación, exhiben la misma relación general interna entre instructor y estudiante, y operan con la misma noción de autoridad basada en la pericia del instructor, las APAMAS no comparten ninguna de estas características. De modo que sería nuestra incapacidad para distinguir entre los sentidos primario y secundario de "educativo" lo que habría conducido a la falsa conclusión de que no hay una definición precisa de escuela.

Si es esto lo que ha sucedido en el caso de "creencia religiosa" es una cuestión que vale la pena proseguir precisamente por lo mucho que hay en juego. Así que necesitamos reexaminar nuestra corta lista inicial para ver si, dentro de la misma tradición de pensamiento y práctica, algunas de las creencias de nuestra lista exhiben dependencias con respecto a otras creencias, o si se piensa que los objetos de algunas de estas creencias dependen de los objetos de otras creencias. Si éste resultara ser el caso, podemos entonces remover las creencias secundarias de la lista y reexaminar las creencias primarias para ver si realmente sólo tienen parecidos de familia o si comparten, después de todo alguna(s) característica(s) definitoria(s).

2.2. Una resolución

Con base en lo que hemos visto hasta aquí, una cosa parece clara: todas las tradiciones religiosas se centran en torno a lo que creen que es divino, pero tienen amplios desacuerdos con respecto a lo que es divino. Por ejemplo, se cree que lo divino es un creador trascendente, o dos fuerzas siempre opuestas, o un gran número de dioses, o el ser mismo, o la nada, etcétera. Es esta gran divergencia de creencias lo que problematiza las definiciones recién revisadas y lo que ha conducido a muchos pensadores a perder la esperanza de llegar a captar un elemento común a toda creencia religiosa. Así que, de acuerdo con la distinción trazada al final de la última sección, quisiera ahora investigar si cualquiera de las creencias de nuestra corta lista es religiosa en un sentido secundario más que primario.

La respuesta sólo puede ser "sí". En muchas tradiciones politeístas hay explicaciones de cómo los dioses llegaron a la existencia. Esto significa que la divinidad de tales dioses es considerada claramente como derivada y secundaria en comparación con cualquier cosa que sea divina en el sentido de tener realidad incondicional y dar cuenta de sus orígenes (de aquí en adelante llamaré a éste el estatus de ser divino *per se*). Considérense, por ejemplo, las explicaciones de los dioses de la antigua Grecia tal y como se encuentran en Hesíodo y Homero. En la versión de Hesíodo, el mundo natural en un estado indiferenciado es precisamente lo que es; existe incondicionalmente y da lugar a todo lo demás después de que ha generado un hiato entre la tierra y los cielos que llamó *Caos*. Después de ese cambio inicial, fueron generadas todas las otras formas específicas de existencia, incluyendo los dioses. De acuerdo con Homero, la realidad primordial era *Okeanos*, una vasta extensión de material acuoso del cual surgió todo lo demás, incluyendo los dioses. A pesar de sus diferencias, entonces, ambas explicaciones concuerdan en que los dioses son dependientes de una realidad más básica, de tal manera que los dioses son ellos mismos realidades derivadas.[11] Es por ello que ninguno de ellos —ni todos ellos juntos— podría ser llamado "creador" en el sentido que lo es Dios en el Génesis. Más aún, los dioses no sólo son divinidades secundarias debido a su dependencia óntica con respecto a otra cosa que es divina *per se*. También son secundarios en el sentido noético, puesto que las creencias acerca de ellos dependen de la creencia en *Okeanos* o *Caos*. Pues no se puede creer que un cierto ser individual es un dios —esto es, un ser con más poder divino que el que poseen los humanos— a menos que ya se haya creído que hay una fuente divina *per se* de todas las otras cosas que les confieren diferentes grados de poder.

Lo mismo es verdadero para los mitos de la antigua Babilonia. También en ellos los dioses adquirían su estatus y poder divino de modo derivado. Pues, de acuerdo con ellos,

> El origen de todas las cosas era el caos acuoso primigenio, representado por el dúo Apsu y Tiamat.... Con ellos empieza la teogonía cosmogénica.[12]

En otras tradiciones, los dioses son seres con más poder que los humanos. Esto es verdadero de la tradición sinto, por ejemplo, en la que lo divino *per se* es llamado "Kami". En otras, un poder divino permea todas las cosas pero está concentrado en objetos, lugares o humanos particulares. La antigua noción romana de Numen, la idea melanesia de Mana, y las creencias indígenas americanas en Wakan u Orenda son ejemplos de esto.[13] Lo mismo se ha observado acerca de un buen número de religiones africanas. Aun cuando algunas de ellas creen en un dios supremo, mantienen esa creencia de un modo diferente del teísmo bíblico, un modo que un escritor ha denominado "monoteísmo difuso"

> porque aquí tenemos un monoteísmo en el que existen otras potestades que derivan de la Deidad tal ser y autoridad que pueden ser tratados, para propósitos prácticos, casi como fines en sí mismos.[14]

No es necesario destacar cada caso de creencia secundaria en la corta lista, puesto que lo que es importante no es cuántas de ellas contaminan la lista, sino el hecho de que la lista está contaminada. Nos ha estado forzando a comparar creencias en divinidades supuestamente divinas *per se* con divinidades que se cree deben su existencia y poderes sobrehumanos a lo divino *per se*; y hemos estado comparando creencias que dependen de otras como de sus presuposiciones con creencias que son básicas. ¡No es de extrañar que no hallamos encontrado características definitorias comunes entre ellos!

Así que, ¿qué sucede si ahora eliminamos de nuestra corta lista todas las divinidades que sean divinas en un sentido secundario? Una definición esencial de las restantes creencias de divinidad primarias ¿no seguirá planteando una tarea intimidante? Seguramente la respuesta es "sí". Y por esa misma razón quiero proponer ahora un modo de mirar a las restantes divinidades putativas que puede ayudarnos a enfocarnos en lo que puede ser común a todas ellas. La propuesta es que pensemos en lo que puede ser común a las varias divinidades primarias como el *estatus de la divinidad*, por un lado, y distingamos eso de *la descripción específica de aquello que se cree que ocupa ese estatus*, por el otro. Por supuesto, esto es un recurso heurístico. No hay una diferencia absoluta entre el estatus de una cosa y sus propiedades; su estatus seguramente es una de sus propiedades. Pero tratar de pensar de este modo puede ayudarnos a no volver a caer en suponer una u otra de las definiciones que encontramos falsas anteriormente. Nos ayudará a enfocarnos en qué hay acerca de una pretendida divinidad que la hace ser divina *per se*, en vez de regresar a enfocarnos en los otros modos en que los humanos pueden considerarla (por ejemplo, como objeto de culto).

Permítaseme explicar este enfoque usando otra analogía. Si alguien fuera a plantear la pregunta "¿quién es el presidente de los Estados Unidos?", podríamos muy apropiadamente responder de uno de dos modos. Uno consistiría en describir la persona que actualmente desempeña el oficio de presidente. El otro consistiría en decir que el presidente es la persona que tiene los siguientes deberes y poderes, para proceder luego a describir el oficio de presidente. La diferencia entre estos dos modos de responder la pregunta "¿quién es el presidente?" es como la diferencia entre los dos modos en que podamos responder a la pregunta acerca del significado del término "divino". Podemos preguntar "¿qué es divino?" significando que queremos una descripción de aquello que tiene el estatus de divinidad. O podemos interpretar la pregunta como pidiendo una definición de ese estatus, independientemente de quién o qué se cree que lo tiene. La diferencia es importante. Si hubiera una elección presidencial tan cerrada que la gente estuviera en desacuerdo con respecto a quien la habría ganado, entonces también estarían en desacuerdo acerca de la descripción de la persona que fue elegida para esa posición. Pero aún así todos estarían de acuerdo acerca de la posición para la cual la elección se habría realizado.

Así que la pregunta es: ¿hay algo que pueda, de un modo paralelo, ser distinguido como el estatus de la divinidad *per se*? ¿Es posible que aunque las ideas de lo que tiene estatus divino sean tan diversas como para dar la apariencia de que no tienen ningún elemento común, haya un acuerdo común entre todas las religiones en cuanto a *qué significa ser divino*? Si éste fuera el caso, los amplios desacuerdos entre las religiones todavía serían notorios. Serían desacuerdos acerca de la identificación correcta de quién o qué tiene un estatus divino, pero todavía dejarían intacto el acuerdo universal sobre qué significa que algo tenga ese estatus.

Ahora bien, ¡encuentro que precisamente esto es lo que está sucediendo! Pues nunca he encontrado una sola religión que deje de sostener que divino *per se* es *cualquier cosa que sea incondicionalmente, independientemente real*.

Por favor no malinterprete este punto. No estoy diciendo que no haya desacuerdos en lo absoluto acerca de lo que significa tener un estatus divino. Los hay. Pero todos ellos son desacuerdos acerca de qué *más* se supone verdadero de la divinidad por encima de la independencia. Así que, aunque las personas puedan argumentar acerca del estatus de la divinidad *per se*, estoy diciendo que de hecho todas están de acuerdo sobre la no dependiente y solamente sobre la no dependiente. Tampoco significa esto que todo mito o escritura o teología haya usado la expresión "independencia" o un sinónimo de ella. Muchos lo hacen, pero no todos. Algunos escritores hablan de lo divino como "autoexistente", o "absoluto", o "incausado e impredecible", "meramente allí", por ejemplo. Pero otros simplemente retrotraen todo lo no divino a un algo original, el estatus del cual no está enfatizado o no está explicado. En tales narraciones el algo original es por lo tanto dejado en el papel de tener realidad independiente por omisión: no hay nada de lo que se diría que depende mientras que se dice que todo lo demás depende de él. De este modo se le otorga el estatus de no dependiente. Así que no importa cuán poco enfatizado o tentativamente mantenido sea este punto, lo divino sigue siendo tratado como independiente *por lo que concierne a la narración.*

Me parece que esta definición tiene éxito mientras que ninguna otra lo tiene. Para comenzar, puede dar cuenta de un elemento común entre las creencias en Dios, Brahmán-Atman, el Dharmakaya y el Tao, que era la breve lista que parecía tan intimidatoria anteriormente. Más aún, encuentro que también cubre todas las siguientes creencias primarias de divinidad: el Nam en el Sijismo, Ahura Mazda (Ohrmazd) en el zoroastrismo temprano o Zurvan en su posterior desarrollo, el dualismo alma/ materia de los jainitas, el alto dios de los aborígenes Dieri, la creencia en Mana entre los isleños trobriand, Kami en la tradición sinto, la Raluvhimba de la religión bantú, el Vacío, la Talidad o Nada que se encuentra en las varias formas de Budismo y la idea de Wakan u Orenda que se encuentra entre varias tribus del Norte y Sudamérica. También vale para la antigua idea romana del Numen, para Okeanos en los mitos de Homero y para una constelación de otras ideas. O, para ser más precisos, debiera decir que cubre toda creencia religiosa que conozca con respecto a su creencia en algo como divino *per se* más que en algo que sea divino sólo en un sentido secundario.

La última observación podría invitar la respuesta de que mi lectura de las tradiciones religiosas, aunque amplia, no puede pretender ser exhaustiva, de modo que mi definición puede no estar fundamentada en una base empírica lo suficientemente amplia. A esto replico que la definición no responde solamente a mis lecturas. He descubierto, después de elaborarla, que esta definición no es nueva sino que ha tenido muchos propugnadores. Se basa, por lo tanto, no sólo en mis investigaciones, sino en la lectura cumulativa y la experiencia de muchos pensadores, algunos de los cuales estoy a punto de citar.

Para comenzar, virtualmente todos los filósofos presocráticos concebían el estatus de la divinidad como aquello que no depende de nada más para su propia existencia, y entonces acaloradamente debatieron precisamente qué realidad o realidades tenían ese estatus.[15] Los pitagóricos son un ejemplo. Para ellos la realidad divina eran los números porque pensaban que los objetos de nuestra experiencia ordinaria consistían de números y las relaciones entre ellos. Esto es, creían que todas las cosas estaban *hechas* de números. En su concepción, las combinaciones que forman los objetos se generan y se corrompen, pero los números que se combinan para formarlas son completamente independientes y eternos. Tanto el estatus de divinidad como la atribución de ese estatus a los números se expresan bellamente en una de sus oraciones, una oración al número diez:

> ¡Bendícenos, divino número, tú que generaste dioses y hombres! ¡Oh santo, santo Tetraktys, tú que contienes la raíz y fuente de la creación eternamente fluyente! Pues el número divino comienza con lo profundo, la unidad pura hasta que llega al santo cuatro; entonces engendra a la madre de todos, el omniabarcante, el omnilimitador, el primer nacido, el que nunca se desvía, el que nunca se cansa santo diez, el que tiene la clave de todos.[16]

Aquí el estatus divino de los números se expresa en términos de su carácter inmutable y "la raíz y fuente" de todo lo que cambia. Interpreto esto como significando que todo lo demás depende de los números, mientras que ellos no dependen de ninguna otra cosa, en lo absoluto (es en este sentido que los pitagóricos pensaban que $1 + 1 = 2$ era una creencia religiosa, como se mencionó anteriormente).

Para Platón no eran solamente los números los que eran divinos, sino las entidades que él llamaba "Formas". Explícitamente dice que éstas son "auto-existentes" (*Timeo* 50 ss. y *Filebo* 53-54), y también se refiere a ellos como a "dioses" (*Timeo* 37). Aristóteles, también, es casi tan explícito como es posible en el tema de que significa que algo sea divino cuando dice:

> Por lo tanto, acerca de lo que puede existir independientemente y es inmutable, hay una ciencia....Y si hay tal clase de cosa en el mundo, aquí seguramente debe hallarse lo divino, y esto debe ser el principio primero y más dominante. (*Metafísica* 1064a33 ss.)

Observemos que lo divino se caracteriza aquí como cualquier cosa que sea capaz de existir independientemente de todo lo demás, aun cuando Aristóteles agrega que también es inmutable —un punto que no se comparte universalmente. Poco después agrega que ser el "primero y más dominante principio" significa que es "prior" a todo lo demás, en el sentido de que todo lo demás depende de ello.[17]

Esta concepción no estuvo confinada a Grecia, sin embargo, pues varios escritores bíblicos hacen aseveraciones que parecen presuponerla o implicarla. Una de éstas es nada menos que la enseñanza más básica acerca de Dios, a saber, que él es creador de todo lo que es distinto de sí mismo. Esto implica que él es aquel en el que todo lo demás depende para existir, mientras que él no depende de nada para su existencia.[18] Desde luego, Dios también tiene el estatus de ser redentor o salvador y de ser el único que merece adoración. Pero los escritores bíblicos consideraban el carácter creador de Dios como fundamental. Es debido a que él es creador y Dios que puede garantizar la redención a todos aquellos que creen en él y es debido a que él es redentor que los creyentes le deben adoración y gratitud.[19]

Otras enseñanzas bíblicas también parecen presuponer esta definición. Una es el modo en que algunos autores hablan de tener un Dios falso o un "ídolo". Pues aunque muchas personas hoy piensan que tener un dios falso es tener un salvador sustituto o un objeto de culto, los escritores bíblicos no llaman a algo un falso dios solamente porque era objeto de culto (por ejemplo, algunos de ellos se refieren a la codicia como idolatría). Más bien, ellos decían que algo era un falso dios o un ídolo si de *cualquier* manera sustituía al verdadero Dios. Desde este punto de vista, por lo tanto, tener un creador sustituto es un dios falso como tener un salvador sustituto. Esto es crucial para entender el modo en que los escritores de la Biblia por doquiera suponen que todas las personas son innatamente religiosas —que todo mundo tiene al verdadero Dios o a un ídolo. Pues si ser religioso significa solamente creer en algo como salvador o rendir culto a algo entonces sería claramente falso que todas las personas son religiosas. Pero si ello incluye sustituir a Dios con algo que se cree que es una realidad independiente sobre la cual todo lo que es no divino *per se* depende, entonces no está en lo absoluto claro si es posible que alguien evite toda creencia tal.[20]

Durante la Edad Media, los teólogos judíos, cristianos y musulmanes, así como los filósofos, tendieron a perder la distinción entre el estatus de divinidad y su ocupante —por buenas razones. Puesto que las tres religiones aceptaban al creador trascendente como la única divinidad, la existencia independiente que cualesquiera otros pensadores antiguos hubieran visto como definitorios del estatus divino fue muy naturalmente pensada como un atributo de Dios. Pero obsérvese que no tomaron la autoexistencia como uno más entre los muchos atributos que Dios posee. Más bien insistieron en que es lo que es esencial a Dios; Dios, dijeron, es el ser cuya esencia *es* la existencia. Así que ellos, también, reconocieron la realidad incondicional y no dependiente de Dios como la característica esencial de su divinidad.

Y, aunque los reformadores del siglo XVI hicieron muchas críticas a la teología medieval, no disputaron ese punto. Tanto Lutero como Calvino afirmaron la realidad incondicional de Dios. "No hay nada tan propio a Dios", dice Calvino "como la eternidad y la autoexistencia".[21] Y a pesar del hecho de que en el teísmo no hay diferencia entre el estatus óntico de la divinidad y lo que mantiene ese estatus, Lutero avanzó bastante lejos hacia la restauración de la distinción —la cual es tan útil para entender la creencia no teísta.[22]

Finalmente, solamente en el siglo pasado esta definición de creencia religiosa (primaria) ha sido reconocida una y otra vez por un número de pensadores distinguidos que incluyen a: William James, A. C. Bouquet, H. Dooyeweerd, Hans Kung, Paul Tillich, Mircea Eliade, N. Kemp Smith, Joachim Wach, C. S. Lewis, Will Herberg y Robert Neville, por nombrar sólo algunos.[23]

Ésta es, entonces, mi réplica a la sugerencia de que mi definición esencial de creencia religiosa no está basada en un cimiento empírico lo suficientemente amplio. Pienso que es una evidencia poderosa el que estas personas, a pesar de sus muy diferentes épocas, culturas, idiomas, caminos en la vida y convicciones acerca de la ulterior descripción de exactamente qué tiene estatus divino *per se*, estén todas están de acuerdo con la definición que formulo como sigue:

> Una creencia religiosa es una creencia en algo como divino *per se* sin importar cómo se le describa ulteriormente, donde "divino *per se*" significa tener realidad incondicionalmente independiente.

Ahora bien, aunque encuentro que esta definición captura el núcleo esencial de la creencia religiosa en su sentido primario, aun así no permite creencias en realidades que se piensen como divinamente dependientes, más bien que *per se*. Ni tampoco cubre otras creencias que también merecen ser llamadas "religiosas" en otros sentidos secundarios adicionales. Un sentido tal es si una creencia puede ser acerca de cómo lo no divino depende de lo divino, y otra es que una creencia pueda ser acerca de cómo los humanos vienen a encontrarse en una relación propia con la divinidad *per se*. Cualquier definición adecuada también debe dar cuenta de tales creencias secundarias, puesto que son ellas las que constituyen la tajada del león del contenido de creencias de la mayoría de las tradiciones religiosas. Por ejemplo, mientras que el hinduismo enseña que

Brahmán-Atman es la realidad independiente que abarca todo lo que es, también incluye creencias acerca del karma, la reencarnación y varios modos de alcanzar la unificación con Brahmán-Atman. El cristianismo cristianismo!realidad últimarealidad última!en la concepción teísta cristianatampoco termina su enseñanza con la doctrina de que Dios el creador no depende de nada en modo alguno, sino que incluye creencias acerca del pacto de Dios con los humanos, la encarnación de Dios en Jesucristo y la resurrección de los creyentes para la vida eterna. Dicho de manera más general, el punto es que el núcleo esencial de la divinidad nunca es todo lo que se piensa como verdadero de aquello que tiene ese estatus. El núcleo esencial de la divinidad es, por lo tanto, como una ranura abierta en la cual se insertan varias ideas de lo que ocupa la ranura, y una descripción más completa de lo que ocupa la ranura es también conjuntado con otras creencias, especialmente creencias acerca de cómo estar en una relación propia con lo divino.

El símil de una ranura vacía no debe ser, sin embargo, mal entendido como sugiriendo que una creencia primaria acerca de lo que la ocupa tiene una prioridad *temporal* con respecto a las creencias secundarias que la acompañan. No es el caso que la gente primeramente ubique la ranura vacía y luego busque la descripción correcta de sus ocupantes. Más bien, es la experiencia religiosa la que es la fuente de ambas creencias simultáneamente. La experiencia que supuestamente revela lo que es divino *per se* también arroja alguna descripción amplia del mismo, más allá del mero estatus de divinidad —incluso si esa descripción es en gran medida negativa (como por ejemplo, en el budismo). Por esta razón, toda creencia en la divinidad *per se* surge en conjunción con una idea de cómo lo no divino, de hecho, depende de lo divino y una idea de cómo la gente puede llegar a estar en una relación propia con lo divino. Así, la experiencia religiosa es crucial aquí porque, hablando en términos generales, las ideas de cómo relacionarse propiamente con lo divino no se deduce racionalmente de las descripciones de lo que es divino *per se*, ni tampoco son accidentes puramente históricos; más bien, ambas se derivan juntas de la experiencia religiosa.

Para estar completa, por lo tanto, nuestra definición debe ser expandida como sigue.

Una creencia es una creencia religiosa siempre y cuando:

(1) Sea una creencia en algo como divino *per se*, no importa de qué manera esto se describa ulteriormente, o

(2) es una creencia acerca de cómo lo no divino depende de lo divino *per se* o

(3) es una creencia acerca de cómo los humanos llegan a estar en una relación apropiada con lo divino *per se*,

(4) donde el núcleo esencial de la divinidad *per se* es tener el estatus de realidad incondicionalmente independiente.

Se requieren inmediatamente dos observaciones. La primera es que mientras que he llamado "creencias secundarias" a las creencias definidas en (2) y (3) arriba, eso no pretendía disminuir su importancia. Como decía justo antes de la definición expandida, son secundarias solamente por lo que concierne encontrar una definición esencial de creencia religiosa pero no en la vida y práctica religiosa efectiva. En la vida y práctica efectiva, las enseñanzas acerca de lo que es divino *per se* siempre están incrustadas en enseñanzas secundarias de los tipos (2) y (3) y se supone que aquellas de tipo (3) hacen posible que los humanos adquieran la plena realización de la verdadera naturaleza humana. Ya he dejado en claro que las creencias del tipo (3) no son deducidas (ni se piensa que sean deducibles) de la descripción de lo que tiene estatus divino *per se*. Así que debiera observarse aquí, por contraste, que la relación de las creencias de tipo (2) con aquellas de tipo (1) es frecuentemente una mezcla de implicación lógica y experiencia religiosa. Esto se debe a que la descripción de lo que tiene estatus divino *per se* no puede dejar de tener algunas implicaciones para una concepción de la naturaleza humana, la felicidad y el destino.

La segunda observación es que debiera quedar claro ahora por qué y cómo incluir las creencias en los dioses que no son divinos *per se* arruinaba la corta lista de creencias utilizada para intentar una definición esencial de creencia religiosa. Estas creencias pueden ahora ser vistas como genuinamente religiosas pero solamente en un sentido secundario, a pesar del hecho de que muchas de las tradiciones en las que ocurrieron casi no pusieron atención en lo que se sostenía que era divino *per se*.[24] Los dioses en estas tradiciones tuvieron el foco de atención completo porque era el único modo en que los humanos podían relacionarse con la divinidad *per se*; esto es, de forma indirecta. Fue precisamente debido a su enorme importancia práctica que las creencias en tales dioses sirvieron para oscurecer lo que es esencial a la divinidad *per se*. Al mismo tiempo, esta falla también resultó en que no se tomara con suficiente seriedad el obvio cambio de significado que el término "dios" adquiría dependiendo de si connotaba lo que era divino *per se*, como lo hace en el teísmo, o si connotaba una realidad que media lo divino *per se* poseyendo más poder divino que los humanos, como lo hace en el politeísmo.

2.3. Algunas aclaraciones

Distinguir el sentido primario de los sentidos secundarios de la creencia religiosa nos equipa ahora para evitar otros tipos de confusiones que se hacen frecuentemente con respecto a las creencias de divinidad. Una de éstas es el modo en que la gente llama a una creencia "religiosa" cuando no es una creencia ni primaria ni secundaria, sino que está meramente alterada o influida por alguna. Tómese, por ejemplo, la creencia de los judíos y los cristianos de que la esclavitud está equivocada. Esta convicción no es parte de la idea judeocristiana de Dios, ni tampoco se expresa explícitamente en la Torah, los Profetas o el Nuevo Testamento. Pero cuando los judíos y los cristianos han examinado la institución de la esclavitud a la luz de sus creencias de divinidad primarias y secundarias, han llegado casi universalmente a rechazarla como incompatible con la perspectiva de justicia social engendrada por aquellas creencias. Tal influencia fue lo suficientemente indirecta como para que en algunos lugares se llevara un largo tiempo para que esta perspectiva hiciera efecto. Mi punto aquí es simplemente advertir que cuando las personas ven que tal conexión entre una creencia religiosa y otra creencia, frecuentemente tienden a sobreestimarla y a identificar la creencia así influida misma como una creencia religiosa (esto, de hecho, ocurrió durante el movimiento antiesclavista en los Estados Unidos). Pero, si bien la influencia de una creencia religiosa sobre creencias no religiosas puede ser muy importante, sigue siendo conceptualmente importante no confundirlas entre sí; una creencia no es ella misma una creencia religiosa meramente porque esté influenciada por otra.

Por favor, obsérvese también que no hay nada acerca de esta definición que requiera que haya solamente una divinidad *per se*. En muchas religiones hay dos o más divinidades, y se puede pensar que se relacionan entre sí y con el mundo no divino en una variedad de modos. Por ejemplo, puede haber algo, X, que se considera como siendo incondicionalmente real. Pero no hay razón por la que esta creencia no pudiera ser conjuntada con creencias en otras dos realidades, Y y Z, ninguna de las cuales es incondicional en sí misma pero que juntas conforman una segunda realidad incondicional. En ese caso, X y YZ sería cada una considerada como divina *per se* y tal creencia equivaldría a una religión dualista en la cual una de las dos divinidades principales se halla a la vez dividida. Más aún, hay de hecho religiones que creen en todo un ámbito completo de seres, cada uno de los cuales es considerado como teniendo existencia incondicional independiente, y no veo ninguna incoherencia lógica en tal posición. Y, por supuesto, se podría creer en un número ilimitado de individuos como divinos en un sentido secundario dependiente.

Más aún, donde se cree en más de una divinidad *per se*, es posible pensar en la dependencia de lo no divino con lo divino en cualesquiera de varios modos diferentes. Por ejemplo, una religión podría enseñar que una parte del mundo no divino depende de una divinidad, mientras que otra parte depende de otra divinidad. O una religión podría enseñar que una parte de todas y cada una de las cosas no divinas dependen de una divinidad mientras que el resto de cada cosa no divina depende de la otra divinidad. Así que mientras que la suma total de lo que no es divino *per se* siempre depende, al menos en algunas partes, de lo que es divino, los modos de parafrasear la dependencia de lo no divino con lo divino pueden ser muy variados. Explicitaré en el próximo capítulo el más ampliamente sostenido de estos "modelos de dependencia".

El modo en que esta definición permite variaciones con los arreglos de dependencia divino/ no divino también sirve para explicar un punto que es problemático para otras definiciones. Me refiero al hecho antes mencionado de que hay religiones que creen en divinidades de las cuales poco o nada de nuestro mundo cotidiano depende. En estas religiones algo es considerado como divino pero no es estimado como objeto de culto por sus creyentes porque está ocioso con respecto a sus vidas, o es temido o, incluso, odiado. Ya observamos algunas tradiciones en las que hay dioses que se piensa que son la fuente del mal, por ejemplo. En tales casos, si "divinidad" se utiliza como un término de honor, tales dioses pueden incluso dejar de ser designados como divinos. Pero eso no va a cambiar el hecho de que ya están siendo considerados como divinos en alguno de los sentidos definidos arriba, así que no alterará el hecho de que la creencia en ellos es religiosa. Una vez más: lo que hace a algo divino no es si es personal o bueno, o amado u objeto de culto. Es si es considerado como incondicionalmente real o como teniendo más poder divino que los humanos. Y esto es así, incluso si una divinidad no es honrada (piénsese en la observación en Santiago 2:19, de que incluso los demonios creen en la existencia de Dios aunque dejan de amarlo o servirlo).

En este punto a veces se sugiere que quizá no todas las religiones tengan un arreglo de dependencia. ¿Acaso no hay religiones que enseñan que todo es divino? En tal caso, ¿no sería verdadero que no hay una realidad no divina que dependa de la divina? Por ejemplo, hay personas que dicen que creen que "toda la naturaleza es dios y todo dios es naturaleza". ¿Y no es cierto que el hinduismo y el budismo enseñan que realmente sólo existe lo divino?

Antes de dar una respuesta quiero decir que, incluso si esto fuera verdadero, no sería realmente una objeción a mi definición de creencia religiosa. De acuerdo con la definición, algo es considerado como divino *per se* si se le otorga realidad completamente independiente, ya sea que otras cosas dependan o no de ella. La razón por la que el asunto de los arreglos de dependencia surge en la discusión es que la mayoría de las creencias de divinidad reconocen que hay una realidad tanto no divina como divina, y usan esa dependencia tanto como la explicación para la existencia de lo no divino, como para un contraste que ayude a identificar lo divino. Así que, incluso, si alguno fuera a proponer la sumamente extraña posición de que cada cosa en el universo es autoexistente, haciendo así a todo divino, eso no expondría ninguna debilidad en mi definición.

La razón por la que digo que negar cualquier realidad no divina es implausible, es debido a que es tan patentemente obvio que las cosas que observamos todos los días pueden ser generadas y corromperse. Tales cosas, eventos y situaciones, son por lo tanto directamente experimentadas como no divinas. Así que si alguien fuera a creer que no hay nada distinto del universo natural (haciéndolo así divino pues entonces no habría ninguna otra cosa de la que pudiera depender), esta persona aún así tendría que admitir que las cosas que observamos *en* en el universo no son divinas. Ésta es la razón por la que tal creencia todavía requeriría una idea de cómo las cosas individuales no divinas en el universo dependen del universo (divino) como un todo. Y esta idea equivaldría a un arreglo de dependencia.

En el hinduismo y el budismo, sin embargo, la obvia no divinidad de las cosas individuales en nuestra experiencia ordinaria es llamada Maya o ilusión. Así que estas tradiciones se aproximan a negar cualquier realidad no divina. Pero obsérvese que llamar a algo ilusión no lo elimina enteramente; es simplemente una manera de decir que no es lo que parece ser. Para que haya una ilusión tiene que *haber* algo que no es lo que parece ser. Así que trazar la distinción entre el mundo ilusorio y la realidad divina aún deja la dependencia de Maya con respecto a lo divino sin explicación. El hinduismo explícitamente aborda este problema enseñando que Brahmán-Atman genera el mundo ilusorio, mientras que el budismo evita el asunto sobre la base de que es espiritualmente insano pensar acerca del mundo ilusorio en lo absoluto.[25] Pero ni la persona que supone que el universo como un todo es divino, ni la doctrina hindú/budista de Maya, plantea dificultad alguna para la definición que estoy defendiendo.

Muy por el contrario, nuestra definición puede ahora ser utilizada para dirimir el asunto observado anteriormente de si el budismo teravada es de hecho una religión. Numerosos académicos han dudado esto porque Buda una vez subrayó que él no sabía y ni siquiera le importaba si existían cualesquiera dioses y porque la tradición teravada continúa con la misma actitud. No obstante, en nuestra definición, el budismo Teravada se confirma como una religión —incluso a pesar del hecho de que algunos budistas teravada han dicho que su creencia no es una religión. Pues seguramente ninguno de ellos diría que la Nada en la que serán reabsorbidos (el estado del Nirvana) depende de cualquier otra cosa. Ni admitirían que el estado del Nirvana es literalmente nada en lo absoluto; más bien es el estado de "bienaventuranza inefable". Por añadidura, los budistas Teravada están de acuerdo en que están involucrados en sus disciplinas y meditaciones con el propósito de alcanzar una correcta relación con lo divino, puesto que esa correcta relación es el estado del Nirvana. Aparentemente, entonces, la negativa teravada fue motivada por la popular creencia occidental de que una religión debe incluir una deidad individual además de un culto, mientras que aquellos niegan ambas.[26]

2.4. Réplicas a las objeciones

La primera objeción a esta definición que usualmente escucho es la incomodidad que produce meramente por su diferencia con respecto a los modos ordinarios en que las personas usan los términos "religioso" y "creencia religiosa". Después de todo, con mi definición resulta que la ética y el culto no son esenciales a la religión.

Puedo rápidamente entender por qué puede ser esto perturbador, pero permítaseme recordarle que las definiciones esenciales casi siempre producen tal incomodidad. Considérese el ejemplo de las ballenas. Hace muchos años fueron definidas como peces. Las razones para ello fueron que tenían forma de peces, vivían en océanos como los peces, y nadaban como los peces. Pero, después de que se supo más acerca de ellas, fueron redefinidas como mamíferos. Se aprendió que fueron de sangre caliente, carecían de branquias y respiraban aire, eran vivíparas y amamantaban a sus crías. Así que, a pesar de sus colas y aletas de pescado, y a pesar del hecho de que pasaban sus vidas en el agua, tenían más en común con los mamíferos que con los peces. Quizás eso fue perturbador para algunas personas cuando se dio a conocer por primera vez, puesto que ello significa ¡que los cuerpos de las ballenas tienen más en común con los cuerpos humanos que con los cuerpos de los peces! Pero una definición precisa no es errónea meramente porque es perturbadora o porque no es lo que ya pensábamos que era verdadero. Las formamos para aprender más acerca de lo que estamos tratando de definir, y eso puede también significar el corregir algo que erróneamente hemos pensado que era verdadero. Y hay ahora tan buenas razones para aceptar que la creencia religiosa primaria es una creencia en algo como divino *per se*, como las hubo para redefinir las ballenas como mamíferos.

Manténgase en mente, también, que siempre que tratamos de definir un tipo de cosas con precisión la definición casi ciertamente deja afuera muchas características que regularmente asociamos con cosas de ese tipo. Cuando pensamos en los árboles, por ejemplo, usualmente pensamos en su follaje. Pero éste no es parte de la definición de un árbol; algunos árboles no tienen hojas en lo absoluto. De modo semejante, puede haber características de cosas que usualmente no pensamos que son importantes pero resultan encontrarse entre las características definitorias de su tipo. Es verdad, desde luego, que las definiciones precientíficas pueden tener un genuino valor práctico en la vida cotidiana. No estoy proponiendo que las abandonemos todas. Sólo estoy diciendo que las definiciones científicas pueden servir para refinar nuestras nociones ordinarias de las cosas y proporcionarnos una mayor precisión que no debiera ser rechazada meramente porque las definiciones más precisas difieren de nuestras nociones ordinarias.

Lo segundo que debe decirse acerca de esta objeción es que surge del hecho de que en la cultura occidental las ideas de la religión de la mayoría de las personas se derivan de las tradiciones judía, cristiana y musulmana. En un sentido eso es muy comprensible. Es razonable que (al principio) pensemos en las creencias de divinidad en modos derivados de aquellos con los que estamos más familiarizados pero no es razonable insistir en que todas las creencias de divinidad debieran ser como aquellas con las que estamos familiarizados una vez que hemos sido confrontados con otras que son muy diferentes. Este punto es especialmente pertinente a la objeción de que la definición aquí defendida no incluye el culto como esencial a la creencia religiosa. Muchas personas han hecho una asociación tan fuerte entre la creencia religiosa y el culto que buscan rechazar esta definición de "divino" por esa sola razón. Todo lo que puedo hacer ante ello es recordarle que hay creencias de divinidad involucradas en tradiciones que no practican ningún culto, tales como el hinduismo brahamánico y el budismo theravada.

El caso del budismo teravada es también ilustrativo para la cuestión de si tiene sentido decir que una persona puede ser atea y aun así tener una creencia religiosa. Hemos visto ya por qué las personas que creen, digamos, que los números o una realidad no individual e impersonal son independientes, tienen una creencia religiosa tanto como la tiene una persona que está dedicada a un Dios o dioses personales. Y hemos visto por qué el sello de una creencia genuinamente religiosa no es si el objeto de la creencia es como la divinidad de la religión con la que un grupo de personas se halla más familiarizado. Las personas que se encuentran bajo el encantamiento de ese error frecuentemente consideran que creencias tales como el materialismo son el reverso mismo de la religión. Pero ello no es ni siquiera plausible conforme a esta definición — y no solamente debido a esta definición. En el mundo antiguo existieron las religiones del misterio griegas, en las que se creía que lo divino era "la corriente siempre fluyente de la vida y *la materia*". Y hay todavía una forma de hinduismo en la que Brahmán-Atman es identificado con la materia. Tampoco se puede objetar que los materialistas son casi siempre ateos. Debe estar claro a estas alturas por qué muchas personas pueden correctamente llamarse ateos y aun así tener una creencia religiosa. En sentido estricto, "ateo" significa "no Dios", y es la negación de la existencia tanto del Dios bíblico como de cualquier otro dios. Pero nuestra definición ha mostrado por qué alguien que cree en lo que sea como independiente tiene una creencia religiosa, sea en un dios o no. A este respecto, ser un ateo es como ser un vegetariano. Si sé que alguien es un vegetariano, sé lo que esa persona no quiere comer, pero no lo que esa persona quiere comer. Del mismo modo, si sé que una persona es atea, sé lo que esa persona no cree que sea divino, pero ello no me dice nada acerca de lo que ella cree que es divino (mostraré en el siguiente capítulo que "ateo", en el sentido más amplio de negar que cualquier cosa es divina, es una posición incoherente).

Para aquellos que encuentran objetable este punto, parece que el principal obstáculo es, una vez más, la suposición de que una creencia verdaderamente religiosa tendría que dar lugar a un culto, incluso si no ha sido promulgada por un grupo organizado dedicado a esa creencia de divinidad . Y seguramente hay una buena razón para la estrecha asociación del culto con las creencias de divinidad. Los sentimientos de maravillado temor reverente y respeto parecen ser reacciones humanas naturales ante el experimentar algo como divino *per se*, y el culto es una expresión natural de tales sentimientos. No obstante, hay —como ya hemos visto— tradiciones que evitan esta tendencia natural. La razón por la que esto tiene sentido para ellas es simple: el culto es seguramente apropiado cuando lo divino es concebido como personal (o personificado). En ese caso las expresiones de gratitud, por ejemplo, serían parte de una relación personal. Pero los monjes Teravada y los sacerdotes brahmanes no creen que lo divino sea personal, así que no tienen un culto. De modo similar, el materialista que considera a la materia física como autoexistente no puede ser inducido por esa creencia a orar a las partículas subatómicas o a cantar himnos a los campos de fuerza. Ni tampoco el racionalista moderno que considera, digamos, a las leyes matemáticas como autoexistentes, se sentirá inclinado a desarrollar una liturgia de la adoración cuantitativa para su culto —aunque los pitagóricos hicieron justamente eso, como ya hemos visto. No obstante, estas creencias atribuyen a la materia o las leyes matemáticas, respectivamente, el mismo estatus no dependiente que un judío, un cristiano o un musulmán atribuye a Dios, o un hindú atribuye a Brahmán-Atman. Más que carecer de religión en lo absoluto, tales personas simplemente tienen una idea muy diferente de lo que es divino, una idea que hace que el culto parezca inapropiado.

Puesto que este último punto guarda una importancia de tan grande alcance para la relación entre las creencias de divinidad y las teorías, y en consecuencia para la tesis principal de este libro, sólo la he introducido aquí y regresaré a tratar con las objeciones a la misma en una sección separada al final de este capítulo.

Otra reserva que ha sido manifestada acerca de esta definición es la preocupación de que tomar las creencias de divinidad primarias como el foco correcto de atención puede equivaler a reducir la religión a algo mental. Devaluaría así el culto y otras prácticas que son una parte de la religión tan real como lo es la creencia. Y algunos objetores llegan a sugerir que empezar con la creencia como el asunto clave es erróneo porque excluye la posibilidad de que la religión pueda ser estudiada por, digamos, un historiador o un sociólogo.

Primero debo decir que esto no es realmente una objeción a mi definición. La definición podría ser correcta incluso si fuera correcto que enfocarse en ella conlleva el riesgo de devaluar otros aspectos de la vida y la práctica religiosas. No obstante, la definición es, como yo la veo, inocente de este cargo. No reduce la religión a algo mental, si "reducir" significa que la religión está *restringida* a lo mental. Sostengo que solamente los humanos son religiosos en un sentido no cualificado, y que son sus creencias de divinidad *per se* las que abarcan la manifestación primaria de esa cualificación. Todas las otras cosas que puedan ser llamadas religiosas lo son en un sentido derivado de la condición religiosa de la naturaleza humana, tal y como se expresa en las creencias de divinidad *per se*. Pero esto no significa que no haya cosas no mentales que adquieran genuina importancia religiosa en relación con aquellas creencias y las personas que las mantienen. Por esta misma razón, tampoco es verdad que mi definición excluya estudios de la religión históricos, sociológicos o de otros tipos. Lo que la definición muestra, sin embargo, es que, para que estos estudios tengan éxito, necesitamos ser capaces de reconocer qué creencias son religiosas y de qué manera los eventos o los grupos históricos o sociales se relacionan con ellas. Pues, a menos que seamos capaces de distinguir una creencia religiosa de una no religiosa, y a menos que podamos entonces descubrir el contenido de la creencia religiosa sostenida por las personas que participan en las prácticas o instituciones que queremos estudiar, nunca podremos estar seguros de si una particular práctica o institución es religiosa o de precisamente el sentido en que lo es (pienso nuevamente en el gran número de prácticas citadas anteriormente que pueden ser religiosas o no).

El hecho de que a veces somos capaces de inferir que ciertas prácticas o instituciones son religiosas, incluso cuando no podamos descubrir las creencias que subyacen a ellas, no cuenta en contra de este último punto. A veces podemos desde luego inferir que ciertas acciones son culto, incluso aunque estamos observando personas cuyas costumbres son extrañas y cuya lengua no hablamos. Pero podemos hacer esto solamente debido a la semejanza entre sus acciones y las acciones de otros *de las que ya sabemos que son culto*. Así que sigue siendo verdad que podemos reconocer prácticas o instituciones como religiosas sólo sabiendo su relación con las creencias de divinidad primarias o secundarias, ya sea que las conozcamos directamente o las infiramos por analogía.

Por estas razones, encuentro que mi definición no solamente no impide los estudios sociológicos o históricos de la religión, sino que únicamente ella nos posibilita para saber cuándo es que una práctica o institución califica como específicamente religiosa. Para ver cómo lo hace, sin embargo, es importante mantener en mente que estamos hablando aquí de si una práctica u organización es religiosa o no porque está cualificada por una creencia secundaria del tipo (3) (como ya se mencionó, sólo las personas y sus creencias de divinidad del tipo (1) son religiosas en el sentido primario).

En este sentido, una institución o práctica es religiosa si su propósito central es ayudar las personas a ponerse en la relación correcta con lo divino. Así, una iglesia, sinagoga, mezquita o templo serían específicamente instituciones religiosas. Así lo sería un campamento administrado para el mejoramiento religioso de aquellos que asisten a él. Del mismo modo, la oración, el ayuno, el sacrificio o la celebración de un día santo contarían todos como prácticas religiosas si se efectúan por la misma razón. En contraste, una familia, escuela, negocio o gobierno, incluso si se manejase de modo diferente debido a la influencia de una creencia religiosa, no es una institución religiosa.[27] Una escuela que incluye el estudio —incluso la propugnación— de una creencia religiosa particular se halla ciertamente bajo una influencia religiosa, como se halla un gobierno que prohibe la poligamia, o una corporación que concede a los empleados que no trabajen en un cierto día santo. Sin embargo, tales influencias no serían suficientes para hacer que estas organizaciones cuenten como específicamente religiosas, puesto que en cada caso el propósito central de aquellas instituciones sigue siendo educar, gobernar, o ganarse la vida, más que ayudar a las personas a ponerse en la correcta relación con lo divino. Es de este modo que mi definición es capaz de proporcionar una importante clave interpretativa para los estudios históricos y sociológicos de la religión.

Con esas réplicas a las críticas, ¿podemos decir ahora que las definiciones ofrecidas de creencia religiosa primaria y secundaria, y de divinidad *per se*, han sido demostradas más allá de toda duda? Creo que eso sería pretender demasiado. Muy pocas definiciones pueden ser demostradas de manera conclusiva. Así que la pregunta debiera ser: ¿las definiciones aquí defendidas han sido establecidas con una abrumadora evidencia a su favor, son mejores que cualquier otra, y muy probablemente son correctas? Debo confesar que pienso que es así. No conozco ninguna tradición religiosa a la que no se apliquen y tampoco la conocieron ninguno de los otros pensadores que han sostenido esta concepción. Tampoco puedo pensar en alguna creencia o enseñanza claramente no religiosa que las definiciones clasificaran propiamente como religiosa (que es la aseveración que prometí defender con mayor detalle al final este capítulo). Por lo tanto, mantengo que la definición de creencia religiosa aquí defendida es el mejor modo de entender la creencia religiosa, y supondré que es correcta en todo lo que sigue, hasta y al menos que se pueda mostrar que tiene fallas.

2.5. Algunas definiciones auxiliares

En este punto, los términos más importantes usados en asociación con la creencia religiosa que todavía han sido dejados sin aclarar son "fe" y "confianza". Al ofrecer clarificaciones de estos términos nuevamente me preocuparé con los modos en que son predicados de las creencias. Y adoptaré la posición de que una creencia es una disposición adquirida a confiar en que un concepto de algún estado de cosas corresponde a lo que es de hecho el caso y a pensar, hablar, actuar o sostener otras creencias en modos que confían en que el enunciado lingüístico del concepto asevera lo que es de hecho el caso.

Habiendo dicho eso, debe notarse que acabo de usar 'confianza' en un sentido más amplio que aquel en el que es ordinariamente usado en español, porque lo usé para aplicarlo a todas las creencias. De acuerdo con el uso ordinario, sin embargo, la palabra 'creencia' tiene una aplicación más amplia que 'confianza' o 'fe', porque estos últimos sólo se usan en conexión con creencias consideradas como deseables. Es así que es muy usual que alguien diga, p.e., que cree que su reporte médico será malo o qué cree que está a punto de ser despedido, pero no sería uso ordinario que alguien dijera que confía en que su reporte médico será malo o que tiene fe en que está a punto de ser despedido. Por añadidura, 'fe' y 'confianza' también se restringen usualmente a creencias que manifiestan una fuerte confianza personal en lo que se cree, la que es otra característica adicional que no surge en conexión con todo acto de creencia. Por ejemplo, creo que hubo una edad de hielo hace alrededor de 20,000 años sin confiar personalmente en esa creencia de ningún modo que haga una diferencia práctica para mí. Así que debe especificarse aquí que en la circunscripción de 'creencia' ofrecida en el último párrafo no estaba reteniendo estas restricciones sobre 'confianza' tan frecuentemente encontradas en el uso común. En vez de ello las usé para significar nuestra confianza en un concepto como verdadero, sea o no que consideremos lo que es creído como deseable. Por esta razón resultará que las creencias de divinidad *per se*, sean consideradas o no como verdades deseables, involucran confianza tal y como uso ese término. Y, por supuesto, todas y cada una tienen resultados prácticos enormemente importantes para las vidas de aquellos que las creen.

Hay al menos una característica poseída por la confianza religiosa, sin embargo, que no es verdadera de la confianza no religiosa. Ésta es que la confianza religiosa en algo como divino precede siempre a tomar su objeto como siendo incondicionalmente confiable, mientras que la confianza no religiosa usualmente se ejercita con la reserva de que su objeto está condicionado por circunstancias que pudieran afectar su confiabilidad. Para parafrasear la cita de Lutero citada anteriormente: todo aquello a lo que nuestro corazón se apega y se entrega en confianza como *incondicionalmente fidedigno* es realmente nuestro Dios, nuestra divinidad *per se*. Esto no puede dejar de ser correcto dada nuestra definición de 'divino'. Pues nada podría ser incondicionalmente fidedigno a menos que tenga realidad incondicional. Así que considerar cualquier cosa como incondicionalmente confiable presupone que es divina en el sentido propuesto por nuestra definición. Y esto sigue siendo el caso sea o no que los *sentimientos* subjetivos de confianza del creyente correspondan al estatus incondicional que se cree que posee el objeto de su confianza. Siempre es posible que las personas sientan menos confianza o más confianza que la que de hecho está garantizada por el objeto de su confianza.[28]

Con estas clarificaciones detrás de nosotros, podemos ahora observar algunos matices más finos de significado adquiridos por los términos 'fe' y 'confianza' cuando se predican de las creencias de divinidad. Uno de éstos es la diferencia entre ellas que depende de si son seguidas por la palabra 'que' o la palabra 'en'. Por ejemplo, a veces hablamos de confiar en *que* Dios nos ayudará y en otras veces de tener fe *en* Dios. Concedido que estos dos significados se hallan estrechamente relacionados, aun así parece haber alguna diferencia entre ellos.[29]

Como yo la veo, la confianza "en" algo es la expresión más básica, usada para significar confianza en su significado central: aceptación plena de, y confianza en lo que es creído. Por otro lado, fe o confianza de que algo es el caso es una expresión que se usa con respecto a una creencia que ha pasado por el juicio reflexivo. Es fe cuyo contenido ha sido analizado y ha recibido una articulación consciente; adopta la forma de un enunciado de qué es precisamente en lo que se está confiando. En la esfera religiosa, entonces, "fe de que" Dios hará tal y tal es frecuentemente una consecuencia reflexiva de nuestra "fe en" Dios como confiable. No quiero sugerir, sin embargo, que fe o confianza "en" se halle en conflicto con fe o confianza "de que". Puesto que los humanos no pueden evitar pensar acerca de aquello en lo que confían, todo confiar tiene un elemento de reflexión —así como todo pensamiento tiene un elemento de confianza. Así, la "fe en" inevitablemente se convierte también en "fe de que"; los dos elementos nunca existen aisladamente. No obstante, la dos expresiones son útiles porque nos permiten distinguir aquellos dos elementos y referirnos a ellos separadamente si así lo deseamos.

Estrechamente asociada con la diferencia entre "creencia en" y "creencia de que" se halla la diferencia entre 'fe' y 'confianza' cuando se usan para referirse al acto o contenido de la creencia. Es 'fe' en el sentido de contenido de la creencia el que ocurre en expresiones tales como 'la fe cristiana', 'la fe judía', y así consecutivamente. En ese sentido, 'fe' es equivalente a credo o confesión. Esta distinción es útil porque frecuentemente necesitamos tener claridad acerca de si estamos hablando de un acto de confianza o de un enunciado acerca de aquello en lo que se está depositando la confianza. Pero nuevamente debe mantenerse en mente que lo que estamos distinguiendo aquí son componentes de todas las creencias, componentes que realmente nunca existen aislados.

Habiendo ya definido los más importantes términos para nuestra discusión de la creencia religiosa, quiero deshacer un posible malentendido que podría surgir del modo en que hablo de las personas en tanto que consideran algo como divino. Dije que lo que alguien cree como no dependientemente real es por ello mismo creído como divino *per se* por esa persona. Sin embargo, esta manera de hablar no pretendía sugerir que toda idea de lo que es divino es igualmente correcta de modo que todas las tales creencias sean igualmente verdaderas. El mero hecho de que alguien considera algo como completamente no dependiente no lo convierte en eso; la creencia de divinidad *per se* de una persona puede ser muy pía, ferviente y sincera, pero aun así estar desubicada y ser falsa.

Es importante recordar en esta conexión que la definición de creencia religiosa fue una definición del estatus de divinidad *per se*. Esa fue la única cosa que encontré en que todas las crencias religiosas primarias estaban de acuerdo. A pesar de este acuerdo, las religiones se hallan todavía muy lejos de estar de acuerdo en la descripción ulterior de lo que tiene ese estatus, o en acerca de cómo lo divino se relaciona con lo que no es divino, o en cómo los humanos vienen a hallarse en una relación apropiada con lo divino. Donde hay ideas incompatibles acerca de estos asuntos, las leyes de la lógica garantizan que no pueden ser todas verdaderas. No puede ser verdadero, por ejemplo, que solamente Dios como se revela en la Torah, el Nuevo Testamento o el Corán es divino, pero también ser verdadero que es Brahmán-Atman lo que es divino. Ello solamente podría ser el caso si Dios y Brahmán-Atman fueran diferentes nombres para la misma realidad, más que para *diferentes realidades putativas a las que se les ha atribuido el mismo estatus incondicional*. Y puesto que Dios es una persona individual que es distinta de todo lo demás, mientras que Brahmán-Atman no es ninguna de las dos cosas, no pueden ser la misma realidad; es lógicamente imposible que el universo sea enteramente distinto de la divinidad *per se* de la que depende (como en el caso de Dios) pero también verdadero que el universo es *in toto* parte de la divinidad de la que depende (como en el caso de Brahmán-Atman). Ello sólo podría ser el caso si 'distinto de' y 'parte de' fueran sinónimos. Así que no es el caso que el Dios bíblico sea el Dios del cual todas las otros religiones se hallan tenuemente conscientes pero acerca del cual saben menos o cometen errores.[30]

En resumen, la lógica requiere que la confianza religiosa pueda estar bien ubicada o mal ubicada, así como lo puede estar la confianza no religiosa, y que las creencias acerca de lo divino deben —como deben todas las otras creencias— ser verdaderas o falsas pero no pueden ser ambas cosas a la vez. Se sigue, por lo tanto, que, cuando dos creencias están en desacuerdo acerca de lo que es divino, una de ellas o ambas deben ser al menos parcialmente falsas. En el siguiente capítulo veremos esto más claramente cuando usemos las definiciones desarrolladas aquí para distinguir los tipos de arreglos de dependencia que han surgido en varias de las principales tradiciones religiosas del mundo relativos a sus creencias de divinidad *per se*. Conforme proceda ese proyecto, se volverá aparente que, aunque hay fuertes similitudes entre tradiciones que mantienen el mismo tipo de arreglo de dependencia, aquellas que mantienen diferentes tipos de estos arreglos son incompatibles sin remedio. Lejos de ser diferentes caminos hacia la misma montaña, no están de acuerdo en qué montaña escalar.[31]

2.6. ¿Son religiosas todas las creencias de independencia?

Éste es el punto que introduje anteriormente y al que prometí retornar. Merece un tratamiento por separado porque es crucial a mi tesis central, pero también porque está destinado a ser el punto más cuestionado por aquellos que desean sostener que la creencia religiosa no necesita desempeñar ningún papel en la elaboración de teorías. La objeción es que, incluso si las definiciones ofrecidas arriba son correctas, e incluso si hacen una contribución importante a los estudios religiosos, nada de lo dicho hasta aquí garantiza la conclusión de que todas las creencias en algo como incondicionalmente real necesitan ser religiosas. "Después de todo", se podría decir, "todos los perros son animales pero no todos los animales son perros". Así, también, las creencias de divinidad primarias pueden ser todas creencias en algo como independiente, sin ser verdadero que todas las tales creencias son religiosas. ¡Y seguramente no lo son! ¿Acaso no hay teorías, tanto en la filosofía como en las ciencias, que claramente enseñan o suponen algo independiente? Pero seguramente estas creencias no son religiosas, y cualquier intento por convertirlas en ello simplemente definiéndolas de ese modo no es más que una simple trampa".

Ahora me doy cuenta de que muchas personas tienen una antipatía tan fuerte hacia la religión que nada de lo que pudiera decir las persuadiría jamás de que ella es importante para las teorías o cualquier otra cosa. Recuerdo vívidamente la ocasión en que uno de mis compañeros en la escuela de posgrado dijo: "muéstrame de cualquiera de las creencias que sostengo que es religiosa en cualquier sentido y ¡la abandonaré en el mismo instante!". No obstante, la carga de la prueba se halla abrumadoramente del lado de la afirmación de que todas las creencias en algo como incondicionalmente independiente son de hecho religiosas.

En primer lugar, se halla el punto obvio de que, sea lo que sea que alguien tome como realidad independiente, ello desempeña el mismo papel en el entero complejo de sus creencias que las creencias de divinidad desempeñan en las religiones. Pues, cualquier cosa que sea creída como independiente *per se* recibe también alguna descripción ulterior, y esa descripción conlleva implicaciones que son creencias de divinidad secundarias del tipo (2): son creencias acerca de la naturaleza humana, la felicidad y el destino.

Considere el ejemplo del materialismo filosófico. Éste propone que la realidad es en última instancia física, de modo que todo es materia o depende de la materia.[32] Lejos de ser lo opuesto a una creencia religiosa, ésta es ella misma una idea posible de lo que tiene estatus divino. Recuerde, en este respecto, los ejemplos dados anteriormente de varias religiones que sostuvieron, o sostienen, que la materia es divina *per se*. ¿Cuál es, precisamente, la diferencia entre la aserción de realidad última del materialismo moderno y la aserción de realidad última de aquellas religiones? No encuentro ninguna diferencia importante en lo absoluto. Cada una implica la misma concepción general de la naturaleza humana, cada una ve el destino humano del mismo modo, cada una tiene las mismas implicaciones para los valores, y cada una tiene la misma concepción general de la felicidad humana.

Esta observación usualmente provoca varias réplicas. La primera es que las tradiciones religiosas agregan a su idea de realidad última un conjunto de creencias secundarias del tipo (3), acerca de cómo debiera uno conducir su propia vida para encontrarse en una relación apropiada con lo divino, mientras que las teorías de la filosofía y las ciencias están interesadas en explicar el mundo que nos rodea y no en ponernos en una relación apropiada con lo divino. En otras palabras, esta respuesta propone que una creencia no puede ser religiosa simplemente porque es una creencia en algo que tiene una realidad independiente, sino que es religiosamente solamente cuando se junta con algunas creencias secundarias del tipo (3) —creencias acerca de cómo hallarse en una relación apropiada con lo divino para recibir beneficios personales que de otra manera no podrían ser obtenidos. Y, podría agregarse, como ya he admitido que tener creencias secundarias de los tipos (2) y (3) es común a todas las tradiciones religiosas cúlticas, no puedo ahora esperar salir avante ignorando las creencias del tipo (3).

Esta réplica toca una verdad importante pero al mismo tiempo cae en un error importante. El elemento de verdad es que, desde luego, sería un error ignorar el hecho de que en las tradiciones religiosas algunas creencias secundarias del tipo (3) se hallan siempre conjuntadas con alguna creencia religiosa primaria. El error es suponer que cualquier idea de realidad última puede realmente evitar generar ambos tipos de creencias secundarias, ya sea que surjan en una teoría o en una tradición religiosa. Quedémonos con el ejemplo del materialismo. Al igual que las creencias secundarias de las tradiciones religiosas, el materialismo delimita un rango distintivo de ideas aceptables no sólo de la naturaleza humana y el destino, sino de lo que puede y no puede hacerse para mejorar la condición humana. ¿No requiere el materialismo una concepción característica de los valores y la felicidad humanas que es ofrecida como el modo *apropiado* de vivir a la luz de su supuesta verdad? ¿No requiere, por ejemplo, que no haya propiedades de valor reales en el mundo o que estén todas físicamente determinadas? ¿No han los principales proponentes de esta posición insistido mucho en el modo en que "nos libera" de todas sus supuestamente falsas alternativas, y de esa manera arroja beneficios para nuestras vidas que de otra manera no estarían disponibles? Desde luego, esto no se aplica solamente al materialismo; cualquiera y toda idea de realidad última conllevará con ello el equivalente de creencias secundarias de los tipos (2) y (3). En este respecto, ninguna difiere en lo absoluto de cualquier otra, y ciertamente no difieren dependiendo de si ocurren en tradiciones religiosas cúlticas o en teorías.[33]

Sin embargo, nada de lo que se acaba de decir pretende negar que hay diferencias reales entre una teoría y una religión. En las teorías, las creencias de divinidad se usan para construir explicaciones en las que se convierten en las suposiciones básicas que guían la formación de hipótesis. Las tradiciones religiosas, en contraste, enfatizan traer a sus adherentes a la efectiva adquisición de una relación apropiada con lo divino para obtener felicidad actual y (frecuentemente pero no siempre) un destino último que no sería asequible de otra manera. Ésa es una diferencia importante, pero es una diferencia de énfasis, no de exclusión. Las creencias de divinidad que ocurren en las tradiciones religiosas también se usan para proporcionar explicaciones, y —como lo ha estado diciendo— las teorías no pueden evitar implicaciones para las actitudes y conducta personal de aquellos que creen en ellas. La vasta mayoría de los filósofos no solamente han admitido este punto, sino que se han esforzado en señalar los beneficios personales de la idea de realidad última de su teoría. Se han mostrado ansiosos de mostrar que sus teorías desde luego tiene resultados concretos para guiar nuestras vidas. Las teorías en las ciencias sociales hacen lo mismo. Son las teorías de las ciencias naturales las que frecuentemente parecen desinteresadas en los beneficios personales para sus adherentes (más allá de conocer la verdad). Pero ese desinterés superficial puede ser irrelevante a mi afirmación acerca del control religioso de las teorías si incluso las teorías en las ciencias naturales no pueden evitar presuponer alguna idea de realidad última —que es exactamente lo que estaré demostrando en los capítulos que siguen. Pues, si las teorías en las ciencias naturales no pueden evitar presuponer una concepción de la realidad última, entonces ellas también conllevan implicaciones para las vidas personales de sus adherentes, ya sea que las verbalicen o no.

Para ser más específico, en capítulos posteriores argumentaré que todas las teorías están reguladas por alguna creencia de divinidad *per se*, ya sea directa o indirectamente. La regulación directa ocurre cuando una teoría contiene una aserción acerca de la naturaleza de la realidad, pues (argumentaré) toda concepción de la naturaleza de la realidad no pueden evitar incluir o suponer una idea de realidad última. La regulación directa ocurre cuando una teoría no contiene explícitamente una concepción de la naturaleza de la realidad, pero se puede ver que presupone alguna concepción tal. Así que si ninguna teoría de la filosofía o la ciencias puede evitar incluir o presuponer una concepción de la naturaleza de la realidad, entonces ninguna teoría puede impedir incluir o presuponer alguna creencia de divinidad *per se*.

Así, mi respuesta a esta primera réplica es coincidir con ella. No importa a mi definición el que una creencia en algo como realidad última sea religiosa por sí misma o solamente esté unida a creencias acerca de la naturaleza humana, el destino, los valores y la conducción correcta de la vida. Incluso si eso fuera verdadero, las creencias en algo como realidad última resultarán ser todas exactamente tan religiosas cuando ocurren en las teorías que cuando ocurren en las tradiciones religiosas.

Una segunda réplica en contra de esta posición es decir que ni las creencias nucleares acerca de la realidad última ni las creencias secundarias son religiosas si son aceptadas sobre bases racionales en vez de sobre la fe. Si tienen razones y argumentos en favor de ellas, tales creencias han de ser consideradas como filosofía o ciencia y no son religiosas en lo absoluto. Es solamente cuando son tomadas por fe que tienen un significado verdaderamente religioso. A diferencia de la primera réplica, ésta quiere inmunizar a las teorías de la influencia religiosa no a través una diferencia en su contenido, sino mediante una diferencia en los fundamentos sobre los cuales su contenido es aceptado.

Pero, de hecho, las razones y los argumentos no están confinados a la filosofía y las ciencias. Han habido muchos argumentos ofrecidos por los pensadores religiosos y los teólogos. Por ejemplo, hay argumentos para demostrar la existencia de Dios y para criticar creencias de divinidad alternativas. Y eso es fatal a esta réplica. Pues requiere que ¡cualquiera que acepte al argumento tenga con ello una creencia en Dios que no es religiosa! Pero, como dije anteriormente, cualquier concepción que tenga como resultado el hacer que la creencia en Dios (o un dios) sea no religiosa se ha desacreditado a sí misma. Además, esta objeción ciertamente parece atribuir estatus divino los principios de la razón y de esta manera estaría basada, como base de la creencia (experiencia) en una creencia religiosa. Pues ¡seguramente no puede haber argumentos o razones en favor de la confianza en la razón que pudieran impedir usar la razón para hacerlo y de esta manera cometer una petición de principio!

Ni son estas las únicas razones por las cuales la propuesta no funciona. Observe que nos presenta solamente con las opciones de que una creencia de divinidad puede estar basada sobre argumentos o aceptadas por una confianza ciega. Ahora bien, el hecho es que ninguna religión que conozco le ha pedido jamás a alguien que crea en ella con confianza ciega. Todas por igual insisten en que las personas deben tener la experiencia de ver que algo es verdadero por sí mismas. Así que ¿por qué pensar que las razones argumentadas y la confianza ciega son las únicas opciones? Tanto con respecto a las creencias de divinidad como a las creencias no religiosas, seguramente no son éstas las únicas opciones. Muchas de nuestras creencias se basan en la experiencia directa, de manera que ni son derivadas de otras creencias mediante argumento ni aceptadas con confianza ciega. Por ejemplo, está usted leyendo estas palabras. Su creencia de que está leyéndolas no está basada en otras creencias de las cuales pueda inferir que las está leyendo, pero tampoco es confianza ciega. Y muchos pensadores han sostenido que las creencias de divinidad son aceptadas de una manera similar. El distinguido filósofo Paul Ziff una vez escribió su materialismo de esa manera. Dijo:"si me preguntas por qué soy materialista, no estoy seguro de que decir. No se debe a los argumentos. Supongo que simplemente tengo que decir que la realidad aparece irresistiblemente física para mi".[34] Y eso, notablemente, es exactamente lo que dijo Juan Calvino acerca de su creencia en Dios:

> En cuanto a lo que preguntan, que cómo nos convenceremos de que la Escritura procede de Dios si no nos atenemos a lo que la Iglesia ha determinado, esto es como si uno preguntase cómo sabríamos establecer diferencia entre la luz y las tinieblas, lo blanco y lo negro, lo dulce y lo amargo.[35]

En capítulos posteriores retornaré este punto indirectamente, presentado razones para pensar que no puede haber una justificación teórica para atribuir existencia independiente a los varios candidatos para la misma que han sido propugnados por tantas teorías (leyes racionales, materia, percepciones sensoriales, etcétera). Si eso es correcto, entonces toda creencia tal aceptada por una teoría es un puro error o fe ciega, o hay una base experimental para ellas —como reportan Calvino, Ziff y muchos otros.

He defendido detalladamente que hay una base en la experiencia para la creencia religiosa en otra parte, y no hay el espacio para repetir aquí toda esa defensa[36] Todo lo que puedo hacer por el momento es señalar brevemente el modo en que experimentar algo como divino *per se* es una mejor explicación que cualquier otra para la universalidad de la creencia religiosa entre los humanos de todos los tiempos y lugares. Las personas siempre han sido atraídas a la pregunta de sus orígenes, no meramente acerca de los procesos que los produjeron sino también (y principalmente) acerca de aquello de lo que dependen en última instancia. Es por ello que he estado hablando del único sentido no cualificado de "religioso" como una condición existencial de los seres humanos. Ésta es la condición del humano entero, no meramente del pensamiento, el sentimiento o la voluntad, etcétera. Su manifestación primaria es una creencia de divinidad *per se*, pero incluso esa se deriva del impulso innato de los humanos a dirigirse hacia la realidad última, de la cual ellos y todo lo demás depende, y de entender su propia naturaleza y la conducción apropiada de sus vidas a la luz de lo que tomen como siendo la realidad última.[37] Incluso sin pensar argumentos, las personas siempre han formado instintivamente tales creencias. Así que, aunque hay poca duda de que en ocasiones inventaron dioses específicos como portadores de poder divino, ya tenían —como señalé anteriormente— que haber creído en algo como divino *per se* para hacer eso. Así que, aunque los dioses específicos pueden haber sido invenciones, la religión como un todo no lo es. Surgió del descubrimiento de las personas en su experiencia de que algo que "simplemente aparecía como irresistiblemente" independiente. Si esta explicación es correcta, las creencias de divinidad pueden ser creencias "básicas"—creencias que no son derivadas de otras creencias.[38] En ese caso no son ni fe ciega ni están basadas en argumento, de manera que se derrumba la réplica de que no son religiosas cuando se argumenta en su favor en las teorías. Más aún, si las creencias acerca de la realidad última no son susceptibles de justificación teórica (como argumentaré después) y si son más bien producto de la experiencia directa (como lo daré por sentado aquí, pues lo he argumentado en otra parte), entonces los argumentos que son proferidos en las teorías son meramente consecuencias de aquellas creencias y no su fundamento real.

Entretanto, la concepción de que las creencias de divinidad están basadas en experiencia derrota la aseveración de que una creencia es no religiosa si se argumenta en su favor —¡incluso para aquellos que desean estar en desacuerdo con la misma! La razón es que la misma *posibilidad* de que el fundamento real de tales creencias sea la experiencia y no el argumento hace que la afirmación no sea concluyente. El mismo hecho de que hay una explicación *prima facie* plausible que muestra que aquellas creencias están basadas en la experiencia, más que la fe ciega o el argumento, significa que no es suficiente meramente *decir* que aquellas son las únicas opciones. Para que aquellas fueran las únicas opciones, primeramente se tendría que aportar argumentos para derrotar y desechar las experiencia religiosa como su base real. Pero nadie se ha acercado ni remotamente a hacer eso, y no veo un prospecto plausible de que alguien habrá de hacerlo. Concluyo, por lo tanto, que esta segunda réplica a mi posición simplemente no es exitosa.

Finalmente, considero la objeción de que mi defensa de la naturaleza religiosa de las creencias acerca de la realidad última podría igualmente ser volteada en favor del carácter filosófico de la creencia religiosa. ¿Por qué no, se dice, empezar por repasar las teorías filosóficas en vez de las religiones y encontrar creencias en algo como realidad última como siendo común a las teorías de la realidad y el conocimiento? Entonces la conclusión podría ser también que todas las religiones comparten una suposición filosófica como puede ser que las teorías tienen una religiosa. ¿No socava eso el argumento en favor de la regulación religiosa de las teorías?

Mi respuesta a esto tiene dos partes. La primera es decir que hay un sentido importante en el cual no estoy argumentando en favor del término "religioso"; si alguien insiste en sustituirlo con otro término, digamos "creencias de realidad última", ello no hará ninguna diferencia real a mi tesis central. Pues sí, como habré de argumentar, tales creencias ejercen una influencia regulatoria inevitable en todas las teorías, mi argumento no se alterará meramente dándole un nombre diferente. Mi tesis central puede enunciarse también como la aserción de que es el mismo tipo de creencias que regula las teorías el que es esencial a las religiones, que estas creencias son incapaces de justificación racional, y que surgen en la experiencia humana independientemente de las teorías, de manera que no son derivadas de ellas. Siendo esto así, nada en verdad importante acerca de mi tesis central cambiaría, no importa qué términos se use para nombrarlas.

Una vez dicho eso, sin embargo, hay aún así una pregunta legítima acerca del término más apropiado para tales creencias. ¿Es "metafísico" tan bueno como "religioso"? Ello es seguramente una propuesta extraña y poco persuasiva. Pues si las creencias en algo como independiente no solamente surgen en la experiencia preteórica y son incapaces del tipo de justificación que buscamos en las teorías, sino que también han existido entre los humanos en todos los tiempos y lugares, independientemente de si lo hicieron las teorías metafísicas, ¿cuál podría ser la razón para llamarlas ahora con el mismo nombre que cierto tipo de *teoría*?

Para ver la fuerza de esta respuesta, suponga por un momento que el zapato estuviese en el otro pie. Supóngase que ninguna de tales creencias ha existido fuera de las teorías, sino que hubiera surgido solamente en el curso de elaborados sistemas abstractos de metafísica. Supóngase que entonces surgieron cultos que propugnaron que las realidades independientes propuestas por aquellas teorías fuesen adoradas, además de ser empleadas en teorías explicativas. ¿Sería entonces convincente insistir en que las creencias de realidad última son realmente religiosas en vez de metafísicas? ¿No considerarían los oponentes de la religión que eso es estrafalario? ¿No dirían que intentar considerar a tales creencias como basadas en la experiencia inmediata no es convincente, ante el hecho de que se originaron como postulados de teorías metafísicas que fueron aceptadas debido a argumentos? Pienso que dirían exactamente eso, y que estarían muy en lo correcto al decirlo. Pero, como el zapato no está en ese pie, encuentro que estas mismas razones son convincentes en favor de sostener que "religioso" es el término apropiado para tales creencias, ya sea que ocurran en las teorías o no.

Con la falla de estas objeciones finales, concluyo que las definiciones propuestas aquí se mantienen en pie. Igualmente, también el carácter religioso de las creencias en algo incondicionalmente real, independientemente del contexto en que ocurran aquellas creencias. En el siguiente capítulo, por lo tanto, aquellas definiciones serán usadas para ayudarnos a entender algunos de los tipos básicos de arreglos de dependencia encontrados en las principales religiones del mundo actualmente. La importancia de estos arreglos no está, sin embargo, confinada a aquellas tradiciones. Distinguirlas también nos preparará para observar los mismos patrones de dependencia en las teorías filosóficas y científicas cuando alcancemos los capítulos posteriores.

CAPÍTULO 3

TIPOS DE CREENCIAS RELIGIOSAS

Volvamos ahora a algunas de las principales religiones del mundo de hoy en día y veamos cómo las definiciones recién desarrolladas pueden ayudarnos a entenderlas. No podemos, desde luego, hacer una comparación detallada de siquiera dos de tales tradiciones, ya no digamos cinco o seis, sin descarrilarnos completamente de nuestro tópico principal. Pero resultará muy iluminador si miramos brevemente las más influyentes religiones mundiales agrupándolas de acuerdo con el modo en que ven lo no divino como dependiendo de lo divino, esto es, de acuerdo con los arreglos de dependencia a los que me referí en el último capítulo, esto es, de acuerdo con creencias secundarias del tipo (2). Volvernos más precisos acerca de esos arreglos no solamente arrojará importante luz sobre estas tradiciones, sino que nos permitirá ser más conscientes de tales arreglos cuando los encontremos en las teorías posteriormente.

3.1. La base para tipificar las religiones

Tratar con las principales religiones del mundo de acuerdo con sus ideas de cómo ven que lo no divino depende de lo divino es un beneficio principal arrojado por las definiciones desarrolladas en el capítulo previo. Nos permitirá hacer algo mejor que clasificar las varias series de tradiciones de acuerdo con alguna característica arbitrariamente seleccionada. En el pasado las religiones han sido categorizadas, por ejemplo, por cuántos dioses tenían o por sí promovían una moralidad estricta, y así consecutivamente. Pero esos modos de tipificar las tradiciones principales no solamente son arbitrarios sino también estrechos en el sentido de que tienen un rango muy limitado de aplicación.

Una vez que tomamos la idea de arreglo de dependencia como nuestra guía, resulta claro que hay tres tales arreglos que prevalecen en el mundo hoy en día (aunque éstos no son los únicos posibles; he sido capaz de distinguir al menos catorce posibles arreglos de dependencia). Llamaré a estos tres las ideas de dependencia pagana, la bíblica y la panteísta. "Bíblico", como lo uso, es un término cobija para la creencia teísta en un creador trascendente que se encuentra en el judaísmo, el cristianismo y el islam; mientras que el término "panteísta" incluye el hinduismo, el budismo y las formas más recientes del taoísmo. El tipo pagano de creencia religiosa cubre una variedad de tradiciones tan amplia que no podría ahora clarificarlas simplemente nombrando una o dos de ellas, aunque dentro de poco examinaremos unas cuantas de sus representantes más influyentes. Antes de hacer eso, sin embargo, quiero dejar en claro que el término "pagano" no es un término despectivo como yo lo uso. No está siendo usado como, digamos, los misioneros cristianos usaban el término "pagano" en el siglo diecinueve. No se refiere solamente a creencias que son supersticiosas o irracionales, o que son sostenidas solamente por pueblos considerados como primitivos. Por el contrario, veremos que el paganismo puede ser muy sofisticado y que sus formas sofisticadas aún ejercen una tremenda influencia en el mundo hoy en día.

3.2. El tipo pagano

La característica esencial de la idea pagana de dependencia es que lo divino *per se* es alguna parte, aspecto, fuerza o principio del universo abierto a nuestra experiencia y pensamiento ordinarios. Dicho de otro modo, el arreglo de dependencia pagano supone que hay solamente una realidad continua, una parte de la cual es lo divino *per se*, de lo cual todo lo demás depende. Quizá el siguiente esquema ayudará a clarificar la idea. Si usamos una línea sólida para representar lo divino y una línea quebrada para representar lo no divino, entonces nuestra ayuda visual para la idea de dependencia pagana se vería como en la Figura 1.

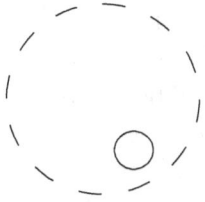

Figura 1

Una amplia variedad de creencias religiosas caen bajo este tipo pagano. Las religiones de la naturaleza que rendían culto a un poder divino en la tierra, el sol, los ríos, el mar, etcétera, son todos ejemplos de ello, como lo son la mayoría de las politeístas. Por ejemplo, uno de los dioses a los que más comúnmente se les rendía culto en el mundo antiguo era el dios que controlaba las tormentas. Era llamado Baal en el Medio Oriente, Zeus en Grecia, Júpiter en Roma. En cada caso, se creía que este dios era uno entre muchas divinidades que son divinas en el sentido secundario: eran seres que debían su existencia a algo que era divino *per se*, pero que tenía más poder divino que los humanos. Las creencias en Mana, Numen y Kami como divinidades *per se*, que mencioné al principio, también caen bajo este tipo. Aunque estas tradiciones frecuentemente estaban en desacuerdo con respecto a los nombres y las descripciones precisas de dioses específicos, y aunque algunas tienen dioses de los que otras carecen, todas sostuvieron que lo divino *per se* tenía la misma relación general con lo que es no divino, a saber, que lo divino *per se* es *parte de* toda cosa no divina. De ahí que la caracterización de Werner Jaeger de este arreglo de dependencia, cuando aparece en la filosofía debido a la influencia de Hesíodo, se aplica muy bien a toda creencia pagana:

> Cuando el pensamiento hesiódico acaba por dejar paso a un pensar verdaderamente filosófico, se busca lo Divino dentro del mundo, no fuera de éste, como en la teología judeo-cristiana que se desarrolla a partir del libro del Génesis.[1]

En conexión con mi observación de que la creencia pagana es todavía fuerte en el mundo hoy, necesitamos guardar en mente mi señalamiento en el último capítulo en el sentido de que la religión no siempre resulta en un culto. Pues en tanto que pensamos solamente en las formas de paganismo expresadas en el ritual y el culto será imposible creer que el paganismo es una fuerza importante en el mundo hoy. Esto es debido a que el paganismo que incluye un culto —llamémoslo paganismo "cúltico"— hace mucho que ha venido declinando ante los avances del hinduismo, el budismo, el cristianismo y el islam, así como a partir de las presiones de las creencias paganas no cúlticas tales como el materialismo y otras teorías que consideran a algún aspecto del universo como no dependiente y, así, como divino *per se*. Tales paganismos no cúlticos, sin embargo, han seguido floreciendo. Muchos pensadores modernos en filosofía y las ciencias mantienen teorías cuyas suposiciones son creencias religiosas paganas tanto como lo son aquellas de sus contrapartes antiguas. Por ejemplo, mientras que la comunidad religiosa de los pitagóricos desapareció hace mucho, y nadie que yo conozca sigue *rindiendo culto* a los números, la creencia pitagórica de que los números u otros elementos de las matemáticas son partes de un ámbito de realidades autoexistentes de las cuales todo lo demás depende, al menos en parte, está lejos de haber desaparecido. Desde luego, continúa dominando grandes ámbitos del pensamiento científico hoy en día.[2] Y, como ya vimos, es igualmente una creencia pagana no cúltica considerar la materia y la energía, en lugar de los números, como la realidad no dependiente de la cual todo lo demás depende. Pues esto también es un caso de creer que algún aspecto del mundo natural es divino.

Puede ser instructivo en este punto aplicar mi explicación del tipo pagano de creencia religiosa a la teoría del materialismo dialéctico propuesto por Karl Marx. Este es un caso especialmente interesante puesto que el marxismo es una teoría declaradamente antirreligiosa. En su interpretación de todo, desde la física y la biología hasta la economía, la historia y la política, el marxismo profesa estar opuesto a todas las religiones de cualquier tipo. De acuerdo con la teoría de Marx, la materia/energía es la realidad básica, y dentro de la materia hay una ley ínsita que conduce a las cosas al cambio de acuerdo con un proceso que él llama "desarrollo dialéctico". Esta ley ha hecho que la materia se organice en una multitud de formas a lo largo de millones de años: galaxias y sistemas solares, seres vivos, seres humanos y sociedades humanas son todos productos de la materia organizada por la ley del desarrollo dialéctico.

La hipótesis marxista continúa proponiendo que esta ley dialéctica, cuando se entiende correctamente, muestra que las economías de libre mercado (capitalista) son la causa de que existan gobiernos injustos y represivos, y está condenada a desaparecer. Esto tendrá lugar conforme se desarrollan gobiernos con voluntad de abolir la propiedad privada, la cual es es la raíz de todo el mal. Una vez que los sistemas económicos comunistas puedan ser establecidos, a su vez traerán gobiernos que son todavía más justos, así que habrá continuamente una mayor felicidad para toda la humanidad. El resultado eventual será la emergencia del estadio final de la historia: la sociedad comunista. En tal sociedad los ciudadanos no sólo evitarán la propiedad privada espontáneamente sino que nunca siquiera la desearán. Debido a esto, el delito desaparecerá y así también la necesidad de un gobierno. La sociedad estará libre de la enajenación de un grupo por otro, puesto que ya no habrá clases con intereses en conflicto. Ya no habrá ninguna alienación con respecto a la naturaleza, de los medios de producción o de los medios para la vida. Las personas serán felices y buenas, y vivirán en paz.

Sin embargo, debe quedar claro que, aunque Marx era desde luego un materialista, sus teorías todas presuponen la independencia o autoexistencia de la materia; la materiafísica, junto con su innata ley del desarrollo dialéctico está "meramente allí".[3] La materia no depende de nada en lo absoluto y toda la realidad o bien es idéntica a la materia o depende de ella. Por esta razón, a pesar de sus declaraciones en contrario, la creencia de Marx está basada en una creencia religiosa. Y, lo que es más relevante, esta creencia religiosa es típicamente pagana, puesto que supone que algo del universo (la materia y su ley dialéctica) es un segmento autoexistente de la realidad de lo cual todo lo demás depende. Tenemos derecho a esta conclusión porque nuestras definiciones han mostrado no solamente por qué una creencia puede ser religiosa sin involucrar un culto, sino por qué puede ser religiosa ya sea que sus adherentes deseen admitirlo o no. Menciono esto de nuevo porque ello es especialmente verdadero de paganismos no cúlticos cuyos sus propugnadores frecuentemente niegan que sus creencias sean religiosas en lo absoluto, y se refieren a ellas como "seculares" o "no sectarias" —términos que pretenden trasmitir que son religiosamente neutrales. Tan pronto como comparamos estas creencias con nuestra definición de "divinidad *per se*, sin embargo podemos ver por qué muchas creencias que han pasado como humanistas o seculares son de hecho creencias religiosas alternativas.

Los ejemplos del pitagorismo y el materialismo son casos de paganismo en los cuales hay un solo tipo de realidad divina *per se*. Pero las formas más populares de creencia pagana a lo largo de la historia han pertenecido a un subtipo llamado "dualismo" para indicar la creencia de que hay dos divinidades distintas *per se* en vez de solo una. De acuerdo con las creencias más influyentes de este subtipo, es la interacción entre las dos divinidades lo que produce el resto de la realidad que es no divina. La creencia forma-materia de los antiguos griegos es un ejemplo de tal dualismo, como lo es la doctrina taoísta del Ying-Yang. La figura 2 muestra el esquema previamente ofrecido, alterado para reflejar esta diferencia.

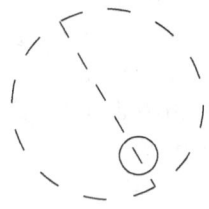

Figura 2.

Usualmente en religiones que creen que hay dos realidades divinas, una de las divinidades es considerada como la fuente de lo que es bueno en el mundo, mientras que la otra es la fuente de lo que es malo. El paganismo dualista de la antigua Grecia recién mencionado es un caso de esto. Vio las dos divinidades como (1) Materia, un *stuff* o mazacote original del cual todas las cosas están hechas, y (2) Forma, el principio de orden que convierte al *stuff* o mazacote en el mundo inteligible que experimentamos. Algunos pensadores griegos entendieron este orden divino como siendo lógico en naturaleza, mientras que otros lo vieron como esencialmente matemático. Aplicada a la naturaleza humana, esta fe dualista enseñó que los humanos también son combinaciones de forma y materia. El cuerpo humano está constituido de materia, la cual genera sentimiento y pasión. Por contraste la mente humana es una encarnación de la forma porque es capaz de razonar lógica y/o matemáticamente. Desde este punto de vista, todo lo que es bueno, bello y verdadero tiene un carácter esencialmente racional y es conocido mediante el ejercicio del pensamiento racional por la mente. Por contraste, todo lo que es malo y desordenado es traído por los impulsos corporales de sentimiento y pasión irracionales. La vida humana es por lo tanto una lucha constante entre la naturaleza emocional y la naturaleza racional de uno, entre el cuerpo y la mente de uno.

A partir de la dualidad básica de sus dos divinidades, esta versión del paganismo vio no solamente a la naturaleza humana sino a toda la realidad como permeada por pares correspondientes de oposiciones: el bien *vs.* el mal, lo racional *vs.* lo irracional, la estabilidad *vs.* el cambio, el orden *vs.* el desorden, la verdad *vs.* la fealdad, etcétera. Esta perspectiva todavía disfruta de una gran popularidad de nuestra cultura hoy en día. Pero no importa cuán confortable muchos no paganos hayan venido a sentirla, esta imagen dualista de las cosas está en conflicto con los tipos de creencias religiosas tanto bíblica como panteísta.

3.3. El tipo panteísta

Los principales ejemplos de religiones contemporáneas que propugnan el arreglo de dependencia panteísta son el hinduismo y el budismo. Este arreglo puede ser mejor visto como el inverso del sostenido por el paganismo. En vez de ubicar lo divino como una división de la realidad continua única, la creencia panteísta es que sea lo que fuere lo que experimentemos como realidad no divina, es de hecho una subdivisión de la realidad divina la cual es tanto infinita como omniabarcante. Este último punto crea un obstáculo para dibujar un esquema que lo ilustre, sin embargo, puesto que no podemos dibujar un círculo infinitamente grande. Así que simplemente estipularé que el círculo finito de la figura 3 representa uno infinito.

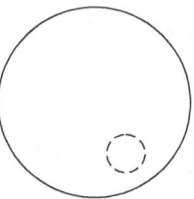

Figura 3.

Este esquema muestra que las religiones panteístas comparten con las religiones paganas la convicción de que existe solamente una realidad continua. Las dos están en desacuerdo, sin embargo, con respecto a si hay algo más en la realidad que lo que es divino *per se* (pagana) o si lo divino es coextensivo con o mayor que lo no divino, de modo que el segundo es una subdivisión de lo divino (panteísta). Dada esta diferencia, podemos decir que desde el punto de vista pagano hay una clara distinción entre lo que es divino y lo que no lo es, pero desde el punto de vista panteísta la distinción es un asunto complicado. Pues si lo no divino es en su *integridad* parte de lo divino, ¿cómo puede haber realmente algo que no sea divino? Y si no lo hay, ¿entonces qué distinción está siendo trazada?

La respuesta dada por las tradiciones panteístas fue ya tocada en el último capítulo. Dice que, sí, lo divino es la misma esencia y ser de todas cosas, pero que nosotros no obstante *experimentamos* cosas y eventos de nuestro mundo cotidiano como no divinos. Así que la distinción que se hace en estas tradiciones no es entre una porción de la realidad que es verdaderamente divina *per se* y una porción que verdaderamente no lo es, sino entre el ser divino de todas las cosas y *la apariencia ilusoria de que hay cosas que no son divinas*. Es debido a que la diferencia entre nuestra experiencia cotidiana ilusoria (Maya) y la realidad divina que subyace a ella es tan grande, que las Escrituras y disciplinas de la tradición panteísta no simplemente enseñan esta doctrina, sino que buscan inducir una experiencia mística de la unidad de todas las cosas. Solamente mediante tal experiencia mística, dicen ellos, puede una persona superar el velo de la ilusión, ver detrás del mundo de la mera apariencia, y hacerse consciente de la realidad divina escondida por aquella. Esta realidad divina es llamada Brahmán

Atman, en el hinduismo; Dharmakaya, el Vacío, la Talidadla Nada, el Nirvana (y otros términos) en el budismo; el Tao en el taoísmo.

Aquí debiera enfatizarse que el sentido en que la mayoría de las versiones de estas tradiciones sostienen que el mundo, tal como es conocido por la experiencia y la razón ordinarias, es irreal, es desde luego muy seria. No quieren decir solamente que el mundo cotidiano es menos real que la realidad divina que oculta; quieren decir que *todo acerca del mismo es irreal*. De acuerdo con ellos, la experiencia mística muestra que lo divino no es solamente la verdadera naturaleza de todas las cosas, sino que de hecho es la única realidad, de manera que los divino ¡es todo lo que existe! Así, incluso las características más comunes del mundo cotidiano son ilusorias desde este punto de vista.[4] Por ejemplo, de acuerdo con las versiones prevalecientes de estas tradiciones, realmente no hay objetos individuales distintos; no hay diferencias reales de cualidades —incluyendo la diferencia entre el bien y el mal. En el fondo, todas las cosas son una; solamente es lo divino.

Esta doctrina usualmente aparece extraña y difícil de paladear para los occidentales, quienes frecuentemente señalan que conduce a contradicciones lógicas. En respuesta a tales críticas, estas tradiciones advierten que sin la necesaria experiencia mística las personas siempre estarán impedidas para entender o creer en la oculta identidad de todas las cosas con lo divino. La crítica de que esta posición es autocontradictoria, dicen ellos, deja de reconocer que el pensamiento lógico es también parte del mundo de la ilusión. Como tal, es parte del engaño que impide a la gente descubrir la unidad divina de toda la realidad. De acuerdo con el arreglo panteísta de dependencia, por lo tanto, no solamente lo divino nunca ha de ser concebido como una parte o aspecto del mundo (como lo hace el paganismo); puesto que la lógica es eliminada, lo divino no puede ser *concebido* en lo absoluto. Ésta es la razón por que las tradiciones hindú y budista insisten en una experiencia mística de la unidad con lo divino *per se* como el único medio para descubrir la verdad acerca de ello.

La diferencia entre los arreglos de dependencia pagano y panteísta resulta en otros desacuerdos importantes entre ellos. Tome, por ejemplo, las diferentes creencias secundarias del tipo (3) de acuerdo con las cuales interpretan la naturaleza humana y la ordenación propia de los valores en la vida. De acuerdo con la influyente versión griega del paganismo bosquejado anteriormente, el error de las personas es su incapacidad de reconocer la razón humana como encarnación del mismo principio divino que ordena toda la realidad, y de trabajar para superar los impulsos de la emoción, haciendo de la racionalidad el valor más alto tanto en sus vidas personales como en la sociedad humana. Desde esta perspectiva, entonces, vivir de acuerdo con la razón es el modo propio de relacionarse con lo divino, el valor más alto en la vida y aquello que conduce a la genuina felicidad.

Por contraste, las tradiciones panteístas insisten en que el error de las personas es creer que el mundo ilusorio, incluyendo la racionalidad humana son reales. Puesto que ninguna parte o característica distinta del mundo natural es divina o incluso real desde el punto de vista panteísta, el modo propio de relacionarse con lo divino es descubrir la verdadera realidad (divina) rechazando y desprendiéndose del mundo ilusorio de la experiencia ordinaria. El valor más alto para los humanos, para esta concepción, no es el ordenamiento racional de la vida, ¡sino el completo rechazo de la experiencia ordinaria, incluyendo la razón! Como hemos visto, esto ha de lograrse a través de una experiencia mística de completa unión con lo divino. Más aún esta experiencia hace algo más que meramente revelar lo divino: es también el medio de liberarse del (irreal) mundo de la ilusión y el sufrimiento. Así, común a todas las tradiciones panteístas es la enseñanza de que el modo apropiado de relacionarse con lo divino, y el más alto valor en la vida, es buscar la iluminación vía la experiencia mística. Dejar de alcanzar esa experiencia en la vida presente resulta en la reencarnación de uno en otras vidas de ilusión y sufrimiento. Y se cree que esto continúa (usualmente a través de millones de vidas hasta que una persona es finalmente iluminada por la experiencia mística y de esa manera exentada de futuras reencarnaciones. Esto es, una vez iluminada, a una persona se le garantiza el Nirvana: el estado en el cual el (ilusorio) yo individual de uno es absorbido por lo divino, como una gota de agua es absorbida por el océano. Ese es el estado de "inefable bienaventuranza", y por ende es la realización de la verdadera naturaleza humana y de la felicidad genuina en su sentido más alto.

3.4. El tipo bíblico

En contraste con las ideas de dependencia tanto pagana como panteísta, el arreglo bíblico *niega que haya una realidad continua*. La idea hebrea de creación, la cual es básica también para el cristianismo y el islam, es que Dios (o Alá) el Creador es distinto del universo que lo trajo a la existencia a partir de la nada. De acuerdo con esta enseñanza, lo divino *per se* no es parte del universo ni es el universo parte de lo divino; hay una discontinuidad fundamental entre el creador y todo lo demás que es su creación. Esta diferencia básica ha sido bien expresada por Will Herberg. Usando la expresión "greco-oriental" para cubrir las ideas de dependencia tanto pagana como panteísta, y el término "hebraico" para referirse a la idea bíblica, Herberg dice:

> las religiones hebrea y greco-oriental, como religiones, están de acuerdo en afirmar alguna Realidad Absoluta como Última, pero difieren fundamentalmente en lo que dicen acerca de esta realidad. Para el pensamiento greco-oriental, ya sea místico o filosófico, la realidad última es alguna fuerza primaria impersonal... alguna sustancia divina inefable, inmutable e impasible que permea el universo o más bien es el universo en tanto que el segundo es en lo absoluto real....
>
> Nada podría hallarse más lejos de la religión hebraica normativa....En contra de la concepción de la *inmanencia* greco-oriental, de una divinidad que permea todas las cosas y constituye su realidad, la religión hebrea afirma a Dios como una persona trascendente que desde luego ha creado el universo, pero que no puede sin blasfemia ser identificado con el mismo. Donde la religión greco-oriental ve una continuidad entre Dios y el universo, la religión hebraica insiste en la discontinuidad.[5]

Como consecuencia las tradiciones bíblicas ni elevan alguna parte de la creación al *status* divino, ni descartan al universo creado como ilusorio. El universo es menos real que Dios, desde luego, puesto que depende de Dios mientras que Dios no depende de nada en lo absoluto. Pero, aunque dependiente, el universo es real precisamente porque ha sido creado por Dios. Y es importante porque es la arena en la que los humanos han de vivir en compañerismo con, y servicio a Dios. Es así que el mundo creado es a la vez importante y completamente dependiente; no hay nada *en él* que no sea dependiente de Dios. Toda cosa, evento y estado de cosas; toda parte y propiedad, hecho y faceta, ley y norma —en breve, todo lo que no sea Dios mismo— ha sido traído a la existencia por Dios y continúa dependiendo de Dios, quién es la única divinidad que existe. La figura 4 representa este arreglo de dependencia bíblico.

Es debido a este arreglo de dependencia que la idea de revelación es tan importante en las tradiciones bíblicas. Dios no es una realidad cuya naturaleza y propósitos pudieran ser descubiertos investigando el universo o mediante una experiencia mística en el sentido panteísta. En vez de ello las tradiciones bíblicas están todas ancladas en la creencia de que Dios ha creado dentro del mundo una revelación inteligible de sus relaciones con el universo, especialmente sus relaciones con los humanos. Este cuerpo de enseñanza es la guía autoritativa para todo conocimiento de Dios (incluyendo la interpretación de las experiencias religiosas inusuales). Enseña que sólo Dios es divino *per se* y transmite los con-

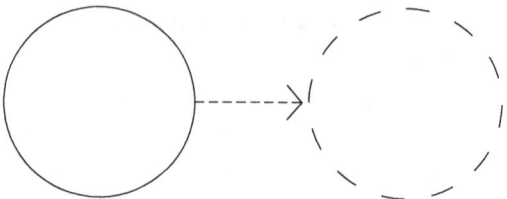

Figura 4

tenidos del pacto de redención de Dios, los cuales son creencias secundarias del tipo (3) necesarias para que los humanos estén en una relación apropiada con él. Al convertirse en suscriptores de este pacto o tratado de salvación, las personas se convierten en miembros de su reino y reciben vida eterna. En contraste con las tradiciones paganas, entonces, la experiencia religiosa que fundamenta el teísmo no encuentra que lo divino sea una parte o aspecto del mundo natural, sino que lo encuentra revelado en un libro. De allí el reconocimiento musulmán de que los judíos y los cristianos, a pesar de sus diferencias con respecto a los musulmanes, también son "pueblos del libro".

Y aunque la religión bíblica enfatiza el papel de la experiencia en la creencia en Dios de una persona, no requiere que sea una experiencia "mística" en el sentido que lo requieren el hinduismo el budismo. En la concepción bíblica, puesto que Dios trasciende completamente la creación, incluso las experiencias de unidad con Dios nunca son tomadas como siendo con el ser esencial de Dios, sino siempre mediadas a través de (y hacia) algo que él ha creado. Y mucho menos una experiencia —la que sea— conduce a *convertirse* en parte de Dios. El destino prometido a los creyentes no es el de ser absorbido en el Ser de Dios, puesto que en las religiones bíblicas los humanos son y siempre serán criaturas distintas de Dios. Son los individuos distintos, como miembros del cuerpo del pueblo de Dios, los que son objeto del amor y el perdón de Dios. Y es como individuos que se les concederá vida eterna en el Reino final de Dios. Es ese compañerismo con Dios y con otros humanos que aman a Dios lo que constituye la plenitud de la naturaleza humana y constituye la verdadera felicidad humana. Como lo dice uno de los catecismos cristianos: "Pregunta: ¿Cuál es el principal fin del hombre? Respuesta: Glorificar a Dios y disfrutar de él por siempre".

Es crucial observar, sin embargo, que insistir en la diferencia insalvable entre Dios y la creación no significa que Dios no pueda entrar en la creación y actuar en ella; no significa que no pueda estar presente con la gente o que no se pueda comunicar con ella. Simplemente significa que su presencia y comunicación son siempre acomodadas al entendimiento humano al estar mediadas a través de relaciones que él crea y utiliza para ese propósito. Y tampoco es que su comunicación usualmente deje de lado las facultades humanas normales; él diseñó a los humanos de tal manera que sus capacidades para experimentar y conocer fueran capaces de recibir su revelación, así como entender su mundo, para que le sirvieran en el mismo. Así que incluso cuando los profetas bíblicos tuvieron experiencias inusuales en conexión con la recepción de revelación de Dios, esa revelación nunca fue algo que abandonara la experiencia y la razón humana ordinarias enteramente, o mostrara que el mundo es una mera ilusión. En la concepción bíblica, el mundo no oculta lo divino como lo supone el panteísmo, sino que fue formado de manera que revelara a Dios. (La razón por la que las personas son incapaces de reconocer la revelación de Dios en la naturaleza y su palabra es llamada "pecado" por los autores bíblicos. Regresaré a este punto en un momento.) Así, mientras que siempre hay algo de Dios que se halla más allá de la comprensión humana en la religión bíblica, los humanos son capaces de conocer la verdad acerca de Dios porque él ha hecho dos cosas: primero, ha estructurado el universo de tal modo que, visto correctamente, apunta más allá de sí mismo hacia él como su Origen divino trascendente; segundo, se ha acomodado a la experiencia y la razón humanas, y comunicado sus pactos de amor, perdón y vida eterna a través de la historia. Y esto incluye su producción de un registro escrito de aquellas comunicaciones en la Escritura.

Por esas razones, la experiencia de Dios está mediada a través de su revelación y nunca es un logro del esfuerzo humano sin ayuda —como se enseña en las tradiciones panteístas. Así que el papel del profeta bíblico no es el de un Swami hindú o un Maestro budista. En el hinduismo o el budismo, los Maestros son expertos que por su propia iniciativa han encontrado la fórmula para experimentar lo divino. Por contraste, un profeta bíblico es un representante escogido por Dios para entregar su mensaje; no es un experto que descubriera la verdad religiosa por sí mismo, sino un mensajero a quien Dios le reveló la verdad religiosa (de hecho, los profetas frecuentemente se quejaban de que no entendían el mensaje que les era dado). La iniciativa en toda revelación es tomada por Dios, no los humanos. Más aún, la experiencia religiosa humana por sí misma nunca es la norma o estándar de creencia de las religiones bíblicas; más bien, es la experiencia de reconocer la palabra de Dios como la norma y estándar de la creencia. En otras palabras, la experiencia misma no es la autoridad religiosa última; lo es la revelación de Dios. Y ese es el reverso de la idea panteísta de la experiencia mística, donde la experiencia misma es la autoridad religiosa última.

Correspondiendo a estas diferencias acerca de la experiencia y la revelación religiosas, hay todavía otra diferencia que es importante. Desde la perspectiva panteísta, una persona debe perseguir el logro de la experiencia mística a través de muchas vidas. Sólo cuando es lograda verá la persona la verdad de la unidad de todas las cosas y logrará así ser liberada de la maldición de interminables nacimientos, alcanzando el Nirvana. Pero en la perspectiva bíblica las cláusulas del pacto garantizan que dirigir la fe y el amor de uno a Dios le aseguran ya al creyente su salvación. Es un don de Dios al comienzo y no un logro que se gane en la ruta. La garantía de la salvación es así una parte integral de ser un judío, un cristiano o musulmán, y no llega solamente después como producto de varias vidas de lucha.

Por supuesto, es también verdadero que hay lucha en servir a Dios en la vida diaria, de acuerdo con la religión bíblica. Hay esfuerzo y a veces agonía al tratar de responder al amor que Dios libremente ofrece. Y hay una profundización de la fe en Dios y el amor hacia otros que solamente puede resultar de la oración y el trabajo, los cuales se hayan frecuentemente acompañados de dolor. No obstante no es el destino último del creyente lo que se halla en juego en las luchas diarias por servir a Dios, sino sólo la cercanía de la relación del creyente con Dios y el grado de recompensa que Dios en última instancia le otorgará. Pues de acuerdo con las Escrituras bíblicas cualquier persona que crea la verdad de la revelación de Dios y ame a Dios ha recibido ya la promesa de su redención y el don de la vida eterna.

Continuando el contraste, deberíamos observar que la posición bíblica también tiene una concepción distintiva de la naturaleza humana, la cual es incluso más antagónica a las concepciones pagana y panteísta de lo que aquéllas lo fueron entre sí. En contraste con la concepción pagana más popular, la enseñanza bíblica acerca de lo que está mal en las personas no es que tengan un cuerpo, sentimientos y emociones. De acuerdo con los escritores bíblicos, las mentes, los cuerpos, las emociones, los pensamientos, etc., de las personas pueden ser todos buenos o malos, dependiendo de si son usados en el servicio de Dios. Una vez más Herberg lo dice bien:

No importa cuán familiar y plausible pueda parecer la concepción dualista a muchas personas religiosas hoy en día, ésta es sin embargo completamente contraria a la perspectiva hebraica. En el auténtico hebraísmo, el hombre no es un compuesto de dos "sustancias", sino una unidad dinámica....El cuerpo, sus impulsos y pasiones no son malos; como partes de la creación de Dios son inocentes y, cuando están propiamente ordenados, positivamente buenos. Ni tampoco, por otra parte, es el espíritu humano la "divinidad falsa" de los griegos. El espíritu es la fuente tanto del bien como del mal, pues el espíritu es voluntad, libertad decisión.[6]

En esta conexión es importante observar que la idea bíblica del pecado no es primariamente la del error moral. Mientras que los actos inmorales son, desde luego, llamados pecados (plural) y son condenados, la idea central de lo que está mal en las personas, de acuerdo con la religión bíblica, es *religioso*. Esto es, el "pecado" (singular) es el nombre para esa condición de la naturaleza humana que hace que la gente deje de reconocer la verdad de la revelación de Dios y deje así de amar y servir a Dios con todo su ser. Este sentido religioso de "pecado" es el poner algo en el lugar de Dios, de tener una divina falsa en vez de la Verdadera. Es por ello que la primera exigencia del pacto de Dios es amarle con todo nuestro corazón, a lo cual entonces agrega que amemos a nuestro prójimo como a nosotros mismos, por la razón de que nuestro prójimo ha sido creado "a imagen de Dios". En la concepción bíblica, entonces, el pecado es sólo secundariamente un asunto de intenciones y comportamientos inmorales. Es antes que nada un asunto de no dirigir la fe y el amor de uno al creador, considerando como divino en vez de ello algo que Dios ha creado. Como lo dijera un rabino hace mucho tiempo:

> Porque la ira de Dios se revela desde el cielo contra toda impiedad e injusticia de los hombres que detienen con injusticia la verdad ... ya que cambiaron la verdad de Dios por la mentira, honrando y dando culto a las criaturas antes que al Creador. (Ro. 1:18 y 25)[7]

Es interesante considerar esta cita de San Pablo a la luz del contraste entre la religión pagana y la religión bíblica que ha sido trazado por el pensador pagano Alfred North Whitehead. Whitehead cita de la Biblia la pregunta "¿Descubrirás tú los secretos de Dios?" (Job 11:7). Reconociendo que el texto espera una respuesta negativa, Whitehead hace la inteligente observación de que esta actitud es "buen hebreo pero mal griego"; esto es, bíblico pero no pagano. Luego agrega la mofa de que la posición bíblica es la de "intelectos más espesos" que "se gloriaban en la noción de que los fundamentos del mundo habían sido puestos en medio de una niebla impenetrable".[8] En otra parte, Whitehead regresa a este mismo punto, esta vez rechazando las posiciones bíblica y panteísta en favor de la versión del paganismo que ve a la razón humana como semejante al orden divino del mundo. Dice:

> ¿Cuál es el estatus de la duradera estabilidad en el orden de la naturaleza? Se halla la respuesta sumaria, la que refiere la naturaleza a alguna realidad más grande que se haya detrás de ella. Esta realidad ocurre en la historia del pensamiento bajo muchos nombres: el Absoluto, Brahma, el Orden de los Cielos, Dios. Mi punto es que cualquiera conclusión sumaria que salte de . . . un orden tal de la naturaleza a la fácil suposición de que hay una realidad última . . . constituye el gran rehusamiento de la racionalidad a afirmar sus derechos. Tenemos que investigar si no es que la naturaleza en su mismo ser se muestra como autoexplicativa.[9]

Este lúcido contraste de la creencia pagana (racionalista) con la bíblica, formulada en defensa de la posición pagana, se comporta perfectamente tanto con el contraste trazado por San Pablo como con los esquemas que acabo de ofrecer. Todos reflejan las diferencias centrales entre las ideas de dependencia sostenidas por los paganos, los panteístas y los teístas. Y sirven para confirmar mi punto de que la creencia pagana —al menos en sus versiones no rituales— se halla vivita y coleando en el pensamiento y la cultura occidentales.

Los contrastes recién trazados entre los tres tipos de ideas de dependencia meramente rascan la superficie al comparar solamente unas cuantas de sus más notables características. No obstante, podrán ser suficientes para reforzar tres puntos que serán útiles en todo lo que sigue: (1) cuán ampliamente difieren las creencias sobre justamente qué es divino *per se* y sobre cómo lo divino se relaciona con lo que no es divino; (2) por qué los tipos de estas creencias revisados aquí son irreconciliables; y (3) cuán fácil es dejar de reconocer una creencia como religiosa cuando llega en una forma extraña o proviene de una tradición que no nos es familiar, especialmente si carece de un culto asociado a ella.

3.5. ¿Por qué pensar que hay algo divino en lo absoluto?

Habiendo ahora bosquejado los tres tipos principales de arreglos de dependencia que se encuentran en las creencias religiosas de hoy en día, terminaré este capítulo regresado a la pregunta planteada en el capítulo 1 con respecto a si algo en lo absoluto es divino *per se*. La pregunta es porque no podría alguien responder a todo lo que se ha dicho hasta aquí de este modo: "te concedo que le hayas atinado a lo que es esencial a la creencia religiosa, e incluso te concedo que tales creencias han jugado un papel importante en las teorías. Pero, ¿por qué no es ello simplemente un hecho lamentable, en vez de inevitable? ¿Por qué no podemos hacer un mayor esfuerzo para no permitir que nuestras teorías se vean engrosadas con creencias religiosas? ¿Y por qué no podemos expander el ateísmo de tal manera que no solamente niegue que hay dioses, sino que niegue que haya algo divino *per se*?

La cuestión de si las teorías pueden evitar incluir o presuponen alguna creencia de divinidad se abordará separadamente en el capítulo 10. Por ahora me concentrar en la última parte de la objeción de si es posible defender la propuesta "nada es divino *per se*". Esto, como hemos visto, es lo mismo que decir "nada tiene una realidad no dependiente". Mi réplica es que *esta propuesta no tiene una interpretación coherente*. No importa cuán duro tratemos, sostengo, no podemos pensar en ningún estado de cosas concebible que sea un ejemplo de ello en el cual nada tenga el *status* de divinidad. Así que, mientras que podemos decir las palabras "nada es divino", y saber lo que significan, no podemos pensar en ningún conjunto de circunstancias que sean un ejemplo de ello —así como podemos decir y entender las palabras "círculo cuadrado" pero no podemos pensar en nada que pudieran nombrar.

Quizás el mejor candidato para una concepción de la realidad que carezca de toda divinidad *per se* sería la aserción de que la realidad está compuesta sólo de cosas individuales y eventos cada uno de los cuales es dependiente. En esta concepción cada cosa o evento que llega a ser interactúar con otras cosas y eventos, produce nuevas cosas o eventos, y deja de ser. Y, hasta donde sabemos, esta sucesión de cosas dependientes ha estado transcurriendo desde toda la eternidad, de modo que nunca tuvo un comienzo. En tal caso, ¿no sería todo dependiente? Así que, ¿no es éste un estado de cosas concebible en el que sólo hay cosas y eventos dependientes? ¿Y no tiene por lo tanto éxito al especificar un mundo en el que nada es divino?

La respuesta es que no. Incluso en esta explicación hay algo que se deja en el *status* de divinidad *per se*, a pesar del esfuerzo concertado para evitarlo. Lo que es dejado como divino por esta propuesta es *el arreglo total de las cosas dependientes*. Puesto que de acuerdo con esta propuesta no existen más que los miembros del arreglo total, no hay nada de lo que el arreglo como un todo dependa; no hay nada que explique por qué existe; meramente es. Así que no importa a esta propuesta que todos y cada uno de las cosas y eventos dentro del arreglo sea dependiente, porque el arreglo como un todo no lo es y por lo tanto encaja en la definición de divinidad *per se*. La pregunta "¿por qué existe el arreglo más bien que nada?" no es respondida. El arreglo total es así dejado por default en el *status* de tener una existencia incondicional.

Algunas veces se replica que de acuerdo con esta propuesta el arreglo depende de algo, a saber sus miembros. Después de todo, no podría existir sin sus miembros, ¿correcto? Esta respuesta, sin embargo, es una seria confusión. El término "arreglo' es un nombre colectivo para todas las cosas dependientes que constituyen el tipo de realidad que se está proponiendo, no el nombre propio de una cosa individual. Así que el arreglo total no puede ser considerado como un objeto sencillo que dependa de sus miembros como partes. En otras palabras, el arreglo no *depende* de sus miembros; *es* precisamente sus miembros. Así, sugerir que el arreglo depende de sus miembros equivale a decir solamente que depende de sí mismo —lo cual no es más que otro modo (aunque menos claro) de decir que es no dependiente.

Déjenme poner este rechazo de "nada es divino *per se*" de otro modo, en caso de que todavía no esté claro. La suma total de la realidad, no importa cómo se entienda, tendría que ser divina en parte o en todo precisamente porque no habría nada más de lo cual dependiera. El único modo de evitar esta conclusión sería sostener que "la suma total de la realidad" es una noción de alguna manera carente de sentido. Pero, ¿por qué pensar eso? Me parece que sé lo que significa: significa todo lo que es —cualquier cosa que pueda ser eso. Si lo que es dependiente es la suma total de la realidad tomada como un todo, entonces alguna forma del arreglo de dependencia panteísta es correcto. Si la suma total de la realidad es parcialmente no dependiente entonces el arreglo de dependencia pagano o el bíblico es correcto. De estos dos, si el segmento de realidad independiente está contenido dentro de y permea al segmento dependiente, entonces es el arreglo pagano de dependencia el que es correcto. Mientras que si la parte independiente de la realidad trasciende (no es parte del ser de) el segmento dependiente de la realidad, entonces el arreglo de dependencia bíblico es el correcto.

Hay varias cosas que debieran ser notadas acerca de este argumento. La primera la señalé antes cuando dije que los tres arreglos de dependencia que se encuentran en las religiones del pasado y el presente del mundo no son los únicos posibles. Así que he estado hablando de estas tres meramente porque de hecho ocupan en el campo, y no en la suposición de que no pudiera haber otras. En segundo lugar, lo que estamos señalando acerca de ellas será verdadero no importa qué descripción más completa pudiera sostenerse de aquello que tiene *status* divino *per se*. He estado hablando solamente de los arreglos de dependencia, no de la naturaleza supuesta de las divinidades *per se* sobre las cuales la realidad no divina depende. Sería muy posible que alguien sostuviera alguno de estos arreglos pero proveyera una descripción específica diferente de lo que tiene *status* divino, de aquellas que se enseñan por las tradiciones religiosas que han históricamente defendido ese arreglo de dependencia particular. En tercer lugar, este argumento no pretende mostrar qué arreglo de dependencia, o qué idea de lo que tiene *status* divino *per se* es correcto. Sólo muestra por qué no tiene sentido decir que *nada* tiene *status* divino *per se*, a saber, que no podemos ni siquiera enmarcar una idea de realidad en la cual nada es divino.

Finalmente, debiéramos observar que este argumento no muestra que todas las personas tengan alguna creencia de divinidad. (Pienso que eso es verdadero; pero lo creo porque la Escritura lo enseña, no debido a este argumento.) El hecho de que una creencia no tenga una alternativa coherente no garantiza que todo mundo de hecho creerá en ella.

Esto concluye nuestra discusión de la creencia religiosa. Pasaremos ahora a la pregunta de qué es una teoría y distinguiremos algunos tipos principales de teorías. Esto nos ayudará a ponernos en posición de ver por qué y cómo una u otra descripción de la divinidad *per se* inevitablemente juega un papel regulativo activo crucial en cualquier teoría abstracta.

PARTE II

TEORÍAS

CAPÍTULO 4

¿QUÉ ES UNA TEORÍA?

4.1. Introducción

Empecemos preguntando: ¿por qué deberíamos estar particularmente interesados en la relación de la creencia religiosa con las teorías? ¡Seguramente hay más cosas para la interpretación de la vida que lo que proporcionan las teorías! ¿Y después, de todo no son las teorías asuntos altamente técnicos entendidos o lo por los científicos los filósofos? ¿Y no contribuyen poco al entendimiento que la mayoría de las personas tienen de sí mismas y de sus vidas cotidianas?

Mientras que algunas teorías son, desde luego, muy técnicas y comprensible sólo por los expertos muchas otras no lo son. La idea de que todas las teorías hallan más allá de la persona por medio proviene de asociar la palabra "teoría" con los últimos avances en la física la química o la astronomía. Debiéramos recordar, sin embargo, que hay también teorías influyentes acerca de los derechos políticos, la felicidad humana, la moralidad, el entendimiento del arte, la crianza de los niños, el tratamiento médico efectivo y la educación pública, para nombrar aunque sea algunos cuantos. Muchas de estas teorías se hallan bien dentro de la comprensión de la persona promedio. Lo que es más, parece improbable que haya alguien que no sostiene una teoría sobre al menos uno de estos tópicos. De modo que la verdad es que la persona promedio se halla altamente influenciada por las teorías.

Otra razón por la que deberíamos estar interesados en la relación de la creencia religiosa con las teorías, tiene que ver con la autoridad que frecuentemente se pretende que tienen las teorías, especialmente, las de las ciencias. Una creencia que se sostiene ampliamente hoy en día es que una vez que se formula se somete a prueba y se acepta una teoría científica por la mayoría de los expertos, se convierte en el estándar más autorizado para juzgar la verdad de cualquier cosa sea de lo que trata. Esto implica, desde luego, que si una teoría ampliamente aceptada se opone a la creencia religiosa de uno, uno sería un perverso si rechazara la teoría y mantuviese la creencia. En el último siglo y medio esta conclusión ha sido alcanzada repetidamente por los propugnadores de la biología darwiniana, la psicología freudiana y la política marxista, para mencionar solamente los ejemplos más obvios.

¿Podemos aquellos de nosotros que creemos en Dios aceptar la pretensión de que las teorías son los árbitros finales de la verdad? ¿Son éstas realmente neutrales con respecto a la creencia religiosa y por ende capaces de concitar la abrumadora lealtad que comunmente se les adscribe? Si esto es así, ¿se hallan verdaderamente en la posición de decidir la verdad (o racionalidad) de las creencias religiosas? Y ¿qué hay de la concepción popular de que las teorías tienen autoridad en un ámbito de la vida, la creencia religiosa tiene autoridad en otro ámbito? ¿Es ésta una manera satisfactoria para el teísta de entender como la creencia en Dios se relaciona con las teorías? Para responder estas, y otras preguntas importantes, debemos primeramente lograr algún entendimiento de lo que son las teorías para que así podamos entonces investigar la relación entre ellas y las creencias de divinidad *per se*.

4.2. ¿Qué es una teoría?

La misma alma de una teoría está constituida por sus hipótesis y una hipótesis es una conjetura educada propuesta para explicar algo. Desde luego, el hecho de que todas las hipótesis sean conjeturas no significa que todas las conjeturas sean hipótesis, pues no todas las conjeturas pretenden explicar. A veces conjeturamos para ganar un premio o hacer una broma, por ejemplo. En lo que sigue, me ocuparé solamente con las conjeturas hechas para el propósito de explicar algo y que son por lo tanto las conjeturas muy especiales que llamamos "hipótesis".

Dejenme aclarar inmediatamente que no trataré de corregir la comunmente aceptada práctica de utilizar "hipótesis" y "teoría" de modo intercambiable para indicar una conjetura sencilla explicativa o un conjunto de conjeturas explicativas estrechamente relacionadas. Casi no me ocuparé aquí, sin embargo, con hipótesis aisladas sino con complejos de las mismas, junto con sus condiciones iniciales y suposiciones de trasfondo, las cuales forman una explicación altamente abstracta y sistemática que es defendida con argumentos y evidencia. Hay otro modo en que "teoría" se usa frecuentemente, hoy en día, que debo rechazar completamente. Esta es la práctica empleada por muchos escritores que utilizan el término "teoría" para cualquier tipo de explicación, ya sea que emplee hipótesis o no. Para ellos, el término "teoría" simplemente significa cualquier narración, interpretación o ayuda para el entendimiento.

Tal uso de "teoría" confunde e induce al error porque oscurece lo que es esencial a las teorías en contraste con otros modos explicación. Por ejemplo, deja en la oscuridad la diferencia entre una teoría y un mito. En muchos mitos se personificaban los efectos de la naturaleza y las relaciones entre ellos eran explicadas, como explicaríamos las relaciones entre humanos. Fue este tipo de explicación la que los antiguos filósofos griegos quisieron reemplazar con hipótesis, las cuales intentaban explicar varios datos mediante las propiedades que poseían y las leyes que los gobernaban y que debatían, produciendo argumentos y evidencia en favor o en contra de ellos. (Esta es la razón por la que terminó "mito" eventualmente vino a tener la connotación de una explicación que era tanto inferior como falsa). Puesto que ya no hacemos mitos para explicar la naturaleza, puede no parecer importante preservar su diferencia con respecto a las teorías. Pero incluso aparte de los mitos, todavía utilizamos modos de explicación que no son teorías. Por ejemplo, las direcciones de cómo llegar a mi oficina o instrucciones acerca de cómo operar un helicóptero ofrecen explicaciones pero no propone ninguna hipótesis y por lo tanto no debían ser llamadas teorías. Por lo tanto, usaría "teoría" para indicar solamente las explicaciones que os ofrecen hipótesis y que tratan de justificarlas mediante argumentos y evidencia.

Dada esta definición de "teoría" debiera ser obvio que el negocio de hacerlas no es el dominio exclusivo de los científicos y los filósofos. Un detective puede hacer una teoría acerca de un caso en el que se haya trabajando; un conductor puede concebir una acerca de un ruido extraño que proviene del motor de su coche y un oficinista puede proponer una hipótesis para explicar por qué el jefe está tan enojón el día de hoy. Puesto que todas estas conjeturas se hacen para explicar algo, son teorías tanto como lo son las propuestas de la teoría atómica o la psicología freudiana. Más aún, ambos tipos de teorías —las conjeturas de sentido común así como la de los científicos y los filósofos— son instigadas por la misma frustración: se hace cuando no podemos *descubrir* directamente la respuesta a alguna pregunta. Cuando eso sucede conjeturamos una respuesta.

Sin embargo, hay diferencias importantes entre el modo en que las teorías son hechas por los científicos los filósofos y el modo de sentido común en que son hechas en la casa o la oficina. Dos diferencias tales que han recibido un reconocimiento casi universal son: (1) las teorías en la ciencia la filosofía son más abstractas que las de sentido común[1] y (2) los métodos de evaluar teorías ofrecidos en la ciencia la filosofía son mucho más complejos sofisticados. Esta mayor sofisticación es parcialmente un resultado de la naturaleza abstracta de estas teorías, pero también una respuesta al hecho de que las teorías que se proponen explicar los mismos datos frecuentemente se hallan en desacuerdo entre sí. Los métodos de evaluación están así orientados no solamente a juzgar una teoría internamente, si no ha ponderarla frente a las teorías en competencia. Así, no solamente son las hipótesis más los abtractas, sino que también lo son las razones que se dan en su favor.

En lo que queda de este capítulo, examinaré algunas importantes diferencias entre las teorías altamente abstractas y las del sentido común. Esto es necesario porque a pesar de su amplio reconocimiento, estas diferencias rara vez examinan cuidadosamente y a sus consecuencias no se les otorga su plena importancia.[2] Digo esto porque resultará que entre sus consecuencias se hallan características cruciales para una explicación de cómo las teorías se relacionan generalmente con la creencia religiosa. Así que primero necesitamos un análisis de la abstracción, después del cual veremos qué diferencia a las teorías científicas de las filosóficas. Con eso una vez que hayamos hecho eso, distinguiremos entonces dos tipos de hipótesis abstractas que ocurren tanto la ciencia como en la filosofía. Y finalmente cerraremos con una explicación de varios lineamientos para evaluar las teorías de cada tipo.

4.3. La abstracción

Si bien todo mundo parece estar de acuerdo en que las teorías científicas y filosóficas son altamente abstractas, rara vez intentan los escritores parafrasear exactamente que se quiere decir con "abstracto" o que significa su ser "alta'. Un punto de partida obvio para esta tarea es considerar el significado literal del término: "abstraer" significa extraer o remover algo (mentalmente) de algún trasfondo más amplio. Esta actividad es virtualmente la misma que enfocar nuestra atención, algo que hacemos frecuentemente todos los días. Por ejemplo, si estamos tratando de encontrar un libro que tiene una cubierta verde buscamos en el estante mirando todos los libros con cubiertas verdes. Para hacer eso, habremos primero destacado mentalmente (abstraído) el color verde de todos los otros colores y también haber destacado el color de cada libro de todas las otras cualidades o propiedades que los libros tienen.

Este nivel de abstracción es tan común que ordinariamente no le ponemos atención. Por ejemplo, frecuentemente llevamos a cabo acciones tales como evitar algo porque huele mal, juzgar que algo es demasiado grande para un recipiente o preferir una secuencia de acciones porque es justa. Comunes como son tales acciones, todas requieren que hayamos primeramente abstraído el olor, el tamaño o la justicia de entre todas las otras propiedades exhibidas por aquello que huele mal, es demasiado grande o es más justo. En tales casos la extracción de aquellas propiedades en nuestro pensamiento no se hace para *aislarlas* de las cosas o eventos que las exhiben, sin embargo. Esto es, este nivel de abstracción no se enfoca en el olor o el tamaño de una cosa o lo que sea, a tal grado como para romper la continuidad de aquellas propiedades con todas las otras propiedades de las cosas que las tiene. En este nivel de abstracción, una propiedad, aunque distinguida y destacada, sigue siendo experimentada como una característica *de la cosa* que la exhibe. Llamaremos a este el nivel bajo de abstracción. Por contraste, también somos capaces de intensificar el foco de nuestra atención a tal grado que de hecho aislamos una propiedad de cualquier cosa que la exhiba y así, enfocamos nuestra atención en la propiedad misma. Esto es lo que llamaré abstracción "alta'.

Puesto que este nivel de abstracción más alto es una característica tan importante de las teorías científicas y filosóficas, ilustraré ahora su diferencia con respecto a la abstracción de nivel bajo con mayor detalle. Considere el caso de alguien que acaba de comprar un coche nuevo y lo está mostrando a un grupo de amigos. Uno de los amigos dice que le fascina el color del coche, otro comenta que el coche es bello, mientras que otros preguntan cuán caro fue y cuánto pesa. Todas estas observaciones muestran que los hablantes han destacado a un nivel de abstracción bajo diferentes propiedades del coche: su color, belleza, costo y peso. Pero ninguna de estas propiedades ha sido aislada del coche; siguen siendo experimentadas y concebidas como propiedades *del coche*.

Sin embargo, si alguien se enfocara en la propiedad de, digamos, el peso mismo, aparte del coche (o de cualquier otro objeto particular), estaría concibiendo el peso de un modo altamente abstracto. Otras propiedades tales como la velocidad, la masa, la densidad y el volumen podrían ser aisladas de igual manera. De este modo, el pensamiento altamente abstracto puede proveernos con un tipo de concepto distintivamente diferente por encima de aquellos que están disponibles sin ella. Agrega una nueva dimensión al teorizar haciendo posible que las hipótesis sean conjeturas de (o acerca de) propiedades altamente abstraídas, funciones, relaciones, etc. *además de* ser acerca de las cosas y los eventos que las tienen. Es así posible que conceptos altamente abstractos, sean utilizados para explicar tanto otras abstracciones como las cosas y eventos que continuamos experimentando en la conexión no rota de todas sus propiedades. Así, al abstraer propiedades, creamos la posibilidad de preguntar acerca de las relaciones entre estas propiedades y de buscar patrones de conexiones entre aquellas relaciones todos los cuales son concebidos aparte de cualesquiera cosas o eventos

en los que puedan ocurrir.[3] Para las teorías, la más importante de la relaciones
que se puede descubrir de este modo son las leyes. En el caso de las propiedades
muestra recién nombradas, las leyes que valen entre ellas incluirían:

momentum = masa × velocidad

o

$$\text{densidad} = \frac{\text{masa}}{\text{volumen}}.$$

Leyes que valen entre otras propiedades adicionales incluirían las leyes del
movimiento o de la termodinámica o la famosa ley de Einstein $E = mc^2$. Así,
la abstracción alta nos permite plantearnos preguntas acerca de las propiedades
que no podían haber sido planteadas sino las hubiésemos aislado de las cosas
que las exhiben y responder aquellas preguntas aislando además, relaciones específicas entre ellas —especialmente relaciones nómicas. Así, para la mayoría
de las teorías de la ciencia y la filosofía, ni las preguntas planteadas ni las respuestas ofrecidas a las mismas pudieran ser concebidas sin la abstracción alta.
Más aún, producir argumentos y evidencia en favor de (o contra de) la verdad de
tales teorías también involucra alta abstracción; de hecho, los argumentos para
las teorías son frecuentemente más sofisticados e ingeniosos que las hipótesis
mismas.

Las teorías de la ciencia y la filosofía hicieron así de las teorías de sentido
común por su empleo de la alta abstracción en cualquiera de (o combinación)
de al menos tres modos: (1) plantear la(s) pregunta(s) que la teoría se propone
responder, (2) inventar las hipótesis propuestas como respuestas a las preguntas
o (3) evaluar la verdad de las hipótesis mediante los argumentos y la evidencia.[4]
De aquí en adelante me ocuparé sólo de las teorías que emplean la alta abstracción, así que no continuaré trazando la distinción. El término "teorías" se
referirá siempre al tipo altamente abstracto y el término "abstracción" se referirá siempre a la *alta* abstracción más que al mero destacar de una propiedad de
una cosa sin aislarla de la cosa.

4.4. Aspectos de la experiencia

Además de los tres modos recién enlistados, la alta abstracción juega otro papel
crucial en la construcción de teorías. Pues no solamente abstraemos propiedades
individuales, relaciones y patrones, sino que también abstraemos tipos de ellas.
Considere las propiedades que recién considerábamos: peso, masa momento

y densidad. Podemos ver que ellas, así como las leyes que rigen entre ellas, todos comparten en común la propiedad adicional de ser físicas. Distinguir este tipo de propiedades y leyes de gran escala, omniabarcantes, es así una ulterior abstracción con respecto a las propiedades y leyes abstraídas de ese tipo. Así que mientras que las propiedades individuales y las leyes puede ser directamente extraídas de las cosas y los eventos de nuestra experiencia ordinaria, la idea del tipo al que pertenecen es una abstracción de abstracciones. Una vez reconocidas, tales ideas de tipo sirven ulteriormente a la construcción de teorías, delimitando un dominio distinto o campo de investigación e indagatoria; en el ejemplo de arriba era el dominio físico de nuestra experiencia lo que era aislado como campo de estudio —el campo para las teorías de la física, incluyendo todas sus subdivisiones y ramas.

Del mismo modo muchos, otros tipos de propiedades y leyes han sido abstraídas y convertidas en áreas específicas de estudio. Por ejemplo las propiedades y leyes *biológicas* son el campo de estudio de la biología, mientras que las propiedades y leyes *espaciales* distinguen el campo de estudio de la geometría. Del mismo modo, las teorías en la *economía*o en la 1ética ha resultado de aislar propiedades y leyes de aquellos tipos y construir teorías acerca de cómo las varias propiedades dentro de cada tipo se relacionan entre sí y con las cosas que las poseen. A lo largo de los veintiséis siglos pasados tales tipos han seguido siendo abstraídos y se han convertido en campos distintos de investigación y construcción de teorías para las disciplinas formadas para dedicarse a ellos. Los principales ejemplos de tipos de propiedades y leyes que ha sido aislados como campos para la construcción de teorías incluyen (al menos) aquellos en la siguiente lista (los miembros y orden de los cuales será discutido con mayor detalle en capítulos posteriores):

fiduciario

ético

diquético

estético

económico

social

lingüístico

histórico

lógico

sensorial

biótico

físico

cinético

espacial

cuantitativo

Llamaré a estos tipos de propiedadesy leyes "aspectos" de las cosas que experimentamos, y me voy a referir las disciplinas dedicadas a su estudio como "ciencias". El término "aspecto" servirá para enfatizar que los tipos son exhibidos por e (indirectamente) extraídos de los objetos de nuestra experiencia preteórica. El término "ciencia" significará cualquier disciplina específica, delimitada por uno o más aspectos en el que las teorías son construidas.

La lista de arriba no debiera ser entendida como un pronunciamiento dogmático acerca de si estos aspectos son todos genuinos, puesto que hay pensadores que ofrecerían una lista algo diferente. Más bien se pretende, primero, que sea una descripción de (no una teoría acerca de) el modo en que llegamos a experimentar propiedades de las cosas en aislamiento, así como en su conexidad en los objetos. Y, segundo, es un reporte de la lista de aspectos que la mayoría de los pensadores han considerado como campos genuinos de investigación y construcción de teorías. La lista, entonces, solamente pretende ayudarnos entender las ramas principales de la construcción de teorías de hoy en día, no llegar a la lista verdadera de aspectos genuinos del mundo. Así que de aquí en adelante, cuando use expresiones tales como "aspectos de las cosas" o "aspectos del mundo" o "aspectos de nuestra experiencia", se debe entender que estas expresiones se refieren a aspectos en el mismo modo que la lista lo hace. Esto es, se refieren a los distintos tipos de propiedades y leyes que la mayoría de los pensadores han supuesto que son exhibidas por los objetos de nuestra experiencia antes de cualquier teorización. La lista no requiere dogmáticamente que ninguna lista alternativa pudiera ser correcta, que nuestra experiencia ordinaria no pudiera posiblemente estar equivocado en algún respecto, o que ninguna teoría pudiera mostrar que el mundo es diferente algún respecto del modo en que está presentado a nuestra experiencia preteórica.

Aunque muchas ciencias son delineadas por y están dedicadas a un aspecto particular, e incluso toman su nombre del mismo, hay otras que delimitan su campo y toman su nombre de una clase particular de *cosas* que quieren investigar. la entomología, la paleontología y la botánica son ejemplos.[5] Pero ese hecho no cuenta en contra del papel de los aspectos al teorizar que recién he estado enfatizando. Pues incluso con una ciencia nombra su campo por un particular tipo de cosas, aún así no puede estudiar todo aspecto de aquellas cosas. Siempre es algún aspecto específico de los insectos , fósiles o plantas que investiga —el biótico, por ejemplo. Por otra parte, las ciencias no necesitan estar *confinadas* a un solo aspecto. Por ejemplo, la antropología cultural trata con varios aspectos de las culturas antiguas e incluye teorías acerca de cómo ciertos datos se relacionan a través de los aspectos. Esto tampoco disminuye el papel e importancia de abstraer aspectos en la construcción de teorías. Pues si una ciencia toma su nombre de un aspecto particular, o de un cierto ámbito de cosas, o de varios aspectos de un cierto rango de cosas, en todo caso las delimitaciones aspectuales siguen siendo cruciales. En todo punto una teoría debe dejar en claro los tipos de propiedades con los que trata y los tipos de leyes que está usando para relacionar y/o explicar sus datos.

Habiendo hecho este énfasis en el papel de la abstracción al aislar aspectos, admito ahora libremente que muchas personas que trabajan en las ciencias dirían, si se les preguntara, que no son conscientes de estar abstrayendo aspectos enteros. Pienso que esto es verdad, pero que no cuenta en contra de la necesidad e importancia de tal abstracción. La razón por la que alguien puede no ser consciente de abstraer un aspecto entero es que este acto usualmente se hace tan automáticamente que no es notado por el pensador que lo hace —parecido al modo en que frecuentemente no somos conscientes de mover nuestros ojos mientras leemos. En ambos casos tiene lugar un subevento dentro de un acto más grande *en aras de ese acto* más grande. Movemos nuestros ojos para leer y nuestra atención está fijada en nuestro propósito pretendido, más que en el movimiento del ojo que se hace para lograr tal propósito. Del mismo modo y por la misma razón, la abstracción de un aspecto puede pasar desapercibida porque se hace en aras de investigar y teorizar acerca de las propiedades y leyes que caen dentro de él. Así que es sorprendente que alguien involucrado en una ciencia puedo darse cuenta del papel que juega la abstracción en la conceptualización de propiedades o relaciones específicas, pero no notar su papel al aislar aspectos enteros. Tal papel es tan básico que puede pasar desapercibido.

Ofreceré ahora algunos ejemplos para ilustrar de qué manera la abstracción de aspectos está involucrada en las ciencias. Para apreciar el propósito de estos ejemplos, uno debe mantener en mente la observación anteriormente hecha de que abstraer un aspecto no resulta en el vaciado de la experiencia o el pensamiento del pensador de todo con excepción del aspecto que está siendo abstraído. Lo que estos ejemplos más bien estarán mostrando es cómo la abstracción de un aspecto entero es *agregada* a nuestra experiencia y es una adición que es indispensable para la empresa de la teorización científica.

Como primera ilustración, tome el caso de un biólogo que mira a ciertos microbios a través del microscopio. Conforme los experimenta, los microbios parecen tener tamaño y configuración espaciales, color sensorial, masa física, etcétera. También puede ser importante qué cantidad de ellos existe en una cierta área. Pero estas propiedades se entienden todas desde el punto de vista de su foco abstractivo en el aspecto *biológico* de los microbios. Es ese enfoque el que guía y dirigir su pensamiento. Aun cuando el tamaño, la masa, el color y el número de los microbios no son ellos mismos propiedades biológicas, todos son importantes en tanto que contribuyen a su entendimiento de los procesos vitales de aquellos objetos. Es el enfoque en su aspecto biológico lo que guía las preguntas que plantearía acerca de ellos y las conjeturas explicativas que puede hacer para responder a aquellas preguntas.

Para ver que esto se aplica igualmente bien a otras ciencias, consideramos un caso en el que la atención de un pensador está guiada al distinguir el aspecto económico. El economista puede incluso estar preocupado con el mismo conjunto de microbios que el biólogo estaba examinando. Pero en vez de ocuparse con ellos como de datos a ser cubiertos por una explicación biológica estará ofreciendo una teoría económica acerca de ellos —una explicación cuyos principios explicativos incluyen la ley de la oferta y la demanda, y la ley de los retornos decrecientes. Así que los microbios serán cubiertos por la explicación del economista debido a sus propiedades económicas, aun cuando sus propiedades económicas pudieran cambiar si los microbios estuvieran muertos en vez de vivos.

Estas son ilustraciones de un papel jugado por la abstracción en la construcción de teorías que frecuentemente no es suficientemente apreciado. Sin la abstracción de aspectos enteros no sería posible especificar el tipo de propiedades que están siendo investigadas o el tipo de leyes que está siendo utilizadas para explicar lo que una teoría está buscando explicar. Por esas razones —y otras que pronto descubriremos— la abstracción de aspectos es esencial al teorizar. No importa exactamente qué lista de aspectos adopte un pensador, el teorizar necesariamente presupone alguna lista u otra.

4.5. Tipos de teorías

Consideremos primero la diferencia entre las teorías científicas y las filosóficas. Ambas son altamente abstractas, desde luego, pero mientras que los científicos delimitan uno o más aspectos específicos como su dominio, los filósofos parecen carecer de tal "base terrestre". De hecho, supervisar la lista de aspectos anteriormente dada pudiera atentar a alguien a sospechar que, puesto que hay ciencias dedicadas a todos los aspectos de nuestra experiencia, no queda nada *acerca de* lo que pudiera tratar la filosofía. Para complicar las cosas, muchos de los temas acerca de los que los filósofos escriben son los mismos acerca de los que escriben esos pensadores que investigan un solo aspecto. Por ejemplo, hay montones de obras dedicadas a la filosofía de las matemáticas, la filosofía de la historia, la filosofía del derecho, y así consecutivamente. Esto hace parecer que la filosofía carece de propio dominio de manera que se entromete los de todos los demás. No obstante, tengo el gusto de reportar que la filosofía sí tiene un territorio propio y que, una vez que este territorio es propiamente entendido, se clarifica la diferencia entre una teoría científica en un aspecto y una teoría filosófica acerca del mismo aspecto.

Vimos anteriormente que algunas ciencias teorizan a través de aspectos así como dentro de ellos. Esto nos permitió notar la posibilidad de desarrollar una teoría más general, no restringida a un aspecto específico, sino una que da una explicación de cómo es que propiedades de diferentes aspectos se interconectan en ciertos datos. Eso plantea la posibilidad de una teoría completamente general, una teoría acerca de cómo *todos* los aspectos se conectan. Y esto es precisamente lo que distingue a la filosofía de las ciencias. Mientras que las ciencias están dedicadas solamente a uno o unos cuantos aspectos específicos, la filosofía se propone como meta una visión panorámica omniabarcante; ofrece teorías que buscan explicar la conexión general de todos los aspectos y por lo tanto de todas las ciencias. Y mientras que unos cuantos filósofos ocasionalmente han estado en desacuerdo con esta definición y han tratado de argumentar que la filosofía debiera tener una meta menos ambiciosa, sus argumentos son ellos mismos testimonios del hecho de que desde el principio las teorías filosóficas han tratado desarrollar este tipo de concepción panorámica. Como lo dijera Gilbert Ryle:

> el tipo de pensamiento que presenta la biología no es el tipo de pensamiento que dirima las aseveraciones y contraaseveraciones entre la biología y la física. Estas cuestiones interteóricas no son internas a aquellas teorías. No son preguntas biológicas o físicas. Son preguntas filosóficas.[6]

El famoso psicólogo Jean Piaget también reconoció esta característica de la filosofía cuando dijo que

> repasar los límites de la disciplina propia implica una síntesis, y esa disciplina que se especializa en la síntesis ... no es otra que la misma filosofía.[7]

Los dos tipos de teorías inventados por los filósofos para "sintetizar" o conectar todos los aspectos de la experiencia en una concepción panorámica son: (1) una teoría general de la realidad y (2) una teoría general del conocimiento. Los términos técnicos para estas teorías son, respectivamente, "ontología" (también apodada metafísica) y "epistemología". Es el desarrollo de ontologías y epistemologías lo que distingue al teorizar filosófico y su "base terrestre" distintiva. Podría usted objetar que ésta es una base terrestre que abarca todas las otras bases terrestres —¡y estaría usted en lo correcto! Pero ésta es precisamente la razón por la que una teoría filosófica acerca de las matemáticas, la física, la lógica o la ética no está simplemente entrometiéndose en los dominios de aquellas ciencias. No está *meramente* siendo una intrusa en ellas porque está trayendo los resultados de una teoría general de la realidad o el conocimiento a tener que ver en el estudio de aquellos aspectos. Por esta misma razón, siempre que los científicos se involucran con asuntos que requieren que adopten una posición en relación a cómo su campo específico de estudio se relaciona con cualesquiera otros, adoptar esa posición los ha hecho cruzar las fronteras de la ciencia hacia la filosofía.

Esta observación no pretende ser una crítica; no hay nada malo con que teorías dentro de un aspecto específico se relacionen con una perspectiva más amplia. De hecho, argumentaré que es imposible construir teorías dentro de un aspecto particular que por lo menos no supongan (así sea inconscientemente) alguna respuesta a la pregunta de cómo es que ese aspecto se relaciona con todos los demás. La diferencia es por lo tanto de énfasis. Pues aunque las teorías científicas no puedan evitar alguna concepción panorámica acerca de cómo se conectan todos los aspectos, esa concepción puede permanecer como una suposición de trasfondo que nunca es conscientemente planteada, cuestionada o defendida. Pero mientras que un científico puede meramente suponer una concepción panorámica, el filósofo se especializa en ella. Los filósofos ponen como negocio de primer orden la justificación de la concepción panorámica que inventan o adoptan y todos sus otras teorías se desarrollan de acuerdo con lo que se requiere por la concepción panorámica desarrollada en sus teorías de la realidad y/o del conocimiento.

Pero, ¿qué es precisamente lo que se significa con "una teoría general de la realidad". Es una teoría que trata de descubrir la *naturaleza esencial* de la realidad. Su meta puede ser formulada como la de tratar de encontrar qué *géneros* de cosas hay. Pero decirlo así no debe ser confundido con preguntar qué *tipos* de cosas existen. Los tipos de cosas harían una enorme lista que incluiría zapatos, montañas, animales, nubes, personas, etcétera. Así que la cuestión aquí no es qué tipos de cosas hay, sino cuál es la naturaleza más básica de todas ellas. El enfoque tradicional para responder esa pregunta se puede pensar de este modo: si los variados aspectos de las cosas que experimentamos son representados como cuentas en un collar entonces una teoría general de la realidad quiere saber: ¿cuál es la cuerda? ¿Qué es aquello *de lo que* estos aspectos son aspectos? Esto se debe, tradicionalmente, a que las teorías de la realidad han tratado de responder a esta pregunta proponiendo uno o dos de los aspectos mismos como la cuerda —como la naturaleza básica de todas las cosas. Por ejemplo algunas teorías han propuesto que todas las cosas son básicamente físicas; otras que la naturaleza de la realidad combina propiedades y leyes físicas con lógicas, y otros más que todo es básicamente matemático o sensorial etcétera.

Lo mismo acierto de una teoría general del conocimiento. Ésta es una teoría que trata de explicar qué es lo esencial a todo conocimiento, no meramente a un tipo específico tal como el conocimiento matemático, el conocimiento estético o el conocimiento ético. En vez de ello, trata de responder preguntas tales como: ¿qué caracteriza al conocimiento en tanto que distinto de la mera opinión? ¿Cómo obtenemos conocimiento? y ¿qué es la verdad? Para responder estas preguntas, una epistemología tiene que dar cuenta de la conexión general del todo los tipos (aspectuales) de conocimiento. Como en el caso de las teorías tradicionales de la realidad, las teorías tradicionales del conocimiento han adoptado también el enfoque de proponer uno u otro tipo de conocimiento (aspectual) como la clave de todo el resto. Algunos de ellos han sostenido que el conocimiento es esencialmente matemático, por ejemplo, mientras que otros han dicho que es sensorial, o lógico, o histórico.[8]

Debiera quedar claro, entonces, que las teorías del conocimiento y la realidad buscan explicar la conexión general *entre* los aspectos que forman los dominios de todas las ciencias de un modo que es paralelo al modo en que la mayoría de las ciencias tratan de explicar las relaciones de los datos *dentro de* un aspecto particular.

Una segunda distinción que podemos hacer concerniente a las teorías es entre dos tipos de hipótesis, cada una de los cuales ocurre tanto en la ciencia como en la filosofía. Llamaré a la primera de éstas una "hipótesis entitaria". El término "entitaria" se usa aquí por qué es el término más amplio y más indefinido que tenemos en español para referirlos a cualquier tipo de realidad: se usa para cosas, eventos, estados de cosas, relaciones, propiedades, leyes y cualquier otra cosa de la que uno quiera hablar. Una hipótesis entitaria es una que propone alguna nueva realidad como solución a una pregunta o perplejidad. En otras palabras, este tipo de hipótesis postula alguna realidad subyacente escondida como explicación de cualquier cosa que esté tratando de explicar. De este modo, las lagunas de nuestro conocimiento concernientes a lo que experimentamos son llenadas mediante conjeturas educadas acerca de entidades que no experimentamos. Es como si se nos hubiera dado un rompecabezas para armar que no tuviera un dibujo para guiarnos, aunque sabemos cuál debiera ser su bosquejo general. Cuando encontramos que no podemos encajar las piezas para producir ese bosquejo, conjeturamos que hay una pieza faltante que, si fuera de tal y tal configuración, iría en un lugar particular y permitiría que todas las piezas formaron la configuración correcta. La mayoría de las teorías que son bien conocidos por el público son de este tipo. La teoría atómica y la teoría del Big Bang en la física, la teoría de la evolución en biología y la teoría psicológica de Freud que postula entidades tales como el id, el ego y el superego, son todos ejemplos de teorías que proponen entidades que no experimentamos para explicar características de cosas que sí experimentamos.

He aquí un ejemplo sencillo de cómo una teoría entitaria tal puede ser cocinada. Supongamos que observamos que la pintura roja mezclada con la pintura azul se convierte en púrpura y que queremos saber por qué. Ninguna cantidad de observaciones cercanas responderá esta pregunta. Incluso si metemos nuestras cabezas en la mezcla no *veremos* por qué la pintura se vuelve púrpura en vez de cualquier otro color. Así que inventamos una teoría. Decimos que la pintura está hecha de partes tan pequeñas que no podemos verlas, y que estas partes están configuradas de tal modo que reflejan diferentes longitudes de onda de la luz. Así que la pintura roja se ve roja porque sus partes pequeñas reflejan la luz de la longitud de onda asociada con nuestro ver rojo, mientras que la pintura que aparece como azul lo hace porque sus pequeñas partes están conformadas para reflejar la longitud de onda de la luz asociada con nuestro ver azul. Entonces proponemos que, cuando se mezclan, las dos pequeñas partes de configuraciones diferentes se combinan para formar una nueva configuración —una configuración que refleja la longitud de onda de la luz asociada con nuestro ver púrpura.

Esta teoría ha postulado ahora un número de entidades: pequeñas partes de pintura, longitudes de onda de la luz, asociaciones de ondas de luz específicas con colores percibidos, y leyes acerca de cómo las partes de la pintura se combinan para formar partes con una nueva configuración. Observe que la forma de la explicación es a grandes rasgos la de un argumento lógico. En un argumento enlistamos las premisas como razones para la verdad de la conclusión y luego especificamos las reglas lógicas por las cuales la conclusión se sigue de aquellas premisas. En una teoría entitaria las condiciones iniciales adoptan en lugar de las premisas y lo que necesita ser explicado adopta lugar de la conclusión. Así que obtenemos:

P1. Tenemos pintura roja
P2. tenemos pintura azul
P3. mezcamos las pinturas

C. la pintura se vuelve púrpura

Lo que no sabemos, sin embargo, es por qué 1, 2 y 3 producen el efecto que se formula en C. Así que nos preguntamos: ¿que más está teniendo lugar que no podemos observar? ¿Qué otros factores están involucrados que en adición a 1, 2 y 3 producen C? Nuestras conjeturas de lo que éstas podrían ser constituyen entonces nuestras hipótesis acerca de las faltantes piezas de información que, si pudiéramos conjuntarlas con 1, 2 y 3 conducirían mediante leyes lógicas a C. En este ejemplo, nuestra teoría propone qué son aquellas piezas de información faltantes. Luego trata de mostrar que enunciados de aquellas hipótesis, junto con enunciados de las condiciones iniciales (1, 2, 3) conducen mediante reglas lógicas al enunciado de C. Es en este sentido que se dice que la teoría explica C.

Debiera quedar claro incluso partir de esta narración (sobresimplificada) que tales teorías involucran —como se dijo antes— no meramente hipótesis, sino también condiciones iniciales tales como 1,2, 3 y suposiciones de trasfondo (tales como reglas de demostración). Mi énfasis en el papel de las hipótesis es porque su naturaleza frecuentemente se malentiende y por qué son especialmente las hipótesis lo que se puede mostrar que está regulado de un modo importante por la creencia religiosa. Debiera observarse también que las teorías entitarias pueden conectar sus hipótesis acerca de lo que ha de ser explicado mediante reglas matemáticas así como reglas lógicas, o determinando su probabilidad más que mediante deducción lógica o matemática. Los argumentos probabilísticos todavía caen dentro del mismo formato, sin embargo, puesto que la teoría como un todo se halla todavía (a grandes rasgos) en la forma de un argumento lógico. Esto es, el argumento se propone mostrar que, daos todos los factores relevantes, la teoría de hecho tiene probabilidad X, no que probablemente tenga una probabilidad X.

Siempre que se propone alguna entidad nueva, los pensadores en ese campo quieren encontrar si las entidades que han propuesto son reales. Pero puesto que las entidades usualmente propuestas por las teorías no pueden ser directamente experimentadas, su realidad solamente se puede comprobar de manera indirecta. La descripción más general de tal evaluación indirecta es decir que una teoría es evaluada por cuán bien explica aquello para explicar lo cual fue inventada, incluyendo se explica mejor que cualesquiera de las teorías rivales. La lista de puntos a checar para la evaluación incluyen puntos tales como la consistencia de la teoría, cuán completamente explica sus datos y también cuán ampliamente se pueden aplicar sus hipótesis. Frecuentemente este último paso es el más persuasivo y es uno que yo llamo "extensión más allá de la intención". Significa que, cuando una teoría ofrecida para explicar una perplejidad de manera inesperada se encuentra que explica varias otras también, se vuelve difícil negar que la teoría ha tocado algo que corresponde a la realidad.[10] Otra forma de confirmación especialmente persuasiva es cuando una hipótesis que inicialmente tenía un pequeño rango de evidencia se convierte en beneficiaria de nueva evidencia proviniente de fuentes inesperadas. Esta "convergencia de evidencia" es entonces también difícil de resistir. Así como es difícil de creer que una hipótesis que inesperadamente explica cosas para explicar las cuales no fue inventada es completamente falsa, así también es difícil de creer que es enteramente falsa cuando muchos tipos evidencia de fuentes muy diferentes convergen para apoyarla. Pero esto no es para sugerir que tal evidencia pudiera jamás demostrar una teoría más allá de toda duda. Puede hacer eso incluso cuando la evidencia consistente de experimentos exitosos. He aquí la razón de ello.

Muchas hipótesis entitarias incluyen la experimentación entre sus métodos de evaluación. Pero, como hay en malentendidos muy difundidos acerca del papel de los experimentos, quiero tomar tiempo para deshacer dos de los más comunes de ellos. El primero es la noción de que, a menos que haya un experimento para comprobar una teoría, esa teoría realmente no puede contar como científica. La verdad, es sin embargo, que los experimentos, aunque son deseables, frecuentemente no son posibles, y una teoría no se descarta meramente porque no está sujeta a comprobación experimental. El segundo malentendido es que si un experimento es exitoso entonces la teoría ha quedado demostrada más allá de duda y debiera de por lo tanto constar como la verdad indubitable. Este error frecuente se combina con otro más, a saber, la idea de que la prueba experimental distingue las teorías científicas de las filosóficas. De acuerdo con este doble error, las teorías científicas no pueden ser demostradas por el experimento pero las tareas filosóficas son indemostrables porque no están sometidas al experimento. Pero, si bien es verdad que hay teorías filosóficas que se han opuesto entre sí durante siglos, esto no se debe a que las teorías de la ciencia sean siempre demostrables mientras que las teorías filosóficas nunca lo son, ni se debe a la presencia o carencia de experimentos. Y esto nos lleva al malentendido final: la idea de que los experimentos puedan demostrar que una teoría es verdadera más allá de toda duda. El hecho es, sin embargo, que los experimentos prestan un servicio diferente.

Para entender por qué los experimentos no pueden demostrar que una teoría es verdadera, debemos entender primero dos reglas lógicas simples. La primera dice que si es verdad que "si A entonces B", y A es verdadero, entonces B debe ser verdadero. Por ejemplo, A podría significar "está lloviendo" y B podría significar "la banqueta se está mojando". En ese caso, "si A entonces B" se traduciría como: "si está lloviendo entonces la banqueta se está mojando". Ahora bien, la regla dice que si eso es verdadero, y que si es verdadero que está lloviendo, entonces debe ser verdadero que la banqueta se está mojando. Escrita como una fórmula la regla se ve así:

1. Si A entonces B
2. A
_____
3. por lo tanto B

Lo crucial de esta regla es que, mientras que funciona de izquierda a derecha, no funciona de derecha a izquierda. No tenemos derecho a decir:

4. Si A entonces B
5. B
_____
6. por lo tanto A

Pues incluso si la banqueta se estuviese mojando eso no nos diría que está lloviendo (otras cosas pueden causar que se moja la banqueta además de la lluvia). Pero afirmar que un experimento exitoso ha demostrado una teoría es cometer el error representado en 4, 5 y 6 arriba. El argumento diría:

7. Si la teoría es correcta entonces el experimento tendrá éxito
8. el experimento tiene éxito
_____
9. por lo tanto la teoría es correcta

Así, la noción de que un experimento exitoso puede demostrar que una teoría verdadera es un error lógico. Hay, sin embargo, otra regla lógica que va de derecha a izquierda. Dice así:

10. Si A entonces B
11. no B
_____
12. por lo tanto no A

Aplicado a nuestro argumento muestra esto se traduciría como: si es verdad que la lluvia mojará la banqueta, y si es verdad que la banqueta no sé está mojando, entonces también es verdad que no está lloviendo. Cuando el valor de un experimento se entiende de este modo, podemos obtener un argumento lógicamente válido que se ve así:

13. Si la teoría es correcta entonces
                              el experimento tendrá éxito
14. El experimento no tiene éxito
_____
15. por lo tanto la teoría es (al menos parcialmente) falsa

Aquí tenemos un papel importante para los experimentos en las teorías. No puedan demostrar que una teoría es verdadera, pero pueden demostrar que es (al menos parcialmente) falsa. Pero incluso este valor está sujeto a limitaciones. Mostrar que una teoría es parcialmente falsa no mostrará por sí mismo exactamente qué parte de la misma es errónea. Y es siempre posible que el experimento no haya sido propiamente conducido, o que no haya sido propiamente concebido en primer lugar. Más aún, incluso si el experimento se planea y se lleva a cabo bien, las teorías frecuentemente tienen un poder explicativo tan grande que no se abandonan meramente sobre la base de unos cuantos experimentos fracasados. Así que el papel real de los experimentos en la construcción de teorías es más sutil. Es este: cuando una teoría sobrevive un número de intentos (bien planeados y bien ejecutados) de demostrar su falsedad, los teóricos en ese campo se consideran a sí mismos como justificados al tener más confianza en ella. Se dice entonces que la teoría ha sido *confirmada* por los experimentos. (Los experimentos pueden tener otros usos también, desde luego. Pueden por ejemplo ayudar a decidir entre teorías en competencia.) Pero ningún conjunto de experimentos exitosos puede jamás alcanzar el punto demostrar conclusivamente que una teoría es verdadera.

En este punto algunos lectores pudieran sentirse tentados a preguntar: "¿por qué es que la refutación por experimento parece suceder más frecuentemente en las ciencias que en la filosofía? La respuesta es que hay otro tipo de teoría además de las teorías entitarias, un tipo que frecuentemente no es susceptible de ser comprobada por ningún experimento en lo absoluto. Y aunque tanto las teorías entitarias como las teorías de este otro tipo ocurren tanto en la ciencia como en la filosofía, las teorías más famosas en las ciencias son teorías entitarias, mientras que las teorías filosóficas más famosas son del otro tipo. Este otro tipo no comienza proponiendo la existencia de alguna realidad previamente insospechada e inexperimentada, sino que explica sus datos de otro modo. Piense nuevamente en nuestra analogía del rompecabezas. Si lo que ha de ser explicado es representado por el bosquejo general del rompecabezas, entonces este segundo tipo de teoría busca llegar al bosquejo del rompecabezas mirando una de sus piezas como la clave para la ubicación propia de todas las demás. Más que proponer alguna nueva entidad, este tipo de teoría propone una nueva *perspectiva* de la yuxtaposición y arreglo mutuos de todas las piezas que ya tiene. Esto es, este enfoque considera a las piezas presentes como suficientes para resolver el rompecabezas, siempre y cuando identifiquemos a la pieza clave para ordenar las otras del modo correcto. Así que llamo este segundo tipo de teoría una hipótesis "perspectival".

Un ejemplo de una hipótesis perspectival es la interpretación marxista de la historia. De acuerdo con esta teoría el factor clave para entender la historia es siempre la *economía*. Esto significa que el factor económico es visto como decisivo en la explicación del curso de la historia de modo que otros factores explicativos posibles, tales como las creencias religiosas, el odio racial, la rivalidad política, el deseo de poder, o el talento y la influencia de individuos poderosos, se hayan siempre controlados por la economía de la situación y no al revés. Claramente, esta no es una hipótesis entitaria; que las fuerzas económicas juegan un papel en la historia humana no es una conjetura. Pero es una hipótesis que solamente ellas determinan el entero curso de la historia.

Es importante distinguir las teorías perspectivales de las teorías entitarias por varias razones. Una es que nos permite reconocer que las teorías que son centrales a la filosofía —las teorías que proporcionan una concepción panorámica de la realidad o el conocimiento— son teorías de perspectiva. Ya tocamos este punto en conexión con la suposición prevaleciente en la filosofía occidental acerca de cómo construir teorías generales de la realidad o el conocimiento. La suposición es que el modo de llegar a la naturaleza básica de la realidad o el conocimiento es seleccionar uno o dos aspectos (de cualesquiera que sea la lista que adopte el pensador) como identificando esa naturaleza. En términos de nuestra anterior analogía, la suposición es que una o dos de las que parecen ser meramente cuentas del collar de hecho constituyen su cuerda. Esta suposición identifica así la naturaleza de la realidad o el conocimiento asignándole una prioridad a uno o dos aspectos por encima de todos los demás. Luego defiende su asignación de prioridad argumentando que su aspecto escogido da cuenta de la conexión entre todos los otros porque *todos los otros son o bien idénticos con o generados por aquellos a los que se les ha asignado prioridad*. La prioridad es por lo tanto una prioridad ontológica.

Puesto que el último punto es importante, no quiero pasarlo demasiado rápido, así que helo aquí nuevamente formulado desde un ángulo diferente. La suposición de que la naturaleza de la realidad o el conocimiento es idéntica a uno o dos aspectos de nuestra experiencia dicta una estrategia específica para defender los aspectos que ha sido elegidos por una teoría para jugar ese papel. Requiere la estrategia de argumentar en favor de estar teoría en uno de dos modos. El modo más popular en que las ideas argumentan en favor de sus aspectos seleccionados es admitir que la realidad tiene muchos aspectos genuinos pero argumentan que su aspectos seleccionados tienen prioridad porque generan todos los demás. Las teorías que adoptan este primer modo pueden por lo tanto ser vistas como argumentando que sus aspectos favorecidos constituyen la naturaleza básica de la realidad o el conocimiento. En contraste, el segundo modo en que una teoría puede emplear la estrategia es argumentar que su aspecto favorecido es el único genuino, de manera que todos los demás se derrumban en él. De acuerdo con este segundo modo, el aspecto escogido no será meramente la naturaleza básica de toda realidad sino su naturaleza *exclusiva*. El núcleo común de ambas opciones, y así el corazón de la estrategia, es por lo tanto la aseveración de que cualquier aspecto al que se le asigne prioridad podría existir aparte de los otros, pero los otros no podrían existir aparte de que tiene prioridad. Y esta es la razón por la que la prioridad asignada en estos dos modos es ontológica, y también por la que simultáneamente confiere *status* de realidad no dependiente y por ende de divinidad *per se* a cualesquiera aspectos que hayan sido seleccionados para recibirla.[11]

Finalmente, reconocer la distintividad de las teorías de perspectiva es importante porque nos permite darnos cuenta de qué modo concepciones panorámicas de la naturaleza de la realidad o del conocimiento permean los conceptos y teorías de las ciencias, y no se hayan confinadas solamente a la filosofía. De hecho es especialmente a través de las concepciones de la naturaleza de la realidad que se trasmite la influencia de la creencia religiosa a las teorías científicas. En otras palabras, nuestra aseveración central acerca del control religioso de las teorías tiene dos pasos: las teorías científicas presuponen necesariamente una perspectiva panorámica de la realidad, mientras que las perspectivas panorámicas de la realidad necesariamente presuponen alguna creencia de divinidad *per se*. La creencia religiosa reguladas así las concepciones panorámicas de la realidad de modo directo y, a través de la mediación de alguna concepción panorámica, regulan las teorías científicas de manera indirecta.

En mis clases he encontrado frecuentemente resistencia a la idea de que las teorías científicas no pueden evitar presuponer una concepción de la naturaleza de la realidad y por ende de la divinidad. Incluso personas que se sienten cómodas concediendo que las teorías filosóficas de la realidad podrían inevitablemente presuponer una creencia religiosa, frecuentemente se detienen antes de extender ese punto a la ciencia. Así que, mientras que la plena defensa de esta afirmación debe esperar hasta el capítulo 10, al menos una explicación rudimentaria, preliminar de la aseveración parece ser requerida ahora. Para mostrar que esto es verdadero no solamente de las teorías filosóficas, lo ilustraré primero utilizando el concepto de un objeto ordinario (un salero) y luego utilizando el concepto de átomo. Eso nos permitirá ver cómo el análisis de conceptos invoca la pregunta de cómo las propiedades de diferentes tipos estructurales incluidos en ellos se relacionan entre sí. Ésta es la pregunta —la pregunta de qué tipo de relaciones conectan propiedades de diferentes aspectos— que ha hecho que tantos pensadores identifiquen uno o dos aspectos como generadores de todo el resto. Esto es porque relacionar propiedades del mismo tipo aspectual nunca ha sido tan problemático como lo ha sido propiedades de diferentes aspectos.

Dentro del mismo aspecto se puede ver que las propiedades están relacionadas causalmente, son mutuamente incompatibles, ocurren en patrones típicos,
etcétera. Esto se debe a que las relaciones son del mismo tipo que las propiedades involucradas. Pero a través de los aspectos las relaciones mismas se
convierten en el problema: ¿qué tipo de relaciones son? ¿Como, por ejemplo,
pueden propiedades de un tipo producir propiedades de un aspecto diferente?
Es para responder tales preguntas que los pensadores han hecho lo que llamé
asignaciones de prioridad. Postulan que las propiedades y leyes de uno o dos
aspectos tienen realidad independiente de los otros y que pueden de hecho producir los otros. Así es como identifica el tipo de relación hay entre diferentes
propiedades aspectuales como las encontramos en las cosas o las postulamos en
las teorías. Y esa es la razón por la qué hacer esto identifica el tipo de realidad
del que dependen las cosas experimentadas o las entidades hipotéticas. Este tipo de respuesta es por lo tanto la misma que una concepción panorámica de la
naturaleza de la realidad, y de esa manera también identifica la naturaleza de lo
que se toma como divino *per se*.

Si estoy sentado en una cena con, digamos, un materialista, y le pido que por
favor me pase la sal, es perfectamente capaz de entender mi solicitud por varias
razones. Primero se halla presente ante el salero tanto como yo lo estoy y su
percepción está funcionando adecuadamente. Como consecuencia, él también
ha formado la creencia de que hay un salero a su lado de la mesa. Ninguno
de nosotros forma esa creencia debido a lo que sostenemos que es divino, sino
porque lo vemos allí. Más aún, nuestra percepción del mismo no es enteramente
sensorial, sino que incluye propiedades de muchos tipos (aspectuales) diferentes
que exhibe el salero. Estos son lógicamente distinguidos y combinados por cada
uno de nosotros para constituir un concepto del salero, de tal modo que hay un
gran traslape entre estos conceptos, un traslape suficiente para confirmarnos en
la creencia de que estamos tratando con el mismo objeto.

En este nivel de experiencia y pensamiento, por lo tanto, no surge ningún
asunto filosófico o religioso. Me pasa la sal. Pero si empezáramos a analizar
más extensamente nuestros conceptos del salero pronto encontraríamos que,
mientras yo creo que ninguno de los tipos de propiedades y leyes que exhibe
han sido generados por cualquier otro, sino que todos son creaciones de Dios,
él cree que todas ellas han sido generadas por o son idénticas a algo físico. Así
que, mientras que en el nivel inicial de la experiencia cotidiana puede estar de
acuerdo conmigo si hubiera tenido que comentar que el salero es hermoso o
caro, un sondeo más extenso mostraría por qué su concepto del mismo lo for-

zaría a negar que hay propiedades no físicas tales como la belleza o el costo, o a insistir en que son dependientes de las propiedades y leyes físicas verdaderas del salero. Esto es porque, desde su punto de vista, o bien las propiedades no físicas no existen o, si es que existen en lo absoluto, deben su existencia a lo físico.[12] Descubriríamos esto, sin embargo, sólo si analizaramos estos conceptos con mucho mayor detalle que el que se necesita por el pensamiento ordinario en la experiencia cotidiana.

Ahora bien, las teorías también empiezan con nuestra experiencia común del mundo alrededor de nosotros. Ellas también están basadas en nuestras percepciones y en los reportes perceptuales de otros, y en el reconocimiento de que los objetos de la experiencia exhiben propiedades y conformidades nómicas de diferentes tipos aspectuales. Pero, a diferencia de nuestro concepto del salero, los conceptos de entidades hipotéticas son nuestras propias invenciones. Ponemos en ellos precisamente las propiedades que deseamos combinar como la naturaleza de la entidad que estamos proponiendo para llenar la laguna relevante en nuestro conocimiento. Esto es, nunca simplemente proponemos una entidad sin especificar su naturaleza; no podemos meramente decir "hay átomos", por ejemplo. Necesitaríamos saber qué *tipo* de cosa se supone que es un átomo para entender qué explica y cómo lo explica. Así que el concepto de una entidad hipotética exhibe de manera mucho más inmediata y clara el tipo de relación que se supone tiene lugar entre los varios tipos de propiedades incluidos en él de lo que lo hacen todos conceptos de objetos de la experiencia teórica. En el concepto de átomo sus propiedades físicas, por ejemplo, deben ser pensadas como relacionándose de un modo específico con sus propiedades matemáticas y espaciales, así como otros tipos más de propiedades tales como las propiedades sensoriales de nuestras observaciones. Esto es, tales relaciones interaspectuales deben ellas mismas ser concebidas de modo específico, y sea cual sea la respuesta que se dé (o suponga) a esa pregunta, representa una posición acerca de la naturaleza básica de la realidad. Pues tanto los átomos como las cosas que constituyen dependen de la conexidad de todas sus propiedades, así que cualquier cosa que suponga que cualifica a ese tipo de conexión es también el cualificador último (naturaleza) del mundo que experimentamos.

He aquí el mismo punto parafraseado desde otro ángulo. Un pensador que ve un aspecto particular como la naturaleza última de la realidad estaría impulsado a tener una concepción de la realidad consistente con esa creencia. Y eso sería verdadero ya fuera que el pensador de hecho elaborara o no toda una concepción filosófica entera. Incluso sin elaborar tal teoría, incluso si la concepción panorámica de la realidad permaneciese inconsciente, no podría entonces dejar de estar implícita en cualesquiera conceptos hipotéticos que aceptara el científico. Pues en cualquier concepto de una entidad hipotética el modo en que sus propiedades se combinan para constituir su naturaleza reflejará qué tipos de ellas se piensa tienen existencia independiente, y cuáles deben su existencia al tipo o los tipos independientes de propiedades y leyes. Si el tiempo aspectual de propiedades que constituyen la naturaleza de la entidad se entiende como el único tipo real, o como el tipo que genera todos los otros tipos, entonces ese aspecto está siendo considerado como cualificador de la naturaleza de toda realidad y por esa razón tienen *status* de divinidad *per se*. Por otra parte, si el tipo de propiedades que el concepto combina como naturaleza de la entidad se presenta como debiendo su existencia a propiedades y leyes de algunos otros tipos, entonces la naturaleza de la entidad hipotética es no divina. Pero, en ese caso, su poder explicativo es relativizado a los tipos divinos de propiedades y leyes de los cuales depende en última instancia. En cualquier caso el asunto de la naturaleza de la relación entre aspectos no se puede evitar.

Sin embargo, esta paráfrasis puede parecer una petición de principio, pues utiliza la ilustración de un pensador que tiene ya una asignación prioritaria debido a una creencia acerca de la naturaleza última de la realidad. Así que puede parecer que sólo explica cómo es que tal creencia impactará los conceptos científicos *de pensadores que ya tienen una concepción panorámica de la realidad y una creencia de divinidad per se*. Pero esto no es correcto. Lo que fue mostrado antes de la paráfrasis ya mostraba por qué el concepto de entidad hipotética no puede evitar suponer alguna idea de cómo es que los diferentes tipos aspectuales de propiedades se relacionan dentro de esa entidad. Y esto será verdadero de cualquier tal concepto, independientemente de si la persona que lo acepta (conscientemente) sostiene una concepción de la naturaleza de la realidad basada en la asignación de prioridad a uno u otro aspecto. Pues es inevitable que propiedades que constituyen la naturaleza de una entidad hipotética sean pensadas como: (1) perteneciendo al único tipo real de propiedades o a un tipo que genera todos los otros tipos, o (2) debiendo su existencia a propiedades y leyes de algún otro aspecto que tiene existencia independiente, o (3) debiendo su existencia y conexidad a algo distinto de cualquier aspecto. Cuál de éstos se supone no es un asunto trivial, ya que es crucial para entender el alcance y el poder explicativo de una entidad para saber si (y cuáles) propiedades incluidas en su naturaleza son independientes y, si no, para saber de qué dependen (en última instancia). De este modo, una tesis acerca de cómo se relacionan entre sí las propiedades incluidas en el concepto presupone alguna concepción panorámica de cómo es que los aspectos se relacionan generalmente, la cual, como he estado diciendo, es lo mismo que una concepción panorámica que identifique la naturaleza de la realidad. Así, la cuestión de cómo se relacionan los varios aspectos es inevitable. Ya sea que una respuesta se suponga de manera tácita, o se defienda abiertamente, alguna concepción de ella guía el modo como el concepto de cualquier entidad se forma. Es por ello que incluso los conceptos más simples y básicos de las ciencias se entienden de modo diferente, dependiendo de la concepción panorámica de la realidad adoptada por el pensador.[13] (Veremos un número de ejemplos de esto en los capítulos de casos, cuando examinemos los conflictos teóricos en matemáticas, física y psicología.)

Déjeme dejar enclaro, sin embargo, que aunque he estado tratado principalmente con teorías y conceptos enmarcados en la suposición de las opciones (1) o)2), ello es porque son aquéllos los que han dominado por largo tiempo la ciencia y la filosofía. Pero no son las únicas, como lo deja en claro la opción (3). Y como es mi tesis que (1) y (2) presuponen un compromiso religioso pagano, también sostengo que debieran ser rechazadas por los teístas. Así que en los tres capítulos finales investigaré qué aspecto tendrían teorías y conceptos enmarcados en la opción (3).

A lo largo de este bosquejo preliminar sólo he estado hablando de conceptos e hipótesis entitarios. He estado diciendo que el impacto de la creencia religiosa en las teorías entitarias se deriva del modo en que las asignaciones de prioridad aspectual aparecen dentro de los conceptos, y no meramente del contacto con las teorías filosóficas.[14] Pero este punto se aplica igualmente a las teorías perspectivales que hay en las ciencias, así como a sus teorías entitarias. Como mencioné antes, hay hipótesis perspectivales en las ciencias tanto como en la filosofía. Por ejemplo, un botánico puede proponer algo tan simple como que es el color de una flor, más que su olor, lo que atrae a las abejas. Eso sería una hipótesis perspectival pero ciertamente no es una teoría de concepción panorámica acerca de la relación de todos los aspectos. No obstante, incluso en un caso tan simple, un análisis más extenso de los conceptos empleados en el mismo reflejaría —como los del salero o el átomo— lo que está siendo supuesto acerca de las relaciones entre propiedades de diferentes tipos aspectuales. Ésta es la razón por la que el asunto de la concepción panorámica no puede ser eliminado, y es así la razón por la que las ciencias nunca pueden ser completamente independientes de la filosofía. Y, puesto que ya hemos visto por qué tales concepciones panorámicas a su vez presuponen alguna creencia de divinidad *per se*, también es la razón por la que las teorías perspectivales nunca puede estar libres de regulación religiosa, ya sea que el pensador lo quiera o no, lo admita o no, o incluso aunque no sea consciente de ello.

4.6. Criterios para juzgar teorías

Los métodos para confirmar las teorías entitarias parecen ser más precisos y definidos que aquéllos para las teorías de perspectiva general perspectivales. Como ya se mencionó, la completud de explicación para las teorías entitarias puede ser checada utilizando lógica y/o matemáticas para decir si hechos conocidos se implican cuando se agrega una propuesta entitaria a los datos iniciales con los que está tratando una teoría. Se puede intentar también dar argumentos para mostrar que una hipótesis entitaria es más probable que sus rivales. Por añadidura, las teorías entitarias frecuentemente conducen a predicciones que pueden ser controladas por los experimentos. La amplitud de aplicación es también más fácil de determinar para una teoría entitaria. Puede ser obvio si una entidad propuesta, cuando se le utiliza por otra teoría, arroja resultados confirmables. Los teóricos también evalúan una teoría entitaria de acuerdo a cuantas nuevas entidades necesita proponer. Su regla es que si dos teorías rivales explican las cosas de igualmente bien la que tiene menos hipótesis ha de ser preferida. De estos modos, las hipótesis entitarias se pueden evaluar, mejorar o desaprobar.

En contraste, estos procedimientos estándar para juzgar hipótesis entitarias no parecen funcionar, en lo absoluto, para las concepciones panorámicas perspectivales. Puesto que proponer un punto de vista perspectival sobre la naturaleza de la realidad no es cosa de conjuntar entidades propuestas a condiciones iniciales para ver si todas juntas implican resultados específicos, las perspectivas panorámicas perspectivales no son puestas en el formato de un argumento lógico como lo son las teorías entitarias. Por esa razón casi nunca son capaces de ser confirmadas por el experimento. Y cuando se comparan perspectivas rivales para determinar su completud, la que le parece verdadera a una persona parecerá explicar las cosas mejor, incluso, si otro explica de una manera más completa. De hecho, cuando una perspectiva alternativa da un explicación más detallada de más cosas, eso sólo la hace parecer falsa en mayor detalle al que la rechaza.[15] Más aún, la amplitud de cualquier perspectiva de concepción panorámica es (al menos potencialmente) universal; toda la realidad puede ser vista desde el punto de vista de, digamos, sus aspectos cuantitativos, espacial, físico, sensorial o lógico etc. Y, finalmente, no tiene sentido comparar dos perspectivas para ver cuál propone menos entidades, puesto que ninguna propone alguna.

Así que parece claro que las concepciones panorámicas perspectivales necesitan sus propios lineamientos. Desde luego, comparten con las teorías entitarias la necesidad de ser lógicamente consistentes. Una teoría que se contradice a sí misma no puede ser correcta tal cual. Pero eso no son ningunas noticias. Por encima de la consistencia lógica, la única regla específica a una teoría de concepción panorámica hasta ahora ha sido ver si hay datos de los que no parezca dar cuenta, en lo absoluto, desde su punto de vista. Por ejemplo, está claro que las viejas formas de materialismo no pudieron dar cuenta de manera plausible de los conceptos. Pero los materialistas modernos ahora señalan las capacidades de las computadoras y afirman que la formación humana de conceptos es esencialmente el mismo proceso. Si ello puede ser defendido exitosamente o no, el materialismo dispone ahora de alguna suerte de explicación del pensamiento conceptual donde antes no tenía ninguna. Esta regla de evaluación es, desde luego, más holgada que los modos en que las teorías entitativas son juzgadas y arroja resultados menos definidos. Como ya se notó, aunque cuenta en contra de una perspectiva si ésta carece de explicación cualquiera para el mismo rango de datos, incluso aquellos de lo que puede dar cuenta parecerá falso cualquiera que sostenga otra perspectiva. Más aún, no hay criterios claramente delineados para lo que es o no es una "explicación plausible". Para complicar esas dificultades también es el caso que incluso si pudiera mostrarse que todas las explicaciones actualmente existentes de ciertos datos desde una perspectiva particular no son plausibles, eso no mostraría que ninguna explicación plausible pudiera *jamás* ser dada desde ese punto de vista. Así que los debates entre las perspectivas de concepción panorámica duran por los siglos de los siglos.

Pero es posible, sin embargo, ofrecer algunos lineamientos adicionales que pueden agudizar la evaluación de las hipótesis de concepción panorámica. Cada uno de estos lineamientos será el enunciado de un tipo de incoherencia a ser evitado. (Por supuesto, estas incoherencias debieran ser evitadas por las teorías perspectivales de más corto alcance así como por las teorías entitarias, pero serán presentadas aquí principalmente con su aplicación a concepciones panorámicas perspectivales de la realidad o el conocimiento en mente).

Encuentro que hay (al menos) tres incoherencias además de la inconsistencia lógica que necesitan ser expuestas, definidas y evitadas. Más aún, estas tres frecuentemente son más sutiles y difíciles de detectar que la contradicción lógica directa. También es el caso que la inconsistencia lógica es usualmente fácil de corregir y que su corrección raramente requiera una alteración seria de una teoría en la que ocurre. En contraste, las tres incoherencias que estoy a punto de formular no son fácilmente corregidas. Frecuentemente ocurren en el núcleo de una teoría y no pueden ser eliminadas sin alterar seriamente o abandonar las principales aserciones de la teoría. Dos de estas incoherencias han sido observadas por los filósofos en el pasado pero, en mi opinión, no han sido tomadas lo suficientemente en serio todavía. La tercera es relativamente nueva, habiendo sido definida y desplegada por primera vez por Herman Dooyeweerd hace alrededor de cincuenta años.[16]

El primero de estos criterios elimina cualquier teoría que haga una aseveración que, a la vez que no contradice ningún otro enunciado de la teoría, sea incompatible consigo misma. Siguiendo a varios pensadores recientes, llamaré a tal aseveración "autorreferencialmente incoherente". Encuentro que hay un sentido fuerte y un sentido débil en el que una aseveración puede violar este requerimiento. En el sentido fuerte, una aseveración es autorreferencialmente incoherente si es ella misma una excepción a lo que afirma. En ese caso, cancela la posibilidad de su propia verdad. En el sentido débil, un enunciado que cae en esta incoherencia no requiere su propia falsedad sino que cancela la posibilidad de que cualquiera llegue jamás a saber si es verdadero. Así, incluso aunque posiblemente podría ser verdadero, el hecho es que nunca podemos saber si su verdad lo convierte en una conjetura explicativa muy mala.

Como ejemplo del sentido fuerte de esta incoherencia, consideren la aseveración que a veces hacen los taoistas de que "Nada puede decirse del Tao". Tomados sin cualificación (que no es la manera en que se pretende), esto es autorreferencialmente incoherente puesto que decir "Nada puede decirse del Tao" es decir algo del Tao. Así, cuando se toma como refiriéndose así mismo, el enunciado cancela su propia verdad. Como ejemplo de la versión débil de incoherencia autorreferencial, considérese la aserción hecha alguna vez por Freud de que toda creencia es un producto de las necesidades emocionales inconscientes del creyente. Si esta afirmación fuera verdadera, tendría que ser verdadera de sí misma puesto que es una creencia de Freud. Por lo tanto requiere de sí misma que no sea más que el producto de las necesidades emocionales inconscientes de Freud. Esto no haría necesariamente falso a la aserción pero significaría que incluso si fuera verdadera ni Freud ni nadie más pudiera saberlo. Lo más que podría permitirle a alguien decir es que él no puede evitar creerla.

El siguiente criterio dice que una teoría no debe ser incompatible con ninguna creencia que tengamos que suponer para que la teoría sea verdadera. Llamaré a una teoría que viola esta regla "autosupositivamente incoherente". Como ejemplo de esta incoherencia, considere la aserción hecha por algunos filósofos de que todas las cosas son exclusivamente físicas. Esto ha sido explicado por sus propugnadores como significando que nada tiene ninguna propiedad o está gobernado por ninguna ley que no sea una propiedad física o una ley física. Pero el mismo enunciado que expresa esta aseveración, el enunciado "Todas las cosas son exclusivamente físicas", debe suponerse como poseyendo un significado lingüístico. Este no es una propiedad física pero a menos que la tenga el enunciado, no sería un enunciado; no sería más que sonidos o marcas físicas que no significarían lingüísticamente ningún significado, en lo absoluto y así no podrían expresar ninguna aseveración —así como un grupo de canicas o nubes u hojas, deja de significar cualquier significado o expresar cualquier aseveración. Más aún, afirmar este materialismo exclusivista es lo mismo que afirmar que es verdadero, lo cual es otra propiedad no física y la aseveración de que es verdadero supone ulteriormente que su negación tendría que ser falsa, lo cual es una relación garantizada por leyes lógicas, no físicas. (Desde luego, cualquier teoría que niegue la existencia de leyes lógicas es autosupositivamente incoherente instantánea e irredimiblemente, puesto que esa misma negación se propone como verdadera de un modo que lógicamente excluye su ser falso). Lo que esto muestra es que la aseveración "Todas las cosas son exclusivamente físicas" debe ella misma ser supuesta como teniendo propiedades no físicas y como estando gobernada por leyes no físicas o pues de lo contrario no podría ser entendida ni ser verdadera. Así, no importa cuán inteligentes puedan parecer los argumentos que apoyan esta afirmación, la afirmación misma es incompatible con suposiciones que se requieren para que sea verdadera. Es por lo tanto autosupositivamente incoherente en el sentido fuerte.[17]

El hecho de que el ejemplo previo tenía que ver con una teoría que negaba una genuina pluralidad de aspectos no es accidental. Aunque tales teorías no son las únicas que violan este criterio, las teorías que niegan que el mundo que experimentamos realmente contiene cosas con una pluralidad de tipos de propiedades y leyes, son invariablemente autosupositivamente incoherentes. Este criterio es así nuestra primera defensa para considerar nuestra experiencia de una pluralidad de aspectos como genuino: cualquier intento de negar que hay cualesquiera aspectos o de reducirlos todos a solamente uno alegadamente genuino, resulta que siempre comete esta coherencia.

El último de los tres criterios, como el anterior, también tiene que ver con la compatibilidad de una teoría con un factor que yace fuera de su contenido explícito. Pero más que estar preocupados con la compatibilidad de una teoría con sus propias suposiciones no asentadas, este final tiene que ver con la compatibilidad de una teoría con condiciones necesarias para su producción. En otras palabras, dice que una teoría debe ser compatible con cualquier estado que tendría que ser verdadero de un pensador o cualquier actividad que el pensador tuviera que llevar a cabo, para haber formulado las aserciones de la teoría. Tomando y reformulando una vieja expresión marxista, una teoría debe ser compatible con "los medios de su producción". Cualquier teoría que viole este criterio se dirá que es "autodesempeñativamente incoherente".

Para empezar con una ilustración de esta regla tan simple como sea posible, tomemos el caso trivial de alguien que dice que nadie puede hablar o que no hay cosa tal como el lenguaje. Puesto que uno tiene que hablar para decir que no se puede hacer y puesto que uno tiene que hablar en un lenguaje para decir que no hay ninguno, estas aseveraciones violan el criterio en el sentido fuerte y no podrían ser verdaderas. Para ilustrar la versión débil del criterio, considere el caso en que se nos pide determinar la temperatura del agua en un vaso usando un termómetro. El hecho es que, una vez que ponemos el termómetro en el agua, no podemos pretender de un modo coherente saber cuál era la temperatura antes de llevar a cabo esa acción. La acción misma cambiado la temperatura del agua. Así que la misma actividad necesaria para descubrir lo que queremos saber nos impide ser capaces de saberlo (produce una "relación de certidumbre"). Así que afirmar que "el termómetro muestra que el agua en el vaso *era* de veinte grados C" es ignorar el hecho de que la acción mediante la cual se obtuvo esta información nos impide llegar jamás saber si la aseveración es verdadera.

Un ejemplo más serio del sentido fuerte de esta incoherencia es el ofrecido por Descartes (pero sin reconocerlo o definirlo como criterio distinto específico). Al reflexionar sobre lo que puede y no puede ser razonablemente dudado, Descartes vio que una cosa que no podía ser razonablemente dudada era su propia existencia. Esto es porque tenía que existir para llevar a cabo el acto de dudar. También tenía que existir para pensar o para decir "no existo". Así que su estado de existir y su acto de pensar o hablar eran todos incompatibles con la afirmación "no existo". Por lo tanto, sostuvo que "no existo" tenía que ser falso, en cuyo caso no podía negar razonablemente la verdad de "yo existo" siempre que pensara en ella. Este ejemplo es importante porque destaca el modo en que este criterio puede arrojar resultados importantes comparando las aseveraciones de una teoría con condiciones que no solamente están fuera de la teoría misma, sino que ni siquiera son creencias. Como el criterio previo, la exigencia de coherencia autodesempeñativa no deja de lado, sino que supone las leyes y las distinciones lógicas. No obstante, nos da una manera de contrastar teorías que va más allá de la mera consistencia lógica. Nos recuerda que una teoría puede evitar el violar explícitamente cualesquiera reglas lógicas e incluso seguir siendo compatible con sus propias suposiciones, pero aún así puede tener fallas fatales. Observe que no hay nada lógicamente autocontradictorio en el enunciado "no existo"; la verdad de "yo existo" no es requerida por las solas reglas lógicas. Del mismo modo, Descartes vio que la primera afirmación no podía ser verdadera y la segunda afirmación no pueda ser falsa en un sentido algo más que lógico —un sentido que ahora ha sido identificado y nombrado.

La prueba de si una teoría es autodesempeñativamente coherente es una que encontraremos particularmente iluminadora cuando examinemos las teorías tradicionales de la realidad con mayor detalle en el capítulo 10. Allí usaremos este criterio para mostrar por qué la cuestión de la conexidad interaspectual no puede ser evitada y por qué atribuir existencia independiente a cualquier aspecto, siempre es autodesempeñativamente incoherente en el sentido débil. Su empleo mostrará que *cualquier intento de justificar la aserción de que un aspecto abstraído es autoexistente(y así divino) siempre es incompatible con la actividad de abstracción requerida para hacer esa aseveración.*[18] Y esto, como lo dije anteriormente, confirmará aún más tanto el carácter religioso de aquellas aseveraciones, como la posición de que están fundamentadas en la experiencia más que en el tipo de justificación buscado por las teorías.

Sin embargo, antes de que se pueda defender esta posición, es necesario clarificarla aún más. Esta es la tarea de los siguientes dos capítulos. El capítulo 5 contrastará esta posición con sus principales rivales concernientes a la relación de la creencia religiosa con las teorías. Luego el capítulo 6 dará una explicación más detallada de lo que se quiere significar al decir que alguna creencia religiosa siempre "controla" o "regula" las teorías abstractas. Con estas clarificaciones detrás de nosotros, estaremos entonces preparados para los capítulos de casos que ilustran ese control operando en varias teorías científicas, en las matemáticas, la física y la psicología.

CAPÍTULO 5

LAS TEORÍAS Y LA RELIGIÓN:
LAS ALTERNATIVAS

En este capítulo daré un breve bosquejo de las principales posiciones que han sido adoptadas en la historia del pensamiento occidental concernientes a la relación entre las creencias de divinidad y las teorías. Desde luego, hay un buen número de variaciones dentro de cada una de estas posiciones, y éstas pueden ser ulteriormente combinadas en una amplia variedad de permutaciones. Así que las ideas delineadas deben ser por lo tanto entendidas como las alternativas más básicas enunciadas en su forma más simple.

5.1. El irracionalismo religioso

El título que le he dado a la primera alternativa no debiera ser interpretado como significando que toda creencia de divinidad es en algún sentido subestándar o carente de sentido cuando se evalúa racionalmente. Algunos abogados de esta posición extraen esa conclusión, pero otros no. Así que la posición misma no es necesariamente un juicio sobre la verdad de las creencias religiosas sino una concepción de cómo, en general, se relacionan tales creencias con cualquier base racional para las mismas. Tomada de esta manera, la concepción irracionalista se puede formular de modo muy simple: dice que la razón y las creencias de divinidad no tienen nada que ver entre sí. Como consecuencia, ninguna puede juzgar a la otra. Esto significa, entre otras cosas, que la creencia religiosa no puede ser ni demostrada ni refutada. Para esta concepción, el hecho de que la gente tiene creencias de divinidad es llamado su "fe", la cual se interpreta como confiar en la verdad de una creencia sin tener ninguna justificación para la misma (en vez de la concepción de que la creencia religiosa está basada en la experiencia, en favor de la cual he argumentado antes). Esta concepción ve la fe como confianza racionalmente ciega que es un hecho inexplicable, suspendido en medio del aire, sin conexiones fuertes con nada más —con la posible excepción de la ética.

Esta posición me fue nítidamente presentada mi mero primer día en la escuela de posgrado. Un instructor del departamento de filosofía me preguntó por qué había llegado a la universidad y cuál era mi principal interés. Cuando le contesté que estaba ingresando al programa de filosofía de la religión saltó decepcionado y subrayó: "Aquí en Harvard enseñamos filosofía y enseñamos religión. Allá tú si vez alguna conexión". De hecho, la manera en que lo dijo fue suave en comparación con el modo en que otros pensadores lo han formulado. Algunos han sostenido que la creencia religiosa y el razonamiento teórico son tan mutuamente hostiles que todo intento por dar razones en favor de una fe la destruye. Por ejemplo Søren Kierkegaard dijo de aquellos que quieren explicar o justificar su fe de un modo racional:

> ¿No sería mejor detenerse en la fe, y no disgusta que todo mundo quiera ir más lejos? ... ¿No sería mejor que se mantuvieran quietos en la fe, y que el que se sostiene esté atento para no caer? Pues los movimientos de la fe deben hacerse constantemente por virtud de lo absurdo....[1]

Al llamar "absurda" a la fe Kierkegaard no quiere decir solamente que no es racionalmente justificable, sino que la razón teórica y la fe son mutuamente excluyentes:

> Por lo tanto, es cierto y verdadero que el primero en inventar la noción de defender el cristianismo ... es *de facto* el Judas número dos....[2]

Y de nuevo, en más palabras,

> Supóngase que un hombre desea adquirir fe; que empiece la comedia. desea tener fe pero desea también salvaguardarse mediante la indagación objetiva....¿Qué sucede? ... Se vuelve probable, se vuelve cada vez más probable, se vuelve extremada y enfáticamente probable. Ahora está listo para creerlo, y se aventura a afirmar para sí mismo que él no cree al modo de los zapateros y sastres y gente sencilla cree, sino sólo después de una larga deliberación ... y he aquí, ahora se ha vuelta precisamente imposible creerlo. Cualquier cosa que ... sea aquello que él pueda casi *conocer* ... es imposible *creer*. Pues lo absurdo es el objeto de la fe y el único objeto que puede ser creído.[3]

Otro pensador que siguió esta línea fue Friedrich Schleiermacher, un influyente teólogo alemán del siglo diecinueve. Para Schleiermacher, la creencia religiosa estaba aislada de la razón porque la razón es estrictamente un asunto del sentimiento. Así que definió la religión como la "suma de todos los sentimientos más altos" y extrajo la consecuencia:

> De donde se sigue que las ideas y los principios son todos extraños a la religión....Si las ideas y los principios han de ser algo, deben pertenecer al conocimiento, el cual es un departamento de la vida diferente de la religión.[4]

Es así que Kierkegaard y Schleiermacher vieron ambos la fe y la razón teórica como mutuamente excluyente, pero mientras que Schleiermacher piensa que la razón no se puede entrometer en el ámbito de la fe incluso si lo quisiera, Kierkegaard piensa que tales intromisiones son posibles pero siempre destructivas de la fe.

Dije que podía haber un número de variaciones dentro de cada una de las alternativas básicas sobre la relación entre la creencia religiosa y la razón teórica, y eso es verdadero de esta posición tanto como de las otras. De modo que así como los dos pensadores recién citados no son los únicos que la han sostenido, tampoco son sus versiones las únicas variantes de esta posición. Pero todos los que la suscriben tienen en común el tema de menospreciar el papel de la razón para la creencia religiosa; todas mantienen que en el mejor de los casos no puede hacer ningún bien, y en el peor puede hacer mucho daño. Un diagrama puede ayudar a clarificar esta posición.

La creencia religiosa es:	**La razón teórica** es:
1. opcional	1. religiosamente neutral y autónoma
2. aislada de la razón teórica	2. una corte final de apelación en su ámbito

Hay dos características de esta posición a las que quiero llamar la atención antes de pasar a mirar las otras alternativas. La primera, indicada por el número 1 en el lado izquierdo del diagrama, es que mientras que toda personal normal tiene la facultad de la razón, la fe es una opción que puede ser ejercitada o no.

La segunda característica es que, aunque esta posición limite el alcance de la razón, no menosprecia la razón enteramente o aboga por que dejemos de pensar. Está dispuesta a ir junto con la más alta estimación de la competencia de la razón en asuntos que tienen que ver con el lado racional de la vida. Acepta que la razón es la corte final de apelación en estos asuntos, que es —en principio—

neutral con respecto a la influencia de afuera e incluso autónoma (autogobernadora). Más que menospreciar la razón, la posición que llamo irracionalismo religioso simplemente mantiene que hay un lado no racional de la vida que "deja espacio a la fe". Puesto que el nicho así dejado para la creencia religiosa es uno en el que la razón no puede o no debe entrometerse, esta posición abandona toda esperanza de obtener un apoyo racional para la fe pero a cambio obtiene inmunidad frente a cualquier crítica racional de la fe. A cambio, la posición asimismo concede a la razón inmunidad ante la censura de la fe. El resultado es que para esta concepción los dos términos de la relación están tan separados uno del otro que no puede haber conflicto entre ningún artículo de fe y ninguna teoría de la ciencia o la filosofía. El "departamento de la vida" en que la razón teórica es suprema no se traslapa con el área de la vida en que las creencias de divinidad son recibidas por fe.

5.2. Racionalismo Religioso

En contra de esta posición irracionalista se halla la alternativa que llamo "racionalismo religioso". Según esta posición *todas* las creencias, incluyendo la creencia religiosa, han de pasar por el banquillo de los acusados de la inquisición racional. Como lo dijera una vez el filósofo A. N. Whitehead: "la apelación a la razón es el juez en última instancia, universal y sin embargo individual para cada uno, ante el cual toda autoridad debe inclinarse".[5]

Para esta posición, ninguna consideración —ninguna cantidad de confianza, esperanza, sentimiento, etcétera— ha de ser permitida como una autoridad competente ante el veredicto de la razón, y ninguna creencia de divinidad se halla fuera de la competencia de la razón para juzgarla.

El racionalismo religioso está así de acuerdo con el irracionalismo religioso por lo que concierne a la neutralidad de la razón, y difiere solamente por lo que concierne a los límites del alcance de la razón. Ambos sostienen que la razón es autónoma y que ésta no ha de ser guiada, en principio, por nada más que sus propias reglas. Desde luego, esto no significa que, de hecho, las *personas* sean siempre neutrales y carentes de sesgos cuando evalúan creencias o construyen teorías. Pero no importa cuán poco exitosas puedan ser las personas al impedir que influencias extrañas coloreen su juicio, las reglas del pensamiento racional y los procedimientos por los que hacemos y evaluamos teorías son ellos mismos neutrales; conducen a conclusiones no sesgadas si y cuando las personas impiden que otras influencias interfieran con ellas.

En algunas versiones más antiguas de racionalismo, se suponía que la razón no sólo era neutral y corte final de apelación, sino que también se pensó frecuentemente que era competente para juzgar cualquier asunto. Los que sostuvieron esta concepción no pretendían poseer una explicación para todo, sino sólo que todo es en principio racionalmente decidible o cognoscible. Esta convicción estuvo basada en la creencia de que el orden que subyace a la totalidad de la realidad es el mismo tipo de orden que hace posible la racionalidad humana.

Desde el principio, sin embargo, muchos racionalistas fueron reticentes a aceptar este último punto. Algunos dudaron que la realidad estuviera completamente ordenada por leyes lógicas o matemáticas y con ello abierta a la explicación racional. Así que dudaron que la razón humana tuviera el poder —incluso en principio— de decidir toda cuestión. Hoy hay pocos, si es que hay alguno, que estarían en desacuerdo con su duda. Pero los religiosos racionalistas no necesitan aseverar que la razón es omnicompetente para mantener su posición. Todo lo que necesitan negar es que es legítimo sostener cualquier creencia que la razón no pueda decidir. En vez de permitir un nicho para las creencias que no son racionalmente decidibles, exigen que suspendamos la creencia en tales casos. Más al punto, insisten en que la creencia religiosa es uno de los asuntos que la razón teórica *puede* decidir. Diagramaticamente, la posición de que la creencia religiosa depende del veredicto de la razón teórica puede representarse en la siguiente figura.

La creencia religiosa es:

1. una teoría o conclusión de la razón
2. opcional

———————————— ↑ ————————————

La razón teórica es:

1. neutral con respecto a todos los asuntos
2. corte final de apelación en todos los asuntos
3. capaz de decidir todos los asuntos (?)

Ser un racionalista acerca de la relación del razonamiento teórico con la creencia religiosa no asegura, por sí mismo, qué concluirá un pensador dado que es el veredicto de la razón sobre la creencia religiosa. Uno de los grandes campeones de esta posición fue Platón, quien concluyó que la razón provee demostración de las (sus) creencias religiosas. Al ser racionales, dice él, se nos asegura que hay dos cosas que conducen a los hombres a creer en los dioses. . . .Uno es el argumento acerca del alma. . . .Que es la más antigua y más divina de todas las cosas. . . .La otra era un argumento a partir del orden del movimiento de las estrellas y de todas las cosas bajo el dominio de la mente que ordenó el universo. (*Laws* XII, 966)

Pero la misma posición racionalista fue también mantenida por el pensador del siglo veinte Bertrand Russell, quien arribó a una conclusión muy diferente:

Hasta donde llega la evidencia científica, el universo ha reptado por lentas etapas a un resultado algo penoso sobre esta tierra y va reptar por etapas aún más penosas a una condición de muerte universal. Si esto ha de ser tomado como evidencia de propósito, sólo puedo decir que el propósito es uno que no me resulta atractivo. No veo ninguna razón, por lo tanto, para creer en ningún tipo de Dios, no importa cuán vago y cuán atenuado.[6]

Entre aquellos que sostienen la posición racionalista ha habido una tendencia definida a lo largo de las tres últimas centurias a alejarse de la conclusión de Platón y acercarse a la de Russell. Como resultado, muchos de los que sostienen esta concepción dan por sentado que la razón ha refutado la creencia religiosa reemplazándola con las teorías de la ciencia y la filosofía.

Antes de pasar a la siguiente concepción alternativa, vale la pone notar que el racionalismo y el irracionalismo están de acuerdo en un punto señalado anteriormente, a saber, que no todo mundo tiene una creencia religiosa. Para ambas posiciones, es cuestión de elección el que alguien mantenga una creencia de divinidad y, si es así, cuál sea tal creencia. El racionalista se opone al irracionalista sólo por su insistencia en que las creencias de divinidad han de ser juzgados mediante procedimientos racionales, y que de otra manera no son legítimas.

5.3. La posición radicalmente bíblica

Al llamar a esta posición "radicalmente" bíblica no quiero sugerir que es una concepción extremista o absurda, sino sólo que es la concepción que se encuentra en los mismos escritores de la Biblia. El término "radical" es tomado así aquí en su sentido literal de "raíces" y es sinónimo de "estrictamente bíblico". Necesitamos distinguir esta posición por dos razones. Una es que es la concepción que intento defender. La otra es que necesitamos tenerla clara para entender la última concepción a ser cubierta, que es la que la mayoría de los teístas en la filosofía y la ciencia han mantenido. Esta última concepción es una combinación de las posiciones estrictamente bíblica y racionalista.

La posición racionalista fue la influencia dominante en la antigua cultura grecorromana, cuando el orto y difusión del cristianismo introdujo a la escena mundial la creencia en otra autoridad. Las religiones bíblicas (por ese tiempo sólo el judaísmo y el cristianismo) negaban que la razón fuese la autoridad final o que la razón fuese el único o mejor modo de acceder a toda verdad. En vez de ello enseñaron que, mientras que la razón es importante, su función más alta es permitirle a los humanos entender la revelación de Dios para servirle sobre la base de lo que él ha revelado. Por lo tanto, la mayoría de los pensadores judíos y cristianos (y posteriormente los musulmanes) han rechazado la posición racionalista. Incluso aquellos entre ellos que trataron de permanecer tan cerca como fuera posible del racionalismo tuvieron que tratar de alguna manera con la cuestión de relacionar la razón con la palabra de Dios como una autoridad otra y distinta.

Como dije, la mayoría de los pensadores teístas hoy en día mantienen una combinación de la posición estrictamente bíblica con la posición racionalista. De hecho, esa combinación ha tenido una hegemonía tan amplia por tanto tiempo, que muchos que se apegan a ella han perdido de vista la posición estrictamente bíblica tan completamente que usualmente niegan que exista. En vez de ello sostienen que los escritores bíblicos nunca adoptaron ninguna posición sobre un tópico tan abstracto como el de la relación de la creencia en Dios con las teorías, así que no hay ninguna posición *bíblica* sobre este tópico en lo absoluto. Puesto que este error se halla tan difundido, quiero tomar un tiempo para mostrar que de hecho sí hay una posición adoptada sobre el tema ha ser encontrada en los Salmos, los Profetas y el Nuevo Testamento. La posición es ésta: no hay conocimiento o verdad que sea neutral con respecto a la creencia en Dios. Los escritores que afirman esto no llegan a especificar exactamente de qué modo la creencia en Dios impacta el conocimiento de todos los tipos o "toda verdad", pero están claros en que consideran las creencias en otras divinidades (putativas) como falsificando parcialmente todo lo que ha de ser tomado como verdadero o como conocimiento y que conocer a Dios nos permite, en principio, evitar esa falsedad parcial.

Hay un número de textos en los que los escritores bíblicos afirman que conocer a Dios es la "parte principal de la sabiduría y el conocimiento", pero muchos de ellos ocurren en obras poéticas de modo que usualmente son descartados como hipérboles (Sal. 11:10; Prov. 1:7, 9:10, 15:33; Jer. 8:9). Así que los pasaré de largo por ahora con el comentario de que podrían de igual manera no ser hipérboles y que el posterior desarrollo de este tópico por los escritores del Nuevo Testamento muestra que no lo son.

Un desarrollo posterior tal es el comentario de Jesús en el sentido de que aquellos que distorsionan la ley de Dios han "quitado la llave de la ciencia" (Lc. 11:52). Obsérvese que no dice que las distorsiones de la palabra de Dios quiten la llave de la ciencia *de Dios*; dice meramente "ciencia". Aquellos que mantienen la concepción de que la Biblia nunca habla de algo tan filosófico como Jesús parece hacerlo aquí podrían querer replicar que su comentario es elíptico, de modo que es una abreviatura para hablar del conocimiento de Dios aunque se omita la frase "de Dios". Pero compárese el comentario de Jesús a 1 Co. 1:5, donde San Pablo dice que conocer a Dios a través de Cristo nos ha enriquecido con respecto a "toda sabiduría y conocimiento". Eso no suena elíptico ni tampoco es poesía. Ni tampoco se puede referir meramente al conocimiento de Dios. Pues posteriormente en el mismo libro (12:8) habla de los varios dones que Dios da a los creyentes y menciona específicamente el don del conocimiento. Luego, en el capítulo 13 dice que éste don de conocimiento habrá de pasar junto con otros dones tales como la profecía, mientras que el conocimiento de Dios será perfeccionado de tal manera que conoceremos a Dios de manera directa, así como Dios nos conoce. Por ende, el don de conocimiento —el conocimiento que resulta de un talento otorgado por Dios y que es impactado por el conocimiento de Dios— no es (redundantemente) solo el conocimiento de Dios mismo.

Por añadidura, es importante observar el modo en que los escritores bíblicos usan la metáfora de la luz como símbolo de la verdad y usan "ser iluminado" para significar la adquisición de conocimiento. El Salmo 43:3 explícitamente confirma este uso cuando le pide Dios "envía tu luz y tu verdad". Así que cuando el Sal. 36:9 afirma que "en tu luz [la de Dios] veremos la "luz" suena *prima facie* como si estuviera diciendo la misma cosa que dijo Jesús y que 1 Co. 1:5 afirmó, a saber, que el conocimiento de Dios juega un papel clave en la adquisición de todos los otros tipos de conocimiento. La metáfora de la luz es continuada en el Nuevo Testamento. Por ejemplo 2 Co. 4:3-6 dice que los incrédulos se hallan ciegos a la luz del Evangelio y afirmó otra vez que esta "luz" es "el conocimiento de Dios". Con esto en mente, el claro enunciado de Ef. 5:9 es quizá el enunciado más fuerte de todos sobre la relación de la creencia en Dios con todo tipo de conocimiento. Dice que las consecuencias de la luz del Evangelio ha de llevar fruto "en *toda bondad*, justicia y *verdad*".

Concluyo, por lo tanto, que el efecto acumulativo de estos textos es el de señalar que ningún tipo de conocimiento es religiosamente neutral. Es esto lo que entiendo por posición estricta o "radicalmente" bíblica. Y puesto que se dice que vale para toda verdad y para el conocimiento "de todo tipo", se aplica al conocimiento obtenido por las teorías así como al conocimiento adquirido de cualquier otro modo. Ya he bosquejado brevemente, en el capítulo 4, mi versión de la propuesta de Dooyeweerd acerca de cómo debe ser esto entendido. Allí señalé cómo es que nuestros conceptos de objetos experimentados (tales como un salero) o de entidades postuladas por las teorías (tales como un átomo) reflejan creencias de divinidad. En el capítulo 10 defenderé esta propuesta con mayor detalle, incluyendo el argumento que prueba por qué los compromisos de divinidad son inevitables. Y en los capítulos finales explicaré la propuesta de Dooyeweerd que explica cómo es que la creencia en Dios específicamente *debiera* impactarlos.

Esta posición sobre la relación general de las creencias de divinidad con las teorías puede ser representada diagramáticamente como sigue:

La razón teórica es:

1. no neutral porque está controlada por la creencia religiosa
2. no es la corte final de apelación
3. no es capaz de decidir sobre todos los asuntos

———————————————— ↑ ————————————————

La creencia religiosa

1. guía y dirige el uso de la razón en toda la vida

A manera de comparación, deberíamos observar que la posición radicalmente bíblica difiere de las dos posiciones previas con respecto a si la creencia religiosa es opcional. Más que hablar de la creencia de divinidad como una que una persona puede o puede no tener, los escritores bíblicos siempre consideran a todo mundo como teniendo una u otra creencia de divinidad. De acuerdo con ellos, lo que está mal de las personas no es que carezcan de creencia religiosa, sino que creen en la divinidad equivocada. Para esta posición, entonces, ser religioso es una parte tan natural de todo humano como lo es el ser racional o el ser capaz de sentir; puede ser ejercitado de manera correcta o incorrecta pero no se puede dispensar en lo absoluto.

Es justo preguntar en este punto si, en esta posición, está fuera de lugar para los teístas que traten de justificar su creencia en Dios racionalmente. Pienso que la posición bíblica es que ni es posible ni deseable intentar ninguna justificación teórica de la creencia en Dios para convencer a un incrédulo. Pero me apresuraría agregar que esto no elimina la reflexión crítica en la fe propia para entender mejor sus enseñanzas o para compararlas con las enseñanzas de otras fes. Ni tampoco significar que la discusión racional con los no teístas sea totalmente inútil. Puede clarificar las enseñanzas bíblicas para los incrédulos tanto como para nosotros mismos y permitir que se hagan réplicas a las críticas de estas enseñanzas. Por lo tanto, no veo la posición de los escritores bíblicos como rechazo de todo razonamiento en conexión con la creencia en Dios. Más bien aquélla es que no debiéramos esperar que los no teístas se conviertan en creyentes en Dios solamente por la persuasión racional, ni debiéramos pensar que debemos tener algún tipo de argumento para nuestra creencia en Dios si ésta ha de ser intelectualmente respetable. Este último punto, sin embargo, no debe ser malentendido como un tipo de fideísmo, siendo referido a mi aserción de que todas las creencias de divinidad se basan en la experiencia más que en la inferencia. Calvino expresó bien esta posición cuando dijo de la Escritura:

> aunque ella lleva consigo el crédito que se le debe para ser admitida sin
> objeción alguna y no está sujeta a prueba ni argumentos, no obstante alcanza
> la certidumbre que merece por el testimonio del Espíritu Santo (*Institución*,
> I, vii, 6).

Así, a pesar de rechazar la exigencia de una justificación inferencial de la creencia en Dios, la posición bíblica no pide una adherencia ciega. Ni tampoco la apelación a la experiencia requiere de una experiencia extraordinaria. No se necesita que los muebles vuelen alrededor del cuarto para que uno tenga una experiencia religiosa. Más bien, la experiencia a la que me refiero es la de ver el mensaje bíblico como la verdad autoevidente acerca de Dios y proviniente de Dios. (Recuerde las citas de Calvino y la nota sobre Pascal en el capítulo 2.)

Esta posición, por lo tanto, está en desacuerdo con el irracionalismo religioso al negar que la creencia en Dios sea fe ciega o se halle separada de la racionalidad. Por el contrario sostiene que una otra creencia de divinidad siempre dirige el modo en que la gente usa la racionalidad para interpretar el rango entero de su experiencia, de modo que la verdad *completa* acerca de cualquier tema desde luego depende de tener la divinidad correcta. Obsérvese que estas dos enseñanzas —el control religioso del pensamiento teórico y la negación de la necesidad de justificar la fe— se hallan conectadas de manera importante. Pues si una creencia religiosa controla y dirige el razonamiento, se sigue que todos los intentos teóricos por demostrar o desacreditar cualquier creencia de divinidad dejarían, incluso si fuesen formalmente válidos, de ser religiosamente neutrales y conformarían así una petición de principio. En otras palabras, cualquier intento por proveer, digamos, una prueba convincente de Dios a aquellos que tienen algún otra divinidad sería inútil porque, para los teístas, la creencia en Dios es una presuposición de y establece los límites para cómo todo lo demás ha de ser interpretado, incluyendo las premisas de la demostración. Y lo mismo sería verdadero de la demostración de una creencia de divinidad contraria: también regularía cómo todo lo demás ha de ser interpretado por aquellos que tienen esa creencia de divinidad. Pascal lo dijo bien: para aquellos que creen, no es necesaria ninguna demostración; para aquellos que no creen, ninguna demostración es posible.

Es esta posición radicalmente bíblica la que estaré defendiendo en todo lo que sigue. Mantendré que el ejercicio de la razón teórica se halla siempre regulado y dirigido por alguna creencia de divinidad *per se*, de modo que ni la razón es autónoma ni la teorización es religiosamente neutral. Si la creencia de divinidad es llamada "fe" entonces, de acuerdo con esta concepción, la fe no es una facultad distinta de la mente separada de la facultad de la razón, sino que es una parte integral de la razón. Afirmo que las intuiciones racionales de autoevidencia no está confinadas a los axiomas lógicos y matemáticos, sino que siempre incluyen alguna intuición de la divinidad también. El resultado es que la razón está esencialmente dirigida por la fe en todas las personas.

Pero, para ser distinguida completamente, esta concepción debe ser contrastada con la posición más popular, la que mencioné brevemente con anterioridad. Ésta es la posición que insiste en que la fe y la razón son desde luego facultades separadas, de manera que hay ámbitos distintos para la autoridad de la razón y la autoridad de la fe. Como ya notamos, esta alternativa no separa completamente la fe de la razón como lo hace el irracionalismo, sino que ve a las dos como relacionadas de un modo mucho más complejo.

5.4. La escolástica religiosa

Como ha sido ya admitido, la posición radicalmente bíblica no ha sido sostenida por la mayoría de los pensadores judíos o cristianos. Mucho antes el surgimiento de la cristiandad hubieron fuertes diferencias de opinión entre los judíos concernientes a la actitud adecuada que había que adoptar hacia la relación de su fe con el resto de la vida, particularmente con la dominante cultura pagana racionalista del mundo grecorromano. Algunos académicos judíos rechazaron completamente esa cultura como incompatible con lo que significaba ser judío, mientras que otros pensaron que la mayor parte de la cultural antigua podría ser aceptable. Según la segunda concepción, todo lo que se necesitaba para ser verdaderamente judío era mantener el culto del Dios verdadero y los requerimientos de la ley de Moisés contra el politeísmo pagano y la moralidad laxa. En otras palabras, la segunda de estas dos opiniones vio a la mayor parte de la vida y la cultura como religiosamente neutrales, de modo que el ser distintivamente judío estaba restringido a la fe y la moral. Fue esta segunda concepción la que prevaleció entre los académicos.

El mismo problema tuvo que ser encarado también por los cristianos primitivos y entre ellos surgieron las mismas diferencias de opinión que habían dividido a los judíos. Algunos académicos y teólogos pensaron que un abismo infranqueable separaba la tradición judeocristiana entera de la cultura del mundo antiguo. Vieron los efectos de su fe sobre el resto de la vida como omniabarcantes. Uno de ellos, Tertuliano, refiriéndose a la perspectiva de "Atenas" preguntaba: "¿que tiene que ver Jerusalén con Atenas?". Pero la mayoría de los académicos cristianos siguieron la predominante concepción judía y pensaron que, más que equivocada, la cultura de su tiempo estaba incompleta. Consideraron a la ciencia, la filosofía, el arte, el derecho, etcétera, como los productos de una razón religiosamente neutral y por ende no necesariamente reflejantes de la cultura pagana en la que había surgido. (Después de todo, ¿no es verdad que $1 + 1 = 2$ para un pagano, así como para aquellos que creen en Dios?) Así que adoptaron actitud de que, con excepción de su creencia en Dios y la necesidad de corregir la moral pagana la mediante los estándares bíblicos, los cristianos podían aceptar la mayor parte de la cultura de su tiempo sin remordimiento. En pocas palabras, adoptaron la posición de que no hay una oposición radical entre la religión bíblica y cualquier cultura particular, puesto que la mayor parte de la vida es religiosamente neutral. Fue así que adoptaron la concepción de que el entendimiento propio de la mayoría de los aspectos de la cultura de uno no difieren dependiendo de cuál sea la propia religión que se profese. Así que tomaron los textos bíblicos que acabamos examinar cómo significando que solamente la sabiduría y el conocimiento *religiosos* dependían de tener al Dios verdadero.

Esta interpretación llegó a dominar el pensamiento de la mayoría de los teólogos en los primeros siglos después del surgimiento y difusión del cristianismo. Debido a que eventualmente fue desarrollado de modo brillante en el trabajo de un número de teólogos y filósofos que fueron profesores, posteriormente vino a ser llamada la posición de los "hombres de la escuela" o "escolásticos", y posteriormente fue simplemente llamada "escolástica". La elaboración de esta posición por Tomás de Aquino en el siglo trece fue elaborada de un modo tan brillante y extenso, y fue tan influyente subsecuentemente, que muchos historiadores y filósofos ahora usan el término "escolástica" para nombrar solamente las teorías de Tomás o teorías que son muy parecidas a ellas. En lo que sigue, sin embargo, no me estaré refiriendo a ningún grupo particular de teorías o estilo de teorizar con mi uso de "escolasticismo", y mucho menos me estará refiriendo solamente a teorías que son tan pesadamente aristotélicas las como lo fue la de Tomás. Ni me ocuparé de la cuestión de hasta qué punto la influencia escolástica que prevalece ahora puede ser verdaderamente atribuida al mismo Tomás. Más bien estoy usando el término para la posición que entiende la relación general de las creencias de divinidad con las teorías como correspondiendo a dos clases muy diferentes de información: creencias que son entregas de la razón y creencias que son entregas de la revelación aceptadas por fe, donde la fe se entiende como una facultad mental distinta de la razón.

Puesto que esta concepción ve tanto a la fe como a la razón como autoridades genuinas, enfatiza la necesidad de armonizar sus entregas para evitar que se contradigan entre ellas. Y la tarea de mantenerlas en armonía, dijo Santo Tomás, recae en la teología. Otra manera de formular esta posición es decir que concibió un compromiso entre la exigencia omniabarcante que el racionalismo pagano le hacía a la razón y la igualmente omniabarcante exigencia bíblica de que la fe correcta es un prerrequisito necesario para el conocimiento de todo tipo. Esto se hizo limitando el alcance de cada exigencia. La clave del compromiso fue la apelación a la enseñanza bíblica de que hay dos dimensiones de la creación que la Biblia llama "cielo" y "tierra". La propuesta fue que cada una de estas dimensiones fuese tomada como conocida de modo diferente, una mediante la razón y la otra mediante la fe. La dimensión de la tierra fue llamada "naturaleza", la cual se sostuvo que era la dimensión de la realidad conocida por la percepción y la razón. Se sostuvo que tal conocimiento era el mismo para todas las personas. Por lo que concierne a la naturaleza se sostuvo que la razón era así todo lo que los racionalistas decían que era: neutral y autoridad final para toda verdad. La dimensión celestial de la realidad fue llamada "sobrenatural" y se sostuvo que era conocida sólo por revelación de Dios, la cual debía ser aceptada por fe. Estas verdades reveladas transmitían conocimiento que no era demostrable mediante la razón, tal como información acerca de Dios, la naturaleza del alma humana, los ángeles y la vida después de la muerte. Estas verdades no están por lo tanto disponibles para todas las personas, sino solamente para aquellas a quienes la gracia de Dios les ha otorgado el don de la fe. Pues sin fe que acepte la revelación la razón es relativamente impotente para descubrir la verdad acerca del ámbito sobrenatural. (Digo "relativamente impotente" porque la mayoría de los pensadores escolásticos sostuvieron que la razón sin ayuda de la revelación podría demostrar que Dios existe y que los humanos tienen un alma pero nada más. No podía por ejemplo mostrar cómo es que los humanos llegan a estar en una relación adecuada con Dios.) De esta manera, cada exigencia omniabarcante es en un sentido descartada y en otro sentido retenida: ni la razón ni la fe son verdaderamente omniabarcantes en precisamente los modos mantenidos por los racionalistas paganos y los escritores bíblicos, sino que cada uno es autoridad suprema *en su propio ámbito*.

Debiera notarse de modo especial que para esta concepción la fe no es confianza ciega como lo es para el irracionalista. Más bien es una facultad especial para aprehender la verdad revelada y un medio para adquirir certeza. Así que la posición escolástica no debiera ser confundida con la irracionalista en ningún respecto; mientras que está de acuerdo en que las exigencias del racionalismo son verdaderas para el ámbito de la naturaleza, no empata ese acuerdo con una concepción irracionalista de la fe. Más aún, mientras que la posición irracionalista separa el lado racional de la vida de la fe, el escolasticismo ve la división entre fe y razón como una membrana semipermeable, no un muro. Hay una interacción en dos sentidos entre fe y razón. Quizá la mejor manera de pensar esta interacción es decir que en esta posición la fe y la razón cada una tiene deberes hacia el otro; cada uno tiene su propio dominio, pero cada uno también afecta al otro. Por ejemplo, la razón no solamente descubre la verdad acerca de la naturaleza y demuestra la existencia de un hábito sobrenatural, sino que también sistematiza doctrinas reveladas y controla todas las teorías racionales por lo que concierne a su compatibilidad con aquellas doctrinas. Ésta es la tarea de la teología. En caso que se encuentre que una teoría de la filosofía o la ciencia se halla irreconciliablemente en contradicción con la verdad revelada, esa teoría es entonces descartada como falsa. El deber de la fe hacia la razón es así el de proporcionar un control externo para ver si la razón ha caído en el error, y es visto como una ventaja para la razón el tener tales verdades infalibles mediante las cuales pueden ser sometidas a prueba sus hipótesis. En el análisis final, por lo tanto, la autoridad de la revelación tomada por fe es superior a la de la razón sola.

Pero, a pesar de que mantiene que la fe es superior a la razón, esta posición todavía se queda corta con respecto a la estrictamente bíblica. Sostiene que la razón es autónoma en el ámbito de la naturaleza, mientras que los escritores bíblicos sostienen que tener la creencia de divinidad correcta es una condición necesaria (aunque no suficiente) para entender la naturaleza así como lo sobrenatural. Más aún, está claro que, para esta posición, la mayoría de las teorías y muchos otros tipos de conocimiento y verdad son religiosamente neutrales. En tanto que no contradigan ninguna verdad revelada no necesitan ser impactados por la creencia en Dios —o en cualquier otra divinidad— en lo absoluto.

Como resultado, el tema dominante para los pensadores escolásticos siempre ha sido el de cómo interpretar la relación entre fe y razón, la naturaleza y lo sobrenatural, para armonizar cualquier conflicto potencial entre ellos. Pues aunque las principales distinciones del esquema escolástico aparecen nítidas y claras en un breve bosquejo como éste, en la práctica generaron debates interminablemente engorrosos cuando se trataba de aplicarlo a casos particulares. Diagramáticamente las principales distinciones del escolasticismo se pueden representar de este modo:

Ámbito de lo sobrenatural o de la gracia	La fe acepta la revelación como la suprema autoridad concerniente a Dios y el alma y asuntos relacionados.
Ámbito natural	1. la razón es la autoridad neutral y final concerniente a la naturaleza; 2. La razón armoniza la religión con las teorías de la ciencia y la filosofía; 3. La razón demuestra la existencia de lo sobrenatural y sistematiza las doctrinas reveladas.

A pesar de los muchos desacuerdos de detalle en cuanto a cómo es que la fe y la razón interactúan en casos específicos, emergió un amplio consenso entre los pensadores escolásticos sobre un número de puntos principales. Antes que nada, mientras que todos los seres humanos son naturalmente seres racionales, no todos tienen la facultad de la fe, de modo que concuerdan en este punto tanto con la posición irracionalista como con la racionalista. La facultad de la fe llega a una persona como un don de Dios, lo cual es una adición a lo que un ser humano es naturalmente. Hablando de la recepción de la facultad de la fe como un don de la gracia de Dios, Tomás de Aquino se expresó de este modo:

> nadie recibe la gracia por sí mismo, no importa cuánto se prepare, aun cuando haga todo lo que se halla su poder. . . .Pues la gracia sobrepasa todos los esfuerzos humanos. . . .Si es voluntad de Dios tocar el corazón entonces la gracia seguirá infaliblemente. (*Summa Theologica* 1a-11ae, q. 112, a. 3)

Como vimos, esta adición de la fe no desplaza la razón de una persona, sino que la suplementa. He aquí al Aquinate de nuevo:

> los dones de la gracia nos son añadidos para realzar los dones de la naturaleza, no para eliminarlos. La luz nativa de la razón no es eliminada por la luz de la fe. . . .los principios de la razón son los fundamentos de la filosofía [y la ciencia]; los principios de la fe son el fundamento de la teología cristiana. Las verdades de la filosofía . . . no puede ser contrarias a las verdades de la fe. . . .La naturaleza es el preludio a la gracia. Es el abuso de la ciencia y la filosofía lo que provoca declaraciones en contra de la fe. . . .[7]

Así, la guía que la fe ofrece a la razón es en buena medida un control negativo y externo sobre lo que la razón puede aceptar. No es vista como una influencia internamente regulatoria. Pues si la influencia de las verdades aprendidas por la fe fuese interna a la operación de la razón, la razón ya no sería religiosamente neutral y autónoma. Y si no fuera neutral, no habría teorías religiosamente neutrales sobre la naturaleza que pudieran ser sostenidas en común con personas que carecen de fe. Puesto que el escolasticismo considera verdadero que hay teorías y otras verdades sostenidas en común por todas las personas, mantiene que el razonamiento acerca de la naturaleza debe ser neutral y es así que insiste en una nítida diferencia entre lo que puede ser aprendido por fe y lo que puede ser conocido por la razón. Lo que es más, si la razón no fuese neutral, no podría ofrecer una prueba convincente de que hay un ámbito sobrenatural. Pero, dice el escolasticismo, la razón desde luego puede proveer una evidencia racional de que hay un ámbito sobrenatural, demostrando la existencia de Dios y del alma humana. De este modo, la razón apunta a un ámbito que necesita ser revelado por Dios si es que hemos de saber más acerca de él.

Podría parecer que este último punto difumina los linderos entre fe y razón, así el Aquinate lo explicó como significando que haya un poco de traslape: ciertas cosas que están disponibles a la razón de todos modos fueron revelados por Dios para que aquellos que tienen un intelecto más débil tuvieran la seguridad de no perderlos de vista. Pero, puesto que son conocibles por la pura razón, estas cosas no son por lo tanto —hablando estrictamente— artículos de fe. De modo que el Aquinate dice:

> Que Dios existe y otras verdades teológicas tales que pueden ser conocidas mediante la razón natural no son artículos de fe, sino preámbulos al Credo: la fe presupone la razón del mismo modo que la gracia presupone la naturaleza. (*Summa Theologica* la, q. 2, a. 2, ad 1)

Debido a que les escolasticismo deja una latitud tan amplia para la fe tanto como para la razón, al mismo tiempo que admite una fuerte interacción entre ellas, sus defensores encuentran difícil ver por qué debieran adherirse a la concepción radicalmente bíblica. Siguen tomando las afirmaciones en el sentido de que la creencia en Dios impacta todo conocimiento como significando todo conocimiento *acerca del ámbito sobrenatural*, y apuntan especialmente al conocimiento en las matemáticas, la lógica y la física como ejemplos de verdades sostenidas en común por todas las personas.

Finalmente, esta concepción admite que teorías que explica la creación como dependiendo de uno u otro de sus aspectos reflejaría una creencia religiosa pagana si terminarán simplemente con la posición de que todas las cosas dependen del aspecto X. Pero, dice el escolasticismo, el paganismo de tal posición es fácilmente evitado. Todo lo que necesitamos es agregar a cualquier teoría tal una aseveración adicional: ya que todo el resto de la creación depende del aspecto X, X a su vez depende de Dios. Con esa estipulación adicional se neutraliza el carácter pagano de tales teorías.

Ha sido dada ya la primera parte de mi objeción al escolasticismo. Tenía que ver con el modo en que la escritura ve toda verdad como (de alguna manera) impactada por tener el dios correcto. Eso implica una posición más fuerte que la de simplemente proscribir aquellas teorías que contradicen francamente la verdad revelada. Que una teoría no puede ser correcta si contradice la verdad revelada es verdadero para cualquier teísta; pero no se aproxima a ser lo suficientemente fuerte para capturar la enseñanza bíblica. Pues no importa cuál asiduamente se aplique esa regla, aún deja a la vasta mayoría de las teorías (y muchas otras creencias) intocadas por la creencia en Dios. La mayoría de las teorías sobre casi todo tópico no contradicen la doctrina revelada y así resultan ser religiosamente neutrales exactamente en el sentido en que la enseñanza bíblica lo niega.

Pero, en ese caso, la regla de que sólo las teorías que francamente contradicen la verdad revelada han de ser excluidas ¡no satisface su propio requerimiento! Así que, a pesar de la insistencia escolástica en que la autoridad de la fe superior a la de la razón, y en que la verdad revelada acerca de los sobrenatural es más importante que la verdad acerca de la naturaleza, la regla escolástica sola es demasiado débil para capturar la posición bíblica sobre la relación entre la creencia religiosa y la razón.

Esta misma falla es también lo que es objetable de la estratagema escolástica para localizar el carácter pagano de una teoría que explica toda la creación como idéntica a o dependiente de uno u otro de sus aspectos. Esa sería una posición pagana, dice el escolasticismo, si careciera de la aseveración adicional de que cualquier aspecto de la creación propuesto como aquello de lo que depende el resto de la creación depende su vez de Dios. Pero, con esa aseveración, lo que de otra manera sería una creencia de divinidad pagana es bautizada (o circuncidada) para recibir aceptabilidad teísta. Mi objeción a este estratagema es que el poder explicativo real de la teoría yace solamente con el aspecto que es tomado para explicar el resto de la creación, no con Dios. El poder explicativo de la teoría no es diferente con la aseveración adicional de la existencia de Dios de lo que es sin ella (¡a menos que los milagros de Dios sean tomados como el tiradero para lo que la teoría no puede explicar en lo absoluto!). La aseveración adicional es, por lo tanto, otro modo de ignorar o negar la enseñanza bíblica de que ningún conocimiento o verdad deja de ser afectada por la creencia en Dios.

Otra objeción a la concepción escolástica es que niega la concepción escritural de los humanos como seres naturalmente religiosos. La Escritura insiste en que los humanos fueron creados para tener compañerismo con Dios y, como señalé antes, los escritores de la Biblia siempre se dirigen a sus lectores como si ellos (los lectores) creyeran en Dios o en algún dios sustituto. Esta es la razón por la que los Salmos dicen que cualquiera que insista que no hay nada divino es un necio ("Dice el necio en su corazón: no hay Dios"); ello se debe a que, mientras una persona afirma eso, la misma persona está de hecho considerando a algo como divino. Así que la posición radicalmente bíblica no puede estar de acuerdo en que tener fe es un "*donum superadditum*" —un poder agregado a las facultades naturales de una persona que no se hallaba allí desde el nacimiento. El don de la gracia de Dios no es el de agregar una facultada previamente faltante, sino redirigir y reparar una que está funcionando mal. Como dice Calvino, estamos hechos de tal manera como para que naturalmente pusiéramos "toda nuestra confianza en Él, si nuestra malicia natural no apartase nuestro entendimiento de investigar lo que es bueno" (*Institución*, I, ii, 3).

Más aún, la posición radicalmente bíblica niega que cada una de las dos dimensiones de la creación sea conocida por una facultad humana diferente. Tanto Dios como la creación son conocidos por la misma facultad, a saber, la razón, la cual por su misma naturaleza está siempre dirigida por alguna creencia de divinidad. Esto no es sugerir, desde luego, que no haya nada distintivo acerca de los modos en que usamos la razón para conocer la creación y los modos que usamos para conocer a Dios. Puesto que Dios no es parte de la creación, debe revelarse si hemos de conocerle. Además se haya el efecto de la caída en el pecado sobre la razón humana. Se dice que esto es una condición de los humanos en que su razón funciona mal con respecto a lo que experimentan como divino, de manera que sus antenas de autoevidencia debe ser restauradas a un orden de funcionamiento propio si es que la razón habrá de reconocer la revelación de Dios por lo que es. Lo mismo vale para el modo en que la naturaleza puede "dar testimonio" de Dios. El Salmo 19:1 y Romanos 1:20 nos dicen que la naturaleza —vista correctamente— haría manifiesta su criaturidad dependiente. Pero la razón extraviada por la falsa fe no lee correctamente lo que la naturaleza manifiesta. En vez de ello reprime lo que otra manera sería obvio, y considera a algo que no es Dios como divino (Ro. 1:25). Esto sólo puede ser remediado por la restauración de la razón a su orden propio de funcionamiento, de modo tal que la palabra de Dios sea vista por lo que es y la naturaleza sea correctamente interpretada. Como Calvino subrayara una vez, la Escritura nos provee con los lentes a través de los cuales debe ser leído el libro de la naturaleza.

5.5. El conflicto entre estas alternativas

La perspectiva escolástica bosquejada arriba había permeado la totalidad del pensamiento europeo ya por el siglo quinto y fue eventualmente adoptada por virtualmente todo pensador líder judío o cristiano. Posteriormente fue también adoptada por un número de influyentes pensadores musulmanes.[8] Correspondiendo a la división del conocimiento en los ámbitos natural y sobrenatural, esta perspectiva vio toda la vida como dividida en dos. Todo asunto era cuestión de fe o razón, de lo sagrado o lo secular del alma o el cuerpo. Así que la vida ni estaba completamente unificada ni estaba altamente diversificada. Todo era asunto de lo sobrenatural, donde la fe es autoridad suprema, el destino del alma está en juego, y la iglesia es representativa de lo sobrenatural sobre la tierra;

o es un de la naturaleza, en la que la razón es autoridad suprema, el bienestar corporal está en juego, y el estado es la institución autoritativa.

Entre los pensadores que creen en Dios el escolasticismo es con mucho la posición más popular del mundo hoy. Sus suscriptores en estudios religiosos, filosofía, ciencia, arte y literatura todavía son muchos más que los de cualquiera de las otras tres posiciones, pero ya no tiene la casi total adherencia que tuvo a grandes rasgos entre 500 y 1500 A.D. Lo que es más importante, ya no es la perspectiva líder de la cultura occidental. Esta pérdida de liderazgo ocurrió en el siglo dieciséis, cuando la escolástica fue desafiada simultáneamente por dos movimientos. Uno de éstos, el Renacimiento, propugnaba un retorno al racionalismo pagano al insistir en la autonomía y neutralidad de la razón en todos los asuntos, así que prescindía de una fe que impusiese cualquier límite a la razón. El otro fue la Reforma, la cual rechazaba que se limitara la fe solamente a los asuntos sobrenaturales, y argumentaba que la razón se halla intrínsecamente guiada por la fe en todos los asuntos.

El reavivamiento de la posición racionalista fue instigado por el redescubrimiento gradual de los logros del mundo antiguo. Los académicos involucrados en este redescubrimiento llegaron a considerar la cultura antigua como superior a la suya propia y, con el tiempo, pasaron a referirse a la era entre la caída de Roma y ellos mismos como una "edad media", esto es, un periodo entre la última gran cultura y la siguiente que ellos esperaban comenzar. Se vieron a sí mismos como defensores de la razón que, mediante el reavivamiento del racionalismo, regresarían "la gloria que fue Grecia y la grandeza que fue Roma", restaurando el comando supremo de la razón. (Los historiadores de siglo diecinueve que estuvieron de acuerdo con ellos empezaron a llamar su movimiento "Renacimiento", un renacer de la libertad de la razón para reconstruir la grandeza de la civilización occidental.) Estos pensadores renacentistas hicieron el llamado a una nueva perspectiva que no impusiese límites de antemano a lo que la razón podía o no podía aceptar, y que no apuntara constantemente a un ámbito sobrenatural como algo más importante que el mundo natural. Confiadamente predijeron que si se le soltaba la rienda a su perspectiva empezaría a crear el paraíso aquí y ahora, en vez de simplemente tener la esperanza del mismo después de la muerte. Y empezando en la parte final del siglo dieciséis y a lo largo de todo el diecisiete señalaron los notables avances de la ciencia como evidencia en favor de estas afirmaciones.

Al mismo tiempo que el movimiento del Renacimiento se hacía más impetuoso, la Reforma también desafió al *establishment* escolástico. Fue diferente del Renacimiento en que surgió dentro de la iglesia, y su reverso al defender que la creencia religiosa subyacía a la razón teórica en vez de necesitar una demostración racional. Aunque el sabor de este movimiento difería algo dependiendo de sus líderes en las varias localidades, uno de los claros impulsos del movimiento fue un intento por revivir la posición radicalmente bíblica. Los reformadores líderes —Lutero y especialmente Calvino y sus asociados— vieron la palabra de Dios como permeando y transformando toda la vida; para ellos no era meramente una restricción externa o un control sobre la razón, sino su vida interna. La mayoría de sus esfuerzos estaban comprensiblemente dirigidos a reformular la teología y reorganizar la iglesia, pero una convicción fundamental detras de sus reformas fue el rechazo de la partición escolástica entre creencia religiosa y razón.

En el curso de su trabajo Lutero se revirtió a la concepción escolástica en varios asuntos, pero Calvino llevó adelante la tendencia antiescolástica del pensamiento de Lutero. Al comentar, por ejemplo, sobre la supuesta neutralidad religiosa de la razón en el estudio de la naturaleza, Calvino dijo:

> Es vano para cualquiera razonar ... sobre la hechura del mundo, excepto para aquellos que ... han aprendido a someter la totalidad de su sabiduría intelectual (como lo expresa Pablo) a la locura de la cruz. ...El reino invisible de Cristo llena todas las cosas y su gracia espiritual se difunde a través de todas.[9]

A lo largo de sus escritos Calvino adopta la concepción de que la razón humana no es neutral debido que está afectada por el pecado, donde pecado es entendido como una creencia en una falsa divinidad que produce efectos perniciosos sobre los intentos de la razón por interpretar la realidad. Como él la ve, la creencia religiosa falsa no puede dejar de producir distorsiones en todos los niveles, no meramente en la teología y la ética. Por esa razón, cuando la Escritura revela al verdadero Dios no solamente revela al objeto propio fe y adoración, sino que restaura la perspectiva adecuada para la operación de la razón. Ciertamente, Calvino no explicita con exactitud *cómo* es que la creencia en Dios hace esto, no más de lo que lo hicieron los escritores de la Biblia mismos. Pero ya he empezado a poner el trasfondo para una versión de la explicación que hace Dooyeweerd de esto, la cual llevaré adelante en los siguientes capítulos de este libro. Formularé su forma específica de esta aseveración en el capítulo 6 e ilustraré la influencia de las creencias de divinidad sobre las teorías usando ejemplos extraídos de las matemáticas, la física y la psicología en los capítulos 7, 8 y 9. Entonces, en el capítulo 10, explicaré tanto sus argumentos que muestran por qué la regulación religiosa de las teorías es inevitable, así como su crítica de la tradicional estrategia (pagana) para las teorías. En los últimos tres capítulos explicitaré su programa para teorizar sobre la base de la creencia en Dios. Esto tomará la forma de mostrar cómo la doctrina de que todo lo que no es Dios depende de Dios conduce a una distintiva teoría de la realidad y, a través de esa concepción de la realidad, conduce más allá a una interpretación distintiva de todos los conceptos, incluyendo las hipótesis de las ciencias.

Cuando el Renacimiento y la Reforma entraron en conflicto frontal con el arraigado escolasticismo y entre ellos a mediados del siglo dieciséis, una de las primeras bajas del conflicto fue la afirmación de los reformadores de la enseñanza radicalmente bíblica acerca de la no neutralidad de la vida toda. Aunque muchas de las reformas teológicas y eclesiales de Lutero y Calvino fueron preservadas en varias ramas del protestantismo, la doctrina de la no neutralidad no fue preservada. De hecho, los sucesores inmediatos en el liderazgo del movimiento de la Reforma (Phillip Melanchton y Teodoro Beza, respectivamente) abandonaron explícitamente la idea de que todo conocimiento está condicionado por la creencia religiosa y regresaron a la posición escolástica. Así que, aunque los teólogos protestantes y católicos continuaron estando en desacuerdo sobre asuntos tales como la organización de la iglesia, la interpretación de los sacramentos y la autoridad papal, su concepción general de la relación entre fe y razón fue en gran medida la misma. Su principal diferencia sobre fe y razón vino a ser que, mientras que los pensadores católicos tendían armonizar su fe con teorías de la naturaleza derivadas de Aristóteles (debido a la influencia de Tomás de Aquino), los pensadores protestantes se sintieron libres para armonizar su fe con cualesquiera teorías acerca de la naturaleza que estuviesen de moda en el momento. El resultado ha sido un virtual desfile de combinaciones escolásticas protestantes de creencia en Dios con teorías tales como el dualismo cartesiano, el fenomenalismo, el idealismo kantiano, el monismo hegeliano, el romanticismo, el marxismo, el existencialismo, etcétera. Entretanto, la posición radicalmente bíblica, aunque sobrevivió en el trabajo de unos cuantos pensadores individuales y algunas tradiciones teológicas pequeñas, fue marginado por la mayoría del pensamiento protestante.

Como resultado, ambos campos de la corriente principal del cristianismo occidental, junto con muchos pensadores judíos y musulmanes, aún carecen de la más mínima comprensión del control religioso de la totalidad de la vida. Las teorías, especialmente, se piensa que son religiosamente neutrales más que reguladas por el presuponer a Dios o una divinidad falsa. En vez de ello, la creencia en Dios usualmente se pega al fin de una teoría como la cola al burro en la fiesta de cumpleaños; más que ser una presuposición controladora de la teoría, es un pensamiento posterior que intenta solamente neutralizar su por lo demás enteramente pagano carácter. Consecuentemente, la mayoría de los pensadores teístas siguen pensando que la construcción de teorías procede de una manera neutral, y que un teísta solamente necesita agregar a una teoría la afirmación de que Dios crió cualquier cosa que la teoría proponga y checar para ver que nada en la teoría contradiga abiertamente alguna verdad revelada. Así, la relación general de las creencias de divinidad con las teorías es vista como una de armonización.

Esto, sin embargo, se hallan oposición directa con la concepción radicalmente bíblica que ya hemos examinado. Desde ese punto de vista, *¡el proyecto de armonizar la creencia en Dios con cualquier teoría dada es imposible a menos que esa teoría ya presuponga a Dios, e innecesaria si lo hace!* Pues ninguna teoría que sea autosupositivamente coherente puede dejar de estar en armonía con sus propias presuposiciones y ser incompatible con presuposiciones contrarias. Al dejar de reconocer que si una teoría no presupone la creencia en Dios no es neutral, sino que inevitablemente presupone la creencia en alguna otra divinidad (putativa), el escolasticismo supone que los teístas son libres de hacer un tratado de paz entre su fe y cualquier teoría que suene plausible y no contradiga llanamente la verdad revelada. La objeción radicalmente bíblica a esto es, desde luego, que cualquier supuesta armonía *externa* de una teoría con la creación Dios es una mera ilusión en tanto que la estrategia explicativa de una teoría presuponga una creencia religiosa contraria.

Voy ahora a anotar un punto en favor de esta posición radicalmente bíblica en la forma de una pregunta: sí, como pronto veremos, todas las teorías están reguladas por una creencia de divinidad u otra, de tal modo que sus interpretaciones difieren en relación con esa creencia, ¿por qué la creencia en Dios sería la única excepción? ¿Por qué hace una diferencia importante al contenido de una teoría el que presuponga como divinas la materia, o sensaciones, o leyes matemáticas, o sustancias hilemórficas, o leyes lógicas, etcétera, pero deja de hacer una diferencia importante solamente cuando Dios el creador es tomado como divino en vez de cualquier aspecto de la creación? Es seguro que ello es *prima facie* implausible; no obstante, es la concepción prevaleciente.

Quizá la principal razón para la deposición de la posición radicalmente bíblica haya sido los logros de las ciencias que fueron señalados por los pensadores renacentistas como evidencia en favor de su concepción. Por el tiempo de la reforma, y justamente en el siglo y medio que le sucedió, hubo una serie de logros asombrosos que fueron revendidos como completamente neutrales con respecto a la creencia religiosa. Estos incluían el reavivamiento del álgebra, el desarrollo de la geometría analítica y el cálculo, la invención del microscopio y el telescopio, el descubrimiento de las leyes del movimiento y la gravitación, y los comienzos de teorías comprensivas que cubrían campos tales como la mecánica, la óptica y la astronomía. El hecho de que la mayoría de estos logros parecían ser verdaderos independientemente de las creencias religiosas de uno hicieron más que meramente ratificar la rendición por la tradición protestante de su elemento radicalmente bíblico. Finalmente resultó en el triunfo del reavivamiento renacentista del racionalismo —primero bajo el título de "Humanismo" y posteriormente llamado "Ilustración". Esta posición conquistó el liderazgo intelectual y cultural del mundo occidental y ha permanecido en esa posición hasta hoy. Actualmente, su mayor desafío proviene de varias versiones de historicismo, pragmatismo y relativismo, las cuales usualmente vieron la creencia religiosa al modo irracionalista.

De hecho, en el último siglo y medio la posición radicalmente bíblica ha sido cada vez más esquivada por la tradición protestante, debido a la interpretación específica de la misma que ha sido defendida por el grupo más grande de sus adherentes, los fundamentalistas. Los fundamentalistas han retenido la idea de que la fe religiosa debiera guiar la totalidad de la vida, incluyendo las teorías. Ellos también ven la guianza de la creencia religiosa como una cuestión de dirección positiva e interna, más que meramente como un asunto de prohibir a las teorías que contradigan doctrinas teológicas. Pero su entendimiento particular de justamente *cómo* es que la creencia en Dios ejerce su influencia las teorías es tan implausible que ha venido a dañar la reputación de la noción misma de posición radicalmente bíblica para las teorías.

Así que, ahora que he dicho que los escolásticos sostienen una pluralidad numérica, que los racionalistas se hallan en el asiento del chofer, que los irracionalistas están apareciendo como los desafiantes, y que el grupo más grande que sostiene la posición radicalmente bíblica es el de los fundamentalistas, ¿qué se puede decir en defensa de esta posición? Por lo menos dos veces en la historia ha salido a la superficie solamente para ser abandonada por sus propios supuestos campeones. Así que, ¿por qué traerla a colación de nuevo?

La respuesta simple es que la posición radicalmente bíblica no puede ser interpretada plausiblemente como lo hacen los fundamentalistas, esto es, derivando las teorías o la confirmación de las mismas a partir de la Escritura o la teología. Pronto mostraré de qué modo el papel de la abstracción de los aspectos en el teorizar hace inevitable que cualquier teoría presuponga alguna creencia de divinidad. Pero, antes de defender esta posición, debemos clarificar qué significa que una creencia religiosa "controla", "dirige", "impacta" o "regula" una teoría actuando como una presuposición de la misma. Es por ello que el próximo capítulo criticará la idea fundamentalista de control religioso y presentará la idea de control que será defendida como la interpretación adecuada de la enseñanza bíblica acerca de la relación de las creencias de divinidad con las teorías.

CAPÍTULO 6

LA IDEA DEL CONTROL RELIGIOSO

6.1. El error del fundamentalismo

El término 'fundamentalista' ha sido utilizado de varias maneras y se aplica a muchas doctrinas y actitudes diferentes, pero para mi propósito aquí lo uso solamente para designar una concepción acerca de la relación entre la creencia religiosa y las teorías. En esta acepción, la actitud fundamentalista es esencialmente la misma ya sea que ocurra en el judaísmo, el cristianismo, o el islam. Pero, contrariamente a la definición popular, lo que distingue a un fundamentalista de cada una de esas tradiciones no es el adoptar una interpretación literal de la escritura. La característica verdaderamente distintiva es lo que llamo la "suposición enciclopédica". Es la concepción de que la escritura sagrada (o la teología derivada de ella) contiene enunciados inspirados, y por tanto infaliblemente verdaderos, acerca de virtualmente todo tópico concebible. Es esta suposición y sus consecuencias las que verdaderamente tipifican el pensamiento fundamentalista.

Una consecuencia de esta suposición es la insistencia del fundamentalismo en que el teorizar empieza viendo lo que la escritura tiene que decir sobre cualquiera que sea el tema a investigar, para que entonces las teorías se construyan alrededor de lo que resulte ser la enseñanza escritural. Es así como el fundamentalismo ve el control religioso de las teorías. Lo que es crucial a esta insistencia es, así, claramente, no si los fundamentalistas interpretan la escritura literalmente, sino que están comprometidos a encontrar que la escritura revela verdades sobre virtualmente todo tópico. (Argumentaré posteriormente que hay un sentido importante en el que este programa conduce a los fundamentalistas a ¡interpretaciones que no son suficientemente literales!)[1] Así que mientras que todos los judíos, los cristianos y los musulmanes esperan *algún* tipo de guía para las teorías en la escritura, solamente el fundamentalista insiste en que su guía debe ser la de suplir verdades específicas sobre virtualmente todo tópico.

Otra parte de la suposición enciclopédica tiene que ver con lo que sucede cuando incluso la más torturada exégesis de los textos escriturales no puede encontrar ninguna información acerca de un tópico. En ese caso, frecuentemente su guía es vista como asumiendo la forma de suplir confirmación a una teoría, en vez de información inicial con la cual pudiera comenzar. Así que, mientras que un escolástico diría que una teoría acerca de la biología, la geología o la física, etcétera, es aceptable siempre y cuando no contradiga ninguna doctrina revelada de la fe, un fundamentalista diría que las teorías obtienen más guía que eso. Deben en efecto incluir todas las verdades que estén reveladas sobre su tópico, o deben de incluir una apelación a la escritura entre sus evidencias confirmatoria, o ambas cosas.

Como ilustración de estas consecuencias de las suposición enciclopédica en operación, considere la obra de Richard Kirwan, el padre de la mineralogía británica. Profundamente interesado en la entonces naciente ciencia de la geología, Kirwan dio a la luz una publicación importante en ese campo intitulada *Geological Essays* (1799). A lo largo y ancho de sus teorías en estos ensayos, Kirwan supone que el diluvio de Noé, registrado en el Génesis, debe ser el principal evento geológico de la historia del planeta tierra. Como la Biblia no dice eso, ni da tanta información acerca del diluvio como la suposición enciclopédica lo conduce a esperar, Kirwan llega lo suficientemente lejos como para especular que el texto que ahora poseemos debe ser una versión abreviada y que ¡el Génesis original debe haber contenido mucha más información geológica! Supone por añadidura de los seis días de la creación de los que habla el Génesis son también lineamientos básicos para hacer geología, "encuentra" evidencia de que la historia de la tierra cae en seis etapas, y argumenta:

> Aquí entonces hemos visto siete u ocho hechos geológicos, relatados por Moisés en la parte uno, y los otros deducidos solamente de las observaciones geológicas más exactas y mejor verificadas, no obstante de acuerdo entre sí no sólo en sustancia, sino en el orden de su sucesión. En cualquiera de estas que depositemos nuestra confianza, su acuerdo con las otras demuestra la verdad de las otras. Pero si no depositamos nuestra confianza en ninguna, entonces se debe de explicar su acuerdo. Si intentamos esto, encontraremos que es infinita la improbabilidad de que ambas explicaciones sean falsas; consecuentemente, uno debe ser verdadera y entonces también debe serlo la otra.[2]

Dejando de lado la fallida lógica de este argumento, llamo su atención al modo en que expresa la suposición enciclopédica. Es obvio que lo que está expresado aquí no es la meta escolástica de mantener una armonía entre verdades de la naturaleza y verdades sobrenaturales. E, incluso más obviamente, no hay un aislamiento completo de la fe respecto de la razón teórica como mantiene el irracionalista. En vez de ello, cualquier cosa que la escritura apenas mencione es visto como capaz de tener impacto sobre cualquier tópico, así que el impacto equivale —en este caso— a proveer verdades que son hechos clave para el entendimiento de casi cualquier cosa —en este caso la geología.

Al mismo tiempo, de acuerdo con Kirwan, se puede esperar también que la geología y otras ciencias confirmen las escrituras. Ésta no es una concepción que haya sido sostenida solamente por los fundamentalistas, así que no la estoy mencionando como distintiva de su posición. Pero es un error de lo más pernicioso cuando se une a la suposición enciclopédica. Surge de malentender la providencia de Dios como la *intervención* de Dios en el orden natural, en vez de como el *sustentamiento* del orden natural por Dios. El término 'providencia' es el nombre teológico de la enseñanza de que Dios sostiene en la existencia todo lo que sea distinto de sí mismo. En los escritos bíblicos esto es visto del modo más amplio posible. Es por la providencia de Dios el sol sale y se pone, cambian las estaciones, cae la lluvia sobre justos y pecadores, y las leyes de la naturaleza continúan regulando el universo (Gn. 18:22). Por supuesto, los escritores de la Biblia también hablan de ocasiones en las que Dios mismo actuó en la creación para revelarse y/o para causar eventos milagrosos. Tales eventos son, así, no meramente parte de la providencia de Dios, sino sus propias acciones dentro de la creación que el providencialmente sustenta. Pero la providencia de Dios no debe ser confundida con sus actos especiales en conexión con la revelación de su pacto. En un sentido, sus acciones especiales intervienen en el curso ordinario de las cosas para dar lugar algo que no hubiera ocurrido sin su acción (del mismo modo que lo hacen los actos humanos). Pero Dios frecuentemente obra sus propósitos en el mundo providencialmente, y su providencia nunca es cuestión de su *intervención en un orden natural que de cualquier modo simplemente se encontraría ya allí*. Desde el punto de vista bíblico, no hay nada que simplemente se "encuentre ya allí" si Dios no lo ha creado y ha continuado sosteniéndolo. Así que, mientras que Dios a veces ha actuado en la creación, la escritura frecuentemente lo describe como logrando sus propósitos providencialmente, y eso no debiera ser confundido con sus propias acciones o con milagros. Los fundamentalistas, sin embargo, tienden a tomar toda declaracion escritural del logro de un propósito por Dios como la declaración de eventos que son al menos parcialmente milagrosos.

Esta tendencia a confundir la sustentación providencial de Dios de todas las cosas con sus acciones especiales en la creación resulta en que el fundamentalista ande buscando grietas dentro del orden natural de las cosas (en nuestra explicación de ese orden natural) que requieran que solamente Dios pudiera ser su causa del mismo modo que Dios es la causa directa de los milagros y de sus propias acciones salvadoras en la historia. Estas grietas vienen entonces a ser vistas como el modo en que la ciencia puede confirmar la verdad de la escritura. Esto es, como la ciencia no puede explicarlas, se supone que son cosas que han de ser explicadas sólo mediante una acción especial de Dios. De este modo, la posición fundamentalista ve el involucramiento providencial de Dios con el orden de la creación como siempre siendo algo más que la sustentación del universo; la posición de hecho ve a Dios como el último paso en muchas de las series de causas naturales investigadas por la ciencia. Y no se da cuenta de que esto haría de Dios una parte de la serie causal natural y con ello ¡*parte* de la creación!

Déjeme reformular el último punto para cerciorarme de que queda claro. Mientras usted o yo podríamos mirar por la ventana y decir "está lloviendo", un profeta bíblico hubiera dicho algo así como "el Señor está enviando su lluvia a la tierra". Ambas locuciones hubieran reportado el mismo hecho, aunque la segunda contiene un recordatorio adicional de que es por la Providencia y el propósito de Dios que todas las fuerzas naturales coincidieron para causar la lluvia cuando y donde ocurrió. Pero el fundamentalista entiende la locución del profeta como sugiriendo que hay una característica particular de las condiciones que producen la lluvia que, si se investigase científicamente, no podría explicar la lluvia sin meter a Dios en la explicación. Y es precisamente eso lo que está equivocado. No hay nada de la enseñanza bíblica que sugiera que Dios sustenta el mundo de tal manera que, si investigamos las conexiones causales en los procesos naturales (creados) habremos de encontrar grietas en ellos que carecen de explicación natural. La concepción bíblica no es que la lluvia y otros eventos naturales son parcialmente milagrosos, sino que ninguna de las cosas, eventos o leyes que se encuentran en la naturaleza existirían en lo absoluto a menos que Dios los hubiese creado y continuara sustentándolos.[3]

Así que, mientras que es el caso que la creatividad y la providencia de Dios son la razón última por la que hay cosas tales como los vientos, las nubes y el agua, y las leyes que garantizan su orden, *es el orden creado el que explica los eventos creados en el sentido en que la ciencia busca explicaciones.* Una explicación científica de la lluvia no incluye por qué el espacio, el tiempo, la materia, la energía, y todas las leyes que gobiernan la creación, existen en lo absoluto. Eso es un asunto metafísico y —en última instancia— *religioso.* Más aún, mientras que Dios es el creador del orden causal que nos permite explicar la lluvia, él mismo no es una de sus causas al lado de las otras causas —ni siquiera su primera causa. Hablando con rigor, Dios no es la *causa del universo*, sino el creador de *todos los tipos de causalidad* en el universo.[4]

Este último párrafo no intenta negar que las escrituras también enseñan el universo creado de alguna manera revela su creador. Pero, contrariamente a los fundamentalistas (y otros), la escritura no sugiere que la creación dé testimonio de su creador requiriendo que lo importemos regularmente para explicar cómo es que funciona la creación. La escritura ve la creación como reveladora de su hacedor mostrándose como dependiente más que como autoexistente, ya sea en parte o en todo (véase Ro. 1:20, 23). Visto desde el punto de vista de la enseñanza de la escritura misma, entonces, el hecho de que la creación dé testimonio de Dios no excusa el serio error de confundir la providencia de Dios con aquellas ocasiones en las que actuó y reaccionó con los humanos en el proceso de revelar su pacto y cumplir sus promesas en la historia humana. Y es una salvaje sobrerracionalización entender el modo en que la creación da testimonio de Dios como proveyendo información específica que pueda servir como premisa a partir de la cual se pueda inferir la existencia de Dios, o como proveyendo contenido o confirmación para todos los tipos de teorías.

Lo que es peor, la concepción de que la ciencia debiera de confirmarse mediante las enseñanzas bíblicas frecuentemente es tomada como recíproca. Así como la escritura confirmó una teoría, y la teoría es la mejor explicación de cualquiera que sea el tema, entonces la ciencia con ello también ¡ha confirmado la escritura! Esta combinación, como ya subrayé, es de lo más pernicioso cuando se combina con la suposición enciclopédica. Ello se debe al fuerte elemento de racionalismo implícito en esta combinación. Pues esperar que la enseñanza religiosa sea demostrada por el argumento o confirmada por las teorías es tratar la creencia en Dios como si ella misma fuera una teoría (o al menos como algo a ser evaluado como lo son las teorías). Esta tendencia puede ser vista en el modo en que algunos fundamentalistas se oponen a muchas teorías actuales de la ciencia, contra las cuales proponen una teoría "Científica Creacionista" en competencia, supuestamente derivada de la Biblia o confirmada por ella, la cual a su vez confirma la enseñanza escritural —como vimos que lo hacía Kirwan.

Pero las verdades reveladas de la escritura no son teorías en lo absoluto. No son hipótesis que inventemos para llenar grietas explicativas y que entonces necesitemos defender como hipótesis mejores que las que compiten con ellas. Más bien las creemos porque, por la gracia de Dios, experimentamos las enseñanzas de la escritura como siendo la verdad autoevidente acerca de Dios proveniente de Dios. Por esta razón, la idea fundamentalista de que Dios llena grietas explicativas en las teorías es una idea de cómo defender la verdad revelada tan abíblica como la suposición enciclopédica lo es de cómo interpretarla. Desde luego, los dos errores se brindan mutuo apoyo. Una vez que se ve la escritura como proveyendo verdades para toda ciencia, y una vez que las teorías que provee (o confirma) son vistas como proveyendo explicaciones más exitosas que cualquiera de las hipótesis alternativas, entonces es un paso fácil e irresistible el considerar tal éxito como confirmatorio de la verdad de la escritura.[5]

Para evitar tales malentendidos es necesario mantener en mente que, de acuerdo con los mismos escritores bíblicos, el propósito de las escrituras bíblicas es registrar las actividades de Dios al establecer su pacto con los humanos y preservar el contenido de ese mensaje federal. Cuando los escritores bíblicos hablan de eventos naturales, eventos históricos, eventos políticos, etcétera, siempre lo hacen para proclamar, interpretar o ilustrar algo acerca del pacto de Dios. Así que los escritos bíblicos son primeramente, por sobre todo y siempre, acerca de *religión*.[6] Es simplemente un error colosal suponer que si un evento es religiosamente importante, tal como es importante el diluvio para el pacto con Noé, por tanto debe ser un de importancia clave para la geología o cualquier otra ciencia. Este foco religioso de la escritura debe por lo tanto ser mantenido como la guía básica para entenderla en sus propios términos; debemos siempre buscar entender su lenguaje, su estructura, sus preocupaciones, su ubicación y circunstancias, para obtener una aprehensión tan clara como sea posible de su mensaje. Y ese modo de tratarla es el mismo reverso de suponer que es un libro fuente enciclopédico para cualesquiera que puedan ser *nuestras* ocupaciones e intereses.

Para ilustrar lo que quiero decir con entender la escritura en sus propios términos, y como exhibiendo por todas partes un enfoque *religioso*, consideremos brevemente la explicación del orden de la creación y el origen de los humanos dado en el Génesis. Un ejército de fundamentalistas han tomado este texto como proveyendo guías básicas para la astronomía, la biología y la paleontología, así como para la geología. Han supuesto que los "días" de la creación de Dios mencionados en el Génesis deben ser períodos de veinticuatro horas o si no distintas eras o etapas en la historia del planeta. Del mismo modo suponen que la afirmación de que Dios ha creado formas de vida que se reproduzcan "conforme a su propia especie" es alguna especie de principio básico para hacer biología, más que una observación de sentido común basada en lo que el o los escritores observaron. Pero una mirada más cuidadosa al texto mismo muestra que tenía un propósito muy diferente, uno que desautoriza la interpretación fundamentalista. Pues el lenguaje y estructura interna del texto (el cual tomo como exhibiendo su significado "literal") se oponen directamente a la suposición enciclopédica.

En la explicación del Génesis, Dios llama a la existencia primeramente los cielos y la tierra a partir de la nada (*ex nihilo*). Dicho eso, la dimensión celestial de la creación se deja inmediatamente de lado y se concentra toda la atención sobre la tierra (diríamos que "sobre el universo"). Lo que sigue es la famosa narración del subsecuente desarrollo formativo que sufre la tierra en conformidad con los propósitos de Dios. Esto es expresado como trabajo hecho por Dios en días sucesivos de una sola semana. Estos días de la creación son como sigue: Día 1, Dios separa la luz de las tinieblas; Día 2, Dios separa el mar de la atmósfera; Día 3, Dios separa la tierra del mar y crea la vida de las plantas; Día 4, Dios crea el sol, la luna y las estrellas; Día 5, Dios crea la vida marina y las aves; Día 6, Dios crea los animales y los humanos. El énfasis de esta explicación se haya claramente en el modo en que todo depende de Dios. No hay otras fuerzas en competencia, en un mismo nivel con Dios. En vez de ello, es él el que produjo la existencia de todo lo que es distinto de sí mismo y ahora ordena la creación de acuerdo con sus propósitos. Así que el énfasis del texto se haya en la soberanía creativa de Dios: "Y dijo Dios: sea...". No hay virtualmente nada dicho acerca de lo que hubiéramos visto que ocurrió si hubiésemos estado allí para observar las etapas tempranas del universo. Todo lo que el texto dice acerca de las consecuencias de los decretos creativos de Dios es: "y fue así".

Quizá el factor más importante para mantener el enfoque religioso de este texto sea el reconocimiento de que, lejos de ser un ensayo solitario sobre tópicos científicos, *esta narración es un prólogo al pacto dado a Moisés en el Sinaí, y parte del mismo*. Por esa razón, el modo más natural de entender los "días" de la actividad formativa de Dios es verlos en conexión con el mandamiento de que los humanos han de trabajar seis días y descansar en el *Sabbath*. El texto usa la figura literaria de una semana de trabajo para que Dios lograra sus propósitos al formar la tierra, para hablar de ella de modo paralelo y ejemplar del mandamiento de que los humanos debieran también trabajar seis días y descansar en el *Sabbath*. Así que la narración es propuesta intencionalmente como un marco literario —un modo figurativo de hablar— más que como seis días literales.[7] Esto se confirma por la estructura interna de la narración cuando observamos el modo en que los días 4, 5 y 6 corresponden a los días 1, 2 y 3. El Día 1 separa la luz de las tinieblas, mientras el Día 4 introduce el sol, la luna y las estrellas; el Día 2 separa el mar de la atmósfera, mientras que el Día 5 habla de la creación de la vida marina y las aves; y el Día 3 ve la aparición de la tierra seca y las plantas, mientras que el Día 6 registra la creación de los animales y los humanos. El siguiente diagrama puede ayudar a dar idea de esta correspondencia.

Día 1	**Día 2**	**Día 3**
luz oscuridad	mar atmósfera	tierra plantas
Día 4	**Día 5**	**Día 6**
sol luna estrellas	vida marina aves	animales humanos

Esta correspondencia es una característica demasiado prominente de la narración como para ser una mera coincidencia. Pero, si no es una coincidencia, muestra algo crucial para el correcto entendimiento de la narración, a saber, que los días no pretendían dar una descripción cronológica de cómo sobrevino el ordenamiento de la creación. Más bien, los días encierran un modo de expresar el "por qué" de la creación de Dios más que su "como"; esto es, pretenden trasmitir un *orden de propósito no de tiempo*. La diferencia básica entre la luz y las tinieblas por ejemplo, se introduce como la condición de trasfondo para la intencionada existencia del sol, la luna y las estrellas. Y la diferenciación de la tierra seca respecto del mar y la creación de las plantas son las condiciones de antemano planeadas para soportar la vida animal y los humanos. Visto de este modo, resulta ridículo argumentar —como los fundamentalistas han hecho— si los días de la creación son periodos de veinticuatro horas o eras geológicas. Como subrayara San Agustín hace mucho, la palabra 'día' debe ser figurativa en la narración de la creación del Génesis, pues ¿cómo podría haber periodos de veinticuatro horas antes de la aparición del sol, la luna y las estrellas? (Note que esta observación se aplica igualmente bien a las eras geológicas.) A su comentario agrego: ¿cuál puede ser la justificación para tomar los días como periodos de veinticuatro horas o eras geológicas si no pretenden dar una historia cronológica del universo en lo absoluto, sino transmitir el orden teleológico de los propósitos de Dios? Tanto la interpretación de las veinticuatro horas como la de la era geológica están basadas llanamente en la suposición enciclopédica pero esta suposición no solamente deja de captar, sino que enmascara seriamente el carácter plenamente *religioso* de la explicación.

Esto no es sugerir que hay algo erróneo en que planteemos preguntas acerca de cómo funciona la creación o cuán antigua es, o en que inventemos teorías para responder estas preguntas. Pero entonces no podemos suponer que porque estas preguntas son importantes para nosotros deben ser ellas también la preocupación de la narración del Génesis. Los fundamentalistas yerran al imponer sus propias preguntas y preocupaciones al texto del Génesis en vez de leer el texto en términos de sus propias preguntas y preocupaciones (religiosas).[8] Por esta razón, el Génesis no debería ni ser alabado como buena ciencia, ni condenado como mala ciencia, porque no es ciencia en lo absoluto. Las preocupaciones del texto son *federales*. Están para enseñar la verdad acerca de Dios y el pacto de amor y vida eterna que Dios ofrece los humanos.

El foco religioso del texto es también la clave de su narración de los orígenes del hombre. También debe ser leído como parte del pacto sinaítico que empieza recontando los pactos primeros que siguieron a la prueba y caída religiosa de los primeros humanos. Así que empieza diciéndonos que Dios formó al primer humano "del polvo de la tierra". Aquí también, como con el ordenamiento del universo en los días de una semana, los *propósitos* de Dios y la *naturaleza* de lo que él forma (en este caso, humanos) son el punto real del narración; y una vez más son expresados mediante una historia de trabajar o "hacer". Esta interpretación se confirma por el modo en que la escritura por doquier usa 'el polvo de la tierra' para referirse a la mortalidad humana (Sal. 22:15, 29; 44:25; 103:14; 104:29; Ec. 3:20; 12:7; Is. 26:19; Dn. 12:2). Es también confirmado en el contexto de la historia misma del Génesis. Note que, cuando los humanos desobedecen a Dios y pierden la protección especial de Dios, Dios les dice que ahora tendrán que luchar por la vida y que al final terminarán perdiendo la lucha y morirán: "pues polvo eres, y al polvo volverás" (Gn. 3:19). La intención de la historia no es, entonces, llevarnos a creer que Dios formó un maniquí de lodo y le dio vida soplando sobre él, sino que era el propósito de Dios hacernos criaturas mortales que dependieran de él. Más aún, esa intención es esencial al impulso central de la historia entera porque los pactos que Dios ofreció a los humanos incluyen la promesa de la *vida* eterna (Gn. 3:22). Así que el Génesis niega que la vida eterna sea natural a los humanos, contrariamente a lo que los antiguos egipcios y griegos pensaron. De acuerdo con el Génesis, no somos pedazos de divinidad rellenando cuerpos físicos sin los cuales nos encontraríamos mejor; contrariamente a Platón, el cuerpo no es la prisión del alma. Estamos hechos de la misma materia que todo lo demás y somos tan dependientes de Dios como todo lo demás. Así que, en última instancia, *nuestras vidas dependen de estar en una relación adecuada con Dios.* La intención de la explicación, entonces, es registrar el hecho de que, cuando los primeros humanos fracasaron en su prueba al violar los mandamientos de Dios, perdieron la promesa de la vida eterna. Dios entonces estableció pactos de redención por los que los humanos pudieran ser restaurados a la promesa de vida eterna. Y el pacto con Moisés que sigue a este preámbulo es presentado como la última edición en la historia de aquellos pactos redentivos.

Lo mismo vale para la narración de la conversión por Dios de este (mortal) ser, polvo de la tierra, en un ser con vida perdurable. Aquí, también, es el propósito federal de Dios y la naturaleza de los humanos lo que es el foco y, nuevamente, éstos son expresados como un "hacer" historia. Dios sopla sobre Adán el "aliento de vida" y Adán se convierte en "un alma viviente". Pero, en esta narración ¿qué es exactamente lo que se significa por "el aliento de vida"? Una vez más, si mantenemos en mente que esta explicación es un preámbulo al pacto con Moisés y parte de él, sólo pueda haber una respuesta: el aliento de Dios es su habla, su pacto palabra de vida. Aquí haremos bien en recordar que el hebreo traducido aquí como "aliento" no es lo mismo que la palabra para "espíritu". En vez de ello, es el término usado para la impartición por Dios de su Espíritu a un humano —como cuando se dice de un profeta que está "inspirado". Esta parte del Génesis no es, por lo tanto, una segunda narrativa de la creación, sino una explicación del comienzo de la *redención*. Así que es por la palabra de Dios que fue llamado a la existencia el universo, por su Espíritu (soplo, mandamiento) se le dio formación ordenada, y es recibiendo el aliento de vida de Dios (palabra de mandato y promesa) que Adán se convierte en humano, y es recibiendo el aliento de Dios (el Espíritu) de vida que Adán se convierte en una "vida" redimida. Observe que en Juan 20:22 Jesús recrea este evento redentor con sus discípulos: "Y habiendo dicho esto, sopló, y les dijo: Recibid el Espíritu Santo". De modo que así como la palabra creadora de Dios creó a los humanos, su palabra redentora ofrece vida eterna a Adán y a todos los que vienen después de él.

De seguro, el texto reconoce que nuestras vidas dependen de comida, agua, aire, etcétera. Sin embargo, considera a éstas como condiciones meramente penúltimas para la vida, puesto que ellas también dependen de Dios; la condición última para la vida es hallarse en una relación de pacto con Dios. Así que Deuteronomio 8:3 declara: "no sólo de pan vivirá el hombre, mas de todo lo que sale de la boca de Jehová vivirá el hombre". En otras palabras, una vida plenamente humana no consiste meramente en un metabolismo y sobrevivencia biológicas, pues la vida biótica tiene un propósito suprabiológico: conocer a Dios y disfrutar de su amistad para siempre. Así, es revelándose a Adán que Dios completó la naturaleza de Adán; esto es, la de un ser religioso destinado a la vida eterna.[9]

Debido a que la interpretación de este texto ha estado sujeta a tantos malentendidos, ha causado tanta aflicción y es tan controvertida, voy ahora a reformular mi interpretación de la narrativa del Génesis acerca de la naturaleza humana empezando enteramente desde otro ángulo. Esta vez voy a empezar señalando que cualquier explicación de los orígenes del hombre tiene que adoptar alguna definición de lo que cuenta como humano. Meramente desenterrar, digamos, restos de esqueletos, no habrá de demostrarnos si la naturaleza del que usó el esqueleto en vida era uno de los nuestros (¡y lo que realmente queremos saber acerca de cualesquiera restos de homínidos es qué tan similares a nosotros eran esas criaturas!). Pero, para responder a esa pregunta, debemos emplear alguna definición de lo que cuenta como un humano. ¿Es humano un ser que usa lenguaje, produce arte, piensa abstractamente, tiene un sentido de la moralidad, o qué? Pues lo que se adopte como características definitorias de un humano determina nuestro entendimiento de cuándo y dónde aparecieron los primeros humanos. En otras palabras, el primer humano fue el primer ser en el que aparecieron las características definitorias de los humanos, no importa cuáles se crea que son aquellas características definitorias.

Ahora bien, como la interpretación que acabo de ofrecer de la concepción de los humanos que exhibe el Génesis es ulteriormente confirmada por todo lo demás que dice acerca de ellos, la estoy adoptando como la definición (implicada) de naturaleza humana del Génesis. Conforme a la concepción del Génesis, un humano es un ser hecho a la imagen de Dios para tener compañerismo con Dios. En otras palabras, un humano es un ser *religioso*. Una vez que eso es establecido, empieza una nueva historia. Sabemos esto gracias a que la fórmula en

2:4 —repetida diez veces en el Génesis— empieza una nueva historia en cada ocasión. La fórmula es: "Estos son los orígenes de los cielos y de la tierra cuando fueron creados, el día que Jehová Dios hizo la tierra y los cielos". Es por ello que dije que lo que sigue a la fórmula no es, por lo tanto, una segunda historia de la creación, sino una explicación del comienzo de la redención. También explica por qué nunca se dice que Adán y Eva fueron los primeros humanos o los ancestros de todos los humanos, sino que son presentados como los primeros humanos que reciben la promesa de la redención respecto de la muerte. Citando una interpretación judía que es al menos tan antigua como Nacmánides (m. en 1270), el rabino Joseph Soloveitchik dice que 2:7 muestra a Dios soplando *su* propio Espíritu en Adán.[10] Sobre esta base, entiendo Génesis 2:7 de este modo:

> "Dios, quien había hecho a los hombres mortales, ahora sopló en Adán su Espíritu y Adán se convirtió en una alma redimida de la muerte".

Esta misma interpretación se aplica también a la narración que él Génesis hace del origen de la primera mujer. Aquí, también, el propósito de Dios y la naturaleza de la mujer son expresados en una historia de "hacer". Qué su ser fue hecho de la costilla de Adán significa que comparte con él la misma naturaleza humana. El texto mismo enfatiza esto cuando registra con aprobación el comentario de Adán: "esto es ahora hueso de mis huesos y carne de mi carne" (Gn. 2:23), pues esto es dicho en conexión con el punto de que ella es la única compañera apropiada para Adán. La noción de haber sido "tomada de" Adán, desde luego, introduce un nuevo factor en su formación, que no se halla presente en la narración de la formación de Adán, que sugiere que su humanidad es de algún modo dependiente de la de él. Pero esto, también, encaja bellamente con la interpretación que he estado presentando. Pues en el texto se dice que Adán ha recibido los mandamientos y las promesas revelados directamente de Dios, mientras que Eva las recibió de Adán. Así que la activación de la conciencia religiosa de Eva, que la convirtió en humana, dependió (parcialmente) de Adán.[11]

Concluyo, por lo tanto, que la interpretación fundamentalista del Génesis oscurece la naturaleza religiosa de la narración como preámbulo al pacto mosaico, ignora la estructura interna de los días de la creación, y no logra conectar la definición de "humano" que da el Génesis con su explicación del origen del hombre.

No obstante, a pesar de mi rechazo de la suposición enciclopédica, de mi protesta contra la confusión de la providencia con los milagros, y de que aborrezco leer el Génesis como para hacerle responder preguntas científicas, estoy plenamente de acuerdo con el fundamentalista acerca del *alcance* de la influencia de la creencia religiosa.[12] Sobre ese asunto, estoy de acuerdo en que las posiciones irracionalista y escolástica no toman adecuadamente en cuenta las importantes aseveraciones que hace la Escritura en el sentido de que *todo* nuestro conocimiento está de alguna manera impactado por conocimiento de Dios. Pero si rechazamos el entendimiento de los fundamentalistas de cómo es que la creencia religiosa influencia las teorías, ¿qué interpretación alternativa queda para la posición estrictamente bíblica? Mi respuesta a esto ha sido ya brevemente bosquejada en el capítulo 4: nuestra creencia en Dios como única divinidad ejerce su influencia más profunda y abarcante *regulando y guiando cómo deberíamos pensar las naturalezas de las cosas creadas, incluyendo las entidades propuestas por cualquier hipótesis*. Al actuar como una *presuposición* para toda elaboración de teorías, en vez de ser parte de, o confirmar parte del contenido de cualquier teoría particular, la creencia en Dios puede guiar toda teoría y hacerlo de una manera más saturadora e importante. Más aún, ese tipo de guía impacta no solamente todas nuestras hipótesis sino todos nuestros conceptos, así que esta interpretación hace justicia a la aseveración bíblica en el sentido de que ningún conocimiento es religiosamente neutral.

¿De qué manera la creencia en Dios provee esta guía? Del mismo modo que cualquier otra creencia de divinidad impacta las teorías, a saber, mediante el proceso de dos pasos descrito anteriormente. Esto es, las entidades propuestas por una teoría son entendidas e interpretadas de manera muy diferente dependiendo de qué visión general de la realidad adopta un pensador. Hay, por ejemplo, versiones materialistas, dualistas, fenomenalistas, etcétera, de la teoría atómica. Y cada visión de la realidad difiere de las otras porque presupone una divinidad diferente. Lo que argumentaré, entonces, es que el mismo tipo de diferencia resulta si Dios, en vez de la materia, o las sensaciones, o formas sensoriales con categorías lógicas, etcétera, es tomado como divino. Argumentaré que la creencia en Dios requiere una visión distintiva de la realidad que conduce a interpretar los postulados de las teorías científicas de una manera distintivamente teísta. Así que el teísta no es un "naturalista metodológico" en ciencias; adoptar esa posición sería suponer o bien que algo en la creación es divino en vez de Dios, o que la creencia en Dios no hace ninguna diferencia a la interpretación de la naturaleza que tiene uno. Al mismo tiempo, sin embargo, la distintiva visión cristiana teísta de la realidad, en cuyo favor voy argumentar, no consiste en buscar milagros para explicar las operaciones de la naturaleza. Más bien consiste en interpretar los números, o los átomos, o la evolución, o lo que sea, como teniendo una naturaleza no reduccionista —que eso lo que argumentaré que requiere la creencia en Dios.

6.2. Presuposición

He expresado ya un número de veces la tesis principal de este libro diciendo que toda teoría, o bien explícitamente contiene alguna creencia de divinidad, o presupone una. En vez de hacer esa distinción repetidamente, la supondré en todo lo que sigue. Esto es, conforme trato de lo que significa que una teoría presuponga una creencia de divinidad, esto debiera entenderse como significando que una teoría al menos presupone una; no excluye que pueda de hecho explícitamente contener una. Quizá la mejor manera de explicar lo que es una presuposición y cómo puede influenciar otras creencias es dar un ejemplo. Suponga que dos personas están teniendo un debate informal. Jorge declara que aunque no disfruta pagar impuestos más que cualquier otro causante, le parece claro que el gobierno no está haciendo lo suficiente en relación con la pobreza. Agrega que, puesto que nuestro país es enormemente rico comparado con el modo en que la mayoría del mundo vive, no hay excusa para permitir que cualquiera de sus ciudadanos carezca de los satisfactores básicos de la vida cuando ello puede ser evitado. Janet le replica que el gobierno está ya dando demasiado. Agrega que la misma existencia de un programa de combate a la pobreza sólo anima a las personas a depender del mismo. El gobierno debiera estar alentando a las personas a sostenerse por sí mismas.

Jorge entonces responde que la mayoría de las personas encuentran humillante aceptar la ayuda contra la pobreza; preferirían mucho más ser independientes. Pero, agrega, incluso si algunas personas prefirieran aceptar la caridad, ello no debe impedirle al gobierno que haga lo que debe hacer, que es proveer al pobre con la ayuda que desesperadamente necesita. Janet dice entonces que el gobierno no tiene derecho a confiscar parte de la paga de aquellos que trabajan cada semana para dárselo a aquellos que no lo hacen. Teme que el resultado de la concepción de Jorge es que el gobierno terminará regulando totalmente la economía para hacerse cargo de cada uno totalmente. Jorge protesta que no está abogando por el control completo de la economía o de las vidas de las personas por el gobierno. Agrega que sus ideas podrían ser llevadas a cabo meramente por el costo de un solo portaaviones, y Janet responde que el dinero sería mejor

---

[1] El autor se refiere a los Estados Unidos de América [n. del t.].

gastado en la defensa de todos que apoyando a un grupo de parásitos. Supongamos que ni Jorge ni Janet es más duro o desinteresado por los demás que el otro, y que ninguno está más cargado por los impuestos que el otro. ¿Por qué, entonces, tienden a ver el entero asunto en modos tan completamente opuestos? Un factor principal tras su desacuerdo podría ser que cada uno ha *presupuesto* una idea diferente del papel y los límites propios del gobierno. Este asunto nunca es traído explícitamente a colación ni por Jorge ni por Janet, sino que sigue permaneciendo como una suposición que guía y regula todo lo que dicen.

Tanto Jorge como Janet supusieron que el gobierno, propiamente entendido, *debe* a sus ciudadanos ciertas cosas —protección frente a una invasión extranjera, por ejemplo. Y ambos supusieron que hay límites a la autoridad del gobierno de modo que hay cosas que no debería hacer —tales como confiscar todo para satisfacer todas las necesidades de la vida de cada ciudadano. Pero tienen diferentes presuposiciones acerca de las obligaciones del gobierno en el área de la economía. Jorge supone que el gobierno tiene la obligación de proporcionar subsistencia básica los ciudadanos que no pueden lograrla por sí mismos (o no habrán de hacerlo). Janet, por otra parte, supone o presupone que el papel adecuado del gobierno no se extiende al apoyo del necesitado. Cada uno piensa que el debate es sobre lo que el gobierno gasta para combatir la pobreza y ninguno se da cuenta de que el desacuerdo se vuelca sobre el asunto más básico del papel adecuado del gobierno en la sociedad.

Este ejemplo ilustra la primera característica que quiero enfatizar acerca de las presuposiciones: son creencias que pueden ejercer una influencia sobre otras creencias incluso si permanecen inconscientes.[13] Otra característica del modo en que las presuposiciones influencian a las personas es que, incluso cuando se mantienen inconscientemente, regulan o guían el modo en que las personas piensan. El pensamiento de Jorge y Janet fue conducido en diferentes direcciones por sus presuposiciones opuestas acerca del gobierno. Entre más argumentaban más se apartaban porque sus suposiciones los conducían a ver cada nueva propuesta del otro como más alejada de la diana. Entre más aplicaba cada uno las consecuencias de su propia presuposición a los puntos sacados a colación por el otro, más seguía cada uno direcciones distintas de pensamiento que lo conducían más y más lejos del punto de vista del otro. Por ejemplo, ambos estuvieron de acuerdo en que un programa de combate a la pobreza puede conducir a las personas a volverse dependientes del mismo, así que se corre el riesgo de desalentar la iniciativa de las personas. Jorge encontró ese riesgo aceptable porque supuso que es un deber del gobierno proveer alguna forma de asistencia pública. Para él el riesgo tendría que ser mucho mayor para excusar al gobierno de un deber. Janet pensó que el mismo riesgo es inaceptable debido a su suposición de que, para acabar pronto, tal asistencia no es en lo absoluto uno de los deberes propios del gobierno. Para ella el mismo riesgo resulta ridículo cuando el programa entero se halla más allá del llamado del deber gubernamental en primer lugar. Así que, incluso si ambos pudieran estar de acuerdo sobre exactamente cuáles son las estadísticas ese riesgo, ello no haría diferencia a sus posiciones sobre el asunto: para Janet el riesgo sería una buena razón en contra de la asistencia del gobierno, mientras que para Jorge no aparecería como una buena objeción.

Esta suerte de desacuerdo ocurre comunmente. Todos hemos visto situaciones en las que personas inteligentes confrontadas con los mismos hechos los interpretan de modo muy diferente. Donde una persona ve una cierta interpretación como muy plausible, otra la ve como absurda, mientras que otra más la ve como posible pero improbable, y así consecutivamente. Y frecuentemente sondear y discutir de la manera correcta puede exponer las presuposiciones que son el núcleo real de los desacuerdos.

Las peores dificultades para descubrir las presuposiciones de otra persona son de dos tipos. Uno de éstos aparece en casos que involucran engaño; el otro tipo surge en casos en los que tratamos de reconocer presuposiciones mantenidas por personas de una cultura muy diferente de la nuestra. Ello se debe a que el elemento clave en el reconocimiento de las presuposiciones de alguien es la habilidad de imaginarnos en el lugar de la otra persona. Donde podemos hacer eso con razonable exactitud podemos discernir —y frecuentemente lo hacemos— la suposición no expresada de otra persona. Pero tanto el engaño como la amplia disparidad cultural hacen que ponernos en el lugar del otro sea desde luego muy difícil. Es esa la razón por la que es frecuentemente más fácil descubrir qué está siendo presupuesto por una teoría abstracta particular que descubrir qué está siendo presupuesto por creencias que no son parte de teorías. En el contexto de la producción de teorías científicas o filosóficas, las personas son generalmente muy honestas acerca de lo que están haciendo, ansiosas de ser tan claras como sea posible, y no tienen nada que ganar proponiendo o defendiendo una teoría en la que no creen. Así, la posibilidad del engaño raramente interfiere en el mundo de la producción de teorías. Por supuesto, permanece el obstáculo de la diferencia cultural, el cual quizá sólo pueda ser superado experimentando y apreciando la otra cultura. Pero al menos una de las dos dificultades principales para el reconocimiento de presuposiciones se reduce a un mínimo cuando estamos tratando con teorías altamente abstractas.

Estas características de las presuposiciones son importantes porque la posición que está siendo defendida aquí es que es actuando como presuposiciones que las creencias de divinidad ejercen su influencia más importante sobre el teorizar científico y filosófico. Este punto distingue tajantemente la posición que estoy defendiendo de todas las otras posiciones concernientes a la relación de las creencias de divinidad con la producción de teorías. La concepción radicalmente bíblica no busca ni encontrar enunciados en la escritura sobre todo tipo de tema que puedan ser incluidos en las teorías o usado para confirmarlas, ni restringir la influencia de la creencia en Dios a las raras ocasiones en que la verdad revelada es contradicha por una hipótesis. Lo que queremos decir es que la influencia más difundida y poderosa de una creencia de divinidad se halla en el modo en que actúa como una presuposición que guía nuestra forma de concebir las naturalezas de cualesquier que sean las cosas que proponga una teoría.

Antes de proceder a explicar cómo opera está guía, sin embargo, es necesario ser más preciso acerca de qué es exactamente una presuposición. ¿Justamente, cómo ha de ser definido ese concepto?[14]

No se puede sobreenfatizar un punto: una presuposición es una creencia. Ésta esa la razón por la que, estrictamente hablando, no son las creencias o los enunciados que las expresan los que presuponen; son las personas las que presuponen. Son personas las que pueden presuponer la verdad de una creencia cuando sostienen otra creencia. Así, una presuposición es una creencia-en-relación con alguna otra creencia; es una creencia que cualquiera tendría que sostener para aceptar otra creencia de la cual es presuposición. Así que decir que un enunciado tiene una presuposición es un modo acortado (si bien engañoso) de decir que una persona que sostiene la creencia que expresa el enunciado tendría también que aceptar sus presuposiciones. Por ejemplo, suponga que alguien toca a mi puerta y pregunta si Juan está en casa. Replico: "Juan regresará en media hora". Mi respuesta presupuso la creencia "Juan no está aquí ahora". Dese cuenta de que mi respuesta no dice explícitamente que Juan no esté en casa ni tampoco puede ser eso un hecho lógicamente deducido de ella. Pero sí lo presupone. Si proferí ese enunciado sabiendo todo el tiempo que Juan estaba en casa, podría justamente ser acusado de engaño.

Este entendimiento de la presuposición ha sido rechazado por algunos críticos que arguyen que, cuando se aplica los enunciados, no distingue adecuadamente entre lo que un enunciado presupone y lo que es lógicamente deducible del mismo. Por ejemplo dice que, mientras que parece claro que "Juan regresará en media hora" presupone "Juan no está aquí ahora", no está claro si puede decirse que presupone "Juan existe". Desde luego, *parece presuponer* "Juan existe", pero el problema es que "Juan existe" también puede ser lógicamente deducible de "Juan regresará en media hora" (dependiendo de cuán exactamente lo formulemos lógicamente). Y seguramente, dicen ellos, hay algo peculiar en que uno y el mismo enunciado presuponga y al mismo tiempo implique lógicamente la misma creencia. Lo que es peculiar acerca de esto es que para presuponer algo debemos *ya* creerlo, mientras que aprendemos lo que implica lógicamente sólo *después* de que extraemos una inferencia del mismo. Así que problema es: ¿cómo puede "Juan existe" ser creído con antelación a "Juan no está aquí ahora" y al mismo tiempo ser una consecuencia de este enunciado?

En mi opinión, éste no es un problema en lo absoluto, y el error de la crítica yace en ignorar lo que se dijo antes en el sentido de que son las personas, no los enunciados, las que realizan el acto de presuponer. El mismo punto se aplica igualmente al acto de extraer consecuencias lógicas. Los enunciados no arrojan consecuencias lógicas por sí mismos; las personas deben extraer aquellas consecuencias. Y ahí se encuentra la salida de esta supuesta dificultad. Pues en el habla normal —a menos que nos estemos hablando a nosotros mismos— hay al menos dos personas involucradas: un hablante y un escucha. Y no hay nada extraño en el hecho de que el hablante de "Juan regresará en media hora" pueda presuponer que Juan existe al mismo tiempo que el escucha aprende ese hecho por inferencia lógica. Puesto que están involucradas dos personas diferentes, no hay ninguna paradoja en lo absoluto. No estamos forzados a la absurda conclusión de que la información ya conocida por el hablante es también subsecuentemente adquirida cuando el hablante hace una inferencia de lo que él mismo ha dicho. Puesto que el hablante ya tenía la información, simplemente no hizo ninguna inferencia. Por otra parte, un escucha que no sabía si existía Juan pudo aprender ese hecho infiriéndolo de "Juan regresará en media hora".

Para resumir, hemos encontrado que una presuposición tiene las características siguientes:

Primera: es una creencia que se halla en una cierta relación con otra creencia. La relación es que la presuposición es un requerimiento informativo para sostener la otra creencia. Eso significa que nadie podría sostener coherentemente una creencia al mismo tiempo que niega sus presuposiciones, aunque la creencia no sea lógicamente inferida de sus presuposiciones. (Si fuese una inferencia lógica, entonces, si Juan no regresara en media hora, tendría que ser falso que no está aquí ahora).

Segunda: una presuposición no necesita ser consciente para ejercer su influencia sobre otras creencias del que la sostiene. Como consecuencia, las personas pueden profesar ignorancia de una particular presuposición, o incluso negarla, a pesar del hecho de que ciertas de sus otras creencias muestran que, o bien inconscientemente la suponen, o son culpables de incoherencia autosupositiva.

Tercera: En los asuntos cotidianos, las creencias y los enunciados que las expresan pueden tener tantas presuposiciones diferentes que es frecuentemente difícil decir lo que alguien está presuponiendo. Como ya observamos, esta dificultad se complica especialmente cuando está involucrada una amplia disparidad cultural, o bien cuando es posible que alguien pueda deliberadamente intentar engañar a otros acerca de lo que está presuponiendo. Donde el engaño no es un factor, sin embargo, las personas frecuentemente tienen éxito al discernir lo que otros está presuponiendo imaginándose en circunstancias similares. Y la posibilidad de engaño se reduce considerablemente en el contexto de la producción de teorías.

Como añadidura a estas características resumidas, también quiero señalar que algunas creencias que actúan como presuposiciones no tienen a su vez ni premisas ni presuposiciones propias porque son adquiridas mediante experiencia directa. Ejemplos de tales creencias incluyen, al menos, aquellas producidas por la percepción sensorial normal, la memoria, la introspección, y las intuiciones racionales de la autoevidencia. Llamaré a estas creencias "presuposiciones *básicas*". Y, al sostener la posición de que las creencias de divinidad *per se* se hallan entre nuestras intuiciones de autoevidencia, estaré adoptando la posición en todo lo que sigue que todas las creencias de divinidad se hallan entre nuestras presuposiciones básicas.

Esta posición se halla por lo tanto en tajante contraste con otras concepciones de la relación general de la creencia religiosa con las teorías. La primera de aquellas concepciones eliminaba cualquier relación real entre ellas. Todas las otras se enfocaban o bien sobre la compatibilidad lógica de creencias religiosas específicas y teorías específicas, o bien sobre la inclusión de enseñanzas bíblicas en el contenido o confirmación de las teorías. Pero, mientras que no niego que la verdad revelada puede operar a veces de aquellos modos como "creencias de control" para las teorías, esta posición niega que aquellos sean los únicos modos, o los más importantes, en que las creencias de divinidad impactan las teorías.[15] De seguro, las ocasiones en que las verdades reveladas específicas de hecho contradicen o proporcionan contenido a las teorías son más fáciles de detectar que los modos en que las creencias religiosas actúan como presuposiciones de ellas. Pero ese hecho no es, como dije anteriormente, ninguna razón para suponer que tales ocasiones proveen el modelo general de cómo es que las creencias religiosas y las teorías se relacionan. Esto es especialmente así cuando nos damos cuenta de que el tipo de interacción que constituyen es solamente por partes, relativamente raro, y severamente limitada en su alcance. Así que se queda corto de ser una elucidación adecuada de la aseveración bíblica de que tener al Dios correcto impacta *todo* conocimiento y verdad.

Los siguientes tres capítulos intentan ilustrar con algún detalle exactamente de qué manera el control regulativo de las presuposiciones religiosas opera para teorías en matemáticas, física y sicología. No presentarán todavía el argumento de por qué tal control es inevitable para las teorías, sino que solamente pretenden dejar en claro el tipo de control del que se está hablando. (Como dije anteriormente, el argumento de por qué tal control es inevitable esperará al capítulo 10.) Uno de los puntos más importantes a ser observados acerca de estas teorías es cómo muestran que las creencias de divinidad, cuando operan como presuposiciones, no implican exactamente qué hipótesis específicas debiera de sostener un pensador. Las creencias de divinidad *infradeterminan* las teorías en ese respecto; mas que requerir hipótesis específicas, la creencia de que uno u otro aspecto del mundo es divino es una asignación de prioridad que delimita un *rango* de hipótesis que parecerán plausibles a cualquiera que posea esa creencia de divinidad. Al mismo tiempo también excluye rangos alternativos de posibles hipótesis, rangos que pueden parecer plausibles a teóricos que sostienen creencias de divinidad contrarias.

En estos capítulos emplearé el comúnmente aceptado término "reduccionista" para perspectivas a ojo de pájaro de la naturaleza de la realidad basadas en asignaciones de prioridad. Se hablará de las teorías muestra como "reduciendo" los aspectos restantes a los que se les ha otorgado prioridad, y por lo tanto se les ha otorgado el estatus de divinidad. Hablarán, por lo tanto, de cómo es que cualquier creencia de divinidad pagana requiere que la naturaleza de toda la realidad sea *reducida* a sus aspectos favorecidos, y así también requiere que la naturaleza de los postulados de una teoría sean del mismo modo *reducidos* a aquellos aspectos favorecidos. Así que si una hipótesis es acerca de un quark, un proceso evolutivo, o lo que sea, hay tantas interpretaciones posibles de las naturalezas de lo que la teoría postula, como los hay de la naturaleza de la realidad como un todo. Brevemente, las teorías que siguen debieran ser vistas como ilustraciones de cómo *la naturaleza de lo que una teoría propone es concebido de manera diferente dependiendo de lo que esté presupuesto como divino* per se. Esto pavimentará entonces el camino para el subsecuente contraste de una perspectiva bíblica única para las teorías, una perspectiva en la que las naturalezas de lo que una teoría propone son todas concebidas de un modo sistemáticamente no reduccionista. Esto es lo que se requiere, sostengo, para teorías adoptadas o inventadas sobre la suposición de que sólo Dios es divino *per se*, y que a ningún aspecto de la creación se le ha de conceder que tiene un *status* divino.

PARTE III

UN LIBRO DE CASOS

CAPÍTULO 7

TEORÍAS MATEMÁTICAS

7.1. Introducción

Una muy antigua idea en la cultura occidental es que el principal contraejemplo a la tesis central de este libro son las matemáticas. Después de todo, continúa la objeción, ¿acaso no es 1 + 1 = 2 para cualquiera, independientemente de su creencia religiosa? ¿No es, por lo tanto, una creencia neutral y universalmente aceptada precisamente en el sentido que está siendo negado?

Este capítulo estará dedicado a responder esa objeción.

Permítaseme empezar diciendo que en un nivel simple y de sentido común esta objeción es *prima facie* plausible —pero en última instancia engañosa. Casi todo mundo ha tenido la experiencia de encontrar que la aritmética elemental es obvia. A la luz de lo que se ha dicho acerca de la abstracción, esto se debe a que las cosas que experimentamos exhiben cantidades; hay un "cuánto" referido a las mismas. Estas propiedades cuantitativas pueden ser abstraídas, permitiéndoseles ser representadas por numerales, y se pueden observar relaciones entre ellas que pueden ser simbolizadas y formuladas. De esta manera, se pueden descubrir muchas verdades y técnicas matemáticas sin necesidad de formular teoría alguna. Y en este nivel hay, desde luego, acuerdo.

No obstante, hay preguntas acerca de los conceptos involucrados en 1 + 1 = 2 que no pueden ser respondidas simplemente abstrayendo, simbolizando cantidades y observando las leyes más obvias que valen entre ellas. Estas preguntas tienen que ver con cuestiones que son cruciales para el entendimiento de precisamente qué significa esa fórmula. Una vez que estas preguntas se hacen explícitas y se profieren respuestas a las mismas, se puede ver que las respuestas constituyen hipótesis entitarias o de perspectiva. Una de las más famosas de estas preguntas es: ¿qué representan, exactamente, los símbolos de la fórmula? En otras palabras, ¿qué es un número? Tan pronto como se plantea esta cuestión, encontramos serios desacuerdos entre los matemáticos acerca de cómo responderla. Sus desacuerdos saltan a la superficie porque esta cuestión requiere un examen más extenso del concepto de número que el que cada pensador sostiene. En este respecto, los acuerdos y diferencias respecto del concepto de número son similares a los acuerdos y diferencias que observamos en el concepto de salero que discutimos en el capítulo 4. Al igual que con el salero, hay suficiente traslape entre las varias concepciones del número como para que $1 + 1 = 2$ sea obvio y todos estén de acuerdo en ello. Pero, al igual que con el salero, una vez que surge un interés que ocasione un análisis más detallado del concepto de número, resulta que un examen más acucioso de su contenido muestra que diferentes pensadores tienen nociones muy diferentes de su naturaleza. Así, como con el salero, los conceptos de número más amplios revelan que las personas incluyen en ellos conceptos de las relaciones entre propiedades cuantitativas y propiedades de otros tipos. Estos conceptos, cuando se formulan y se defienden, constituyen una concepción de la naturaleza de los números. Tales concepciones pueden simplemente suponerse de manera inconsciente, desde luego, en cuyo caso no son teorías. Pero si se suponen conscientemente y se defienden entonces son, claramente, teorías acerca de la naturaleza de las matemáticas que reflejan una concepción general de la naturaleza de la realidad y por ende de la divinidad. (Si sólo son supuestas, entonces el control que ejercen permanece como una fe no examinada que es, de todos modos, de carácter religioso.) Y la verdad es que tales diferencias entre los conceptos de número son tan amplias que la mayor parte de los protagonistas de la historia de las matemáticas han tenido ideas radicalmente en conflicto acerca de lo que son las matemáticas, cómo se practican, y ¡qué se puede confiar que puede hacer! De hecho, estos desacuerdos se hallan entre los más amplios y agudos en el teorizar occidental.

Así que pasemos a considerar la pregunta: ¿qué representan los símbolos $1 + 1 = 2$? Podemos observar directamente, desde luego, que una cosa y otra cosa *frecuentemente* hacen dos cosas. Eso no es por sí mismo una teoría, pero tampoco es lo que se significa con $1 + 1 = 2$. Esta fórmula expresa una verdad acerca de cantidades abstractas, no acerca de objetos de la experiencia preteórica. Si la fórmula fuese acerca de objetos ordinarios, entonces no siempre sería verdadera. Como observara Whitehead alguna vez, una chispa es una cosa y una pila de pólvora es otra, pero juntas hacen una explosión que es muy diferente de las dos cosas. Entonces agregó inmediatamente: "el sentido común te dice a la vez lo que se significa".[1] Lo que Whitehead llamó sentido común es el reconocimiento de que, sea lo que sea lo que los símbolos $1 + 1 = 2$ representen, no son simplemente objetos de la experiencia preteórica sino números abstractos, y es una explicación de eso lo que nuestra pregunta está pidiendo.

Así que la distinción entre número abstracto y objetos ordinarios a los que aplicamos números es un punto importante. Cuando los niños pequeños aprenden aritmética por primera vez, frecuentemente suponen que los numerales representan cosas y eventos de su experiencia ordinaria. Es fácil que obtengan esa impresión porque los problemas propuestos en los libros de texto elementales usualmente los hacen practicar la aritmética haciendo cálculos con de pacas de heno, pares de zapatos o manzanas, y así consecutivamente. Pero pronto se hace evidente que, aunque los numerales pueden ser *aplicados* a los objetos de la experiencia ordinaria, aquellos objetos no son lo que los numerales *representan*. Si los numerales representaran cosas, sería imposible sustraer 8 de 5. Pero, aunque no podemos tomar 8 cosas de una pila que contiene sólo 5, podemos sustraer 8 de 5 y obtener -3.

Así que esto nos regresa a la pregunta que planteamos. Si los símbolos no representan los objetos que experimentamos, ¿qué representan? Tanto los matemáticos como los filósofos han propuesto diferentes teorías para responder esta pregunta.

7.2. La teoría del mundo de los números

Una hipótesis muy famosa que se propone como respuesta a esta última pregunta es que los numerales y otros símbolos matemáticos representan entidades reales en otro mundo o dimensión de la realidad. Estas entidades nunca son observadas, ni son ubicables en el espacio; no podemos mirar por la ventana y ver algo que sea el número 2 en el patio de atrás, aún cuando podamos ver cosas a las cuales se puede aplicar ese concepto numérico. De acuerdo con la teoría, sin embargo, el mundo de las entidades matemáticas no es solamente real; es *más real* que las cosas que son observables y existen en el espacio y el tiempo. Es más real por dos razones. Una de ellas es que las entidades que lo pueblan tienen existencia independiente, son eternas, y nunca pueden cambiar o dejar de ser. La otra es que las leyes matemáticas que gobiernan este ámbito no son solamente independientes e inmutables sino que lo gobiernan todo. Determinan lo que es posible e imposible para toda realidad, no nada más para el mundo numérico. En la antigüedad, tanto Pitágoras como Platón sostuvieron versiones de esta teoría, y diferentes versiones de la misma son todavía populares entre los matemáticos hoy en día. El gran matemático G. W. F. Leibniz (quien coinventó el cálculo diferencia e integral) también sostuvo una versión de esta teoría, y tenía una manera muy límpida de formularla. Cuando se le preguntó cómo un estudiante podía estar seguro de que 1 + 1 = 2, Leibniz replicó que ésta era, como todas las otras verdades de las matemáticas, una

> Verdad eterna y necesaria que no se vería afectada incluso si la totalidad del mundo observable fuese destruida y no hubiera nadie para contar, ni objetos a ser contados.[2]

Claramente, ésta es una hipótesis entitaria. Propone que hay un ámbito infinitamente grande de entidades matemáticas por encima de los objetos mutables, observables, de nuestra experiencia cotidiana. Estas entidades incluyen todos los números naturales, todas las fracciones, decimales, todas las figuras geométricas perfectas, raíces, etcétera. Todas estas son entidades distintas del mundo de la experiencia cotidiana e independientes de él. No obstante, las leyes que valen entre estas entidades también gobiernan el mundo cotidiano mutable así como garantizan las verdades expresadas por las fórmulas matemáticas acerca de los números. Es así, entonces, como Pitágoras, Platón y Leibniz respondieron la pregunta de qué representan los numerales y otros símbolos matemáticos.

Es igualmente claro, sin embargo, que esta hipótesis entitaria a su vez presupone una hipótesis de perspectiva. La hipótesis de perspectiva es acerca de cómo el aspecto cuantitativo de las cosas que experimentamos se relaciona con todos los otros aspectos. Esto se debe a que, para que la teoría del mundo numérico sea verdadera, tendría que ser el caso que la cantidad de las cosas se relacione a otros tipos de propiedades y leyes verdaderas de ellas siendo completamente independientes de todos ellos. Así, el aspecto cuantitativo es (al menos parte de) aquello de lo que las cosas y otros tipos de propiedades dependen para su existencia. Conforme a esta teoría, entonces, las cosas que experimentamos, junto con sus otros aspectos, son hechos posibles (o posibles y actuales) por las entidades y leyes del mundo numérico.[3]

Estrictamente desde el punto de vista de nuestra experiencia directa antes de la construcción de teorías, el aspecto cuantitativo no es más que uno entre una multiplicidad de aspectos que las cosas exhiben. Pero Platón, Leibniz y otros adoptaron la perspectiva de que no es meramente una de las cuentas del collar sino (al menos parte de) su cuerda. Es básica para otros aspectos. Así que no tuvieron ningún problema creyendo que las matemáticas no trataban meramente con las propiedades y leyes cuantitativas de las cosas que experimentamos, sino que era la reflexión de nuestra experiencia y pensamiento de un ámbito de entidades inobservables, independientes e inmutables de las cuales todas las cosas mutables observables dependían.

7.3. La teoría de J. S. Mill

Contrastemos ahora esta teoría del mundo numérico acerca de lo que los numerales simbolizan con la teoría de John Stuart Mill. La teoría de Mill era que los numerales simbolizan percepciones sensoriales. Pensó que era descabellado decir que cualquier tipo de conocimiento podría exceder las observaciones de los cuales surgía. Todos experimentamos, decía Mill, nuestras propias sensaciones, así que eso es todo lo que podemos conocer. Así que podemos emplear números para hablar y calcular solamente acerca de los sentimientos, las percepciones visuales, los gustos, las sensaciones táctiles, los olores y los sonidos que experimentamos.

Mill defendió esta concepción de las matemáticas argumentando que no solamente el aspecto cuantitativo, sino también todos los otros aspectos de nuestra experiencia preteórica, eran en realidad idénticos a su aspecto sensorial. Esto es, la teoría de Mill era que la naturaleza de toda la realidad es sensorial, punto; todo lo que podemos saber es *exclusivamente* sensorial por su naturaleza. Así, conforme a la teoría de Mill, el hecho de que parece que hay muchos aspectos que difieren del sensorial es un error, y las experiencias de sentido común en que las cosas aparecen de esta manera conducen a error. Las cosas que experimentamos, sostuvo, no son más que haces de sensaciones. Esto lo comprometió con una teoría en la que todo conocimiento, inclusive las matemáticas, debe ser derivado de los puros datos sensoriales.

Obviamente, entonces, Mill estuvo en desacuerdo con la teoría acerca de un ámbito de números y leyes eternas que no sean sensorialmente perceptibles. En vez de ello sostuvo que $1 + 1 = 2$ y otras fórmulas matemáticas no son más que generalizaciones acerca de nuestras sensaciones, así que sólo representan percepciones visuales, gustos, percepciones táctiles, olores, sonidos o sentimientos. La fórmula acerca de $1 + 1$ es así no más que una manera de decir que encontramos por percepción que siempre que hemos experimentado una sensación y otra sensación, estamos entonces experimentando dos sensaciones.[4] Esta concepción requiere, como lo admitiera Mill, que no sepamos si $1 + 1$ *debe* ser igual a 2, o si siempre lo será. ¡En el mejor de los casos tenemos derecho a creer que $1 + 1$ *probablemente* será igual a 2 en el futuro porque frecuentemente ha sido 2 en el pasado! También significa que lo que los numerales simbolizan sólo puede existir si hay objetos a contar y personas que los cuenten. Y, por las mismas razones, significa que no tenemos fundamentos para suponer que cualquier cosa acerca de las matemáticas sea o bien perenne o inmutable. Aquí podemos ver que, justo como en el caso de la teoría del mundo númerico, una perspectiva filosófica sobre la naturaleza general de la realidad está presupuesta por la teoría de Mill acerca de lo que los numerales simbolizan.

7.4. La teoría de Russell

Una teoría más que pretende responder la pregunta de qué simbolizan los numerales es la que abrazara Bertrand Russell. A diferencia de Mill, Russell no podía aceptar la propuesta de que los símbolos de las matemáticas se refieren a las percepciones sensoriales pues eso eliminaría la necesidad y el carácter sin excepciones de las verdades matemáticas. Pero, al igual que Mill, rechazó la teoría de un ámbito eterno invisible de entidades matemáticas. Se apresuró a agregar, sin embargo, que al rechazar esa teoría no quería decir que $1 + 1 = 2$ fuese falso:

> No quiere decir que los enunciados que son aparentemente acerca de puntos o ejemplos de números o cualesquiera de las otras entidades [de las matemáticas] ... sean falsos, sino solamente que necesitan una interpretación que muestre que su forma lingüística es conducente a error y que, cuando se les analiza correctamente, no se encuentran las pseudoentidades en cuestión que se mencionan en los mismos.[5]

En esta cita Russell va más allá del simple rechazo de la teoría de un ámbito de entidades matemáticas independientes. Al igual que Mill, también negó que hubiese un aspecto cuantitativo distinto en nuestra experiencia en lo absoluto, y se refiere a las cantidades como pseudoentidades. Pero, a diferencia de Mill, Russell fue a proponer que todas la matemáticas se derrumban no en la sensación, sino en la *lógica*. Las matemáticas dice Russell no son más que un modo abreviado de hacer lógica.[6] Así que la hipótesis entitaria que defiende Russell es que lo que los numerales representan son *clases lógicas*, en vez de las entidades numéricas eternas de Pitágoras y Platón o las percepciones sensoriales de Mill. Así, la hipótesis entitaria de Russell también presupone una visión filosófica de conjunto acerca de cómo se relacionan los aspectos. De acuerdo con esta teoría, lo que la matemática estudia se derrumba en el aspecto lógico, de manera que toda la matemática es o bien idéntica a la lógica o derivada de ella. No es sorprendente, entonces, cuando dice, del estado de la lógica en general, que

Los filósofos han sostenido comúnmente que las leyes de la lógica, las cuales subyacen a las matemáticas, son leyes del pensamiento, leyes que regulan la operación de nuestras mentes. Con esta opinión se disminuye en muy gran manera la verdadera dignidad de la razón: cesa de ser una investigación en el mismo núcleo y esencia inmutable de todas las cosas actuales y posibles convirtiéndose, en vez de ello, en una investigación en algo más o menos humano y sujeto a nuestras limitaciones. ...Pero las matemáticas [realmente] nos elevan ... de lo humano a la región de la necesidad absoluta [lógica] a la cual se debe conformar no solamente el mundo actual sino todo mundo posible.

Claramente, entonces, la teoría entitaria de Russell concerniente a qué representan los símbolos matemáticos también presupone una concepción de la naturaleza de la realidad, una concepción de cómo se interrelacionan todos los aspectos. En su teoría el aspecto lógico —al menos por lo que a sus leyes concierne— disfruta de una independencia de los otros que los otros no tienen respecto del lógico. Las leyes de la lógica valen para toda realidad actual o posible. Una vez más debiéramos observar que, desde el punto de vista de nuestra experiencia preteórica, el lógico no es más que uno entre muchos aspectos. Pero, una vez habiéndolo abstraído, Russell lo considera como más que meramente un *aspecto* de nuestra experiencia. En vez de ello, como dijera, es el mismo "núcleo y esencia inmutable de todas las cosas". Así que la perspectiva filosófica de Russell fue que la naturaleza última de la realidad es al menos parcialmente lógica, de manera que los aspectos no últimos de las cosas dependen del lógico.

7.5. La teoría de Dewey

Finalmente, en contraste con las teorías arriba expuestas, John Dewey da otra respuesta a nuestra pregunta. En respuesta a la pregunta de qué representan los símbolos matemáticos, Dewey dice: "nada". En concordancia con esto, también afirma que la fórmula $1 + 1 = 2$ no es verdadera. O, más precisamente, sostiene que no es ni verdadera ni falsa.

De acuerdo con Dewey, los humanos han de ser entendidos como seres esencialmente biológicos que luchan por sobrevivir en un cierto ambiente. Todos los seres vivos hacen lo mismo, desde luego, pero los humanos se enfrentan a su ambiente tratando de alterarlo para acomodarlo a ellos, más que ajustándose ellos a él. Se las arreglan para hacer esto porque han sido dotados por la evolución con una inteligencia superior, y el modo en que utilizan esta inteligencia es haciendo herramientas o *instrumentos*. Esta idea de un instrumento es más amplio en el pensamiento de Dewey que el modo en que normalmente pensamos las herramientas. Para Dewey, todos los productos culturales humanos son instrumentos, incluso cosas tales como valores e instituciones. Del mismo modo, una idea, un lenguaje, una teoría o un concepto es también una herramienta.

En su concepción, entonces, las mismas preguntas que las otras teorías han estado tratando de responder fueron equivocadamente planteadas. Los símbolos de las matemáticas no *representan* nada más que lo que representan un martillo o una pala. Al igual que todas las otras herramientas, los símbolos de las matemáticas meramente llevan a cabo ciertas tareas. De modo que así como sería inapropiado preguntar qué representa un martillo pero apropiado preguntar qué puede hacer, así también sucedería con el aparato de las matemáticas. Los números y las fórmulas no representan nada más, sino simplemente realizan ciertas tareas. El mismo punto vale para la cuestión de la verdad de las matemáticas. Así como es inapropiado preguntar si un martillo es verdadero falso, es igualmente inapropiado preguntar eso de las herramientas matemáticas. 1 + 1 = 2 no es, así, ni verdadera ni falsa, dice Dewey, aunque realiza bien ciertas tareas. Es debido al éxito de las matemáticas al lograr ciertas tareas a lo que nosotros equivocadamente nos referimos cuando decimos que una fórmula matemática es verdadera. Dewey lo dice así:

> si las ideas, los significados, las concepciones, las nociones, las teorías, los sistemas son instrumentales para una reorganización activa del … ambiente … si tienen éxito en su oficio, son confiables, adecuadas buenas, verdaderas … Aquello que nos guía verdaderamente es verdadero —una capacidad demostrada para tal guianza es precisamente lo que se significa con verdad.[8]

En otras palabras, decir que algo es verdadero es decir no más que funciona. Y Dewey dice esto muy literalmente. Observe que no dice que el que algo funcione es una *prueba* de que es verdadera, sino que más bien es eso lo que *significa* ser verdadero.

Dewey reconoce que las matemáticas son una herramienta altamente refinada, enormemente útil y que supera la mayoría de las otras herramientas conceptuales en precisión y utilidad. Pero argumenta que ha alcanzado este estadio de desarrollo a través de una larga historia de ensayo y error experimentales, que la mayoría de los matemáticos ignoran ahora. Dice que puesto que ahora aparecen tan seguras y ciertas, a las matemáticas frecuentemente se les ha otorgado el estatus que le dieron Platón y Leibniz: un cuerpo de verdades autocontenidas independientes del resto de la realidad. Pero esto, dice Dewey, es un error:

> una ciencia deductiva tal como las matemáticas representa el perfeccionamiento del método. Que un método a aquellos ocupados con él debiera presentarse como un fin en sí mismo no es más sorprendente que el que debiera haber un negocio distinto para producir cualquier herramienta.[9]

Y otra vez,

> las matemáticas son frecuentemente citadas como un ejemplo de pensamiento puramente normativo dependiente de [reglas absolutas] y otro material [ultramundano] ... El lógico matemático de hoy puede presentar la estructura de las matemáticas como si hubiera brotado del cerebro de un Zeus cuya anatomía es la de la pura lógica. Pero ... [la matemática tiene] una historia en la que la materia y los métodos ha sido constantemente seleccionados y elaborados sobre la base del éxito y el fracaso [experiencial].[10]

Para resumir, según la teoría de Dewey, la matemática misma no es ni verdadera ni falsa en el sentido tradicional, sino que simple y llanamente funciona. Sus símbolos y fórmulas no representan realidades eternas invisibles, percepciones sensoriales o clases lógicas, puesto que no representan nada en lo absoluto. Su significado es su uso. Nos guían en "la reorganización de nuestro ambiente". Donde hacen eso exitosamente las llamamos verdaderas, pero es un modo equívoco de decir nada más y nada menos que somos exitosos cuando somos guiados por ellas.

La aplicación de esta teoría —frecuentemente llamada instrumentalismo— a 1 + 1 = 2 es otro caso de una concepción de las matemáticas que está siendo guiada y controlada por una concepción de la naturaleza de toda la realidad. Pues claramente el instrumentalismo de Dewey afirma una concepción acerca de cómo se relacionan todos los aspectos de la experiencia. Desde el comienzo, su concepción de las matemáticas y todas las otras actividades conceptuales humanas está gobernada por una perspectiva *biológica*. Para él, los humanos han de ser vistos esencialmente como seres vivos que luchan por sobrevivir. Esta perspectiva lo conduce a adoptar una interpretación instrumentalista de la verdad y, consecuentemente, una concepción instrumentalista de las matemáticas. Para él, las así llamadas verdades de las matemáticas son, al igual que todas las otras verdades, herramientas de sobrevivencia biológica. Así que, si las verdades de las matemáticas son todas herramientas diseñadas por nosotros mismos, entonces no hay razón para creer que nos muestran el núcleo y esencia de la

realidad, o que nos dan una verdad inmutable. Más bien, son todas ellas productos de la invención humana, la cual depende, en última instancia, de nuestra
evolución. Esto implica que, si nuestros cerebros hubieran evolucionado de modo diferente, podríamos ahora tener una matemática tan diferente que con nuestros presentes cerebros no podríamos ni siquiera imaginarla. No obstante, esa
matemática aparecería tan cierta ante nosotros bajo aquellas circunstancias como nuestra matemática presente lo hace con los cerebros que ahora poseemos.[11]
De este modo, se le otorga al aspecto biológico de la realidad un estatus básico
con respecto a todos los otros aspectos de la realidad.

Las perspectivas arriba citadas no son las únicas que ha sido adoptadas en la
historia de las matemáticas. Además del mundo de Pitágoras, Platón y Leibniz,
el logicismo de Russell, el empirismo de Mill y el experimentalismo de Dewey,
hay todavía otras escuelas de pensamiento en competencia. Están, por ejemplo, los formalistas como David Hilbert e intuicionistas como Henri Poincaré,
Hermann Weil y Luitzen Brower.

7.6. ¿Qué diferencia marcan tales teorías?

Estas diferencias entre teorías *acerca* de la ciencia de las matemáticas han creado diferencias muy importantes *en su interior*, las cuales resultan en amplios
desacuerdos acerca de las prácticas y procedimientos para su cultivo. Considere, por ejemplo, la resistencia al uso de los números irracionales por los pitagóricos. Los pitagóricos, al igual que Platón y Leibniz después de ellos, creían
que los numerales representaban un reino de entidades matemáticas invisibles
de las cuales dependía el mundo visible. Como se suponía que estas entidades
matemáticas eran las unidades o bloques de construcción últimos del mundo,
se pensaba que eran indivisibles. Debido a esta convicción, a los pitagóricos les
horrorizaba la división, las fracciones y los números irracionales. Es por ello
que tradujeron las fracciones a razones entre segmentos de líneas e insistieron
en que no podía haber números genuinamente irracionales. Se dice que el descubrimiento de que hay de hecho cocientes que no pueden ser expresados como
fracciones —números decimales no periódicos como π— fue hecho por Hipaso de Metaponto en el siglo v a.C. La historia dice que en el momento en que
realizó su descubrimiento se hallaba en el mar con un grupo de pitagóricos, los
que se enojaron tanto que ¡lo arrojaron por la borda!

Semejante a la resistencia pitagórica a los números irracionales era la resistencia de Leibniz a los números negativos. Aunque los permitía en las ecua-
ciones sobre la base de que su forma era apropiada, lo hacía solamente con

la advertencia de que tenía que ser considerados como cantidades puramente imaginarias. En otras palabras, insistió en que solamente los números positivos son reales, mientras que los números negativos son ficciones. Fue forzado a esta (implausible) interpretación porque creía que las matemáticas eran una reflexión en el pensamiento del reino real, invisible y eterno de los números. De acuerdo con esta concepción, cada numeral que usamos debe representar una entidad hipotética real, una colección de ellas, o las relaciones entre ellas. Siendo esto el caso, ¿cómo podría ser negativo un número? ¿Cómo podría no representar nada? Por ende, esta concepción tiene la implausible consecuencia de que los cálculos negativos no pueden ser verdaderos, pues ¡dejarían de aseverar algo que sea de hecho el caso!

Dado que puede parecer que estos ejemplos de matemáticas elaboradas de manera diferente debido a una visión panorámica perspectival de la realidad no son más que meras curiosidades históricas, consideremos otra que sí es un tema vivo hoy en día —las diferencias en el hacer matemático causadas por la perspectiva de la teoría intuicionista actual.

Los intuicionistas, al igual que los propugnadores de la teoría del mundo de los números, mantienen una perspectiva totalizadora que ve el aspecto matemático como completamente independiente de todos los otros aspectos. Pero mientras que Pitágoras, Platón y Leibniz sobrepusieron la matemática a la lógica, los intuicionistas consideraban a la matemática como básica para la lógica, de tal modo que dejaban a la matemática parcialmente independiente de las reglas lógicas. Insisten en que las verdades matemáticas intuidas son más básicas y más confiables que las de cualquier otro aspecto —incluyendo los axiomas lógicos. Así, para los intuicionistas, si surgen paradojas lógicas acerca de un sistema matemático, eso es un problema para la *lógica*, pero no necesita perturbar al matemático. Como describe Morris Kline la posición del gran intuicionista Luitzen Brower,

> La lógica pertenece al lenguaje. Ofrece un sistema de reglas que permiten la deducción de ulteriores conexiones verbales que pretenden comunicar verdades. [...] Sin embargo, [...] la lógica no es un instrumento confiable para descubrir verdades y no puede deducir verdades que no se puedan obtener de alguna otra manera. [...] Los progresos más importantes de la matemática no se obtienen perfeccionando la forma lógica sino modificando la teoría básica misma. La lógica se apoya en la matemática y no la matemática en la lógica. [...] La lógica es mucho menos cierta que nuestros conceptos intuitivos y las matemáticas no necesitan de las garantías de la lógica [...] Las

paradojas son un defecto de la lógica pero no de las matemáticas verdaderas. por ende, la consistencia es una fantasía. No tiene objeto.[14]

Y el matemático e intuicionista Herman Weyl lo dice de este modo:

> la lógica clásica resultó por abstracción de la matemática de conjuntos finitos y sus subconjuntos [...] Olvidando este origen limitado se aplicó equivocadamente, más tarde, esa misma lógica para algo anterior a toda la matemática y por encima de ella, y por último se terminó aplicando, sin justificación, a la matemática de los conjuntos infinitos. En esto consiste la caída y el pecado original de la teoría de conjuntos, por el cual resulta justamente castigada por las antinomias.[15]

Una de las consecuencias prácticas de esta concepción es el rechazo de la así llamada "nueva matemática" introducida en el programa de las escuelas públicas de los Estados Unidos en los 1960s (la cual ha sido ya descontinuada). La nueva matemática estaba basada en una concepción como la de Russell y procedía primero enseñando reglas lógicas tales como conmutatividad, asociatividad y distributividad, y luego aplicándolas a conjuntos, los cuales era tomados como aquello de lo que se ocupa la aritmética. En la cita de arriba, Weyl advierte que la teoría de conjuntos incurre en paradojas lógicas y es por lo tanto inapropiada como base para la aritmética.

Otra consecuencia importante de la concepción intuicionista es su rechazo de cualquier demostración que descanse en la ley lógica del tercero excluido. (Ésta es la ley que dice que un enunciado tiene que ser verdadero o falso y no puede no ser ninguna de las dos cosas; no hay una alternativa tercera o "media" a ser verdadera o falsa.) Como resultado, rechaza cualquier demostración de la forma de reducción al absurdo. También desautorizan cualquier demostración que descanse sobre la regla lógica de que si una de dos opciones tiene que ser verdadera, y se muestra que una de ellas es falsa, entonces la otra debe ser verdadera. Ambas consecuencias conducen a diferencias marcadas en lo que habrán de aceptar los intuicionistas como demostraciones apropiadas, en contraposición a lo que los matemáticos que mantienen otras posiciones habrán de aceptar.

A pesar de aceptar una perspectiva semejante a la de la teoría del mundo de los números, debido a que mantienen la completa independencia del aspecto matemático, los intuicionistas no obstante difieren de la hipótesis de que los números son objetos reales. En vez de ello, insisten en que la matemática es exclusivamente mental, y por esa razón todo lo que ocurre en las matemáticas debe corresponder completamente a lo que efectivamente podemos concebir. Así que muchos de ellos rechazan como carentes de significado tanto los números complejos como los números irracionales que tanto habían perturbado a los pitagóricos, aun cuando estos eran aceptados por los platonistas, los formalistas y los logicistas.

Por la misma razón, los intuicionistas también niegan que haya algún infinito actual. Como lo dijera Henry Poincaré:

> El infinito actual no existe. Lo que llamamos infinito es solamente la posibilidad interminable de crear nuevos objetos, no importa cuántos objetos existan ya.[16]

Esta negación de la existencia de conjuntos infinitos en acto fuerza a los intuicionistas a otra negación. Rechazan *una entera rama de las matemáticas*, la teoría de los números transfinitos desarrollada por Georg Cantor. Así, a pesar del hecho de que la mayoría de los matemáticos consideran que el trabajo de Cantor es el mayor avance en las matemáticas de los últimos cien años, los intuicionistas insisten en que ¡ni siquiera se eleva a la dignidad de ser falsa sino que es completamente carente de significado!

Éstos son solamente unos cuantos ejemplos de cómo las diferencias en las teorías filosóficas acerca de las relaciones entre los aspectos han afectado el concepto de número, y con ello el quehacer de las matemáticas. Es debido precisamente a tales desacuerdos y a sus severas e importantes consecuencias que dice Kline:

> El predicamento actual de las matemáticas es que no hay una sino muchas matemáticas cada una de las cuales, por numerosas razones, no satisface a los miembros de las escuelas opuestas. Es evidente ahora que el concepto de un cuerpo universalmente aceptado e infalible de razonamientos —las majestuosas matemáticas de 1800 y el orgullo del hombre— es una gran ilusión. [...] Los desacuerdos acerca de los fundamentos de la "más cierta" de las ciencias son tanto sorprendentes como, para decirlo suavemente, desconcertantes. El actual estado de las matemáticas es una burla de la hasta ahora profundamente enraizada y ampliamente reputada verdad y perfección lógica de las matemáticas.[17]

Desde luego, es posible que las personas que trabajan en las matemáticas nunca se preocupen por los tipos de asuntos que hemos estado discutiendo. Mientras que muchos científicos pueden honestamente reportar que hacen su trabajo sin mostrar perplejidad acerca de qué perspectiva es la correcta, deberíamos de recordar —una vez más— que una perspectiva no necesita ser consciente para ejercer su influencia. Lo que es importante es si los procedimientos y técnicas de las matemáticas son de tal carácter que requieren que aquellos que los usan presupongan alguna perspectiva filosófica, no si todo mundo es consciente de que lo está haciendo.

7.7. El papel de la religión en estas teorías

Pero, incluso si se ha mostrado el involucramiento de las perspectivas filosóficas en las matemáticas, ¿es igualmente claro que todas ellas a su vez presuponen una creencia religiosa? Debiera serlo a estas alturas. La verdad es que alguna creencia de divinidad *per se* se encuentra en el corazón de cada una de estas perspectivas. Teorías como la de Platón proponen un reino separado, independiente, de entidades matemáticas. Conforme a esa concepción, nuestra aprehensión de las verdades matemáticas es el resultado de la dependencia de nuestro mundo experimentado respecto de las entidades de ese reino matemático independientemente existente. Ésta es la razón por la que se supone que las verdades que obtenemos acerca de ese reino no son afectadas por el mundo que experimentamos, como afirmaba Leibniz. Pero cualquiera que considere a este reino hipotético como teniendo existencia independiente le ha otorgado con ello un estatus divino. Recuérdese que no es porque el reino hipotético esté poblado por entidades que se suponen perennes, inmutables o lógicamente necesarias, que es divino. Aquellas características por sí solas no serían suficientes. Incluso si fueran perennes, una entidad todavía podría ser perennemente dependiente de otra cosa. Del mismo modo, las verdades matemáticas podrían expresar conexiones necesarias entre cantidades pero aún así depender para su existencia de otra cosa. Es esta existencia independiente de las entidades hipotéticas y de las leyes respecto de *toda* otra realidad —la concepción de que las verdades matemáticas serían las mismas sea que exista *cualquier* otra cosa o no— lo que es lo mismo que considerarlas divinas.

Más aún, no solamente es tal concepción una creencia de divinidad *per se*, sino que es una que se conforma perfectamente al arreglo de dependencia pagano. Pues, aunque es verdad que se supone que el ámbito de las entidades matemáticas es invisible, no físico, eterno e inmutable, aun así es visto como continuo con el resto del mundo que observamos en dos respectos. El primero es que, aunque se tome como siendo más que meramente un aspecto del mundo de nuestra experiencia cotidiana, aun así se supone que es verdadero de este mundo; esto es, el mundo que experimentamos contiene cosas que exhiben cantidades. El segundo es que tanto el reino hipotético como el mundo observable se conforman a leyes matemáticas. Desde luego, se supone que las pretendidamente autoexistentes leyes del mundo matemático hacen al mundo experimentado posible o tanto posible como real. Para alguien con dos divinidades *per se*, como Platón, las leyes del reino hipotético hacen posible el cosmos al gobernar la materia (la cual es también divina *per se*). Para Pitágoras, por otro lado, el mundo está enteramente constituido por números y relaciones entre ellos así que para él los números y sus leyes hacen al cosmos no solamente posible sino real.

Para ver su carácter pagano más claramente, considere un contraste entre la idea de la relación que tiene esta teoría entre el mundo observable y el ámbito hipotético, por un lado, y la idea teísta de la relación entre el universo y Dios, por el otro. Según el punto de vista platónico, las leyes que gobiernan el ámbito hipotético también son el orden del mundo observable. De hecho, este ámbito invisible (divino) es el mismo núcleo del ser del mundo que aparece ante nosotros. Como resultado, ésta es claramente una posición pagana puesto que lo divino es identificado con un aspecto del mundo que experimentamos. De acuerdo con la idea bíblica, Dios trae a la existencia (a partir de la nada) *todo* lo que es verdadero del universo incluyendo todos los tipos de orden que lo gobiernan. Es ese orden el que intentamos capturar en los enunciados nomológicos. Así que Dios hizo que hubiera cosas con cantidad, y que las relaciones entre las cantidades se conformaran precisamente las leyes a las que se conforman. (El hecho de que se dice que Dios es "uno" o "uno en tres" es consecuencia del modo en que él ha libremente adoptado propiedades creadas para hacerse conocido a los humanos. Este punto también será explicado a mayor profundidad en el capítulo 10.)

Habiendo señalado el carácter pagano de la teoría del mundo de los números debo mencionar aquí, por lo menos, que existe una larga tradición de pensadores teístas que creen que esta teoría puede ser adaptada para hacerla compatible con la creencia en Dios. Esta estratagema fue explicada en el capítulo 5, donde traté de la tradición que llame "escolástica" y su propuesta para despaganizar teorías que adoptan uno u otro aspecto del mundo como aquello de lo que depende todo el resto. Expliqué que esta tradición está de acuerdo conmigo en que considerar autoexistentes a las entidades matemáticas (o de cualquier otro tipo) sería inaceptable desde un punto de vista teísta. Pero agrega que lo sería solamente si la teoría terminara ahí. El carácter pagano de tal propuesta se puede neutralizar, dice, a la vez que se retiene su idea básica. Esto puede hacerse considerando el ámbito matemático como siendo, a su vez, dependiente de Dios. Las propuestas más populares para hacer esto consisten en decir que las verdades matemáticas son parte de Dios mismo, o que son ideas en la mente de Dios. De este manera se piensa que la teoría puede dar cuenta de la necesidad y eternidad del ámbito hipotético sin admitirlo como algo tanto autoexistente como distinto de Dios. En el capítulo 5 empecé a dar una explicación de por qué es esto objetable sobre fundamentos tanto religiosos como filosóficos. Ahí vimos que simplemente adjuntar Dios a una teoría no cambia el contenido de su poder explicativo, el cual es por lo tanto tratado como religiosamente neutral. Así que no repetiré todo eso aquí. Volveré, sin embargo, a esta objeción y la desarrollaré con más detalle en el capítulo 10.

La creencia de divinidad desempeña un papel crucial no solamente en la teoría del mundo de los números, sino también en la teoría de Russell. La principal diferencia es que para Russell los principios que gobiernan toda la realidad debido a que son divinos son los de la lógica y no los de las matemáticas. Las leyes lógicas, dice, no son solamente aquello a lo que debe conformarse toda realidad —actual o posible—, sino que son "el corazón y esencia inmutable" de todas las cosas. Una vez más, esta posición equivale a abstraer un aspecto de nuestra experiencia y darle la prioridad de tener un estatus divino. Así que la teoría de Russell también descansa sobre una presuposición religiosa pagana.

Algunos pensadores escolásticos también han intentado reconciliar esta teoría logística del número con la creencia en Dios, y lo han hecho a grandes rasgos del mismo modo que lo hicieron otros para la teoría del mundo de los números. Proponen que las leyes lógicas, los conjuntos, etcétera, sean considerados como parte del ser de Dios o como ideas en la mente de Dios para preservar su eternidad y necesidad a la vez que todavía encuentran un sentido en el que se puede decir que dependen de Dios. En el capítulo 10 veremos por qué esta concepción no tiene más éxito para las leyes lógicas y las clases que el que tiene para las leyes y entidades matemáticas.

La teoría de Mill es, quizá, aún más obviamente pagana. En la concepción de Mill, las verdades y las leyes matemáticas son todas generalizaciones acerca de nuestras sensaciones, y tenemos sensaciones porque todos los objetos están hechos de cualidades puramente sensoriales; son haces de sensaciones. Para dar cuenta de por qué todos observamos los mismos haces de sensaciones, Mill postuló para cada uno de ellos la existencia de una entidad misteriosa que él llamó la "posibilidad permanente de sensación". Cuando se le preguntó a Mill por qué había tales posibilidades permanentes y cuáles eran sus causas, replicó que nunca podremos descubrirlo. Así que, hasta donde podemos llegar a saber, están ahí meramente, de modo que esta teoría las deja con estatus divino por *default* (como se explicó en el capítulo 2).[19] Así, la teoría de Mill también presupone una creencia religiosa pagana.

Lo mismo es verdadero de la teoría de Dewey aunque éste es mucho más vago acerca del estatus de los aspectos físico-biológicos que toma como naturaleza básica de la realidad. Hasta donde tengo noticia, Dewey no dice específicamente que aquellos aspectos tengan existencia independiente. Pero a través de todo su teorizar considera a todos los otros aspectos como dependientes del físico-biológico y nunca los considera, a su vez, como dependientes de ninguna otra cosa. Para complicar adicionalmente este punto, Dewey a veces niega que haya *algo* que sea completamente independiente (lo llama "absoluto"). Pero también es inflexible al negar que haya algo fuera del universo de lo cual éste dependa. Así que estamos autorizados a decir que, relativamente a nuestra definición de divinidad, él es simplemente inconsistente sobre este tema: no puede ser que no exista más que el universo y que el universo no sea divino. Pues si no hay nada más que el universo, entonces no hay nada de lo que dependa y entonces, claramente, tendría autoexistencia "absoluta". Así que parece justo decir que la teoría Dewey es un caso más de creencia religiosa pagana controlando cómo una teoría acerca de la naturaleza de las matemáticas ha de ser desarrollada.

El mismo estado de cosas —una creencia religiosa controlando una concepción de la naturaleza de la realidad que a su vez controla las teorías de la matemáticas— se puede encontrar también en la lógica. Muchos pensadores en filosofía están de acuerdo con la concepción de Russell y consideran a las leyes de la lógica como (al menos parte de) la realidad última. Así que ven la lógica moderna como un método para la resolución de problemas basado en verdades que poseen realidad absoluta y neutralidad religiosa. Pero la cuestión de qué es lo que explica la conexión entre todos los aspectos no puede ser eliminada de la lógica más de lo que puede ser eliminada de las matemáticas. Así que las leyes lógicas también han sido entendidas no solamente como absolutas, sino como un producto de la estructura del lenguaje, como reglas por las cuales no podemos dejar de pensar debido al modo en que nuestros cerebros evolucionaron, como los productos del condicionamiento histórico, y así consecutivamente. Incluso algunos de los sistemas simbólicos de lógica más altamente formalizados son muy incompatibles entre sí debido a éstas y otras diferencias similares.[20] En cada caso, estas concepciones toman las verdades lógicas como autoxistentes o como generadas por algún otro aspecto que es considerado como autoexistente. Están por lo tanto una y todas bajo control *religioso*.

A estas alturas debe ser más claro cómo es que las variedades de la creencia religiosa pagana muestran el carácter inquieto y errante que mencioné anteriormente. Desde el punto de vista de la religión bíblica, el paganismo secuestra el universo relativo, dependiente, en aras de aquello que es autoexistente y absoluto. Y cada pretensión de haber encontrado los aspectos divinos de la creación evoca una contrapretensión de divinidad en aras de los otros aspectos que es igualmente plausible (y por lo tanto igualmente implausible) que todos los demás.

Pero ¿cómo podríamos formular la diferencia para una teoría de la naturaleza del número si fuésemos a presuponer la creencia en Dios en vez de una creencia pagana en la divinidad de algún aspecto de la creación? Responder adecuadamente esto requeriría primero que elaboráramos y diésemos una teoría de la realidad que presuponga la creencia en Dios, para luego mostrar las consecuencias de esa visión panorámica de la realidad (creada) para los conceptos de las entidades propuestas en las matemáticas y otras teorías científicas. Un plano para tal teoría de la realidad se presentará en los capítulos 11, 12 y 13. Por el momento sólo puedo solicitarle al lector que recuerde la rudimentaria indicación anterior de su configuración, dada en el capítulo 4. Ahí vimos por qué la creencia en un creador trascendente debiera conducirnos a la concepción de que ningún aspecto de la creación es autoexistente, ni tampoco genera ningún otro, pues todos son dependientes solamente de Dios. Por esa razón debiéramos considerar todos los aspectos que experimentamos como igualmente reales, verdaderos de todas las cosas creadas, e irreductibles entre sí. Esto requiere que las naturalezas de las entidades propuestas en las ciencias nunca sean limitadas a uno o dos aspectos; nada tiene una naturaleza que sea básica o exclusivamente uno o dos de sus aspectos, a la manera en que las teorías de base pagana siempre han propuesto. Todos estos puntos serán explicados más completamente después. Por el momento, sólo podemos observar brevemente unos cuantos de los modos más obvios en que tal concepción de la realidad guiaría a una teoría que explicase la naturaleza de lo que representa $1 + 1 = 2$.

Debería de ser ya claro que, conforme a esta concepción de las matemáticas, los numerales representan las propiedades cuantitativas de las cosas. Abstraemos este aspecto de nuestra experiencia del mundo que nos rodea y simbolizamos la cantidad discreta mediante el numeral "1". Luego simbolizamos cantidades adicionales mediante una serie de numerales en la que cada número sucesivo —2, 3, 4, etcétera— representa un incremento respecto de su predecesor por la cantidad del primero. Podemos, mediante ulterior abstracción, descubrir relaciones y leyes que valen entre cantidades.[21] Pero las abstracciones a las que llegamos —números, conjuntos, etcétera— nunca serán vistas como realidades independientemente existentes. Nunca son más —o menos— que las propiedades, relaciones, funciones, etcétera, de los aspectos cuantitativos verdaderos de las cosas y eventos de la experiencia ordinaria. Así que no son miembros del autoexistente mundo de los números de Pitágoras, Platón o Leibniz, ni enteramente ficciones de nuestra invención, como Dewey pretendía. Tampoco han de ser entendidos como completamente dependientes de algún otro aspecto o aspectos del modo en que mantuvieron Mill, Russell o Dewey. Esto se debe, como veremos en el capítulo 10, a que ningún aspecto de nuestra experiencia puede ser propuesto como poseedor de existencia independiente sin que esa propuesta caiga en incoherencia autorrealizativa. Esto significa que ninguno puede ser justificado como independiente del resto para ser aquello de lo que el resto depende.

CAPÍTULO 8

TEORÍAS FÍSICAS

Después de las matemáticas, la ciencia que más frecuentemente se piensa que es independiente de la creencia religiosa es la física. Sin embargo, no es difícil mostrar que en la física , al igual que en las matemáticas, hay teorías en competencia cuyos conflictos pueden ser rastreados a diferentes perspectivas acerca de la naturaleza de la realidad que, a su vez, presuponen diferentes creencias acerca de lo que es divino.

8.1. Algunos malentendidos que hay que evitar

Antes de proceder a esa tarea quiero señalar algunos posibles malentendidos del significado del término "físico". En el habla ordinaria frecuentemente nos referimos a algo como físico significando que es real y no imaginario. No obstante, ése no es el significado que tiene en física y no es con el que habré de usar el término aquí. En este capítulo nos ocuparemos del aspecto físico exhibido por las cosas y eventos de nuestra experiencia ordinaria precientífica. Así, en consonancia con nuestra anterior definición de aspecto, estaré usando el término "físico" para referirme a un tipo específico de propiedades y leyes, el tipo que delinea el campo de la ciencia de la física en todas sus ramas. Incluido en este tipo se hallan propiedades tales como la masa, el peso, la densidad, la gravedad específica, la carga, etcétera. Y entre las leyes que valen entre propiedades de este tipo están incluidas la ley de Pascal, la ley de Boyle, la gravitación universal y las leyes de la dinámica, así como la famosa $E = mc^2$ de Einstein. Al igual que en el caso de los adjetivos calificativos de todos los otros aspectos, no es posible brindar una definición precisa de "físico". Pero, en concordancia con la lista (provisional) de aspectos dada anteriormente, podemos circunscribir lo físico como ese tipo de propiedades y leyes que tienen prerrequisitos temporales, numéricos y espaciales, pero no son aquellos que serían activamente poseídos por una cosa bióticamente viva por el sólo hecho de estar viva, y que así distinguen un ser vivo de un ser incapaz de vida.[1]

173

Otro modo en que el término "físico" puede ser malentendido es cuando ocurre en la expresión "objeto físico". Esto no debiera tomarse como significando que el objeto así designado es *solamente* físico. Pues, si bien hay teorías que proponen que sólo hay objetos puramente físicos, nunca experimentamos nada de este modo. Así que en el habla ordinaria la expresión nunca significa eso. Por ejemplo si bien un árbol es seguramente físico, lo experimentamos como poseedor de propiedades de muchos otros tipos de aspectos, y como sujeto a muchos más tipos de leyes que meramente las físicas. Todo árbol exhibe cualidades y exhibe conformidad con leyes que experimentamos como cuantitativas, espaciales, biológicas, sensoriales, lógicas, estéticas, y así consecutivamente. Al igual que con otros objetos precientíficamente experimentados, experimentamos un árbol como siendo una cosa multiaspectual. Es verdadero, desde luego, que trabajar en las ciencias físicas requiere que el aspecto físico de las cosas sea abstraído y enfocado, permitiendo que los restantes aspectos (no físicos) de las cosas queden fuera del centro de atención. Pero este hecho acerca del procedimiento científico no muestra que algo tenga solamente ese aspecto. Desde el punto de vista de la descripción de nuestra experiencia inmediata, es simplemente falso que haya cosas experimentadas como solamente físicas, así que es igualmente falso suponer que son puramente físicas las cosas que son el objeto de estudio de la física. Más bien, la física, al igual que muchas otras ciencias, empieza con los multiaspectuales objetos de nuestra experiencia ordinaria y abstrae un aspecto específico de ellos como su campo especial de investigación. En suma, la física no trata acerca de un conjunto limitado de cosas puramente físicas, sino acerca del *aspecto* físico de *todas* las cosas.

He abordado este punto aquí porque, como se anotó anteriormente, muchos pensadores prominentes adoptan el punto de vista de que la física desde luego trata con objetos exclusivamente físicos. Al revisarse sus opiniones, por lo tanto, debe mantenerse en mente que considerar al dominio de la física de este modo es ello mismo el resultado de una concepción perspectival de la naturaleza de la realidad, una concepción que necesita ser defendida, si es que hemos de tener derecho a ella.

Una vez habiendo aclarado estos puntos, procederemos a echar un vistazo a unas cuantas teorías importantes de la física para ver que los desacuerdos entre ellas realmente surgen debido a que los físicos presuponen diferentes concepciones de la naturaleza esencial de la realidad , que a su vez presuponen diferentes creencias de divinidad. Para ver que esto es así, sólo necesitamos examinar la teoría más ampliamente aceptada en toda la física, la teoría atómica. A grandes rasgos, la teoría atómica sostiene que los objetos de nuestra experiencia cotidiana están constituidos por partes (átomos y partículas subatómicas) tan pequeñas que no puede ser directamente observadas. Pero aquí, también, es pertinente un recordatorio: por favor continúe manteniendo en mente que la regulación religiosa de una teoría no significa que inventarla dependiera de mantener una creencia religiosa particular. No estoy sugiriendo que alguien hubiera tenido que ser un materialista o racionalista o lo que sea para haber concebido la hipótesis "hay átomos". Más bien, dije que la regulación religiosa consiste en los modos en que las creencias de divinidad controlan cómo ha de ser interpretado el significado de los postulados de una teoría. Esto vale, también, para la teoría atómica . Tenemos que saber de qué cosas estamos hablando; tenemos que especificar la *naturaleza* de los átomos, etcétera, para saber cómo se supone que explican aquellas características del mundo para cuya explicación fueron inventadas. Pero el hecho es que los físicos están en desacuerdo acerca de la naturaleza esencial de los átomos y las partículas, y es así que también difieren acerca de precisamente cómo es que explican los datos que se supone explican. Para ilustrar tales diferencias sólo necesitamos considerar las tres interpretaciones más recientes de la teoría atómica, las que dominaron el siglo XX.

8.2. La teoría de Mach

La primera interpretación de la teoría atómica que discutiremos es la de Ernst Mach. La mayor parte de las personas han escuchado el nombre de Mach sin darse cuenta, porque para honrar su obra sus colegas nombraron a la velocidad del sonido "Mach 1", al doble de la velocidad del sonido "Mach 2", y así consecutivamente. Otro hecho acerca de Mach, del que la mayoría de las personas no se da cuenta, es que ¡él no creía en la existencia de los átomos! Tampoco fue Mach el único que mantuvo tal concepción. Durante su vida un gran número de científicos y filósofos muy distinguidos llegaron a estar de acuerdo con él, de modo que se convirtió en el fundador de un peculiar movimiento en la ciencia que fue enormemente influyente a lo largo de los primeros dos tercios del siglo XX. Pero, a pesar del rechazo de Mach de la realidad de los átomos y otras partículas, él todavía insistía en que la teoría atómica no tenía que ser descartada; es demasiado exitosa para eso. En vez de ello, sostuvo que ha de ser aceptada del modo en que Dewey aceptó el habla acerca de los números y los procedimientos de las matemáticas —como una manera útil de explicar lo que experimentamos, aun cuando sus enunciados no sean verdaderos debido a que las entidades a las que se refieren no son reales. Así que Mach llamó a los átomos y a las partículas subatómicas "ficciones útiles".

Esto fue resultado del hecho de que Mach y sus discípulos adoptaran una hipótesis perspectival acerca de la naturaleza de la realidad que ve todos los aspectos de nuestra experiencia como derrumbados en el aspecto sensorial. Puede usted recordar que sobre esta misma base Mill adoptó la posición de que las fórmulas de las matemáticas no son más que generalizaciones acerca de las sensaciones. Mach aplicó esta concepción de la realidad a la ciencia de la física en detalle. El resultado fue que él, también, rechazó la existencia de cualquier cosa que no fueran las percepciones sensoriales y las sensaciones.

Para entender sus razones en favor de esta concepción, y sus consecuencias de largo alcance para la física, puede ser útil completar el trasfondo de esta perspectiva filosófica un poco más. La teoría de la realidad que mantiene que todas las cosas tienen una naturaleza exclusivamente sensorial tiene sus raíces en los comienzos del siglo XVII, cuando surgió la creencia de que la mente humana funciona de manera muy parecida a un ojo o una cámara. De acuerdo con esta concepción, debemos distinguir la realidad, que se halla fuera de nuestras mentes, de la copia de la misma que se halla dentro de las mismas, así como el mundo de las cosas fuera de un ojo o una cámara es distinto de las imágenes que aparecen en una retina o una película. Es así que la mente llegó a ser concebida como la retina o la película sobre la cual las sensaciones de la vista, el tacto, el olfato, el sonido y el gusto imprimían representaciones de las cosas externas a la mente.

En el siglo XVIII, pensadores tales como George Berkeley y David Hume mostraron convincentemente que si esta imagen de la mente es correcta entonces todo lo que verdaderamente podemos conocer son las puras imágenes sensoriales *dentro* de nuestras mentes, de manera que es imposible saber si son copias de algo fuera de la mente. En otras palabras, si tu mente es la cámara y todo lo que conoces es lo que se halla en tu "película", nunca puedes saber si el mundo fuera de tu mente es realmente como lo que aparece en tu película, ¡o incluso estar seguro de que haya un mundo real fuera de tu película en lo absoluto! Hasta donde sabemos, ¡lo que se halla en tu película podría ser un *reality show* virtual internamente generado!

Esta extraña conclusión es muy cercana a lo que Berkeley, Hume, Mill y Mach terminaron aceptando. Concluyeron que, hasta donde podremos saber a partir de nuestra experiencia, la realidad está hecha de sensaciones. De acuerdo con ellos, cuando observamos un árbol en un campo, no debiéramos suponer que lo que estamos viendo es físico en el sentido de que posee propiedades característicamente físicas, o en el sentido de que existe externamente al perceptor. Lo que estamos viendo es en realidad un haz de propiedades sensoriales constituyendo una percepción que se registra en nuestra mente. Consecuentemente, creyeron que todo lo que podemos llegar a saber acerca de la naturaleza de un árbol es que es una colección de todas las posibles sensaciones que alguna vez podemos obtener del mismo. El árbol (o cualquier otro objeto) es un arreglo de manchas de color, sensaciones táctiles, impresiones sensoriales, sensaciones gustativas y olores. Y aunque puede ser natural querer argumentar que debe haber un árbol real fuera de nuestras mentes que causa nuestras sensaciones de árbol, señalaron que no hay modo en que podamos alguna vez llegar a saberlo. Fue sobre la base de esta perspectiva sobre la naturaleza de la realidad, la perspectiva que asignaba realidad exclusiva al aspecto sensorial, que Mach y muchos otros físicos llegaron a creer que no podemos saber si hay algo distinto de nuestras propias percepciones. De hecho, tan convincentes parecían sus argumentos, que incluso pensadores que estaban en desacuerdo con su conclusión lo hacían al mismo tiempo que admitían que ¡es en el mejor de los casos una teoría (una conjetura educada) la de que realmente hay objetos externos a nosotros!

Anteriormente señalé que desde el punto de vista de nuestra experiencia inmediata no hay buenas razones para suponer que haya objetos exclusivamente físicos, pues en nuestra experiencia todo aparece siendo multiaspectual. Así que puedes estar preguntándote por qué señale eso para proceder ahora a hablar acerca de las teorías de Berkeley, Hume, Mill y Mach, las cuales sostienen no que todo sea exclusivamente físico, sino que todo lo que experimentamos directamente es exclusivamente sensorial. La razón es que mi observación se aplica igualmente a ambas teorías, y cada una provoca a la otra como una respuesta.[2] Los pensadores que adoptaron la posición de que los objetos fuera de nuestras mentes son exclusivamente físicos (como Galileo y Descartes) también sostuvieron que la sensaciones dentro de nuestras mentes son puramente sensoriales, no físicas. El problema fue que entonces tenía que explicarse cómo podríamos saber que las sensaciones en nuestras mentes eran copias fieles de objetos fuera de ellas. Eso fue lo que Berkeley y Hume mostraron que no podía hacerse. Así que ellos, al igual que Mill y Mach después de ellos, consideraron la existencia de objetos físicos (puramente) externos como una teoría que era imposible confirmar. Fue sobre este fundamento que Mach desechó, como una teoría acientífica, la existencia de objetos externos a los perceptores que poseyeran propiedades físicas distintivas, y procedió a tratar de mostrar cómo podía la física ser practicada sin ella. Como lo dice él:

> Si la "materia" ordinaria debe ser considerada meramente como un símbolo mental muy natural, inconscientemente construido, de un ...complejo de [sensaciones], mucho más debe ser esto el caso con los artificiales e hipotéticos átomos y moléculas de la física y la química.[3]

> Lo que nos representamos detrás de las apariencias existe solamente en nuestro entendimiento ....[4]

> Para nosotros los investigadores, el concepto "alma" es irrelevante y materia de risa, pero la materia es una abstracción exactamente del mismo tipo ...sabemos tanto del alma como de la materia.[5]

Como señalé anteriormente, Mach aceptó tanto nuestra habla ordinaria acerca de la materia como que la teoría atómica desempeñaba un papel en la física muy parecido al papel que Dewey asignó a los numerales en las matemáticas.[6] Esto es, aunque los términos y símbolos de la teoría atómica no representan realidades, aun así son útiles para tratar con el mundo percibido porque nos ayudan a hacer predicciones de un conjunto de experiencias a otro. Como la cita de arriba muestra, no son meramente los átomos y las partículas subatómicas lo que la perspectiva de Mach elimina de la realidad, sino todos los objetos que se supone poseen propiedades físicas. En su libro *Conocimiento y error*, Mach específicamente extendió su concepción a las leyes de la física, considerándolas como siendo meramente nuestras propias proyecciones psicológicas. Dijo que no son más que "el producto [...]".[7] y, siguiendo a Hume, que son "prescripciones subjetivas [...]".[7] Al mismo tiempo, sin embargo, quiso mantenerlas en las teorías de la física porque "dentro de ciertos límites" nos conducen a expectativas correctas (acerca de percepciones futuras) y por ello no debieran ser abandonadas.

8.3. La teoría realista de Einstein

No todos los físicos estuvieron de acuerdo con Mach. Algunos, como Einstein, mantuvieron que nuestras sensaciones realmente son causadas por objetos que son imperceptibles porque son *exclusivamente* físicos y externos a nuestras mentes. Pero, aún así, se sintió obligado a admitir que esta creencia era solamente una teoría. Al afirmarla en contra de Mach, Einstein escribió:

> Nuestra experiencia psicológica contiene ...experiencias sensoriales, dibujos de ellas en la memoria, imágenes y sentimientos. En contraste con la psicología, la física trata directamente sólo de experiencias sensoriales y del "entendimiento" de su conexión. Pero incluso el concepto del "mundo real externo" del pensamiento cotidiano descansa exclusivamente en impresiones sensoriales. ...Lo que queremos decir cuando atribuimos al objeto corpóreo una "existencia real" ...[es] que, mediante tales conceptos ...somos capaces de orientarnos en el laberinto de las impresiones sensoriales.[8]

En esta cita podemos ver que la concepción de la realidad de Einstein empieza estando de acuerdo con Mach. Al igual que Mach, acepta la teoría perspectival que sostiene que los objetos que percibimos directamente son de una naturaleza puramente sensorial. Así que él, también, acepta que el *test* de que algo puede ser *directamente* conocido como real es si es sensorialmente percibido. Todo lo demás debe ser una hipótesis. Así que admite que no puede estar seguro de que haya objetos "corpóreos" realmente externos. No obstante, estuvo en desacuerdo con Mach de otros modos. Uno es que creía que existían cosas físicas externas a nuestra percepción. Lo creía por la razón de que la teoría que los propone presta tanto entendimiento racional a nuestras percepciones sensoriales que tenemos el derecho a creer que es verdadera. Ésta, entonces, fue la principal diferencia entre ellos: Einstein creía que tenemos el derecho a decir que hay objetos (puramente) físicos fuera de nuestras mentes que causan nuestras sensaciones, mientras que Mach lo negaba.

Einstein defendió este desacuerdo con Mach enfatizando que nuestras mentes poseen la capacidad de razonamiento lógico y matemático, además de la de percibir y sentir. Lo que es más, sostuvo que *las propiedades y leyes lógicas y matemáticas son tan reales como las propiedades y leyes sensoriales, de manera que el pensamiento racional puede formar conceptos que son independientes de la percepción*. Dice:

> los conceptos que surgen en nuestro pensamiento ...son todos ...creaciones libres de nuestro pensamiento que no pueden ser obtenidas a partir de las experiencias sensoriales.[9]

Debido a que atribuyó realidad independiente a las propiedades y leyes lógicas y matemáticas, Einstein mantenía que el pensamiento racional, así como la percepción, puede ser tomado como regla para determinar qué cuenta como real. Obsérvese que al final de la primera sección citada de él, donde dice que creer que los "objetos corpóreos" tienen "existencia real" se justifica por el modo en que la creencia nos ayuda a entender el "laberinto de las impresiones sensoriales". En otras palabras, debido a que la teoría de que hay objetos físicos tiene sentido racional, los objetos físicos, así como las percepciones sensoriales, debieran ser aceptados como reales. Así, la creencia en objetos físicos, al igual que otras hipótesis entitarias, pueden ser vistas como indicativas de realidad siempre y cuando abarquen "[...] un sistema conceptual" y muestren "cuánta unidad [...]".[10]

Esta perspectiva, la cual toma lo lógico/matemático además de lo sensorial como regla para lo que cuenta como naturaleza de la realidad, es parte de una larga tradición que llega a nosotros desde la obra del matemático y filósofo del siglo XVII, René Descartes, quien propuso que la regla tanto para la filosofía como para la física fuese que

> todas las cosas que, hablando en términos generales, son comprehendidas en el objeto de las matemáticas puras, han de ser reconocidas verdaderamente como objetos externos.[11]

En el núcleo de esta propuesta se halla la suposición de que las leyes de las matemáticas y la lógica gobiernan toda realidad y no solamente nuestro pensamiento, y que lo hacen de tal manera que garantizan una correspondencia entre la realidad y nuestro pensamiento. Esta suposición ha sido frecuentemente expresada como la creencia de que todo lo que es racional (es decir, lógica o matemáticamente calculable) es real. Einstein admite, sin embargo, que su confianza en que la naturaleza es racional en este sentido no puede ser demostrada. Es, dice, "un asunto de fe [...]". Pero, agrega, los éxitos de la ciencia "otorgan cierto aliento [...]".[12] Esta fe en que la naturaleza esencial de la realidad es en parte racional es precisamente lo que Mach negó, porque pensaba que la realidad era de una naturaleza exclusivamente sensorial.

Esto condujo a desacuerdos muy tajantes entre los físicos que seguían a Mach y los que siguieron a Einstein. En primer lugar, la negación de Mach requiere adoptar una actitud hacia las teorías que supone que nunca son más que invenciones y sólo sirven como dispositivos para predecir lo que puede esperarse si hacemos tal o cual cosa. Esto significa que, en un sentido importante, las teorías jamás descubren nada acerca del mundo en el que vivimos. Se mantienen y se usan porque tienen éxito al predecir la experiencia futura, pero al mismo tiempo es el más grande de los misterios *por qué* algunas predicen exitosamente y otras no. La perspectiva de Mach da un *significado* diferente a la entera empresa de la física; requiere una interpretación diferente no solamente de la naturaleza de las entidades propuestas por la física, sino también de lo que *es* la física misma.

8.4. La teoría de Heisenberg

Werner Heisenberg estuvo en desacuerdo tanto con Mach como con Einstein. Para Heisenberg, las partículas atómicas elementales no han de ser pensadas como realidades a la manera en que los objetos observables son reales, pero tampoco son rotundamente ficciones como Mach pensaba. Más bien, él sostiene la concepción de que son esencialmente *posibilidades matemáticas*. Al explicar esto, Heisenberg asevera no solamente que las partículas elementales carecen enteramente de cualidades sensoriales, sino que ni siquiera es exacto decir que tienen ser. Dice:

> Si uno desea dar una descripción precisa de la partícula elemental —y el énfasis está en la palabra "precisa"— lo único que puede darse como descripción es una función de probabilidad. Pero entonces uno ve que ni la cualidad de ser (si esto puede llamarse una "cualidad") pertenece a lo descrito. Es una posibilidad de ser o una tendencia a ser.[13]

Sin embargo, esto no significa que la naturaleza esencial de la realidad sea *solamente* matemática. Heisenberg procede a dejar en claro que la realidad tiene una naturaleza dual: hay energía, la cual es "la sustancia primaria del mundo", y se hallan las leyes matemáticas que hacen posible las formas específicas que puede adoptar la energía. Así que confiadamente predice:

> No puede dudarse que en la moderna teoría cuántica las partículas elementales serán también finalmente formas matemáticas. ... las formas matemáticas que representan a las partículas elementales serán soluciones de alguna eterna ley del movimiento para la materia.[14]

De hecho, Heisenberg concibe las partículas atómicas elementales siendo tan completamente matemáticas que no puede haber nada acerca de ellas que no sea matemáticamente explicable. Así dice que

> cuando la ciencia moderna afirma que el protón es una cierta solución de una ecuación fundamental de la materia, lo que quiere decir es que podemos deducir matemáticamente, a partir de esa solución, *todas las propiedades del protón*, y verificar la exactitud de la solución *en cada uno de sus detalles*, mediante experiencias.[15] (cursivas agregadas)

Esta concepción de la realidad como esencialmente explicable matemáticamente se halla detrás de la famosa interpretación de Heisenberg de lo que son las llamadas "relaciones de incertidumbre", las relaciones que existen entre el acto de encontrar el momento de una partícula subatómica y el de encontrar su posición. La incertidumbre surge debido a que el modo de encontrar la ubicación de una partícula es hacer que choque con algo lo suficientemente masivo para detenerla. En este caso sabemos dónde está, pero ya no podemos saber qué tan rápido se está moviendo. Por otro lado, el modo de encontrar el momento de una partícula es hacer que entre en colisión con algo que no sea lo suficientemente masivo para detenerla. Entonces, siempre y cuando ya sepamos la masa del objeto que golpee la partícula, podemos calcular la velocidad de la partícula viendo que tan lejos se mueve el objeto que golpeó. Una vez que la partícula ha entrado en colisión con el otro objeto, sin embargo, su ubicación no es cognoscible porque rebota a una velocidad muy alta. Por esta razón, encontrar la posición y el momento de una partícula *simultáneamente* es imposible; cualquiera de los dos que descubramos nos impide descubrir el otro.

Este tipo de incertidumbre no es una cosa tan extraña. Hay muchas relaciones de incertidumbre en nuestra experiencia cotidiana. Anteriormente usé el ejemplo de la incertidumbre que surge cuando tratamos de determinar la temperatura del agua en un vaso introduciendo un termómetro en él. Hacer eso cambia la temperatura del agua. Así que la misma acción adoptada para encontrar esa información impide que la obtengamos, creando una relación de incertidumbre entre esa acción y lo que queríamos saber.

Pero la concepción que Heisenberg sostuvo de la naturaleza de los átomos y otras partículas requería que adoptara una muy especial interpretación de la incertidumbre entre el momento de la ubicación de las partículas —una que ha venido a ser conocida como la "interpretación de Copenhague". Como estaba comprometido con la concepción de que la realidad es matemáticamente calculable "en todo detalle", y como no podemos calcular tanto la posición como el momento de una partícula, Heisenberg dijo que las partículas no deben tener tanto velocidad como ubicación. Esto significa que cualquier partícula para la cual elijamos medir momento o ubicación ¡solamente tendrá cualquiera de estas propiedades que elijamos medir! Esto es, si encontramos la velocidad de una partícula, entonces nunca tuvo ubicación; mientras que si encontramos ubicación entonces nunca tuvo velocidad. Heisenberg admite que es extraño decir eso:

bien extraño, ya que parece sugerir que la observación desempeña un papel decisivo en el suceso y que la realidad varía, según la observemos o no.[16]

Procede a comentar, sin embargo que debiéramos estar dispuestos a abandonar nuestros conceptos ordinarios, "clásicos", cuando tratamos con el mundo de las entidades subatómicas.[17]

Einstein rechazó esta concepción, sosteniendo que la incertidumbre entre la velocidad de una partícula y su ubicación no es un límite a la realidad misma, sino a nuestra habilidad para calcular y descubrir eventos subatómicos —del mismo modo que poner un termómetro en el agua nos limita a descubrir cuál es su temperatura ahora en vez de la que era antes de que pusiésemos el termómetro en ella. La diferencia entre estos dos físicos radica en los respectivos estatus que les otorgan a los aspectos matemáticos en relación con todos los otros aspectos. Ya hemos visto que, en oposición a Mach, Einstein adoptó el aspecto matemático de nuestra experiencia pensando que era tan real como el aspecto sensorial, de modo que los éxitos explicativos de las matemáticas nos autorizan a creer en la existencia de las entidades que la física propone. Pero no lleva su estimación de las matemáticas tan lejos como para decir que cualquier cosa que no sea matemáticamente calculable es por lo tanto irreal. En contra de la más exaltada concepción de las matemáticas que tenía Heisenberg, Einstein alguna vez comentó: "no todo lo que puede ser contado cuenta, ni todo lo que cuenta puede ser contado".

8.5. Qué diferencia marcan tales teorías

Hemos examinado brevemente algunas concepciones muy diferentes de la realidad que condujeron a interpretaciones muy diferentes de la teoría atómica. Por ejemplo en la concepción de Mach, no tendría sentido intentar confirmar la existencia de entidades tales como los átomos y las partículas subatómicas. Como son todas ficciones, conducir experimentos para confirmar su realidad no tendría más sentido que inspeccionar el techo en la mañana de Navidad buscando huellas de alces. Por otro lado, los físicos que rechazan la perspectiva de Mach se han involucrado en prolongados esfuerzos para descubrir si las entidades propuestas por sus teorías realmente existen.

Considere, por ejemplo, la hipótesis del neutrino propuesta por Wolfgang Pauli. Su invención pretendía dar cuenta de un número de observaciones y también preservar la ley de la conservación de la energía. Logra hacer esto muy bien, y posteriormente resolvió otros hiatos explicativos también en la teoría atómica. Pero todavía preocupaba a los físicos que el neutrino fuese tan pequeño como para ser detectable; les preocupaba que pudiese ser solamente una invención. Pues, de acuerdo con la teoría, los neutrinos son tan pequeños que se podría esperar que entraran en colisión con otro objeto sólo raramente. De hecho, un científico estimó que, para colisionar siquiera con el núcleo de un átomo, un solo neutrino tendrá que "pasar a través del equivalente de 50 años luz de plomo sólido" y que un "muro protector capaz de adelgazar un rayo de neutrinos tendría que ser tan espeso con 100,000,000 de estrellas".[18] Ésta es la razón por la que tantos científicos pensaron inicialmente que el neutrino jamás podría ser detectado.

A pesar de ello, en 1956 esta tarea aparentemente imposible fue finalmente realizada.[19] Pero obtener la evidencia relevante requirió una tremenda cantidad de ingenio, equipo, tiempo y dinero. El gran gasto y esfuerzo resalta el motivo que condujo a los físicos involucrados. Claramente, el motivo era la creencia de que las teorías son intentos de conocer la realidad; esto es, las teorías tratan de descubrir qué existe y conocer su naturaleza. Mi punto es que esta creencia presupone una perspectiva filosófica que tendría que aceptar (mínimamente) que los aspectos lógico, matemático, espacial, físico y sensorial de la experiencia son (al menos parte de) la naturaleza de la realidad. Así que, haya sido o no esta concepción conscientemente adoptada por aquellos pensadores, la misma es el tipo de perspectiva sobre la realidad que la ciencia necesita. Necesita y es beneficiada por una concepción de la realidad que abiertamente acepta su naturaleza multifacética.

Quizá haya quedado claro por qué, aunque todos estos pensadores afirmaron que aceptaban la teoría atómica, cada uno entendía algo muy diferente por ella —tan diferente que es justo decir que el siglo XX en realidad produjo tres teorías atómicas, no diferencias menores dentro de una y la misma teoría. Para Mach, la teoría atómica significaba inventar un sistema de microentidades que es útil aunque esté poblado con ficciones. Para Einstein significaba postular objetos puramente físicos que nunca experimentamos. Para Heisenberg significaba postular microentidades que constituyen la realidad y que, a la vez que están compuestas de energía física, son esencialmente matemáticas por naturaleza. Estos drásticos desacuerdos sobre la naturaleza de los átomos y las partículas reflejan sus desacuerdos sobre la naturaleza de la realidad, concepciones que descansan sobre diferentes asignaciones de prioridad entre los varios aspectos del experiencia. Y éstos, a su vez, descansan sobre diferentes concepciones de lo que es divino.

8.6. El papel de la religión en estas teorías

A estas alturas debería de ser bastante obvio por qué las teorías que recién hemos revisado reflejan, de hecho, creencias de divinidad. Pero, en vez de hacer esa aseveración como si fuese una acusación que necesitara ser probada, permitamos que estos pensadores hablen por sí mismos. Por ejemplo, en un comentario similar al citado anteriormente de Mill, Mach dijo de la sensación que

> Entonces es correcta la aserción de que el mundo sólo consiste de nuestras sensaciones. En cuyo caso sólo tenemos conocimiento de sensaciones.[20]

Esta cita asigna al aspecto sensorial el estatus que encontramos siendo la característica definitoria de la divinidad. Más aún, Mach no da ningún argumento para este punto crucial. Así, al igual que en el caso de Mill, encuentro que la declaración de Mach es la confesión de su credo: declara la creencia religiosa que reguló y guió su teorizar.

Por otro lado, Einstein difiere al insistir que los aspectos lógico y/o matemático son también esenciales a la naturaleza de la realidad. De hecho, terminó considerando nuestras sensaciones como causadas por la interacción de los objetos físicos con nuestras mentes, de modo que a lo que es sensorial se le niega enteramente existencia independiente. Así que, aunque Einstein estuvo de acuerdo con Mach en que los objetos de nuestra experiencia directa son puramente sensoriales, no son ellos los que tienen existencia independiente y divina, sino que son la materia y los principios del pensamiento racional los que son divinos. Esto da sentido al resto de su concepción. Basa la aceptación de una hipótesis sobre la creencia de que todo lo que es racional es real. Así, la racionalidad humana (más que la percepción) es la regla para la creencia acerca de lo que existe. Y su fe en la razón humana está basada, a su vez, sobre la creencia de que las leyes de la lógica y las matemáticas se aplican a toda la realidad porque son los principios gobernadores que posibilitan todas las formas que puede adoptar la materia. Así que ellas (así como la materia) son autoexistentes y divinas. El propio Einstein dice al respecto:

> No puedo concebir un Dios que recompensa y castiga a sus criaturas, o que tiene una voluntad del tipo de la que experimentamos nosotros. Estoy satisfecho con ... la consciencia y percepción que tenemos de la maravillosa estructura del mundo existente ... y de la Razón que se manifiesta en la naturaleza.[21]

Finalmente, hemos visto que Heisenberg le otorga un estatus especial a los conceptos matemáticos, y lo dice explícitamente en términos muy similares a los de la cita de Descartes que hemos referido.[22] Dice que mientras que todos los otros conceptos son dudosos y "no sabemos hasta dónde pueden ayudarnos a encontrar nuestro camino en el mundo",[23] los conceptos de las matemáticas son inmunes a la duda de cualquier tipo y reflejan la naturaleza de toda la realidad de tal modo que no es solamente que lo que pueden calcular es real, sino que cualquier cosa que no puedan calcular no es real. La presuposición de esta regla es la creencia de que las leyes matemáticas son los principios autoexistentes que posibilitan todo lo demás. Esto hace divino al aspecto matemático, de manera que la presuposición básica de la teoría de Heisenberg es también una creencia religiosa. Pero no necesito argumentar este punto, sin embargo, pues Heisenberg mismo lo hizo:

> podemos esperar que la ley fundamental del movimiento resulte ser una ley matemática simple. ...Es difícil dar un buen argumento que justifique esta esperanza de simplicidad, fuera del hecho de que siempre, hasta ahora, ha sido posible escribir las ecuaciones fundamentales de la física con fórmulas matemáticas muy simples. *Este hecho se ajusta a la religión pitagórica*, y muchos físicos comparten esta creencia, pero no se ha dado todavía ningún argumento convincente[24] (cursivas agregadas).

En suma: a las entidades postuladas por estas teorías se les asignan diferentes naturalezas porque aquellas naturalezas son asignadas bajo el control de cualquier cosa que sus propugnadores encuentren siendo la naturaleza básica de la realidad como un todo. Y los aspectos tomados como siendo la naturaleza de la realidad como un todo reciben su (alegada) prioridad sobre todos los otros aspectos sobre la base de que ellos también identifican la naturaleza de lo que resulte ser incondicionalmente preexistente y haga a todo lo demás posible y actual. Así que las teorías difieren, en última instancia, relativamente de lo que sus propugnadores toman como divino.

Más aún, también debería ser obvio que las teorías recién revisadas están todas reguladas por una u otra variedad de creencia religiosa pagana. Desde una perspectiva teísta, entonces, no importa cuán brillantemente perspicaces sean las varias entidades postuladas, y no importa cuán impresionantemente elaboradas sean las explicaciones basadas en ellas, son todas parcialmente falsas en tanto que sus naturalezas están limitadas a aspectos particulares que supuestamente tienen un estatus divino. También hemos visto cómo esta diferencia religiosa se

derrama de la distorsión de las naturalezas de las entidades específicas postuladas y se extiende al mismo entendimiento de lo que es la física y cómo debiera
de ser practicada. Así que, con todo el debido respeto al ingenio y al genio que
ha producido el edificio de la moderna teoría atómica, las interpretaciones prevalecientes actuales de la misma debieran ser inaceptables para cualquier judío,
cristiano o musulmán. Desde la perspectiva teísta, la física estaría mejor servi-
da si estuviese basada en una concepción de la realidad no reduccionista que
resueltamente se rehusara a considerar cualquier aspecto del universo creado
como divino.[25]

CAPÍTULO 9

TEORÍAS PSICOLÓGICAS

9.1. Introducción

Al igual que en las matemáticas y la física, los desacuerdos entre las teorías psicológicas son profundos. Aquí, también, las diferencias concernientes a la misma idea de esta ciencia son el resultado de diferentes perspectivas acerca de la naturaleza de la realidad. Hemos visto ya en general cómo resulta esto; a saber, diferentes ideas acerca de la naturaleza básica de la realidad afectan el modo en que se ve cómo un aspecto particular de la experiencia se relaciona con todos los otros aspectos . La concepción resultante acerca de su conexión con los otros es entonces comunicada a todo concepto usado por el pensador que la investiga, especialmente los conceptos inventados y propuestos como hipótesis. Y hemos visto cómo las concepciones globales de la realidad están reguladas por lo que se afirma o presupone como divino. Estos mismos puntos se aplican también a la psicología.

La psicología surgió como una ciencia especial en el siglo XIX con la obra de pensadores tales como Wundt y Von Helmholtz, y fue Von Helmholtz el primero en circunscribir su campo como tratando con lo "psicosensorial". Otros, tales como C. I. Lewis, han usado el término "sensorial". Pero está lo suficientemente claro que ellos estaban concentrados en ese aspecto de nuestra experiencia que incluye cualidades psíquicas o de sentimiento, tales como las de amor, ira, ansiedad, disgusto, miedo, etcétera. También incluye las propiedades de los sentidos de la vista, el tacto, el gusto, el olfato y el oído, tales como rojo, suave, salado, acre y ruidoso. E incluye las leyes que relacionan estas cualidades, tales como las leyes de asociación entre sentimientos o la ley de que ser rojo excluye ser azul. Continuaré refiriéndome a este aspecto como el "sensorial", en aras de ser breve.

Antes de examinar las teorías muestra que habrán de ilustrar mi afirmación acerca del control religioso de las teorías en psicología, permítaseme advertir que las concepciones de la realidad supuestas por las teorías en psicología fre-

189

cuentemente no están tan claramente indicadas por sus propugnadores como las que recién examinamos en matemáticas y física. En las matemáticas, por ejemplo, las perspectivas en conflicto usualmente se reflejan en los mismos títulos de las teorías: formalista, logicista, intuicionista, empirista, etcétera. En la psicología, en contraste, los nombres de las teorías principales no corresponden a las perspectivas de realidad que las regulan, y las definiciones más ampliamente aceptadas de esta ciencia son demasiado ambiguas como para indicar precisamente cómo es que el aspecto de la experiencia que forma su dominio se entiende que se relaciona con los otros aspectos. Las dos definiciones más influyentes de la psicología a lo largo de (especialmente los primeros dos tercios de) el siglo pasado fueron: (1) la psicología es el estudio de la mente humana y (2) la psicología es el estudio de la conducta humana. La diferencia entre estas definiciones representa un serio desacuerdo sobre el tema de la psicología. La primera definición (más antigua) toma la conciencia humana como foco de investigación; la segunda se concentra en la conducta corporal. Pero mientras que la definición más nueva rechazó la primera debido a su supuesta imprecisión y vaguedad, la ironía es que ambas están afligidas con el mismo tipo de difusividad conceptual.

Para ver por qué ninguna de estas dos definiciones puede delimitar apropiadamente el campo de la psicología, necesitamos recordar nuestra anterior discusión acerca de cómo se distinguen las ciencias. Allí observamos que las ciencias han surgido para investigar aspectos singulares abstraídos de los datos a ser explicados, o para teorizar a través de dos o más aspectos abstraídos para relacionarlos en las explicaciones que se proponen. Pero las definiciones de psicología arriba mencionadas dejan su delimitación aspectual enteramente en la oscuridad.

La definición más antigua no es de gran ayuda al aseverar que esta ciencia trata de la mente humana, pues no dice qué *aspecto* de la vida mental está siendo examinado y explicado. La vida mental humana incluye actos de pensamiento, creencia, sentimiento, deseo y volición, cualquiera de los cuales puede ser acerca de las matemáticas, el arte, la ética, la política o la economía. No solamente pueden tales actos mentales ser *acerca de* cualesquiera aspectos de la experiencia sino que —desde el punto de vista de nuestra experiencia preteórica— también *tienen* estos aspectos mismos; pueden ser contados, hermosos, amables, desleales, valer dinero, por ejemplo. Y, desde luego, también tienen propiedades espaciales, físicas, bióticas, sensoriales y lógicas, etcétera. Así que, a menos que sepamos qué aspecto(s) de los actos u objetos de la conciencia forman el dominio de la teoría, se nos dejará con una confusión sistemática resultante de esta insuficiente circunscripción de la ciencia encargada de esa tarea.

Sin embargo, este mismo tipo de vaguedad es exhibido por la designación "la ciencia de la conducta humana", pues necesitamos saber qué aspecto de la conducta humana está siendo estudiado y explicado. El comportamiento humano también exhibe todos los aspectos que se han convertido en campos de estudio para el entero espectro de las ciencias. Un acto de bailar, por ejemplo, puede ser estéticamente bello, económicamente gratificante, físicamente exigente, biológicamente saludable y sensorialmente agotador. Puede al mismo tiempo celebrar un festival religioso, requerir mucho espacio, y exhibir características típicas de una cultura particular o periodo de la historia. Obviamente, ninguna ciencia puede pretender explicar *todos* estos aspectos de esa conducta. La psicología debe tener su propio "territorio"; es decir, un aspecto que sirva como punto de entrada a su propio estudio particular de la conducta humana.

Es interesante que algunos psicólogos recientes han observado estas dificultades con las definiciones aceptadas, pero ¡las han desechado como carentes de importancia! Isaacson, Hutt y Blum, por ejemplo, admiten que:

> Muchas ramas de la ciencia distinta de la psicología intentan explicar la conducta formulando hipótesis y sometiéndolas a prueba; y muchos de los intereses puestos en evidencia por los psicólogos en sus teorías son *exactamente como los de los científicos en otras áreas*.[1] (cursivas agregadas)

Su conclusión es que si la psicología puede distinguirse de otras ciencias en lo absoluto ello se debe a

> el énfasis relativo en entender el individuo como una unidad funcional total.[2]

Pero, desde luego, el problema con su intentado paso lateral es exactamente que ninguna ciencia puede tratar con el ser humano en su totalidad. Tan pronto como una teoría ofrezca una explicación biológica, será biología, y cuando ofrezca una explicación física será física, y si ofrece una explicación histórica será historia. Es por ello que debemos mirar más allá de las dos definiciones prevalecientes de psicología para encontrar cómo es que de hecho un teórico particular delimita su campo y relaciona su campo con los otros aspectos de la realidad. Sólo de este modo podremos penetrar en las raíces de las diferencias que tiene cualquier teoría con las teorías en competencia, y así las creencias mitológicas y religiosas que la impulsan.

Nuestra lista provisional de aspectos dada anteriormente incluía al aspecto sensorial como precedido por los aspectos físico y biótico, y seguido por los aspectos lógico, histórico, lingüístico y social. La ordenación de aspectos en esa lista es un asunto que será clarificado posteriormente, pero por el momento diré meramente que se supone que es un orden en el cual aquellos más abajo en la lista son precondiciones para la aparición de aquellos que se hallan arriba de ellos en la lista. Puede no ser sorprendente, entonces, que los conflictos entre las teorías en psicología tengan en buena medida que ver con cómo el aspecto sensorial se relaciona con sus vecinos cercanos en la lista. Curiosamente, han sido filósofos tales como Berkeley, Hume y Mill, junto con el físico Mach, los que trataron de reducir los otros aspectos al sensorial, mientras que la mayoría de los pensadores en psicología ¡han tratado de explicar el sensorial reduciéndolo a algún otro aspecto!

Estas tendencias en las teorías psicológicas han sido observadas por Jean Piaget , quien las divide en aquellas que la explican reduciéndola a la biología o la física (hacia abajo en nuestra lista), y aquellos que la explican reduciéndola a la sociología (hacia arriba en nuestra lista).[3] Piaget también se refiere a estas tendencias como "reduccionistas" , y se opone a ambos tipos de reducción en favor de lo que llama una concepción "construccionista":

> En su búsqueda de una posición específica entre lo orgánico y lo social, la psicología se volvió hacia el estudio de la conducta en particular. ... la conducta, sin embargo, puede ser analizada desde varios puntos de vista. ...
>
> Es interesante mostrar que una vez que el enfoque reduccionista ha sido descartado para determinar en la conducta como tal la especificidad del fenómeno psicológico, se está adoptando un enfoque constructivista.[4]

Si bien estoy de acuerdo con Piaget en el abandono de las teorías "reduccionistas" , mis razones para hacerlo incluyen no solamente los callejones sin salida conceptuales que señala, sino también las creencias religiosas paganas que las inspiran y las sustentan. Para ilustrar este control religioso de las teorías de la psicología, empecemos revisando algunas de las teorías que ejemplifican la reducción de la psicología "hacia abajo", a los aspectos físico y/o biológico —las teorías que son llamadas "conductista".

9.2. Las teorías de Watson, Thorndike y Skinner

El término "conductismo" fue acuñado por J. B. Watson para indicar una concepción de la psicología que está restringida a lo que puede ser observado. Con esto quiso romper con teorías tales como la de William James , la que acepta la definición conforme a la cual la psicología está principalmente centrada en la conciencia. Como Watson mismo lo dijera:

> Para mostrar cuán acientífico es el concepto [de conciencia], mire un momento la definición de psicología de William James. "La psicología es la descripción y explicación de los estados de la conciencia como tales". Empezando con una definición que supone lo que empieza a demostrar, escapa a su dificultad mediante un argumento *ad hominem*. ...Todos los otros introspeccionistas son igualmente ilógicos. En otras palabras, no nos dicen qué es la conciencia, sino que meramente empiezan a poner cosas en ella por suposición; y entonces, cuando llegan a analizar la conciencia, naturalmente encuentran en ella precisamente lo que habían puesto en la misma.[5]

Watson procedió a decir que, conforme él y sus colegas miraban cómo se estaba progresando en ciencias tales como la medicina y la química, parecía que los avances eran siempre del tipo que podía ser confirmado mediante experimentos repetibles de laboratorio. Con estas ciencias como modelos, Watson se propuso rehacer la psicología. Propugnaba que el conductista eliminara de su vocabulario "todos los términos subjetivos tales como sensación, percepción, imagen, deseo, propósito, e incluso pensamiento y emoción, ya que estaban subjetivamente definidos". En su lugar,

> El conductista pregunta: ¿por qué no hacemos de lo que podemos observar el campo real de la psicología? Limitémonos a lo observado y formulemos leyes que tengan que ver solamente con aquellas cosas. Ahora bien, ¿qué podemos observar? Bueno, podemos observar la *conducta* —lo que el organismo hace o dice. Y déjeme decirle de una vez este punto fundamental: que *decir* es hacer — esto es, *comportarse*. Hablarnos secretamente a nosotros mismos (pensar) es un tipo de comportamiento tan objetivo como el béisbol.
>
> La regla, o la vara para medir, que el conductista pone enfrente de él siempre es: ¿puedo describir este pedazo de conducta que veo en términos de "estímulo y respuesta "?[6]

Es innecesario decir que el simple arco reflejo de estímulo-respuesta nunca ha sido suficiente para explicar toda la conducta animal, ya no digamos la humana. Es por ello que E. L. Thorndike trató de expander la teoría conductista más allá del poder explicativo limitado de la acción refleja. Thorndike llamo a este suplemento la "ley del efecto". Significaba que las consecuencias de la conducta pasada desempeñaban un papel en la determinación de la conducta futura. Su manera de formular este punto fue decir que si el estímulo-respuesta era seguido por un "satisfactor" o reforzador, la conexión se fortalece; si es seguida por un "molestador" o estímulo aversivo, la conexión se debilita. Aunque los términos "satisfactor" y "molestador" parecen referirse a estados internos y no observables de placer y dolor, Thorndike no resbaló permitiéndolos en su teoría. En concordancia con el programa de Watson, definió incluso estos términos conductualmente:

> Por un estado satisfactorio de cosas se significa uno que el animal no hace nada para evitar, haciendo frecuentemente cosas que lo mantienen o lo renuevan. Por un estado de cosas molesto se significa uno que el animal no hace nada para preservar, haciendo frecuentemente cosas que le ponen fin. 7

De este modo Thorndike también evitó toda mención de *propósito*, pues eso también es subjetivo e inobservable.

Skinner sobreedificó sobre la obra de Thorndike. Su tarea fue explicar las respuestas no reflejas y, para esto, desarrolló el concepto de respuestas "operantes". Éstas difieren del comportamiento reflejo porque un simple reflejo puede ser explicado mediante leyes que relacionan un estímulo incondicionado con una respuesta incondicionada o un estímulo condicionado con una respuesta condicionada. (Hacer esto para el último par, desde luego, requiere conocer la historia del condicionamiento pretérito del organismo.) Las leyes operantes van más allá de éstas, sin embargo relacionando la conducta con la idea de estímulo reforzador de Thorndike. Como lo dijera Skinner: "el operante es definido por la propiedad sobre la cual se hace contingente el refuerzo".[8] Las leyes que Skinner quiere formular, por lo tanto, no son meramente aquellas que relacionan un estímulo con una respuesta, sino más bien las que relacionan una respuesta con sus reglas reforzadoras. Las leyes operantes permiten la prevención o control de una respuesta particular relacionando los estímulos reforzadores con la clase de respuestas de la cual la respuesta particular es un miembro. En el comportamiento operante, entonces, nosotros tratamos con variables que, a diferencia del estímulo provocador, no "causan" que ocurra un pequeño pedazo de comportamiento, sino simplemente hacen más probable su ocurrencia. Podemos entonces proceder a tratar, por ejemplo con el efecto combinado de más de una tal variable.[9]

Todo esto puede ser adecuadamente descrito como un intento por elaborar la "ley del efecto", la cual, para Skinner, se convierte en el punto focal de la entera ciencia de la psicología . Conforme a esta concepción, el trabajo de los psicólogos es predecir o controlar una conducta particular estableciendo la probabilidad de su reocurrencia en relación con sus reforzadores. Llama a tales relaciones las "contingencias del refuerzo":

> una formulación adecuada de la interacción entre organismo y ambiente siempre debe especificar tres cosas: 1) la ocasión sobre la cual ocurre la respuesta, 2) la respuesta misma y 3) las consecuencias reforzado horas. La interrelación las interrelaciones entre ellas son las contingencias del refuerzo.[10]

Es común a todas estas teorías el rechazo total a permitir en la psicología cualquier cosa acerca de la vida mental humana y las experiencias que sean *prima facie* no conductuales, tales como pensamientos, sentimientos, propósitos e incluso percepciones.

Incluso este breve resumen debiera ser suficiente para establecer que algo muy extraño está ocurriendo. Como todos nosotros experimentamos constantemente nuestros propios pensamientos, sentimientos, percepciones, intenciones, etcétera, ¿por qué habrían de ser éstos ignorados por la psicología? Observe cómo hablo Watson de la definición de James como *suponiendo* precisamente lo que necesitaba ser *demostrado* cuando se refería a la conciencia. Pero, ¿acaso no son los estímulos y las respuestas las que se supone toman el lugar del pensamiento y la percepción conocidas ellas mismas por deducción e interpretadas por el pensamiento? Por qué, entonces, ¿los conductistas consideran a los pensamientos y a las percepciones como suposiciones? ¿Por qué dicen que la existencia de pensamientos y percepciones necesita ser demostrada?

Tal concepción sólo puede ser entendida como producto de la concepción perspectival que tienen estos pensadores acerca de la naturaleza de la realidad. Para obtener una idea exacta de esa perspectiva, aproximémonos a ella considerando su concepción de la naturaleza humana. La mayoría de las otras teorías psicológicas han visto a los humanos como constituidos por dos cosas: una mente y cuerpo. Para ellos, ciencias tales como la biología y la medicina estudian y tratan del cuerpo, mientras que la ciencia de la psicología estudia y trata de la mente.

En contraste, los conductistas rechazan la dualidad mente-cuerpo. En vez de ella, ven un humano como solamente una cosa: cuerpo. Por lo tanto, es sólo el cuerpo es que ha de ser estudiado y explicado, no importa qué ciencia haga la explicación. Pero, ¿por qué rechazan los conductistas la creencia de que hay una entidad distintiva llamada mente? La razón es su perspectiva *materialista* de la realidad.

Se puede ver que una teoría materialista de la realidad se encuentra detrás del conductismo de varias maneras. Pero la más obvia es que solamente ella puede suplir la razón por la cual quieren excluir toda experiencia interna de cualquier explicación de la conducta. Pues no es necesario desechar toda experiencia interna meramente porque uno rechaza la concepción mente-cuerpo de la naturaleza humana. Una teoría podría muy bien negar que un ser humano es dos cosas —esto es, negar que la mente es una cosa distinta— pero incluso así aceptar que los humanos tienen experiencias internas que son cruciales para entender su conducta. Pero, si uno acepta una perspectiva materialista, entonces no solamente será excluida la creencia en una mente no física, sino también la creencia en la existencia de experiencias internas no físicas.

Considere mismo punto desde un ángulo ligeramente diferente. Si —dejando de lado las teorías— simplemente describimos lo que todos experimentamos directamente, tendríamos que decir que los humanos exhiben todos los aspectos que todo lo demás exhibe. Las personas ocupan espacio, se mueven, comen, sienten, razonan y hablan, por ejemplo. Tales actos tienen, respectivamente, propiedades espaciales, físicas, biológicas, sensoriales, lógicas y lingüísticas. Las personas también tienen valores y los actos de valoración puedes estar dirigidos a la verdad, a la economía, a la belleza, a la justicia o al amor. Pero nunca experimentamos nada que sea un cuerpo físico exclusivamente o exclusivamente una mente no física. Aquellas son hipótesis hipótesis entitarias inventadas para explicar la naturaleza humana. Y se inventaron bajo el control de una concepción perspectival de la realidad que es propuesta como teoría o es simplemente presupuesta. La perspectiva que regula la dualidad mente-cuerpo es una que ve dos aspectos particulares, aquellos sobre los cuales todos los aspectos de una persona dependen: usualmente el físico y lógico. Desde esta perspectiva, es fácil aceptar que hay cosas completamente físicas (cuerpo) y cosas completamente no físicas (mente). Los aspectos restantes pueden ser entonces vistos como generados por la interacción de mentes y cuerpos.

En contraste, la perspectiva que guía a las teorías conductivas es una que ve toda realidad como restringida o dependiente del aspecto físico. Esto es, sostiene que (1) sólo existen cuerpos físicos y sus acciones o (2) cualesquiera factores no físicos involucrados son enteramente generados por cuerpos físicos y sus acciones. Ésta es la razón por la que el meollo de la diferencia entre las conductistas y otras teorías no se puede entender simplemente como un argumento acerca de si hay mentes no físicas. La perspectiva conductista no solamente desestima a las mentes como explicativas de algo, sino que desestima *todo* lo que se supone que es no físico. Ve el aspecto sensorial, junto con los otros, como (1) derrumbado en el aspecto físico de la experiencia, o (2) como enteramente dependiente de él. En cualquier caso, la explicación científica real siempre es física.

Las dos versiones del materialismo enumeradas arriba se reflejan en la diferencia entre el modo en que Watson reduce al aspecto sensorial al físico y en el modo en que lo hace Skinner. Watson adopta la primera versión. Para él, la conciencia misma, junto con sus estados y contenidos, son rotundas ficciones: simplemente no hay tales entidades. Dice que la "conciencia" es tan ficticia como el "alma", y ordena todos los conceptos de la vida mental en la misma clase que las supersticiones de los chamanes.[11] Skinner, por otro lado, no niega rotundamente que haya experiencias internas. Más aún, hasta donde le concierne, las experiencias internas pueden incluso tener propiedades distintivamente sensoriales y otras no físicas. No obstante, aun así mantiene que tales experiencias internas no han de figurar en la ciencia de la psicología . Su razón es que estas experiencias nunca causan la conducta, sino que más bien son siempre causadas por la conducta.[12]

En cualquier versión, sin embargo, se le otorga al aspecto físico el estatus de la autoexistencia. Explica y causa todo porque todo depende de él, mientras que, hasta donde llega la teoría, no depende de nada su vez, así que es autoexistente por *default*. De este modo, la perspectiva materialista presupone la creencia religiosa en la divinidad de lo físico, una creencia que es de la variedad pagana porque considera como divino algún aspecto de la creación. Debiera quedar en claro, por lo tanto, por qué el conductismo no puede ser aceptable a nadie que crea en Dios.

Al igual que en los otros capítulos de casos, mi propósito aquí no es criticar las teorías que están siendo revisadas, sino mostrar cómo están reguladas por alguna creencia religiosa. De todos modos, vale la pena observar el poderoso dominio que la fe y perspectiva materialista ejercen en estos pensadores, de manera que mantienen su posición a pesar de las incoherencias que afligen a sus teorías. Una incoherencia tal se puede ver en el modo en que Skinner habla acerca de cómo el condicionamiento controla la conducta:

> la misma cosa es verdadera cuando un hombre escribe libros, inventa cosas, maneja un negocio. No inició nada. Todo es el efecto de la historia pasada sobre él. Ésa es la verdad, y tenemos que acostumbrarnos a ella.[13]

Pero, si escribir libros es como cualquier otra actividad humana al estar controlada por nuestro condicionamiento pasado, ¿qué dice esto acerca de los propios libros de Skinner? ¿Qué dice acerca de la teoría del conductismo? Para ser consistente, el conductista tendrá que admitir que su propia teoría no es más que producto de su propio condicionamiento. Una vez que esto se admite, sin embargo, no hay razón para que el conductista o cualquier otro considere a esa teoría (¡o cualquier otra teoría!) como *verdadera*. De hecho, significaría que, incluso si el conductismo resultara verdadero, nadie podría llegar a saberlo, porque la teoría requiere que toda creencia se mantenga solamente debido a que el condicionamiento del creyente le impide lo contrario. La aseveración de Skinner es, por lo tanto, autorreferencialmente incoherente. No obstante, él dice: ¡"ésa es la verdad, y tenemos que acostumbrarnos a ella"!

Otra incoherencia tiene que ver con la declarada eliminación de la psicología de los estados internos de conciencia que hacen los conductistas. Ya hemos observado la implausibilidad de esta aseveración ante una descripción de lo que directamente experimentamos, pero ahora me estoy refiriendo a otra dificultad. Ésta es que el conductista ha de suponer que, al establecer correlaciones entre estímulos o reforzadores de respuestas, ha mostrado algo que seguirá siendo verdadero del organismo que está siendo estudiado. Las correlaciones no arrojarían ninguna predicción científica o control si lo que fue descubierto fuese verdadero solamente en el momento en que fue descubierto. Pero, si han de ser consideradas leyes, y continuarán siendo aplicables, tendrán que describir una disposición duradera o tendencia en el individuo sometido a prueba. Skinner coqueteó con este problema cuando dijo que si tener sed significaba solamente tener una tendencia a la sed, era aceptable. Sólo era aceptable si se suponía que se refería a un estado interno de sed que fuese una causa contribuyente al beber de una persona.

El problema aquí es que las disposiciones y tendencias son estados internos y son tan inobservables como cualquiera de las entidades que él y Watson querían eliminar de la psicología. Tampoco le funcionará postular que hay algún estado cerebral puramente físico que es simplemente idéntico a la disposición. Pues, como punto general, en cualquier tiempo en el que estemos en duda acerca de si estamos tratando con una sola cosa o dos, la afirmación de que es realmente una sola cosa debe demostrar que las (supuestamente) dos cosas tienen todas las mismas propiedades. Así que, para que un estado cerebral sea idéntico a una tendencia, tendría que tener todas las propiedades que tiene la tendencia, y de esta manera ¡tener propiedades tanto inobservables como no físicas! Sin propiedades no físicas (además de las propiedades físicas) un estado cerebral no correspondería a la experiencia de una tendencia ni satisfaría su descripción. Además, como ya se ha señalado, nunca experimentamos un estado o acción cerebral como solamente físico; hasta donde podemos observarlos, los cerebros y sus actividades exhiben una multiplicidad de aspectos: ocupan espacio, son numerables así como observables, etcétera. (Posteriormente, cuando critique las aseveraciones reduccionistas en detalle, también veremos porque no es posible llegar a formular una idea de algo que tenga solamente un tipo espiritual de propiedades.) No obstante, a pesar de la imposibilidad de reducirlas a algo meramente físico, Skinner tiene que admitir que no puede arreglárselas sin tendencias y disposiciones. Lo que es peor para su teoría, parece obvio que incluso si alguien pudiera aparecer con una versión de la misma que pudiera evitar expresamente mencionarlas, el entero poder explicativo y predictivo del conductismo aun así requeriría su suposición tácita. La afirmación de que los estados no físicos internos son eliminados de la psicología se halla así en conflicto con la suposición de que las personas tienen tendencias; de modo que esta parte de la teoría es autosupositivamente incoherente.

Finalmente, hay un gran hiato explicativo dejado por las leyes que se supone muestran cómo los reforzadores se relacionan con los patrones de estímulo-respuesta. Éstos, dijo Skinner, han de afianzarse estableciendo correlaciones estadísticas entre reforzadores y respuestas. Pero incluso concediendo que las muchas variables involucradas en tal tarea pudieran ser clasificadas y se les otorgasen sus respectivos pesos causales (y en modo alguno es obvio que esto se pueda hacer), ¿qué explicaría en las resultantes probabilidades? Supóngase que podemos mostrar, por ejemplo, que más personas vacacionarán en las montañas que en la playa dependiendo de cuán severo sea el invierno. ¿Qué hemos explicado? Como señalara Piaget :

esto es meramente expresar, en términos de cálculo, estados de facto y leyes observadas, y la razón para las probabilidades aún tiene que ser explicada.[14]

El objeto de mencionar estas dificultades es resaltar el modo en que la fe en la perspectiva materialista ejerce su control sobre aquellos que son capturados por ella. Ilustra que lo que hace atractiva la teoría conductista a sus propugnadores no es su poder explicativo, ya que es patentemente incoherente. Más bien, su atractivo brota de una visión particular de lo que *debiera* ser la ciencia, la cual a su vez está basada en una concepción específica de la naturaleza de la realidad y la divinidad. Es esta concepción materialista de la realidad última la que impone los límites a qué hipótesis se ven plausibles y cuáles no. Es, así, mucho más que una "hipótesis de trabajo" o "suposición metodológica" que sea fácil de abandonar si demuestra ser estéril. Por el contrario, permanece siendo una esperanza y una profecía que demanda lealtad ante las más irremontables incoherencias. La explicación real de tal lealtad es que se halla enraizada en la creencia religiosa en la divinidad de la materia/energía. Éste es el motivo impulsor de la perspectiva, y la real fuente de su poder sobre aquellos que hacen ciencia bajo su dirección.[15]

De seguro, esta perspectiva es justificada por sus defensores sobre los fundamentos de que quieren maximizar en la psicología características tan loables como la precisión, la mensurabilidad y la economía de pensamiento. Pero, no importa cuán deseables sean tales características, su importancia nunca puede anular el único o la única preocupación que debe pesar más que todas las otras: ¿explica la teoría los datos relevantes? En este punto parecen haber olvidado el sabio consejo de Aristóteles:

> Nuestra exposición será suficientemente satisfactoria, si es presentada tan claramente como lo permite la materia; porque no se ha de buscar el mismo rigor en todos los razonamientos. ... porque es propio del hombre instruido buscar la exactitud en cada materia en la medida en que la admite la naturaleza del asunto. (*Ética nicomáquea*, 1094b12–25)

Así que, incluso si los estados de conciencia no fueran observables, es difícil imaginar qué sería más relevante para entender la conducta humana que lo que las personas piensan, sienten, desean y —especialmente— *creen*. ¿No es el conductismo mismo una creencia de aquellos que lo propugnan? ¿No es esa creencia la razón por la que ellos "se comportan" como lo hacen al cultivar la psicología? La moraleja de la historia es clara: más que producir explicaciones genuinas de la experiencia perceptual y emocional humana, el conductismo ha cometido suicidio teórico en los umbrales de la psicología.

9.3. Las teorías de Adler y Fromm

La segunda de las tendencias reduccionistas mencionadas por Piaget es la que trata de explicar los aspectos perceptual y emocional de la vida como el producto de causas sociales en vez de físicas y/o biológicas. Esto no significa que los propugnadores de tales teorías, socialmente orientadas, ignoren enteramente los aspectos físico o biológico de los humanos. Más bien significa que, si bien los componentes físico y biótico de los humanos constituyen la base y los límites de su vida psíquica, lo hacen sin *determinar* cómo piensan, sienten o actúan las personas. Un ejemplo excelente de este abordaje está representado por el modo en que Alfred Adler rompió con las anteriores teorías de los conductistas y de Freud. Mientras Freud había desarrollado teorías desde una perspectiva que en última instancia quiere reducir la psicología a la física, Adler insistió en que la psicología es una ciencia social.[16] Sostuvo que la meta de la psicología "no es comprender factores causales, como en la fisiología, sino las fuerzas y finalidades [sociales] ... dadoras de dirección que guían todos los otros movimientos psicológicos".[17]

Así, al mismo tiempo que admitía que nuestra configuración genética determinaba el tipo de cuerpos que tenemos y las necesidades bióticas de la vida, Adler decía que incluso los impulsos biológicos innatos son manejados de diferentes modos de acuerdo con la orientación social de las personas.[18] Esto, mantenía, es verdadero no solamente de cosas tales como los impulsos sexuales,[19] sino incluso del modo en que las personas perciben el mundo. La percepción, decía Adler, nunca es meramente un copiar sensorial sino el producto del modo en que las personas recogen y ordenan las sensaciones debido a los factores de su vida social. Como resultado, las personas literalmente no ven la misma cosa. Debido a esto, es posible que la psicología infiera conclusiones de largo alcance concernientes a la vida interna de un individuo a partir del modo en que percibe.[20]

¿Cuáles son, exactamente, los factores sociales que dirigen el sentimiento, la percepción y la conducta humanas? De acuerdo con Adler,

> los propios prejuicios de uno, las propias presuposiciones "inconscientes", al igual que todas las expresiones humanas, existen dentro de un contexto social y de alguna manera expresan la lucha por el poder, la importancia y la seguridad.[21]

En una palabra, todo mundo lucha por la "superioridad". Ésta es "la meta general del hombre" y "el principal factor condicionante de la vida humana".[22] Debido a que el impulso a la superioridad social es la "meta de la vida" de toda persona, "ninguna persona puede tolerar los sentimientos de inferioridad real o aparente".[23] (Fue en esta conexión que Adler acuñó el término "complejo de inferioridad".)

El impulso social de cada individuo hacia el poder y la superioridad se halla, sin embargo, en conflicto directo con el mismo impulso en otros. Si se le diera rienda suelta, produciría un caos de lucha constante que haría imposible la sociedad humana. Por esta razón, Adler sostuvo que la meta de la superioridad es "ridícula desde el punto de vista de la realidad" (por "realidad", aquí, quiso decir realidad social). El individuo, insistía, impresiona poco a la sociedad. Lo que es más, cada individuo depende de la sociedad para existir, así que la restricción que bloquea el impulso a la superioridad es realmente irremontable: los sexos se necesitan entre sí, los niños necesitan padres y la familia depende a su vez del grupo social más grande. Así que el impulso que es el principal factor psicológico determinante de la vida humana se halla también en irremediable oposición a las condiciones sociales necesarias para la supervivencia de cada persona. Estas condiciones sociales pueden ser preservadas solamente a través de ajustes —principalmente la división del trabajo— mediante los cuales las personas cooperan para sobrevivir, más que para competir por la superioridad:

> si las condiciones de nuestra vida son determinadas en primer lugar por las influencias cósmicas, también son ulteriormente condicionadas por la vida social y comunal de los seres humanos, y por las leyes y regulaciones que surgen espontáneamente en la vida comunal.[24]

Adler llamó a la dependencia del individuo con respecto al grupo social la "lógica" de la vida comunal —donde "lógica" se refiere a cualquier cosa que sea "universalmente útil" y necesaria para la supervivencia del individuo. Luego usó estos términos para expresar su observación de que todo lo que caracteriza a los humanos como típicamente humanos se desarrolló debido a la "lógica de la vida comunal". Adler sostuvo que no solamente el habla, sino

> el pensamiento y los conceptos, al igual que la razón, el entendimiento, la lógica, la ética y la estética, tienen su origen en la vida social del hombre.[25]

Es así entonces que, en la teoría de Adler, todo ser humano está involucrado en una gran colisión. Por una parte, un individuo solitario no puede ni sobrevivir ni reproducirse, y toda capacidad típicamente humana ha evolucionado para satisfacer necesidades sociales. Por otro lado, es precisamente la sociedad la fuente de los sentimientos de inferioridad del individuo, y es por lo tanto el obstáculo con el que lucha el individuo. La competencia, sin embargo, es totalmente unilateral: ningún individuo puede ganarle a la sociedad. Así que el conflicto sólo se puede resolver de una manera:

> nuestro único recurso en este dilema es adoptar la lógica de nuestro grupo
> vital ... como si fuese una verdad absoluta última.[26]

Así, las necesidades de la sociedad han de ser consideradas como primordiales y el individuo debe ajustarse a ellas. Estas necesidades se convierten entonces en el estándar final mediante el cual han de ser juzgados todos los valores, prácticas, relaciones, etcétera. Es decir, son los estándares para lo que es normal y anormal en psicología.

> Lo que llamamos justicia y rectitud, y consideramos más valioso en el
> carácter humano, es esencialmente nada más que el cumplimiento de las
> condiciones que surgen en las necesidades sociales de la humanidad. ... po-
> demos juzgar un personaje como malo o bueno sólo desde el punto de vista
> de la sociedad.[27]

El modo en que los individuos se las arreglan para ajustar su impulso a la superioridad con las condiciones sociales de supervivencia fue llamado por Adler su "estilo de vida", el cual podría ser psicológicamente tanto normal como anormal. En las personas anormales su "desajuste es siempre una incongruencia entre su estilo de vida y las exigencias sociales, más que un conflicto interno",[28] de tal modo que "la cura consiste siempre en fortalecer el sentimiento social más que en intentar restringir los 'malos' impulsos".[29] En términos generales, un estilo de vida normal puede ser caracterizado de este modo:

> La división del trabajo es una necesidad absoluta para la preservación de
> la sociedad humana. Consecuentemente, toda persona debe ocupar un lugar
> específico en algún punto. Si una persona no participa en esta obligación,
> niega la preservación de la vida social, enteramente de la raza humana.[30]

Esta observación general se aplica al ejemplo más específico del sexo y el matrimonio del siguiente modo. En un estilo de vida normal,

> la atracción sexual ... [es] siempre moldeada a lo largo de las líneas de un deseo del bienestar humano. ... Un buen matrimonio es la mejor manera que conocemos para crear la futura generación del humanidad, y el matrimonio debiera siempre de tener esto a la vista.[31]

Así que, cuando un varón corteja a una mujer, hace esto de un modo psicológicamente normal si puede ver que con lo que hace está diciendo "sí" al futuro de la humanidad.[32] En este, al igual que en cualquier otro caso, son "las reglas inmanentes del juego de un grupo ... [las que son la] verdad absoluta" para el individuo.[33]

El énfasis de Adler en ajustar al individuo a las necesidades del grupo social lo condujo a tener un gran interés en las teorías sociales de Marx y Engels. De hecho, admiraba su obra tanto que alguna vez dijo: "Karl Marx ... mostró el camino hacia la realización final del interés social".[34] No obstante, Adler rechazó el determinismo histórico de la teoría de Marx. Correctamente comprendió que, si todo estuviese predeterminado por el flujo de la historia, no podría haber normas: no habría correcto o incorrecto, normal o anormal. "Si el hombre estuviese completamente determinado por las circunstancias", dijo, "no podríamos hablar de errores".[35] Así que revirtió la idea marxista de una historia económicamente controlada, y en vez de ello sostuvo que

> en cada presente inmediato las condiciones económicas son reflejadas y respondidas por cada individuo y cada grupo de acuerdo con sus estilos de vida previamente adquiridos.[36]

Admitió así la necesidad de una nueva teoría que aceptase que los humanos tienen libertad genuina para reconocer la verdad. Él (de nuevo, correctamente) vio que si todo pensamiento, creencia, sentimiento y elección están determinados (es decir, impuestos a los humanos por condiciones externas) entonces también lo está la aceptación por los deterministas de la teoría del determinismo, la cual les es impuesta a ellos por aquellas mismas condiciones. En ese caso nunca podrían sostener que saben que su teoría es verdadera, pues la teoría que hace esta aserción sería autorreferencialmente incoherente. En otras palabras, la teoría requiere que ninguna creencia llegue a ser jamás un juicio libre hecho sobre la base de la experiencia o la razón, sino siempre una compulsión sobre la cual el creyente no tiene control.

Adler fue consciente de que, si simplemente suplementase el determinismo físico de los conductistas con determinantes sociales, no terminaría evitando el dilema del determinismo sino solamente tendría una versión más compleja del mismo. Estaría haciendo lugar a dos fuerzas determinantes (la física y la social) más que solamente a una (la física), pero no habría evitado la inconsistencia de suponer que es libre para afirmar la verdad de su teoría. No obstante, a pesar de su aparente reconocimiento de este punto, Adler nunca proporcionó una teoría de la naturaleza humana que diera cabida a la libertad genuina con respecto a la adquisición del conocimiento. En vez de ello cae precisamente en el determinismo bilateral del que parecía que se había dado cuenta que debía ser evitado, al seguir considerando los pensamientos y los sentimientos como rígidamente determinados por la orientación social de una persona, la cual es establecida en la temprana niñez:

> quizá habrá algunos sectores que tienen la impresión ... de que estamos negando el libre albedrío y el juicio. Por lo que concierne al libre albedrío esta acusación es verdadera. ... En nuestro examen debemos desentrañar la historia de los días de la niñez temprana [de un paciente], porque las impresiones de la infancia temprana indica la dirección ... en la que responderán el futuro. ... La presión particular que ha sentido en los días de su temprana infancia coloreará su actitud hacia la vida y determinará ... su cosmovisión .... No debiera sorprendernos el enterarnos de que las personas no cambian su actitud hacia la vida después de su infancia....[37]

Otro problema que Adler dejó irresuelto surge de su aceptación de las necesidades de la sociedad como el estándar para la anormalidad psicológica. En su concepción, son siempre las necesidades sociales del grupo a lo que el individuo debe conformarse. Esto elimina el plantear la cuestión de si una sociedad misma puede ser anormal. Al mismo tiempo, también resulta que es forzado ¡a considerar como anormal a todo líder que efectivamente logró una superioridad social!

Otro buen ejemplo de reduccionismo en la dirección social es el pensamiento de Eric Fromm , quien se propuso corregir las fallas en la obra de Adler. En sus primeras obras Fromm también se llamó asimismo un psicólogo *social* y, al igual que Adler, rechazó las teorías que consideraban a los seres humanos como determinados por los aspectos físico y biótico de su naturaleza. Dijo que mientras que Freud había visto la psicología como una "ciencia natural del hombre",[38] la verdadera naturaleza humana consiste en la "actividad libre, consciente".[39] Tales actividades conscientes y libres no están determinadas por los impulsos "naturales" del sexo o el hambre, sino que incluyen los modos en que las personas necesitan y tratan con cosas tales como la belleza y el amor.[40] Al igual que Adler, Fromm tenía una gran admiración por Marx. Vio los factores de clase y económicos enfatizados por Marx como determinando el lado social de la vida humana. Estos factores son transmitidos a los individuos a través de la familia, la cual es "la agencia psicológica de la sociedad".[41] Como la familia misma es un producto de las condiciones económicas y de clase de la sociedad, Marx nos proveyó con el instrumento para criticar y juzgar el tipo de sociedad y familia que *debiéramos* tener. Una psicología completamente *social* no es, entonces, restringida a tratar meramente con el ajuste del individuo a la sociedad, sino que también puede decir si la sociedad misma es lo que debiera ser.[42]

Pero empujar la psicología social en una dirección más completamente marxista le permitió a Fromm evitar solamente uno de los dos problemas que Adler le había legado. Evita el problema de tener que admitir que no hay un estándar para juzgar una sociedad permitiéndole decir que cualquier tipo de sociedad distinta de la socialista es deficiente. Pero no evita el problema de que la propia teoría de la historia y la sociedad de Marx era tan determinista como las teorías que Fromm estaba rechazando. Para Marx, las interpretaciones de la justicia o el amor que hacen las personas, así como sus concepciones de lo normal y lo anormal, están totalmente determinadas por su condicionamiento socioeconómico. ¿Cómo, entonces, podemos ser libres para afirmar las normas mediante las cuales juzgamos a la sociedad si nuestras mismas ideas de las normas están socialmente determinadas?

Al principio Fromm trató de darle la vuelta al determinismo de Marx diciendo que la teoría marxista no debiera entenderse como significando que cada individuo está psicológicamente determinado por la economía y la clase. Más bien, son solamente las instituciones de la sociedad las que están estructuradas por la economía. Así que Marx no debiera interpretarse como el defensor de que el "impulso adquisitivo" es el motivo dominante de todo acto de cada individuo, sino solamente de las estructuras sociales en las que el individuo vive.[43] Pero, una vez que hiciera ese señalamiento, Fromm se retractó, pues también dijo que

> en la interacción de los impulsos psíquicos interactuantes y las condiciones económicas, las segundas tienen primacía.[44]

Repite que esto no significa que los factores económicos sean siempre los más fuertes, sino solamente que son los "menos modificables" por el individuo. No obstante, al mismo tiempo, insiste una vez más en que el papel de "factores formativos primarios" va a las condiciones económicas, así que la "tarea de la psicología social es explicar ...las actitudes psíquicas y las ideologías—sus raíces inconscientes en particular— en términos de la influencia de las condiciones económicas sobre los esfuerzos de la libido".[45] En este punto Fromm quiere que los humanos estén "esencialmente condicionados por la historia" para propósitos de explicación psicológica, al mismo tiempo que quiere ¡que la vida humana tenga un "dinamismo interno propio" que le permita ser libre de descubrir la verdad![46]

Este inconsistente oscilar entre dos polos de pensamiento llega a su clímax en *El hombre para sí mismo* (1947) pero es más claramente abordado en *El arte de amar* (1956) y *El corazón del hombre* (1964) de Fromm. En las últimas dos obras Fromm es explícito acerca del dilema. Ya en *La sociedad sana* (1955) había reconocido que Marx no lo había resuelto. Si bien Marx había visto mucho que es verdadero en el modo en que la sociedad determina los individuos, su concepción no era solamente "económicamente simplista"[47] sino irrealista. Pues Marx pensaba no solamente que el socialismo era necesario para sanar la sociedad sino que era suficiente para ello.[48] En *El corazón del hombre*, Fromm repite esta crítica en más detalle. Critica a Marx por presuponer en general que el hombre tiene una naturaleza esencial, al mismo tiempo que decía que el hombre se crea a sí mismo en el proceso de la historia y no es más que el "conjunto de sus relaciones sociales".

En este punto Fromm afirma que el hombre, desde luego, tiene una naturaleza esencial, pero que esa naturaleza es la de ser ¡"una contradicción inherente a la existencia humana"![49] La contradicción es, desde luego, la misma que le criticó a Marx no haber resuelto: por un lado, el hombre es un animal, natural y determinado por la naturaleza y la sociedad; por otro, el hombre es consciente ("la vida consciente de sí misma"), racional y "libre en el pensamiento".[50] Es a través de esta libre racionalidad que los humanos son capaces de saber que la norma tanto para los individuos como para la sociedad es la regla del amor: ama a tu prójimo como a ti mismo. Así que para Fromm, al igual que para Kant antes de él, la libertad humana se encuentra en la razón (práctica) que conoce la verdad ética. Y al igual que Rousseau, ve al hombre como esencialmente bueno en su yo más interior. Son los determinantes externos del orden social los que lo hacen malo.

Esto, sin embargo, no es más que decir que ambos lados de la inconsistencia son de alguna manera verdaderos, que un ser humano es tanto libre como no libre en el mismo sentido y al mismo tiempo. Y obsérvese que, incluso aparte de la imposibilidad de una contradicción tan flagrante, mantener el lado libertad del dilema implica que no hay ciencia de la psicología como Fromm la concibió. Pues, si los pensamientos y elecciones humanos son genuinamente libres, y si causan acciones humanas, entonces ni las elecciones ni la conducta resultante de ellas pueden ser completamente explicadas en términos de leyes cualesquiera —ya no digamos predichas o controladas a través del conocimiento de las leyes.

Es innecesario decirlo, intentar aceptar creencias mutuamente contradictorias en vez de desarrollar una teoría que las evite plantea problemas aún peores que los que Fromm piensa que resuelve. Aplicada a nuestros conceptos, la ley lógica de no contradicción exige que, para cualquier concepto, o bien incluye una característica particular o no lo hace, y no puede tanto incluir como no incluir los mismos elementos al mismo tiempo. Cualquier concepto (putativo) que no se atenga a esta ley no sería meramente difuso o incierto, literalmente no tendría ningún significado y dejaría de ser un concepto. No obstante, Fromm propugna que rechacemos las leyes de la lógica y aceptemos su aseveración de que tales contradicciones mutuas son ilusorias.

En *El arte de amar*,[51] Fromm intenta desarrollar este punto con más detalle. El pensamiento occidental, dice, ha estado dominado por la aceptación de axiomas lógicos desde que fueron claramente formulados por Aristóteles, quien agregó que el axioma de no contradicción en particular es "el más cierto de todos los principios". Como se observó arriba, esta ley dice que nada puede ser verdadero y no verdadero en el mismo sentido al mismo tiempo. Esto significa que nada puede, por ejemplo, ser completamente azul y completamente no azul al mismo tiempo, y que ningún enunciado puede ser simultáneamente tanto completamente verdadero como completamente falso. En contra de esto, Fromm sostiene que está la opción de la "lógica paradójica", la cual acepta que las cosas pueden tener y no tener la misma cualidad al mismo tiempo, y que un enunciado puede ser verdadero y falso a la vez. En apoyo a esta aseveración, él menciona que ésta fue aceptada hace mucho por algunos pensadores chinos e indios, y en tiempos más recientes por Hegel, Marx y otros filósofos dialécticos. Así que concluye que la manera de resolver el aparentemente irresoluble dilema del determinismo y la libertad es aceptar ambos como verdaderos. No podemos ver cómo son ambos verdaderos, desde luego, pero ello se debe a que "la mente humana percibe la realidad de las contradicciones".[52]

El programa de rechazar la lógica para aceptar creencias mutuamente contradictorias no es, sin embargo, meramente una esperanza inocua, caprichosa, de que de alguna manera creencias lógicamente incompatibles pueden ser ambas verdaderas. Como se señaló arriba, resulta en nada menos *la destrucción de cualquiera y todo concepto que pudiéramos poseer*. Incluso el concepto de rechazar la ley de no contradicción depende de suponer y usar esa ley, pues sin ella el concepto de rechazarla no podría ser ni pensado ni declarado. Y como el mismo Fromm ve el concepto de rechazar la ley, *excluyendo* el concepto de aceptarla, ¡con ello supone la verdad de la ley! Así que la propuesta de Fromm es autosupositivamente incoherente.

Tampoco es esta nefasta consecuencia evitada por Hegel, Marx o cualquiera de los otros pensadores dialécticos que Fromm cita con la esperanza de convencernos de que se halla en buena compañía. Todos ellos usan la ley de no contradicción para formar sus conceptos, para defender su concepción y para criticar las concepciones opuestas. Y luego niegan la misma ley que les permite hacer estas cosas para excusar una inconsistencia en su propia teoría. El único modo en que logran hacer el malabarismo que logra que tal truco parezca plausible consiste en emplear su negación de la lógica *selectivamente*; abrazan precisamente las contradicciones que desean excusar, al mismo tiempo que por lo demás razonan de una manera consistente y critican las teorías en competencia cuando son inconsistentes. Si fuesen a emplear su negación de la no contradicción en cada punto a lo largo de su teoría, el resultado sería un embrollo sin sentido que no expresaría, afirmaría o negaría ninguna creencia en lo absoluto.

La posición de Fromm es también un ejemplo de esta misma selectividad dogmática. Presenta su concepción como si hubiese razones para rechazar la ley de no contradicción y luego argumenta que su concepción de lo divino (la llama "realidad última") *se sigue lógicamente* de ese rechazo. Ignora el hecho de que hacer cualquier inferencia lógica —ver que una creencia "se sigue lógicamente de" otra— *significa* que la creencia de la que se dice que "se sigue" es requerida *so pena de contradecirse uno mismo*. Habiendo negado toda base para cualquier inferencia, Fromm no obstante procede a inferir que la realidad misma debiera de ser una unión mística omniabarcante que armoniza todas las contradicciones que el pensamiento lógico toma como reales. Y luego infiere, adicionalmente, que como el pensamiento humano no puede evitar ser contradictorio, la realidad última no puede ser conocida mediante el pensamiento. Da un resumen de las enseñanzas hindúes, budistas y taoístas de esta misma concepción, y nuevamente infiere que aceptar su concepción de lo divino requiere que rechace la idea bíblica de Dios como un creador personal cognoscible e individual. Entonces ofrece una inferencia lógica más cuando insiste en que

la oposición es una categoría de la mente del hombre, no un elemento de la realidad. ...En tanto que Dios representa la realidad última, y en tanto que la mente humana percibe la realidad de las contradicciones, no se puede hacer ningún enunciado positivo acerca de Dios.[53]

De esta manera Fromm termina agregando una incoherencia autorreferencial a las contradicciones e incoherencias autosupositivas, ya aseveradas por su teoría. Pues hace la declaración positiva acerca de Dios de que no es posible ningún enunciado positivo acerca de Dios.

No podemos más que preguntarnos: ¿qué condujo a Fromm a una posición tan caótica? Empezó con el deseo de desarrollar una psicología social pero terminó en el abandono de la lógica y por lo tanto de toda ciencia. La respuesta es que el motivo real del radical cambio de pensamiento de Fromm fue nada menos que una conversión religiosa: pasó de una creencia de divinidad pagana, que veía algunos aspectos de la creación como divinos, a una creencia de divinidad panteísta en la que la creación que experimentamos no es más que una ilusión contenida dentro de una divinidad omniabarcante, totalmente inconcebible. Ésta es la razón por la que, junto con algunas religiones panteístas, está dispuesto a desechar toda diferencia y "oposición" encontradas en la experiencia humana como mera apariencia o ilusión —incluidas las leyes de la lógica.

Fromm había de hecho rechazado ya la idea bíblica de lo divino desde el comienzo. Él consideraba la creencia en Dios, el creador trascendente, como meramente la proyección de un deseo de un padre celestial que nos cuidara. Siguiendo a Freud , llamó a ésta "una ilusión infantil", así que teorizó sobre la presuposición del tipo pagano de creencia religiosa.[54]. Buscó algo en el universo asequible a la experiencia humana que pudiese ser pensado como la realidad autoexistente de la cual todo lo demás depende. Pero, cultivando la psicología a partir de esta presuposición religiosa pagana, Fromm cayó en una tras otra incoherencia. Al mismo tiempo se dio cuenta, cada vez más claramente, de que los mejores pensadores antes que él también habían caído en ellas y nunca las habían resuelto. Consecuentemente, llegó a creer que no era una simple coincidencia que tantas teorías construidas sobre una base pagana hubieran caído en contradicciones, sino que las contradicciones surgirían en cualquier teoría gobernada por tal fe. Confrontado con esta comprensión, la fe religiosa de Fromm fue zarandeada y tomó una nueva dirección. Vio, a diferencia de Marx, que abandonar las leyes lógicas y considerar todas las contradicciones como ilusorias significaría abandonar el materialismo junto con el punto de vista pagano para la teorización. Como algunos pensadores hindúes, y la mayoría de los pensadores budistas y taoístas, llegó a considerar el pensamiento lógico como intrínsecamente contradictorio y engañoso, productor solamente de ilusiones y no de realidad. Para cualquier cosa, dijo, la verdad es que "tanto es como no es".[55] Así que también se unió, con ese énfasis característico de la mayoría de los pensadores panteístas , a los que propugnan una experiencia mística, no racional, como el modo de conocer la verdad acerca de la realidad divina, una, inconcebible. En obras y conferencias posteriores adoptó una versión específicamente budista de esta concepción (*Budismo zen y psicoanálisis*, 1960).

9.4. La naturaleza humana

Hemos visto algunos ejemplos del modo en que las teorías psicológicas varían en su explicación del lado psicosensorial de la experiencia humana, dependiendo de su concepción global acerca de cómo se relacionan todos los aspectos. En este respecto no son diferentes de teorías que tienen otros aspectos como objeto de estudio. Pero en el caso de la psicología el aspecto que caracteriza la perspectiva para esta relación es también uno (o dos) que la teoría sostiene que es el núcleo esencial de la naturaleza humana . Como ha observado Solomon Asch,

> cada disciplina posee su espíritu especial, el cual consiste en el modo particular en que ve sus datos. El estudio del hombre ... también requiere su propia perspectiva, la cual debe empezar a partir de alguna concepción, no importa cuán tentativa, de lo que es ser humano.[56]

J. A. Brown ha aplicado el mismo punto específicamente a la psicología:

> todas las escuelas de psicología ... Inevitablemente empiezan con una creencia acerca de la naturaleza esencial del hombre que forma el marco implícito de referencia en el cual se encajan sus hechos y los resultados de sus observaciones, y no al revés como querrían hacernos creer.[57]

Como el tema de la naturaleza humana es uno que hemos identificado entre las verdades reveladas que pueden guiar la teorización (capítulo seis, nota 11), debiéramos ahora mirar brevemente qué dice la Escritura acerca del tópico. Desde luego, no podemos esperar una *teoría* detallada de la naturaleza humana en la escritura, pero lo que nos dice puede ayudarnos a formar una perspectiva específicamente bíblica para nuestro teorizar. Más aún, servirá un doble propósito aquí, ya que es un punto que frecuentemente es pasado por alto o minimizado por los pensadores teístas, además de que es en buena medida desconocido para los no teístas.

La enseñanza escritural central acerca de la naturaleza humana que es relevante aquí es que la misma está centrada en el yo humano, en lo que la escritura usualmente llama "corazón" (aunque ocasionalmente también usa los términos "espíritu" o "alma"). Cada ser humano es visto, así, como una unidad esencial, no importa cuántos tipos diversos de funciones pueda exhibir un individuo en los varios aspectos de la creación. El término "corazón" no es, por lo tanto, usado para significar simplemente emoción. Así que, aunque nosotros frecuentemente hablamos de estar guiados por nuestra cabeza (intelecto), como opuesto a seguir nuestro corazón (sentimientos), los escritores bíblicos hablan del corazón como la identidad central o ipseidad de una persona, de la cual manan todos los asuntos de la vida (Proverbios 4:23). En la concepción bíblica, por lo tanto, el corazón es el centro de pensamiento, creencia, conocimiento, voluntad y sentimiento; y el asiento de las disposiciones, talentos y temperamento innatos de una persona. Es así también la fuente del bien o el mal que una persona piensa o hace (Éx. 28:3; Sal. 90:12; Mat. 12:34, 35 y 15:18; 2 Cor. 3:14, 15). En este respecto es importante señalar que la escritura asevera que solamente Dios puede conocer el corazón humano (1 Sam. 16:7; 2 Cro. 6:30; 1 Rey. 8:39; Jer. 17:9, 10), puesto que eso es lo que esperaríamos si el corazón fuese el último polo subjetivo de toda actividad humana. Pues en ese caso no podría convertirse en objeto para sí mismo y seríamos incapaces de analizarlo o conceptualizarlo, ya que el mismo debe ser el agente del análisis. Esto no significa que no podemos tener idea (en vez de un concepto) del corazón humano. Pero ello significa que las varias ideas de su naturaleza son siempre reflexiones indirectas de lo que una persona cree que es divino.

Éste es, entonces, el significado más profundo de la enseñanza bíblica de que los humanos son creados "a imagen de" Dios . Esto es, ello es verdadero no solamente de cómo son, sino también del único modo en que pueden llegar a entenderse a sí mismos. En otras palabras, los incrédulos que modelan su idea de la naturaleza humana inevitablemente derivarán su idea de la naturaleza humana de la naturaleza de la divinidad falsa con la que hayan sustituido a Dios.[58]

La concepción de que el "corazón" o la ipseidad es el agente en todas las funciones de la vida humana es, para nuestros propósitos, el principal punto guía a ser obtenido en la Escritura acerca de la naturaleza humana. Así que, antes de proceder a mostrar su importancia para las teorías, necesitamos darnos cuenta de que esta concepción se halla en conflicto con la noción popular entre los teístas de que un humano no es una unidad esencial, sino una dualidad de dos entidades —un alma y un cuerpo (esto ya fue tocado en las citas de Herberg en el capítulo 3). De hecho, muchos teístas creen que el dualismo es enseñado por la misma escritura y que es la base de la doctrina de la vida después de la muerte. Así que se mantiene ampliamente que sólo el cuerpo muere mientras que el alma nunca lo hace, de modo que el cuerpo no es esencial al ser humano.

Ya hemos tocado antes este punto, pero es especialmente pertinente aquí recordar que esta concepción ha sido exitosamente desafiada en años recientes por los académicos bíblicos de muchos trasfondos que han mostrado que esta concepción popular se deriva de la influencia de la filosofía griega más que de la Biblia misma. La escritura no ve el cuerpo como meramente una carcasa externa necesaria para el alma. Tampoco basa la promesa de la vida eterna en la enseñanza de que el alma es naturalmente inmortal. Más bien, la idea escritural de vida eterna es que es garantizada sólo por la promesa de Dios, y que lo que Dios promete es la resurrección de la entera persona —esto es, la resurrección de un nuevo cuerpo— en el día del juicio.[59] Este tópico no puede ser defendido aquí en detalle, así que meramente estipularé que en lo que sigue estaré suponiendo esta concepción solista de la naturaleza humana, en vez de la popular concepción dualista.[60]

La concepción holista se rehúsa así a identificar el cuerpo humano exclusivamente con ciertos aspectos de la creación (por ejemplo, el espacial, el físico y el biótico) mientras que asigna otros aspectos exclusivamente a la mente o el alma (el lógico o volitivo, por ejemplo). Rechaza la posición de Platón de que el alma puede existir separadamente del cuerpo porque conoce verdades racionales eternas y puede por lo tanto ser naturalmente inmortal al igual que aquellas verdades. La importancia de esto es que se rehúsa a identificar la naturaleza humana con uno o dos de los aspectos de la creación bajo las leyes de los cuales los humanos existen y funcionan. Hacer esto sería aceptar una concepción reduccionista de la naturaleza humana que de esta manera sobreestimaría el papel de los aspectos identificados como naturaleza humana en comparación con los otros. En contraste, la doctrina bíblica considera al corazón humano como más que la suma de todos sus aspectos: si bien funciona en todos los aspectos por igual, no puede ser identificado con (ser nada más que) cualquiera o una combinación de ellos. Hay algo en el corazón que excede los aspectos, se halla en dependencia directa del creador y puede abrirse a una relación personal con Dios. Esta concepción evita así toda concepción reduccionista de la naturaleza humana. Al mismo tiempo explica el importante sentido en que los seres humanos son libres, tanto en el pensamiento como en la acción.[61] Pues, aunque los seres humanos existen y funcionan dentro de los límites que le son impuestos por las leyes de todo aspecto, el yo humano no es enteramente el producto de ellos o de cualesquiera fuerzas causales en la creación. Más bien, todo corazón humano es la creación de Dios.

Así que estoy de acuerdo con Gordon Allport cuando dice que las concepciones reduccionistas de la naturaleza humana resultan en una serie de teorías unilaterales. Allport dice: "son solamente *aspectos* de nuestra vida total los que son como computadoras, como compuestos bioquímicos, como ratas en un laberinto o como el comportamiento social de los insectos". La manera de evitar las teorías reduccionistas, sugiere, sería tener un "pluralismo sistemático", pero pierde la esperanza de que alguna vez llegue a lograrse, debido a las muchas definiciones en competencia de la naturaleza humana.[62] Lo que Allport no ve, sin embargo, es que estas definiciones en competencia son ellas mismas el resultado de varias presuposiciones religiosas paganas. Es debido a que los pensadores ya han identificado la naturaleza de toda realidad con uno o más de sus aspectos que entonces identifican la naturaleza humana con aquellos mismos aspectos. Ésta es la razón por la que una concepción reduccionista de la naturaleza humana refleja una concepción pagana de la realidad que debiera ser rechazada por cualquier teísta. Fue este punto lo que impresionó en primer lugar a Herman Dooyeweerd y le condujo a empezar su reforma de la filosofía con una concepción no reduccionista de la naturaleza humana. Ésa introvisión, dice, fue

> el gran punto de inflexión en mi pensamiento, con el cual una nueva luz fue arrojada sobre el fracaso de todos los intentos, incluyendo el mío propio, de producir una síntesis interna entre la fe cristiana y una filosofía enraizada en la fe en la autosuficiencia de la razón humana.[63]

Como consecuencia, expresó la importancia de la concepción bíblica del corazón de este modo:

> hay muchas ciencias especiales que se ocupan del estudio del hombre. Pero cada una de ellas lo considera desde un punto de vista o aspecto particular. La física, la química, la biología, la psicología, la historia, la sociología, la ética y así consecutivamente, todos ellos proveen información interesante acerca del hombre. Pero cuando uno les pregunta: "¿qué es el hombre mismo, en la unidad central de su ipseidad"?, entonces está ciencias no tienen respuesta. ... El ego no ha de ser determinado por aspecto alguno de nuestra experiencia temporal ya que es el punto central de referencia de todos ellos.[64]

Fue la adopción de esta visión de la naturaleza humana como microcosmos lo que permitió a Dooyeweerd expandirla y aplicarla al resto de la realidad creada como un macrocosmos. Lo condujo a ver que, mientras que los varios tipos de cosas no humanas tienen cada uno un carácter definido, estas cosas son como humanos en que no tienen una naturaleza intrínseca independiente que les haga ser lo que son, pues es Dios quien hace que sean lo que son. Su característica más esencial es depender de Dios. No importa cuán simple suenen estos puntos, tienen consecuencias de largo alcance para la teorización. En el siguiente capítulo examinaremos con mayor detalle por qué estas introvisiones bíblicas requieren la construcción de una teoría no reduccionista de la realidad, y los capítulos finales presentarán la propuesta apropia de Dooyeweerd acerca del aspecto que debería de tener una teoría tal.

CAPÍTULO 10

LA NECESIDAD DE UN NUEVO COMIENZO

10.1. Introducción

Hemos visto ejemplos notables del modo en que algunas de las teorías más importantes desarrolladas en tres ciencias difieren entre ellas debido a la manera en que están reguladas por ideas en competencia acerca de la naturaleza básica de la realidad. Y hemos visto cómo estas ideas de la naturaleza de la realidad se hallan, a su vez, gobernadas por ideas contrarias acerca de lo que es divino *per se*. Como mencioné antes, sin embargo, estos ejemplos se ofrecen para clarificar el significado de la aserción de que las teorías están religiosamente reguladas, no para mostrar su verdad. Hasta el momento no se ha dado ningún argumento para mostrar por qué es inevitable tal control religioso. Así que la primera tarea de este capítulo será hacer precisamente eso. Empezaré presentando razones por las que el control religioso que observamos en los capítulos de casos es inevitable para cualquier teoría científica o filosófica. Si esas razones son exitosas, habrán por lo tanto mostrado por qué las teorías de la ciencia y la filosofía nunca pueden ser neutrales respecto de alguna u otra creencia de divinidad, de manera que el pensamiento teórico no es autónomo. Al mismo tiempo habrán mostrado por qué es el tipo indirecto de control religioso que observamos en el libro de casos el que merece ser entendido como núcleo de la aserción bíblica de que la creencia en Dios impacta todo conocimiento y toda verdad.[1]

La segunda tarea de este capítulo será entonces reexaminar los argumentos dados durante la primera tarea para observar cómo es que ellos también proporcionan una crítica filosófica de las teorías reduccionistas. La crítica proporcionará con ello soporte adicional a mi tesis de que los cristianos y otros teístas debieran abandonar la estratagema de intentar adaptar las teorías reduccionistas agregándoles la estipulación de que Dios creó aquellos aspectos a los que el resto de la creación supuestamente se reduce. Ya hemos observado que esta estipulación no hace nada para alterar el hecho de que son las pretensiones del reduccionismo las que ejercen el poder explicativo de la teoría, así que la

217

creencia en Dios no logra regular su contenido. Sin embargo, la crítica al reduccionismo irá más allá de esa objeción, para mostrar por qué la misma idea de reducción como estrategia para la explicación es vana.

La tarea final de este capítulo será la de cerrar con una examen de la que yo considero es la principal razón por la que la mayoría de los teístas han permanecido comprometidos a adaptar teorías reduccionistas. Equivaldrá por lo tanto a una crítica religiosa del reduccionismo, ofrecida para suplementar la crítica filosófica. Ya hemos visto por qué la estrategia reduccionista, cuidadosamente considerada, supone un compromiso subyacente con una u otra creencia pagana de divinidad. Es por ello que los teístas siempre se han sentido obligados a neutralizar esa suposición para hacer compatibles tales teorías con la creencia en Dios. La crítica religiosa a ser ofrecida mostrará, sin embargo, por qué la misma estratagema usada para neutralizar el carácter pagano del reduccionismo tiene suposiciones paganas, así que no logra bautizar (o circuncidar) las teorías reduccionistas para que logren ser aceptables al teísmo.

El efecto acumulativo de estas dos críticas será clarificar el camino para un programa de teorización que esté deliberadamente regulado por la creencia en Dios —un programa que requiere que las teorías existentes sean reinterpretadas, o que nuevas teorías sean desarrolladas, de un modo completamente no reduccionista. Así que el capítulo 11 empezará con una explicación de una teoría de la realidad teísta sistemáticamente no reduccionista, la desarrollada por Dooyeweerd.[2] Esa teoría será ulteriormente desarrollada en el capítulo 12, cuando se use para desarrollar un bosquejo de una sociología distintivamente no reduccionista. Y será desarrollada aún más en el capítulo 13, cuando se apliquen a la sociología tanto ella como sus consecuencias para bosquejar una teoría política distintivamente no reduccionista. Puesto que estas aplicaciones adicionales de la teoría también harán uso de varias enseñanzas neotestamentarias, las teorías sociológica y política bosquejadas no solamente serán ampliamente teístas, sino específicamente cristianas.[3]

10.2. ¿Por qué están las teorías inevitablemente reguladas por alguna creencia de divinidad?

Empecemos revisando algunos puntos ya establecidos.

Vimos que los aspectos son *clases* básicas de propiedades y leyes, y lo que estoy por decir acerca de ellos se aplica igualmente a cualquier enlistado de los mismos que acepte un pensador, no meramente a la lista con la que estoy trabajando provisionalmente.[4] Sin embargo, mis ejemplos serán extraídos de esa lista porque la mayoría de sus elementos son ampliamente aceptados. Puede también recordarse que las teorías de la realidad tradicionalmente han adoptado uno o dos aspectos como la naturaleza básica de toda realidad. Han hecho esto proponiendo que su(s) aspecto(s) favorito(s) es (o son) el (o los) único(s) genuino(s) (la versión fuerte del reduccionismo), o que su(s) aspecto(s) favorito(s) genera(n) todos los otros (la versión débil del reduccionismo). Se dice que ambas propuestas "reducen" el mundo dado a la experiencia preteórica a cualesquiera aspecto(s) que sea(n) favorecido(s) como siendo la naturaleza básica de la realidad. La versión fuerte es reduccionista porque recorta de la realidad (tal y como la experimentamos preteóricamente) todos los tipos de propiedades y leyes distintos del (o de los) que favorece. La versión débil es reduccionista en el sentido de que rebaja el estatus de todos los otros aspectos, convirtiéndolos en productos del (o de los) aspecto(s) que favorece y por lo tanto en menos reales que él (o ellos). Finalmente, vimos que ambos tipos de reducción confieren el estatus de divinidad a cualquier (o cualesquiera) aspecto(s) que sea(n) el (o los que) favorezca(n), pues cualquier aspecto tomado como naturaleza básica de la realidad es con ello también tratado como incondicionalmente no dependiente.[5]

   ¿Qué es, entonces, lo que ha impulsado a los teóricos a proponer teorías reduccionistasno dependiente—seeteorías reduccionistas? ¿Por qué tantos teóricos se han sentido compelidos a especular acerca de la naturaleza básica de la realidad? ¿Por qué no pueden las teorías meramente pasar por alto ese tema y construir explicaciones dentro de los aspectos? Para invocar nuevamente la metáfora usada anteriormente: ¿por qué no pueden contentarse las teorías con examinar las cuentas del collar y simplemente no preguntar acerca de su cuerda?

   La mejor manera de responder estas preguntas, pienso, es primero plantear otra. Esto es, necesitamos formular la pregunta que las teorías reduccionistas han ofrecido responder. La pregunta es esta: *¿qué hace posible (y real) que las propiedades de los diferentes tipos de aspectos se conecten del modo en que los encontramos en nuestra experiencia o los postulamos en nuestras teorías?* Después de todo, cada uno de los tipos exhibe una implacable diferencia cualitativa respecto de cualquier otro tipo. No obstante, las propiedades de diferentes tipos se combinan en los objetos que experimentamos de tal modo que aquellos objetos se nos presentan como unidades y no como uniones; cada uno es un individuo con su propia identidad. También en las teorías surge la cuestión de la conexión entre los aspectos. Pues las teorías proponen conceptos que combinan propiedades de diferentes tipos y especifican cómo se relacionan. La cuestión es, entonces, acerca de qué hace posible la fuerte conexión entre los tipos. Ésta es la razón por la que las hipótesis acerca de la naturaleza básica de la realidad (la cuerda para las cuentas del collar) se encontraban entre las primeras propuestas cuando surgió por primera vez la elaboración sistemática de teorías (hasta donde sabemos, esto fue en la antigua Grecia). Así que si las teorías van a evitar verdaderamente tales descripciones globales de la realidad, y de esa manera van a evitar atribuir divinidad a algo, tendrían que evitar el asunto de la conexión entre los aspectos. Lo que se halla en juego, entonces, es si ese asunto es evitable o no. Mi respuesta es que no lo es, y ofreceré el argumento en favor de esta aseveración en distintas etapas para hacerlo tan claro como sea posible.

La primera etapa del argumento en favor de la inevitabilidad de tener que dar cuenta de la conexión entre los aspectos es extraída de la actividad de abstracción necesaria para la construcción de cualquier teoría. Piénsese en lo que ya fue señalado acerca de la abstracción en el capítulo 4. Observamos que esto significaba hacer resaltar y extraer de un trasfondo más amplio algún enfoque más estrecho como foco de nuestra atención. Observamos también que un alto grado de abstracción es requerido por las teorías de la ciencia y de la filosofía, un grado que aísla no solamente propiedades individuales, sino tipos enteros de ellas, de los objetos que las exhiben. Es así como se diferenciaron las varias ciencias originalmente, a saber, abstrayendo diferentes tipos de propiedades y leyes como sus campos de investigación. Por lo tanto, en la medida en que la alta abstracción es inevitable para formar teorías, la cuestión de cómo se conectan los diferentes tipos de aspectos también es inevitable. Pues una vez que los abstraemos de los objetos, y diferenciamos tajantemente unos de los otros, nos vemos forzados a decir cómo se relacionan para explicar lo que estamos tratando de explicar. En contraste, el pensamiento preteórico nunca plantea la cuestión de cómo se relacionan los tipos de leyes y propiedades, pues nunca los abstrae de las cosas que las exhiben, ni los distingue uno del otro de una manera lo suficientemente tajante para problematizar su conexión.

Debido a que esta primera etapa del argumento apunta hacia el modo en que la cuestión de la conexión entre los aspectos es planteada por la actividad de abstracción y diferenciación, también es importante recordar que la explicación de la abstracción dada anteriormente no era ella misma una teoría. No era una *hipótesis* acerca de cómo funciona la abstracción, sino una descripción de lo que tiene lugar en la abstracción —una descripción que puede ser confirmada en su propia autorreflexión.[6] Así que el argumento en favor de esta tesis no descansa en algún conjunto de premisas privilegiadas que todo mundo debiera aceptar so pena de ser descartado como irracional. Tampoco depende de alguna suposición acerca de la naturaleza del ego humano cognoscente. Meramente describe la actividad de abstracción y pregunta si puede usted sorprenderse reflexivamente en el acto de hacer lo que describe. Más aún, esa descripción no necesita ser completa, sino solamente verdadera dentro de su alcance.

La segunda etapa del argumento tiene que ver con una diferencia entre el grado en el que podemos ser exitosos abstrayendo aspectos de las cosas que los exhiben, en comparación con lo que sucede cuando tratamos de abstraer uno del otro. Nuestra tesis acerca de esto es que si bien podemos, desde luego, aislar aspectos de los objetos de la experiencia preteórica, nunca podemos aislarlos completamente uno del otro. (Es por ello que en el párrafo previo hablé de "distinguir tajantemente" aspectos, no de aislarlos abstractivamente.) La conexión entre los aspectos es tan intensa que no es posible que lleguemos a pensar en uno por sí mismo. Es esto lo que nos impide construir una teoría estrictamente dentro de los límites de cualquiera de ellos. Cualquier intento por hacer eso termina necesitando relacionar propiedades del aspecto que está siendo investigado con propiedades de otros aspectos. Así que una teoría siempre está confrontada con la cuestión de qué tipo de conexión relaciona su aspecto con todos los demás. Una teoría puede o no abordar y responder esa pregunta, pero, si no lo hace, aún así supondrá tácitamente que la conexión satisface alguna descripción, y es así de un tipo específico.

Esta etapa del argumento es como la primera etapa en que tampoco es una hipótesis. Supone que se nos presentan en la experiencia cosas, eventos, estados de cosas, relaciones, personas, etcétera, y que estos objetos de experiencia exhiben tipos de propiedades cualitativamente diferentes, todos los cuales exhiben relaciones ordenadas. Pero claramente estas suposiciones no son hipótesis; ¡no es una conjetura que experimentemos cosas con propiedades ordenadas! Si se objeta que estamos también suponiendo que las cosas con aspectos son reales, nuestra réplica es doble. Primeramente: se dan a nuestra experiencia como reales, de manera que la creencia en su realidad tampoco es una hipótesis; la negación de su realidad sería una hipótesis. Segundo: incluso no necesitamos suponer su realidad para que este argumento sea exitoso frente a la cuestión a la mano. Tiene éxito si solamente suponemos que están dados en nuestra experiencia. (Resultará, sin embargo, que solamente con suponer que están dados el argumento también puede mostrar por qué cualquier intento de negar enteramente la experiencia preteórica, es decir, negar que hay cosas con aspectos, no puede evitar la incoherencia.)

Del mismo modo, al igual que con la primera etapa del argumento, esta etapa también renuncia a cualquier pretensión de haber alcanzado un conjunto de premisas supuestamente privilegiadas, tales que ninguna persona racional pudiera negarlas. Como esta etapa del argumento no es una deducción, carece de premisas. Tampoco es una inferencia inductiva, de manera que su conclusión no es meramente probable. Más bien, el argumento asume la forma de un experimento de pensamiento que usted puede confirmar en su propia autorreflexión. Esto significa, sin embargo, que para aprehender plenamente la fuerza del argumento, ¡usted debe en efecto llevar a cabo el experimento!

El experimento consiste en tratar de pensar cualquier aspecto como completamente aislado de todos los otros del modo en que acabo de decir que no es posible.[7] Esto es, si usted está tratando de formular la idea de cualquier aspecto de tal modo que refute mi aseveración, eso no se puede hacer. Si usted puede hacerlo, mi argumento fracasará. Si usted no puede, habrá usted visto por sí mismo por qué la cuestión de la conexión entre los aspectos no puede ser evitada. Así que intentémoslo.

Empecemos en el nivel más general, el nivel de los aspectos enteros. Y tomemos como nuestro primer ejemplo el aspecto físico —el tipo físico de leyes y propiedades. El experimento consiste en ver si puede usted formular cualquier idea de ese aspecto en completo aislamiento respecto de todos los aspectos no físicos. Así que empecemos eliminando de su idea de "físico" toda conexión con los aspectos cuantitativo, espacial y cinético. Luego elimine su conexión con los aspectos biótico, sensorial, lógico y lingüístico. ¿Le ha quedado algo en lo absoluto? A mí no. Una vez que todos los otros aspectos son sustraídos del físico, encuentro que "físico" no tiene ningún significado. Más aún, encuentro que el mismo resultado tiene lugar sin importar sobre qué aspecto se lleve a cabo este experimento. Inténtelo, por ejemplo, con el sensorial. ¿Qué queda de su idea de ese aspecto una vez que ha sido descartada toda conexión con los aspectos cuantitativo, espacial, físico, lógico y lingüístico? Las propiedades y leyes lógicas caen también víctimas del mismo resultado. Por ejemplo, el axioma fundamental de ese aspecto, la ley de no contradicción, dice "nada puede ser verdadero y falso en el mismo sentido al mismo tiempo". Hace así referencia tanto a otros "sentidos" como al tiempo, de modo que está inevitablemente conectado con propiedades no lógicas. Es así que la ley no puede ser pensada o formulada aparte de esa conexión.

Quizá formular el argumento en el nivel de los aspectos enteros sea demasiado abstracto para algunos lectores, así que intentemos el experimento de nuevo, esta vez en el nivel de propiedades específicas. Intentémoslo con la propiedad del peso en su sentido físico (no peso como un sentimiento sensorial, sino como la atracción gravitatoria de una cosa sobre otra). Llevemos a cabo ahora el mismo experimento: elimine de su idea de esa propiedad toda conexión con propiedades tales como ser cuantificable, ser espacialmente localizable, ser móvil, ser lógicamente idéntico a sí mismo y poder ser la referencia de un lenguaje. ¿Ha quedado algo? O tome la cualidad sensorial rojo, e intente la misma cosa. ¿Puede elaborar cualquier idea de rojo que no tenga cantidad, que no tenga ubicación o configuración, que no tenga relación con las propiedades físicas de la luz, y que no sea lógicamente distinguible de otros colores? O inténtelo con la propiedad lógica de que una cosa es idéntica a sí misma (la propiedad de que una cosa sea indistinguible de sí misma en el sentido de que la ley de no contradicción se violaría al negarlo.) Pienso que usted encontrará que una cosa puramente lógica es literalmente impensable, al igual que una puramente física o puramente sensorial; cualquier cosa tendrá que poseer alguna combinación ordenada de propiedades biológicas para que fuese verdadero que, tomadas juntas, distingan y con ello identifiquen esa cosa. Por favor, observe que este punto de ninguna manera niega que las leyes de la lógica sean reales o que verdaderamente valgan tanto de las cosas que experimentamos como de nuestro pensamiento. Sólo niega que podamos concebirlas aisladas de propiedades y de leyes no lógicas.

Si los resultados de este experimento son los mismos para usted como lo son para mí, entonces usted habrá visto por sí mismo por qué abstraer tipos de propiedades y de leyes hace que dar cuenta de su conexión sea un problema filosófico verdaderamente inevitable. Como dije, una teoría puede permanecer tácita sobre ese asunto y simplemente dar por sentado que todos los tipos se conectan, pero no será capaz de hacerlo sin también suponer que la conexión tiene alguna naturaleza particular, que es de un cierto tipo. Ya hemos visto cómo un número de teorías difieren sobre exactamente ese asunto y hemos notado que es en sus explicaciones en competencia de la naturaleza de la conexión entre los aspectos que son iguales a las teorías en competencia acerca de la naturaleza básica de la realidad. Pues, si los aspectos son impensables aparte de su conexión, entonces, hasta donde sabemos, dependen para su existencia de esa conexión. Así que, a menos que esa conexión sea tomada como dependiendo a su vez de otra cosa, se les ha otorgado con ello el estatus de divinidad *per se*. Esa es la razón por la que las teorías no son capaces de evitar incluir o presuponer alguna creencia religiosa u otra.

En caso de que este último punto haya pasado un poco rápido, voy a formularlo nuevamente de otro modo.

Cualquier cosa que haga posible y real la conexión entre tipos de propiedades y leyes cualitativamente diferentes es aquello de lo que dependen para su existencia, pues —hasta donde podemos pensar en ellos en lo absoluto— no pueden existir aparte uno del otro. Es ésta la razón por la que las teorías han sido forzadas a ofrecer explicaciones acerca de la naturaleza de su conexión. Una teoría reduccionista débil trata de resolver el problema haciendo que sus aspectos favoritos sean la razón necesaria y suficiente para la existencia de los aspectos restantes. En ese caso la explicación que ofrece acerca de cómo se conectan todos es que son generados por los aspectos que favorece para desempeñar ese papel. Una teoría reduccionista fuerte, por otra parte, trata de disolver el problema más que de resolverlo. Sostiene que no hay aspectos genuinos distintos del que favorece como naturaleza de la realidad. Pero incluso para los reduccionistas fuertes el asunto de la conexión entre los aspectos surge también inevitablemente. Pues tienen que admitir que el mundo, tal y como está dado a nuestra experiencia, al menos *parece* exhibir propiedades de tipos cualitativamente diferentes. Si ello no fuese así, los teóricos no podrían ni siquiera formarse ideas alternativas de la naturaleza de la realidad —ideas que el reduccionista fuerte admite que existen pero quiere decir que son falsas. Así que, más que evitar enteramente el asunto, el reduccionista simplemente maneja la cuestión de la conexión entre los aspectos de un modo diferente, a saber, interpretándola como una relación entre realidad e ilusión. Por ejemplo, una versión del materialismo fuerte sostiene que todas las cosas y propiedades aparentemente no físicas son productos de lo que desecha como "psicología popular". Pero tiene que admitir, para comenzar, que las personas obtienen sus ideas de las propiedades no físicas en su experiencia preteórica. Si los materialistas fuertes fuesen simplemente a negar que alguien incluso experimenta lo que parecen ser propiedades no físicas, su teoría sería inmediatamente considerada tan implausible como para no ser tomada seriamente.

En resumen: es la cuestión de la conexión entre los aspectos la que no puede ser evitada y la que fuerza a las teorías a suponer o a especificar la naturaleza de esa conexión. No puede ser evitada porque los diferentes tipos de aspectos no pueden ser pensados en aislamiento; nos volvemos explícitamente conscientes de ellos sólo abstrayéndolos de los objetos de la experiencia preteórica y diferenciándolos al contrastarlos entre ellos. Es este incontestable hecho el que hace surgir la cuestión de la naturaleza de su conexión, y es responder esta cuestión lo que es lo mismo que proponer (o suponer) alguna idea acerca de la naturaleza básica de la realidad. Pues cualquier cosa que se proponga como naturaleza de esa conexión es también, por lo tanto, la naturaleza de la realidad no dependiente de lo que todo lo demás depende; identifica el tipo de cuerda que conecta las cuentas del collar produciéndolas. Y es esta la razón por la que las teorías reduccionistas de la realidad no pueden evitar conferir estatus divino a cualquier cosa que elijan como siendo esa cuerda. Pues, sea lo que fuere lo que una teoría adopte como aquello de lo que todo lo demás depende, es con ello concebido como completamente no dependiente y por ende como divino *per se*.[8]

10.3. Una crítica filosófica del reduccionismo como estrategia para las teorías

En lo que sigue argumentaré que, aunque la cuestión de la conexión entre los aspectos es propia e inevitable, la reducción como estrategia para responderla no es ninguna de las dos cosas. Observe que la estrategia supone desde el comienzo que la naturaleza de la conexión debe ser cualificada por uno u otro de los aspectos mismos, de modo que una o más de las cuentas del collar es de hecho su cuerda. Esto es lo mismo que conferir divinidad a algunos aspectos, y es la razón por la que la estrategia supone alguna forma de religión pagana. Pero, como habré de argumentar ahora, tal suposición no es justificable en los modos usados para justificar teorías. Así que, a pesar del hecho de que funciona dentro del contexto de una teoría, la suposición misma es una creencia religiosa y no simplemente una hipótesis teórica.

Anteriormente dije que los argumentos que muestran por qué las teorías no pueden evitar alguna presuposición religiosa controladora son los mismos que también suplen una crítica del reduccionismo como estrategia explicativa. Así que déjenme ahora revisar los argumentos dados arriba, mirándolos desde un ángulo diferente para ver por qué es esto así. Antes de hacer eso, sin embargo, déjenme reiterar que lo que este otro ángulo pretende mostrar no es que todas las atribuciones de divinidad a cualquier aspecto del mundo son *falsas*, sino por qué son *injustificables*. La crítica, por lo tanto, no equivaldrá a una demostración de que Dios existe o de que solamente Dios tiene estatus divino. En vez de ello, pondrá en evidencia que todas las atribuciones de divinidad son traídas a la teorización desde la experiencia preteórica, y son en ese sentido artículos de fe tanto como lo es la creencia en Dios.

La primera parte de la crítica de la reducción será extraída de la primera etapa del argumento dado arriba, y tiene que ver con lo que fue señalado acerca de la actividad de abstracción. Llama la atención el modo en que algunos pensadores han inferido la existencia independiente de un aspecto particular del modo en que parece ser independiente como resultado de su haberlo abstraído. Por ejemplo, Aristóteles argumentó que la habilidad de la mente humana para formar conceptos lógicos debe ser realmente independiente del cuerpo humano.[9] Su base para la afirmación es que, como el pensamiento lógico es capaz de formar conceptos del cuerpo y del resto del mundo, debe entonces existir independientemente del cuerpo y del resto del mundo. Así que su argumento es un claro caso de abstraer el aspecto lógico (del pensamiento humano) y de atribuir existencia independiente, real y separada al mismo, a pesar del hecho de que su supuesta existencia independiente es ¡el producto de su propia actividad de abstraerlo y de distinguirlo! Descartes también cometió este mismo error, pero en su caso es incluso peor. Pues él era claramente consciente de que estaba suscribiendo la inferencia de que, si puede separar una cosa de la otra en el pensamiento, entonces existe separadamente de la otra en la realidad.[10]

El punto de esta parte de la crítica es por lo tanto simple: abstraer cualquier aspecto de la experiencia, y luego tomar la resultante apariencia de su separación como demostrando su existencia independiente, es cometer el error que anteriormente llamé incoherencia autorrealizadora. Como la abstracción y tajante distinción del aspecto favorecido es un producto de la actividad del pensador, el pensador no tiene derecho a creer que su distinción en el pensamiento corresponde a su independencia en la existencia. ¿Recuerda el ejemplo de poner un termómetro en un vaso de agua para afirmar su temperatura? Si fuésemos entonces a decir que el termómetro nos dice cuál era la temperatura del agua antes de ser insertado, habríamos ignorado el hecho de que la actividad recién realizada para obtener esa información transformó la información. Lo mismo ocurre con la abstracción. Podemos aislar un aspecto de las cosas que lo exhiben y distinguirlo tajantemente de los otros aspectos para examinarlo más estrechamente. Pero el hecho de que podamos confinar nuestra atención al mismo de aquellos modos nunca puede justificar la conclusión de que realmente es capaz de existir independientemente de todos los otros aspectos.

La segunda etapa de esta parte del argumento también cuenta en contra de Aristóteles pero aún más en contra de Descartes. Pues el experimento de pensamiento mostró que nunca concebimos realmente ningún aspecto en completo aislamiento respecto de los otros. Mantengamos en mente, no obstante, que este punto es simplemente el opuesto al de Descartes. No es que mientras que él dice que si podemos pensar un aspecto en aislamiento entonces debe ser capaz existir de ese modo, y lo invertimos diciendo que si tú no puedes pensarlo de ese modo entonces no puede ser de ese modo. Nuestro punto es más bien que, si no puedes construir la idea de una X independientemente existente (donde X es cualquier aspecto que te guste), entonces nunca puedes *justificar* la aseveración de que X existe de ese modo. Esto no es negar que las personas puedan formar y formen la creencia de que algún aspecto del mundo tiene estatus divino *incluso si no pueden de hecho elaborar una idea del mismo en su presunta independencia*. Hacen esto por la razón mencionada varias veces ya, a saber, que lo experimentan como siendo la naturaleza de la divinidad. Así que hay un sentido en que la experiencia religiosa pagana se halla en conflicto consigo misma. Por un lado, algún aspecto del mundo de la experiencia preteórica parece ser divino; por otro lado, el experimento de pensamiento muestra por qué no puede elaborarse la idea de que algún aspecto posee tal estatus. Así que la intuición pagana de divinidad equivale a tener la experiencia de que *algo que no podemos pensar como no dependientemente real no obstante tiene una realidad no dependiente de un modo que no podemos pensar*.

Ésa es decididamente una posición muy mala en tanto que tal creencia es convertida en la base de una teoría. Pero, más que eso, es terrible estar en esa posición por lo que concierne a la condición religiosa existencial del pensador. Ésta es la razón por la que varias creencias paganas exhiben el carácter inestable que mencioné anteriormente, en el que la deificación de un aspecto constantemente provoca la contradeificación de otro. Es esto a lo que Agustín se refirió concerniente a su propia condición antes de convertirse en cristiano cuando dijo: "Mi corazón estaba inquieto, Señor, hasta que encontró descanso en ti".

El desesperado intento de justificar las creencias de divinidad paganas se puede describir de varias maneras adicionales, pero quizá las más fáciles de ver sean las dos que ofrezco ahora. Una es que nuestro experimento de pensamiento ha mostrado por qué la misma expresión "X independientemente existente" (donde X es cualificado por uno o más aspectos del cosmos) se halla en el mismo barco que la expresión "círculo cuadrado". Podemos decir las palabras, pero no podemos ni siquiera elaborar la idea de lo que se proponen nombrar. Pero, si no podemos hacer eso, ¿cómo será posible dar un argumento para mostrar que "X tienen existencia independiente" es verdadero?[11]

La otra tiene que ver con el modo usual en que las teorías tratan de darle la vuelta al problema, no identificando la separación abstractiva en el pensamiento con la independencia efectiva en la realidad. La mayoría de los filósofos del siglo pasado o cercanos al mismo estarían de acuerdo con mi señalamiento en contra de Descartes. Pero, en vez de ello, propondrían justificar la elección del aspecto favorecido como la de aquel del cual todos los otros dependen demostrando la superioridad explicativa de esa posición, en vez de tomar su abstracción como implicando su independencia. Esto es, tratarían de mostrar que tomar el aspecto X como la naturaleza de aquello de lo que todo lo demás depende se justifica porque propone arrojar la única o mejor explicación de cualquier cosa que deseemos explicar. Pero este enfoque también está limitado por nuestro experimento de pensamiento. Pues, en tanto que se puede decir que las propiedades y leyes de X explican cualquier cosa, siempre son pensadas *en relación con* otros tipos de propiedades y leyes, no aisladas de ellos. Así que si el mismo aislamiento de su aspecto favorito X es lo que no puede ser concebido, postular "leyes puente" entre X y otros aspectos no tiene éxito en producir explicaciones genuinas porque *las leyes puente no pueden ser pensadas como exclusivamente de la naturaleza de X, al igual que cualquier otra cosa tampoco puede serlo.* Y a menos que las leyes puente sean exclusivamente leyes de tipo X, X no será la naturaleza de aquello de lo cual todo lo demás depende y a lo cual se reduce. Así que postular leyes puente hipotéticas no hace nada para aliviar el hecho de que "exclusivamente X" es impensable. Todavía sería el caso que, hasta donde podemos saber, conocer X depende de su conexión con otros aspectos del todo, mientras que esta conexión se supone que es explicada mediante leyes puente que son ¡de una naturaleza exclusivamente X! En suma, el entero cuerpo de argumentos ofrecidos como evidencia en favor de la supuesta independencia de X constantemente apela a X en su conexión con otros aspectos, no a X como independiente, mientras que la conexión de X con ellos no puede ella misma ser concebida como siendo puramente de la naturaleza de X. En la medida en que esto es así, no puede haber buenos argumentos en favor de la superioridad explicativa de tomar a X como siendo aquello de lo que todo lo demás depende. Más bien la imposibilidad de concebir un "X independientemente existente" simplemente recurre en cada punto a lo largo de la teoría, infectando toda la supuesta evidencia en favor del poder explicativo de tomar X como teniendo existencia independiente.

Debe observarse que estas últimas críticas, al igual que aquellas que las precedieron, son también aplicaciones del criterio para las teorías que llamé "incoherencia autorrealizadora" en el capítulo 4. En cada caso, lo que se opone al éxito de una tesis de reducción son las actividades de pensamiento que debemos llevar a cabo para elaborar una teoría (abstracción) o que podemos llevar a cabo para evaluar una teoría (el experimento de pensamiento). Y podemos confirmar los resultados de aplicar estas pruebas a nuestra propia reflexión sorprendiéndonos a nosotros mismos en el acto de abstracción o realizando el experimento de pensamiento.

Para clarificar aún más los últimos dos modos en que he usado este criterio, voy ahora a ilustrar cada uno de ellos nuevamente, esta vez aplicándolos al concepto de átomo. Como notamos anteriormente, la teoría atómica no puede simplemente decir "hay átomos". Tiene que especificar qué tipo de cosas se supone que son los átomos y, al hacer eso, inevitablemente plantea el asunto de la conexión. Lo que es más, hace esto ya sea que la teoría proponga que la naturaleza de un átomo incluye propiedades de diferentes tipos, o que proponga que su naturaleza está constituida de propiedades de solamente un tipo. Pues, incluso en el segundo caso, la teoría debe especificar cómo es que las propiedades que constituyen la naturaleza de un átomo se relacionan con propiedades de otros aspectos que no constituyen su naturaleza. Así que si una teoría fuese a decir que un átomo es exclusivamente físico, por ejemplo, tendría entonces que explicar cómo aquellas propiedades físicas se relacionan con, digamos, las propiedades sensoriales de nuestras observaciones. Pues a menos que haya una conexión tal, y a menos que sea fuerte, la observación experimental no tendría ningún valor para la física. Un materialista reduccionista fuerte tendrá que replicar que simplemente no hay propiedades sensoriales en lo absoluto, mientras que un materialista reduccionista débil tendría que decir que las propiedades sensoriales son todas generadas por combinaciones de entidades que tienen exclusivamente propiedades físicas. Por favor observe que, mientras que la primera respuesta socava el valor de los experimentos *tal y como son realmente experimentados*, la segunda hace que la conexión entre los tipos de propiedades sea ella misma *física*.

Ya hemos visto por qué ambas réplicas chocan con el experimento de pensamiento. Si no podemos ni siquiera elaborar la idea de un tipo de propiedades y leyes aisladas de todas las demás, tampoco podemos elaborar la idea de átomos exclusivamente físicos o de una relación causal exclusivamente física entre átomos y cualesquiera propiedades no físicas. (¡Y esto muy aparte de la dificultad de explicar cómo una causa puramente física podría producir un efecto no físico!) Con respecto a ambos asuntos, proponer una relación causal puramente física tal para resolverlos solamente replantea los problemas a ser resueltos.

Lo que acaba de decirse acerca del materialismo se aplica igualmente bien a cualquier otro "ismo". No importará para este argumento qué aspecto o combinación de ellos se proponga como aquello a lo que todo lo demás se reduce.

No importa qué aspectos se hayan seleccionado, sigue siendo el caso que, como ninguno puede ser pensado aparte de los otros, ninguno puede ser justificado como existiendo de ese modo. Tampoco es esta crítica efectiva solamente en contra de teorías que seleccionan aspectos de los *objetos* de nuestra experiencia para explicar su conexión entre los aspectos . Se aplica igualmente a teorías subjetivistas que proponen que es el sujeto cognoscente (humano) el que conecta todos los tipos de propiedades de las cosas dándole así orden al mundo que experimentamos. Las teorías subjetivistas también entran al mismo callejón sin salida, porque siguen estando obligadas a decir qué *aspecto* de la mente humana o del ego hace ese trabajo. Esto se debe a que los humanos no solamente experimentan y distinguen los varios aspectos, sino que también los poseen. Un acto de pensamiento, por ejemplo, tiene propiedades cuantitativas, espaciales, físicas, biológicas, sensoriales, lógicas, etcétera, como ya hemos observado en nuestra discusión del conductismo. Así que es inevitable la pregunta relativa a qué *tipo* de actividad subjetiva proporciona la conexión sin la cual ni las propiedades individuales ni los enteros tipos de las mismas pueden ser pensados. De este modo, el mismo callejón sin salida surge para las teorías reduccionistas del sujeto cognoscente, como lo hizo para las teorías reduccionistas de los objetos conocidos.

Así que una vez más el tema de la conexión entre los aspectos es la clave para ver por qué el involucramiento de alguna creencia de divinidad en las teorías es inevitable. Como no podemos formar la idea de un aspecto como existiendo independientemente de los otros, toda explicación teórica está forzada a proponer o suponer algo como garante de su conexión. Si uno (o más) de los aspectos mismos es puesto en ese papel, con ello se convierte en la naturaleza básica del mundo dado a nuestra experiencia. Y, como con ello también se convierte en la naturaleza de la realidad independiente, de lo que todo lo demás depende, también es puesto en el papel de identificar la naturaleza de la divinidad *per se*. Al mismo tiempo, sin embargo, el hecho de que todo aspecto, en la medida en que podamos pensarlo en lo absoluto, existe solamente en una conexión irrompible con todos los demás, ninguna creencia de que un aspecto tiene estatus divino es susceptible de justificación teórica. Por lo tanto, tales creencias no solamente satisfacen nuestra definición de creencia de divinidad *per se*, sino que desempeñan un papel regulador en las teorías al mismo tiempo que permanecen injustificables en los modos en que las teorías buscan ser justificadas.

A cualquiera que esté todavía tentado a negar esto último, le pregunto: ¿puede usted realmente creer que las teorías son decididas por una (mítica) facultad de "racionalidad neutral, pura"? Si esto es así, ¿por qué un kantiano nunca logra convencer a un tomista mediante el argumento racional? ¿Por qué los hegelianos no persuaden a los materialistas? ¿Por qué nada se dirime entre dualistas y monistas siglo tras siglo? Observe que estas diferencias afligen no solamente a las teorías de la realidad sino a la noción misma de lo que es ser racional! ¿No ha sido reduccionista la epistemología, al igual que la ontología, estando por ello bajo control religioso? Ha habido teorías del conocimiento que proponen que el conocimiento es esencialmente lógico, lógico/sensorial, matemático, físico/biótico, histórico, lingüístico, ético y numerosas combinaciones mixtas de ellos. Las teorías del conocimiento no solamente difieren por ser fundacionistas, coherentistas, pragmatistas, externalistas, internalistas, etcétera, sino por la *naturaleza* que atribuyen a los fundamentos del conocimiento, a la coherencia entre creencias, o a lo que significa que una creencia sea exitosa. Del mismo modo, postulan alguna naturaleza del yo conocedor para la cual se dice que la justificación es interna, externa, práctica, etcétera. En este respecto, la epistemología se halla siempre hasta la coronilla en la ontología (y viceversa), mientras que ambas se hallan igualmente bajo el encantamiento de alguna creencia de divinidad.[12]

Finalmente, quiero enfatizar que, aún cuando todo el objeto de esta crítica no es mostrar que todas las creencias reduccionistas son falsas, sino mostrar que son todas religiosas, éste es aun así un resultado importante. Esto es porque equivale a emparejar el campo de juego entre teístas y no teístas. Ya no pueden las diferentes posiciones paganas pasar por alto el carácter religioso de sus creencias reduccionistas proclamando dogmáticamente que son entregas de la "razón" en vez de serlo de la fe, o como "científicas" en tanto que opuestas a sectarias, o como productos de "el pensamiento libre" en vez de serlo del dogma. En vez de ello se necesita admitir que todos nosotros por igual teorizamos bajo el control de cualquier cosa que creamos que es divina *per se*. El modo equitativo de comparar estas concepciones será entonces juzgar sus resultados para las teorías. Pues, si la creencia religiosa pagana y su consecuente reduccionismo no pueden producir explicaciones coherentes del mundo, esa falla será de lo más patético si resulta que las teorías no reduccionistas desarrolladas sobre una base teísta sí pueden hacerlo.

10.4. Una crítica religiosa de la reducción como estrategia para las teorías

La crítica a ser ofrecida aquí será "religiosa" en el sentido de que se enfocará en la pregunta de qué hay en su entendimiento de Dios que ha inducido a tantos teístas a tratar de preservar la estrategia de reducción en su trabajo teórico. Empezaré esta crítica una vez más revisando algunos puntos establecidos, para estar seguro de que el trasfondo de la misma está clara.

Ya hemos notado que la vasta mayoría de los pensadores teístas no ha visto la necesidad de un replanteamiento radical de la elaboración de teorías, abandonando la reducción como estrategia para las teorías. En vez de ello, ha tratado de neutralizar el por lo demás pagano carácter de las teorías reduccionistas, agregándoles su estipulación de que Dios creó cualesquiera aspectos a los cuales el resto del cosmos se supone que se reduce. He dado varias razones por las cuales esta estratagema no puede tener éxito. La principal razón es que la obra explicativa real de tal teoría todavía yace en su reducción de todo a uno o más aspectos de la creación, de manera que nada de su poder explicativo cambia agregándole la creencia en Dios. (El único papel para la creencia en Dios en tal teoría sería convertirlo en un asilo de la ignorancia como, por ejemplo, Descartes lo hizo cuando hizo pasar su inhabilidad para explicar la interacción entre mente y cuerpo llamándola un "un milagro causado por Dios".) La estratagema, por lo tanto, deja a la vasta mayoría de los contenidos de tal teoría, y a todo su poder explicativo, inafectados por la creencia en Dios. Así que no cuadra con la enseñanza bíblica de que conocer a Dios impacta toda verdad y toda especie de conocimiento. Más aún, ahora que hemos visto cómo las creencias de divinidad pueden regular y regulan las teorías, pregunto: ¿por qué deberíamos pensar que las teorías paganas pueden regular las teorías interna y generalizadamente, pero no la creencia en Dios? ¿Por qué no deberíamos esperar que la creencia en Dios pueda al menos delimitar una gama de hipótesis aceptables como lo hacen las fes paganas? ¿Por qué pensar que solamente las creencias de divinidad paganas pueden proveer una base a partir de la cual explicar la naturaleza de las cosas, mientras que la creencia en Dios solamente puede ser añadida a las teorías como un pensamiento postrero, como la cola al burro en la celebración del cumpleaños de un niño?

Otros puntos ya establecidos también apoyan la crítica inicial a la estratagema de la adaptación. El primero tiene que ver con el modo en que las teorías reduccionistas débiles argumentan que uno o dos aspectos de la creación generan todos los demás. Tal aseveración confiere a los aspectos reductores una relación con el resto de la creación que es la misma que la relación que Dios tiene con los aspectos reductores. De este modo, la estratagema de la adaptación otorga a aquellos aspectos un estatus semidivino; la estipulación teísta agregada niega que sean divinos *per se*, pero aun así les confiere un estatus que es más cercano a la independencia divina que la que es poseída por el resto de la creación. Por lo tanto, ¡su estatus corresponde a la idea pagana de un dios! Por esta razón, es justo decir que la estratagema confiere a ciertos aspectos de la creación el estatus de criptodivinidades que median entre Dios y el resto de la creación, mientras que la Escritura siempre habla como si Dios *directamente* sustentase todo lo que no es él mismo. Este punto es especialmente elocuente desde un punto de vista cristiano, porque el Nuevo Testamento insiste en que el único mediador entre Dios y la creación es Jesucristo. Y mientras que la mediación de Cristo como salvador es a través de su naturaleza humana, se dice que su mediación del poder creador y sustentador de Dios se debe a su naturaleza divina. Es solamente por él, como segunda persona de la Trinidad, no por aspectos cualesquiera, propiedades o leyes de la creación, "por quien todas las cosas fueron hechas" (Juan 1:3), y "en el cual todas las cosas subsisten" (Colosenses 1:17). Como lo formulara alguna vez San Gregorio Palamas, aparte de Cristo "los cristianos no pueden tolerar ninguna sustancia intermedia entre el creador y las criaturas, ni ninguna hipóstasis mediadora [realidad fundadora]".[13]

Considere el mismo punto formulado de modo hipotético: aparte de una u otra creencia de divinidad pagana, ¿cuál pudo haber sido la razón por la que los pensadores antiguos supusieron desde el principio de la elaboración de teorías que el modo de construir una teoría de la realidad era reduciendo todo el resto de los aspectos del cosmos a uno o dos? Si la teoría de la realidad hubiese empezado entre los judíos en vez de entre los griegos paganos, por ejemplo, la doctrina de la creación hubiera podido conducirlos —y debía haberlos conducido— en la dirección opuesta. Si las teorías hubieran empezado bajo el control de la doctrina bíblica de que todo en el cosmos depende de Dios para su existencia, su construcción hubiera sido emprendida sobre la suposición de que solamente Dios es aquello de lo que todo lo demás depende para existir, de manera que un principio guía para las teorías hubiera sido negar este estatus a cualquier otra cosa. En vez de ver qué tanto podían las teorías de la realidad acercarse a una concepción pagana sin ser francamente paganas, los teóricos judíos habrían sido guiados por un horror religioso al reduccionismo. En vez de elevar ciertos aspectos como más reales que el resto proponiendo que Dios tiene embudos a través de los cuales Dios vierte su poder sustentador, sus teorías hubiesen empezado con la suposición de que todos los aspectos de la creación dependen directamente de Dios.

Estas críticas de la estratagema de la adaptación son, sin embargo, solamente preliminares a la crítica que estoy por ofrecer. Plantearlas puede ayudar a establecer el trasfondo para esta crítica porque las réplicas que usualmente provocan ponen en claro las presuposiciones más profundas sobre las que descansa el programa de adaptar y mantener la estrategia reduccionista. Mi crítica, entonces, estará dirigida a estas presuposiciones más profundas, a las creencias que son las razones reales por las que la reducción ha continuado siendo atractiva para los teístas a pesar de su carácter inherentemente pagano.

Las réplicas a las objeciones planteadas arriba empiezan frecuentemente con la observación de que la escritura no es un tratado técnico, lo cual se toma como significando que no cabe esperar que la escritura trate con asuntos teóricos. En particular, prosiguen, la escritura no puede tratar con las entidades conocidas por abstracción que pueblan las teorías de las ciencias y la filosofía. Así que la enseñanza de que Dios es el creador ha de ser tomada como significando que Dios trajo a la existencia el mundo de nuestra experiencia cotidiana a partir de la nada. Pero no, dice la réplica, requiere que mantengamos que también trajo a la existencia "realidades abstractas" tales como leyes, propiedades, clases, universales, proposiciones, conjuntos, números, etcétera. Más bien, las entidades abstractas pueden muy bien tener existencia independiente o un estatus intermedio entre Dios y el resto de la creación. De hecho, dicen, estamos completamente justificados en creer que existen tales entidades independientes porque el modo más plausible de interpretar los atributos de Dios mismo es decir que son propiedades que tienen existencia necesaria, independiente y por lo tanto son increados. Después de todo, si Dios es increado y no dependiente, las cualidades de su naturaleza también deben serlo.

Finalmente, las réplicas afirman que solamente este entendimiento de la naturaleza de Dios proporciona una explicación plausible de cómo nuestro lenguaje puede aplicarse a Dios.[14] Su afirmación es que el lenguaje humano puede hablar verdaderamente acerca de Dios porque hay una analogía entre los significados de los términos que usamos referidos a Dios y lo que estos términos significan cuando los usamos referidos a las criaturas. En otras palabras, el significado de términos extraídos de nuestra experiencia de las criaturas es algo *parecido* a lo que es verdadero de Dios, aunque no exactamente lo mismo. Sus significados no son exactamente los mismos porque Dios posee las cualidades nombradas por aquellos términos en el grado más alto posible, mientras que las criaturas los poseen en grados menores, imperfectos. Así que, mientras que la justicia, la bondad y la sabiduría de Dios son infinitamente perfectas, la justicia, la bondad y la sabiduría humanas no lo son. Esta concepción por lo tanto explica cómo es que nuestro lenguaje puede hablar verdaderamente acerca de Dios, a pesar del hecho de que los significados de nuestros términos son extraídos de nuestra experiencia de las criaturas. Da cuenta tanto de los modos en que aquellos significados son (parcialmente) los mismos como de los modos en que difieren en significado cuando se usan referidos a Dios. Esta réplica también podría concluir señalando que no solamente ha sido esta teoría analógica del lenguaje religioso ampliamente aceptada durante siglos, sino que incluso Karl Barth, el teólogo más prominente del siglo XX en rechazarla, tuvo que admitir que no tenía nada que poner en su lugar.[15]

He aquí, entonces, una lista impresionante de réplicas a las objeciones (preliminares) enlistadas arriba. No desvanecen la ironía del hecho de que el intento de los pensadores teístas de armonizar sus teorías con la creencia en un *creador* trascendente ha favorecido un modo de hacerlo que insiste en que muchas entidades y propiedades encontradas en el cosmos son independientes de Dios y por lo tanto increadas. Ni tampoco hacen mella a la aún mayor ironía de que la razón por la que estos pensadores se han sentido compelidos a mantener tal posición es ¡el entendimiento de la naturaleza de ese creador! Pero la ironía de esta teología no es un argumento en su contra. Las preguntas ante nosotros son si esta concepción de la naturaleza de Dios es (1) internamente coherente y (2) consistente con lo que es revelado acerca de Dios en Escritura. Estas cuestiones son importantes porque *es esta concepción de la naturaleza de Dios a la que me referí arriba como la presuposición más profunda de los intentos de los teístas por retener las teorías reduccionistasTeorías reduccionistas*. Así que en el curso de examinarla trataré de poner en claro por qué y cómo recomienda más que prohíbe la estrategia reduccionista para las teorías, así como decir por qué encuentro que es una concepción inaceptable de Dios. Argumentaré que es inaceptable porque tiene dificultades de coherencia interna que sólo pueden ser resueltas de modos que la hacen incompatible con la doctrina bíblica de la creación. Como éste va a ser el punto central de esta crítica, es por lo tanto necesario que seamos tan claros como sea posible acerca del significado del término "creado" antes de proceder más lejos. Para esta finalidad, debemos distinguir tres sentidos en los que de algo se puede decir que es creado.

El sentido en el que más comúnmente usamos el término es que algo se dice que es creado si hay un tiempo en el que llega a ser antes del cual no existía. De aquí en adelante, llamaré a este sentido del término "creado$_1$". Otro sentido en el que una cosa se dice que es creada por otra es cuando es producida por la otra y es distinta en su ser. Este sentido es importante en el habla acerca de Dios, pues es como la Escritura habla de toda otra cosa distinta de Dios como su creación. Llamaré a este sentido del término "creado$_2$". El tercer sentido es uno en el que sigo a Tomás de Aquino al hacer una distinción respecto de los primeros dos sentidos. En este tercer sentido, se dirá que algo es creado$_3$ si es completamente dependiente de Dios para su existencia, de tal manera que si Dios no lo hubiera producido no existiría. Dios puede, desde luego, hacer esto *ex nihilo*; esto es, puede hacerlo "a partir de nada", donde "nada" no es el nombre de una realidad sino la aserción de que aparte de Dios trayendo otra cosa a la existencia no habría más que Dios. Pero, una vez que Dios ha hecho que haya criaturas, además de él mismo, también puede usar la agencia de algunas de ellas para provocar otras cosas y eventos más, todos los cuales serían enteramente dependientes de él en este tercer sentido. Este sentido, por lo tanto, intenta ser indiferente a si lo que Dios crea se produce *ex nihilo* o a través de la agencia de otras criaturas, y a si es creado atemporalmente, para todo el tiempo, o tuvo un comienzo en el tiempo. Es incluso indiferente a si lo que es producido es distinto de Dios o no.

Difiere de tener un comienzo en el tiempo, como señala Tomás, porque algo podría ser duradero en el tiempo pero aun así ser duraderamente dependiente de que Dios lo mantenga en la existencia.[16] Cualquier cosa como esa por lo tanto no sería creada$_1$, pero aun así sería creada$_3$. Y difiere de creada$_2$ porque las propias acciones de Dios en el mundo, si bien son provocadas por él, y dependen de que las lleve a cabo, no son nada distinto de él. Así que, si son o no son creadas$_1$ (si son o no algo que Dios produjo atemporalmente o en el tiempo), serían increadas$_2$, pero aún así serían creadas$_3$.[17] Una observación final: tomaré creado$_3$ como siendo el sentido más clásico del término, puesto que está incluido en los sentidos primero y segundo, mientras que éstos no están incluidos ni uno en el otro ni en el tercer sentido. Creado$_3$ es, por lo tanto, el sentido más importante del término como lo usamos de Dios y es el que, en combinación con creado$_2$, refleja el modo en que la Escritura habla de Dios como creador. En todo lo que sigue, por lo tanto, tomaré como siendo un requerimiento revelado no negociable para el pensamiento teísta que, para cualquier otra cosa distinta de Dios, su existencia y naturaleza es creada$_3$ (producida) por Dios.

El tercer sentido de "creado" no es, desde luego, el modo en que usualmente usamos ese término para referirnos a nosotros mismos o a otras criaturas. No podemos crear *ex nihilo*. Y no hablamos ordinariamente de crear nuestras propias acciones, aunque eso es precisamente lo que sucede en este tercer sentido cuando llevamos a cabo actos que de otra manera no existirían. Así que también sonará raro decir que Dios "crea$_3$" sus propias acciones —¡acciones que son por lo tanto al mismo tiempo creadas$_2$! Quizá es esta la razón por la que la mayoría de los teólogos han preferido cubrir los tres sentidos de "crear" mediante una expresión, y simplemente decir que cualquier otra cosa distinta de Dios es producto de la voluntad de Dios.[18] Esta es una manera de afirmar que solamente el ser de Dios es incondicional y divino *per se*, mientras que todo lo demás es su creación, sobre la cual él mantiene un control soberano.

Pero es exactamente esta última afirmación la que encuentro violada por la concepción de Dios adoptada por las réplicas a mis objeciones preliminares. Más aún, el modo en que esa concepción viola la afirmación es también precisamente el modo en que provee un refugio para la estrategia reduccionista. Digo esto con gran reticencia, dados los muchos propugnadores prestigiosos que esta concepción ha tenido, y en vista del hecho de que ha dominado a la teología cristiana en el ala occidental, latina de la Iglesia, así como ha tenido alguna influencia en la teología judía y musulmana. Su camino fue pavimentado por un pensador nada menos que de la talla de San Agustín, fue instalada por San Anselmo y refinada por Santo Tomás de Aquino (así que de aquí en adelante la llamaré la concepción AAA, en aras de la brevedad). Algunas de sus aseveraciones centrales ya han sido introducidas, pero ahora necesitamos mirarlas más de cerca, y tratarlas una a la vez.

La primera de estas premisas es que la enseñanza bíblica de que Dios ha creado$_{123}$ a los humanos a su imagen ha de entenderse como significando que los humanos comparten propiedades y capacidades con Dios. Menciono esto en primer lugar para dejarlo de lado, pues parece absolutamente correcto. Procedamos, entonces, a examinar sus otras premisas, más problemáticas.

Una segunda premisa principal de la teología AAA es que cualquier cosa que pueda ser verdaderamente atribuida a Dios debe ser tan increada como él lo es. Esto significa que las propiedades predicadas de Dios en la Escritura (llamada sus "atributos" en teología) no son su libre elección, así que no son creados$_3$ por él. Esto no es simplemente decir, sin embargo, que nunca hubo o habrá un tiempo en que Dios no las tenga y que no son distintas de Dios —ambas aserciones con las cuales no tengo ninguna disputa. Pues la concepción AAA dice más que eso, dice que no dependen de él para existir y que él no tiene control alguno sobre su existencia o sobre el hecho de que las posee. El modo tradicional de formular esta premisa ha sido: los atributos de Dios existen todos necesariamente, y Dios necesariamente los tiene todos (donde "necesariamente" significa "no podría haber sido de otra manera" y "no es alterado por nada", incluido Dios). Tengo una disputa con esta premisa, pues niego tanto que los atributos de Dios deban ser increados$_3$ porque él lo es, como que se hallen fuera de su control.

Otra premisa principal adicional de esta concepción es que estos atributos de Dios son todos perfecciones, esto es, son los grados más altos posibles de las propiedades atribuidas a él. Otra manera de decir esto ha sido decir que Dios posee sus atributos en grado infinito, de modo que su tenerlos lo convierte en el ser más grande posible. Esta premisa se entiende tradicionalmente como significando que Dios posee toda tal perfección no importa cuántas haya, ya sea que lo sepamos o no. Es en este sentido que Dios es llamado "infinito"; no para significar que toda la realidad está incluida en él (que es el sentido hindú/ budista de infinito), sino para significar que es *infinitamente* perfecto. Debido a la influencia de San Anselmo, esta tesis se expresa frecuentemente diciendo que Dios es el ser más grande posible, de modo que sus perfecciones son entendidas como siendo el grado más alto de lo que Alvin Plantinga llama propiedades "hacedoras de grandeza".[19] También encuentro objetable esta premisa.

Finalmente, se halla la premisa de que sólo Dios tiene perfecciones. Esto significa que Dios no solamente posee todos los atributos hacedores de grandeza, sino que nada más es verdadero de él. Él tiene todas las perfecciones *y solamente* ellas; es por ello que es el ser más grande posible. Dicho de otra manera: si Dios tuviese propiedades que fueran menos que las perfecciones, no sería el ser más grande concebible, pues entonces podríamos concebir un ser que tuviera solamente perfecciones y *éste*, no Dios, sería entonces el ser mayor que el cual nada puede ser concebido. Una vez más, encuentro que esta premisa es también altamente objetable.

Las premisas de esta concepción han sido tan difundidas y por tanto tiempo en la teología occidental que es difícil para muchos teístas criados en ellas imaginar que pudiera haber alguna objeción seria a las mismas, ya no digamos que pudieran tener una alternativa plausible. No obstante, argumentaré que hay una concepción alternativa que no solamente es más que plausible, sino que es anterior a San Agustín. En vez de formular esta concepción alternativa inmediatamente, sin embargo, voy primero a plantear algunas objeciones a las premisas de la concepción AAA bosquejadas arriba. Después de eso ofreceré un bosquejo contrastante de la alternativa, para mostrar cómo evita las dificultades de la concepción AAA. Defenderé entonces esa alternativa, que es la concepción de Dios que fue elaborada por los padres capadocios y los de la tradición griega ortodoxa, redescubierta en el occidente por Lutero y Calvino en el siglo XVI, y cuyo paladín en el siglo XX fue Karl Barth (llamaré a esta posición capadocia y reformacional concepción C/R, en aras de la brevedad).

Mantenga por favor en mente, conforme procedamos, que la razón para esta excursión en la teología filosófica es mostrar cómo y por qué la concepción AAA *requiere que el cosmos sea explicado de una manera reduccionista, mientras que la concepción C/R de Dios prohíbe el reduccionismo.* Lo que habré de argumentar, entonces, es que la concepción AAA de Dios es errónea y necesita ser corregida, y que las correcciones eliminan cualquier razón teológica para que los teístas retengan la reducción como una estrategia para las teorías. Ese es el lado negativo de esta crítica. Su lado positivo consistirá en mostrar cómo la concepción C/R de Dios no solamente evita las dificultades de la concepción AAA, sino que también prohíbe, en vez de requerir, la reducción como una estrategia. En conjunto, estos dos lados constituirán la totalidad de esta crítica religiosa del reduccionismo. Y ella, junto con la crítica filosófica ya ofrecida, concluirá mi argumento en favor de embarcarnos en un nuevo programa teísta, no reduccionista, para las teorías.

A. Una evaluación de la concepción AAA de Dios

Empecemos con la premisa de que todos los atributos de Dios han de entenderse como perfecciones, como los grados más altos posibles de cualesquiera propiedades que se requieran para hacer de un ser el ser mayor que el cual ninguno puede ser concebido. Mi primera objeción a esto es señalar una importante diferencia entre el significado de "perfecto", como se usa en la filosofía griega, y el sentido hebreo de ese término como se usa por los escritores bíblicos. Pues ningún escritor bíblico usó jamás "perfecto" para significar el grado más alto de una propiedad. El sentido hebreo del término significa "completo", "completamente", o "infaliblemente". Así que cuando Jesús dijo a sus discípulos "sed perfectos así como vuestro padre que está en los cielos es perfecto", ¡no los estaba aconsejando que fuesen Dios! Más bien, estaba diciendo que deberían de ser tan completamente (infaliblemente) fieles a su parte del pacto como Dios lo era a la parte suya. El hecho es que ningún escritor bíblico atribuye jamás a Dios el "grado más alto posible" de una propiedad; y entender los atributos de Dios como idénticos a esa idea pagana griega es haber importado ya una noción claramente platónica a la interpretación de las Escrituras, las cuales son documentos profundamente hebraicos.

Sin duda, decir que los atributos de Dios son perfecciones, y que Dios es el ser mayor que el cual ninguno puede ser concebido, pretende ser un halago para Dios. Después de todo, Platón había postulado un ámbito de perfecciones distinto del mundo que habitamos, y su teoría no solamente dominó el mundo antiguo sino que todavía sigue teniendo una enorme influencia. Así que, ¿no es solamente inocuo, sino imperativo, proponer que estas perfecciones sean atribuidas a Dios? De esa manera, no es un ámbito impersonal de muchas entidades abstractas individuales las que son divinas *per se*, sino más bien el único Dios verdadero es el que tiene todas las perfecciones como atributos de su naturaleza.[20] ¿No debieran los teístas, por lo tanto, aprestarse a afirmar que Dios es el ser más grande posible? La respuesta a esta pregunta es que, aunque puede parecer a primera vista inocuo entender los atributos de Dios como perfecciones platónicas, y un halago para Dios referirse a él como el ser más grande posible, estas desviaciones de los modos en que los escritores bíblicos hablan de Dios en realidad tienen muy serias consecuencias que son completamente inaceptables desde el punto de vista de varias enseñanzas escriturales. Regresaré a este asunto con más detalle posteriormente pero, por el momento, piense precisamente en esta pregunta: ¿no requiere el llamar a Dios el "ser más grande posible" que haya estándares, independientes de Dios, tanto para la grandeza como para la posibilidad? ¿No requiere ello que Dios sea juzgado y medido por aquellos estándares? Si esto es así, entonces, incluso si la conclusión es que Dios se haya en la parte más alta de la escala cuando se le juzga mediante ellos, Dios aun así ha sido sujetado a estándares independientes de él. Eso no es un halago para Dios, aun cuando pretenda serlo. Más bien, es una negación no intencional de su singular divinidad *per se* y su carácter de creador₃ de todo estándar mediante el cual puede ser juzgada cualquier cosa.

Podríamos también preguntar por qué deberíamos creer que hay cosas tales como justicia perfecta, sabiduría, bien moral, etcétera, independientemente existentes. ¿Por qué no podría ser en vez de ello que no hubiese un grado más alto posible de tales propiedades, así como no hay un último número natural? Si no hay tales cosas, entonces negar que Dios las tiene no disminuye a Dios de ningún modo; Dios no es menos grande por carecer de perfecciones si no hay tales cosas.

Pero mi objeción más fuerte a la existencia de perfecciones está dirigida contra la aseveración de que cada una de ellas tiene existencia *necesaria*, de manera que no es creada₃ por Dios. Usted podrá recordar que entre las principales premisas AAA se hallaban las aserciones de que cada una de las perfecciones tiene existencia necesaria, y que Dios necesariamente las posee a todas. La primera de éstas requiere que cada perfección individual tenga realidad independiente e incondicional, mientras que la segunda requiere que Dios las posea. Tomadas conjuntamente, estas aserciones hacen a Dios dependiente de realidades que no creó y sobre las cuales carece de control.

Mi argumento en contra de la primera aseveración es una que ahora le es familiar a usted, pues no es más que el mismo experimento de pensamiento que llevamos a cabo para sujetar a prueba la estrategia de reducción para las teorías. Ahí vimos el fracaso de todo intento de tan solo elaborar una idea de cualquier tipo de propiedades y leyes como existentes independientemente de todas las otras. Así que ahora quiero aplicar el mismo experimento de pensamiento a las ideas de las perfecciones individuales. Trate de pensar, digamos, en la justicia perfecta en la espléndida soledad de su supuesta existencia independiente y necesaria. Despoje de su idea de ella toda conexión con acciones o estados de personas en tanto que éstos sean cuantitativos, espaciales, cinéticos, físicos, bióticos, sensoriales, lógicos, históricos, lingüísticos, sociales, económicos, estéticos, éticos o físicos (o cualquier lista de aspectos que le parezca). ¿Queda algo entonces de justicia? Si no, ¿por qué suponer que hay una cosa tal como una cualidad de justicia que tiene existencia necesaria e independiente? Mantenga en mente, por favor, que la concepción que estamos examinando es una teoría acerca de cómo entender los atributos de Dios. Así que el experimento de pensamiento cuenta en contra de que haya perfecciones independientes, del mismo modo en que contó en contra de que hubiese aspectos independientes, a saber, que la hipótesis de su independencia nunca puede ser justificada en la medida en que, para atribuirles independencia, destruye la misma idea de ellos.

Obsérvese que no funcionará replicar que la razón para pensar que hay cosas tales como perfecciones necesariamente existentes (a pesar de nuestra inhabilidad para formar cualquier idea de ellos) es que la justicia de Dios, etcétera, debe ser perfecta y debe tener existencia independiente porque él la tiene. Eso sería un argumento circular en este contexto pues precisamente lo que se halla ahora en cuestión es si los atributos de Dios debieran ser pensados como perfecciones en el sentido técnico derivado de la filosofía griega antigua, y si aquellos atributos deben ser considerados increados porque Dios lo es. Observe, también, que mi inminente negación de estas dos aserciones de ninguna manera niega que Dios sea perfectamente justo con nosotros en el sentido hebreo; el hecho de que Dios es infalible y completamente justo con nosotros no tiene que ser explicado diciendo que posee el grado más alto posible de una propiedad necesariamente existente y hacedora de grandeza. Es igualmente explicado por el modo en que los escritores bíblicos hablan de ella, a saber, que la justicia de Dios es una promesa libre, del pacto, una faceta de su gracia, y no algo que obligue a su ser y que no se halla bajo su control. Y tal entendimiento de ninguna manera socava la enseñanza de que él realmente es, y siempre será, justo en sus tratos con nosotros.

Hay un resultado adicional que arrojó el experimento de pensamiento acerca de los aspectos que también se aplica a las ideas de los atributos de Dios. Éste es que, puesto que podemos pensarlas solamente en su conexión, hasta donde podemos conocerlas no pueden existir aparte de su interconexión. Así que, ¿qué supliría la conexión de la cual dependen? En el caso de los atributos de Dios la respuesta es más obvia de lo que lo es para los aspectos: su conexión consiste en que todos son atributos de Dios. Pero, si dependen para su conexión y su conexión consiste de ser verdaderos de Dios, entonces ¡dependen de Dios! Así que, en vez de tener existencia independiente innecesaria, debieran ser pensados como creados₃ por Dios. Este es, como veremos, el núcleo mismo de la posición C/R.

¿Pero no va esto muy aprisa? ¿No hay otra manera de entender la concepción AAA? ¿Por qué no podríamos decir que los atributos de Dios existen necesariamente y que necesariamente Dios los tiene todos sin que sean creados₃ por Dios, puesto que son idénticos a Dios? Esto es, si ellos *son* precisamente Dios, no queda ningún problema acerca de cómo es que Dios los posee; no los posee, él *es* ellos. ¿No evitaría esto cualquier inconsistencia con las doctrinas de que sólo Dios es divino y de que cualquier otra cosa distinta de Dios existe porque Dios quiere que exista?

Esta es, de hecho, la posición adoptada tanto por Anselmo como por Tomás. Ellos vieron que si las perfecciones de Dios se pensasen como independientes de él, y necesariamente poseídas por él, entonces Dios dependería de ellas. En otras palabras, se dieron cuenta de que si Dios es definido como el ser con todas y solamente las perfecciones (el ser más grande posible), entonces Dios debe tener las perfecciones para ser Dios. Esto es, vieron que si las perfecciones existen necesariamente y son así independientes de Dios, entonces Dios dependería de algo distinto de sí mismo en dos sentidos. Primeramente, debido a que tener aquellas perfecciones es esencial para Dios, Dios no podría existir a menos que las tuviera; y en segundo lugar, debido a que el carácter de Dios sería lo que es debido a perfecciones que existen independientemente de él. De cualquier manera, la divinidad de Dios; es decir su no dependencia (la llamaron su "aseidad") sería negada.

Ahora bien, Anselmo y el Aquinate eran uno al considerar inaceptable cualquier negación de la aseidad de Dios. Sin embargo, no enmendaron su concepción en la dirección que acabo de argumentar. En vez de deshacerse de la tesis de que los atributos de Dios tienen existencia necesaria, y en vez de ello tomarlos como resultado de la voluntad de Dios, retuvieron la existencia necesaria de las perfecciones pero negaron que fuesen diferentes de Dios. Tomás trata el tópico con más amplitud que Anselmo, así que será su versión la que consideraré. (De hecho, Tomás consideraba que éste era un tópico tan importante que empezó con él su obra principal.[21]) Su solución al problema es proponer que Dios sea considerado "simple". Con ello quiere decir que Dios es idéntico a las perfecciones que constituyen su naturaleza. De acuerdo con esta teoría, entonces, Dios *es* precisamente su naturaleza. Esto lo libera del lazo de negar la aseidad divina de Dios porque ya no necesita decir que las perfecciones existen independientemente de Dios. Todavía se puede decir que existen necesariamente pues, de acuerdo con su teoría, no podemos distinguir a Dios de su naturaleza, o su naturaleza de su existencia, o su existencia de sus perfecciones. Dios es precisamente la misma cosa que su existencia y su naturaleza, la cual está constituida por una perfecta bondad, justicia, sabiduría, etcétera.

Pero esto, para decirlo suavemente, es un remedio desesperado. Para empezar, si Dios es idéntico a sus perfecciones, entonces sus perfecciones deben de ser de alguna manera idénticas entre sí. Y eso significa que la justicia de Dios es en realidad la misma cualidad que su poder, que es la misma cualidad que su misericordia, que es la misma que su sabiduría, que es la misma que su amor, etcétera. ¡Pero eso destruye el significado de estos términos! Decir que todos nombran la misma cualidad es decir que no sabemos qué significa cualquiera de ellos. Simplemente no tenemos idea de una justicia que es lo mismo que el poder, que es lo mismo que la misericordia, por ejemplo. El resultado es que nuestro lenguaje no nos puede decir nada acerca de Dios, y es barrida la propia concepción de Tomás de que nuestra habla acerca de Dios es analógica. Si la simplicidad es verdadera, nuestro lenguaje no transmite nada que sea siquiera *parecido a* lo que Dios es.

A pesar de que ese resultado es muy malo, no es sin embargo el único desastre que se deriva de la teoría de la simplicidad. Pues, si Dios es idéntico a sus perfecciones, entonces no solamente son las perfecciones idénticas entre sí sino que son idénticas a Dios. ¡Y eso hace de Dios una propiedad singular e indiferenciada! Esta consecuencia no meramente destruye la posibilidad de explicar cómo es posible el habla verdadera acerca de Dios, sino que torna positivamente falso todo lo que la Escritura enseña acerca de él. Una propiedad no es una persona; no puede *hacer* nada. Una propiedad no puede crear o amar o hacer promesas en un pacto. Concluyo, por lo tanto, que esta solución a las dificultades que acarrea decir que Dios posee todas y solamente las perfecciones fracasa. No pueden ser resueltas identificando a Dios con sus atributos.

En su libro *Does God have a Nature?*, Alvin Plantinga considera varias maneras de interpretar la teoría de la simplicidad de Tomás y llega a este mismo juicio con respecto a todas ellas. Dice: "Tomada en su sentido literal, la doctrina tomista de la simplicidad divina parece ser enteramente inaceptable .... Comienza con una preocupación piadosa y apropiada por la soberanía de Dios; termina desechando las afirmaciones más fundamentales del teísmo".[22] No obstante, Plantinga decide también no ir en la dirección de la alternativa C/R porque la interpreta como requiriendo incoherencias lógicas y autorreferenciales. Pronto trataré aquellas. Por ahora debemos considerar si el propio intento de Plantinga de mantener la concepción AAA de Dios, al mismo tiempo que rechaza la simplicidad, puede evitar la consecuencia de negar la aseidad de Dios.

Ya hemos visto que el principal problema es reconciliar la aseidad de Dios con la concepción de que sus atributos, junto con las verdades necesarias de la lógica de las matemáticas, tienen existencia necesaria.[23] Puesto que eso significa que ellas simplemente tendrían que existir independientemente de cualquier otra cosa, ello las hace independientes de Dios. Más aún, como notamos brevemente arriba, también parece hacer a Dios dependiente de ellas de modos importantes. Habiendo rechazado la propuesta de simplicidad de Tomás, Plantinga correctamente intenta resolver la dificultad buscando una manera de revertir esa dependencia. Para hacer esto busca un sentido en el que se pueda decir que los atributos de Dios y las verdades necesarias de las matemáticas y de la lógica dependen de él, a pesar del hecho de que existen necesariamente. Lo hace proponiendo que las verdades necesarias sean consideradas como ideas en la mente de Dios. Conforme a esta propuesta, dice, es parte de la naturaleza de Dios conocer y afirmar cada una de ellas:

> Desde este punto de vista, entonces, explorar el ámbito de los objetos abstractos puede ser visto como explorar la naturaleza de Dios... Las matemáticas toman así su posición como uno de los lugares de la teología ... lo mismo vale para la lógica concebida de manera tanto amplia como estrecha ... cada teorema de la lógica —digamos de la lógica de primer orden con identidad— es tal que afirmarla es parte de la naturaleza de Dios.[24]

Plantinga reconoce que esto, por sí solo, no resolverá la dificultad. Para hacer la tarea requerida, la afirmación de las verdades necesarias por Dios tendría que hacerlas depender de él de alguna manera. Así que termina su libro de este modo:

> a manera de conclusión, deseo plantear pero no responder la siguiente pregunta. Tome cualquier proposición necesaria, por ejemplo
>> (68) 7 + 5 = 12.
>
> (68) es equivalente a
>> (69) Dios cree (68);
>
> y
>> (70) necesariamente 7 + 5 = 12
>
> es equivalente a
>> (71) es parte de la naturaleza de Dios creer que 7 + 5 = 12.
>
> ¿Podemos ver entonces (71) como de alguna manera *anterior* a (70)? ¿Quizá explicativamente anterior? ¿Podemos explicar (70) apelando a (71)? ¿Podemos quizá responder la pregunta "¿por qué es (70) verdadera?" citando el hecho de que creer (68) es parte de la naturaleza de Dios? ¿Podemos explicar la existencia necesaria del número 7 citando el hecho de que es parte de la naturaleza de Dios afirmar su existencia? Más exactamente, ¿hay un sentido sensato de "explicar" tal que en ese sentido (71) es la explicación de (70) pero (70) no es explicación de (71)? ... Éstas son buenas preguntas y buenos tópicos para ulterior estudio. Si podemos responderlas afirmativamente, entonces quizá podamos señalar una importante dependencia de los objetos abstractos con respecto a Dios, aun cuando las verdades necesarias acerca de estos objetos no se hallen dentro de su control.[25]

Es importante observar que, al hacer esta propuesta, Plantinga no se propone haber mostrado que sus preguntas finales puedan de hecho ser respondidas afirmativamente. Aunque sutil y cuidadosamente razonada, su sugerencia conclusiva es, así, nada más que una esperanza. De modo que, si hay buenas razones para suponer que sus preguntas no pueden ser respondidas afirmativamente, tendremos una poderosa razón para abandonar la concepción AAA de Dios y examinar la concepción C/R para ver si puede ser defendida de las objeciones que se levantan en su contra. Pienso que hay dos razones que muestran que las preguntas de Plantinga deben ser respondidas negativamente, dada su concepción de que los atributos de Dios no son idénticos a Dios pero no obstante tienen existencia necesaria.

La primera es esta: no todas las verdades necesarias pueden ser verdaderas debido a que Dios las afirma, ni pueden ser todas ellas explicadas por o basadas en que Dios las conoce o las afirma. Esto es porque en la concepción AAA de Dios, *muchos de los atributos de Dios son unos que tendría que poseer para conocer o afirmar cualquier cosa*. Por ejemplo, Dios tendría que ser consciente para saber o afirmar cualquier cosa. En ese caso, el atributo necesario de la conciencia perfecta no podría depender de que Dios la conozca o la afirme, pues Dios tendría que tener conciencia para saber o afirmar que la tiene. Por la misma razón, el que Dios la conozca o la afirme no puede ser el fundamento de su existencia o la explicación de la verdad de que existe. Así que no hay ninguna esperanza plausible de que esta particular perfección pueda de alguna manera depender de Dios. Muy por el contrario, pues Dios tiene que tenerla para ser Dios. La aseidad de Dios es con ello negada; la conciencia perfecta tiene el estatus de divinidad *per se* pero Dios no lo tiene.

Tampoco es esta conciencia el único atributo que no podría depender en ningún sentido de que Dios lo afirmase. La propiedad de autoidentidad lógica tendría de igual manera que ser verdadera de Dios para que Dios tenga (o sea) una mente personal consciente. Para que la noción de una mente consciente sea en lo absoluto significativa, tal entidad tendría que ser idéntica a sí misma. Por lo tanto, tampoco puede decirse que la existencia necesaria de esta propiedad dependa de, sea explicada por, o esté fundamentada en que Dios la conozca o la afirme, por la misma razón de que tampoco pudo decirse eso de la conciencia de Dios: tendría que ser ya verdadera de Dios para que Dios la conozca o la afirme. Y como el que Dios sea lógicamente idéntico a sí mismo dependería a su vez de las leyes de la lógica, tampoco ellas podrían depender de Dios en ningún sentido. Como en el caso de la conciencia perfecta, las leyes de la lógica serían así divinas *per se* y Dios no lo sería. Lo mismo vale para la unicidad numérica de Dios. Si es esencialmente verdadero de Dios que hay solamente un ser tal, entonces Dios no podría existir a menos que existiera el número uno. Así que si el conocer y el afirmar de Dios que el número uno existe necesariamente depende de que Dios exista, y si es esencial a Dios ser numéricamente el único ser divino *per se*, entonces el número uno no depende más de que Dios lo afirme del que nosotros afirmemos. Lo que sucede, más bien, es que Dios también termina siendo dependiente de que haya números y leyes matemáticas, los cuales son por lo tanto divinos *per se* mientras que él no lo es.

Hay otras propiedades de las que esto es igualmente verdadero, pero es innecesario proceder a nombrarlas. Pues si hay tan sólo una propiedad abstracta que (conforme a la concepción AAA) tuviera que existir independientemente de Dios y que Dios tuviera que poseer para ser Dios, entonces *no solamente es esa propiedad tomada como divina* per se, *sino que Dios es con ello excluido de ese estatus*. Ese es exactamente el resultado que el Aquinatetemió y trató de evitar. Pero, desafortunadamente, ninguna de sus propuestas logró evitarlo.[26]

Pero supongamos que haya algún modo de hacer que funcione alguna otra propuesta del estilo de la de Plantinga; supongamos que se puede superar la aparente incompatibilidad entre insistir en que los atributos de Dios existen necesariamente y la aseidad de Dios. ¿Estaría entonces libre de peligro la concepción AAA? Pienso que no. Pues hay otra dificultad para esta concepción que es verdaderamente insuperable. Es esta: de acuerdo con la posición AAA, los atributos de Dios (por ejemplo, bondad, justicia, poder) existen tan necesariamente y son tan increados como él lo es *y son compartidos (en menor grado) por los humanos*. La dificultad con esto es que los humanos son hechos con ello (parcialmente) divinos, porque las cualidades que los humanos comparten con Dios tendrían que ser tan creadas$_3$ en *nosotros* como lo son en Dios.[27]

No ayudará en este punto replicar que las cualidades que poseen los humanos son solamente *parecidas a* las que Dios posee, puesto que los humanos poseen grados imperfectos de ellas mientras que Dios las posee en grado infinito. Incluso si ello fuera verdadero, no ayuda aquí porque para que dos cosas sean semejantes debe haber algún respecto en el que son semejantes, y cualquiera que sea este respecto debe ser unívocamente verdadero de ambas. Así, por ejemplo, si Dios es (perfectamente) bueno y los humanos son (imperfectamente) buenos, poseer la cualidad de la bondad debe ser el respecto en el que son lo mismo. Tendría que ser la misma cualidad de bondad la que es poseída en grado diferente si es que el término "bueno" ha de tener siquiera un significado análogo cuando se usa de los humanos y de Dios. Por ende Dios y los humanos poseerían ambos una propiedad increada$_3$. Y lo mismo sería verdadero de todas las otras propiedades que comparten los humanos con Dios.

Pero la consecuencia de requerir que los humanos sean divinos, aunque sea parcialmente, es seguramente incompatible con la doctrina bíblica de la creación. De hecho, el pecado original es representado en el Génesis ¡como el deseo que tienen los humanos de volverse divinos! La posición AAA equivale entonces a decir que características increadas$_3$ de Dios han sido impartidas a las criaturas, las cuales, por lo tanto, precisamente no son meramente criaturas por lo que concierne a su posesión de aquellas propiedades. Que la posición AAA dice esto no es meramente mi acusación, sino que es admitido por Tomás. Dice: "Al decir *Dios es bueno*, el sentido de esta frase no es *Dios es causa de bondad*, o *Dios no es malo*, sino: *Lo que llamamos bueno en las criaturas, preexiste en Dios*, y siempre de modo sublime. De todo esto no se sigue que a Dios le corresponda ser bueno porque cause bondad, sino, mejor, al revés, porque es bueno derrama bondad en las cosas" (*ST*, Ia c. 13, a. 2). Y nuevamente: "a Dios le conocemos a partir de las perfecciones que, procedentes de Él, están presentes en las criaturas. Tales perfecciones son más sublimes en Dios que en las criaturas" (*ST*, Ia c. 13, a. 3). Desde luego, esto todavía dejaría a los humanos creados$_{123}$ en otros respectos. Su existencia, así como sus cualidades espaciales, físicas, bióticas y sensoriales, por ejemplo, todavía habrían sido creadas$_{123}$ por Dios. Pero los humanos no serían *completamente* criaturas, que es exactamente el modo en que la Escritura los representa. Mi objeción, entonces, es simple pero obvia: la concepción AAA hace que los humanos sean increados$_3$ en un número de respectos importantes.

A esto agrego dos observaciones complementarias. Primeramente, los humanos no serían las únicas criaturas que poseen cualidades independientemente existentes (divinas). En segundo lugar, no se puede decir siquiera de todas las tales propiedades que sean poseídas por criaturas en un grado inferior a Dios. Por lo que concierne al primero, como Dios es uno, por ejemplo, la unidad numérica tendría que ser una propiedad creada en Dios, y seguramente la unidad numérica se encuentra tanto en las criaturas como en Dios. ¿Pero no poseería necesariamente cualquier criatura individual esa propiedad y lo haría *en el mismo grado que Dios*? ¿Puede haber grados de ser uno? Si no, hay algo en las rocas y en los caracoles que es tan increado en ellas como lo es en Dios y en los humanos. Esta misma observación se extiende también a otros atributos. ¿Puede alguna criatura dejar de ser lógicamente autoconsistente o de ser lógicamente idéntica a sí misma? Seguramente no. Pero ¡es igualmente seguro que las criaturas no pueden tener estas propiedades en ningún grado inferior a Dios! ¿Qué sentido tiene hablar de grados de autoidentidad o de autoconsistencia? Si es una verdad necesaria que nada puede ser simultáneamente verdadero y no verdadero de ninguna criatura en el mismo sentido y al mismo tiempo, entonces ninguna criatura se puede conformar a esa ley en un grado inferior al que lo hace Dios. (Los pensamientos de Dios podrían ser perfectamente consistentes mientras que los nuestros no lo son, desde luego. Mi observación tiene que ver con el ser de Dios, no con su pensamiento.) Así que una vez más la concepción

AAA no solamente requiere que las criaturas tengan atributos que son divinos, sino que requiere que las criaturas los tengan en el mismo grado en que Dios los tiene. Esto no solamente viola una de las premisas de la concepción AAA misma, sino, como mostraré en breve, contradice la enseñanza bíblica de Dios como creador.

Hemos visto ahora lo suficiente de la concepción AAA de Dios para poder reconocer cómo y por qué apoya y alienta la estrategia reduccionista para las teorías. Lo hace precisamente sosteniendo que *ciertos tipos de propiedades y leyes que se encuentran en el cosmos existen necesariamente y son increados$_3$, mientras que otros no lo son*. Pues si algunas propiedades y/o leyes del cosmos son creados$_3$, mientras que otros no lo son, entonces ¿qué podría tener más sentido que teorizar acerca de la realidad de las criaturas buscando los modos en que sus propiedades y leyes contingentes dependen de aquellas que son increadas$_3$? Desde luego, ¿cómo podría ello ser evitado?

En contraste, si los atributos de Dios son el resultado de la voluntad de Dios —sí constituyen su naturaleza en el sentido de expresar el carácter en que él ha elegido para manifestarse a los humanos—, como mantiene la concepción C/R, entonces ninguno de los resultados inaceptables recién discutidos tiene lugar. Los atributos de Dios de ninguna manera comprometen su aseidad conforme a la concepción C/R, pues solamente el ser de Dios es divino *per se*. Ni el que Dios comparta algunos de sus atributos con los humanos hace que los humanos y otras criaturas sean parcialmente increadas$_3$, puesto que los atributos son en ambos casos productos creados de la voluntad de Dios. Así que, si se puede mostrar que esta concepción alternativa de Dios es internamente coherente y es concordante con la Escritura, estaremos justificados al aceptarla a ella en vez de la concepción AAA. Y su aceptación eliminará las razones teológicas que han motivado a los teístas a forcejear con el carácter pagano de las teorías reduccionistas durante siglos. El reduccionismo —incluso en sus sentidos débiles— podrá finalmente ser enteramente abandonado, como de sobra merece serlo.

Una observación final. Una objeción que se hace frecuentemente a lo que acabo de decir es que en efecto niega que las verdades necesarias sean realmente necesarias. Si Dios creó con su voluntad (creó$_3$) las leyes de las matemáticas y de la lógica, entonces éstas no valen "independientemente de cualquier cosa", sino que valen sólo si Dios las crea con su voluntad y las sustenta. Esto significa, dice la objeción, que no son verdaderamente necesarias, en cuyo caso no tenemos ninguna base en lo absoluto para razonar acerca de cualquier cosa. Como este resultado no puede ser correcto, debe haber algo seriamente erróneo en la propuesta de que las verdades necesarias son producidas por la voluntad de Dios.

Esta objeción en contra de que Dios ha creado$_3$ las verdades necesarias tiene varias aristas y trataré solamente con una de ellas aquí. (Retornaré a ella después, para tratar otra arista más compleja de la misma.) La arista con la que trataré ahora es la aseveración de que, a menos que estas verdades sean ellas mismas causadas e inevitables, no expresan verdaderamente relaciones que sean necesarias. Mi réplica es que esta objeción, o bien descansa en una seria equivocación del término "necesario", o es un franco *non sequitur*. El sentido en que, digamos, una ley lógica o matemática necesita ser una verdad necesaria para que sea confiable para nuestro razonamiento es que establezca una relación que vale infaliblemente, tal que nada en la creación pueda alterar el hecho de que vale. Esto es, necesita ser el caso que, si un estado de cosas es verdadero, entonces necesariamente algún otro estado de cosas debe ser (o no puede ser) verdadero. La necesidad involucrada necesita ser solamente una característica de la *relación* que vale para cualquier cosa que gobierne la ley. Por ejemplo, decimos que si tenemos (la cantidad) uno y si tenemos otro uno, entonces no podemos dejar de tener (la cantidad) dos. Pero eso no es lo mismo que decir que ¡esta ley misma no podía haber dejado de existir! ¿Por qué no podré hacer la ley una característica necesaria del cosmos precisamente porque Dios *ex nihilo* hizo que hubiese criaturas con propiedades cuantitativas gobernadas por leyes cuantitativas? ¿Por qué no podrían las cantidades y las leyes que las gobiernan existir todas por la voluntad de Dios? ¿Cómo podría eso mellar la certeza o confiabilidad de las matemáticas? Hasta donde puedo ver, no hay ninguna razón que no sea una petición de principio para pensar que si tales leyes valen porque Dios las incorpora a la creación, ¡dejarían por ello de ser leyes! El mero hecho de que las leyes expresan relaciones genuinamente necesarias para las criaturas no requiere por sí mismo que tales leyes sean ellas mismas incausadas e inevitables.

Desde luego, las leyes de las matemáticas y de la lógica son también las leyes que gobiernan nuestros procesos de pensamiento, así como las cosas acerca de las que pensamos. Por esa razón no podemos conseguir que tales leyes no valgan para las cosas, propiedades y estados de cosas que encontramos que gobiernan. Pero no hay nada en nuestra incapacidad de concebir las cosas de modo diferente que sea en lo mínimo incompatible con la creencia de que Dios llamó al cosmos entero a ser en todos sus aspectos, de modo que si él no lo hubiera hecho no habría entidades, propiedades o leyes en lo absoluto. (Como dije, regresaré a este asunto después, y ofreceré una respuesta más completa a esta crítica bajo la objeción 3 a la posición C/R.)

¿Cómo debería, entonces, ser explicada la alternativa C/R? En vez de ir directamente a una exposición de los pensadores que la desarrollaron, quiero empezar con su base bíblica. Luego relataré cómo la han formulado algunos de sus propugnadores y terminaré ofreciendo réplicas a algunas de las objeciones más frecuentemente enderezadas en su contra.

B. Pancreacionismo

Mi objeción central a la concepción AAA equivale a adoptar la doctrina bíblica de la creación en el sentido más amplio posible, el sentido que mantiene que todo lo que se encuentra en el cosmos ha sido $creado_3$ por Dios. Así que primero necesitamos ver si hay una base bíblica para eso o si, cuando la escritura dice que Dios creó "todas las cosas", ello puede ser plausiblemente tomado de la manera que sugiere la concepción AAA. Esto es, ¿puede ello significar solamente que Dios creó entidades concretas pero no las (así llamadas) entidades abstractas?

No hay duda de que los escritores bíblicos aseveran que Dios creó el mundo de la experiencia cotidiana. Se dice explícitamente que el sol, la luna, las estrellas, junto con la tierra y las formas de vida que la habitan, han sido todos $creados_{123}$ y sustentados por Dios. Más aún, estos escritores enseñan que esta creación no fue, primeramente, simplemente la formación de algún material preexistente que ya estaba allí; fue traído a la existencia a partir de nada, no es meramente decoración interior cósmica. Así que, ¿qué hay acerca de la expresión "todas las cosas"? ¿Es verdad que ésta es, en el mejor de los casos, una expresión tosca, demasiado imprecisa para ser de valor ante los asuntos que confrontamos? ¿Es usada por los escritores bíblicos solamente para referirse a objetos concretos de la percepción cotidiana tales como los que son específicamente mencionados en el Génesis? Si ello es así, la tradición teológica prevaleciente podría estar en lo correcto cuando dice que ciertas características del cosmos creado pueden ser $increados_3$. Y en ese caso la doctrina bíblica de la creación sería desde luego demasiado vaga para proporcionar una base para objetar la concepción AAA de Dios. Por otro lado, si la doctrina de la creación es formulada en la Escritura en términos más fuertes —si ella, por ejemplo, equivale decir que Dios trajo a la existencia todo lo que sea distinto de él mismo, de modo tal que no hay nada increado en lo que él trajo a la existencia— entonces la prevaleciente doctrina AAA de los atributos de Dios se halla desde luego necesitada de una seria revisión. Más aún, tal revisión, tomada en conjunción con lo que previamente hemos visto que la Escritura enseña acerca de la no neutralidad de todo conocimiento y verdad, ordenaría el abandono del reduccionismo como una estrategia para las teorías.

Antes de examinar los textos relevantes, déjeme decir de una vez que estoy de acuerdo en que las Escrituras están escritas en lenguaje ordinario y no reflejan conceptos técnicos de la ciencia o de la filosofía. Así que estoy de acuerdo en que no podemos esperar por adelantado que habrán de abordar la existencia de entidades abstractas. Pero no hay razón para suponer que solamente un lenguaje técnico y abstracto podría expresar la aserción de que todo lo que hay en el cosmos ha sido llamado a la existencia por Dios y que no hay excepciones. (¡Desde luego, mi último enunciado acaba de hacer exactamente eso!) Así que es al menos posible que la Escritura pudiera enseñar precisamente ese punto de vista aun cuando está privada de lenguaje técnico. El argumento de que se halla escrita en lenguaje ordinario no es, por lo tanto, decisivo. Tampoco lo es el argumento de que no podemos esperar, por adelantado, que habrá de decir cosas relevantes al estatus de las realidades descubiertas por la abstracción. ¡No debiéramos estar predisponiendo nuestras mentes por adelantado acerca de qué puede y qué no puede decir la Escritura acerca de cualquier cosa! (Seguramente es una sorpresa para muchos teístas, por ejemplo, que dice que todo conocimiento y verdad son impactados por el conocimiento de Dios.) Lo que se necesita no son presentimientos por adelantado acerca de qué esperar que diga la Escritura, sino un examen cuidadoso de lo que de hecho dice. En particular, necesitamos un examen de su uso de la expresión "todas las cosas", incluyendo qué se puede ver que presuponen aquellos usos, comparándolos entre sí.

Otro intento descarriado por dirimir el asunto por adelantado es el simplista argumento de que, como se dice que Dios ha creado todas las cosas, entonces el solo significado de esa expresión muestra que solamente se refiere a objetos concretos. Esto no funcionará porque la palabra "cosa" no puede cargar tal peso interpretativo. No puede implicar que la actividad creadora de Dios no se extiende a entidades abstractas por la simple razón de que la palabra "cosa" no figura en las expresiones hebrea o griega traducidas al inglés como "todas las cosas". En cada uno de los lenguajes bíblicos sólo hay una palabra que significa simplemente "todo". Los términos mismos son por lo tanto indefinidos con respecto al asunto ante nosotros, de modo que su extensión sólo puede ser determinada examinando su uso; sus significados léxicos por sí solos no serán suficientes.

Para empezar nuestro examen de "todas las cosas", podemos observar en varios lugares que las Escrituras hebreas hablan de Dios como soberano sobre las leyes (cotas o límites) que gobiernan el mundo (*cfr*. Salmos 119:89-91 con Salmos 148:6). Son parte de "todas las cosas" de las que se dice que son sus siervos. También son mencionadas como el orden (u ordenanzas) de la creación, mediante el cual Dios gobierna la creación (Jeremías 31:35, 36; 33:25; Job 38:33). Más aún, se dice en aquellos textos, y en Génesis 8:22, que la perenne fiabilidad del orden del mundo —del orden al que nos referimos como leyes— depende de Dios. Conforme a la concepción bíblica, entonces, Dios no es confiable porque algunas leyes que se encuentran en la creación pueden ser usadas para mostrar que lo es, sino precisamente lo contrario: se puede confiar en las leyes de la creación precisamente porque Dios promete mantenerlas vigentes. Como el orden del cosmos se halla específicamente incluido de este modo entre las creaciones de Dios, ya está claro que la expresión "todas las cosas" no se refiere solamente a objetos concretos. No obstante, otros enunciados, tales como Isaías 45:7, también apoyan esta última aserción. Ahí se dice que Dios crea el curso de la historia, incluyendo la paz o el desastre. Así que, una vez más, las "cosas" que dependen de Dios no son meramente objetos concretos.

El Nuevo Testamento extiende la referencia de "todas las cosas" aún más. Se dice que Dios es el creador de todo tipo de principio y poder (Efesios 1:10-22; 3:9-10), del espacio (Romanos 8:38, 39), y, sí, incluso del tiempo (2 Timoteo 1:9; Tito 1:2; Judas 1:25; Apocalipsis 10:5-7).[28] Y hay enunciados aún más fuertes que éstos. En Colosenses 1:15, 16 se dice que Dios ha creado todas las cosas, "las que hay en los cielos y las que hay en la tierra, visibles e invisibles". Ahora bien, como todas y cualquiera de las cosas —incluyendo cualquier entidad abstracta— es visible o no lo es, el significado literal de este pasaje implica lógicamente que no hay nada en la creación que sea increado.[29] Tampoco se halla sólo esta observación requiriendo que "todas las cosas" se extiendan a toda otra cosa distinta de Dios. En Romanos 1:18-25, San Pablo habla de la falsa religión como el cambiar la verdad acerca de Dios en una mentira, de manera que las personas "honraron y dieron culto a las criaturas antes que al creador". Aquí la distinción creador-criatura es dicha como exhaustiva; todo es Dios o algo que Dios creó₃.

Finalmente, considere 1 Corintios 15:24-28 comparándolo con Colosenses 1:17. Se dice en el segundo pasaje que Cristo (en su naturaleza divina) es aquel de quien "todas las cosas" dependen, mientras que el primero dice que en el reino final de Dios Cristo habrá de gobernar sobre "todas las cosas", excepto

Dios mismo. Parece muy natural entender "todas las cosas" como teniendo la misma extensión en cada caso: Cristo gobierna aquello que depende de él. Pero, si esto es correcto, tenemos la enseñanza explícita de que nada acerca de la creación$_2$ es increado$_3$ o no regido por Cristo, con excepción de Dios mismo. Así que la extensión de "todas las cosas" ¡es establecida como todo lo que es distinto de Dios, sea visible o invisible!

No hay duda de que el defensor de la concepción AAA seguirá encontrando esto poco convincente. Como las únicas entidades abstractas específicamente mencionadas en estos textos son las leyes, el espacio y el tiempo, no incluyen específicamente los atributos de Dios mismo. Así que veamos ahora un notable pasaje de la Escritura que no solamente habla de una propiedad en abstracción, sino que se la atribuye a Dios como un atributo, y no obstante asevera que ha sido creada$_3$ por él! Se encuentra en Proverbios 8:22-31 donde, en una personificación, la sabiduría es representada como diciendo de sí misma:

> Jehová me poseía en el principio,
> Ya de antiguo, antes de sus obras.
> Eternamente tuve el principado, desde el principio,
> Antes de la tierra.
> Antes de los abismos fui engendrada;...
> No había aún hecho la tierra, ni los campos,
> Ni el principio del polvo del mundo.
> Cuando formaba los cielos, allí estaba yo;
> Cuando trazaba el círculo sobre la faz del abismo;
> Cuando afirmaba los cielos arriba,...
> Con él estaba yo ordenándolo todo,
> Y era su delicia de día en día,
> Teniendo solaz delante de él en todo tiempo.
> Me regocijo en la parte habitable de su tierra;
> Y mis delicias son con los hijos de los hombres.[30]

Ahora bien, nunca es un buen procedimiento apoyarse demasiado en cualquier pasaje singular de la Escritura, así que no voy a sostener que este texto, por sí solo, sea suficiente para establecer la posición que estoy argumentando. Lo que es importante aquí no es este texto aislado, sino el modo en que bellamente encaja con todos los otros textos que hablan de Dios como habiendo creado$_3$ todas las cosas. Más aún, a pesar de ser tan poético, es uno de esos raros indicios escriturales acerca de cómo Dios posee sus cualidades. Así que, incluso por sí solo, el pasaje es demasiado notable como para ser ignorado. Pues, aun haciendo lugar a la licencia poética, parece claro que nadie que mantenga la concepción AAA de Dios pudiera haber escrito estas líneas (¡no podría haberlas escrito Anselmo cayéndose de borracho, ya no digamos sobrio!). Dice que la sabiduría es poseída por Dios mismo, que también está presente con —y es así compartida por— los humanos, pero no obstante claramente insiste en que la sabiduría fue producida (creada$_3$) por Dios "en el principio, ya de antiguo, antes de sus obras" —una clara referencia al relato de la creación en el Génesis. Así que, mientras que ni niega que Dios comparta la sabiduría con los humanos, ni que nunca haya habido un tiempo en que Dios no la tenía, *niega que la sabiduría de Dios deba ser increada$_3$ porque él lo es.*

Lo que es aún más importante es el hecho de que el texto de Proverbios no se halla sólo en otro sentido más. No es el único lugar donde la Escritura le atribuye a Dios un atributo que él creó$_3$. El Nuevo Testamento habla de este modo acerca de una doctrina que es nada menos que la de la Encarnación. Enseña que Dios era completamente humano pero que también era la Encarnación de Dios. Dice que Dios ahora mantiene todas sus relaciones en el cosmos a través de él, incluyendo la relación de sustentarlo en la existencia (Colosenses 1:17). Y parece obvio que Dios no hizo eso antes de haber creado$_{123}$ a Jesús. Dicho de otro modo, la segunda persona de la Trinidad en un punto en el tiempo se encarnó en el Jesús humano; así que esa relación, mientras que es verdadera de Dios, es una relación que no existiría si Dios no hubiese querido producirla. Y como se dice explícitamente que esa relación no ha cancelado ni la humanidad de Jesús ni el hecho de que él es una persona, el modo más obvio de entenderla es decir que Dios adoptó —asumió para sí mismo— la entera persona de Jesucristo. En la Encarnación, entonces, Dios se convierte en el lado divino de Jesús así como Jesús se convierte en el lado humano de Dios. Muchos teólogos cristianos de varios colores y afiliaciones han reconocido esta manera de formular la doctrina. El Aquinate, por ejemplo, afirma que en la Encarnación "Dios se hizo hombre" y "Dios adoptó la carne humana" (*ST*, III, c. 1, a. 2) (donde "carne" es obviamente sinécdoque para el humano completo). Y Gregorio de Nisa dice que, de acuerdo con esta doctrina, el creador fue también el Salvador, quien se encarnó "adoptando la humanidad en su compleción" (*Eun.* 3.3.51).

El efecto acumulativo de toda esta evidencia textual provee un apoyo poderoso a la interpretación estricta de la doctrina de la creación —la concepción que estoy llamando "pancreación". Así que encuentro que la evidencia es que la Biblia no calla acerca de si algo increado$_3$ es distinto de Dios, incluyendo números, conjuntos, propiedades, relaciones, leyes, proposiciones, o cualquier otro de los moradores del corral de Platón. Ninguno puede ser considerado como increado₃. Los escritores bíblicos simplemente no toleran excepciones, *ni siquiera para los atributos que se atribuyen a Dios mismo.* De hecho, los textos que hemos examinado no solamente dan la clara impresión de tratar de enseñar la pancreación, sino que es difícil ver cómo hubieran podido hacerla más llana, incluso si hubieran usado un lenguaje técnico. Por lo tanto, debido al modo en que los escritores bíblicos usan la expresión "todas las cosas", y al modo en que Proverbios 8 y la doctrina de la Encarnación convergen en cómo posee Dios su sabiduría y se encarna en Cristo, propongo que todos los atributos de Dios sean entendidos como verdaderos de él de este modo.

Conforme a esta posición, entonces, no es el caso que los humanos sean a la imagen de Dios y puedan conocer a Dios porque son parcialmente divinos y comparten algunas de las propiedades increadas de Dios. Más bien, los humanos son a la imagen de Dios y pueden conocer a Dios *porque Dios ha asumido para sí relaciones y propiedades creadas₃ que conocemos a partir del hecho de que también las puso en el mundo y en nosotros.* Más aún, Dios ha creado y puesto aquellas relaciones y propiedades en el cosmos precisamente con el propósito de hacer posible que lo entendiéramos. Son éstas las que constituyen su naturaleza revelada, la naturaleza mediante la cual él se ha (como lo dijera San Basilio) "adaptado a nuestro entendimiento". Es de esta naturaleza acomodada, revelada de Dios, que los humanos son la imagen refleja.[31] Así que, mientras que esta concepción afirma que Dios realmente tiene tanto las relaciones con las criaturas como las cualidades que la Escritura le atribuye, insiste en que él no necesita tenerlas para existir. Más bien, son verdaderas de él porque él libremente ha querido que lo sean, y sujetarse a leyes y normas. El también llamó a todas a ser, para acomodarse a nuestras limitaciones como criaturas. De hecho, la escritura le atribuye a Dios propiedades de virtualmente todo aspecto de la creación. Él es, por ejemplo, uno cuantitativamente (Deuteronomio 6:4, Isa. 44:6), espacialmente omnipresente (Salmos 139:7-12), y físicamente todopoderoso (Éxodo 15:6.1, 1 Crónicas 29:11, 12; Salmos 62:11, Hebreos 1:3). Él es también el Dios viviente y nuestro padre (2 Samuel 22:47, Jeremías 4:2, Salmos 42:2, Apocalipsis 7:2), y sensorialmente nos ve y nos escucha (Salmos 17:6, 33:18, 34:15); lógicamente el es omnisciente (Job 37:16, Salmo 44:21, Isaías 36:10, Lucas 16:15, 1 Juan 3:20), económicamente, el es el dueño del mundo (Levítico 25:23, 1 Crónicas 29:11, Job 41:11), etcétera. Éstas son todas características que Dios ha adoptado para hacerse conocido a través de los pactos que ha ofrecido a toda la humanidad.

Más aún, la forma de pacto de la revelación de Dios provee una razón adicional en favor de esta concepción de su naturaleza revelada. Pues la idea de un pacto es la de un juramento de acuerdo por el cual Dios ha hecho ciertas exigencias y promesas, entre las cuales se hallan sus promesas de ser fiel, justo, amoroso, misericordioso, etcétera. Pero sería absurdo que Dios prometiese ser estas cosas si no pudiese evitar serlas, como insiste la concepción AAA. Si eso fuese el caso, esperaríamos que la Escritura dijese que Dios es misericordioso, o fiel, o justo, no porque él juró serlo, sino porque es simplemente incapaz de ser cualquier otra cosa.[32] Así que, mientras que su acción de prometer ser estas cosas tiene perfecto sentido dentro de la concepción C/R, desde la concepción AAA tales promesas no tiene más sentido que el que tendría que usted o yo prometiésemos a nuestros amigos y seres amados que mañana no nos convertiremos en triángulos o en tonos del color azul.

He aquí, pues, una concepción de la naturaleza de Dios que tiene apoyo escritural es consistente con la aseidad de Dios, y también evita chocar con el experimento de pensamiento que muestra por qué nosotros no podemos ni siquiera delinear la idea de una perfección en su supuesta existencia independiente.[33] Es más consonante con la doctrina de la creación, la imagen de Dios en los humanos, y el marco de pacto general de la Escritura. Y hace todo esto simplemente adoptando los atributos de Dios como relaciones (y propiedades de relaciones) que él quiere, en vez de perfecciones con existencia independiente sobre las cuales no tiene control. Conforme a esta concepción, sus atributos por lo tanto expresan su gracia en vez de ser los productos de un conjunto de necesidades platónicas que lo obligan a ser lo que es y lo que hace.

10.5. Las tradiciones teológicas capadocia y reformacional

Podría parecer superfluo en este punto a algunos lectores incluir siquiera una breve consideración de los teólogos que sostienen la concepción de Dios arriba bosquejada. Después de todo, la verdad o falsedad de la posición no depende de quien la favorece, así que, ¿por qué preocuparse? Pero, como esta concepción es poco conocida y frecuentemente mal entendida, puede ser importante para otros lectores saber que ha sido mantenida por un buen número de hombres y mujeres cuyo estudio de las Escrituras les condujo a abandonar la interpretación platónica de los atributos de Dios. Así que ofreceré una breve consideración de cómo esta concepción de Dios ha sido formulada por algunos de sus propugnadores más destacados, empezando con los capadocios: Basilio de Cesarea, Gregorio Nasianceno (cuñado de Basilio), Gregorio de Nisa (hermano de Basilio) y la hermana de Basilio, Macrina, quienes no solamente contribuyeron al cuerpo de trabajo que produjeron, sino que editaron las obras de todos ellos.

Todos los capadocios enfatizaron el punto de que el ser increado de Dios, aparte de sus acomodos con la creación, es completamente "incomprensible a la razón" y que por ello cualquier cosa que pueda ser racionalmente entendida "pertenece a la creación".[34] La tesis es formulada de varias maneras por cada uno de ellos, pero la más famosa es el frecuentemente citado enunciado de Basilio: "no sabemos que es Dios, sino lo que Dios no es y cómo se relaciona con las criaturas". Negaron que el ser de Dios haya de ser identificado con sus atributos[35] y en vez de ello afirmaron que "todo nombre, inventado por la costumbre humana o transmitido por las Escrituras ... no significa lo que la naturaleza [de Dios] es en sí misma". Más bien, "estos nombres son verdaderos de Dios porque se refieren a sus energías, las actividades en las que Dios se involucra en relación con las criaturas".[36] Del propio ser de Dios dice Nisa, "no sabemos nada más que esto, que Dios es".[37]

Esto es ulteriormente explicado como significando que —dejando de lado la adaptación de Dios a los humanos— el ser de Dios era "enteramente libre de cualidades"; en otras palabras, no hay propiedades que se encuentren en la creación, y sean cognoscibles a los humanos, que abarquen una naturaleza que Dios se vea obligado a tener (contra el Aquinate, véase la nota 27). En apoyo de este punto, sostuvieron que las reglas ordinarias de predicación "no se aplican al Dios del universo" en que las aserciones negativas que se hacen de Dios denotan "la ausencia de cualidades no inherentes más que la presencia de cualidades inherentes".[38] En otras palabras, negar una propiedad de Dios no es al mismo tiempo afirmar que Dios necesariamente posee su complemento, como sí es el caso para las criaturas. Así, por ejemplo, el propio ser increado de Dios es no temporal, pues Dios creó el tiempo. Pero eso no es lo mismo que decir que Dios es esencialmente atemporal, de tal manera que Dios no pueda adoptar la temporalidad y actuar en el tiempo. Más bien, el ser de Dios trasciende toda propiedad y su complemento, que es la razón por la que Dios es libre de estar en cualesquiera relaciones que quiera, y aquellas relaciones pueden tener las propiedades que quiera. Ésta es la razón por la que atribuciones reveladas tales pueden ser verdaderas de Dios y no obstante no informarnos acerca de su ser "en sí mismo", además de sus acomodos para nosotros. Así, insistieron, "decimos que conocemos la grandeza de Dios, el poder de Dios, la sabiduría de

Dios, la bondad de Dios ... Pero no el mismo ser de Dios".[39] Así que dice Basilio: "...en las varias manifestaciones de Dios a la humanidad, Dios se adapta a la humanidad y habla el lenguaje humano".[40] Comentando esta posición, el gran expositor en el siglo XIV de la posición capadocia, San Gregorio Palamas, observa: "las energías [de Dios] no abarcan el ser de Dios; es él quien les da su existencia ...". Así, "Dios, por una superabundancia de bondad hacia nosotros [aunque es] trascendente sobre todas las cosas, incomprensible e inexpresable, consiente en volverse particable (sic) a nuestra inteligencia" y "en su voluntaria condescensión se impone a sí mismo un modo de existencia realmente diversificado".[41]

Esta posición, dijeron los capadocios, ha de aplicarse incluso a la doctrina de la Trinidad. El propio ser de Dios se halla más allá de uno y muchos, o de cualquier numerabilidad. Como lo dice Pelikan: "estos tres nombres de Padre, Hijo y Espíritu Santo no eran, entonces, nombres de [el ser de Dios] ... Más bien eran nombres de 'relación', de la relación de Dios con la humanidad y de la relación de las [personas] divinas entre sí".[42] Como esta relación existió antes de todo tiempo, y no es más que Dios-en-relación, es increada$_{12}$. Pero, en tanto que la relación involucra características tales como número, personalidad, amor, etcétera, todavía debe verse como la perenne expresión creada$_3$ de sí mismo, que Dios ha elegido para revelarse a nosotros.

Finalmente, los capadocios incluyeron explícitamente las verdades necesarias entre "todas las cosas visibles e invisibles" que Dios creó$_{23}$. Las verdades necesarias, dijeron, son necesarias para las criaturas, no para Dios, y mencionaron explícitamente al número como parte del orden cósmico "ideado como un símbolo indicativo de la cantidad de los objetos".[43] En esta conexión, parte de la objeción de Palamas a la posición tomista fue precisamente que hacía que las leyes de la lógica gobernaran a Dios, considerándolas como parte del ser de Dios. En vez de ello, Palamas insiste en que fueron producidas por Dios, de modo que no tienen un "valor absoluto".[44]

Lossky ha resumido la posición como sigue:

> los nombres negativos, sin revelarnos el [ser] divino, dejan de lado todo lo que le es ajeno.... Así, al decir que Dios es bueno, estamos declarando que no hay espacio en él para el mal.... Otros nombres, teniendo un significado verdaderamente positivo, se refieren a las operaciones o energías divinas; nos conducen a conocer a Dios no en su esencia inaccesible, sino en lo que lo rodea. Por lo cual es verdad tanto que el corazón puro ve a Dios como

que nadie ha visto jamás a Dios ... [porque] el ... se hace visible por sus
energías.[45]

Quizá ayudaría en este punto usar la expresión de Lossky de que Dios se
"rodea" con sus energías para introducir un refinamiento en el esquema usado
en el capítulo 3 para representar el arreglo de dependencia bíblico. La Figura 5
más abajo se ofrece para reflejar tanto la idea bíblica de la pancreación como
la idea del acomodo de Dios a las criaturas, siguiendo el modelo sugerido por
Proverbios 8 y por la doctrina de la Encarnación.

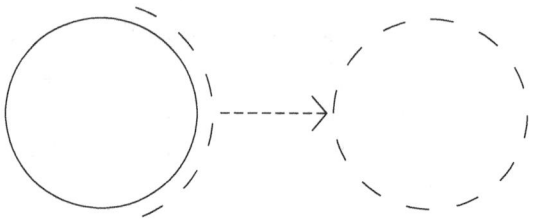

Figura 5

Como he tomado algún tiempo con la posición capadocia, no citaré tan ex-
tensivamente a Lutero y a Calvino. Pero vean cuán parecido a los capadocios
suenan. Dice Lutero:

> ¿Qué supondrás que ha estado fuera del tiempo o antes del tiempo?... Dese-
> chemos tales ideas y entendamos que Dios era incomprensible en su eterno
> descanso antes de la creación ... Tampoco se manifiesta Dios salvo a través
> de sus obras y la Palabra, porque se entiende el significado de éstas... Todo
> lo que pertenezca a la Divinidad no puede ser aprehendido y entendido,
> como el estar fuera del tiempo.[46]

> Dios en su propia naturaleza y majestad ha de ser dejado solo; en este
> respecto no tenemos nada que hacer con él, ni tampoco quiere que trate-
> mos con él. Tenemos que vérnosla con él en tanto que esté revestido de su
> Palabra, mediante la cual se presenta a nosotros.[47]

> No conocemos otro Dios que el que está revestido con sus promesas....
> Cuando se reviste de la voz de hombre, cuando se acomoda a nuestra capa-
> cidad de entender, entonces puedo aproximarme a él.[48]

De modo parecido Calvino:

> ¿Cómo podrá el entendimiento humano ... penetrar por sí solo la esencia de Dios, puesto que no conoce la suya propia? (*Institución* I, XIII, 21)

De hecho, el lenguaje de Calvino es aún más cercano a los capadocios que el de Lutero cuando dice que lo que sabemos acerca del propio ser de Dios es negativo, a saber, que Dios es intemporal y no dependiente:

> no habiendo nada más propio de Dios que la eternidad y el existir por sí mismo. (*Institución* I, XIV, 3)

Ésta es la razón por la que

> [Éxodo 34:6-7] enumera sus virtudes y potencias, por las cuales se nos muestra, no cual es en sí mismo, sino respecto a nosotros ... También vemos que se enumeran virtudes como las que hemos notado que resplandecen en el cielo y en la tierra ... nada se dice de él que no se pueda contemplar obrando en las criaturas. Dios se hace sentir por la experiencia tal como se manifiesta en su Palabra. (*Institución* I, X, 2)

Así que Dios se refiere a la naturaleza atribuida a Dios en la Escritura como el modo en que él "quiere ser para con nosotros" (*Institución*, III, II, 6), enfatizando con ello tanto el control de Dios sobre lo que la naturaleza es como sobre cualquier conocimiento que pudiésemos tener de ella. En otra parte agrega:

> dejemos a Dios el poder conocerse ... le dejaremos lo que le compete si le concebimos tal como Él se nos manifiesta; y únicamente podremos enterarnos de ello mediante su Palabra (*Institución* I, XIII, 21).

Finalmente, compare estas observaciones de Karl Barth con los capadocios y con los reformadores:

> Cuando Dios crea y por tanto da realidad a otro, junto y fuera de sí mismo, el tiempo empieza como la forma de existencia de este otro ... Dios no está en el tiempo ... La criatura, sin embargo, no es eterna ... Ser una criatura significa ser de este modo. Pero ¿cómo puede haber alguna posibilidad o realidad de ... interacción entre Dios y la criatura ... si no fuera por la gracia de Dios hacia su criatura, su condescendencia hacia ella, por su entrada en su forma de existencia? ... Si no la acepta de tal modo que se ponga a su nivel, ... no puede haber ninguna interacción entre Creador y criatura.[49]

10.6. Réplicas a las objeciones

¿Así que, qué hay en esta alternativa que ha hecho que haya sido rechazada tan persistentemente por los propugnadores de la concepción AAA? ¿Por qué hasta ahora carece de voz en la filosofía de la religión en Europa occidental y en Norteamérica? La respuesta a esto, creo, es que por un lado mucho de la tradición filosófica todavía sigue estando cautiva de Platón, mientras que por otro lado la posición C/R ha sido mal entendida de varias maneras. Obviamente, no puedo tratar aquí con todos aquellos malos entendidos, pero cerraré este capítulo ofreciendo una breve réplica a varios de los más frecuentemente repetidos.

El primero es una reacción que casi todo mundo familiarizado con la concepción AAA tiene al oír la primera vez la concepción C/R —incluso en un nivel teológicamente no sofisticado. La reacción es decir que si los humanos no tienen acceso al mismo ser de Dios, aparte de sus acomodos para nosotros, entonces cualquier cosa que conozcamos no es realmente Dios y debe entonces ser otra cosa. A esto frecuentemente se agrega que incluso en la concepción C/R al menos una atribución que se le hace a Dios, su absoluta autoexistencia, no podría ser algo que él adoptó. Así que ¿cómo explica eso la concepción C/R? La segunda objeción es que es autorreferencialmente incoherente decir que no tenemos ningún concepto del ser de Dios. Después de todo, prosigue la objeción, si afirmamos de Dios que no tenemos ningún concepto de su ser, ¿no hemos con ello mismo concebido su ser de ese modo? La tercera objeción es que decir que Dios creó las verdades necesarias conduce a permitir que enunciados mutuamente contradictorios sean verdaderos, y todo otro tipo de absurdo. Como tal resultado pondría fin a todo razonamiento, la posición C/R simplemente no puede estar en lo correcto. (Ese es el otro lado de la objeción concerniente a las verdades necesarias, a la que prometí retornar.) Finalmente, se objeta que, si el ser de Dios es incognoscible en principio, entonces no puede haber ninguna similitud entre Dios y las criaturas y por ello ninguna base para que nuestro lenguaje sea verdadero de Dios. Por ende la concepción C/R es incapaz de explicar cómo es posible el habla verdadera acerca de Dios.

Trataré cada una de estas objeciones en el orden enlistado.

Objeción 1

Esta objeción equivale a insistir en que debe haber alguna naturaleza original en el ser de Dios que explica por qué asumió para sí el carácter revelado en sus acciones y relaciones con los humanos. La insistencia supone, sin embargo, que Dios debe ser como las criaturas al querer y actuar a partir de una naturaleza preexistente. Pero, basándose en lo que hemos visto acerca de la doctrina de la pancreación, esa suposición debe ser rechazada.[50] Más bien, el ser creador de Dios tendría que ser la fuente creadora$_3$ de su carácter revelado, en tanto que ese carácter es algo que podamos entender. Esto es así porque Dios es el creador de todo lo que se encuentra en el cosmos, y se revela en términos de propiedades y relaciones que se encuentran en el cosmos. Ha traído a la existencia el tiempo junto con toda las propiedades y leyes que se encuentran en el tiempo. Por la misma razón, el ser creador de Dios es la fuente creadora$_3$ de todos los principios de la racionalidad, en cuyo caso no hay nada que pudiese ser una razón por la que él se relaciona con nosotros como lo hace —más allá de su voluntad. La negación de estos puntos, una vez más, supone que algunos tipos de propiedades y de leyes que se encuentran en la creación son creados y por ello divinos. Contradice así, llanamente, la doctrina bíblica de la pancreación.

Más aún, es absurda la sospecha de que si Dios quisiese ser lo que se revela asimismo como siendo entonces cualquier cosa que haya revelado no es realmente él. Equivale a decir que si Dios hace algo así ¡entonces realmente no es así! Más aún, lo que esta objeción ignora es que, aunque no conocemos el ser de Dios como no acomodado, conocemos el ser de Dios en tanto que está relacionado con nosotros. Son de Dios las energías, acciones y relaciones hacia nosotros las que son conocidas por lo que son.

Frecuentemente esta objeción es planteada señalando que, si la naturaleza-hacia-nosotros de Dios es querida por él, entonces no tenemos ninguna garantía de que no habrá de cambiar. En contraste, señala, la concepción AAA de la naturaleza de Dios la ve como algo que no está dentro de su control, así que podemos tener plena confianza en que nunca podrá cambiar. Éste, sin embargo, es un error *religioso* profundo y existencial —el error que Agustín llamó "un insulto a Dios" (véanse las citas de Lutero y Calvino en la nota 50). ¿Cuál es, después de todo, el fundamento último de nuestra confianza en Dios? ¿Es el propio juramento de pacto que hizo Dios, de que siempre será para nosotros lo que ha prometido ser? ¿O es el fundamento de nuestra confianza un cheque de crédito lógico y/o metafísico que le cobramos a Dios? ¿Es que algunas leyes del cosmos garantizan que Dios no puede ser de otra manera que la que él ha prometido, o es que creemos la palabra de Dios? Tan pronto como tratamos de encontrar principios que puedan garantizar la confiabilidad de Dios, no solamente los habremos hecho más finales que Dios, sino que con ello ¡habremos ubicado nuestra confianza final en ellos en vez de en Dios! (Recuérdese aquí mi observación al final del capítulo 2 acerca de la correlación entre lo que es confiable en última instancia y lo que confiamos que es real en última instancia.)

¿Qué decimos, entonces, acerca de la parte de esta objeción que dice que la existencia incondicional de Dios no puede ser algo que Dios creó y asumió?

Eso seguramente suena bien. Pero ¿cómo, exactamente, se supone que cuenta en contra de la concepción C/R? La realidad incondicional no es una propiedad, ni es algo que se encuentre en el cosmos o sea compartido por los humanos. No es verdadera de ninguna otra cosa más que del propio ser de Dios. Ni es racionalmente concebible. Quizá es este último hecho el que se halla en el núcleo de la objeción. Como la concepción C/R ha dicho una y otra vez que el ser de Dios no puede ser concebido, quizá algunas personas se extravían pensando que, si podemos concebir la idea de realidad incondicional, entonces la concepción C/R se ha contradicho a sí misma. Para responder esto debo explicar ahora la diferencia entre un concepto y una idea límite.

Cuando formamos un concepto combinamos en el pensamiento un número de las propiedades de cualquier cosa que sea que estemos concibiendo. Es por ello que el contenido de un concepto puede ser analizado y especificado. Desde luego, un concepto también incluye las relaciones en que sus contenidos (las propiedades) son tomadas como manteniendo entre sí, que es el por qué la definición es la formulación lingüística de los contenidos de un concepto. En contraste, una idea límite de algo no es una combinación de sus propiedades, sino es nuestra conciencia de algo que llega por la vía de las relaciones en las que se halla con otras cosas. Por ejemplo, la propiedad rojo no puede ser analizada en elementos constitutivos porque no hay ninguno. Es también por ello que no puede ser definida.[51] Conocemos el rojo contrastándolo con otros colores, no combinando sus elementos constitutivos en un concepto. Las metapropiedades que califican los varios aspectos (espacial, físico, sensorial, biótico, etcétera) son semejantes en este respecto a los colores. Tenemos ideas límites de ellos, no conceptos de ellos. Llegamos a conocerlas encontrando propiedades específicas de cosas adicionalmente cualificadas por tales metapropiedades. Por ejemplo, experimentamos una particular configuración como espacial, o un ejemplo particular de dureza como físico, o un caso particular de ingestión como biótico, etcétera. Y distinguimos las metapropiedades comparándolas una con la otra, incapaces como somos de formar siquiera una idea límite de cualquiera de ellas aisladas de todas las otras. También necesitamos mantener en mente que las ideas límite pueden tener más o menos contenido; algunas pueden ser formadas eliminando parte de los contenidos y relaciones que se encuentran en los conceptos. Cuando formamos una idea de ese modo frecuentemente usamos el mismo término tanto para el concepto como para la idea que de él se deriva, así que se vuelve importante no oscilar entre los dos tipos de conocimiento sin darse cuenta de ello.[52]

Si hay duda acerca de si realmente hay tal idea-conocimiento distinguida del concepto-conocimiento, considere el siguiente ejemplo de una idea límite: números que nadie ha concebido o concebirá. Como la serie de los números naturales es infinita, es necesariamente verdadero que siempre habrá algunos números que ningún humano jamás conciba. Pero, ¿acabamos de concebir tales números al decir eso? Seguramente no. Es imposible concebir cualquiera de ellos, pues cualquier número que consideremos queda con ello excluido de la clase escogida por esta idea límite. Aquí, entonces, tenemos un caso de una idea límite, no de un concepto. Tenemos idea de que hay tales números, pero ningún concepto de exactamente cuáles de ellos son. Esta idea tiene menos contenido que las ideas de, digamos, los colores o los calificadores de los aspectos que he llamado metapropiedades, pero aún así tienen *algún* contenido. Todos los números no concebidos seguirán siendo cantidades de algún tipo y se hallarán en varias relaciones matemáticas con otras cantidades. (Esto encaja con la parte anterior de mi explicación, cuando dije que el contenido de una idea es conocido a través de las relaciones que tiene con otras cosas de las cuales tenemos conceptos o ideas.) Del mismo modo, se pueden formar otras ideas más que tienen incluso menos contenido que estos ejemplos. Pero ellas son hechas posibles por el hecho de que sus contenidos se hallan en relación con los contenidos de conceptos o ideas que tienen más contenido que el que ellas tienen.

Sostengo que nuestra conciencia de la existencia es una de estas ideas.

Ahora bien, la idea de existencia es notoriamente difícil y no pretendo resolver aquí los enredados debates que la rodean. Solamente trataré de aclarar por qué digo que es una idea límite. Nadie duda que derivamos nuestra conciencia de la existencia de nuestra experiencia del mundo que nos rodea. El término "existe" literalmente significa "destacarse de" o ser distinto de. Refleja el hecho de que llegamos a reconocer que algo es distinguiéndolo de otras cosas. Pero la existencia de algo no puede ser *definida* como su capacidad de ser señalado; eso es en el mejor de los casos una circunscripción de ese algo. El hecho de que podemos distinguir una cosa es posibilitado por el hecho de que existe, no al revés. Como resultado, incluso el significado literal de la palabra "existe" no nombra lo que realmente buscamos cuando la usamos, sino que apunta más allá de su propio significado al hecho de la existencia que se encuentra detrás de él y que lo hace posible. Para complicar aún más las cosas, parece que la existencia de cada cosa que confrontamos en la experiencia es singularmente individual de esa cosa. No es una cualidad que una cosa posea junto con sus otras cualidades, porque una cosa tendría que existir para poseer cualidades. Y ciertamente no es

una cualidad universal compartida por más de una cosa; dos o más cosas no tienen la misma existencia. (La capacidad que tienen las cosas de ser distinguibles,
la cual constituye el significado literal de "existir", puede ser compartida, pero
no el hecho de su existencia, que las hace ser distinguibles.) Por estas razones,
pienso que la existencia no es algo que alguna vez realmente conceptualizemos.
Es un factor básico de la creación no analizable, indefinible, que confrontamos
en nuestra experiencia, que somos incapaces de aprehender en un concepto y
del cual solamente tenemos una idea límite.

Cuando hablamos de la autoexistencia de Dios, entonces, estamos aplicando
a Dios nuestra idea límite de existencia, la cual con ello es todavía más despojada de contenido: es existencia que no depende de nada en modo alguno, se halla
fuera del tiempo y no está gobernada por ninguna ley que valga para las criaturas. Es así una idea límite que es casi enteramente negativa, pues incluso la
propiedad de ser "distinguible" es verdadera de Dios sólo en su relación con la
creación, pues aparte de lo que él ha creado no habría nada de lo cual él podría
ser distinguido. Lo que queda de la idea es solamente esto: el ser incondicional
de Dios es de lo que todo lo demás depende para su existencia; Dios puede ser lo
que sea, mientras que sin Dios nada más puede ser en lo absoluto. Así, mientras
que se halla más allá de nosotros aprehender conceptualmente lo *que* ese ser es,
podemos tener la idea de *que* hay un ser último, incondicional con el cual todo
lo demás se halla en la relación de dependencia total. Como resultado, somos
regresados al enunciado de San Basilio de que ""no sabemos qué es Dios, sino
lo que Dios no es y cómo se relaciona con las criaturas". El resultado es que
tenemos tanto conocimiento conceptual como conocimiento ideal de Dios con
respecto a sus adaptaciones creadas para nosotros, mientras que sólo tenemos la
más árida idea límite de su ser aparte de aquellas adaptaciones. Y la idea límite
no es la naturaleza primordial de su ser, sino sólo de la relación que todo lo
demás guarda con él. Su contenido, nuevamente es sólo que es la fuente incondicional y última de la existencia de todo lo demás. Dicho en términos antiguos:
es la realidad cuya esencia es existencia.

A esto se debe agregar inmediatamente que llegamos a esta idea-conocimiento
del ser de Dios no a través de la especulación filosófica sino por revelación.
La idea del ser trascendente de Dios aparece porque, en el curso de revelar su
naturaleza acomodada, Dios también ha revelado que toda característica de la
creación (visible o invisible) ha sido traída a la existencia por él a partir de nada. Eso, no el teorizar, es la base de la concepción C/R de que no podemos
conceptualizar en lo absoluto su ser increado y no acomodado. Así que nuestra

concepción de que no podemos tener un concepto de lo *que* el ser de Dios es, sino solamente la idea de *que* es, es enteramente derivada de la revelación de sus acomodos a nosotros, de los cuales tenemos tanto conceptos como ideas con un contenido definido.

Objeción 2

La distinción entre un concepto y una idea límite, que nos auxilió con la existencia incondicional de Dios, puede también proveer un modo de tratar con el alegato de que la concepción C/R es autorreferencialmente incoherente. Muestra por qué decir que no tenemos un concepto del ser trascendente de Dios no es más incoherente que decir que necesariamente hay números de los cuales no tenemos conceptos. No pensamos en ninguno de estos números diciendo eso, y del mismo modo no concebimos el ser de Dios al decir que no podemos. Simplemente es falso que no podamos tener una idea de que hay algo a menos que podamos conceptualizar lo que es ese algo de manera no relacional. Además, la concepción C/R no afirma sin cualificación que nuestros conceptos *no puedan aplicarse* o incluso *no se apliquen* a Dios. Más bien, afirma el contrafáctico de que *no se aplicarían* si Dios no hubiese querido ponerse en relaciones con la creación por encima de la escueta relación de crear y sustentar su existencia. Y, felizmente, es falso que no se haya adaptado a nosotros y a nuestro entendimiento entrando en relaciones que podamos entender.

Objeción 3

Llegamos ahora a la objeción a la que prometí regresar, la que en mi opinión es la principal razón por la que la concepción C/R carece de voz en la filosofía de la religión contemporánea en Occidente. La objeción es que si Dios creó las verdades necesarias (las leyes) de la lógicalógica—seeaseidad de Dios y las matemáticas entonces se hallan dentro de su control, y si se hallan dentro de su control entonces él puede hacer que tanto las criaturas como él mismo puedan violarlas. Así, prosigue la objeción, conforme a la concepción C/R Dios puede hacer que $1 + 1 = 8$, puede saber que no existe, puede hacer triángulos con cinco lados y puede ser omnisciente sin saber nada. Como la ha planteado Alvin Plantinga, la objeción se reduce a esto:

> El conflicto es entre dos intuiciones: la intuición de que algunas proposiciones son imposibles, y la intuición de que si Dios es genuinamente soberano entonces todo es posible. Pero, cuando la cuestión se formula tan sin rodeos, me parece que realmente no hay ninguna cuestión. Es obvio que no todo es

posible; obviamente, por ejemplo, es imposible que Dios sea omnisciente y que al mismo tiempo no sepa nada en lo absoluto. . . . Debemos por lo tanto aseverar francamente que . . . no todo es posible —incluso para él.[53]

Mi primera reacción a este (presunto) dilema intuitivo es decir que, si estas dos opciones fuesen de veras las únicas elecciones, me pondría del lado de Plantinga en este tema. Lo que argumentaré como réplica, sin embargo, es que las opciones presentadas no son exhaustivas. De seguro tenemos dos intuiciones, y una de ellas es que hay verdades necesarias tales como la ley de no contradicción: la ley de que enunciados mutuamente contradictorios no pueden ambos ser verdaderos a la vez, así que lo que algunos enunciados expresan es imposible. Pero la otra intuición, sostengo, no ha sido correctamente planteada. No es verdad que si Dios es genuinamente soberano entonces todo es posible. Eso no se sigue de la concepción que estamos bosquejando (aunque es verdadera de la concepción de Descartes que Plantinga estaba criticando en la cita). Esto se debe a que en la concepción C/R Dios ha puesto leyes de muchos tipos en la creación. No tenía que *crear* precisamente aquellas leyes, desde luego, como tampoco tenía por qué crear nada en lo absoluto. Pero, dado que las creó, y creó las leyes que descubrimos en el cosmos —la ley de no contradicción entre ellas—, aquellas leyes imponen los límites para lo que es *realmente* posible e imposible para las criaturas. Y eso significa que no solamente imponen los límites para lo que las criaturas pueden ser, sino que también imponen los límites a lo que las criaturas racionales pueden concebir.

Conforme a este punto de vista, entonces, no es posible que $1 + 1$ sea igual a 8 o que los triángulos tengan cinco lados en este mundo tal y como Dios lo hizo. Como criaturas (esto es, propiedades creadas de criaturas), los números y los triángulos existen bajo el gobierno de las leyes que Dios ha puesto a su creación. Así que los absurdos que se supone se siguen del hecho de que Dios creó aquellas leyes de hecho no se siguen. Si se replica que la soberanía de Dios sobre la creación significa que él podría abolir aquellas leyes, la respuesta es que desde luego que él podría (en el sentido de "podría" explicado en la nota 52). Pero si se aboliesen las leyes de la cantidad y del espacio, *entonces no habría cosa tal como un número o un triángulo como los conocemos*. El falso dilema ignora esto. Supone que podría haber precisamente los objetos que conocemos aun si las leyes que los gobiernan fuesen abrogadas, a pesar del hecho de que los objetos son lo que son (en parte) debido a las leyes a las que están sometidos. Así que, dado que una de las leyes que Dios puso a su creación es la ley de no contradicción, ella (y otras leyes) no pueden ser alteradas mientras que al mismo tiempo es verdadero que aquellas alteraciones pueden ser aplicadas a cualesquiera objetos tal y como los conocemos.[54]

Esta parte de mi réplica está estrechamente aliada con la posición que adoptó Agustín acerca de los milagros. Él sostuvo que Dios puede y actuó en el mundo para producir eventos que no podemos explicar o duplicar. Pero, dijo él, Dios no establece leyes en la creación solamente para romperlas. (Piense aquí en los textos bíblicos que notamos anteriormente en los que Dios promete mantener el orden y las ordenanzas [las leyes] de la creación "mientras dure la tierra".) Los milagros no han de ser pensados, por lo tanto, como violaciones de las leyes de la creación sino como ejercicios del poder de Dios durante los cuales Dios sigue sosteniendo las leyes que puso su creación.[55]

Pero incluso si las verdades necesarias valen para las criaturas, ¿no tiene que decir la concepción C/R que no valen para Dios? ¿No es Dios un ser increado, trascendente, creador de todas las leyes y por ende no gobernado por ellas — incluyendo la ley de no contradicción? ¿Y no significa eso que Dios puede tanto existir como no existir, que puede saber que no existe, o que puede ser omnisciente mientras que no sabe nada en lo absoluto?

La respuesta es: no, no significa ninguna de estas cosas. El ser trascendente de Dios se halla más allá del dominio de la ley de no contradicción así como del de todas las otras leyes, *pero es precisamente por ello que no se siguen consecuencias contradictorias de afirmar eso.* Que Dios trascienda una ley no es igual a que Dios viole una ley, pues una ley solamente puede ser quebrantada por algo a lo que se aplica. Así que, mientras que las criaturas no puede romper la ley de no contradicción porque están sujetas a ella, el ser trascendente de Dios no puede romper esa ley porque no se aplica al ser de Dios en lo absoluto. He aquí una analogía. Supóngase que es una ley que algo no sea sano a menos que obtenga una nutrición apropiada, agua, y respire aire limpio. ¿Violan las rocas en mi jardín esta ley? Seguramente no. La ley simplemente no se les aplica. Y eso es lo que estoy diciendo acerca de la relación del ser no acomodado de Dios con las leyes que puso a su creación. Mantenga en mente por favor, sin embargo, que la naturaleza acomodada de Dios está sujeta a las leyes de la creación; eso es parte de su adaptación a nosotros. Así que Dios es lógicamente consistente por lo que respecta a "la naturaleza en la que le ha placido manifestarse" (incluyendo su existencia manifiesta, existencia en el sentido de ser distinguible de todo lo demás e idéntico a sí mismo). Solamente su ser incondicional trasciende toda ley, y lo hace de una manera que no es concebible para nosotros: ni se conforma ni viola la ley de no contradicción.

Si se objeta que nada podía existir que no esté sujeto a las leyes de la lógica, es importante observar que tal réplica no está justificada por el hecho de que no podemos concebir que algo no es. Como dije anteriormente, las leyes de la lógica (y otras leyes) gobiernan nuestro pensamiento de tal modo que no podemos formar un concepto o una idea de *qué* sería algo que no estuviese sujeto a aquellas leyes. Pero del hecho de que no podamos concebir tal cosa no se sigue que no exista ninguna cosa tal. Esa afirmación es meramente la insistencia dogmática de que lo que nuestra red no puede pescar no es un pescado —que como no podamos trascender la ley ninguna otra cosa puede hacerlo tampoco. La aserción de que nada podría existir que no estuviera sometido a las leyes de la lógica se sigue, sin embargo, de considerarlas como (al menos parte de) la fuente divina de cualquier cosa —que es exactamente la razón por la que debería de ser rechazada por todo teísta.

Objeción 4

Pero, ¿qué hay acerca de la pregunta acerca de cómo puede nuestro lenguaje aplicarse a Dios? Como la concepción C/R rechaza la propuesta AAA de que las criaturas tienen grados inferiores de las perfecciones increadas poseídas por Dios, ¿cómo puede explicar que nuestro lenguaje pueda hablar verdaderamente de él?

Esperaría que a estas alturas fuera obvia la respuesta a esta objeción. Conforme a la concepción C/R, Dios *mismo* se acomoda a nuestra experiencia y lenguaje. La palabra-revelación que Dios ha inspirado y se ha dignado concedernos es verdadera de Dios debido a ese acomodo. No se posibilita debido a que el lenguaje de la Escritura sea analógico o antropomórfico (aunque ocasionalmente lo es), sino porque *Dios mismo asumió forma humana*. El lenguaje escritural acerca de Dios es, por lo tanto, lenguaje ordinario; no necesitamos elaborar una teoría de la analogía para explicar la posibilidad de su verdad. Ciertamente, el poder de Dios, su amor, misericordia, justicia, etcétera, son mayores que cualquier cosa que sea posible para los humanos tener o comprender plenamente. Pero no hay necesidad de suponer que aquellas características son poseídas por él en un grado infinito que sea completamente incognoscible para nosotros. Son, por lo que concierne a su significado, precisamente lo que ordinariamente queremos decir por poder, amor, misericordia y justicia. Dios asumió estas características (creadas$_3$), y quiso que fuese la naturaleza en la que se ha placido manifestarse ahora y para siempre. Como resultado, los términos designan las mismas características en él que las que designan en las criaturas.[56]

Como dije, eso no significa que no haya diferencias en lo absoluto entre los modos en que Dios posee sus propiedades, o se halle en relaciones, y los modos en que lo hacen las criaturas. Ya hemos tocado una de estas diferencias, a saber, que todas estas propiedades son poseídas por Dios en un grado que es imposible que repliquen las criaturas (aunque no imposible que las conozcan). Otra diferencia es que, mientras que Dios es infaliblemente bueno, justo, sabio, etc., nosotros no lo somos. Y también hay otras diferencias. Una de éstas es que Dios se revela como poseyendo las características que ha asumido para sí mismo dentro de las limitaciones y en combinaciones que las criaturas no pueden emular. Por ejemplo, Dios se halla en relaciones que son buenas para los humanos dentro de los parámetros impuestos por los pactos, pero nunca prometió ser tan bueno como sea posible a tantas personas como fuese posible. Si hubiese hecho eso, sus promesas serían desmentidas incluso por la más ligera decepción en la vida de tan sólo una persona. Así que, aunque Dios nos ha prometido amor, perdón y vida eterna, nunca prometió que no habría sufrimiento injusto en esta vida. Es por ello que es atroz sugerir que, si Dios fuese verdaderamente bueno, su bondad tendría que excluir todo sufrimiento injusto en el mundo. Desde luego, al contrario, la Escritura lo revela tanto conociendo como permitiendo el sufrimiento injusto, al mismo tiempo que agrega que será recompensado por él. Una vez más: su bondad no es una perfección griega, sino una promesa de pacto; no es descrita en la escritura como extendiéndose a toda persona y circunstancia tal que Dios debe querer el resultado más feliz en todo caso, so pena de no ser bueno. Más bien, los escritores de la Biblia se maravillan ante la bondad de Dios hacia nosotros debido a que es completamente inmerecida por nosotros, más bien que porque se origine de su necesaria adherencia a estándares antecedentes e independientes de bondad que lo obligan a ser bueno. Así que la bondad de Dios siempre es descrita como un asunto de pura gracia por parte de la realidad final y absoluta sobre la cual no hay obligaciones antecedentes en lo absoluto. (Esta es el objeto del entero libro de Job, por ejemplo, y fue elocuentemente formulado por Lutero en la cita de la nota 50.)

Esta concepción del lenguaje acerca de Dios encaja así con el resto de la concepción C/R, aconsejando extrema precaución al tratar de la naturaleza de Dios y al cortar toda especulación acerca del ser no acomodado de Dios. No podemos ponernos "detrás" de la naturaleza revelada de Dios para hacer lo que Calvino describió como pretender "penetrar con atrevida curiosidad ... la esencia de la divina majestad", la cual él condenó como "apetito desordenado". Como Dios es el creador de todas las leyes de la creación, no hay esperanza de que usemos cualquiera de ellas para construir una explicación de su ser increado haciendo metafísica o teología racionalista.[57] Y como podemos conocer la perenne naturaleza acomodada de Dios solamente por revelación, la concepción C/R requiere que nos conformemos tanto como sea posible a precisamente lo que Dios ha revelado de sí mismo. Desde luego, son inevitables algunas inferencias a partir de lo que está revelado, pero en su mayor parte deberíamos buscar seguir el consejo de Calvino anteriormente citado de que "no nos empeñemos en investigar lo que Dios es sino dentro de su Palabra sacrosanta, ni pensemos nada acerca de Él sino guiados por ella, ni digamos nada que no se halle en la misma" (*Institución I*, XIII, 21).

Conforme a esta concepción, entonces, la principal diferencia entre la importancia de un término cuando se usa para atribuir algo a Dios y cuando se usa de una criatura no ha de ser encontrada en su significado. Más bien, ha de ser ubicada en su importancia. Es el hecho de que es Dios, el creador trascendente, el que nos ofrece amor o está enojado con nosotros lo que hace la diferencia más importante en los términos "amor" o "enojado". Es esta diferencia la que genera el distintivo significado fídico que corresponde a tales términos cuando son usados para referirnos a Dios. Esta diferencia podría ser llamada analógica, pero sería un tipo de analogía muy diferente de la de la tradicional concepción AAA. Esa concepción hace que la diferencia sea entre los grados infinito y finito de la misma atribución. En la concepción que estoy proponiendo, es más bien una analogía que preserva la mismidad de significado junto con una diferencia en importancia y consecuencias. Entendido de este modo, el universo de discurso de la fe ya no es radicalmente más diferente de cualesquiera otros universos del discurso calificados por aspectos, que lo que lo son éstos entre sí. El término "bueno", por ejemplo, exhibe una diferencia de significado cuando se aplica a una obra de arte del que tiene cuando se aplica a una ley. Y reconocemos esa diferencia sin problema debido a los respectivos universos de discurso estético y diquético en cada caso. Así, también, hay un universo de discurso fídico en el que los términos adquieren significado adicional siempre que son atribuidos a cualquier cosa que sea tomada como siendo incondicionalmente confiable (divina).

Para resumir mi réplica a esta objeción: la concepción C/R puede explicar cómo puede ser verdaderamente predicado de Dios el lenguaje fídicamente cualificado. Lo hace, en primer lugar, porque ve los atributos revelados de Dios como queridos (creados$_3$) por Dios, así que no hay ninguna amenaza a la aseidad de Dios. Por la misma razón, no compromete el estatus de criatura de lo que es distinto de Dios haciendo divinas parcialmente a las criaturas al compartir propiedades increadas$_3$ con Dios. Finalmente, no hay necesidad de proponer teorías analógicas u otras complicadas acerca del lenguaje para explicar los cambios de significado que adquieren los términos cuando se usan para designar las propiedades de Dios. Lo que la Escritura le atribuye a Dios es precisamente lo que nosotros queremos decir ordinariamente con aquellos términos dentro de los límites especificados y con la importancia adicional que les corresponde porque es el creador del universo el que los posee. Es por esta razón que tienen un significado fídico adicional, un significado que tiene una importancia crucial para nuestro destino eterno.[58]

Esto termina mi crítica religiosa de la concepción de Dios que apoya el reduccionismo como estrategia para las teorías. Encuentro que es la principal razón por la que tantos pensadores teístas ha retenido esa estrategia, y que es una concepción de Dios que ya está infiltrada y comprometida por suposiciones de base pagana tomadas de la filosofía griega antigua. A manera de contraste, he presentado una concepción alternativa de Dios y del lenguaje acerca de Dios que evita aquellas suposiciones y es consistente con su aseidad.

10.7. Conclusión

La crítica filosófica de la reducción mostró por qué intentar atribuir existencia incondicional a cualquier tipo de propiedades y leyes abstraídas de nuestra experiencia del mundo resulta en que el significado de ese tipo se evapora ante nuestras mentes. La crítica religiosa ha mostrado por qué, por otra parte, no acontece tal calamidad a la idea de un creador trascendente. En nuestro encuentro con Dios a través de su palabra y de sus relaciones en curso con nosotros en nuestras vidas cotidianas, las acciones y las relaciones de Dios también tienen propiedades que podemos abstraer. Pero como ninguna de ellas es considerada como teniendo existencia incondicional, las ideas de ellas no caen víctimas de nuestro experimento de pensamiento, como lo hacen las deificaciones paganas de aspectos del cosmos. Sólo el ser trascendente de Dios tiene realidad incondicional y ello no es una hipótesis que necesite justificación teórica pero sea incapaz de ella. Nuestra idea límite de ese ser no se evapora siempre que tratamos de pensar en él; su misma carencia de contenido es lo que la libra de caer ante el experimento de pensamiento. Dicho de otra manera: la idea límite de realidad incondicional que, cuando se combina con la idea de cualquier aspecto del mundo causa que la combinación de las dos se evaporen, no es identificada con los atributos de Dios en un entendimiento apropiado de Dios. Por ende ni nuestra idea del ser incondicional de Dios ni de sus atributos son autocancelantes.

Por lo tanto: como las aseveraciones de reducción son injustificables en principio, y la reducción conduce a las teorías a un callejón sin salida explicativo; y como la reducción como estrategia para las teorías no está apoyada por una concepción de la naturaleza de Dios que sea consistente tanto con la doctrina de la creación como con la aseidad de Dios, tómese la resolución de que ahora investiguemos qué aspecto tendría una teoría de la realidad completamente no reduccionista, una teoría guiada por la creencia de que Dios, y solo Dios, es autoexistente.

PARTE IV

TEORÍAS NO REDUCCIONISTAS

CAPÍTULO 11

UNA TEORÍA NO REDUCCIONISTA
DE LA REALIDAD

11.1. El proyecto de las teorías no reduccionistas

En el capítulo 6 distinguí la posición radicalmente bíblica del fundamentalismo. Sostuve que en un sentido la tesis fundamentalista es demasiado fuerte porque supone que la Escritura es como una enciclopedia que contiene verdades reveladas acerca de todo tipo de tema. Para tal posición, la palabra de Dios no es lumbrera a nuestro camino, sino el camino mismo. Es esta suposición enciclopédica la que ha conducido a los fundamentalistas a imaginarse que el modo en que las teorías debieran ser impactadas por la creencia en un Dios creador es haciendo que las hipótesis sean derivadas de, o confirmadas por verdades que son extrapoladas de la Escritura o inferidas de la Escritura por la teología. En oposición a este programa, mantuve que la Escritura no es una enciclopedia y que tiene poco que decir que pueda servir como contenido o confirmación para la mayoría de las teorías de las ciencias naturales —aunque contiene enseñanzas específicas que debieran ser incluidas en teorías acerca de la naturaleza humana, de la sociedad y de la ética. En contraste, sostuve que la influencia más importante de las creencias de divinidad sobre las teorías es menos directa pero a la vez más extendida; a saber, que una u otra de ellas siempre funciona como una presuposición reguladora que guía la formación de teorías tanto en la filosofía como en las ciencias. Argüí que esa guía tiene dos pasos: la creencia de divinidad establece los parámetros para una perspectiva panorámica de la realidad que a la vez delimita el rango dentro del cual aparecerá como aceptable la naturaleza atribuida a las entidades hipotéticas. Es así que la creencia en Dios puede regular la construcción de teorías incluso si la Escritura no provee otras enseñanzas específicas propias de la disciplina de la teoría.

Al mismo tiempo, sin embargo, mantuve que la posición fundamentalista es muy débil en otro sentido. Ello se debe a que considera la influencia de la creencia religiosa sobre las teorías como algo de lo que alguien podría prescindir. En oposición a ello, he argumentado que ninguna teoría puede jamás estar libre de regulación por alguna creencia de divinidad u otra.

En los capítulos intervinientes hemos visto varias ilustraciones de cómo es que las presuposiciones religiosas extienden su control a las teorías científicas a través de las teorías de la realidad. En cada caso, sin embargo, las teorías muestra estaban todas controladas por alguna versión de creencia religiosa no bíblica (pagana); hasta el momento no he proveído muestras de cómo pueden las teorías diferir al presuponer la idea bíblica de Dios. Los ejemplos considerados han mostrado, no obstante, cómo es que las presuposiciones religiosas ejercen su influencia, preparando así el camino para ver el tipo de impacto sobre las teorías que podemos esperar al presuponer la creencia en Dios, una vez que reemplace las creencias de divinidad no bíblicas.

Puesto que encontramos que las presuposiciones religiosas ejercen su influencia sobre las teorías científicas a través de una teoría de la realidad, debiera ser obvio por qué estamos empezando con una teoría de la realidad en este capítulo.[1] Pero debiera decir de inmediato que los capítulos que siguen a éste no procederán a desarrollar teorías teístas de las matemáticas, la física y la psicología. Esto es, no serán un paralelo a los capítulos con estudios de casos. Hay dos razones para esto. Una es que no tengo la preparación requerida para hacer ese trabajo. La otra es que la teoría de la realidad que estamos por examinar no puede ser adecuadamente explicada en un capítulo, sino que debe ser desarrollada al ser aplicada a un número de asuntos diversos, si es que sus hipótesis y sus consecuencias han de ser clarificadas. Y la mayoría de los lectores encontrará que los asuntos que la teoría permite clarificar son, pienso, los de las teoría social y política, más que los de las matemáticas, la física o la psicología. Por lo tanto, este capítulo presentará el diseño de una teoría de la realidad que presupone que sólo Dios es divino, y los dos capítulos siguientes aplicarán ese diseño, primero a una teoría de la sociedad y luego más específicamente a la teoría de una institución social, el estado.

Por esta razón, es crucial que estos capítulos sean leídos en el orden en que aparecen. Enfatizo esto porque tratar con una nueva teoría de la realidad puede ser un proyecto con el que no está familiarizado y difícil para muchos lectores. El mismo prospecto puede por lo tanto tentarlos a saltarse este capítulo hacia los capítulos sobre la sociedad o la política, cuyos títulos suenan más familiares y quizá más interesantes. Pero, sin la teoría teísta de la realidad para guiar las teorías social y política, no será obvio por qué sus propuestas deberían ser consideradas como fruto del teísmo. Sin tal teoría de la realidad no habrá un andamiaje intelectual dentro del cual pudieran ser construidas teorías distintivamente bíblicas. Más aún, es precisamente la carencia de tal andamiaje la principal razón por la que los esfuerzos de tantos pensadores judíos, cristianos y musulmanes no han alcanzado a producir teorías verdaderamente teístas y han terminado por defender teorías esencialmente paganas con la creencia en Dios meramente adherida a ellas. Así que nuestro procedimiento aquí será el de remoldear completamente el proyecto de una teoría de la realidad con respecto tanto a las cuestiones que plantea como a las respuestas que les da a las mismas. Por estas razones, saltarse la teoría que está por ser bosquejada resultará en dejar en la oscuridad tanto el carácter completo de las propuestas principales de las últimas teorías como las razones que las recomiendan. Más que eso —como dije—, dejaría de poner totalmente en claro por qué se supone que son propuestas distintivamente teístas en lo absoluto.[2]

Antes de proceder, deberíamos darnos cuenta de algunas dificultades especiales que encuentra este proyecto que no plagan el teorizar con base pagana. La primera de éstas es que un pensador cuya construcción de teorías está dirigida por una creencia pagana no sólo puede ser inconsciente del carácter religioso de su presuposición controladora, sino que puede ser enteramente inconsciente del contenido de esa presuposición. De este modo, las creencias religiosas paganas no sólo pueden ser supuestas de modo inconsciente, sino que pueden guiar la construcción de teorías mientras permanecen inconscientes. (Por supuesto, esto no es lo que estaba ocurriendo en las teorías consideradas en los capítulos de casos. Aquellos pensadores tenían claras las suposiciones básicas que dirigían sus teorías y algunos, incluso, reconocieron al carácter religioso de las mismas.) Mi punto aquí es que, mientras que las teorías pueden ser producidas bajo la guía de una fe pagana, incluso cuando ésta es sostenida inconscientemente, la producción de teorías controladas y dirigidas por la creencia en Dios necesitará más que la guía inconsciente por parte de los pensadores judíos, cristianos o musulmanes. No sólo requerirá un esfuerzo consciente, sino que los esfuerzos más sinceros del más capaz de los pensadores pueden encontrarse con sólo un éxito a medias. Hay al menos tres razones para esto.

La primera es el modo único en que la fe llega a aquellos que creen en Dios. De acuerdo con los escritores bíblicos, llega sólo por la conjunción de dos factores: el contacto con la revelación que Dios hace de sí mismo y la operación de la gracia de Diosque permite a una persona ver la verdad de esa revelación. La Escritura por doquier representa esta gracia especial como necesaria porque debe superar la inclinación natural humana a considerar a una cosa distinta de

Dios como divina (esta inclinación es el significado verdadero de la doctrina cristiana del "pecado original"). Así, mientras que las personas pueden inconscientemente considerar todo o parte de la creación como divino, nadie alcanza la fe en el creador trascendente de manera inconsciente.

La segunda razón es el modo en que los efectos residuales de esa inclinación pecaminosa hacen que resistir las influencias de las creencias y actitudes no bíblicas sea una lucha incluso dentro del más comprometido de los creyentes. Los héroes más grandes de las tradiciones bíblicas tienen tales luchas y nosotros que somos sus admiradores novatos no podemos esperar menos. Así como nuestra debilidad religiosa requiere una lucha consciente para que nuestras actitudes y comportamiento personales lleguen a ser permeados y controlados por nuestra fe, también es una lucha extender la influencia de esa fe a la tarea de construir, evaluar y reformar teorías.

Finalmente, las dificultades de inventar o reformar teorías sobre la base de la creencia en Dios se hacen incluso mayores por la influencia de la larga tradición de teístas que intentaron retener la estrategia reduccionista pagana. Desde luego, esta concepción ha sido tan dominante entre los teóricos teístas por tanto tiempo que es muy difícil sacudirse los hábitos de pensamiento que produce —incluso en aquellos que han llegado a verla como inadecuada.

Debido los obstáculos tanto innatos como tradicionales para construir teorías radicalmente teístas, aquellos que intentan esta tarea no pueden dejar de estar dolorosamente conscientes de que sus esfuerzos pueden ser seriamente deficientes a pesar de sus mejores intenciones. Este capítulo y los siguientes dos capítulos no debieran, por lo tanto, ser malentendidos como pretendiendo reflejar la perspectiva bíblica de algún modo completo o final. Tampoco pretende capturar esa perspectiva con perfecta pureza. Mucho menos pretende haber encontrado las únicas hipótesis que podría ser desarrolladas desde esa perspectiva. Más bien, las teorías a ser presentadas serán intentos por resaltar la perspectiva misma al ser guiados por ella.

Este último punto tiene algunas consecuencias importantes. La más obvia es que con respecto a cualquier cuestión teórica particular puede haber varias hipótesis posibles que presuponen la creencia en Dios. Así que una hipótesis puede estar siempre dirigida propiamente por nuestra fe y aun así simplemente ser errónea. En otras palabras, cuando nos embarcamos en la tarea de hacer conjeturas explicativas, podemos estar dentro del alcance y dirección del pensamiento bíblicamente motivado, pero aun así simplemente estar equivocados en las hipótesis entitarias o perspectivales de corto alcance que postulamos. La contraparte a este punto es que los no creyentes pueden teorizar desde una perspectiva que presupone una falsa divinidad y aun así hacer propuestas específicas que son correctas de modo importante. Debemos estar siempre abiertos a aprender de tales teorías aun cuando también debamos luchar por remoldear las interpretaciones de las mismas desde una perspectiva teísta. Sería un enorme error, por lo tanto, que los creyentes en Dios rechazaran cualquier teoría *enteramente* meramente porque presupone una fe no bíblica. No necesitamos, por ejemplo, rechazar toda la teoría atómica y buscar un reemplazo meramente porque ha sido defendida por los materialistas. Pero aunque una hipótesis puede ser controlada por una creencia de divinidad falsa, y aun así ser correcta de modos importantes, su falsa perspectiva sobre la realidad garantizará que distorsionará y parcialmente falsificará la naturaleza de sus propuestas. Por lo tanto, nuestra posición es que, mientras que las hipótesis entitarias reguladas de modo tanto bíblico como no teísta puedan resultar ser totalmente falsas, ninguna hipótesis dirigida de modo no teísta puede jamás ser enteramente verdadera. Así, mientras que un enfoque radicalmente teísta de las teorías no determina todas las nuevas entidades hipotéticas para toda ciencia, requiere que repensemos y reformemos muchos conceptos de la naturaleza de todas las entidades hipotéticas de modo que refleje una perspectiva teísta, es decir no reduccionista.

Déjeme advertirle que repensar una teoría de la realidad en una dirección distintivamente bíblica tal de pensamiento nos conducirá a algunas hipótesis muy nuevas. Muchas de ellas sonarán extrañas comparadas con intentos pasados de teístas por pensar acerca de la teoría de la realidad —a pesar del hecho de que todos compartimos la creencia en el mismo Dios. Donde esto ocurre, sólo puedo rogarle a mis colegas creyentes que traten de distanciarse de las influencias de la tradición que nos mueven a adaptar teorías reduccionistas. No importa cuán difícil pueda ser purificar nuestras teorías de elementos paganos, es obligatorio para todo teísta. La única alternativa es dejar el teorizar acerca de la creación de Dios a aquellos que presuponen que no es la creación de Dios. Nuestra tarea, entonces, es desarrollar teorías que estén guiadas por nuestra fe en Dios. No se trata de teorizar para proveer credenciales a nuestra fe; mucho menos se trata de teorizar para "dejarle espacio a la fe". No es nuestra creencia en Dios la que necesita hacerse intelectualmente respetable mediante las teorías, sino son nuestras teorías las que necesitan hacerse religiosamente aceptables al estar internamente motivadas y dirigidas por nuestra fe.

11.2. Algunos principios guía

El profundo involucramiento de la creencia religiosa tanto en la versión fuerte como en la débil de la estrategia de reducción ha sido ya demostrada. Hemos visto cómo cada versión trata de identificar la naturaleza básica de la realidad reduciendo todos sus otros aspectos al que ha sido escogido, o a los dos que han sido escogidos, como su naturaleza. La idea central de esta estrategia es que la naturaleza esencial del cosmos se puede encontrar identificando el o los aspectos que son independientes y de los cuales todos los demás dependen para existir. Esa es la razón por la que usar el vehículo de la reducción para transportarnos a la meta de explicar la naturaleza de las cosas impone el precio de un compromiso pagano: atribuye divinidad a algún aspecto o aspectos de la creación, lo cual es llanamente contrario a la doctrina bíblica de Dios como único creador trascendente y sustentador de todas las cosas distintas de sí mismo. Cualquier teoría que otorga ese estatus a cualquier cosa distinta de Dios es por ello falsa e idólatra. Por lo tanto, sostengo que es este punto el que debe convertirse en el primer principio guía para una perspectiva genuinamente teísta. Es el **principio de pancreación** defendido en el último capítulo: *todo lo que no sea Dios es su creación y nada en la creación, acerca de la creación, o verdadero de la creación es autoexistente.*

Pero este principio solo no es suficiente para distinguir la perspectiva bíblica porque ha sido frecuentemente aceptado por teorías—seeespecie de leyes que no obstante consideran algún aspecto o aspectos de la creación como generadores de la existencia de todos los demás aspectos. Para proteger el principio de creación universal de esta distorsión se requiere un segundo principio guía, el *principio de irreductibilidad: ningún aspecto de la creación ha de ser considerado como el único aspecto genuino o como haciendo posible o real la existencia de cualquier otro.* Este principio refleja la concepción bíblica de que toda la creación depende directa e igualmente de Dios, de tal modo que todos los aspectos genuinos (cualquiera que pueda ser su lista correcta) son igualmente reales. Este último principio, junto con el creacionismo universal, sirve para enfocar una perspectiva más completamente teísta. Lo hace mostrando que la creencia en Dios permea y controla nuestras teorías al requerir el completo abandono de las estrategias reduccionistas, más que meramente el rechazo ecléctico de elementos objetables en el contenido de las teorías que utilizan aquellas estrategias.

Pero abandonar la estrategia de la reducción no nos conducirá simplemente a una *respuesta* diferente a la pregunta sobre la naturaleza básica de la realidad. También resulta en una nueva manera de enmarcar la *pregunta* misma. Desde luego, todavía queremos una teoría que pueda dar cuenta de nuestra experiencia de que varios tipos de cosas tienen naturalezas distintivas. Pero no estaremos buscando la naturaleza básica de las cosas en los sentidos de "básico" usados por las teorías reduccionistas tradicionales. En vez de ello, negaremos que cualquier aspecto sea más real que cualquier otro, o que cualquiera produzca otro. Así, la idea pagana de "básico" será excluida de la búsqueda de lo *que* las cosas son, así como será excluida de la búsqueda de *por qué* son las cosas. En vez de ello, tenemos ahora que inventar o reinterpretar las teorías de tal modo que sean completamente no reduccionistas.

Esto no es negar que en nuestra experiencia ordinaria las cosas de un tipo particular aparezcan compartiendo una naturaleza específica que está más centralmente caracterizada por ciertos aspectos suyos más que por otros aspectos. Pero enfocarnos en un aspecto particular, como el que nos dice más acerca de la naturaleza de un tipo particular de cosa, no requiere una teoría reduccionista de la realidad. Por ejemplo, una planta tiene propiedades físicas así como las tiene una piedra, pero la planta está viva y la roca no. De este modo, la naturaleza de la planta está más centralmente caracterizada por su aspecto biótico que por cualquier otro aspecto. Esto no significa, sin embargo, que sus otros aspectos hayan de ser reducidos a su aspecto biótico. Basta que las leyes de ese aspecto asuman el liderazgo gobernando la organización interna y el desarrollo de una planta tomada como un todo. Por ende, podemos desde luego caracterizar su naturaleza como la de una cosa *viviente*. De este modo podemos destacar el aspecto biótico como el que está diciendo algo "central" acerca de la naturaleza de una planta sin requerir que ésta sólo tenga aspectos bióticos, o que aquellas propiedades generen algunos de sus otros aspectos o todos ellos.

El desarrollo ulterior de un enfoque no reduccionista tal en la siguiente sección abrirá algunas direcciones interesantes para una teoría de la realidad que fueron excluidas por las presuposiciones paganas. Si ya no buscamos la naturaleza de las cosas indagando en qué aspectos se derrumban los otros, o cuál produce todos los otros, entonces no necesita haber ninguna naturaleza aspectual básica de *todo*. Puede haber tantas "naturaleza" diferentes en la realidad creada como se necesiten para explicar los tipos de cosas que experimentamos. Si esto es así, seremos liberados de los esfuerzos absurdos e implausibles a los que las modernas teorías reductivas han sido conducidas tratando de mostrar cómo es que los más diversos tipos de cosas en realidad tienen la misma naturaleza básica. Podemos ser liberados de tales callejones sin salida precisamente al ser liberados de la compulsión de encontrar qué hay en las cosas que explica *tanto* su naturaleza *como* lo que las hace ser reales. Así que, mientras que saber que Dios hace que las cosas sean lo que son no nos entrega una teoría de la realidad, sí nos libera de tener que revolver el cosmos en búsqueda de la realidad divina, autoexistente, que hace que todo en el mismo cosmos sea posible y real.

11.3. La teoría del marco nómico

Ya hemos observado que los varios aspectos exhibidos por los objetos de la experiencia e investigados por las ciencias no son solamente tipos de propiedades sino tipos de leyes. Cada aspecto exhibe un orden entre sus propiedades tal que sus propiedades son experimentadas como relacionadas como coposibles, mutuamente exclusivas, o necesariamente conectadas. Por ejemplo, es una ley del aspecto físico que todas las sales de sodio se pongan amarillas al ser quemadas, mientras que es una ley del aspecto espacial que nada pueda ser a la vez redondo y cuadrado. Sin tal orden, la creación como la conocemos no podría existir y sin enunciados que expresen tal orden no serían posibles las teorías explicativas acerca de la creación. Los enunciados nomológicos que formulamos son, por lo tanto, nuestras aproximaciones a vínculos específicos en el orden nómico cósmico. Expresan relaciones que bajo condiciones específicas son *necesarias* en el sentido de que no pueden ser violadas.

Ya hemos observado que la idea de la ley es también prominente en la Escritura, donde también tiene el sentido de dotar de orden a las cosas. El uso más prominente del término es, desde luego, en referencia a la ley religiosa y moral que tiene un papel central en el pacto que hizo Dios con Israel a través de Moisés. Pero, como vimos, la Escritura también habla del orden del universo en gran escala y dice que el orden (las "ordenanzas") de la creación es establecido y mantenido por Dios. Y agrega, como parte de las promesas del pacto de Dios, que él fielmente preservará estas leyes.

Tales aserciones bíblicas no son ofrecidas en el lenguaje técnico preciso de la filosofía de la ciencia, ni tampoco involucran lo que he llamado "alta abstracción". Pero enfatizan un punto que puede ser desarrollado de modo importante para diseñar una teoría de la realidad: incentivan la propuesta de que los teístas deben empezar a repensar la teoría de la realidad elaborando *la idea de un marco de leyes bajo las cuales todas las cosas creadas existen y funcionan*. La

Escritura habla de estas leyes como creadas y, por lo tanto, estipula que no han de ser consideradas como idénticas a Dios. No obstante, constituyen el orden con el que ha construido la creación y por el cual ésta es regulada. Esto no es sugerir que las leyes sean objetos como los planetas, los árboles o los océanos; ni tampoco pretende significar que existan separadas de las cosas y eventos que gobiernan (como se suponía que existían las formas de Platón). Más bien, "ley" es nuestro término para el orden que Dios ha incrustado en su creación y nuestra teoría empezará reconociendo un *lado* ley en la realidad creada. Más aún, puesto que hemos abandonado las estrategias reduccionistas, no habrá necesidad de esperar que el marco nómico esté constituido solamente por uno o dos tipos de leyes, o que uno o dos tipos generen todos los demás. Más bien, nuestra teoría puede incluir todos los diferentes tipos de orden que experimentamos como existentes y considerarlos a todos como componentes igualmente reales de un marco cósmico de leyes.

Hay varias especies de leyes que necesitarán ser distinguidas conforme prosigamos con este enfoque. Una de éstas es la que usualmente llamamos "leyes causales",[3] otra es lo que estaba llamando "leyes aspectuales", mientras que una tercera es lo que llamaré una "ley tipo". Puesto que con toda intención nos hemos enfocado sobre los aspectos de la experiencia, empecemos con las leyes que valen entre propiedades del mismo tipo aspectual y tratemos después las leyes tipo. Y como ahora vamos a utilizar esa idea para desarrollar una teoría, revisemos otra vez nuestra lista provisional de aspectos para clarificar varios de sus miembros:[4]

fídico
ético
diquético
estético
económico
social
lingüístico
histórico
lógico
sensorial
biótico
físico
cinético

espacial

cuantitativo

He tratado de evitar sustantivos para designar a los miembros de esta lista porque los sustantivos tienden a promover el malentendido de que éstos son clases o grupos de *cosas*. En vez de ello he usado adjetivos para enfatizar que lo que está siendo enlistado son tipos de propiedades y de leyes exhibidas por las cosas y eventos que experimentamos. Esto ha resultado en algunos términos extraños y en algunos significados especiales para algunos términos familiares, así que necesito hacer algunos comentarios breves sobre algunos de ellos.

El término "cuantitativo" es usado para designar el "cuanto" de las cosas y no debe ser malentendido como refiriéndose a (la teoría de) un ámbito de números o a los sistemas abstractos de las matemáticas concebidos para calcular la cantidad. Hay evidencia de que algunos animales tienen un sentido de la cantidad aunque no pueden contar,[5] y es precisamente tal conciencia intuitiva del "cuanto" de las cosas la que estoy señalando aquí. Es esta cantidad experimentada de las cosas lo que la ciencia de las matemáticas abstrae como su campo de investigación. Dentro de ese campo extrae posteriormente la propiedad de la cantidad discreta, la cual se convierte en la base de la serie de números naturales a partir de la cual se construyen conceptos matemáticos todavía más abstractos y complejos. Pueden entonces ser desarrolladas varias ramas de las matemáticas correspondientes a los diferentes modos en que las cantidades pueden ser calculadas formulando leyes que rigen entre ellas. Pero todo esto surge de nuestro reconocimiento intuitivo de que las cosas tienen cantidad.

"Cinético" se usa para designar el movimiento de las cosas, su movimiento espacial. Muchos científicos incluyen estas propiedades y leyes dentro del aspecto físico, aunque Galileo no parece haber hecho eso y al menos dos pensadores contemporáneos han argumentado que en realidad es un aspecto distinto.[6]

El término "sensorial" se usa en el modo explicado en el capítulo 9, esto es para cubrir las cualidades y leyes tanto de la percepción (el tacto, el gusto, la vista, el olfato y el oído) como de los sentimientos inducidos por la percepción. Están incluidos en el mismo aspecto porque la percepción y el sentimiento son ambos modos en que los humanos y los animales son sensitivos.

El término "histórico", aunque familiar, también merece un comentario. Ello se debe a que muchas personas piensan que se refiere a todo lo que ha sucedido en el pasado. Eso no es lo que se quiere decir aquí. Ni tampoco es el modo en que los historiadores lo usan, puesto que no todo lo que ha sucedido es históricamente importante. A juzgar por lo que interesa a los historiadores, parece que la diferencia entre lo que es históricamente importante, y lo que no lo es, es la misma que hay entre lo que es significativo para la formación de cultura humana y lo que no lo es. Aquello de que trata la historia es entonces la trasmisión del poder formador de cultura. Así que nuestro adjetivo "histórico" será virtualmente equivalente a "cultural". Y debido a que la formación de una cultura está basada en la habilidad de formar nuevas cosas a partir de materiales previamente existentes, algunos filósofos han preferido el término "tecnológico" para este aspecto. No importa qué término se use, lo que es importante es que sea entendido en el modo que acabo de describir, así que estaré hablando de todos los productos de la habilidad técnica humana para formar nuevas cosas a partir de materiales naturales como artefactos? culturales (históricos).

El término "ético" no es en lo absoluto inusual como término general para referirse a lo que es correcto y bueno, o incorrecto y malo en relación con el comportamiento y las actitudes humanas. No obstante, el término se usa frecuentemente para cubrir dos sentidos muy distintos de aquellos términos: lo que es correcto o incorrecto de acuerdo con la justicia y lo que es correcto o incorrecto de acuerdo con la moralidad. En la lista dada arriba han de ser distinguidos estos aspectos. El aspecto diquético [de la justicia] tiene que ver con las normas que se aplicarán a nuestras actitudes y acciones concernientes a lo que es *justo*. En contraste, el aspecto ético, como el término se usa aquí, tiene que ver con normas relativas a lo que es *amoroso* o benéfico. Aunque diferentes, los dos sentidos están desde luego relacionados. En términos generales, podemos ser justos con alguien sin ser amorosos, pero no podemos ser amorosos con esa persona sin ser justos. El amor frecuentemente nos solicita que vayamos más allá de lo que alguien merece legalmente —como se ilustra mediante la famosa historia de Jesús del buen samaritano. Pero tendríamos que ser por lo menos tan justos con alguien como lo permiten las circunstancias antes de que pudiéramos lograr amar a esa persona. Nuestra concepción del aspecto ético podría por lo tanto ser llamado una "ética del amor", pero en un sentido mucho más fuerte que el sentido en el que usualmente se usa la expresión. No queremos decir meramente que la gente debiera ser amorosa, sino que el amor es aquello *acerca de* lo que trata la ética. Para esta concepción, por lo tanto, el amor es más que meramente un sentimiento. Es un principio normativo de acción circunscrito por la amonestación bíblica "ama a tu prójimo como a tí mismo". En otras palabras, debemos balancear nuestro propio interés con los intereses de los demás. Las obligaciones éticas son por lo tanto aquellas que surgen de esta norma en sentidos precisos que varían de acuerdo con las diferentes relaciones amorosas, tales como el amor propio, el amor a la esposa, el amor a los hijos o a los padres, el amor a los amigos, el amor a la nación o el amor al necesitado, etcétera. Puesto que estas obligaciones surgen de una norma aspectual, se extienden a lo largo del entero espectro de la experiencia humana, y así también incluyen obligaciones hacia la naturaleza, hacia el trabajo propio, al país de uno, al arte, a la enseñanza, etcétera. En resumen, el aspecto ético es aquel cuyo orden incluye la norma y las obligaciones para la vida amorosa humana.

Debiera notarse también, sin embargo, que este sentido ético del amor no es el mismo que el sentido en que "amor" es usado por la Escritura para nuestra relación propia con Dios. Esto se muestra por el hecho de que el mandamiento central de amar a Dios no es condicional como lo es el mandamiento ético de amar a nuestro prójimo. Pues mientras que el amor ético por otros ha de ser balanceado con el amor propio, el amor a Dios es incondicional: "amarás a Jehová tu Dios de todo tu corazón, y de toda tu alma, y con todas tus fuerzas" (Dt. 6:5; Mr. 12:28-34). En su sentido religioso, por lo tanto, el amor a Dios no es un mero bien ético (sin negar la importancia de éste) sino que es el compromiso del ser total de uno con el servicio a Dios por encima de todo lo demás.

Finalmente el término "fídico" es usado para referir a los variables niveles de fiabilidad o confiabilidad que puede tener una cosa o una persona. Este aspecto es especialmente importante en conexión con las relaciones sociales humanas de todos tipos, las que se desintegran rápidamente cuando hay una carencia significativa de confianza. Pero debido a que este aspecto tiene que ver con *todos* los grados de confianza y de certeza, también tiene una conexión especial con la fe religiosa. Esta conexión surge siempre que alguien confía en algo como incondicionalmente fiable, pues solamente algo que tiene existencia incondicionada puede ser incondicionalmente fiable. Confiar en algo como incondicionalmente fiable, por lo tanto, presupone que ello sea lo que es autoexistente y por ende divino.

Incluso en esta temprana etapa es posible ver cómo una idea no reduccionista de tal marco nómico cósmico puede liberarnos de los cuernos de uno de los viejos dilemas que han plagado a las teorías tradicionales de la realidad: el dilema del objetivismo *versus* el subjetivismo. Este asunto se puede entender mejor como una controversia entre respuestas opuestas a la pregunta: ¿cuál es la fuente de las leyes que dan orden a la creación? Mientras que el objetivista ubica la fuente del orden en los objetos de la experiencia humana, el subjetivista ubica el orden en la mente del sujeto congnoscente. Desde luego, la mayoría de las teorías han sido parcialmente objetivistas y parcialmente subjetivistas pero, para ilustrar los dos lados de la controversia, usaré teorías que son casi exclusivamente una o la otra como cualquiera en la que pudiera pensar, a saber, las de Aristóteles y Kant.

Para Aristóteles, como ya hemos visto, la "causa del ser de una cosa" es su substancia o forma. La forma de una cosa es también responsable de determinar la naturaleza innata que comparte con cosas del mismo tipo, y es la naturaleza de cada tipo de cosas la que las programa para que se comporten y se relacionen con otras cosas del modo que lo hacen. Por lo tanto, lo que llamamos leyes de la naturaleza son nuestras formulaciones del comportamiento observado de las cosas causado por sus internamente fijadas naturalezas. Esto significa que realmente no hay un lado ley de la creación distinto. "Ley" no es más que el nombre que damos a las regularidades que observamos en la experiencia, y estas regularidades están garantizadas por la forma inobservable de cada tipo de cosa. Así que la fuente de toda regularidad y orden se ubica en los objetos de la experiencia aun cuando esa fuente no sea ella misma directamente experimentada. Según esta concepción, los humanos llegan a conocer el orden de las cosas conformando sus conceptos a las naturalezas de los objetos tal y como existen fuera de sus mentes; en otras palabras, conformando su pensamiento a la realidad "objetiva".

Kant, por otra parte, mantuvo que la mente del conocedor, o "sujeto", es la fuente de todo orden en la experiencia. Sostuvo que lo que llega a nuestras mentes son estímulos sensoriales caóticos que la mente humana luego ordena para constituir una experiencia inteligible. Su teoría sostuvo que la mente humana hace esto inconsciente y espontáneamente de maneras fijas sobre las que no tiene control. Así que cuando observamos regularidades en nuestra experiencia, y cuando intentamos formularlas como enunciados nomológicos, éstos son todos tratamientos conscientes de un orden que ya estamos inconscientemente imponiendo a nuestros estímulos, creando así la realidad que experimentamos. Por lo que concierne a nuestro conocer consciente, entonces, estamos intentando entender los objetos que experimentamos —precisamente como Aristóteles lo creía. Pero, dijo Kant, es posible hacer esto solamente porque aquellos objetos han sido primeramente formados por nuestras mentes al imponerles un orden. De esta manera, el aparentemente objetivo orden de la realidad es realmente subjetivo en su origen.

Debiera ser claro que tanto el objetivismo como el subjetivismo son inaceptables al teísmo, pues cada uno presupone una variedad de religión pagana que

asigna a alguna parte de la creación el papel de legislador, independientemente
existente, del mundo. Desde el punto de vista bíblico, no son ni los objetos conocidos ni los sujetos cognoscentes las fuentes del orden que experimentamos
sino sólo Dios, quien es el legislador del mundo. Así que el modo teísta de pensar acerca de las leyes de la creación evita el dilema subjetivismo/objetivismo
proveyendo una tercera alternativa. Puesto que la Escritura enseña que Dios creó
todas las leyes que gobiernan la creación, podemos ver el orden de la creación
como no reducible ni a los objetos conocidos ni a los sujetos cognoscentes. En
vez de ello, tanto los objetos como los sujetos son ordenados y conectados al
estar gobernados por el mismo marco de leyes divinamente establecido.[7]

Regresando ahora a la clarificación de la lista de aspectos, necesitamos observar que, así como se pretende que sus miembros reflejen lo que encontramos
en la experiencia preteórica, también se pretende que lo refleje el orden en que
los encontramos en la lista. Leyéndolo de abajo hacia arriba, se pretende que el
orden de su enlistado refleje el orden en que las propiedades de cada aspecto
aparecen en las cosas como las experimentamos antes de la teorización. Esto es,
la experiencia muestra una secuencia en el modo en que las cosas exhiben los
aspectos, tal que las propiedades de aquellos más abajo en la lista parecen ser
precondiciones para la ocurrencia de las propiedades de las que están más arriba
en la lista. Por ejemplo, hay cosas que tienen propiedades físicas sin estar vivas pero nada vivo deja de tener propiedades físicas. Así que tener propiedades
físicas parece ser una precondición para que algo tenga propiedades bióticas.
De modo semejante, una cosa bióticamente viva puede o no ser capaz de sentir
o de percibir, pero nada capaz de sentir deja de estar bióticamente vivo. Del
mismo modo, parece que la percepción sensorial es una precondición para que
una cosa tenga la habilidad de pensar mediante conceptos lógicos, la cual es una
precondición para ser capaz de concebir proyectos mediante los cuales se logra
la formación histórico-cultural de nuevos objetos a partir de materiales naturales. Esta habilidad, a su vez, es la precondición de una de los más sobresalientes
ejemplos del poder cultural formativo: la invención del lenguaje, la cual es a su
vez una precondición necesaria para el desarrollo de las relaciones sociales y
las costumbres típicamente humanas. Y así continúa el ascenso por la lista.

Ahora he estado hablando de este orden como uno de precondicionalidad
más que de tiempo, pero esto no es negar que hay mucha evidencia de que la
secuencia entre los aspectos recién mencionada ha sido reflejada en el desarrollo
cronológico real en el pasado. La evidencia muestra, por ejemplo, que existió un
periodo de tiempo sobre la tierra en el que hubo cosas cuantitativas, cinemáticas

y físicas pero en el cual no había aún seres vivientes; y existió un periodo en el que hubo cosas vivientes pero incapaces de sentir o percibir, después del cual hubo cosas que fueron capaces de sentir pero sin pensamiento lógico, etcétera. No obstante, este reflejo del orden de los aspectos en el tiempo no es lo mismo que la precondicionalidad que he estado señalando. Incluso sin saber nada acerca del despliegue original de estas propiedades en el tiempo, la secuencia de precondicionalidad valdría, por las razones ya dadas.

De hecho, confundir la precondicionalidad con la aparición gradual de propiedades en el pasado nos impediría ver ese orden con respecto a los primeros cuatro aspectos, puesto que sabemos que ningunos objetos en la creación carecieron jamás de ellas. Así que necesitamos resaltar la diferencia entre la secuencia de precondicionalidad y la gradual aparición en el tiempo de los aspectos más altos en la lista, del siguiente modo. Podemos decir que una cosa necesita ser espacial para tener movimiento, lo cual es a su vez una condición para que cualquier cosa tenga propiedades físicas. Por lo mismo, tendría que haber alguna cantidad de espacio, así que las propiedades espaciales tienen una precondición cuantitativa.[8]

Pero, aunque el orden de la lista de aspectos refleja una secuencia de precondicionalidad en el modo en que las propiedades aparecen en las cosas, esta secuencia no puede ser usada para apoyar la estrategia reduccionista débil para una teoría de la realidad. De acuerdo con esa estrategia, el orden que hemos estado notando es *causal*: se dice de algunos aspectos —usualmente los que están más abajo en la lista— que causan la existencia de los otros que se hallan más arriba en la lista. Esto es, el reduccionismo débil considera a alguno(s) de lo(s) aspecto(s) más abajo en la lista como siendo no meramente la precondición para la ocurrencia de los tipos enlistados más arriba, sino como la razón de que haya tales tipos más altos en lo absoluto. Pero encontrar que propiedades de los aspectos más altos no aparecen en las cosas sin aquellas que son inferiores no muestra en lo absoluto que las más bajas *produzcan* las más altas, pues ser una precondición para algo no es lo mismo que producirlo. Por ejemplo, una de las precondiciones para empezar una fogata con leña es que haya oxígeno presente, pero la mera presencia del oxígeno no habrá de producir el fuego. Así que tenemos el derecho de notar aquí que proponer un aspecto más bajo en la lista como la razón de que existan los más altos es, en realidad, hacer una suposición pagana. Pues suponer que debe ser uno u otro de los aspectos el que causa el resto es desechar de entrada que hay un Creador trascendente que es tanto necesario como suficiente para la existencia de todos ellos —incluyendo su orden de precondicionalidad.

Además de esta objeción religiosa, sin embargo, hay serias dificultades teóricas con cualquier intento de usar el orden entre los aspectos como apoyo para una teoría reduccionista débil. Ya hemos visto por qué la afirmación de que cualquiera de los aspectos puede causar la existencia de los otros fracasa cuando se aplica a su lado propiedad: es autorrealizativamente incoherente abstraer un tipo de propiedades, considerar su aislamiento resultante como independencia real, y proclamar así que es la identidad esencial de las cosas en vez de un mero aspecto de las mismas. Pero hay una razón adicional por la que esta afirmación es implausible cuando se aplica al lado ley de un aspecto. *Pues mientras las propiedades aspectuales exhiben un orden de aparición, las leyes aspectuales no lo hacen.* Explicar este punto permitirá al mismo tiempo que sea presentada una parte principal de la teoría del marco nómico, así que vale la pena hacerlo aquí. Pero, para poner en claro el punto, primero necesito introducir algunas expresiones nuevas que me permitirán hablar de maneras que guarden la distinción entre los lados ley y propiedad de cualquier aspecto.

Se hablará de los objetos de la experiencia (cosas, eventos, relaciones, estados de cosas, personas, etcétera) como existiendo o funcionando "en un aspecto" o "bajo las leyes de un aspecto". De esta manera nos acordaremos de que la existencia de las criaturas siempre está gobernada por leyes, y que siempre debemos distinguir entre las entidades sujetas a las leyes y las leyes que hacen la gobernanza. Así que decir que una cosa "funciona en" un aspecto es otro modo de decir que tiene propiedades de ese tipo aspectual que están gobernadas por las leyes de ese aspecto. La teoría del marco nómico mantiene que tanto las propiedades como las leyes de un aspecto existen en mutua correlación. El orden nómico de cada aspecto impone los límites en cuanto a qué propiedades son posibles dentro de ese aspecto y garantiza las necesarias conexiones entre ellos, pero no crea aquellas propiedades. Tampoco son las naturalezas intrínsecas de ciertas propiedades las que establecen el ordenamiento de un aspecto o traen a la existencia otras propiedades de ese tipo. Así que ni el lado ley ni el lado propiedad existen aparte uno del otro, ninguno produce el otro; ambos dependen para su existencia de Dios.

Enfocarnos en esta correlación nos permite ahora notar que hay dos modos en los que un objeto puede poseer propiedades de un aspecto. Hablaré de estos dos modos diciendo que una cosa puede funcionar en un aspecto "activamente" o "pasivamente". Las dos funciones no son, sin embargo, mutuamente excluyentes. De hecho, sostenemos que todas las cosas funcionan pasivamente en todos los aspectos simultáneamente, así que solamente son las funciones activas en ciertos aspectos de las que una cosa puede carecer y que exhiben el orden secuencial de aparición arriba anotado.

Considere por ejemplo una roca. De acuerdo con la distinción que está siendo propuesta, diríamos que una roca funciona activamente en los aspectos cuantitativo, espacial, cinético y físico. Posee estas propiedades y está sujeto a sus leyes de tal modo que incide activamente en otras cosas por lo que concierne a este tipo de propiedades. La roca, sin embargo, no funciona activamente en otros aspectos tales como el biótico, el sensorial, el lógico, el económico o el diquético. No obstante hay un sentido real en el que funciona en estos aspectos, porque hay respectos en los que está sujeto a sus leyes. Estos respectos dependen, sin embargo, de que otras cosas que funcionan activamente en aquellos aspectos estén actuando sobre la roca. Así que llamaré propiedades pasivas en ese aspecto a los modos en que una cosa está sujeta a las leyes de un aspecto sin funcionar activamente en el mismo. Que la roca no funciona activamente en el aspecto biótico significa que no está viva. No lleva a cabo procesos metabólicos, no ingiere ni se reproduce. Pero puede tener de un modo pasivo propiedades que son indispensables para la vida de las cosas vivas y que son bióticas. Como dije, estas propiedades son pasivas en el sentido de que son los modos en que puede actuarse sobre la roca, así que estas propiedades no pueden aparecer salvo en relación con cosas que tienen una función activa en ese aspecto. La roca puede, por ejemplo, ser parte de la guarida de un león; puede ser el objeto sobre el que una gaviota arroja almejas para abrirlas; si es lo suficientemente pequeña, puede entrar en el buche de un ave para ayudarle a moler su comida. En otras palabras, puede tener funciones que le permiten ser bióticamente apropiada por los seres vivos. De modos semejantes, el agua y otras cosas no vivientes pueden exhibir funciones bióticas pasivas sin estar ellas mismas vivas. Tales propiedades permanecen siendo solamente potenciales, desde luego, hasta que algo con una función biótica activa las actualiza. Pero son no obstante propiedades reales de aquellas posibilitadas por el hecho de que los objetos están gobernados por leyes bióticas —así como por otras. (Cerciórese de no confundir "activo" con "en acto" aquí. Las propiedades pasivas pueden ser actuales o potenciales, mientras que las propiedades activas siempre son actuales.)

Una roca tampoco funciona activamente en el aspecto sensorial. Esto significa que ni siente ni percibe. Pero el hecho de que pueda ser percibida por animales y por humanos que tienen funciones sensoriales activas es posibilitado (en parte) porque está sometida a leyes sensoriales y tiene propiedades sensoriales pasivas. Recuérdese en esta conexión que no percibimos directamente propiedades *físicas* en el estricto sentido sensorial de "percibir", aunque las experimentamos en el sentido más amplio de "experiencia". El calor físico, por ejemplo, es definido como la tasa de vibración molecular, pero no sentimos sensorialmente que una cosa esté vibrando más aprisa o más despacio cuando sentimos el calor. Nuevamente, hablando físicamente, las ondas de luz difieren en frecuencia pero lo que percibimos es rojo o azul, no diferencia de frecuencia, etcétera; y el peso sentido es la presión o resistencia que sentimos, mientras que el peso físico es la atracción gravitatoria, la sintamos o no.

De modo semejante, la roca no forma conceptos lógicos. Pero, si no estuviese sujeta a leyes lógicas, no podría ser un objeto pasivo de nuestro pensamiento lógico. Del mismo modo, no podríamos valorarla económicamente si no estuviese sujeta a la ley económica de la oferta y la demanda. Una vez más, estas funciones pasivas sólo pueden ser actualizadas en relación con las funciones activas de otros seres. La roca no tiene un valor económico *en acto* hasta que alguien la valora. Pero, si no estuviese sujeta pasivamente al orden del aspecto económico, no podría convertirse en objeto de valor para nosotros. Su potencial económico es una característica real que posee, posibilitada por su sujeción a un orden económico ya existente.

En contraste con una roca, un árbol funciona activamente en el aspecto biótico en adición a sus funciones activas en los aspectos cuantitativo, espacial, cinemático y físico. Lleva a cabo un proceso metabólico, tiene un término de vida, es capaz de reproducirse, y muere. Su función social, por otra parte, es pasiva, y se actualiza sólo cuando, por ejemplo, se usa para proporcionar sombra en los eventos sociales humanos. También puede tener una función estética pasiva si es ubicado o configurado de modo que contribuya a la armonía estética de un jardín. En contraste con el árbol, se diría que un animal también tiene una función sensorial activa.[9] Incluso los animales más primitivos son sensitivos en modos que las plantas no lo son, si bien a un nivel rudimentario.

Hasta donde sabemos, de todas las criaturas en el cosmos terrestre, sólo los humanos tienen funciones en todos los aspectos.[10] Quizá el diagrama de la figura 6 ayude a clarificar esta parte de nuestra teoría.

Esta distinción entre propiedades activas y pasivas nos permite apropiarnos de los elementos de verdad tanto del objetivismo como del subjetivismo mientras que evitamos los extremos de los dos. Podemos estar de acuerdo con el subjetivista en que las cosas no poseen en acto propiedades pasivas en un aspecto aparte de su relación con humanos que tienen una función activa en ella. (Aunque las cosas tienen funciones pasivas en relación con animales al igual que con humanos, en aras de la simplicidad aquí hablaré meramente de los modos en que las tienen en relación con humanos.) En relación con nuestra percepción, las propiedades sensoriales pasivas de una roca se actualizan mientras que aparte de ella son meramente potenciales. Pero, debido a que la sujeción de la roca a leyes sensoriales es independiente de nosotros, podemos estar de acuerdo con el objetivista en que no creamos sus propiedades sensoriales enteramente. No obstante, debemos estar en desacuerdo con el objetivista en que estas propiedades han de ser ubicadas meramente en la roca. En vez de ello las entendemos como el resultado de los modos en que tanto la roca como los humanos se conforman al distinto lado de la creación. De acuerdo con esta distinción, entonces, estamos de acuerdo con el objetivista en que es falso decir "la belleza está del lado del contemplador" o que el valor económico es enteramente una invención humana. Si no fuera porque las normas estéticas y económicas están ya incrustadas en el cosmos, nada podría ser experimentado por nosotros en esos modos, pues no habría propiedades económicas o estéticas que pudiéramos actualizar. Al mismo tiempo, sin embargo, seguirá siendo verdadero que tales propiedades no se hallan realmente (plenamente) ya presentes en los objetos independientemente de nuestra actividad en relación con ellos.

La distinción entre propiedades activas y pasivas también muestra por qué mantenemos que las teorías de la emergencia son implausibles, donde se supone que "emergencia" explica la existencia de aspectos enteros.[10] Pues mientras que hay un sentido en el que las funciones activas de las cosas "emergen" en el orden secuencial arriba discutido, no tiene sentido sugerir que aspectos enteros incluyendo sus leyes han emergido. El orden de las propiedades tanto activas como pasivas en cada aspecto es posibilitado por las leyes de cada aspecto, así que sus leyes tendrían que existir ya. ¿Qué sentido tiene sugerir, por ejemplo, que en un tiempo había solamente cosas puramente físicas pero que las leyes lógicas "emergieron" con las propiedades lógicas? ¡Eso significaría que la supuesta emergencia no era ella misma ni siquiera *lógicamente* posible! ¿Y qué sentido tiene tal aserción cuando nos ofrece un concepto lógico de un mundo supuestamente desprovisto de leyes y de propiedades lógicas? El mismo punto se aplica igualmente a otras propiedades y leyes no físicas. No podríamos, por ejemplo, tener ninguna noción de cómo se veía un mundo puramente físico, pues no tendría propiedades sensoriales y, por lo tanto, ¡no se *veía* en lo absoluto! Ni podría haber una explicación plausible de cómo fue que las cosas vivas surgieron y evolucionaron si se niega que había ya leyes bióticas que hicieron eso posible.

De esta manera, la distinción activa/pasiva elimina la objeción más plausible a nuestra tesis de que los aspectos son todos igualmente reales. Ese punto fue anteriormente defendido aplicando el criterio de la coherencia autorrealizativa por la vía de nuestro argumento del experimento de pensamiento. El argumento mostraba que ni siquiera podemos formarnos la idea de un aspecto cualquiera como realmente independiente de otros. En contra de esto, el tipo objetable de teorías de la emergencia ha insistido en que el orden secuencial de sus funciones activas se entiende mejor mostrando que las más bajas son causalmente básicas para las más altas porque realmente son independientes de ellas. Hemos visto ahora por qué esto no es convincente, así que no cuenta en contra de nuestros primeros dos principios de guía.[12]

Más aún, este punto nos pone ahora en posición de arribar a un tercer principio guía para nuestra teoría. Pues, si toda la creación es activa o pasivamente gobernada por el entero marco nómico, podemos formular el **principio de universalidad aspectual**i: *todo aspecto es un aspecto de todas las criaturas porque toda la creación existe y funciona bajo todas las leyes de todo aspecto simultáneamente.*

Este principio adicional forma un complemento al principio de irreducibilidad aspectual y sirve para enfatizar dos puntos importantes ya mencionados: (1) los aspectos no han de confundirse con tipos o clases de cosas, sino que son tipos de leyes y propiedades verdaderas de todas las cosas; (2) nada de lo que experimentamos es jamás experimentado puramente como un tipo singular (aspectual) de cosa. Esto es importante porque muchas de las entidades propuestas por las teorías de la filosofía moderna son precisamente ficciones de este tipo. De acuerdo con estas teorías, supuestamente hay objetos puramente físicos, perceptos puramente sensoriales, conceptos puramente lógicos, etcétera. Comparadas con nuestra experiencia, tales entidades son claramente hipotéticas; nunca experimentamos nada que tenga propiedades de solamente uno o dos de los aspectos. Y nuestra crítica de la estrategia reduccionista nos ha dado buenas razones para rechazar tales hipótesis en favor de lo que la experiencia exhibe.

No debe malinterpretarse el último enunciado como si dijera que las teorías nunca pueden corregir, detallar, o incluso contradecir características particulares de nuestra experiencia ordinaria. Decir que nunca experimentamos entidades que sean puramente de un tipo aspectual no tendría, por sí mismo, esa consecuencia. Pero, con respecto a los aspectos enteros, desde luego dice no solamente que la experiencia exhibe una multiplicidad de ellos, sino que las teorías que intentan negar la realidad de esa multiplicidad son autorreferencialmente, autosupositivamente o autorrealizativamente incoherentes. Así que insistimos en que la única posición plausible es decir que todas las cosas y eventos funcionan en todos los aspectos, siempre y cuando las propiedades pasivas se distingan de las activas. La lección es, entonces, que si una teoría de la realidad ha de explicar las naturalezas de las cosas que experimentamos (¿y qué otra cosa podría explicar una teoría de la realidad?), debe tomar en cuenta cómo funcionan en todo aspecto.[13]

Quiero introducir ahora un modo más conveniente de hablar de un tema ya notado anteriormente. Observamos brevemente que, aunque la realidad experimentada es multiaspectual, varios tipos de cosas exhiben naturalezas distintivas que están "más centralmente caracterizadas" por un aspecto particular. Mencioné que el modo en que las cosas de un cierto tipo funcionan bajo las leyes de un aspecto particular puede caracterizar su naturaleza más fuertemente que los modos en que funcionan en los otros, sin involucrar ninguna reducción entre aspectos. De aquí en adelante me referiré a esto como el modo en que las cosas de un tipo particular están "cualificadas" por ese aspecto, y me referiré al modo en que las entidades están gobernadas por las leyes de su aspecto cualificador como su "función cualificadora". Este punto puede ayudar ahora a explicar el elemento de verdad contenido en el error de tantas teorías modernas que consideran a la realidad como puramente física, o puramente sensorial?, etcétera.

Como ejemplos de este error, recordemos lo que vimos en el capítulo 8 acerca de cómo Mach y Einstein creían que los objetos de nuestra experiencia preteórica son puramente sensoriales. Parte del desacuerdo de Einstein con Mach adoptó la forma de agregar que también hay objetos fuera de la experiencia que son puramente físicos. Lo que está pasando aquí, de acuerdo con nuestra teoría, es que las funciones cualificadoras de las cosas están siendo confundidas con su naturaleza exclusiva. Por ejemplo, ordinariamente pensamos y hablamos de una roca como de una cosa física, o de actos de percepción como de percepción sensorial, pero estas intuiciones preteóricas de sus naturalezas no muestran que sean exclusivamente físicas o sensoriales. Nuestra intuición de sus naturalezas se enfoca en el aspecto particular que más centralmente las caracteriza. Así que damos por sentado que las rocas poseen activamente propiedades cuantitativas, espaciales, cinemáticas y físicas, y propiedades pasivas en todos los demás aspectos. Del mismo modo, un acto de percepción no es solamente sensorial; puede ser contado, ubicado, moverse, usar energía activamente, mientras que pasivamente puede ser entrenado, nombrado, valer dinero, ser injusto, amoroso o confiable.

Para ilustrar todavía más el punto, considere los ejemplos anteriormente dados de otros actos de comportamiento humano. Los actos humanos, vimos, son como otros eventos que ocurren en el mundo en que tienen muchos aspectos y pueden diferir de acuerdo con su cualificaciónaspectual: los actos de comprar o de vender tienen una cualificación económica, los actos de comer tienen una cualificación biológica, los actos de bailar tienen una cualificación estética, mientras que los actos de juzgar o de decidir casos en la corte tienen una cualificación diquética. Aun cuando tales eventos son de tipos distintos, y cada uno tiene una cualificación}indexteoría del marco nómico—seecualificación aspectual, existen bajo las leyes de todos los aspectos a la vez y pueden ser estudiados desde el punto de vista de cualquiera de ellos. De hecho, no sólo pueden ser estudiados desde diferentes ángulos correspondientes a sus otros aspectos sino que es imposible, como hemos visto, que estos otros aspectos no entren en nuestros conceptos de ellos (piense en el ejemplo del salero en el capítulo 4) y de ese modo en las teorías de cualquier ciencia, no importa en qué aspecto particular de ellos se enfoque la ciencia. Así que un corolario de nuestra tesis no reduccionista es que no importa qué tanto se esfuerce una ciencia para excluir de sus explicaiones todas las propiedades con excepción de las de su aspecto delimitador, no puede evitar el tratar con las propiedades que sus datos exhiben en otros aspectos.

Hasta aquí el único argumento dado en favor de este último punto fue el experimento de pensamiento que mostró que no podemos configurar la idea de un aspecto o propiedad específica aislada de todos los otros. Pero hay un argumento adicional para esta misma conclusión que vale la pena mencionar aquí, aun cuando una exposición completa del mismo se halle más allá del alcance de este capítulo. Este argumento tiene que ver con el modo en que los conceptos básicos de cualquier aspecto exhiben una conexión con aquellos otros aspectos por lo que a su *significado* concierne. Dooyeweerd se refiere al modo en que tales conceptos exhiben esta conexión de significado llamándolos "conceptos analógicos", pero no debiera tomarse el término como sugiriendo que la conexión consiste meramente en similaridades. De hecho, es mucho más fuerte que eso.

Tome, por ejemplo, el modo en que los conceptos básicos en los aspectos distintos del espacial incluyen un elemento que originalmente derivamos de nuestra experiencia intuitiva del aspecto espacial. La intuición original del significado focal de ese aspecto tiene que ver con la extensión en la simultaneidad de todos sus puntos. Pero esa idea está tan entretejida con conceptos que surgen en otros aspectos que no puede formarse aparte de ellos, ni puede esa idea focal ser conceptualizada aparte de su inclusión en tales conceptos no espaciales. Por ejemplo, hay un concepto de espacio *físico* que no es idéntico al espacio de la geometría pura; se haya el concepto *biológico* de espacio vital; y se halla el espacio de la percepción *sensorial* que no es el mismo que el de las matemáticas o de la física. También hablamos del espacio *lógico* como el "dominio" de un cuantificador o la extensión de la referencia de un término, y del espacio *diquético* como el límite de la competencia legal de una autoridad judicial. O mire el modo en que nuestra idea intuitiva de vida, originalmente derivada del aspecto biótico de la experiencia, figura en los conceptos de otros aspectos. Se halla la vida psicológica del sentimiento, la vida cultural, la vida social, cada uno de los cuales le ha agregado una cualificación distintiva trazada desde la intuición original de la vida biótica. Lo mismo vale para la vida del derecho, o la vida de la fe, etcétera. Por lo que concierne a nuestra vida lingüística, por ejemplo, cualquiera que desee arreglárusela sin analogías bióticas enteramente tendría que mostrar no sólo que lo que es transmitido por la locución "un lenguaje viviente" o "una lengua muerta" podría ser reemplazado sin pérdida de significado, pero tendría que hacer lo mismo para "vivir juntos" como un concepto socialmente cualificado.

Si se objeta que tales aplicaciones analógicas de la metapropiedad central de un aspecto a conceptos que surgen en otros aspectos puede ser evitada si usamos suficiente ingenio, la réplica es simple: cualquier circunlocución que evite una aplicación analógica inevitablemente usará otra. Así que nuestra aseveración no está restringida a la aserción de que un conjunto particular de conceptos analógicos es inevitable para una ciencia particular (aunque hay buena evidencia de que esto es así), sino que algunos u otros conceptos analógicos son inevitables ya que sólo pueden ser reemplazados con otros conceptos analógicos.

Consideremos solamente unos cuantos ejemplos más de este punto, esta vez tomados del aspecto social de la experiencia, pues es éste en el que nos concentraremos en el siguiente capítulo. Cuando hablamos de "vida" social, hacemos una analogía biótica, así como cuando hablamos de "elementos" de una sociedad hacemos una analogía numérica. De modo similar, tratar ciertas creencias o tendencias como "universales" en una sociedad es usar un concepto que hace una analogía espacial, así como hablar de dinámica o constancia social apela a analogías cinemáticas. Finalmente, el concepto de causa social emplea una analogía física. ¡Seguramente nadie puede sostener con seriedad que todos los tales conceptos analógicos pueden ser reemplazados con otros que no son analógicos!

Esta inclusión de ideas que surgen en un aspecto dentro de conceptos indispensables a otros aspectos es posibilitado, sostenemos, por la misma conexidad interaspectual a la que apuntaba nuestro experimento de pensamiento. Los conceptos analógicos son, por lo tanto, un reflejo más de los modos en que cada aspecto está entretejido con todos los otros con hebras de significado que consisten en los modos en que las propiedades de cada uno aparecen en y agregan cualificaciones a conceptos que surgen en otros aspectos.[14] Es decir, externamente la conexión entre los aspectos se muestra en el modo en que sus propiedades son simultáneamente exhibidas por los objetos de nuestra experiencia, y por el modo en que su irreducible realidad no puede ser negada de una manera coherente. A estos puntos agregamos ahora que la conexidad interna se muestra por los elementos analógicos encontrados en ciertos conceptos básicos de todo aspecto —elementos que no pueden ser eliminados sin acudir a otros conceptos analógicos o eliminar los conceptos básicos mismos. (Y, sí, ¡este punto se acaba de afirmar aplicando la analogía espacial de interno y externo a la conexidad interaspectual!).

Damos por sentado ahora que la presencia de conceptos analógicos en las ciencias, en conjunción con el argumento del experimento de pensamiento, han demostrado la base de un principio guía más para la teoría del marco nómico. Llamaré a éste el **principio de inseparabilidad aspectual**. Esto significa que *los aspectos no pueden existir aislados entre sí pues su misma inteligibilidad depende de su conexidad.* Aunque pueden ser abstraídos de los eventos que las exhiben, no pueden —ni siquiera en el pensamiento— ser aislados entre sí.

Los argumentos dados ya en favor del principio de inseparabilidad aspectual sirven, sin embargo, como recordatorio de que el asunto de su conexidad era el punto focal de nuestra exposición del control religioso de las teorías. Así que también le concierne a la teoría del marco nómico decir qué explica esa conexidad. Para hacer eso quiero ahora regresar a la metáfora del collar que usé para explicar lo que las teorías tradicionales de la realidad pretendían hacer. Y también quiero recordarle al lector que anteriormente dije que la teoría del marco nómico no sólo ofrecería respuestas distintivas a las cuestiones filosóficas tradicionales, sino que también replantearía muchas de aquellas cuestiones. Así que lo primero que hay que explicar es por qué la metáfora del collar, si bien exacta para la historia de la filosofía occidental, es no obstante objetable desde nuestro punto de vista. Como debe estar claro a estas alturas, nuestra posición es que ningún aspecto de la experiencia ha de pensarse como separable del resto o como producido por cualquiera de los otros. Así que en vez de un collar conformado por cuentas separables conectadas por un hilo, la metáfora más apropiada a la teoría del marco nómico sería la de un collar hecho con hebras estrechamente entretejidas y continuas. De hecho, tendríamos que agregar que las hebras no sólo están enrolladas una con la otra, sino que las fibras de cada de cada hebra están entrelazadas a lo largo de todas las otras hebras. Presionando la figura todavía más: no sólo no puede existir el collar aparte de sus hebras, sino que las hebras no pueden existir sin estar entretejidas en el collar, y ninguna de ellas produce las demás. Todas por igual son producidas, entretejidas y sustentadas por Dios. Es así que la conexidad interaspectual exhibida por las cosas, y su más profunda unidad e identidad como realidades individuales, no son susceptibles de ser abstraídas o explicadas por cualquiera de sus aspectos. La identidad lógica, por ejemplo, no es esta unidad más básica de una cosa, sino que más bien es sólo un aspecto de la unidad individual de una cosa —un aspecto que depende de la más profunda conexidad interaspectual que es suplida por Dios y es incapaz de ulterior análisis o explicación adicional.

Mientras que esto significa que la parte más importante de nuestra posición sobre la conexidad interaspectual es su Origen trascendental, no impide que las hebras del collar exhiban un denominador común dentro de nuestra experiencia. En simplemente que conforme a esta concepción, en contraste con las teorías paganas, lo que las hebras tienen todas en común no es lo mismo que lo que las produce o las combina en individuos distintos, unificados. Así que mientras que nuestra teoría no toma ningún aspecto o aspectos como base para la existencia de los otros, propone una característica de la creación como denominador común de todos los aspectos. Dijimos que esa característica era el tiempo. Son temporales no solamente las cosas, eventos, estados de cosas, relaciones, personas, etcétera que habitan el cosmos temporal creado, sino que también lo son los tipos de propiedades que poseen y las leyes que los rigen. De hecho, una concepción no reduccionista del tiempo requiere que digamos que el orden nómico de todo aspecto exhibe un carácter antes-después, así que cada uno es un sentido distinto del orden temporal. Se halla, por ejemplo, el antes y después de los números menores y mayores en las matemáticas, de las causas a los efectos energéticos en física, de la sensación al sentimiento en psicología, de las premisas a la conclusión en lógica, y así consecutivamente. Así que, mientras que es una característica fundamental de la existencia de las entidades criaturales el durar en el tiempo, siempre lo hacen de acuerdo con los muchos tipos (aspectuales) de orden que son también el orden del tiempo. Así que el lado ley de los aspectos constituye los varios sentidos del orden temporal, ninguno de los cuales es realmente el tiempo más de lo que lo es cualquier otro.

Espero que quede claro que al identificar el tiempo como el común denominador de los aspectos no hay peligro de reintroducir la idea de que algo acerca del cosmos es divino. El tiempo no es una sustancia, y sería absurdo considerar al tiempo como un agente; no causa nada. En contraste con las teorías paganas, la teoría del marco nómico insiste en la mutua interdependencia entre entidades que se hallan en el lado factual del tiempo, y las leyes de la creación, que constituyen el lado orden del tiempo. Ni las entidades, ni las propiedades, ni las leyes existen aparte unas de las otras, pero ninguna es la causa de la existencia de las otras. Son todas creaciones de Dios y están sustentadas por él, cuyo ser (no acomodado) es supratemporal y se halla por encima de todas las leyes.

Confío en que también esté claro que los principios guía arriba formulados no serán ahora usados como premisas a partir de las cuales se habrán de deducir hipótesis para nuestra teoría, sino que más bien habrán de regular nuestro teorizar en el modo en que hemos observado que las creencias de divinidad regulan generalmente las teorías. Así que tomaremos como signo de que nuestro teorizar se ha desviado si cualquiera de las hipótesis que postula conduce a: (1) negar la distintividad e irreducibilidad de la multiplicidad de los aspectos de nuestra experiencia, (2) restringir el alcance de cualquier aspecto dentro del cosmos creado, o (3) considerar cualquier ruptura de la continuidad e interdependencia de los aspectos como completa o real en vez de como un producto parcial y artificial de la alta abstracción.

En este punto los estudiantes me han preguntado frecuentemente si estos principios no podrían ser aceptados muy aparte de la creencia en Dios. Los han encontrado altamente atractivos comparados con el largo desfile de reduccionismos que han poblado la filosofía occidental, pero les preocupa que aceptarlos implicaría la creencia en Dios. Así que expresaron la esperanza de que pudieran aceptar los principios sin la creencia en Dios, en cuyo caso ¡no habría, después de todo, una conexión necesaria entre las presuposiciones religiosas y las teorías! A esto siempre he replicado que la conexión no es que las dos sean equivalentes. Pues mientras que la creencia en Dios requiere no reducción, la no reducción no implica la creencia en Dios. Ello se debe a que es lógicamente posible que uno adopte la posición de que cualquier cosa que conecte los aspectos es un X desconocido en vez de Dios, y rechazar la reducción sobre ese fundamento. Desde luego, eso también montaría tanto como la creencia en una divinidad trascendente; solamente que no sería el Dios cuyo tratos federales con los humanos están registrados en la Biblia.

Pero también he entonces agregado que, mientras que tal alternativa es lógicamente posible, existencialmente no es posible para los humanos reales. Con esto quiero decir que la razón por la que deja de ser una opción viva no ha de encontrarse en el argumento teórico, sino en la naturaleza religiosa de los seres humanos. Pues mientras que cualquiera puede tratar de ver todos los aspectos como igualmente reales y mutuamente irreducibles sobre la base de que, sea lo que sea de lo que dependen, los trasciende pero es totalmente desconocida, no es posible que alguien se quede satisfecho con tal X desconocida por mucho tiempo. Dada la innata disposición religiosa del corazón humano, algo que satisfaga alguna descripición mínima será experimentado como divino. Y a menos que la carga eléctrica de esa disposición a la fe aterrice en una divinidad específica fuera de la creación, finalmente se posará sobre algo dentro de la creación y exigirá que el resto del cosmos sea reducido a cualquier cosa que sea eso.

11.4. Las naturalezas de las cosas

A. Las cosas naturales

Regresemos ahora al asunto de las diferencias experimentadas en las naturalezas de las cosas y, empezando con las cosas naturales en tanto que distintas de los artefactos, veamos si podemos dar cuenta de ellas de una manera que se conforme a nuestros principios guía. Ya admitimos que nuestra idea preteórica de cosa reconoce algún aspecto específico como más "centralmente caracterizando" su naturaleza. Explicamos esto con el concepto de qué significa que una cosa esté "cualificada por" un aspecto. Esto puede ser adicionalmente clarificado como sigue: el aspecto cualificador de una cosa es el aspecto cuyas leyes regulan la organización interna de la cosa tomada como un todo. Así que nuestra explicación de tales intuiciones preteóricas es que corresponden a los aspectos cuyas leyes ejercitan la gobernanza dominante de la organización interna de las cosas que llamamos "físicas", "vivas", "sensoriales", "lógicas", etcétera. Tales clasificaciones preteóricas nunca intentan decir que aquellas cosas sean exclusivamente físicas, bióticas o lo que sea, o que las propiedades y leyes de cualquiera de aquellos aspectos cause los otros tipos aspectuales de propiedades y leyes exhibidas por las cosas clasificadas de esas maneras.

Veamos ahora más cercanamente lo que se significa cuando se dice que las leyes del aspecto cualificador de una cosa ejercen una gobernanza dominante de la cosa tomada como un todo. Si consideramos los aspectos cuantitativo, espacial o físico de un árbol, por ejemplo, vemos que no nos dicen nada acerca de la caracterización aspectual que es más cercana a nuestra idea preteórica de su naturaleza. Pero cuando llegamos al aspecto biológico del árbol hemos alcanzado ese aspecto cuyas leyes guían la organización interna y el desarrollo del árbol como un todo. Son las leyes biológicas las que dirigen o guían el entero arreglo de sus partes, sus relaciones internas, sus procesos, y el arreglo estructural entre las propiedades de todos ellos. Es por ello que se conforma a nuestra idea preteórica de su naturaleza decir que está cualificada como una cosa viva. Y es lo que queremos decir cuando decimos que su naturaleza está "más centralmente" caracterizada por su aspecto biótico que por sus aspectos espacial o físico. Más aún, esta parte de nuestra explicación se ajusta bien a la distinción previa que trazamos entre las funciones activas y pasivas de las cosas. Esa distinción reconocía un orden secuencial de precondicionalidad entre los aspectos por lo que concierne a la aparición de las funciones activas en las cosas. Es significativo entonces que, para todo ejemplo en el que podamos pensar, el aspecto cualificador de una cosa es también el último aspecto en ese orden (el más alto en nuestra lista) en el que las cosas funcionan activamente. Por ejemplo, una roca está cualificada por el aspecto físico que es el más alto en la lista en el que funciona activamente. Se debe parcialmente al hecho de que sea meramente pasiva en los aspectos restantes el que veamos una roca como teniendo (centralmente) una naturaleza física. En contraste, la función cualificadora de una planta es su función biótica, pues son las leyes biológicas las que ejercen gobernanza dominante sobre la organización interna y los procesos de una planta. Aquí, nuevamente, es también el aspecto biológico el aspecto más alto en la lista en el que una planta funciona activamente. Es así que aparece una impactante correspondencia entre nuestra aprehensión intuitiva de la función activa más alta de una cosa y su función cualificadora como la define la teoría del marco nómico.

Ahora bien, tomaría más espacio que el que tengo aquí demostrar esta correspondencia para cientos de ejemplos más. Pero, puesto que esto ha sido ya hecho en otra parte,[15] y debido a la falta de contraejemplos convincentes, nuestra teoría ahora propone aceptar esta correspondencia como parte de nuestro concepto de función cualificadora de una cosa. Por lo tanto, la definición más completa de la función cualificadora de una cosa será: aquel aspecto cuyas leyes gobiernan la estructura interna dominante y el desarrollo de una cosa considerada como un todo, y que es la más alta en el orden secuencial de los aspectos en los que la cosa funciona activamente. Esto incluye deliberadamente tanto el reconocimiento intuitivo preteórico de la naturaleza de una cosa, en tanto que centrada en el último aspecto en que funciona activamente, como las razones teóricas para identificar qué tipo de leyes tienen la gobernanza dominante de la estructura interna de una cosa tomada como un todo. Pero observe por favor que la correspondencia entre el aspecto que intuitivamente vemos como cualificando la naturaleza de una cosa, y el tipo de leyes que gobiernan su estructura tomada como un todo, ahora no está siendo simplemente estipulada por esta teoría. En vez de ello, es una predicción de la teoría, y está sujeta a confirmación o disconfirmación por los análisis científicos o filosóficos de varios tipos de cosas y eventos —mientras el análisis mismo siga nuestros principios no reduccionistas. Es así que el concepto de función cualificadora de una cosa provee un modo de explicar sus naturalezas que es a la vez completamente no reduccionista y sujeto a confirmación empírica.

Lo que se ha dicho hasta aquí acerca del concepto de función cualificadora y la distinción entre las funciones activa y pasiva es, sin embargo, sólo el inicio de una explicación no reduccionista de las naturalezas de las cosas, pues todavía no es lo suficientemente específica. Al decir que la función cualificadora de un árbol es biológica, nuestra teoría no ha explicado todavía nada que sea único al árbol como distinto de otros tipos de plantas. Puesto que las naturalezas de las cosas han sido sólo burdamente aproximadas cuando identificamos sus funciones cualificadoras, necesitamos una especificidad mayor si hemos de explicar las diferencias en naturaleza de los varios tipos de cosas que tienen la misma función cualificadora.

El modo en que nuestra teoría del marco nómico puede ser ampliada para cubrir esta carencia nos regresa a la secuencia en la aparición de las funciones aspectuales activas discutida anteriormente. Pues el hecho de que hay orden entre los aspectos implica la existencia de leyes interaspectuales además de aquellas que rigen dentro de los aspectos. Llamo "leyes tipo" a las leyes de este orden interaspectual. Estas leyes valen a través de los aspectos, regulando precisamente cómo es que las propiedades de los varios tipos aspectuales pueden combinarse para formar cosas y eventos de tipos específicos.[16]

El concepto de una ley tipo puede ahora complementar el concepto de cualificación de una cosa para dar una explicación más adecuada de la naturaleza del tipo al que la cosa pertenece. Por ejemplo, el hecho de que un árbol esté biológicamente cualificado puede ser ahora acoplado con la organización estructural distintiva de sus partes y funciones que la hacen un árbol en vez de un hongo o una margarita. (Desde luego, no se puede predecir por anticipado precisamente qué estructuraciones habrán de permitir tales leyes; su descubrimiento depende del análisis empírico de las realidades que encontremos.) Es así que nuestra teoría del marco nómico propone un red compleja y entrecruzada de leyes. Además de las relaciones causales que experimentamos cotidianamente, la red incluye leyes aspectuales que determinan las relaciones necesarias entre propiedades dentro de aspectos particulares, y leyes tipo que gobiernan las combinaciones estructurales entre propiedades de diferentes aspectos que hacen posible la miríada de tipos específicos de cosas y eventos en el cosmos. Es esta gobernanza entrecruzada por los últimos dos tipos de leyes mediante la cual nuestra teoría explica la naturaleza de un tipo de cosas. Esto es, nuestro entendimiento de la función cualificadora de una cosa, tomada junto con un análisis de su tipo estructural, comprende la elucidación que nuestra teoría da de la idea preteórica de la naturaleza de una cosa (una explicación más completa de la importancia de la idea de leyes tipo, así como de los otros principios y conceptos introducidos por esta teoría, será dada en el siguiente capítulo.)

Con este bosquejo del marco nómico estamos ahora en posición de reconocer una característica importante de nuestra teoría implicada en lo que se ha dicho hasta ahora, pero que no ha sido explicitada todavía. Es una característica que la aparta de la mayoría de las teorías reduccionistas —incluyendo las adoptadas por la mayoría de los pensadores teístas. Y, aunque sólo puedo aludir brevemente a ellas aquí, inclusive una formulación corta de ella servirá para poner en mayor claridad la única dirección de la teoría; es decir, cómo y por qué su presuposición teísta conduce su desarrollo a lo largo de ciertas líneas con la exclusión de otras.

La característica a la que me estoy refiriendo es que esta teoría nos da una manera de explicar la naturaleza de las cosas sin necesitar la idea de que las cosas tienen una "sustancia". El alejamiento del pensamiento respecto de este concepto tomó su ímpetu a partir de la idea bíblica de que nada en la creación existe independientemente, y de nuestra demostración de que ningún reclamo de independencia puede ser justificado para ningún aspecto. Por ende, no hay nada en las criaturas que cause que sean lo que son. Es Dios el que causa que sean lo que son. La característica más básica de todas las realidades creadas, entonces, es depender de Dios en todo respecto. Como consecuencia, nuestra teoría de la naturaleza de las cosas o eventos creados no tiene lugar para el concepto de sustancia, sino que ve una cosa como un ensamble estructural individual de propiedades determinado por una ley tipo y centralmente cualificada por aquellas leyes aspectuales que regulan su organización interna.[17] Es debido a que ningún aspecto de cosa creada alguna ha de ser visto como su substancia —aquello de lo que dependen todos sus otros aspectos— que sostenemos que es un error pensar una cosa o evento como algo por encima de una combinación individual nómicamente estructurada de todas las propiedades que la constituyen. Ésta es una consecuencia adicional de nuestro rechazo del programa reduccionista de seleccionar uno o dos tipos aspectuales de propiedades como lo que las cosas son, dejando el resto como lo que las cosas meramente poseen (o negándolo enteramente). Así que rechazamos la idea de que la cosa tenga una sustancia que subyazca al resto de sus propiedades. En vez de ello, sostenemos que una cosa es una combinación individual de propiedades de todo tipo aspectual, estructurada por leyes dentro del marco nómico cósmico que determinan el tipo de cosa que es.[18]

B. Los artefactos

Hasta aquí he aplicado los conceptos introducidos por la teoría del marco nómico solamente a las cosas naturales. Empezamos con ellas porque las naturalezas de los artefactos son más complicadas de lo que puede explicarse solamente mediante la función cualificadora de su material natural. Y la deficiencia tampoco puede remediarse simplemente agregando la ley tipo de su material natural a la explicación. Ello se debe a que el arreglo estructural de las propiedades que tipifican a las cosas que sirven como material natural nunca nos dirán acerca de lo que es nuevo en la naturaleza del artefacto —acerca de aquello en lo que se ha convertido su material natural. Así que, si el artefacto es producto de humanos o animales, necesitamos expandir nuestro concepto de la naturaleza de una cosa más allá de su función cualificadora, para que podamos explicar la nueva naturaleza poseída por el artefacto que no tenían sus materiales naturales.

Por ejemplo, la tierra o roca que delinea la cueva o agujero de un animal no tendría, por sí misma, más que una cualificación física. Pero, una vez que ha sufrido una transformación para satisfacer las necesidades bióticas o sensoriales de un animal, adquiere una cualificación adicional a pesar del hecho de que sólo tiene una función pasiva en los aspectos bióticos o sensoriales. A menos que reconozcamos que tal transformación ha ocurrido, no reconoceríamos la tierra o roca como cueva del animal y así no veríamos en qué se ha convertido. Así que nuestro concepto de la naturaleza de una cosa necesita ser expandido para incluir el aspecto que cualifica el proceso de transformación que la ha producido. Así que será necesario que nuestra teoría subdivida la cualificación aspectual de un artefacto animal entre al menos dos aspectos. Llamaremos el aspecto en que los materiales naturales de tal artefacto tienen su función activa más alta su "función fundante", y llamaremos al aspecto cuyas leyes gobernaron el proceso de su transformación su "función guía".

Así que cuando un castor construye un habitáculo a base de lodo, varas y otros materiales, aquellos materiales sólo tienen funciones cualificadoras físicas o biológicas en su estado natural. Pero, como artefacto, el habitáculo ha adquirido una cualificación sensorial adicional porque la actividad del castor está gobernada por sus instintos y necesidades sensoriales (abrigo, calor, protección para las crías, etcétera). Así que diremos que el habitáculo está cualificado por una función fundante física o biótica, mientras que el proceso de su formación estuvo dirigido por sentimientos y necesidades sensoriales. Por lo tanto, hablaremos del habitáculo como teniendo una "función guía" sensorial. Esto significa que los artefactos difieren de las cosas naturales porque parte de lo que las cualifica (su función guía) es una función pasiva actualizada más que una función activa como lo es en el caso de las cosas naturales.

También en el caso de los artefactos humanos, los materiales naturales pueden ser conformados para dar lugar a una nueva cosa cuya naturaleza no puede ser entendida sin reconocer alguna adición a su cualificación. También en este caso necesitamos enfocarnos en ese aspecto cuyas leyes gobiernan el tipo de proceso que transformó los materiales. Las piedras, por ejemplo, no tienen más que una función cualificadora en la naturaleza, pero el esfuerzo humano puede transformarlas en una casa. A menos que el nuevo arreglo de aquellas piedras sea entonces reconocido como producto del poder formativo humano, no puede ser reconocido como constituyendo una casa. Pero, a diferencia de la mayor parte de la producción animal, el control formativo humano de los materiales naturales no está simplemente dictado por el instinto sensorial. Los humanos transforman los materiales humanos de acuerdo con un plan concebido de modo libre y lógico (ya notamos que unos cuantos animales también pueden tener conceptos, y parecen planificar artefactos simples). Así que moveremos en concordancia nuestros conceptos de las funciones fundante y guía. Para los artefactos formados con planificación, el aspecto cuyas leyes gobiernan el proceso de su formación será su función fundante, mientras que el aspecto cuyas leyes gobiernan el tipo de plan por el cual son formados será su función guía.

Resumiendo: en el caso de los artefactos humanos usamos la expresión "función fundante" para designar el aspecto más alto en que el material natural tiene una función activa. Pero, puesto que la actividad formativa humana agrega un nuevo factor a la naturaleza del artefacto, necesitamos aplicar de modo diferente nuestra terminología. Para los artefactos humanos se halla no solamente el tipo de proceso que sufrieron, sino el tipo de plan que guió el proceso. De éstos, sólo la cualificación aspectual de su plan debiera ser llamada la función "guía" del artefacto. Así que el aspecto que cualifica su proceso de formación será considerado como su función fundante —fundante en el sentido de que provee los medios para la realización del plan.[19]

¿Cómo podemos saber, entonces, qué aspecto cualifica la función fundante de un artefacto humano particular? Esta pregunta, al igual que muchas otras acerca de la cualificación aspectual de las cosas, no ha de responderse deduciéndola a partir de nuestra teoría, sino examinando los objetos de nuestra experiencia. Así que no podemos suponer en este punto que todos los artefactos tienen la misma cualificación para su función fundante. No obstante, manteniendo nuestras clarificaciones anteriores de los significados de nuestros términos aspectuales, podemos decir que para la mayoría de los artefactos humanos su proceso de formación es un proceso "cultural" o "técnico" (examinaremos excepciones a esto en el siguiente capítulo). En el caso de nuestro ejemplo presente, el de una casa, parece claro que las casas son siempre producidas a partir de materiales naturales mediante un dominio técnico planificado de los mismos. Más aún, es difícil ver cómo podría una casa dejar de exhibir un estilo que es derivado de y/o contribuye a los logros de algún periodo histórico de alguna cultura particular.

¿Cuál es, entonces, la función guía de una casa? Un candidato plausible sería el biológico. Y, sin duda, una casa sirve a necesidades biológicas. Fomaríamos casas de modo muy diferente si nuestros cuerpos fuesen significativamente diferentes de lo que son. Pero una casa es más que un mero refugio biológico —que es la razón por la que difiere de un mero alero o cabaña. Provee tanto un lugar para la interacción social como para acomodar la necesidad social de privacidad. El tamaño y configuración de sus habitaciones, junto con su ordenamiento, usualmente indican un estatus social variable entre los que los ocupan o usan. De hecho, a menos que su formación sea vista como conducida por tales propósitos sociales, un edificio no sería llamado una casa. Por estas razones, decir que mientras que la función fundante de una casa es histórica/cultural, su función guía es social.

Las funciones guía de los artefactos humanos históricamente fundamentados varían mucho de un artefacto a otro, desde luego, y necesitan ser analizadas cuidadosamente caso por caso. Pero las funciones fundante y guía siempre han

de ser consideradas como correlacionadas en tal análisis, pues ninguna puede
ser adecuadamente entendida sin la otra. Juntas, su análisis nos ayuda a adquirir
una idea más completa de cualquier artefacto dado.

No hay espacio aquí para analizar muchos ejemplos a fin de mostrar la ade-
cuación de esta distinción para dar cuenta de las naturalezas de los artefactos,
pero ofreceré algunos. Se diría que un libro, por ejemplo, tiene una función fundante histórica y una función guía lingüística. La poesía impresa en un libro, por
otra parte, tendría una función fundante histórica pero una función guía estética.
También la tendrían una pintura, una escultura o una pieza musical. Una bode-
ga, con sus plataformas de carga y su gran área de almacenamiento, muestra el
tipo de propósito específico que dirigió su construcción, mientras que las ven-
tanillas del cajero y las bóvedas de seguridad de un banco muestran otro tipo
específico. Pero, aunque estos son tipos diferentes de artefactos, cada uno de los
cuales refleja un tipo distinto de ley tipo , ambos exhiben propósitos económicamente cualificados, así que la función guía de ambos edificios es su aspecto
económico. En contraste, el edificio de una iglesia, sinagoga o mezquita tiene
una estructuración que refleja su función guía fiduciaria. Estos son unos cuantos
ejemplos que muestran de qué manera se puede dar cuenta de las más complejas
naturalezas de los artefactos mediante una combinación de nuestro concepto expandido de función cualificadora de una cosa y el concepto de su ley tipo. Éstas
muestran, pienso, por qué las naturalezas de los artefactos humanos necesitan
ser descritos no sólo en términos de sus funciones fundante y guía, sino también
de los modos en que sus funciones aspectuales están relacionadas por las leyes
tipo que determinan el tipo específico al que pertenece el artefacto.

Anteriormente señalé que uno de los modos en que los artefactos difieren de
las cosas naturales, de acuerdo con nuestra teoría, es que sus funciones guía son
pasivas en vez de activas. Pero hay todavía otra diferencia que concierne a sus
funciones guía. Ésta es que la función guía de un artefacto no necesita estar más
arriba en la lista de los aspectos que la función fundante que cualifica el proceso
de su formación. Una herramienta, por ejemplo, estaría no sólo históricamente
(técnicamente) fundamentada sino históricamente guiada; su propósito es formar otros artefactos. Y un conjunto de falsos dientes, si bien históricamente
fundamentado, tendría una función guía biótica. De modo semejante, una escuela está históricamente fundamentada pero tiene una función guía lógica. Así
que, aunque la variabilidad de los artefactos es muy grande, puede ser fácilmente explicada por nuestra teoría.

Los conceptos introducidos en este bosquejo de la teoría del marco nómico serán detallados e ilustrados en el siguiente capítulo, donde serán usados para desarrollar una teoría de las comunidades sociales humanas. Entonces, en el último capítulo, tanto la teoría del marco nómico como la teoría de la sociedad que provee serán aplicadas en más detalle a una teoría específica de una comunidad social particular: el estado.

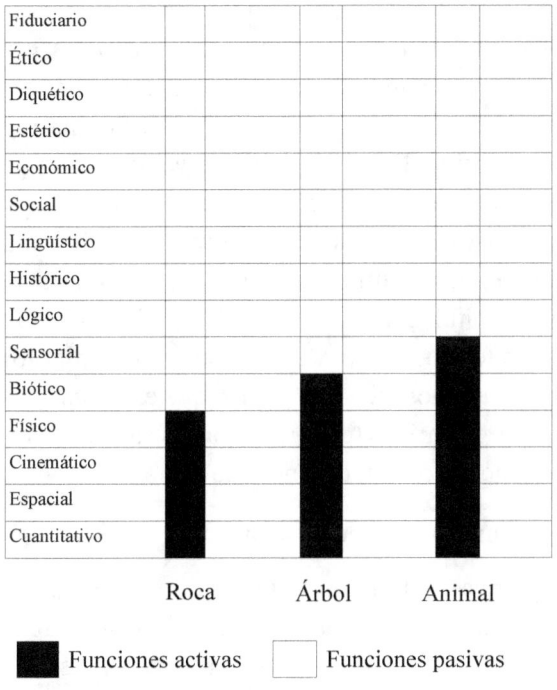

Figura 6

Me doy cuenta de que no llamamos artefactos a las comunidades sociales, al modo en que llamamos artefacto a una pintura o a un edificio. No obstante, merecen ser consideradas como tales pues ellas, también, son el producto del poder formativo humano. Son tan reales como otros artefactos aunque, a diferencia de las entidades artificiales no humanas, funcionan activamente en todos los aspectos de la experiencia. Más aún, también tienen naturalezas específicas analizables como funciones fundante y guía, y exhiben estructuras específicas posibilitadas por las leyes tipo. Nuestra teoría, por lo tanto, procederá a analizarlas como artefactos, significando con ello que buscará establecer sus naturalezas descubriendo sus funciones fundante y guía, y las relaciones entre aquellas funciones tal y como están determinadas por su ley tipo.

El procedimiento de este análisis será, primero, ver cómo nuestra teoría de los aspectos mutuamente inseparables pero irreducibles nos provee una vista panorámica de la sociedad humana como un todo. Esto nos dará un principio social para determinar de un modo *general* los papeles y relaciones propios que los varios tipos de comunidades debieran tener entre sí en la sociedad. Entonces en el capítulo 13 analizaré la estructura interna *específica* del estado de acuerdo con su ley tipo. Esto nos permitirá ver puntos importantes acerca del papel propio del estado en la sociedad, lo cual a su vez nos permitirá formar conceptos más precisos de sus deberes y límites como están determinados no por las demandas de otras instituciones, sino por la naturaleza del estado mismo.

Puesto que los capítulos sobre la sociedad y el estado necesitarán hacer un libre uso de nuestra terminología, y puesto que esa terminología es sin duda extraña para la mayoría de los lectores, pienso que es mejor terminar este capítulo agregando un corto glosario. He aquí, entonces, un resumen de los conceptos introducidos hasta aquí por la teoría del marco nómico:

1. Aspecto —un tipo básico de propiedades y leyes.

2. Función activa —el modo en que una cosa está gobernada por las leyes de un aspecto independientemente de que sean actualizadas por otras cosas. En todo aspecto salvo el cuantitativo, el espacial y el cinemático, las funciones activas de una cosa son exhibidas por los efectos que producen en otras cosas.

3. Función pasiva —el modo en que una cosa está gobernada por las leyes de un aspecto, de modo que sólo tiene propiedades potenciales en ese aspecto hasta que son actualizadas por otra cosa que sí tiene una función activa en ese aspecto.

4. Función cualificadora —el aspecto de una cosa o evento cuyas leyes gobiernan su organización interna y/o desarrollo tomado como un todo.

En una cosa natural éste es también el aspecto más alto en que funciona activamente.

5. Función fundante —el aspecto cuyas leyes cualifican el material natural de (la mayoría de) los artefactos animales o gobiernan el proceso de cambio por el cual (algunos artefactos animales y) todos los artefactosa humanos son producidos.

6. Función guía —el aspecto cuyas leyes gobiernan el plan o propósito que guió el proceso por el cual el artefacto fue producido.

7. Ley tipo —ley que rige a través de los aspectos que determina qué propiedades de diferentes aspectos pueden combinarse en los individuos y determinar, así, los tipos de individuos que son posibles.

Debiera agregarse que el concepto de propósito implicado en el concepto de una función guía no se refiere a un capricho subjetivo acerca del uso de un artefacto una vez formado. Todos sabemos que una taza de té puede usarse como cenicero o una silla como escalera. Lo que se quiere significar con su función guía es más bien la calificación aspectual del plan por el cual el artefacto fue formado, el cual está encarnado en su estructura y mismo que refleja su ley tipo. El tipo de propósito significado aquí es, por lo tanto, el "propósito estructural", el cual es independiente de los propósitos subjetivos subsecuentes de sus usuarios, y no puede ser alterado sin alterar el artefacto mismo.

CAPÍTULO 12

UNA TEORÍA NO REDUCCIONISTA
DE LA SOCIEDAD

12.1. Introducción

Este capítulo empezará definiendo algunos términos básicos para que puedan ser usados para desarrollar una interpretación de la teoría social conforme al marco nómico. Antes de hacer eso, sin embargo, es necesario señalar que el enfoque adoptado para esta tarea será el de empezar reconociendo un aspecto de la experiencia específicamente social, lo cual no es el modo usual en que las teorías sociales son construidas. La mayoría de las teorías simplemente se confinan a organizaciones o a problemas específicos, en vez de plantear tales asuntos en el más amplio contexto del aspecto específicamente social de la experiencia humana. Éste es un aspecto que incluye propiedades tales como prestigio, estatus, respeto y autoridad; y normas tales como las que tienen que ver con la cortesía y la deferencia hacia los ancianos. En esta conexión, por favor tenga en mente la observación hecha anteriormente, en el sentido de que cada aspecto es conocido por experiencia directa, intuitiva, más que por definición o inferencia. Al igual que con los otros aspectos, ninguna definición del lado específicamente social de la experiencia humana podría transmitir lo que se significa a alguien que no esté ya familiarizado con él.

Es desde el ángulo de este sentido de "social", más estrecho que el usual, que habrán de ser vistas las relaciones acerca de las cuales se teoriza en este capítulo. Así que nuestro abordaje empieza con los modos en que las normas de este aspecto, en interacción con las de otros aspectos, hacen posibles los modos específicos en que se organizan tales interacciones. En particular, habré de enfocarme en la relación de autoridad y abordaré los varios modos en que los humanos organizan su vida social, examinando los tipos específicos de autoridad que están incrustados en aquellas organizaciones. Así que, mientras que "social" podría simplemente significar cualquier cosa hecha por dos o más personas, me estaré concentrando aquí en la relación social de autoridad conforme

315

surge en la vida social organizada. Y estaré aplicando la teoría del marco nómico a esa relación para ver qué introvisiones puede suplir para determinar el modo correcto de interpretar los varios tipos de autoridad como son ejercidos en las organizaciones sociales.

El primer término en necesidad de aclaración es, desde luego, "sociedad". Tal y como lo uso, este término se referirá a personas individuales y/o grupos de personas en cualquiera de tres relaciones sociales básicas: individuo con un grupo, grupo con grupo, e individuo con individuo. En consonancia con las observaciones de los párrafos previos, el término "grupo" es usado aquí para significar uno durable que conjunta a sus miembros en una unidad reconocible, en vez de una colección aleatoria de personas como las que se forman para esperar un autobús. Pero, como el término "grupo" es tan vago, de aquí en adelante usaré el término "comunidad" para designar una unidad social durable.[1] También en consonancia con el párrafo previo, me confinaré en la discusión a las primeras dos de estas tres relaciones, puesto que aquéllas son las que tienen que ver con las organizaciones sociales. Hacer esto pavimentará el camino a un entendimiento del estado en las líneas del marco nómico que será bosquejado en el siguiente capítulo.

Las comunidades sociales eran consideradas como cayendo en dos divisiones principales que llamaré "instituciones" y "organizaciones". Sólo el tipo más fuerte de comunidad social será llamado institución, así que este uso del término se referirá solamente a comunidades que tienen las siguientes tres características: (1) sus miembros están unidos en un grado intenso; (2) la membresía conlleva la intención de ser para toda la vida; (3) la membresía es (al menos parcialmente) independiente de la voluntad de los miembros. Las comunidades con estas características son el matrimonio, la familia, el estado y comunidades religiosas tales como el templo, la mezquita o la iglesia.[2]

La membresía en instituciones puede ser independiente de la voluntad de un miembro en dos sentidos. Uno es que una persona nace usualmente en una familia, un estado y con alguna afiliación religiosa. El otro es que cambiar de membresía en tales instituciones no se logra fácilmente, o simplemente por decidir hacerlo unilateralmente. Cambiar la ciudadanía de uno o la membresía de uno en una institución religiosa requiere ser aceptado por la nueva institución involucrada, y terminar legalmente un matrimonio involucra que el divorcio sea reconocido por el estado. Y, no importa cómo puedan romperse los vínculos de afecto familiar, uno es un miembro biológico de la propia familia mientras existe. En contraste, las "organizaciones" sociales son unas en las que el vínculo de los miembros es menos intenso y menos permanente. Las organizaciones también deciden quién puede o no puede unirse a ellas, pero usualmente la membresía no conlleva la intención de ser vitalicia, y sus miembros tienen la libertad de entrar y salir más fácilmente. Ejemplos de organizaciones son los negocios, los hospitales, los sindicatos, los partidos políticos y las escuelas.

En el último capítulo vimos por qué nuestra teoría considera a los artefactos como teniendo naturalezas que están centralmente caracterizadas por dos aspectos: su "función fundante" es el aspecto que cualifica el tipo de proceso por el cual son formados, y su "función guía" es el aspecto que cualifica el tipo de plan que conduce a su formación. Por lo que concierne al primero, dije, el proceso por el cual la mayoría de los artefactos llegan a ser formados está históricamente cualificado (tenga en mente que, tal y como hemos usado el término, "histórico" era equivalente a "cultural", y estaba referido al libre ejercicio del poder técnico que tienen los humanos para formar cosas nuevas a partir de materiales naturales). Notamos entonces que las comunidades sociales se hallan también entre las nuevas cosas que forman los humanos, y que la mayoría de estas también tienen una función fundante histórica/cultural.

Pero hay diferencias importantes entre los artefactos que son cosas y los artefactos que son comunidades sociales. Por ejemplo, las funciones guía de los primeros están cualificadas por aspectos en las que funcionan sólo pasivamente. Una silla o una casa tiene una función guía social, pero no conlleva relaciones sociales activamente, sino que solamente tiene una función social pasiva potencial en ese aspecto. De modo que su función guía necesita ser realizada en relación con la vida social humana. Las comunidades sociales, en contraste, funcionan activamente en todos los aspectos y también tienen una función guía en algún aspecto. Un negocio, por ejemplo, lleva a cabo actividad económica, al igual que una banda o compañía de danza lleva a cabo acciones estéticamente cualificadas, o una iglesia realiza ritos que tienen una función guía fiduciaria. Así que, cuando dije anteriormente que solamente los humanos funcionan activamente en todo aspecto, eso debiera ser entendido ahora como incluyendo comunidades constituidas por humanos y no meramente individuos humanos.

Sin embargo, a pesar de ser como los humanos individuales en que tienen funciones activas en todo aspecto, las comunidades sociales difieren de los individuos humanos en que tienen naturalezas que pueden ser explicadas por la relación entre sus funciones fundante y guía. Ya hemos visto por qué debe sostenerse que la naturaleza humana carece de función cualificadora, y en breve se darán argumentos adicionales en favor de esta tesis. Por ahora será suficiente recordar la razón que ya hemos notado, a saber, que si bien el corazón humano existe y funciona bajo los límites de leyes de aspectos, no está determinado por ellos sino que posee una libertad genuina. Dije que esta libertad es posible porque hay más concerniente al corazón que sus funciones de aspecto, y este "más" refleja que ha sido creado a imagen de Dios. Lo que cualifica la naturaleza humana, por lo tanto, no es ningún aspecto de la creación ni tampoco todos ellos tomados juntos. La naturaleza humana es *religiosa* en su núcleo: los humanos fueron creados para tener amistad con Dios, tienen una relación con Dios como la característica más central de su naturaleza y tienen su destino final con Dios enteramente fuera del cosmos actual. Así que, aunque las comunidades sociales humanas son como los individuos humanos en que tienen funciones activas en todos los aspectos, no tienen naturalezas caracterizadas por las tres relaciones religiosas recién mencionadas. En vez de ello, son como otros artefactos en que tienen una naturaleza que puede ser entendida por la relación entre sus funciones fundantes y guías en conjunción con su ley tipo. Para las comunidades sociales, entonces, seguiremos hablando de su función fundante como el aspecto que cualifica el proceso de su formación; y de su función guía como el aspecto que cualifica el tipo de plan que dirige su formación.

En este punto podría usted preguntarse por qué dije que la "mayoría" de las comunidades sociales tienen una función fundante histórica. Después de todo, ¿qué otra cosa podría cualificar su proceso de formación? La respuesta es que con "mayoría" pretendía dejar espacio a dos instituciones sociales que no son simplemente las creaciones libres de la planeación y la formación humanas, sino que están enraizadas en el lado *biótico*, sexual, de la naturaleza humana. Éstas son el matrimonio y la familia. Las formas sociales específicas para establecer matrimonios y familias se hallan, desde luego, bajo control humano y varían culturalmente. Pero son las diferencias subyacentes entre los sexos y la atracción entre ellos lo que cualifica el proceso por el cual se forman los matrimonios y las familias. Y eso no es ello mismo producto de la planeación o de la invención humanas. Quizá la mejor manera de ver la centralidad del aspecto biótico para estas dos comunidades es notar el hecho de que son las únicas que cesan de existir cuando mueren sus miembros originales. Un matrimonio deja de existir siempre que muere cualquiera de los esposos, mientras que una familia nuclear deja de existir si fallecen los padres o los hijos (las relaciones de parentesco pueden desde luego permanecer después de la muerte de los padres, pero la familia no). Esto es suficiente para distinguir estas comunidades de otras tales como las iglesias, las escuelas, los negocios, las organizaciones caritativas, los estados, etcétera, que pueden continuar existiendo aunque todos sus miembros originales hayan fallecido o las hayan abandonado. Por lo tanto, nuestra teoría llamará al matrimonio y a la familia "instituciones naturales", para reconocer su función fundante biótica.[3]

Sin embargo, al mismo tiempo, cualquier concepción del matrimonio o de la familia que los vea como *restringidamente* biológicos es reduccionista. Si bien el orden biológico de la creación proporciona el fundamento de su formación, su función guía y propósito estructural está gobernado por la norma ética del amor. Aquí nuestra teoría no solamente apela a sus tres principios guía, sino que los combina con la enseñanza de la Escritura acerca del matrimonio en el cual se habla de él como esencialmente una comunidad de amor entre esposo y esposa (Gén. 1:28, 2:18, 24; Marcos 10:5–9; Ef. 5:25–33). Por añadidura, el libro de Génesis muestra esta concepción adicionalmente por el modo en que mira la relación sexual entre Adán y Eva, como necesaria para su vínculo de amor y como buena para ellos *antes de su caída en el pecado*. Y, finalmente, nuestro lenguaje ordinario refleja esto también cuando hablamos de los humanos no meramente como "apareándose" sino como "haciéndose el amor". Así, cualquiera que insista, como lo hizo Aristóteles, en que el único propósito del sexo es perpetuar la especie, ha cometido un serio error.

Sin duda, el matrimonio y la familia logran el propósito de perpetuar la raza humana. Sin embargo, ese hecho no altera lo que hemos llamado el "propósito estructural" de cualquier artefacto, el cual está gobernado por su función guía. Por favor mantenga en mente lo que ha sido ya señalado acerca del propósito estructural de un artefacto cuando el mismo fue distinguido de otros propósitos subjetivos que las personas pudieran tener en conexión con el mismo. Pues, si bien es verdad que los socios en un matrimonio pueden estar motivados por el ascenso social o la ganancia financiera, el propósito estructural de la institución del matrimonio permanece incólume. Está garantizado por su función guía y es exhibido solamente por su espíritu interior: la perpetuación y el realce del tipo de amor que constituye el más estrecho de los vínculos humanos.[4]

Además de sus funciones fundante y guía, todas las comunidades están estructuradas por una ley tipo y cada tipo exhibe un número de variedades. Hay variedades de estados, negocios y comunidades artísticas, por ejemplo, y también hay variedades de familias. Frecuentemente las variaciones familiares están conectadas con el *modus vivendi* de la familia. Considere, por ejemplo, la variación en las relaciones entre los miembros de una familia de granjeros, una familia de obreros, una familia real y una familia que opera su propio negocio.

También reconocemos que, así como puede haber cosas naturales deformadas, también puede haber comunidades sociales deformadas. Dos ejemplos son un estado que es una dictadura absoluta y una familia poliándrica. Pero ni las variedades ni las deformidades de las comunidades sociales reales afectan los principios estructurales que las hacen posibles, pues estos principios residen en el lado ley de la creación. Así que, mientras que las comunidades reales pueden ser deformes, las funciones calificadoras y las leyes tipo que las estructuran son inmunes a la alteración.

Este tipo de aproximación a la teoría social no es en lo absoluto bien recibida en estos días. Muchos teóricos desean considerar todas las relaciones sociales como invenciones completamente humanas y por lo tanto como infinitamente variables, más que como actualizaciones de las potencialidades posibilitadas por las leyes tipo que ya se encuentran en el cosmos. Pero llamar la atención a las leyes de aspecto y a las leyes interaspectuales de la creación es una de las principales ventajas interpretativas que puede proporcionar nuestra teoría. Nos permite enfocarnos en los principios fijos que subyacen a los diferentes tipos de comunidades sociales humanas, para que no seamos extraviados por toda variación o deformación que puedan tener. Esa es una gran ventaja otorgada por el entendimiento de ellas en términos de su cualificación de aspecto (su función fundante más su función guía), y su ley tipo específica. Se logra descubrir la segunda analizando los modos más básicos en que los miembros de una comunidad deben relacionarse en todos los aspectos para que exista ese tipo de comunidad. Es formulando un enunciado general de estas relaciones como podemos aproximarnos a la ley tipo que las hace posibles. Pero, sin una idea del marco nómico de la creación para guiar una teoría de las comunidades sociales, ¿cómo podría uno tener la esperanza de arribar a la naturaleza de aspecto de cada tipo? ¿Cómo podría uno llegar a saber qué formas sociales son normales y cuales son aberraciones? Como lo dijera Dooyeweerd:

> si consideramos un hermoso bordado desde atrás, no descubrimos ningún patrón en el confuso entrecruzamiento de los entrelazamientos. De manera similar, no podemos descubrir los patrones estructurales de los diferentes tipos de relaciones sociales si sólo ponemos atención a … [las formas que de hecho encontramos en la existencia y los modos] en que se entrelazan entre sí. (*New Critique*, vol. III, p. 176)

Pero, podría objetarse, ¿significa esto que no podemos hacer sociología sin una teoría filosófica? Si ello es así, ¿se derrumba la ciencia de la sociología en la filosofía social? Y si no, ¿cuál es la diferencia entre ellas?

Hemos visto ya las razones por las que ninguna teoría dedicada a un aspecto particular de la experiencia puede evitar las presuposiciones filosóficas. Todas por igual harán suposiciones acerca de la naturaleza de la realidad y del conocimiento, ya sea que las formulen o las dejen sin articular. Así que señalar de qué manera nuestra teoría de la realidad regula la sociología no es hacer nada más que explicitar cómo la concepción de la naturaleza del cosmos del marco nómico puede guiar a la teoría social. Adoptar este punto de vista no es por lo tanto exigir que todas las teorías sociales hagan primeramente filosofía, como ello no se exige a cualquier otra ciencia. Mientras que la filosofía trata explícitamente con el modo en que se relacionan los aspectos entre sí, los científicos (incluyendo a los sociólogos) pueden presuponer alguna idea tal sin hacerla explícita. Pero, sea hecha explícita o no, en todo caso, las teorías ofrecidas variarán en cuanto a cómo entienden la conexión entre los aspectos. Sin embargo, dejar a la teoría del marco nómico meramente implícita en este capítulo derrotaría su mismo propósito puesto que lo que quiero hacer aquí no es solamente mostrar las diferencias que la teoría implica para la sociología, sino elaborar la teoría del marco nómico mientras lo hago.

Al aplicar la teoría del marco nómico a las organizaciones sociales, sin embargo, no estamos restringidos a emplear los conceptos de función calificadora y ley tipo —a pesar de lo poderosos que son. También tenemos a nuestra disposición normas de aspectos como los estándares para lo que es normal o anormal acerca de las varias comunidades. Esto es un tópico altamente controversial. Muchas teorías sociales sostienen que ninguna explicación de la sociedad puede ser científica a menos que elimine toda referencia a las normas. Así que ahora pasamos a la cuestión de si la sociología puede desarrollar una teoría de las naturalezas e interacciones de las comunidades simplemente describiéndolas como son (los hechos sociales), sin ninguna referencia a cómo *debieran* ser (normas sociales). Para tratar este tópico, la primera materia acerca de la que tenemos que tener claridad es el significado del término "norma".

12.2. Hecho versus norma

En el último capítulo notamos que hay una secuencia entre los aspectos con respecto a los modos en que las cosas tienen funciones activas en ellos. Las funciones activas en aspectos inferiores en la lista son precondiciones para que las cosas tengan funciones activas en aspectos más altos en la lista. Otra diferencia que podemos notar entre los aspectos que se hallan más abajo en la lista y aquellos que están más alto es que las leyes de los aspectos más bajos son rígidas; son leyes que no podemos desobedecer aunque tratemos de hacerlo. No hay manera de que realmente violemos el orden nómico encontrado en los aspectos cuantitativo, espacial, cinemático o físico. Pero, desde el aspecto biológico hacia arriba en la lista, el carácter de ese orden cambia; entre más alto vamos en la lista, se torna más posible desobedecer el orden de cada aspecto. En vez de ser solamente un orden que determine rígidamente lo que es necesario, posible e imposible, el orden dentro de los aspectos arriba del físico está crecientemente constituido por normas que son guía para los modos en que las plantas, los animales y los humanos necesitan o debieran de actuar si han de maximizar propósitos cualificados por aquellos aspectos.

Por ejemplo, las *leyes* del aspecto biótico determinan las relaciones entre ciertas propiedades biológicas. Pero también hay *normas* bióticas para la salud que relacionan otras propiedades biológicas. Una cosa viva puede violar tal norma y seguir viva, pero será más saludable si se conforma a la norma. O piense, nuevamente, en las leyes de la lógica. Hay un sentido en que las leyes de la lógica son inviolables. Todo en la creación existe de conformidad con el axioma lógico de que nada acerca de él puede ser verdadero y falso en el mismo sentido al mismo tiempo. Pero podemos desobedecer este axioma en nuestro pensamiento cometiendo falacias lógicas de razonamiento o manteniendo creencias incompatibles. Así, mientras que el orden lógico para la creación tiene el carácter de ley inviolable para todo lo que sea distinto del pensamiento, es normativa para nuestro pensamiento. *Podemos* desobedecerlo, pero no *debiéramos* hacerlo si queremos tener alguna seguridad lógica de que hemos hecho una inferencia válida, o de que nuestras creencias son consistentes. Para aspectos todavía más altos en la lista, nuestra habilidad para desobedecer su orden se extiende, más allá de nuestro pensamiento, hacia nuestra conducta. Podemos desobedecer normas económicas, estéticas, diquéticas, éticas y de otros tipos en la acción, así como nuestro pensamiento o creencia. Pero los efectos de hacerlo siempre socavarán los propósitos de incrementar la riqueza, crear arte, alcanzar la justicia o hacer el bien, etcétera, a menos que estos efectos sean alterados por fuerzas intervinientes. El que seamos capaces de desobedecer las normas, sin embargo, no quita su realidad como partes del marco nómico cósmico. Desde luego, son frecuentemente las consecuencias de desobedecer las normas las que exhiben más vívidamente su realidad y carácter vinculante. Resumiendo: es debido a que estas partes del marco nómico tienen el carácter distintivo de ser capaces de ser desobedecidas por los humanos, y debido a que proporcionan los estándares para lo que debiera de ser, que son llamadas "normas".

Habiendo indicado ahora qué es una norma, quiero hacer una advertencia en contra de varios malentendidos acerca de ellas. En primer lugar, es importante no confundir lo que es en promedio o usual con lo que es normal en el sentido de conformarse a una norma de aspecto; "normal", como lo estoy usando, significa aquello que está de acuerdo con una norma de aspecto sin importar cuán frecuentemente pueda ser ésta desobedecida en la práctica. En segundo lugar, el gobierno de estas normas dentro de su aspecto no depende de que conozcamos conscientemente enunciados precisos de las mismas, o de que tratemos de conformarnos deliberadamente a ellas. Las personas son frecuentemente gobernadas en su pensamiento y conducta por normas que no han articulado conscientemente. Esto es demostrado por el hecho de que las personas reconocen ciertas actividades como conformes a normas, mientras que otras no, incluso si no pueden decir exactamente cuáles son estas normas. El ejemplo más obvio es el modo en que personas que nunca han formulado la ley de no contradicción aún así tratan de evitar contradecirse. Y aún cuando podamos no ser capaces de enunciar normas artísticas, o de hacerlo con precisión, aún así hacemos juicios tales como "esta obra de arte es mejor que aquella". Mantenga en mente, también, que hasta hace relativamente poco nadie había formulado normas para la psicología o para la economía, así que el hecho de que las normas todavía no hayan sido formuladas para un aspecto particular no muestra que nunca pueda hacerse. De modo semejante, en la lingüística reconocemos que una hilera particular de palabras carece de sentido en vez de ser un enunciado, o que un modo de enunciar algo es más claro que otro, ya sea que podamos o no formular reglas lingüísticas normativas para la claridad. Estos ejemplos muestran que siempre presuponemos normas para estos aspectos, aún cuando puedan permanecer vagas, sin formular, o incluso subconscientes.

Finalmente, una norma no es una perfección absoluta como lo era la idea griega pagana de Forma. No debe ser pensada como un modelo inmutable y perfecto para el lenguaje, los negocios, la justicia, la moralidad o lo que sea. Si lo fuese, entonces todo tendría que copiarlo con exactitud y conformarse a él, y todas las cosas que se conformasen a él serían exactamente semejantes. Más bien, vemos que una norma es esa parte del orden de un aspecto que sirve como regla para salvaguardar los valores cualificados por ese aspecto. Por esta razón, muchas acciones, pensamientos y artefactos pueden todos ellos por igual conformarse a la norma de un aspecto y no obstante ser muy diferentes entre sí. Por ejemplo, las interpretaciones de una sinfonía pueden diferir y aun así ser igualmente excelentes desde un punto de vista estético; enunciados diferentes pueden ser igualmente compasivos éticamente, y diferentes juicios o acciones pueden ser igualmente justos.[5]

Todo lo que se acaba de decir acerca de las normas fue preparatorio para abordar un número de problemas para la sociología centrados en torno a ellas, especialmente el de si son subjetivas u objetivas, y si la teoría social puede o debe prescindir de ellas. La concepción subjetivista es que en realidad no hay normas, sino meramente los sentimientos y los prejuicios subjetivos que postulan los individuos y las sociedades como guías (arbitrarias) para el comportamiento. De modo que los subjetivistas ven como algo acientífico la inclusión de normas en cualquier teoría social. El argumento principal en favor de esta posición es que hay serios desacuerdos acerca de exactamente qué son las normas, y ninguna manera clara de dirimir los desacuerdos. A partir de esto el subjetivista extrae la conclusión de que las normas no pueden ser objetivamente reales, así que la sociología debe apegarse solamente a descripciones de los hechos sociales (de lo que "es"), y evitar toda evaluación normativa (de lo que "debiera de ser"). Entre aquellos que adoptan este enfoque, sin embargo, hay también desacuerdo acerca de cuales son precisamente los "hechos desnudos" sociológicos, una vez que supuestamente son eliminados todos los juicios normativos.

En la clásica teoría objetivista de Aristóteles, por otra parte, las normas tienen una base en la realidad. Se piensa que esta base es la misma que la base para las leyes de los aspectos "naturales": los enunciados tanto de leyes como de normas resultan de nuestras formulaciones de la naturaleza de las cosas tal y como está garantizada por su Forma. Aunque no todas las concepciones objetivistas de las normas están comprometidas con la teoría de las Formas de Aristóteles, todas están comprometidas a decir que hay un sentido importante en el que las normas pueden ser "leídas" directamente en la naturaleza. Ellos proveen entonces argumentos para defender su particular lectura de lo que son aquellas normas, y para mostrar que realmente no es posible excluir todos los juicios normativos de la teoría social.

Como en el caso de nuestra teoría de la realidad, la idea de un marco de leyes cósmico nos da una dirección peculiar de pensamiento que traza una ruta diferente tanto del subjetivismo como del objetivismo . Como sostenemos que todas las cosas en la creación funcionan bajo todas las leyes de aspecto por igual, incluyendo los aspectos normativos, rechazamos completamente la posición de que las normas de la lógica, la lingüística, la economía, el arte, la justicia, la ética, etcétera no sean más que prejuicios subjetivos. Aunque las personas entran en desacuerdo acerca de los enunciados exactos de las normas de algunos aspectos, no hay manera de que podamos evitar el reconocimiento general de que los actos humanos y las comunidades sociales están gobernadas por normas por su misma naturaleza. Por ejemplo, el empleo de normas de claridad en el lenguaje, o de la oferta y la demanda en la economía, son inevitables en el habla y en los negocios; también lo es la norma ética del amor (ama a tu prójimo como a ti mismo) para hacer lo que es moralmente correcto, o la norma de justicia (que las personas obtengan lo que merecen) para ser justos. Estas normas o principios que gobiernan las funciones guía son las que hacen posible estos tipos de actividades y comunidades humanas *aun cuando las personas involucradas en aquellas actividades o comunidades las nieguen y/o las desobedezcan.*

Este hecho tiene que ser implícitamente reconocido incluso por una teoría que desee explícitamente negarlo. El propósito de una organización de negocios, por ejemplo, no puede dejar de estar guiado por normas económicas aún cuando la intención subjetiva de su dueño no sea la riqueza económica sino la fama o superar a un rival personal. De modo similar, el propósito de la institución matrimonial sigue estando guiada por normas de amor aun cuando uno de los cónyuges se haya casado sólo en aras de la ganancia económica. Es por ello que, cuando no hay amor entre marido y mujer, no hay un matrimonio real, y decimos que tienen un matrimonio "sólo de nombre". Del mismo modo, los miembros de una familia pueden de hecho odiarse entre sí en vez de conformarse a la norma ética del amor. Pero, en ese caso, todo mundo reconoce que es una familia anormal. Una vez más, el propósito incrustado en la función guía de una sinagoga o iglesia está gobernado por normas cívicas de fe, incluso si algunos de sus miembros participan en ella puramente en aras del prestigio social. Es por ello que mantenemos que hay un propósito gobernado por las normas de la función guía de las acciones y de los artefactos humanos que está inevitablemente incrustado en su naturaleza. Si estos propósitos estructurales, gobernados por normas, fuesen verdaderamente eliminados de nuestra mirada, dejaríamos de reconocer las acciones o comunidades de las cuales han sido borrados como característicamente humanas, y la parte más grande de lo que son se perdería a nuestro entendimiento. ¿Qué quedaría, por ejemplo de nuestro entendimiento de un negocio si se eliminase toda referencia a las normas económicas? ¿Qué quedaría de nuestro entendimiento del matrimonio o de la familia si se eliminase toda referencia al amor? ¿Qué quedaría de nuestro entendimiento de un templo, sinagoga, iglesia o mezquita se ignorásemos las normas y propósitos de la fe? ¡Los mismos *conceptos* de estas comunidades serían despojados de sus características más esenciales!

Una consecuencia interesante del concepto de propósito estructural incrustado en las funciones guía de las comunidades es que permite a nuestra teoría determinar el sentido de las actividades y las comunidades criminales de una manera en que muchas otras teorías no pueden hacerlo. Un sindicato criminal, por ejemplo, sigue estando estructurado por normas económicas que guían su propósito económico, aun cuando la conducta de sus negocios desobedezca deliberadamente las normas de justicia reflejadas en los estatutos legales. De hecho, ninguna organización puede ser siquiera reconocida como *criminal* a menos que haya sido invocada la norma de justicia para hacer ese juicio. De modo similar, si tratamos de explicar la tasa de criminalidad en términos de viviendas pobres, pobreza y otros factores tales, éstas condiciones sólo pueden ser reconocidas por lo que son por el modo en que violan normas sociales y económicas. Decir que una vivienda es "pobre" o que una condición económica es de "pobreza" es hacer un juicio normativo.

Lo mismo vale para otras instituciones y organizaciones sociales. Un estado puede actuar ilegalmente pero aun así tendrá un propósito estructural legal guiado por la norma de justicia. Es por ello que los delitos de un gobierno o de oficiales gubernamentales nos parecen de lo más reprensible: violan el mismo propósito que está cualificado por la función guía de esa institución. Lo mismo es verdadero de un partido político cuyo propósito estructural es generar confianza en las políticas y en las personas que desea que dirijan el estado. Por esta razón decimos que está cualificado por una función guía fiduciaria. No obstante, un partido político puede violar la confianza que las personas han depositado en él, y puede incluso guiar al estado a violar su propio propósito estructural de justicia (piénsese en el partido nazi). No obstante, las normas no desaparecen y no pueden ser ignoradas. Es un dicho común que incluso las organizaciones criminales tienen sus propias reglas éticas internas a las cuales se adhieren, de manera que hay "honor entre ladrones". E incluso la organización más violentamente anárquica se desbarataría rápidamente si llegase a estar privada de toda observancia de normas de equidad o de confianza entre sus propios miembros.

Estamos por lo tanto de acuerdo con esa parte de la posición objetivista que sostiene que las normas son reales y no pueden ser ignoradas incluso si tratamos de hacerlo. En otros respectos, sin embargo, debemos estar en desacuerdo con la posición objetivista clásica. Por ejemplo, no podemos estar de acuerdo en que las normas son solamente extrapolaciones de las naturalezas de las cosas, de modo que aquellas naturalezas hacen posibles las normas. Nuestra teoría sostiene más bien que hay un distinto lado ley en la creación, cuyas normas existen haya o no haya cosas de un tipo particular. Esto les ha parecido a algunos críticos que es un asunto menor, así que interpretan nuestra posición como siendo otra versión del objetivismo. Pero sostener que las leyes y las cosas existen en correlación mutua no es un asunto menor. Pues si las normas fuesen meramente nuestros resúmenes de las naturalezas inviolables de las cosas, *sería imposible para cualquier cosa desobedecer aquellas normas sin violar su misma naturaleza y con ello convertirse en otra cosa.*[6] Así que nuestra teoría, a diferencia del objetivismo, puede dar cuenta del hecho de que las actividades y comunidades individuales pueden retener su identidad mientras desobedecen normas.

Estas observaciones proporcionan un apoyo adicional a nuestra posición de que las normas deben ser consideradas como un lado distinto de la realidad, no idéntico a las cosas, acciones y comunidades que gobiernan. Y esa es la razón por la que no llamamos al propósito de una acción o comunidad normada por su función guía su propósito "objetivo". Los propósitos normativos incluidos en las funciones guía de las acciones y en los artefactos humanos no residen en los *objetos* de nuestra experiencia, como no residen en nosotros como *sujetos* experimentadores. Es por ello que llamé a sus funciones guía propósitos "estructurales", refiriéndome al marco nómico cósmico cuyas leyes tipo determinan el orden estructural de todo individuo creado.

También estamos en desacuerdo con la posición tradicional del objetivismo de que la razón humana es autónoma y neutral en su lectura de las normas en la naturaleza de las cosas. Este tópico es lo que hace que los desacuerdos sobre ellas conduzcan a los objetivistas a rechazar el objetivismo. Pues, si las normas son realmente "leídas" en la naturaleza de las cosas que experimentamos mediante la razón pura no prejuiciada, preguntan ellos: ¿por qué no todo el mundo las ve por igual? En contraste, sin embargo, negamos que las normas y los propósitos normativos estructurales sean interpretados de una manera neutral. Más bien, sostenemos que, aunque todas las personas tienen un reconocimiento intuitivo de normas en su experiencia preteórica, aquellas normas siempre serán interpretadas (y mal interpretadas) de manera muy diferente, dependiendo de la creencia de divinidad que regule su entendimiento. Una concepción pagana de la divinidad requiere una concepción reduccionista de la realidad que sobreestime cualesquiera normas que estén estrechamente asociadas con los aspectos supuestamente divinos, y de manera correspondiente subestima o niega la realidad de aquellos que son menos compatibles con su concepción reduccionista. Así que, también con respecto a las normas, mantenemos que su interpretación (y en alguna medida incluso su reconocimiento) está regulada por una perspectiva filosófica que a su vez está controlada por una u otra creencia de divinidad. De este modo, la teoría del marco nómico puede dar cuenta del hecho que atormenta al subjetivismo, a saber, el ampliamente difundido reconocimiento de ciertas normas interculturales e intermileniales (piénsese en las muchas verdades éticas y diquéticas que han sido reconocidas por toda cultura altamente desarrollada). Y al mismo tiempo también puede dar cuenta de los marcados desacuerdos sobre la interpretación de las normas que son tan problemáticos para el objetivismo.

Como es el subjetivismo el que está de moda actualmente, voy a dirigirle una crítica adicional en la forma de una pregunta. ¿Por qué debiéramos pensar que los desacuerdos sobre las normas muestran que ésta son solamente prejuicios subjetivos? ¿Por qué se extrae esa conclusión para las normas y no para, digamos, los colores? Por ejemplo, dos personas pueden mirar —y frecuentemente lo hacen— el mismo objeto bajo la misma luz al mismo tiempo y aun así estar en desacuerdo acerca de si es más verde que azul. Pero, ¿prueba esto que los colores son meramente nuestros prejuicios subjetivos en vez de cualidades sensoriales reales (pasivas) de las cosas? Seguramente no. Pero, entonces, ¿por qué extraer esa conclusión para las normas?

En suma, el programa de eliminar normas para tratar con los puros hechos es, decimos, destructivo de la teoría social y de hecho imposible. Lo que "debería" ser siempre es parte de lo que "es". Las normas, al igual que las leyes naturales, tienen una existencia distinta tanto del sujeto como del objeto, con Dios como su origen; solamente él es el legislador de la creación. Es por ello que las normas pueden gobernar y continúan gobernando la creación, aun cuando las personas ejerciten su libertad para desobedecerlas. Y es también la razón por la que cualquier teoría que intente reducir las actividades y las comunidades humanas a los "hechos desnudos" eliminando normas está intentando algo que es contraproducente. Despojarlas de sus propósitos estructurales gobernados por normas, e ignorar sus funciones guía, es destruir su carácter específicamente humano y social, y termina por hacerlas incomprensibles.

12.3. Individualismo versus colectivismo

Otro de los problemas dominantes de la teoría social es el de si hay que adoptar una concepción individualista o colectivista de la sociedad. De hecho, todo escrito sobre el tema se ha inclinado hacia uno u otro cuerno de este dilema por un tiempo tan largo que ahora es una suposición ordinaria que nadie puede evitar ser una cosa u otra, o tratar de combinarlas en diferentes respectos.

Los individualistas insisten en que la unidad social básica es la persona individual sobre la base de que los individuos pueden existir sin comunidades, mientras que las comunidades son formadas por individuos y consisten en ellos. El individualista Thomas Hobbes, por ejemplo, sostuvo que la vida humana era originalmente completamente "solitaria", con la llegada posterior de comunidades sociales. El motivo para formarlas, pensaba, era que una vida solitaria era también "pobre, sucia, bruta y corta". Creía, sin embargo, que las comunidades, una vez formadas, eran realidades cuya naturaleza es importante entender. Otros individualistas, sin embargo, llegan tan lejos como para decir que no hay realidades tales como las comunidades sociales; todo lo que realmente existe son individuos y los acuerdos que hacen para relacionarse entre sí de ciertas maneras.

Los colectivistas, por otra parte, aseveran que alguna forma de comunidad es la realidad social básica, puesto que eso es lo que produce y sustenta a los individuos. Ven al individuo como literalmente una parte de un todo social más grande, sin el cual la parte no podría existir en lo absoluto. Por ejemplo, Aristóteles dijo:

> Por naturaleza, pues, la ciudad es anterior a la casa y a cada uno de nosotros, porque el todo es necesariamente anterior a la parte ... es evidente que la ciudad es por naturaleza y es anterior al individuo; porque si cada uno por separado no se basta a sí mismo, se encontrará de manera semejante a las demás partes en relación con el todo. (*La política*, 1253a12–14.)

He aquí, entonces, dos posiciones, cada una de las cuales parece tener un buen argumento en su favor. El colectivista pregunta cómo podría haber individuos si no hubiese padres y grupos familiares extendidos que cuidasen a la madre y al infante, mientras que el individualista pregunta cómo podría existir cualquier grupo si no hubiese individuos para formarlo. Esto suena mucho como la vieja broma acerca de qué fue primero, el huevo o la gallina, y podría ser divertida si no fuese porque este debate tiene consecuencias muy serias tanto para la teoría social como para la práctica. Esto es particularmente así en conexión con el entendimiento de la justicia con respecto a las instituciones y organizaciones de la sociedad, como habremos de ver en el siguiente capítulo.

Sin embargo, antes de que abordemos el dilema individualismo/ colectivismo, despachemos la pregunta de si las comunidades sociales han de ser consideradas reales en lo absoluto. Aunque usualmente no hablamos de una institución u organización social como una "cosa", eso no significa que no sea real; usualmente tampoco hablamos de una persona como una "cosa", pero eso no significa que las personas no sean reales. Y seguramente las comunidades sociales son reconocibles como unidades distintas, así como las cosas y las personas lo son. Además, el argumento de que no hay instituciones sociales reales sino solamente individuos y sus relaciones es autocontradictorio. Si se concede que las relaciones interindividuales son reales, entonces ¿cómo puede negarse que los matrimonios, las familias, los negocios, las iglesias, las escuelas, los sindicatos, los partidos políticos, etcétera, son también reales? Si las relaciones entre individuos son reales, entonces también lo son las comunidades constituidas por ellos. Además, la concepción de que son algo por encima de los individuos que son sus miembros está apoyada por el hecho de que para todas las comunidades sociales, con excepción del matrimonio, su identidad persiste aún cuando cambien sus miembros. Por añadidura, hemos visto que las comunidades sociales funcionan en todos los aspectos de la experiencia y tienen funciones cualificadoras diferentes que determinan sus naturalezas. Así que en todos esos respectos son equivalentes a los otros artefactos que forman los humanos y debieran ser consideradas tan reales como éstos.

Pero, dejando de lado esa versión extrema, el núcleo de toda teoría individualista es la aserción de que los individuos son realidades más básicas que las comunidades. El sentido pretendido de "básico" es el mismo que ha figurado en teorías reduccionistas de la realidad. Significa que los individuos pueden existir sin comunidades pero las comunidades no pueden existir sin individuos. Ésta es, sin embargo, una aserción extremadamente implausible. Como señalara Aristóteles, un individuo solitario prontamente moriría. Quizá el modo más fácil de ver la verdad de esta observación es pensar en el extenso periodo de tiempo en que los infantes humanos están completamente desvalidos y requieren constante cuidado y atención. No solamente eso, sino que inmediatamente después de dar a luz una madre lactante necesita protección y provisión de alimento, de manera que sin algún arreglo social ninguno podría sobrevivir. Y, aunque podemos estar tentados a imaginar que un adulto aislado podría sobrevivir en un ambiente salvaje, eso sólo sería posible debido al conocimiento y las habilidades que tal persona habría ya adquirido al haber sido criado en la sociedad humana. Finalmente, no hay evidencia de que haya habido alguna vez un tiempo cuando las personas hayan vivido en completo aislamiento sin ninguna comunidad social en lo absoluto como sostenía Hobbes, o sin ninguna autoridad gobernante como fue afirmado por otro famoso individualista, John Locke. Hasta donde sabemos, las personas siempre han vivido en familias, tribus, clanes o villas, y con alguna suerte de autoridad reconocida, reglas y tradiciones.

Por otro lado, la posición colectivista ve a toda persona como dependiente de algún todo social omniincluyente y por lo tanto literalmente como parte del mismo. Eso, sin embargo, se halla en completo conflicto con la naturaleza de las comunidades sociales. Una comunidad social no es autosuficiente en relación con los individuos, pues no puede existir sin individuos al igual que los individuos no pueden existir sin ella. Así que nuestra primera objeción al colectivismo ataca su aserción más fundamental, así como nuestra primera objeción al individualismo atacó su aserción más fundamental. Ambas teorías están equivocadas, decimos, porque los individuos y las comunidades sociales existen en correlación mutua, en la cual ninguno de los dos puede existir sin el otro: *ninguno es "básico" para el otro porque ninguno fue jamás el origen del otro, ya que ambos fueron creados simultáneamente por Dios.*

Más aún, desde el punto de vista teísta, es detestable considerar a los individuos meramente como partes de alguna comunidad social humana. No son meramente "engranes en la maquinaria" del estado, o "células en el organismo" de la familia humana. La cosa más únicamente humana acerca de las personas, desde el punto de vista teísta, es su capacidad para la comunión con Dios. Éste fue el mismo propósito de su creación, de acuerdo con el Génesis, y es éste el que hace posible que los humanos sean miembros del reino espiritual de Dios, el cual trasciende toda comunidad humanamente formada. Esto es tan generalizadamente verdadero de los humanos que, incluso cuando rechazan al Dios verdadero, no pueden dejar de creer que alguna otra cosa es divina. Cuando eso sucede, se convierten en miembros de un correspondiente reino espiritual de creencia falsa, el cual también trasciende toda comunidad humanamente formada. Por esta razón, debemos insistir en que, aunque los humanos siempre viven y funcionan en comunidades sociales, no existe ninguna comunidad humanamente formada de la cual no sean más que partes.

Tenemos aquí, entonces, razones adicionales por las que la prosecución de nuestro programa no reduccionista para las teorías, combinado con las enseñanzas específicas de la Escritura recién mencionadas, conduce a la posición de que, aunque los humanos funcionan activamente en todos los aspectos de la creación, la naturaleza humana no es meramente la suma de aquellas funciones.

Como observamos en los capítulos 9 y 11, y anteriormente en este capítulo, la naturaleza humana es más que todas estas funciones, pues reside en el "corazón" humano, o ego, el cual tiene una relación única con el creador que trasciende la creación. Por lo tanto, a diferencia de todas las otras criaturas, los humanos no tienen una función cualificadora única. Incluso su funcionamiento en el aspecto fiduciario, el cual expresa su fe, no es idéntico a la relación de su corazón con Dios. Más bien, es la orientación del corazón con respecto a Dios (o lo que abrace como divino en su lugar) la que dirige el ejercicio de todo acto de fe. Propiamente orientada, la relación del corazón con Dios se extiende así más allá de la realidad creada hacia un creador increado y, como ya fue señalado, es esa relación la que más centralmente caracteriza a los humanos como seres *religiosos*. Al mismo tiempo, esto es perfectamente compatible con el hecho de que los humanos —individual y colectivamente— realizan acciones y participan en comunidades sociales que desde luego tienen funciones cualificadoras.

También hemos visto ya por qué las comunidades sociales, en contraste, no pueden tener el tipo de relación directa con Dios que cada humano puede tener. Están, de seguro, dominadas por normas, ideas, tradiciones, etcétera, que sirven a Dios o a algún sustituto de Dios. Pero incluso las instituciones religiosas no pueden tener un destino externo como lo tienen las personas. Así, hay una diferencia crucial entre la naturaleza de cualquier comunidad social y la naturaleza humana que nos prohíbe concebir a una persona como nada más que una parte de algún todo social.

Por las mismas razones, debemos también rechazar las principales consecuencias de cada una de estas teorías tradicionales. Por ejemplo, las teorías individualistas consideran a todas las comunidades sociales como formadas por la asociación voluntaria de individuos libres que han establecido un contrato entre ellos para promover algún valor que atesoran. Como consecuencia, estas teorías usualmente suponen que tales "contratos sociales" son la mejor manera de proteger el valor y el bienestar del individuo, como siendo de primera importancia. Consideran así el bienestar de la comunidad más grande como secundario. Las teorías colectivistas, en contraste, argumentan que los individuos son siempre dependientes de las comunidades sociales, tanto biológica como culturalmente. En su concepción, las comunidades sociales no son en lo absoluto libremente inventadas por personas que alguna vez existieron sin ellas y que podrían seguir existiendo sin ellas si lo deseasen. Esto resulta usualmente en que estiman el valor y bienestar de la comunidad social omniincluyente no solamente como más importante que cualquiera de los individuos, sino también como más importante que todas las subcomunidades contenidas dentro de ella. De este modo, las respuestas que cada teoría da a la pregunta acerca de si el individuo crea la comunidad, o la comunidad crea al individuo, generan importantes diferencias en las prioridades sociales. En caso de conflicto entre el bien del todo social y el bien del individuo, una teoría da prioridad al individuo mientras que la otra da prioridad a la comunidad. A diferencia de nuestra teoría, ninguno de los dos lados puede lograr un balance basado en principios entre el individuo y la sociedad, porque cada una ha empezado asignando una primacía reduccionista a uno o la otra.

Esta controversia acerca de donde ha de ubicarse la prioridad social no resulta meramente en vagas diferencias en las actitudes de los que se encuentran en cada lado. No es simplemente que en un caso en la corte un juez que mantenga la concepción individualista tenderá a inclinarse a favorecer los derechos del individuo, mientras que un juez que es colectivista tenderá a inclinarse a favorecer el bienestar de la sociedad. Tales resultados, todos por sí mismos, serían lo suficientemente importantes y resultarían en diferencias significativas en el modo en que se deciden los casos. Sin embargo, la verdadera importancia de la diferencia entre las dos posiciones es aún más grande, en la medida en que cada posición *da un sesgo particular a la misma idea de justicia que subyace no meramente a los juicios judiciales, sino al modo en que las leyes se escriben.*

Para apreciar la medida en que esto es así, considere que las concepciones colectivistasseecolectivistas de Aristóteles y Marx definieron la justicia como el mantenimiento de la armonía entre las partes de una sociedad para la preservación de la sociedad como un todo. En su concepción eso significaba que toda comunidad social distinta del estado debiera estar totalmente regulada por el estado en beneficio del estado. Adoptaron esta posición porque se suponía que todas las otras comunidades eran partes del estado, el cual era visto como el todo social, omniincluyente. Con ello se sostiene que la justicia es *cualquier cosa que tienda a preservar al estado en opinión del estado.* Esta concepción, por lo tanto, no ve límites intrínsecos a lo que el estado puede demandar o prohibir. Consecuentemente, ve los derechos humanos nada más como las libertades que se halle en el interés del estado conceder. En contraste, la influyente teoría individualista de Locke sostuvo que la idea nuclear de la justicia es la protección de la vida y la propiedad de cada individuo. Ve a los individuos como poseedores de derechos morales y legales "naturales" que el estado no otorga, y para preservar los cuales fue formado. El único modo en que los derechos naturales pueden perderse con justicia, pensó Locke, es si los individuos acuerdan voluntariamente rendirlos al estado. Es seguro que la concepción de Locke representa un gran progreso sobre la concepción colectivista (y hay otras partes de la misma que se derivan de enseñanzas Escriturales, las cuales no disputamos). Pero su individualismo lo conduce restringir la idea de la justicia a la protección de vidas individuales y de la propiedad privada, de manera que su teoría no da lugar a la ocupación del estado en la *justicia* pública cuando la propiedad privada no está involucrada. En ese rubro, la doctrina del gobierno de Locke hace que aquél suene más como una compañía de seguridad privada que como el cuerpo gobernante del estado.

Ya no proseguiré aquí las consecuencias de estas dos posiciones tradicionales, pues serán criticadas con mayor detalle en el siguiente capítulo. Por ahora es suficiente señalar cómo es que cada una de las concepciones tradicionales distorsiona el significado de la justicia al definirla más fundamentalmente como la preservación de los individuos o del todo colectivo de la sociedad. Por otra parte, nuestra teoría del marco nómico nos librará de tener que elegir entre el individualismo y el colectivismo. Señala que, puesto que las normas de justicia que son el origen de los derechos humanos no residen ni en las personas individuales ni en el todo colectivo de la sociedad, ninguno de los dos ha de ser favorecido sobre el otro en la administración de la justicia. En vez de enfocarse estrechamente en uno o en el otro, la teoría del marco nómico proporciona un lente de gran angular para abarcar el espectro entero de la vida, de modo que la norma de justicia pueda ser aplicada igualmente tanto a los individuos como a las comunidades sociales.

12.4. Partes y todos

Cuando trataba la posición colectivista, observamos brevemente que Aristóteles la defendió con el argumento de que un todo es básico a (su término era "anterior a") cualquiera de sus partes. Hizo esta afirmación en referencia a la relación de los individuos con el estado —una afirmación que la concepción teísta de los humanos niega vehementemente. Pero todavía permanece la pregunta de si ciertas comunidades sociales son en realidad partes de otras. Esta pregunta es importante porque todas las teorías sociales aceptan la idea de que, como una parte es dependiente del todo, cualquier comunidad que es parte de otra está por lo tanto subordinada a esa otra. Así que cualesquiera comunidades que sean partes de otra han de ser clasificadas más abajo en *autoridad*, y a la comunidad que abarca el todo se le da autoridad suprema para regular todas las comunidades que son sus partes. Así que, ¿hay una autoridad social suprema? Y si la hubiere, ¿cuál es ésta? Éstas preguntas necesitan ser respondidas por cualquier teoría de la sociedad, ya sea que opere desde un punto de vista colectivista, individualista o desde el marco nómico.

Subrayo la importancia de estas preguntas para *cualquier* teoría social porque ellas han estado generalmente asociadas con las teorías colectivistas, dado que aquellas siempre han sido específicas acerca de qué institución singular consideran como la comunidad global que abarca a todos los individuos y a todas las otras comunidades como sus partes. Ello se debe a que ven el carácter omniincluyente de su institución favorita justificando la aserción de que debiera tener autoridad suprema en la vida social humana. Las teorías individualistas, por otra parte, tienen la reputación de resistir a cualquier autoridad social omniincluyente. Debido a que consideran a los individuos como creadores de comunidades, y no al revés, los individualistas usualmente afirman que las personas tienen derechos que las exentan, de ciertos modos, de la autoridad de cualquier comunidad.[7] Pero meramente exentar a los individuos de ciertos tipos de autoridad nunca, por sí mismo, evitará que al menos algunas comunidades queden subsumidas como partes de otras. Así que, mientras que la mayoría de las teorías individualistas han exentado a los individuos de la autoridad comunitaria en ciertos respectos, aún así terminan subsumiendo a todas las otras comunidades bajo alguna comunidad suprema que supuestamente abarca y gobierna todas las demás. Así que nuestras preguntas son, desde luego, inevitables para toda teoría social por igual: ¿cómo podemos saber si una comunidad es realmente o no parte de otra? ¿Cómo podemos saber cuándo estamos confrontados con una genuina relación parte-todo y cuándo no lo estamos?

De acuerdo con nuestra teoría del marco nómico, podemos apelar ahora a la idea de función calificadora de cada cosa, junto con la red de leyes de aspecto y tipo, para responder esta pregunta. Pues es aparente que la teoría del marco nómico puede proporcionar nuevos entendimientos para determinar bajo qué condiciones existe una genuina relación parte-todo. Lo hace permitiéndonos hacer algunas distinciones importantes que muestran que muchas relaciones frecuentemente descritas como relaciones parte-todo en realidad no lo son.

Empezaremos aceptando la concepción defendida por Aristóteles de que una parte no puede existir separadamente del todo del cual es parte. El tipo de independencia que niega a las partes incluye dos elementos, a saber, que una parte debe participar en la organización interna y funcionamiento de un todo, y que no puede llegar a existir o no puede funcionar separadamente del todo. Desde luego, ninguna de estas dos condiciones, tomada por sí misma, es suficiente para identificar una genuina relación parte-todo. El hecho de que X es incapaz de existir o funcionar aparte de Y no hará que X sea parte de Y, pues hay relaciones todo-todo en las que uno o ambos no pueden existir sin el otro. Por ejemplo, un árbol es un todo individual que tiene sus propias partes internas, pero no puede llegar a existir o a funcionar separadamente de la tierra. No es, sin embargo, *parte* de la tierra. Del mismo modo, el que X funcione en la organización interna de Y no necesariamente convertirá a X en parte de Y. Una pequeña piedra puede funcionar en el aparato digestivo de un ave para ayudarle a moler su comida, pero aún así no es *parte* del ave. Pero, mientras que ninguna de estas condiciones puede por sí misma identificar una relación parte-todo genuina, se ha sostenido tradicionalmente que la combinación de las dos es suficiente para realizar la faena.

Debemos estar en desacuerdo. Hemos visto ahora que, aunque los humanos no pueden existir aparte de alguna comunidad, y aunque funcionan en la organización interna de las comunidades, no obstante no pueden ser considerados como meras partes de alguna comunidad. Los humanos son por lo tanto un contraejemplo decisivo a la concepción tradicional. Lo que necesita ser agregado a las condiciones tradicionales es que una cosa debe también *compartir la misma función cualificadora* con cualquier todo más grande si es que ha de ser genuinamente parte de ese todo. Así, los nuevos criterios necesarios para identificar relaciones parte-todo genuinas es que algo deba: (1) funcionar en la organización interna de un todo, (2) ser incapaz de llegar a existir o funcionar aparte del todo, y (3) debe tener la misma función calificadora que el todo, para ser verdaderamente parte de ese todo.

Esto nos muestra que en el habla ordinaria frecuentemente llamamos a una cosa parte de otra solamente porque satisface la condición dos desempeñando un papel en su organización o funcionamiento internos. Por ejemplo, es habla ordinaria decir que una gran roca en la esquina del jardín es parte del jardín. Pero incluso la tradicional teoría de las partes y los todos (la mereología tradicional) hubiera tenido que rechazar la roca como una parte genuina del jardín pues la roca puede existir independientemente del mismo. Nuestro nuevo concepto está de acuerdo con ese juicio, pero da la razón adicional de que la roca está físicamente cualificada mientras que el jardín está estéticamente cualificado. Aún así es verdadero que la roca está *incluida* en el jardín, desde luego, pero está incluida como un todo dentro de un todo más grande, más que como *parte* de un todo más grande. Lo mismo es verdadero de las plantas en el jardín que tampoco han de ser consideradas partes del mismo; las plantas son cosas naturales bióticamente cualificadas, mientras que jardín es un artefacto estéticamente cualificado.

Esto nos conduce a extraer una nueva distinción más, a saber, que siempre que una cosa funcione dentro de otro todo más grande, pero incumpla con cualquiera de los tres criterios para ser parte de ese otro todo, la llamaremos un *subtodo* en vez de una parte del otro. Y hablaremos de los todos más grandes que incluyen sus todos como "encapsulándolos", así que llamaremos a los todos más grandes "todos cápsulas". Estos términos pretenden transmitir la noción de todos incluidos en un todo contenedor más grande, o cápsula, sin que en realidad sean partes del contenedor. Y ahora hablaremos de la relación de los subtodos con su todo cápsula como relaciones "encapsuladas" para distinguirlas de las relaciones parte-todo.[8]

Esta parte de nuestra teoría arroja resultados que van más allá de lo que es posible en la tradicional teoría de las partes y los todos. Para ilustrar esto, tome el ejemplo de un artefacto (no social), tal como una escultura de mármol de un cuerpo humano. Una parte importante de nuestra explicación de la naturaleza de la escultura será provista por su función fundante (la cualificación histórica del proceso de su formación), y por su función guía (la cualificación estética del plan que guía su formación). Pero, si se plantea la pregunta de cómo hemos de entender la relación del mármol con la obra de arte como un todo, sería imposible responderla en términos de parte a todo. Incluso según la concepción tradicional, el mármol no puede ser una parte de la escultura pues puede existir sin ella. Y, conforme a nuestro criterio, el mármol también tiene una cualificación de aspecto diferente (física) de la obra como un todo. Además, ¡no tiene mucho sentido hablar del mármol como funcionando en la organización interna de escultura! Pero nuestra idea de relaciones encapsuladas puede hacer la tarea de mucho mejor manera. De acuerdo con ella podemos decir que el mármol, como material natural del escultura, no es parte de la obra de arte sino que es un subtodo incluido dentro de un todo cápsula. Esto nos permite explicar el marcadamente nuevo todo producido al esculpirse el mármol, sin tener que decir que el mármol es parte de la escultura (cuando sus partes son obviamente su cabeza, brazos, piernas, torso, etcétera), o que ningún nuevo todo ha sido formado y que sigue siendo esencialmente meramente una pieza de mármol (como Aristóteles fue forzado a decir).[9]

Más aún, la relación del pedazo de mármol encapsulado con la escultura completa muestra otra característica que es típica entre subtodos y sus todos cápsula: ninguna cantidad de conocimiento de la naturaleza de los subtodos existentes dentro de un todo cápsula puede proporcionar conocimiento de la naturaleza del todo cápsula. Esto se debe precisamente a que tienen diferentes naturalezas debido al hecho de que sus funciones cualificadoras son diferentes. En este ejemplo, ello significa que saber toda la física que hay que saber acerca del mármol nunca arrojará información alguna acerca de la escultura como obra de arte.

La distinción entre parte-todo y relaciones cápsula también se aplica a cosas naturales, al igual que a los artefactos, y considerar unos cuantos ejemplos de esto puede ayudar a aclarar la diferencia entre ellos. Considere, por ejemplo, la relación que guardan los átomos de una planta con la planta como un todo. Los átomos seguramente funcionan en la organización interna de la planta. Pero, como los átomos de todo elemento químico existieron antes de que la vida siquiera surgiera sobre la tierra, y como los átomos no se destruyen cuando la planta se destruye, no hay duda de que los átomos pueden existir separadamente de la planta. Más aún, los átomos tienen solamente una función cualificadora física, mientras que la planta excede la función física al tener una función cualificadora biológica. Los átomos no son, por lo tanto, partes de la planta, sino que se hallan en la relación de ser subtodos de un todo cápsula. En contraste, la relación de las células de la planta con la planta como un todo es una relación parte-todo. Las células funcionan en la organización interna de la planta, no pueden llegar a ser o continuar funcionando (por mucho tiempo) aparte de la planta, y tienen la misma función calificadora (biológica) que la planta.

Sin embargo, la relación de los átomos con una molécula sería una relación cápsula. Por ejemplo, los átomos de hidrógeno y oxígeno no pueden ser partes de la molécula H_2O, aun cuando funcionan en su organización interna y tienen la misma función cualificadora física. Esto se debe a que pueden existir y funcionar independientemente de que estén combinados en ella. Así que este es un caso más de una relación cápsula. Y, al igual que con otras relaciones cápsula, las propiedades del todo no pueden ser deducidas de las de sus subtodos.

En todo caso que podamos pensar, los subtodos que están vinculados en un todo cápsula retienen su propia identidad porque, considerados aparte de su encapsulamiento, su función calificadora sigue siendo la misma. Pero, cuando son incluidos en un todo cápsula, sus propias funciones cualificadoras son anuladas por las del todo cápsula. Esto es, los subtodos existen y funcionan dentro de un todo que tiene propiedades y una función guía que ninguno de ellos posee por sí solo pero a la cual cada uno ahora sirve. Por esta razón (y otras), los subtodos no pueden ser considerados como *causas* de los todos cápsula en los cuales están ligados. Son condiciones necesarias para tales todos, pero no son condiciones suficientes para ellos. El factor adicional necesario para dar cuenta de los todos cápsula es, decimos, que son hechos posibles por una segunda clase de ley tipo. Así que, además de postular leyes tipo que recorren los aspectos para determinar cómo pueden combinarse propiedades de diferentes aspectos en cosas individuales compuestas de partes, también postulamos leyes tipo para explicar cómo puede haber todos compuestos de subtodos que tienen la misma cualificación o una diferente.

Esta contribución al entendimiento de las relaciones parte/ todo, como distinta de las relaciones todo/subtodo, puede ser aplicada ahora a las comunidades sociales. Una comunidad social será parte de otra si, y sólo si, no puede llegar a existir o a funcionar sin la otra, funciona en la organización interna de la otra, y tiene la misma función guía que la otra. De otra manera, no importa cuánto pueda una comunidad estar bajo la influencia (o incluso bajo el completo control) de otra, no es parte de ella. Del mismo modo, una comunidad es un subtodo encapsulado dentro de otro cuando (1) funciona en la organización interna del otro y (2) carece de propiedades poseídas por el todo más grande, aun cuando (3) podría existir aparte del todo más grande.

Cuando se aplican esas definiciones a las comunidades sociales, los resultados son muy importantes. Pues nuestros criterios muestran que, mientras que hay casos en los que una comunidad es en realidad parte de otra, *los tipos principales de instituciones y organizaciones sociales no pueden ser partes uno del otro*. Una corporación, por ejemplo, puede tener dentro de ella divisiones separadamente organizadas o compañías subsidiarias, que son en realidad partes de ella. Y un estado puede tener partes tales como provincias, condados, departamentos, estados, municipios, distritos y villas. El ejército nacional y las cortes también son partes del estado. Pero un negocio nunca puede ser *parte* de un estado. Los dos tienen funciones guía diferentes y, por lo tanto, diferentes naturalezas y propósitos estructurales. Más aún, su principio organizador interno (ley tipo) también es diferente, de modo que son irreductiblemente tipos diferentes de comunidades sociales.

Lo mismo vale para las relaciones entre una familia y un estado. Una familia tiene una función guía característica (ética) y está estructurada por una ley tipo distinta. Puede existir y funcionar donde no hay un estado. Así, aun cuando exista dentro del territorio gobernado por un estado particular, una familia nunca puede ser una de las partes de ese estado. Una demostración de esto es que cada miembro de una familia puede ser al mismo tiempo ciudadano de un estado diferente, lo cual sería imposible si la familia fuese parte del estado. De modo similar, una iglesia, sinagoga o mezquita nunca puede ser parte de un estado o de un negocio, o de una familia, así como ninguno de ellos puede ser parte de una institución religiosa. Todas estas instituciones y organizaciones se hallan en relaciones todo-todo entre sí, no en relaciones parte-todo.

Pero no solamente no son partes de alguna institución las instituciones y organizaciones principales de la sociedad; tampoco son subtodos encapsulados de alguna comunidad global. ¿Cuál sería ese todo cápsula? El candidato más frecuentemente nominado es el estado, pero, si el estado fuese realmente omniincluyente, cada uno de los subtodos encapsulados vería entonces su función guía anulada por la función guía diquética del estado. Esto significa que las comunidades encapsuladas dejarían de funcionar de los diferentes modos que corresponden a sus propósitos estructurales característicos. En vez de ello todas serían absorbidas por el propósito de legislar y poner en vigor la justicia pública, y no quedarían comunidades que lograran los propósitos de ganarse la vida, producir arte, educar a la siguiente generación o expresar la fe. La tesis es simple pero crucial: o tenemos comunidades distintas o no las tenemos, y ninguna comunidad puede retener su propósito estructural característico mientras que al mismo tiempo funciona como un subtodo dentro de otra comunidad omniincluyente. Por esta razón consideramos que las ideas de una empresa estatal, de una iglesia estatal o de una escuela estatal son tan incoherentes como la idea de una familia estatal. En la medida en que una organización o institución es una iglesia, una escuela o un negocio, precisamente no es un estado y viceversa. Desde luego, un estado puede elegir apoyar otra comunidad como una escuela, del mismo modo que una iglesia, sindicato, fundación, negocio o familia puede apoyar una escuela. Pero en cada caso ese apoyo sería proporcionado bajo el reconocimiento de que una escuela tiene una naturaleza distinta de las comunidades que la apoyan, de manera que su propia autoridad interna no debiera ser asimilada a la de ninguna organización que la apoye.

12.5. Soberanía en su propia esfera

Esos resultados de nuestra teoría del marco nómico, por lo tanto, nos conducen a rechazar cualquier concepción jerárquica de la sociedad como un todo. Hay, inevitablemente, jerarquías dentro de las comunidades; pero rechazamos toda noción de una jerarquía "global" que abarque al todo de la sociedad.[10] Esto es así ya sea que se piense la jerarquía como teniendo muchos niveles, o simplemente como la diferencia entre la institución suprema omniincluyente y las comunidades que supuestamente subsume. Como las naturalezas características de las comunidades sociales muestran cuán raras veces puede ser una de ellas parte o subtodo de otra, somos conducidos a una concepción estructuralmente pluralista de la sociedad. Este pluralismo replica, dentro del aspecto social, el mismo tipo de pluralismo irreductible que tiene lugar entre los aspectos de nuestra teoría de la realidad: así como ningún aspecto es más real que otro, o es fuente del mismo, así también hay "esferas" irreductibles de la vida social, ninguna de las cuales es más real que cualquier otra, o fuente de cualquier otra. Por ende, también vemos a los diferentes tipos de autoridad que se encuentran en las diferentes comunidades como irreductibles y complementarios, en vez de como derivados de una fuente omniincluyente. Por lo tanto, conforme a esta concepción, no hay ninguna institución que pueda legítimamente reclamar suprema autoridad para la totalidad de la vida humana. En vez de ello, cada tipo de comunidad es visto como teniendo no solamente un propósito estructural característico, determinado por su función guía, y una característica organización interna establecida por su ley tipo, sino también su propio tipo característico de autoridad. Eso significa que cada una debe disfrutar una soberanía en su propia esfera social que le garantice su libertad de interferencia por otras comunidades por lo que concierne a sus operaciones internas, de tal modo que cada una sea libre de elaborar sus propias reglas de operación al decidir cuál es la mejor manera de cumplir su propósito estructural . Este es el principio que Abraham Kuyper elaboró hacia el final del siglo XIX, el principio que llamó "soberanía en su propia esfera".[11]

Es importante para el carácter cristiano teísta de este principio que Kuyper derivó su formulación del mismo no a partir de una teoría de la realidad, sino partir de la Escritura. Observó que el Nuevo Testamento no solamente enseña que toda autoridad sobre la tierra se deriva de Dios, sino también que reconoce múltiples autoridades sobre la tierra en vez de una autoridad suprema. Las Escrituras hebreas ya sugerían esto por el modo en que los profetas de Israel veían a la autoridad de su rey como limitada, más que como total. Pero esta observación aparece aún más fuertemente cuando el Nuevo Testamento habla de los padres como autoridades en una familia, de los oficiales del gobierno como autoridades en el estado, y de la clerecía como autoridades en la Iglesia. Al desarrollar esta línea de pensamiento, Kuyper estaba continuando una tradición que había tomado su ímpetu desde el pensamiento de Calvino , quien mucho antes había comentado sobre los diferentes llamamientos de la vida y las autoridades limitadas propios a cada uno:

Y para que ninguno pase temerariamente sus límites [de autoridad], ha llamado a tales maneras de vivir, vocaciones. Cada uno, pues, debe atenerse a
su manera de vivir, como si fuera una estancia en la que el Señor lo ha co-
locado. ... [por ende] El magistrado se dedicará al desempeño de su cargo
con mejor voluntad. El padre de familia se esforzará por cumplir sus deberes. ... no hay obra alguna tan humilde y tan baja, que no resplandezca ante
Dios, y sea muy preciosa en su presencia, con tal que con ella sirvamos a
nuestra vocación. (*Institución*, III, 10, 6.)

El principio social de la soberanía en su propia esfera es, así, otro ejemplo que
muestra que nuestra teoría está siendo guiada no solamente por una concepción
no reduccionista de la realidad, como lo requiere el teísmo, sino también por
enseñanzas Escriturales específicas que alcanzan su enunciación más clara en el
Nuevo Testamento.

Debiera enfatizarse ya, sin embargo, que este principio no es meramente negativo. No significa solamente que hay límites externos a la autoridad de cada
comunidad característica que por lo tanto levante un "muro de separación" entre
sus esferas de autoridad. Como los límites negativos mismos son establecidos
por la naturaleza interna de cada comunidad, el principio también tiene la meta
positiva de permitir que cada una cumpla con su propósito estructural característico. Tampoco es la soberanía en su propia esfera simplemente un consejo
práctico que dijera: a menos que se reconozca el carácter y los propósitos pecu-
liares de las comunidades, habrá lucha entre ellas en cualquier sociedad dada.
Tampoco se trata de permitirle a cada una un nicho de no interferencia porque,
digamos, se ha encontrado frecuentemente que los negocios o el arte florecen
cuando ello se hace. Más bien, las delimitaciones de esfera de la autoridad de
cada tipo de comunidad son establecidas por la naturaleza de su tipo, de manera que rebasar aquellos límites siempre resulta dañino a la comunidad que los
rebasa así como a las otras comunidades en que interfiere.

La idea de soberanía en su propia esfera servirá ahora como el principio guía
para nuestra concepción general acerca de cómo todas las comunidades de la
sociedad debieran relacionarse entre sí. En cada paso, nuestra teoría buscará reflejar la creencia de que hay esferas de la vida social mutuamente irreductibles y
no obstante inseparables. Las diferentes comunidades que corresponden a estas
esferas serán asimismo vistas como siendo mutuamente irreductibles e inseparables, porque surgen de diferentes necesidades, habilidades y preocupaciones
humanas que están cualificadas por aspectos diversos. Por ejemplo, todos tene-

mos preocupaciones acerca de nuestra seguridad física, de nuestras necesidades bióticas tales como alimentación y vivienda, y acerca de nuestra percepción sensorial del mundo que nos rodea, incluyendo evitar el dolor y disfrutar del placer. Frecuentemente las ciencias que estudian estos aspectos, los cuales se hallaban más abajo en nuestra lista, son llamadas "ciencias naturales", mientras que las ciencias que investigan los aspectos más altos de nuestra lista, tales como la sociología y la economía, son llamadas "ciencias sociales". Pero es importante observar que las preocupaciones relativas a los diferentes aspectos estudiados por las ciencias sociales son también todas "naturales"; esto es, aunque los modos en que respondemos a estas preocupaciones se hallan bajo nuestro control formativo, las preocupaciones mínimas reflejan los modos en que la naturaleza humana fue creada por Dios más que modos que hayan sido mayoritariamente inventados por nosotros.

Por ejemplo, debido al orden de la creación, todos los humanos inevitablemente tienen un interés natural en los asuntos sociales (en el sentido más estrecho de "social") que resulta en el desarrollo de estilos de vestir, niveles de estatus social, costumbres de cortesía, etcétera. También tienen preocupaciones económicas centradas en ganarse la vida, y todos expresan sus necesidades o habilidades estéticas mediante la creación o el disfrute del arte y los deportes. Del mismo modo, todas las personas están preocupadas por la justicia, el amor, la educación de sus hijos y el ejercicio de su fe. Sostenemos que, como estos aspectos de la vida son naturales, ninguna persona puede suprimirlos enteramente. Más bien, están tan generalizados y son tan importantes para la vida humana que las personas inevitablemente forman comunidades para promoverlos y protegerlos.[12] Al mismo tiempo, sin embargo, debiera quedar claro que las esferas de soberanía social de las que estoy hablando no corresponden a diferentes grupos de personas. Nadie puede dejar de estar preocupado con cualquier esfera, sean miembros de una comunidad dedicada a su interés o no. Y las mismas personas que son miembros de una comunidad tal (digamos, un estado) también son usualmente miembros de otras: por ejemplo, empleados de un negocio, miembros de una sinagoga, iglesia o mezquita, participantes en un partido político, estudiantes de una escuela, etcétera.

Para clarificar todavía más la visión general proporcionada por nuestro principio de soberanía en su propia esfera, regresemos a la idea de autoridad en la sociedad y apliquémosle el principio. Este enfoque nos permitirá ver cómo el principio de soberanía en su propia esfera responde a las preguntas: ¿con qué autoridad una persona (o grupo de ellas) hacen leyes que le dicen a otros qué pueden y qué no pueden hacer, y de dónde proviene tal autoridad?

Ha habido muchas respuestas a estas preguntas. Una de las más influyentes respuestas fue la teoría de Aristóteles de que la naturaleza de la autoridad se encuentra en la racionalidad y en la virtud. Aquellos que tengan más inteligencia y sean éticamente virtuosos debieran por lo tanto gobernar al resto. Otra respuesta enormemente influyente, propuesta por Marx, es que la autoridad para gobernar reside en la propiedad económica. Esto significa que aquellos que tienen la riqueza y poseen los medios de producción de los artículos necesarios para la vida no solamente inevitablemente habrán de gobernar el estado, el cual debiera a su vez gobernar todas las otras comunidades (mientras llega a existir la sociedad comunista), sino que *deberían* hacerlo. Otra concepción más es la de la monarquía, la cual sostiene que la autoridad se hereda biológicamente. Conforme a esta concepción, una persona tiene el derecho de decirle a otras qué hacer porque esa persona es el pariente más cercano de la última persona que tuvo esa autoridad. Una teoría más es la de que es el poder militar el que es idéntico a la autoridad, de manera que el poder hace el derecho. Otras teorías siguen a Rousseau concediendo la autoridad a las voluntades de las personas, dando a la voluntad de la mayoría, o a la "voluntad general", el derecho a gobernar.

En todas estas teorías la naturaleza de la autoridad se identifica con alguna función humana particular: razonar, hacer juicios morales, producir bienes y servicios, reproducirse, ejercer fuerza militar, o actos de volición. Cada una de estas es, por lo tanto, una respuesta a la pregunta acerca de la *naturaleza* de la autoridad, y cada una identifica esa naturaleza con un aspecto particular de los humanos o con la voluntad humana. Es así que afirman que la autoridad es de un carácter fundamentalmente racional, o moral, o económico, o biológico, o volitivo. Una vez que esto se hace, sin embargo, se ha decidido también la cuestión del *origen* de la autoridad. En cada caso serán las personas que sobresalgan en esa función particular de la naturaleza humana que sea el origen de la autoridad los que, por lo tanto, debieran ejercerla sobre la totalidad de la vida humana. Por ejemplo, supóngase que se piensa que la naturaleza básica de toda autoridad reside en la voluntad de la mayoría. En ese caso puede haber aún otros tipos de autoridades en una sociedad, tales como la autoridad de los padres en una familia, de un maestro en una escuela o del dueño de un negocio. Pero en última instancia estos otros existirán solamente porque la voluntad de la mayoría se lo permite. Deben ser vistos como autoridades subsidiarias derivadas de la autoridad fundamental.

iglesia   escuela   orquesta
compañía de danza   orfanatorio   sinagoga   asilo
mezquita   museo   teatro   negocio   hospital   templo
liga de boliche   parttido político   familia   club de cartas
matrimonio   fundación de beneficencia   barra de abogado
sindicato   peña de fútbol

Figura 7

En las teorías del pasado, la comunidad que se suponía tenía el tipo de autoridad básico para todos los otros tipos de autoridad era vista como la comunidad que incluyera las otras como sus partes. En la historia de la cultura occidental ha sido el estado la institución a la que más frecuentemente se le ha otorgado ese estatus, tanto en la teoría como en la práctica, —y esto sigue siendo verdadero. Pero, no importa a qué comunidad le asigne una teoría este papel, la visión de autoridad que presupone es reduccionista, y la concepción de la sociedad que resulta es jerárquica y literalmente *totalitaria*. Pues, cualquiera que sea la comunidad que es supuestamente el origen de toda autoridad, es con ello tomada como teniendo a todas las otras comunidades sociales bajo su autoridad *en todos sus aspectos*, y así siendo suprema sobre la totalidad de la vida humana.

Tampoco las teorías individualistas pueden evitar este resultado totalitario una vez que aceptan que la naturaleza de toda autoridad reside en una función humana particular y consecuentemente en una institución particular. Pues, si la autoridad de todas las otras comunidades es considerada como derivada de alguna en particular que es tomada como autoridad suprema, es inevitable que las otras comunidades sean vistas como partes o subtodos de esa comunidad suprema. Como hemos visto, las teorías individualistas tratan de evitar el totalitarismo encontrando algunos respectos en los que los individuos son exentados de la autoridad de la institución suprema. Pero, una vez que una comunidad particular es considerada como encarnando una autoridad que es básica a todos los otros tipos, se vuelve no solamente difícil encontrar tales excepciones en la teoría sino imposible obtenerlas en la práctica.

El enunciado clásico de la teoría de que el estado es esta comunidad con autoridad suprema omniincluyente se encuentra en la *Política* de Aristóteles:

> Puesto que vemos que toda ciudad es una cierta comunidad y que toda comunidad está constituida con miras a algún bien (porque en vista de lo que les parece bueno todos obran en todos sus actos), es evidente que todas tienden a un cierto bien, pero sobre todo tiende al supremo la soberana entre todas y que incluye a todas las demás. Ésta es la llamada ciudad y comunidad cívica. (*Política*, 1252a1.)

El dibujo esquemático de la figura 7 puede ayudar a representar la visión general jerárquica, y por ende totalitaria, de la sociedad expresada por la cita, como se aplica a la sociedad moderna.

Se ha señalado ya cómo el ver la autoridad como derivada de Dios se opone a toda teoría totalitaria de la sociedad. Y vimos que la Escritura apoya explícitamente la idea de que hay una multiplicidad de autoridades, tales como padres en una familia, el dueño de un negocio, los poderes gobernantes del estado y la clerecía en una institución religiosa. Extrajimos la implicación a partir de esto de que ningún tipo de autoridad es el único tipo, el origen de todos los otros tipos o suprema sobre ellos. Pero hay otra consecuencia importante que también debe ser extraída, a saber, que nunca puede ser correcto desafiar una autoridad legítima, pues tiene su origen en Dios, no en los humanos. Ningún individuo o grupo, incluyendo la voluntad de la mayoría, es el origen o creador de autoridad. Los humanos no crean la autoridad, sino que son investidos con ella. Así que, mientras que el voto de la mayoría puede desde luego ser la mejor manera de seleccionar a aquellos que han de ostentar la autoridad en el estado, el voto no crea la autoridad con la cual el elegido llega a ser investido. Conforme a la concepción cristiana teísta, entonces, podemos llegar a considerar a los portadores de autoridad como indignos y buscar reemplazarlos con otros portadores de autoridad (los portadores de autoridad en el estado pueden ser impugnados o destituidos, por ejemplo, o el estado puede tener que quitar los niños a los padres abusivos). Pero nunca se puede legítimamente faltarle el respeto a la autoridad.

He aquí unos cuantos ejemplos adicionales de los resultados que se derivan de una concepción pluralista tal de la autoridad y de las comunidades sociales. Los dueños de un negocio ejercerán propiamente autoridad sobre el mismo por virtud de ser sus propietarios. Pero ello se debe a que un negocio es una organización económicamente cualificada y así tiene una autoridad económicamente cualificada. La autoridad de los padres sobre los menores de edad en una familia, en contraste, no se deriva del hecho de que sean propietarios del hogar en el que vive la familia o incluso del hecho de que mantengan económicamente a los niños. Reside en la relación éticamente cualificada que existe entre padre e hijo por virtud del modo en que Dios ha creado a los humanos. Esto es, su autoridad está cualificada por el amor. Así que, incluso si una familia no es mantenida por los padres, sino que subsiste por la seguridad social, la autoridad de los padres queda normativamente intacta. Por otro lado, una escuela es una organización lógicamente cualificada. Mediante la educación, los conceptos de nosotros mismos y del mundo que nos rodea son expandidos, enriquecidos, corregidos, etcétera. Así que la autoridad en una escuela es una autoridad basada sobre la competencia en el conocimiento; pertenece a aquellos que son expertos en los conceptos de los tópicos a ser enseñados. El estado, también, tiene su propio tipo característico de autoridad, una autoridad cualificada por la justicia —más específicamente, la justicia *pública*.[13] Su habilidad para hacer justicia debe extenderse a la totalidad de lo público, desde luego dentro de su territorio. No obstante, su autoridad está limitada solamente a un aspecto del espacio público. Y déjeseme enfatizar que es precisamente porque la justicia es un aspecto de todos los individuos y comunidades que el estado no necesita subsumirlos todos como sus partes para ejercer su autoridad propia con respecto a ellos. En otras palabras, la autoridad estatal no necesita ser elevada por encima de todas las otras con la excusa de que necesita autoridad totalitaria para garantizar la justicia a todos los individuos y comunidades. Más aún, donde se le da una suerte de autoridad totalitaria a un estado, sus terribles consecuencias no pueden ser evitadas convirtiendo al estado en una democracia. Pues, una vez que se cree que el estado tiene una autoridad ilimitada y primordial, importará poco si su autoridad es otorgada a una persona, a un grupo gobernante o a todos sus ciudadanos.

Vale la pena detenerse en la última observación por un momento porque frecuentemente se habla como si la democracia por sí misma fuese una forma de gobierno suficiente para garantizar los derechos y las libertades que las personas quieren proteger. No lo es. Simplemente dar el voto a todo mundo no garantiza un solo derecho o libertad. A menos que se vea la autoridad del gobierno como limitada en principio, la democracia solamente garantizará una tiranía de la mayoría peor que la de cualquier dictador singular (incluso con métodos de vigilancia modernos es difícil que un dictador lleve un registro de lo que todo mundo está siendo, ¡pero siempre estamos rodeados por la mayoría!). Lo que se necesita para garantizar los derechos y las libertades humanas es la idea de un estado *limitado*: un estado restringido en cuanto a las leyes que puede hacer, de manera que haya límites a su competencia legal. Y es precisamente en este asunto que nuestros principios cristianos teístas nos pueden guiar. En primer lugar, nos liberan de toda concepción reduccionista de la naturaleza y de la sociedad humanas. Nos permiten analizar la verdadera naturaleza del estado como institución social y determinar sus propios límites tal y como están establecidos por su propia naturaleza. Conforme a esta concepción, el estado está por lo tanto limitado no meramente por aquello en lo que puede salirse con la suya, o solamente por la regla de que no puede interferir con la libertad religiosa. Más bien, está limitado por su propia función guía como está establecida por el marco nómico de la creación. Por esas razones no es demasiado decir que los derechos y las libertades se definen y se preservan mejor donde prevalece la idea de soberanía en su propia esfera, aunque el estado esté gobernado por un rey, que donde el gobierno es una democracia que opera sin la creencia de que su autoridad está limitada a una esfera social específica.[14]

A veces se sugiere que se puede evitar el totalitarismo si simplemente limitamos la autoridad del estado diciendo que no debe interferir en los asuntos *internos* de otras comunidades. De este modo se supone que no tendríamos que involucrarnos con algo tan complicado como una teoría de las esferas sociales irreductibles. De acuerdo con esta directriz, el estado podría regular todas las relaciones externas entre las comunidades, en tanto que no interfiriese con sus operaciones internas. Esta propuesta no es solamente errónea, sino absurda. Los asuntos internos de una comunidad nunca pueden estar exentos de la autoridad del estado por lo que concierne a la justicia pública. No es verdad, por ejemplo, que el estado no debiera de perseguir el delito que tiene lugar dentro de una familia o iglesia. Siempre que las acciones de cualquier individuo o comunidad violan el orden de la justicia pública, caen dentro del ámbito en que el estado puede ejercer propiamente su autoridad. Y por la misma razón el estado no puede propiamente regular todo aspecto de la vida pública externa. Así que la distinción interno *versus* externo es inútil tanto para distinguir lo que es propio del estado como para evitar un estado totalitario. Sólo el reconocimiento de las diferencias de aspecto entre las distintas esferas sociales puede hacer eso.

De hecho, nuestra teoría del marco nómico puede ser llevada ahora un paso adelante. De acuerdo con ella, debemos reconocer no solamente las diferencias de autoridad en las comunidades en tanto que están cualificadas por las diferentes esferas, sino también como existen en comunidades de tipos distintos. Incluso comunidades que tienen la misma cualificación de aspecto, y funcionan dentro de la misma esfera social, pueden mostrar variaciones en el estructuramiento y ejercicio del mismo tipo de autoridad aspectual. El matrimonio y la familia por ejemplo, tienen ambos el aspecto ético del amor como su función guía, pero no son las únicas comunidades que están éticamente cualificadas. Un orfanatorio o una casa de ancianos están también guiados por la norma ética del amor. No obstante, la autoridad con la que las últimas organizaciones están gobernadas no está estructurada ni es ejercitada del mismo modo que la autoridad en un matrimonio o familia. Esto se debe a que, aunque tienen la misma función guía ética, son comunidades de tipos estructurales diferentes. La delimitación de las autoridades que avizora nuestro principio de la soberanía en su propia esfera, por lo tanto, sólo *empieza* asignando a cada comunidad una esfera social de operación conforme es ulteriormente cualificada por su función guía. Por añadidura, variaciones en los tipos de autoridades también deben ser reconocidas dentro de la misma esfera. Así, mientras que el principio de soberanía en su propia esfera descarta la interferencia de una comunidad social en los asuntos de otra cuando cada una tiene una esfera cualificadora diferente, el concepto de ley tipo extiende la misma no interferencia mutua a comunidades que tienen un tipo distinto de autoridadautoridad—seeconcepción cristiana teísta incluso dentro de la misma esfera.

Debe haber quedado abundantemente claro a estas alturas por qué nuestro dicho de que solamente Dios tiene autoridad suprema, y de que toda autoridad proviene en última instancia de Dios, no ha de confundirse con algún tipo de teocracia. No significa que Dios mismo debiera gobernar el estado, o los negocios, o las escuelas o las familias. Dios es la fuente de autoridad en nuestra vida social a través del modo en que ha creado a los humanos y el mundo. Por un lado, esto significa que hay una necesidad natural tal de autoridad implantada en la naturaleza humana que, si se destruyesen las autoridades establecidas, las personas inevitablemente establecerían otras nuevas. Por otro lado, también significa que los tipos de autoridades que las personas necesitan y reconocen corresponden a las diferentes esferas de la vida humana. Así que, así como nos oponemos a la noción de que la dependencia de la creación en Dios está mediada a través de uno o dos de sus aspectos, así también nos oponemos a la idea de que Dios ha canalizado su autoridad a toda la creación a través de una o dos instituciones tales como la iglesia o el estado. Cada tipo de autoridad que existe en las diferentes esferas de la vida depende directamente de Dios y ninguna se deriva de alguna otra. Conforme a nuestra concepción, entonces, *no hay una sola institución o autoridad social que sea suprema sobre todo el resto*, y asignar tal estatus a cualquier comunidad es hacer que usurpe un estatus que le pertenece solamente a Dios.

Figura 8

Cité anteriormente a Juan Calvino en conexión con la idea de un estado limitado basado en múltiples autoridades, así que parece apropiado que también reconozca la deuda que tenemos con él por las conclusiones del último párrafo. Las ideas enunciadas ahí fueron claramente reconocidas por él en el siglo XVI, especialmente con respecto a la relación entre el estado y la iglesia. En su día había habido ya siglos de argumentos (y luchas) acerca de si la iglesia o el estado era la autoridad suprema en la sociedad. Calvino no se inclinó a ninguno de los dos lados. En vez de ello, su posición fue que, mientras que algunos asuntos de la vida caían bajo la jurisdicción del estado, y otros eran asuntos de la iglesia, *la mayor parte de la vida* no debía ser regulada por ninguno de los dos.[15] Esta idea de esferas distintas y limitadas de autoridad para cada institución fue una de las presuposiciones motivadoras de muchos de los grandes cambios en los gobiernos de Europa y de Norteamérica en los dos siglos después de Calvino. Fue también la base de la doctrina de que tanto los individuos como las comunidades tienen derechos relativos al estado como contrapartes a los límites de la autoridad de los gobiernos. Por ejemplo, proveyó a los puritanos ingleses con su justificación para exigir libertad de prensa y libertad de religión.[16] Y fue a partir de esa influencia que Thomas Jefferson derivó la idea que (distorsionadamente) llamó "un muro de separación entre la iglesia y el estado". Digo "distorsionadamente" pues no es posible separar completamente ningún par de comunidades, aunque la autoridad de cada una de ellas puede estar limitada a su propia esfera. De hecho, el trasfondo calvinista de muchas de las ideas expresadas en la declaración de independencia de los Estados Unidos era tan obvia para Jorge III de Inglaterra que, cuando la leyó por primera vez, se reporta que exclamó: "¡las iglesias calvinistas de las colonias se han vuelto locas!".

No puede haber un solo esquema para representar la concepción de la sociedad en términos del concepto de soberanía en su propia esfera, porque no puede ser transmitida en un diagrama bidimensional. Para remediar esto, ofreceré dos dibujos. El primero, la figura 8, representa el funcionamiento de un individuo en varios aspectos normativos que corresponden a las esferas sociales que cualifican las funciones guía de las comunidades designadas con el nombre de ellas. En este esquema, el centro del círculo representa una persona individual. Cada individuo tiene todos los aspectos de su vida social que son designados por los segmentos del círculo, ya sea que participen activamente en las comunidades correspondientes o no. Fuera de cada segmento son nombradas (algunas de) las comunidades que son cualificadas por ese aspecto, comunidades que las personas forman para expresar, promover y proteger las ocupaciones de la vida que ese aspecto cualifica.

El segundo dibujo (figura 9) representa una concepción de las varias comunidades sociales que abarca varios aspectos, desde sus funciones fundantes hasta sus funciones guía, de acuerdo con sus leyes tipo.

Como debiera ser evidente incluso partir de este breve bosquejo, nuestra teoría social quiere tomar en cuenta todas las comunidades sociales. Así como la teoría del marco nómico de la realidad intenta dar una explicación de la naturaleza de todo, desde un átomo hasta una comunidad, pasando por una escultura, así su aplicación a una teoría de la sociedad no quiere dejar fuera ninguna comunidad social. En este respecto, contrasta favorablemente con aquellas teorías que se confinan solamente a la relación del individuo con el gobierno, como lo hicieron Locke y los padres fundadores de los Estados Unidos. Muchas teorías modernas no lo hacen mucho mejor, expandiendo su alcance a incluir a lo sumo las relaciones de familia, gobierno, iglesia y negocios. En consecuencia, malinterpretan la naturaleza de comunidades tales como las escuelas, las organizaciones artísticas, los sindicatos, los partidos políticos y las organizaciones de caridad, ya sea su sumiéndolas bajo el estado o considerándolas como negocios. Tales malos entendidos distorsionan las mismas naturalezas de estas comunidades, y hacen mucho daño su funcionamiento efectivo.

El siguiente capítulo bosquejará una teoría del estado guiada tanto por la teoría del marco nómico como por el principio de soberanía en su propia esfera. En él ilustraré aún más el concepto de ley tipo, para así llegar a una explicación más detallada de los deberes y límites del estado basado en una explicación más completa de su naturaleza. Pero hay una pregunta concerniente al estado, la cual se plantea tan frecuentemente en conexión con el principio de la soberanía en su propia esfera que pienso que debiera ser respondida aquí y ahora. La cuestión es si la idea de no interferencia mutua entre las comunidades sociales no necesitaría a veces ser puesta en vigor, y si ello es así, si es el estado el que tendría que hacer eso. La pregunta tiene la intención de sugerir que pedir que el estado ponga en vigor limitaciones sobre sí mismo es tanto irónico como impráctico.

A pesar de la ironía, la respuesta a ambas preguntas es no obstante "sí". Esto es apropiado porque la soberanía en su propia esfera ha de actuar como un principio guía para nuestra idea de justicia, así que tendría que reflejarse en la legislación para que sus beneficios fuesen disfrutados. Según nuestra concepción, entonces, garantizar el carácter distintivo y la integridad de esfera de todos los tipos de comunidades es parte de la administración de la justicia pública que es el deber del estado. Esto no significa, sin embargo que el estado *sea el creador*

	familia	negocio	estado	iglesia o sinagoga
fiduciario				G
ético	G			
diquético			G	
estético				
económico		G		
social				
lingüístico				
histórico		F	F	F
lógico				
sensorial				
biótico	F			

F = función fundante
G = función guía

Figura 9

de los límites de esfera entre las comunidades. Significa que está llamado a observar y a poner en vigor tales límites en beneficio de todas las comunidades y sus miembros individuales. Por lo que concierne a la supuesta ironía involucrada en esto sólo puedo decir que, en toda nación en la que existe ahora un gobierno limitado con una seria preocupación por los derechos humanos, aquellos beneficios han llegado precisamente debido a que el estado se ha limitado a sí mismo. ¿De qué otra manera podría suceder? Así que, aunque la intención de la pregunta sea expresar escepticismo en cuanto a que aquellos con poder habrían de llegar a estar de acuerdo en legislar límites para el mismo, la pregunta en realidad sirve para resaltar el modo en que nuestras creencias acerca de la naturaleza de la vida social humana guían la elaboración de leyes. Donde las personas creen que la sociedad es una jerarquía y hay una persona o institución suprema, elaboran leyes para poner en vigor esa idea. En vez de ello, donde las personas creen que tanto los individuos como las comunidades tienen derechos y obligaciones la una hacia la otra, de manera que no hay una autoridad suprema, hacen leyes para poner en vigor esta otra idea. Y recordaré al escéptico un notable ejemplo de esto, a saber, que George Washington recibió dos veces poderes dictatoriales de emergencia por el Congreso de los Estados Unidos, pero voluntariamente los entregó en cada ocasión por propia iniciativa (como resultado, cuando Washington murió, su adversario, el rey Jorge III, lo llamó el hombre más grande del mundo, porque había poseído poder absoluto pero voluntariamente lo había abandonado).

Todo esto sirve para recordarnos que ninguna forma de gobierno por sí sola es suficiente para garantizar derechos y libertades, y que el factor crucial para el tipo de estado que tiene una nación es lo que su pueblo — incluyendo los oficiales del gobierno— cree. Si su sentido de la justicia y sus ideas de las comunidades sociales están guiadas por la idea de soberanía en su propia esfera entre distintos tipos de comunidades, en vez de por alguna versión de la idea totalitaria de la sociedad, entonces puede no tener los consecuentes beneficios de un estado limitado y de los derechos humanos. Pero, incluso entonces, ninguna forma particular para tal gobierno puede garantizar que el estado jamás habrá de hacer un mal uso de su poder.

Así que, a pesar de las muchas bendiciones sociales y diquéticas que hace posible la idea de soberanía en su propia esfera, no suponemos que resultaría en una utopía si se pusiese en práctica. Incluso si se cree ampliamente y se aplica rigurosamente, no podrá garantizar que jamás se cometerán errores en su aplicación o puesta en vigor, como tampoco haría que desaparecieran mágicamente el pecado humano, la criminalidad, la pobreza o la guerra. Todo lo que sostenemos es que los principios de nuestra teoría son la clave para entender las libertades, los derechos y las obligaciones propios que tienen las comunidades unas con respecto a las otras. Y también sostenemos que la idea correcta de estos límites intercomunales, derechos y libertades es precisamente lo que da lugar a delinear los derechos y libertades de los individuos en relación con las comunidades, y de los individuos en relación el uno con el otro.

CAPÍTULO 13

UNA TEORÍA NO REDUCCIONISTA DEL ESTADO

13.1. El proyecto de las teorías no reduccionistas

La concepción marconómica de la sociedad esbozada en el último capítulo puede ser aplicada ahora específicamente a la teoría política; esto es, a una teoría acerca de la institución del estado . Al referirnos a esta institución estaremos tratando principalmente del gobierno, pero no sólo del gobierno. Un gobierno es el cuerpo gobernante de un estado, como los padres son el cuerpo que gobierna en una familia, o el consejo de administración es el cuerpo que gobierna en un negocio. Pero así como hay en una familia algo más que los padres, y más en un negocio que el consejo de administración, hay más en un estado que su gobierno. La entera institución del estado incluye tanto al gobierno como a los ciudadanos, y puede ser definido como una comunidad política de ciudadanos organizada bajo un gobierno.

Hablar de "el estado" de este modo no debe inducir confusión por el hecho de que algunos de ellos son subdivididos en entidades que a veces son también llamadas —de un modo bastante confundente— "estados". La definición recién ofrecida, sin embargo, debiera ser suficiente para evitar que se confundan los dos significados, pues deja en claro que estaremos escudriñando comunidades políticas en su integridad y no meramente sus subdivisiones. Así que el término "estado", como habré de usarlo, no se referirá meramente a subdivisiones de una comunidad política tal como los estados[*] individuales que constituyen los Estados Unidos Mexicanos. Como usaré el término, hay un estado político en la nación mexicana.

A pesar del papel siempre creciente que el gobierno juega en la vida moderna, muchos de los que creen en Dios casi no pueden encontrar guía en su fe para su vida como ciudadanos. Pueden ver, por supuesto, que les enseña a exigir a los

---

[*] Llamados también "provincias", "distritos" o "departamentos" en los países de habla hispana. [Nota del traductor].

355

funcionarios públicos que sean honestos, que los insta a obedecer la ley. Pero estos puntos son más éticos que políticos y son demasiado elementales como para proveer alguna guía en la multitud de los difíciles asuntos sobre los que los creyentes en Dios deben decidir cuando votan como ciudadanos. Por ello veremos ahora de qué manera la teoría del marco nómico puede trazar una conexión más estrecha entre la creencia en Dios y algunos asuntos específicamente *políticos*. Con el objeto de ilustrar sus consecuencias, haré esto sugiriendo brevemente de qué manera los principios provistos por aquella teoría pueden ser aplicados a la naturaleza del estado y a unos cuantos tópicos selectos. Esto no significa que pueda desarrollar aquí una teoría política entera, en un corto capítulo. Al igual que en los dos capítulos previos, sólo puedo bosquejar un plano para la elaboración de tal teoría. Y por favor tengan presente que el principal propósito del capítulo no es ni siquiera proveer ese plano, sino clarificar los conceptos y principios de la teoría del marco nómico al aplicarlos de este modo. Por esa razón, me estaré refiriendo constantemente a los puntos ya ofrecidos en los dos capítulos previos, y estaré aplicándolos a lo que la teoría del marco nómico tiene que decir acerca de la naturaleza distintiva del estado.

Dooyeweerd observó en una ocasión: "quizá no haya otra . . . comunidad cuyo carácter haya dado lugar a una diversidad de opiniones tan caótica en la filosofía social moderna como el estado".[1] Prosiguió notando que no sólo en las teorías modernas, sino también en las antiguas, el entendimiento de la naturaleza del estado siempre ha girado en torno al asunto de la relación entre "poder" y "derecho". En otras palabras, un tema central en la teoría política ha sido siempre el de la relación apropiada entre el uso del poder por el estado y su deber de formular un orden de justicia pública. Al abordar los dos componentes de este asunto central, la teoría del marco nómico será ahora aplicada a la naturaleza del estado en dos partes: una concerniente al poder del estado y otra concerniente a la justicia en el estado.

13.2. La naturaleza del estado: ¿qué es?

Nuestra teoría viene a incidir en la naturaleza del estado desde varios ángulos. En primer lugar, nos da una norma para la sociedad —el principio de la soberanía en su propia esfera—,[*] que nos libera de estar restringidos a las dos opciones principales provistas por las teorías tradicionales: (1) el estado se halla en la cúspide de una jerarquía social, de modo que ejerce un control totalitario

---

[*] Traducción literal de la frase holandesa de Kuyper y Dooyeweerd: *souvereiniteit in eigen kring*. Abrevio la expresión como "soberanía de esfera". [Nota del traductor].

sobre todas las otras comunidades e individuos, o (2) el estado tiene un control totalitario sobre todas las otras comunidades pero no sobre los individuos. En segundo lugar, nuestra teoría nos conduce a buscar las funciones fundante y guía de una comunidad, las que conjuntamente la cualifican para dar la caracterización aspectual de su naturaleza. En tercer lugar, analizar la relación entre las funciones fundante y guía del estado es, en nuestra teoría, el modo de descubrir su ley tipo, la cual es el principio estructural para todos los estados. De este modo, un análisis de la ley tipo del estado puede arrojar un concepto aún más detallado de su naturaleza.

Hemos visto que la importancia básica del concepto de ley tipo es que niega que cualquier tipo de entidad —incluido el estado— sea infinitamente variable o completamente arbitrario. Una ley tipo es la explicación que da nuestra teoría de por qué nos resulta imposible cambiar algo del modo que deseemos al mismo tiempo que sigue siendo el mismo tipo de cosa. Puesto que sostenemos que hay una ley para cada tipo de cosa en la creación, entendemos que la organización general interna de las cosas de un tipo particular es algo permanente acerca de ese tipo. Debido a que las leyes tipo son interaspectuales, lo hacen relacionando las funciones fundante y guía en cada cosa de ese tipo, así como todas las otras propiedades que posee cada una. Interpretar la conexión típica de las funciones fundante y guía de una cosa, tal y como está garantizada por estas leyes de la creación, nos permite relacionar apropiadamente sus componentes internos e identificar las funciones que le son esenciales a ella y a todas las cosas del mismo tipo.

Pero aquí es pertinente un recordatorio: también vimos que, mientras que el análisis de una ley tipo puede ayudarnos a discernir los componentes que son esenciales a todas las cosas de un tipo particular, no garantiza que aquellos componentes estén siempre relacionados *exactamente* del modo que la ley nos muestra que es apropiado. Esto es porque las leyes tipo son (parcialmente) normativas. Es por ello que las cosas particulares se pueden conformar a su ley tipo en un grado mayor o menor, y de ese modo ser mejores o peores ejemplos de su tipo. Esto es verdadero de las cosas naturales que están cualificadas por aspectos normativos, tales como las plantas o los animales, así como de los artefactos. De hecho, una cosa puede estar severamente deformada, hasta que se alcanza el punto en que su varianza con respecto a su ley tipo es tan grande que deja de ser ese tipo de cosa completamente. Así que una ley tipo nos muestra no solamente los modos en que algo de un cierto tipo no puede dejar de ser (nos muestra sus propiedades y partes esenciales), sino también cómo debiera ser (la correcta relación entre sus partes). Por ejemplo, un matrimonio debe incluir esposos o no hay matrimonio, y una familia debe incluir padres e hijos. Pero las relaciones entre los socios de un matrimonio o los miembros de una familia pueden variar de tal manera que un matrimonio o familia es muy bueno mientras que otro es muy malo. Fue en esta conexión que observamos que las leyes tipo, por lo tanto, proveen de un orden a las criaturas que es parcialmente necesario y parcialmente normativo; parte de lo que determinan no puede ser desobedecido mientras que otra parte puede serlo. Abarcan un orden interaspectual que tanto impone los límites de posibilidad para un tipo de cosas como proveee un estándar para lo que las cosas de ese tipo debieran de ser.

En el caso del estado, entonces, analizar su ley tipo nos ayudará a entender los componentes que son inevitables en cualquier estado y también cómo debieran estar relacionados. No deben confundirse estas dos cosas. Esto es, no todas las relaciones que muestra como apropiadas han de entenderse como describiendo todos los estados reales, pasados o presentes, puesto que cualquier estado real puede poseer estas relaciones en grados variables.[2] Por ejemplo, encontrar que la ley tipo para el estado requiere que deba tener alguna organización de poder militar nunca justificará los abusos de este poder por ningún estado real. Por el contrario, la función guía diquética que está relacionada con el poder militar por la ley tipo es la norma por la que puede juzgarse cualquier ejercicio real del poder en cualquier estado.

A. El poder del estado

De acuerdo con la teoría marconómica de la sociedad, la naturaleza de la institución estatal está cualificada por una correlación entre una función histórica fundante y una función guía diquética. Esto significa que, por una parte, el estado es producto de la formación cultural humana conducida por normas históricas, mientras que por la otra su actividad en la sociedad es conducida por la norma de justicia. Su función guía, diquética, es lo mismo que lo que he llamado previamente su propósito estructural. Para el estado, este propósito puede circunscribirse como la promoción y el logro de la justicia pública para la sociedad entera que vive en el territorio que gobierna.

Las comunidades que están históricamente fundadas son productos de la formación cultural, pero cada tipo de ellas también ejerce su propio tipo de influencia cultural histórica en la sociedad, correspondiente a su función guía. Por ejemplo, un negocio puede ser una fuerza económica, una escuela puede ejercer el poder de los conceptos y las ideas, mientras que una organización artística puede tener influencia estética, y una iglesia o mezquita puede influenciar las creencias éticas y religiosas de una sociedad. Lo mismo es verdadero del estado. Éste, también, ejerce una influencia o poder que corresponde a su función guía. En el caso del estado, éste es el poder de la legislación: ejerce el poder de promulgar leyes para el logro de su propósito estructural, a saber, la administración de la justicia pública.

Por estas razones, nuestra primera aproximación a la ley tipo que estructuralmente determina los estados es que la organización interna de cualquier estado debe incluir al menos dos subdivisiones: órganos para imponer la justicia (la milicia y la policía), y órganos para decidir qué es justo (la legislatura y las cortes).

Más aún, esta especie de ley tipo muestra algo importante acerca del modo apropiado en que estas dos subdivisiones debieran relacionarse dentro de un estado. Los órganos de fuerza corresponden a la función fundante del estado, mientras que sus órganos para establecer e interpretar la ley corresponden a su función guía. Por lo tanto, en un estado propiamente fundado estas dos partes del estado no debieran ser idénticas (como lo son en una dictadura militar), ni debiera el órgano militar controlar o dirigir el establecimiento e interpretación de la ley. Más bien, los órganos de justicia debieran controlar y dirigir a los órganos del poder de coerción.

Esto no es sugerir que el estado es la única comunidad o relación social que se preocupa por la justicia, o que puede hacer reglas o leyes. Tiene que haber justicia en todas las comunidades y relaciones humanas —por ejemplo, dentro de una escuela, un negocio, un matrimonio, una familia. Y una de las más importantes facetas de la noción de soberanía en nuestra expresión "soberanía de esfera" es que los varios tipos de comunidades tienen todos el derecho de hacer leyes o reglas para gobernar sus operaciones internas. Pero es sólo el gobierno —el cuerpo regulador del estado— el que tiene el deber y el derecho de legislar e imponer la justicia para *el público en general*. Y es sólo el estado el que lo hace con el derecho de usar el poder de la fuerza para respaldar sus leyes, distinguiéndose así de otras formas de poder cultural. Este derecho le es conferido por su función guía, al servicio de la cual su poder se convierte en uso "legítimo" de la fuerza. Una familia, por ejemplo, puede buscar la justicia haciendo reglas y puede imponerlas mediante actitudes de aprobación y desaprobación, o castigos conectados con los privilegios familiares. Un negocio puede tener su propio código, como puede tenerlo una escuela, un sindicato o un club. Y la ley eclesiástica ha sido altamente elaborada. Estas comunidades pueden todas imponer sanciones que pueden llegar a la expulsión o aislamiento de los miembros transgresores. Pero sólo el estado puede hacer leyes para establecer la justicia *pública* e imponer la sanciones de confiscación de propiedad, pérdida de la libertad, o incluso la muerte, mediante fuerza física coercitiva.[3]

Por esta razón, mantenemos que una consecuencia importante de reconocer la ley tipo del estado, tal y como difiere de las de otras comunidades, es que el estado es plenamente real sólo donde posee un monopolio del poder de la fuerza en el territorio que gobierna. En la medida en que no posee tal monopolio, su capacidad para cumplir con su propósito estructural está menguada. En ese caso, cualquier comunidad que posea un poder que compita con él es en realidad un gobierno en competencia dentro del mismo cuerpo político. Esto puede suceder en tiempos de guerra civil, o incluso cuando una organización usurpa el derecho a alcanzar sus metas mediante la fuerza (como el crimen organizado). Así, mientras que una sociedad puede producir arte magnificente, o tener una economía fuerte sin protección policiaca o una fuerza militar fuerte, nunca tendrá un estado fuerte mientras no pueda imponer sus propias leyes o defender su propio territorio.

Debido a que el estado está parcialmente caracterizado por la posesión del derecho a usar la fuerza, algunos escritores en la tradición cristiana —notablemente san Agustín—[4] ha sugerido que el estado ha sido establecido en la sociedad humana sólo debido al pecado. Viendo al estado esencialmente como un instrumento de contención del delito, mantienen que el estado no tendría lugar en una sociedad en que las personas no fueran pecaminosas. Es, así, una institución "añadida", sin ningún papel en los asuntos humanos tal y como la vida fue originalmente planeada por Dios. Esta concepción ha tenido dos efectos colaterales importantes. Por un lado, ha promovido una concepción muy estrecha de la tarea propia del estado, mientras que por el otro ha alimentado una baja estima del estado y la política. Esta baja estima ha conducido a veces a algunos pensadores a invocar fundamentos teológicos para la opinión de que los creyentes en Dios deben evitar enteramente la actividad política. La teoría marconómica debe estar en desacuerdo con esta opinión, pues es una concepción a todas luces estrecha de la tarea del estado. Como veremos más tarde con más detalle, la justicia pública es un asunto mucho más amplio que simplemente la contención del delito y sería una necesidad humana incluso si no hubiera pecado. En su dirección positiva, la tarea del estado es engendrar paz y armonía entre las personas y las comunidades. James Skillen ha señalado esto mismo comparando al estado con la familia:

Hablando bíblicamente, la vida familiar fue creada por Dios con un propósito positivo, amoroso, nutridor, revelador del propósito de Dios. Parte de nuestra identidad como imagen de Dios es que somos hijos e hijas y frecuentemente madres y padres. La familia no surgió como una institución técnica para castigar a los niños malos. El castigo y la disciplina negativa no son la *razón* de ser de la familia. Reconocemos, desde luego, que, debido al pecado, los padres tendrán que incorporar el castigo en la crianza de sus hijos para procurar familias saludables. El castigo y otras formas de retribución encajan en el significado más profundo, amplio y original de la vida familiar.

Ciertamente, la vida en las comunidades políticas es muy diferente de la vida familiar. No intento describir la vida cívica como vida familiar a gran escala. Más bien, la analogía es esta: el *propósito* del gobierno, la *razón* de la vida política no es antes que nada castigar las transgresiones mediante policías, abogados litigantes y las fuerzas armadas. Más bien, el significado central de la vida política ha de encontrarse en la realidad positiva de una comunidad pública —en las interrelaciones saludables de las personas a través de medios públicos legales para que el comercio, la vida familiar, la agricultura, la industria, la ciencia, el arte, la educación, y muchas otras cosas, puedan ser llevadas a cabo al mismo tiempo, todas en el mismo territorio, de una manera armoniosa y justa.[5]

Esto nos ayuda a ver que, incluso si el pecado no fuese un factor, incluso si las personas vivieran en genuino amor y armonía entre ellas, seguiría existiendo la necesidad de un orden público para definir la justicia. Por ejemplo, todavía podrían surgir diferencias honestas de opinión acerca de la propiedad o los contratos que necesitarían ser dirimidas por imparciales expertos en justicia. No hay duda de que ésta es la razón por la que la concepción de los judíos y los cristianos acerca del destino final del pueblo de Dios es que habrán de ser ciudadanos de su *reino*, el cual habrá de ser *regido* por su Mesías. Así, de acuerdo con el libro de Isaías, incluso en ese reino en el que "no harán mal ni dañarán en todo mi santo monte" (11:9), se necesitará un gobernante que "por medio de la verdad traerá justicia" y que "no se cansará ni desmayará, hasta que establezca en la tierra justicia" (42:3, 4). Por estas razones, pienso que la concepción estrecha es resultado de concentrarse con demasiada exclusividad en las responsabilidades del estado en la ley penal y la defensa nacional, con exclusión de sus deberes en la ley civil e internacional.

Estoy de acuerdo, desde luego, en que el carácter del poder del estado se ve completamente alterado por el hecho del pecado en los asuntos humanos. Si no hubiera pecado, las personas no tendrían que ser obligadas a obedecer leyes por decisiones de la corte en los modos que ahora son necesarios. En esta conexión, es importante que el libro de Isaías también prevee que en el reino final de Dios las personas "volverán sus espadas en rejas de arado, y sus lanzas en hoces" y "no alzará espada nación contra nación" (2:4). Pero incluso en ese caso todavía habría necesidad de aplicar los principios de la justicia a los cambiantes asuntos humanos.[6]

Por lo que concierne al segundo efecto colateral, no puede haber ninguna duda acerca de si la actividad política es adecuada para alguien que cree en Dios. Desde un punto de vista teísta, lo que es inadecuado es que los creyentes abandonen la preocupación por la justicia y la operación del estado a los incrédulos —así como sería impropio que abandonáramos la práctica de la ciencia y la filosofía a aquellos que tienen una divinidad distinta de Dios. Si nuestra creencia en Dios ha de subyacer a la totalidad de la vida y dirigirla, como la escritura declara que debiera hacerlo, entonces debe dirigir la teoría y la práctica políticas también. Es por ello que proponemos buscar guianza a través del desarrollo de una teoría no reduccionista de la realidad y la sociedad, suplementada por la idea cristiana de la soberanía de esfera. De ese modo, la creencia en Dios puede proveer una dirección política mucho más específica que la de simplemente oponerse a la tiranía, favorecer la libertad de religión y llamar a los oficiales del gobierno a que sean honestos. Trae a colación una norma distintiva para la sociedad (soberanía de esfera), al mismo tiempo que ofrece una concepción específica de la naturaleza del estado que tanto clarifica sus deberes como establece los límites propios de su uso del poder apelando a su propósito estructural.

B. La justicia pública

De acuerdo con la teoría marconómica, hay un aspecto distinto de la experiencia humana que corresponde a las propiedades diquéticas poseídas por las personas, las acciones, las instituciones y las reglas. Hay también una norma que abarca el lado ley de este aspecto diquético. Al igual que con las normas y leyes de otros aspectos, sostenemos que la norma de la justicia no es meramente una invención humana, sino parte del marco nómico que Dios insertó en su creación. Esta norma vale, por lo tanto, para todas las personas en todas las épocas, aunque su aplicación efectiva pueda requerir que se pongan en vigor diferentes estatutos legales o la necesidad de variar los procedimientos legales bajo circunstancias diferentes. Este aspecto diquético de nuestra experiencia es inicialmente conocido en el mismo modo intuitivo que todos los otros aspectos: simplemente lo encontramos como parte del significado de nuestra experiencia de la vida. La intuición de su norma es lo que usualmente llamamos nuestro "sentido de la justicia", y es común entre los humanos en cualquier parte. Esta norma puede ser circunscrita como la idea de tratar a los otros para darles lo que les corresponde. Esto suena tan simple que debiera agregarse que la norma tiene varias facetas. Incluye facetas tales como que nuestro trato a los otros debe ser parejo, mostrar una proporcionalidad en los varios deberes, y debiera involucrar la equidad en la distribución de los deberes. La norma no es, por lo tanto, meramente de justicia retributiva (aun cuando la retribución incluye tanto recompensa como castigo), sino que ordena también la justicia distributiva y la proporcional.

Como fue el caso con la experiencia de otros aspectos, el reconocimiento intuitivo de las verdades diquéticas no está confinado a los poseedores de la fe teísta. Muchas introvisiones acerca de la justicia ha sido descubiertas por personas cuya fe es en otras divinidades, así que aquí, nuevamente, no necesitamos buscar un entendimiento enteramente nuevo de la justicia. Por ejemplo, no necesitamos ignorar todo lo que se aprendió acerca de la misma en el mundo antiguo, encarnado en la ley romana, o lo que llegó a nosotros a través de la tradición anglosajona de la ley común. No obstante, como también fue el caso con los otros aspectos, el reconocimiento intuitivo de las verdades diquéticas es inevitablemente dirigido e interpretado bajo la influencia de alguna creencia de divinidad. Como con los otros aspectos de la vida, en asuntos de justicia también la influencia religiosa se ve de la manera más clara en las teorías que se elaboran acerca de ella: su interpretación este influenciada por las teorías de la realidad, de la naturaleza humana, de la naturaleza de la sociedad, y de la naturaleza del estado. Y donde estas teorías presuponen una creencia religiosa pagana, el reduccionismo resultante tuerce el sentido intuitivo de la justicia en favor de cualesquiera aspectos que sean considerados como divinos. El resultado es que algunos asuntos diquéticos son sobreenfatizados mientras que a otros no se les da su propio peso o se pierden enteramente de vista.

Considere brevemente tan sólo un ejemplo de esto. En los Estados Unidos, la ley civil da por sentado que cualquiera que dañe a otro debe recompensar a la parte dañada. Ello se debe a que parece un requerimiento obvio de la justicia que, si causo daño a tu persona, propiedad, reputación, etcétera, debo restaurar tu pérdida. No es sorprendente, entonces, que este requerimiento de la justicia, que parece tan obvio para los casos civiles, no sea reconocido en los casos penales. ¿Por qué debiera ser que, si inadvertidamente te causo un daño personal, la ley requiere que pague tus costos médicos y tiempo de trabajo perdido pero, si deliberadamente te causo el mismo daño para robarte, la ley no me exige que te compense?

Lo que subyace a este punto ciego y crítico es una concepción falsa del estado —una concepción contra la que se argumentó en el capítulo anterior. Es la concepción que ve la autoridad del gobierno como originándose en el estado (en este caso, la voluntad de la mayoría) en vez de en el divinamente establecido marco nómico. Donde la autoridad de la ley es vista como generada por el mismo estado, es fácil ver todos los actos criminales como ofensas en contra del estado en vez de en contra de las víctimas de aquellos actos. Así, el código penal de los Estados Unidos supone que ¡el estado es la parte dañada en las acciones criminales! Es por ello que el estado recibe cualquiera de las multas que se imponen y cualquier propiedad confiscada, y es considerado como la parte para la cual cualquier término de prisión ha de contar como una deuda pagada (de allí la expresión de que el reo liberado ha "pagado su deuda a la sociedad", donde "la sociedad" es claramente tomado como un sinónimo de "el estado"). Esta concepción sirve para garantizar que la parte efectivamente dañada, la víctima, habrá de permanecer sin compensación por las pérdidas sufridas, lo cual es una clara injusticia.[7] Esta falla es de lo más notable ante el hecho de que la ley de Moisés se desempeñaba mejor que eso hace más de 3,000 años, como en muchos países europeos hoy en día.

En contraste, la teoría del marco nómico ve al estado como el portador, no el creador, de la autoridad que detenta al poner en vigor la justicia. La voluntad de la mayoría decide quiénes habrán de ser los portadores de esa autoridad, pero la autoridad misma deriva del marco nómico de la creación y así, en última instancia, de Dios. El estado es visto, así, como el curador diquético de sus ciudadanos. Por lo que concierne a la ley penal, debe actuar por lo tanto en su beneficio, no en beneficio de su propia ofendida majestad. De este modo, vemos su tarea propia desde un ángulo más amplio que el del código penal de los Estados Unidos. Lo vemos a cargo no solamente de aprehender, castigar, y —si es posible— rehabilitar los delincuentes, sino también de procurar justicia para la parte realmente dañada, la víctima.

Ésta no es más que un caso de las muchas introvisiones legales y políticas que puede proveer nuestra teoría. Debido a su concepción teísta cristiana de la naturaleza de la autoridad, su diferenciación de las esferas sociales y su análisis de los tipos distintivos de comunidades sociales, la teoría del marco nómico nos ayuda a guiar nuestro sentido de la justicia de manera que no se enfoque estrechamente en un segmento particular del espectro diquético sin tomar en cuenta los otros. Quizá esta ventaja se pueda ilustrar de la mejor manera comparando la teoría del marco nómico con las dos concepciones más influyentes de la justicia: el individualismo y el colectivismo. Cada una está basada en la convicción de que la fuente de la autoridad en las comunidades sociales se ubica dentro de la creación: en individuos que poseen un derecho natural a gobernar, no en una comunidad omniabarcante.

Contra el trasfondo de la discusión de estas ideas reduccionistas empezado en el capítulo anterior, contrastaré ahora cada una de ellas con consecuencias de la teoría del marco nómico para la naturaleza de la institución estatal. Conforme hago esto, continuaré extrayendo mis ejemplos principalmente de los asuntos políticos y las circunstancias en los Estados Unidos. Empezaré con rápido examen del colectivismo y unas cuantas ilustraciones de su influencia. Entonces pasaré más tiempo distinguiendo la concepción del marco nómico del individualismo, puesto que muchas personas piensan que éste es el único modo de evitar el totalitarismo, y por qué es mucho más influyente en la escena política de los Estados Unidos. Otra razón para pasar más tiempo en lo mismo es que muchos teístas, incluyendo muchos cristianos, piensan que, debido a que el individualismo busca evitar el totalitarismo, aquel debe ser un punto de vista teísta o incluso cristiano.

Según la teoría colectivista, los derechos diquéticos deben derivarse del público en gran escala en tanto que está organizado por el estado, más que por individuos o normas creacionales. Como la concepción colectivista ve el bien de la sociedad como un todo como primordial, su sesgo sobre la justicia tiende a disminuir tanto a los individuos como a las comunidades distintas del estado. Incluso aquellos socialistas dispuestos a admitir que los derechos no son creados por el solo estado, sino que se derivan de la sociedad en general, se ven no obstante forzados al final a identificar la sociedad con el estado. No importa lo que intenten, los colectivistas no pueden escapar a la consecuencia de su teoría de que los derechos son dádivas que el estado otorga a los individuos y a las comunidades conforme lo encuentra adecuado, y que puede retraerlos o cambiarlos conforme lo encuentre adecuado también. Esto significa que el estado es, en principio ilimitado en su competencia legal. La misma idea de la justicia será, entonces, lo que el estado desee que sea. Esto da lugar a un estado totalitario que arrasa las diferencias aspectuales entre las esferas sociales y viola, así, la soberanía de esfera de cualquier otra comunidad social. Inevitablemente, esta teoría es entonces defendida viendo todas las otras comunidades como partes del estado, lo cual oscurece completamente sus leyes tipo distintivas y sus propósitos estructurales.

Hemos visto ya cómo la teoría del marco nómico, al mismo tiempo que está de acuerdo en que el estado tiene un deber hacia la totalidad de la sociedad, restringe el poder del estado a la administración de la justicia pública (incluyendo la seguridad pública). Más aún, encuentra esta restricción no en algún límite supuestamente externo puesto por la influencia de otras instituciones, tales como la iglesia o los negocios, y puesta en vigor por su poder en competencia, sino en la misma naturaleza del propio estado. Es la propia estructura interna del estado la que le impone sus límites propios. Y es el entendimiento de su naturaleza por sus propios ciudadanos la fuente de estas ideas, las que necesitan entonces ser encarnada en su ley constitucional.

Hemos también observado que la historia política de los Estados Unidos ha estado fuertemente influenciada no sólo por la idea cristiana que llamé soberanía de esfera, sino también por el individualismo de pensadores tales como Locke. Pero, a pesar del impulso anticolectivista de estas dos influencias, no obstante permanecen tendencias colectivistas en las políticas y leyes de los Estados Unidos. Considere, por ejemplo, el asunto aparentemente menor de entender lo que es una licencia de manejo. Hay muchas razones por las que es propio que el estado registre a los conductores. Una es que la licencia es una forma de impuesto que ayuda a pagar los caminos públicos y otros gastos estatales conectados con su mantenimiento. Otra es que si el conductor es imprudente, o maneja en estado de ebriedad, el estado tiene el deber de proteger a otros sacando a tales conductores del camino revocándoles sus licencias. Pero cada vez más tales licencias han llegado ser vistas como la concesión del *permiso* del estado a una persona para que maneje. En este punto, una concepción colectivista del estado llena el vacío dejado por el individualismo. Pues, puesto que individualismo sólo ofrece derechos naturales innatos de los individuos como límites al poder del estado, y como no es plausible sostener que todos nacimos con un derecho natural innato de manejar un auto, se extrae la conclusión de que nadie tiene derecho a manejar. En ese caso no queda nada para limitar la autoridad del estado, y se deriva la conclusión de que la única alternativa es decir que manejar es un *privilegio* que concede el estado.[8] En contraste, la soberanía de esfera muestra por qué muchas actividades no deben ser vistas ni como derechos *per se* ni como privilegios en relación con el estado, sino como libertades.[9]

Lo mismo se puede decir con respecto de las licencias matrimoniales. Conforme a la concepción marconómica, el estado tiene un papel regulador legítimo con respecto a los matrimonios por lo que concierne a la salud pública. Pero, dejando eso de lado, una licencia matrimonial nunca debe ser vista como la obtención del permiso por parte del estado todopoderoso para casarse; más bien, es un modo de registrar un matrimonio con el estado para que tenga su lugar en el orden legal público. Un matrimonio, decimos, es esencialmente una institución ética, calificada por la norma del amor que conduce las relaciones entre los cónyuges; no es creado por el estado así como no es creado por una institución religiosa. En suma: una institución religiosa puede bendecir un matrimonio, un estado puede reconocer legalmente un *matrimonio*, y una ceremonia o celebración pública puede *declarar* un matrimonio. Pero sólo los socios del matrimonio pueden *constituir* uno. Pero las leyes en la mayor parte de los Estados Unidos adoptan la actitud contraria. Por lo que les concierne en cuanto al matrimonio o el divorcio, suponen que ambos son privilegios concedidos por el gobierno.

Otra indicación, más sutil, de un colectivismo residual (y su concomitante totalitarismo reptante) en la mentalidad pública de los Estados Unidos es exhibido por el modo en que ciertas expresiones han llegado a ser de uso común entre los políticos y los comentadores de noticias. Las expresiones a que me refiero usualmente surgen en conexión con escándalos dentro de la administración gubernamental, y consisten en señalamientos para el efecto de que sería mejor para todos que fuera dejado de lado el escándalo para no distraer la atención del presidente. El modo de expresar este punto, sin embargo, es verdaderamente aterrador. Ha consistido en decir que debiéramos ahora dejar de lado el escándalo y dejar que el presidente "regrese a manejar el país". Incluso si tales señalamientos no pretenden ser tomados literalmente —no pretenden ser una descripción del trabajo del oficio de presidente— hay un peligro real de que hablar de este modo ayude a oscurecer algunos principios políticos extremadamente importantes y frágiles. Entre éstos se hayan los conceptos de que el estado es solamente una de muchas comunidades sociales en la nación, de que el gobierno es solamente una parte del estado (si bien la parte gobernante) y de que el presidente encabeza solamente una rama del gobierno federal.

Estos puntos, sin duda, serían concedidos por aquellos que usan las expresiones. Pero el hecho de que son de todos modos usadas pone en evidencia y ayuda a reforzar la peligrosa actitud de que, siempre que un derecho individual no puede plausiblemente pretender limitar el poder del estado, las suposiciones colectivistas deben entrar en juego. Así, incluso esta simple expresión puede ayudar a que se refuerce la creencia de que "el país" se halla en todo regulado por el gobierno, a menos que algún derecho personal individual lo limite.

Más aún, hablar de este modo también sirve para identificar la nación con su gobierno en la mente popular. La historia nos muestra el peligro de esta falsa identificación. En muchos países europeos los gobiernos durante siglos animaron a los ciudadanos a ver su estado como idéntico a su nación. En la medida que tuvieron éxito, las personas de muchas naciones dejaron de ver su gobierno como una institución más entre muchas en su sociedad. Como resultado, confundieron el orgullo y el poder de su gobierno con el honor y la dignidad de su país. Debido a esto, se les permitió a los gobiernos que presentaran sus mutuas rivalidades como asuntos honor nacional, y así como supuestamente buenas razones para la guerra. De esta manera, la identificación del orgullo del estado con el honor nacional fue la causa particular más grande de las guerras europeas durante cientos de años.[10]

Consideremos ahora la teoría individualista de que el estado es un contrato hecho entre individuos soberanos. Una formulación influyente esta concepción, que ha venido a ejercer una influencia a nivel mundial, es la que se ofrece en la Declaración de Independencia de los Estados Unidos. Ahí Jefferson afirmó que es autoevidente que todos los hombres fueron creados iguales y dotados por su creador con ciertos derechos inalienables, y que es para asegurar estos derechos que los gobiernos son instituidos entre los hombres. En su marco histórico, los colonos estadounidenses dieron estos enunciados como razones para descartar a Jorge III de Inglaterra como su legítimo rey, sobre la base de que había violado sus derechos inalienables.[11]

La noción de que un pueblo tiene derechos relativos al estado fue parcialmente inspirada por ideas bíblicas que llegaron a los colonos desde la Reforma a través del puritanismo inglés.[12] No obstante, parafrasear la creencia en un estado limitado sólo en términos de los derechos individuales, que las personas supuestamente tienen como cualidades innatas a la naturaleza humana, es una distorsión de la enseñanza bíblica. Deja fuera el crucial punto de que el derecho a una justicia equitativa, que concierne al estado garantizar a todos sus ciudadanos, se deriva de la *norma de justicia* que gobierna toda la creación. La formulación de la Declaración ignoraba el lado ley del aspecto diquético de la realidad, y en vez de ello intenta ubicar las limitaciones al estado en la naturaleza subjetiva de toda persona.[13] Así que nuestra objeción a la formulación individualista de la cuestión es precisamente que los derechos son pensados como individuales, más que como universales por ser normativos. En contraste, entonces, mantenemos que la tenencia de un derecho por una persona no es más que un lado de la justicia, mientras que otro lado consiste en el hecho de que otros tienen obligaciones hacia esa persona. Y un tercer lado es que tanto derechos como obligaciones conciernen a las personas porque la norma de justicia ha sido puesta en la creación por Dios. De otra manera, ¿cómo podría ser defendida la noción de que los individuos poseen tales derechos? Sin una norma de justicia sobre toda la creación, ¿cómo podríamos saber que todas las personas tienen derechos o que todas las personas tienen los mismos derechos? La única base adecuada para la idea de derecho es que es el resultado de que estamos gobernados por una norma universal.[14] Más aún, es debido a que la norma es universal que gobierna no solamente a los individuos sino también a las comunidades; no sólo los individuos tienen derechos y obligaciones, mantenemos, sino también los matrimonios, las familias, las escuelas, los negocios, las iglesias, los hospitales, los sindicatos, los partidos políticos, etcétera.

Otra consecuencia adversa de ubicar la base de derechos en la naturaleza de las personas individuales puede verse en un número de escritores recientes que han mantenido que para que una persona posea un derecho debe ser al menos capaz de entenderlo y desear lo que garantiza. De otra manera, han dicho, no tiene sentido decir que la persona efectivamente posee ese derecho.[15] Otros más han señalado que ubicar la fuente de los derechos en los individuos libres requiere que sus derechos se desarrollen junto con la base biológica de sus capacidades.[16] Estas concepciones son plausibles si los derechos son tomados como idénticos a ciertas facultades o poderes de la persona humana, tales como las dotaciones naturales de la vista y el oído, pues seguramente nadie tiene el poder de la vista que no pueda ver, o el poder del oído que no pueda oir. Pero el resultado de ver los derechos de esta manera es que los infantes, los severamente retrasados, los seniles y las personas en coma, no tendrían ningún derecho en lo absoluto. Esto significaría, en el caso extremo, que no sería asesinato matarlos. Nuevamente, un adulto normal transportado de una cultura primitiva a un estado moderno podría ser incapaz entender y desean muchos de los derechos que han venido a ser reconocidos en la mayoría de las sociedades modernas, así que no poseería tales derechos de acuerdo con esta teoría.[17] En todo estos estos casos la interpretación individualista de los derechos impide el reconocimiento de que la norma de justicia es verdaderamente universal.

Lo que es peor, esas consecuencias hipotéticas son significativamente parecidas a algunas que han tenido realmente lugar en la historia de los Estados Unidos. Sus constituyentes debidamente evitaron en lo absoluto extender cualesquiera derechos políticos a los indios americanos y a los negros, y dejaron de otorgar plenos derechos políticos a las mujeres. Seriamente debatieron si las diferencias raciales, por ejemplo, eran suficientes para negarle a aquellas personas que fuesen incluidas entre aquellos "dotados por su creador con ciertos derechos inalienables". Pero es sólo debido a que pensaron que los derechos diquéticos eran inherentes a la naturaleza subjetiva de los individuos que tenía sentido la pregunta de si diferencias tales como las de género o raza eran suficientes para negarle a cualquiera derechos políticos. En contraste, la teoría del marco nómico ve como innegable que todos los humanos poseen derechos y obligaciones, puesto que éstos no se originan en las capacidades personales cada individuo, en la raza o el género. Están garantizados por una norma de la creación que se aplica a todas las personas simplemente porque son humanas.

Hay también otras dificultades con la concepción individualista de los derechos. Una es que, a menos que los derechos sean reconocidos como resultados de las normas para los aspectos, seremos incapaces de identificarlos. No hay límite a lo que las personas pueden desear, pero aquellos deseos difícilmente pueden ser idénticos con aquellos a los que tienen derecho. Otra es que la incapacidad de reconocer los derechos como basados en normas nos hará más susceptibles de pasar por alto el hecho de que hay diferentes tipos aspectuales de derechos.

Este último punto se ve significativamente fortalecido cuando observamos cómo un elemento crucial de claridad se pierde en cualesquier discusión sobre los derechos siempre que dejamos de introducir distinciones aspectuales. Por ejemplo, necesita haber una distinción entre derechos morales derivados de la norma ética del amor, y derechos diquéticos derivados de la norma de equidad. Son los segundos los que imponen limitaciones al poder del estado, produciendo así los derechos políticos civiles. Es importante no confundir estos dos sentidos de "derechos", puesto que difieren en muchos modos. A menos que los diferentes tipos aspectuales de normas, obligaciones y derechos sean distinguidos, surge una grosera confusión que ha inducido a algunos escritores a argumentar que una obligación de un tipo produce un derecho de otro tipo. Un ejemplo de la confusión es cualquier argumento que concluya que una obligación moral puede crear un derecho diquético. Nuestra teoría reconoce que una obligación ética normativa a ser amoroso hacia otros va de la mano con el correspondiente derecho ético de otros a ser tratados con beneficencia. Y reconoce que la obligación normativa de actuar justamente va de la mano con el correspondiente derecho de otros a ser tratados justamente. Pero esto nunca arrojará la conclusión de que, debido a que una persona o comunidad tiene una obligación ética hacia otra, la otra entonces tiene un derecho diquético correspondiente que debiera ser puesto en vigor por la ley pública. Por ejemplo, la enseñanza bíblica repetidamente pone en claro que tenemos obligaciones éticas hacia los pobres. Por eso no le da a ninguna persona pobre particular el derecho legal a mis limosnas. Así que debería quedar claro, incluso a partir de este breve bosquejo de la naturaleza del estado, que la imposición de las obligaciones morales del amor cae afuera de la competencia legal propia del estado. El estado es conducido por normas de justicia, no éticas; el logro de la justicia pública es el propósito estructural del estado, no la puesta en vigor de una moralidad personal privada.

Sin embargo, esto no significa que el estado no tenga interés en la moralidad pública. Si los padres empezaran a expulsar masivamente a sus hijos de sus hogares, o si el 75 % de la población se emborrachara cada noche y no pudiera asistir al trabajo, la seria perturbación del orden público que de ello resultaría ciertamente tendría que ser abordada por el estado. Así que, mientras que no es la prerrogativa del estado gobernar todas las dimensiones de la moralidad humana, el estado tiene una preocupación legítima cuando cualquier asunto de peso moral amenaza el orden público, del cual es un curador. Por otro lado, aunque poder del estado está propiamente limitado a poner en vigor la justicia, no todo asunto de justicia en la vida humana puede ser de la incumbencia del estado. El dominio del estado es la justicia pública. Las injusticias de pequeña escala que pueden tener lugar entre individuos o dentro de comunidades no pueden y no debiera ser todas manejadas por la ley pública. Un padre que favorece a un hijo sobre otro, por ejemplo, no solamente hace algo no amoroso sino que comete injusticia al hijo menospreciado. Nadie supone seriamente, sin embargo, que sea deber del estado corregir (en tanto que el hijo desfavorecido no sea realmente abandonado o sometido a abuso) tal violación de la justicia. Más bien, su deber se extiende solamente a aquellos asuntos que afectan en principio al entero cuerpo político.[18]

Este último punto fue ofrecido para clarificar aún más uno de los límites propios al ejercicio del poder del estado. Pero al mismo tiempo también nos señala otra debilidad en la teoría individualista de la sociedad y el estado tocada anteriormente. Pues una de sus consecuencias es que los derechos están confinados a las personas individuales, así que no hace ninguna provisión para la justicia pública y los derechos públicos. Una vez que se piensa que los deberes del estado y los límites a su poder son impuestos solamente por los derechos de los individuos, ¿qué sucede entonces cuando hay una injusticia que no viola los derechos de ninguna otra persona? Suponga, por ejemplo, que en el curso de manufacturar un producto en su propia tierra una compañía contamina un río o la atmósfera, la cual no pertenece a ningún individuo? Tomada con nitidez, la teoría individualista no provee ninguna base para algún remedio legal a tales casos; si sólo los individuos tienen derechos, sólo los individuos pueden tener una posición legal ante las cortes (de hecho hubieron ocasiones en que las cortes de los Estados Unidos descartaron tales casos exactamente sobre aquellos fundamentos a principios del siglo XIX). Pero qué, entonces, de la posición legal que se requiere que tenga un negocio para entrar en un contrato legalmente vinculante con otro o para demandar a otro. Este asunto fue resuelto en los Estados Unidos (y en algunos países europeos) haciendo que las cortes consideraran a la corporación como una persona legal.* En otras palabras, ¡la teoría es totalmente inadecuada mientras una falsedad no es legalmente declarada como verdadera! Y sin esa ficción, las corporaciones no tendrían ninguna posición legal en lo absoluto.[19]

Así que preguntamos: ¿por qué pensar que sólo los individuos pueden ser sujetos legales? ¿Por qué no reconocer que las comunidades también están sujetas a la ley, y tienen derechos y obligaciones que el estado debiera proteger? Pues, seguramente, si una teoría necesitara declarar una falsedad como verdadera para hacer funcional su concepción de la ley, la conclusión debiera ser que está seriamente equivocada. Nada más se necesita para ver que los derechos no se originan y reside solamente en los individuos. A diferencia del individualismo, entonces, la teoría del marco nómico no tiene ningún problema para explicar cómo puede ser que las familias, las escuelas, los sindicatos, los clubes, los negocios, e incluso el público en general, también tienen derechos aunque no sean individuos que hayan sido "creados iguales" por Dios. Esto es posible, una vez más, porque la fuente de los derechos son las normas que se encuentran en el marco nómico de la totalidad de la creación. Así que, aunque admiremos la intención de la teoría individualista de tener un estado limitado, no obstante objetamos el modo en que confinar los derechos legales a los individuos disminuye los deberes públicos del estado.

En adición a esa objeción, recuerda otro punto brevemente tocado anteriormente, a saber, las consecuencias del individualismo para las relaciones del estado con otras comunidades. Pues el individualismo no tiene manera de limitar el poder del estado con respecto a ellas más que a través de la ficcion de que ellas, al igual que las corporaciones, son personas individuales. Entonces los

---

* En México se le llama "persona moral" para efectos legales, particularmente fiscales. [Nota del traductor].

asuntos "internos" de las otras comunidades son declaradas fuera de los límites del estado, de un modo análogo al modo en que la vida privada de cada persona se haya fuera de los límites de la interferencia gubernamental. Fue en ese espíritu, por ejemplo, que Jefferson escribió acerca de un "muro de separación" entre la iglesia y el estado, y la misma idea se halla tras la doctrina *"laissez faire"* de que el estado no debiera interferir en los negocios.

Pero es obvio que ninguna comunidad en la misma sociedad puede estar completamente separada de la otra por un muro. Ni, como vimos, es adecuado decir meramente que las operaciones internas de una familia, un negocio o una iglesia definen los límites propios del poder del estado. Esto es debido a que "interno" es dejado demasiado vago por la teoría individualista. El sentido propio de lo que es interno a cada comunidad no puede ser simplemente lo que tiene lugar en el curso de sus actividades cotidianas, pues eso significaría que el estado no podría intervenir para impedir abuso conyugal, o que una compañía tenga guardias blancas, o que una iglesia viole el reglamento de incendios. Más bien, lo que es propiamente interno y se halla fuera de los límites del estado debe ser definido mediante la función guía y el tipo estructural de cada comunidad. Así, los límites verdaderos al poder del estado debe ser vistos contrastando su propia naturaleza con las naturalezas de otras comunidades, y no meramente por las fronteras externas entre una comunidad y otra. A diferencia de la individualista teoría del contrato social, entonces, nuestra teoría no postula un estado en principio totalitario para luego tratar de encontrar fronteras externas para limitar el ejercicio de su poder. Como ya se señaló, la teoría del marco nomico encuentra los límites propios del poder del estado en lo que el estado es, más que en lo que no es. Así que mantenemos que el deber del estado puede requerir que ejerza su autoridad en la vida de cualquier persona o comunidad, en la medida en que ese ejercicio esté limitado a la administración de la justicia pública. Por estas razones no podemos estar de acuerdo con la expresión "muro de separación" como una explicación adecuada de las distintas esferas sociales del estado y las instituciones religiosas.

Sostenemos, por lo tanto, que es el principio de la soberanía de esfera, no el individualismo, el que provee los fundamentos correctos sobre los cuales hay que insistir que se halla fuera de uso propio del poder del estado requerir o prohibir cualquier creencia religiosa particular, o regular la doctrina o culto de cualquier institución religiosa. Más aún, este mismo principio no solamente explica el fundamento de la idea de una esfera distinta para las instituciones religiosas, sino que también restringe el poder del estado con respecto a las otras comunidades no estatales. Por ejemplo, también establece límites a la relación del estado con la esfera de la economía, así que se halla fuera de la competencia propia del estado apoderarse de los negocios privados o controlarlos, o entrar en cualquier tipo de colusión para favorecer a una empresa (o grupo de ellas) sobre otra. Del mismo modo, establece las mismas protecciones para las familias. También ellas disfrutan una soberanía en su propia esfera social que las aísla de la interferencia arbitraria del estado, tal como una invasión policiaca o cateo sin la orden de una corte emitida ante la evidencia de delito. Y lo mismo es verdadero de las relaciones del estado con todas las otras comunidades no estatales.

He explicado ya el sentido en que el principio de la soberanía en su propia esfera es tanto ampliamente teísta como específicamente cristiano. Así que quiero ser tan claro como sea posible acerca de lo que acabo de decir en el sentido de que el principio de la soberanía en su propia esfera prohíbe que el estado use su poder en favor de una fe. *Significa que la concepción cristiana del estado es que el estado no debe favorecer el cristianismo*. Más aún las delimitaciones de esfera del estado y de la institución de culto no sólo significan que, como la naturaleza del estado tiene una función guía diquética mientras que la función guía de una institución religiosa es fídica, el mismo concepto de estado eclesiástico es una contradicción en los términos. Al mismo tiempo excluyen permitir que una institución de culto intente dictar políticas al estado —o, para el caso, interferir con la integridad de esfera de cualquier otra comunidad. Es así que debe quedar claro que la teoría del marco nómico no es una teoría *teísta* de la sociedad y el estado en cualquier sentido que distinguiría a los judíos, los cristianos o los musulmanes como un grupo de interés especial. No es un intento por establecer una agenda específica para presionar al gobierno para que otorgue un tratamiento especial a los que creen en Dios. Más bien, esta teoría es teísta en el sentido de traer los frutos antirreduccionistas de la creencia en Dios a incidir en nuestro entendimiento de la justicia y el estado. Como tal, la teoría requiere que el gobierno no tolere que la justicia sea socavada por cualesquiera demandas de favores especiales, sino que se concentre en la meta de producir una sociedad maximalmente justa para todas las personas, sea que crean en Dios o no.

Sin embargo, ninguna de estas consecuencias puede requerir que el estado sea separado por un muro de toda *creencia* religiosa. Eso, como lo hemos visto, es imposible. Toda concepción de la justicia y el estado presupone alguna creencia de divinidad, así que el estado siempre será concebido y operado sobre la base de presuposiciones teístas o no teístas, o de alguna mezcla de las dos. Es por ello, nuevamente, que es de la mayor importancia que aquellos que creen en Dios no sean desalentados a traer las consecuencias sociales y políticas de esa creencia a incidir en su vida política y en la legislación y el gobierno de su estado. Y es por ello que es tan importante que se den cuenta, más claramente, de qué manera su fe provee una teoría distintiva de la justicia y el estado. Sin tal teoría, los de fe teísta pueden verse tentados a ver la relación de su fe con la política como el injusto programa de convertirse en una mayoría para imponer su moral mediante la ley a aquellos que tienen creencias de divinidad alternativas.[20]

Cerraré esta sección retornando a un punto que ya había tocado brevemente, para ilustrarlo aún más. El punto era que la soberanía en su propia esfera no delimita el poder del estado sólo con respecto a las instituciones religiosas, sino a todas las comunidades en la sociedad. Tampoco las limita solamente de un modo negativo, pues establece los parámetros para la inmunidad de otras comunidades con respecto al poder del estado proporcionando una idea más clara de las condiciones bajo las que el estado puede ejercer su poder propiamente con respecto a ellas. Uno de estos parámetros es el fortalecimiento de la misma soberanía en su propia esfera, tocado en el último capítulo. Esto es, nuestra teoría requiere que el estado refuerce las delimitaciones mutuas de soberanía de esfera entre todas las otras comunidades, así como que la observe para sí mismo. Así que, mientras que nuestra teoría prohíbe que el estado se apodere de los negocios o trate de regular enteramente la economía, puede propiamente requerir leyes laborales para los niños, para reforzar los linderos de esfera sobre los negocios. En los Estados Unidos, por ejemplo, antes de tales leyes los negocios incidían en la esfera de la vida familiar. Exigían horas de trabajo que apartaban a los niños de la supervisión de sus padres por sesenta o más horas a la semana, impidiendo cualquier oportunidad de que los niños recibieran educación y evitando que las familias tuvieran un culto en conjunto. No es que la soberanía de esfera proteja a los niños sólo de esta manera. Incluso tan recientemente como el siglo veinte, algunas corporaciones en los Estados Unidos inspeccionaban los hogares de los adultos para ver cómo estaban decorados y dictaban cómo podían comer, cómo debían vestir, qué libros se les permitía leer y qué música se les permitía escuchar. El principio de la soberanía de esfera muestra por qué es injusto que las corporaciones intenten tales intrusiones en la esfera de la familia, como sería injusto que el estado lo hiciera.

De modo semejante, encontramos que la legislación antimonopólica es también un reforzamiento adecuado de la justicia cuando es guiada por la idea de soberanía de esfera. El individualista sostiene simplemente que el estado debiera de preservar la libre competencia. Pero nosotros argumentamos que el estado tiene el más amplio deber de proteger a las esferas no económicas de la sociedad de ser abusadas por el poder económico de los negocios. Especialmente entre 1865 y 1900, éste fue un peligro real en los Estados Unidos; las grandes corporaciones (llamadas "*trusts*") no sólo se convirtieron en monopolios al restringir el libre comercio sino que, si hubiesen fusionado sus esfuerzos, podían haber dominado el estado para producir una sociedad completamente controlada por los negocios.[21]

13.3. La naturaleza del estado: lo que no es

Además de las teorías individualista y colectivista de la sociedad, las cuales distorsionan el papel del estado sesgando la idea de justicia, hay otras teorías, específicamente acerca de la naturaleza del estado mismo, que también son objetables desde la perspectiva de nuestra teoría de base teísta. Con el propósito de clarificar nuestra propia teoría aún más mediante el contraste, mencionaré brevemente unas cuantas de éstas.

La primera de éstas es la vieja idea de que la ciudadanía solamente puede consistir de un grupo racial o étnico, si es que ha de haber la unidad política necesaria para formar un estado. Esta idea no fue solamente popular después de que contundentes contraejemplos habían mostrado que era falsa, sino que ocasionalmente todavía se escucha hoy.[22] Sólo necesitamos recordar que en la Inglaterra del siglo dieciséis se desarrolló un fuerte estado cuando sus ciudadanos estaban étnicamente divididos en celtas, sajones y normandos, para ver que éste es un requerimiento falso. Además, algunos de los estados más fuertes del mundo hoy en día son muy diversos étnicamente. De seguro, hay dificultades extras a ser superadas al promover la unidad política donde son fuertes las divisiones raciales o étnicas; no obstante, "un pueblo" o "una sangre"no es una condición necesaria para la existencia de tal unidad. Nuestra tesis es que la verdadera naturaleza de la unidad política es la de un orden legal público. Así que la unidad racial o étnica no solamente *no es*, sino que *no debería ser* considerada como necesaria para la unidad de un estado.

Lo mismo es verdadero de la idea de que un lenguaje común es un requerimiento para la unidad política y un estado fuerte. Es verdad que la división de una población por el lenguaje puede ser un fuerte factor de desintegración política. Esto fue un gran problema en los Países Bajos en el pasado y resultó en la separación de Bélgica de Nederlandia. En tiempos más recientes ha sido (parte de) una amenaza a la unidad política de Canadá. Una vez más, sin embargo, no puede ser una condición necesaria para la unidad política si hay estados fuertes que existen sin ella. Y el hecho de que tales estados existen es evidencia que apoya a nuestra tesis acerca de cómo debiera verse la la unidad política. Así que, aunque puede ser más fácil lograr la unidad política en un estado cuyos ciudadanos comparten un lenguaje común, la carencia del mismo no impide la unidad política. Suiza es quizá el ejemplo más notable de esto.

Otra idea es que el estado necesita reforzar una base religiosa común para su unidad política. Éste es un doloroso tema de debate en Israel actualmente, y es una idea defendida por varios países que se designan a sí mismos como "estados islámicos". Más aún, la separación nacional de Pakistán de la India en el último siglo se debió, en buena medida, a diferencias religiosas. Ya hemos visto por qué la teoría del marco nómico, con su principio de soberanía de esfera, se opone a esta concepción. Y, una vez más, también podemos señalar, como evidencia de que la unidad de creencia religiosa no es necesaria, el hecho de que muchos estados en el mundo no sufren efectos desintegradores al permitir la libertad de religión. En este caso, al igual que en los casos previos, es una confusión acerca de la naturaleza de la institución estatal la que conduce a ver la unidad del estado como centrada en cualquier otra esfera social que no sea la de la justicia pública.

No obstante, debiera agregarse que las fuerzas desintegradoras de la animosidad étnica, lingüística y religiosa pueden ser fácilmente subestimadas por aquellos que nunca las han experimentado. En Norteamérica, por ejemplo, hay considerable ingenuidad en particular acerca de la libertad religiosa, porque en muchas localidades no hay mucha diversidad religiosa y porque la mayoría de las personas suponen falsamente que otras religiones son probablemente muy parecidas a aquellas con las que están familiarizados. Cuando surgen fuertes diversidades de religión —o cualquiera de estos otros factores— donde no habían existido previamente, pueden someter a una severa prueba la unidad de incluso el estado más fuerte. Es por ello que es tan importante que, como lo requiere nuestra teoría, el gobierno sea escrupulosamente equitativo en su trato hacia todas las diversidades que se encuentren en su territorio. Diferencias de cultura, costumbres, lenguaje, raza, religión, etcétera, deben ser reconocidas y respetadas porque ello es requerido por la norma de la justicia. El tratamiento desigual o la franca supresión de tales diferencias nunca puede ser excusada sobre los fundamentos de la exigencia política, pues no afectan la base real de la existencia del estado.

Esto no implica, sin embargo, que el estado deba disociarse de todo lo que es religioso. Ser equitativo con todos los puntos de vista religiosos no es lo mismo que reprimir igualmente la expresión pública de todos ellos. Muy por el contrario. Significa que todos por igual pueden ser libremente expresados y deben ser protegidos sin que el estado suscriba ninguno de ellos. Así que no hay, por ejemplo, nada erróneo en el estudio de las religiones en una escuela apoyada por el estado, en tanto que el estado no suscriba ninguna de ellas y ningún estudiante sea presionado a creer en cualquiera.[23]

Otra idea del estado que debe ser rechazada por nuestra teoría teísta es la del poder del estado. Ésta es la flagrante adopción de la concepción de la que acusamos a la teoría colectivista de alentar, y a la teoría individualista de ser incapaz de resguardar adecuadamente en contra de ella. Sostiene que la competencia del estado carece del límite en toda esfera de la vida, de manera que no hay límite, en principio, al poder estatal. Algunas veces esta concepción ha sido mantenida de una manera muy abierta, como lo hicieron Maquiavelo, Hobbes y Hegel, mientras que frecuentemente ha sido disfrazada para presentar la apariencia de un estado de derecho, como lo hicieron los estados fascista y nazi de los 1930s. En cualquier caso, nuestro principio de la soberanía de esfera, el cual ve la competencia propia del estado como limitada a la esfera de la justicia pública, se opone claramente a ella. Se halla también en conflicto con nuestra caracterización de la ley tipo del estado, la cual muestra que sus órganos de poder deberían ser regidos por sus órganos de legislación y su sistema judicial. Esto significa que es el reforzamiento de la justicia lo que hace que el uso del poder sea correcto, no la posesión del poder lo que hace correcto cualquier cosa que el estado quiera hacer. Desde un punto de vista teísta, entonces, ningún estado es legítimo sin una guía del poder mediante el derecho. No importa cuán firmemente enraizado esté su dominio, no importa cuán ampliamente aceptada sea su autoridad, tal estado de poder no es más que una banda de criminales armados —como observara Agustín hace mucho.

La última concepción de la naturaleza del estado a ser contrastada con nuestra teoría es la del estado de bienestar. Conforme a esta concepción, el estado es visto primariamente como un proveedor paternal de las necesidades de sus ciudadanos. La aserción de esta concepción es que el deber del estado es proveer trabajo, comida, vestido y vivienda, tanto como lo es proveer protección contra el crimen y la invasión.

Es ciertamente posible que la existencia de pobreza en una sociedad pueda ser signo de genuina injusticia, especialmente si esa sociedad, tomada como un todo, es rica. En ese caso, sería deber del estado corregir las injusticias que condujeron a esa pobreza. Pero la injusticia involucrada tendría que ser pública pues, como ya hemos notado, no es el deber del estado corregir toda injusticia. Si es posible que el estado corrija las injusticias económicas públicas sin rebasar sus responsabilidades propias, entonces claramente debiera serlo. Pero si empieza a violar aquellos límites en el nombre de la justicia económica, se puede volver fácilmente totalitario. En ese caso, se habría creado un monstruo más grande para combatir a uno más pequeño. Así que el estado debe abordar la injusticia económica con el mismo respeto a la distinción de otras instituciones que debiera caracterizar a todas sus políticas. Debe reconocer que, como estado, no genera riqueza, o vivienda o educación; los bienes y servicios que necesitan ser justamente distribuidos son producidos por granjas, negocios, familias y escuelas, para nombrar unos cuantos. Cualquier política que llame al estado mismo a intentar crear los bienes y servicios que necesitan sus ciudadanos sería contraproducente para su propia función guía, así como para las funciones guía de las otras comunidades acaparadas.

Hay muchos modos en que el estado puede ayudar a promover la justicia en la distribución de las necesidades básicas de su ciudadanos sin anular los papeles propios de otras comunidades. Una manera es ayudar a los ciudadanos a distribuir el costo de tales necesidades a lo largo de una vida a través de la tributación. Éste es el modo propio de ver la tributación en aras de cubrir el costo de servicios educativos, por ejemplo. En vez de hacer que las familias carguen con el costo entero de la educación durante los años en que sus hijos se hallan efectivamente en la escuela, la tributación distribuye el costo a lo largo de una vida para que todas las familias puedan tener acceso a la escuela para sus hijos. En esta misma línea, nuestra concepción de la naturaleza del estado no encontraría nada malo en hacer que la tributación ayudara a distribuir el creciente costo del cuidado médico de un modo semejante.

Sin embargo, nada de lo dicho puede justificar la concepción de que el estado mismo debiera ser el proveedor universal o garante de cualesquiera bienes y servicios distintos de la justicia pública. Esto no es decir que habría algo equivocado en que el estado proporcione una red de seguridad para la distribución de las necesidades básicas del sustento para los pequeños segmentos de su ciudadanía que son completamente indigentes —incluso si esto incluye hacer que las necesidades de supervivencia se hagan disponibles a costa del público. Pero, incluso en ese caso, el estado mismo no debiera de ser el surtidor de aquellas necesidades; esto es, no hay nada en tal cuidado para el indigente que requiera que el estado se apodere de las comunidades que producen aquellas necesidades. Y mucho menos hay algo en el apoyo estatal propio al indigente que sugiera que todo mundo tiene el derecho de ver que el estado le provea, sin tomar en cuenta si es o no capaz de obtenerlo mediante sus propios esfuerzos.

13.4. Postdata

Este bosquejo de la naturaleza de la institución estatal ha sido breve y ciertamente no es una teoría política plenamente desarrollada (ello requeriría otro libro entero). Mi propósito aquí fue más modesto, a saber, clarificar los conceptos introducidos por la teoría del marco nómico empleándolos con respecto a una concepción del estado. También esperé, desde luego, indicar algunas de las principales diferencias que surgen de ellos para la naturaleza del estado y unos cuantos temas asociados. En años recientes, sin embargo, otros defensores de esta teoría han sido capaces de hacer más que esto, así que hay ahora un creciente cuerpo de literatura disponible desde el punto de vista del marco nómico. Éstos autores han sido capaces de señalar una cantidad importante de introvisiones únicas por las cuales esta teoría puede contribuir a la necesaria clarificación o corrección de una constelación de asuntos importantes. Tan sólo para la escena política de Estados Unidos, por ejemplo, han sido capaces de exponer las principales injusticias incrustadas en temas tales como los modos en que el gobierno se relaciona con la educación, las leyes que gobiernan cómo han de conducirse las elecciones para la Cámara de Representantes, y las políticas gubernamentales concernientes a la pobreza y el bienestar, la justicia económica, los derechos humanos, y preocupaciones ambientales, para nombrar sólo unos cuantos. También han sido capaces de proporcionar justificación adicional a muchos elementos en las tradiciones política y legal de los E.U. que son sólidos, y señalar modos en que éstos pueden ser profundizados y desarrollados adicionalmente por la teoría del marco nómico.[24] Hay también un creciente cuerpo de trabajo dedicado a estudiar cómo impacta esta teoría también a las comunidades no políticas, que los lectores interesados en proseguir este enfoque pueden querer consultar también.[25]

A pesar de la brevedad de estos últimos pocos capítulos, mi esperanza es que no obstante servirán para mostrar qué aspecto tendría un programa de teorías distintivamente no reduccionistas, y dar una idea de lo que puede obtenerse cuando la estrategia reduccionista para las teorías es abandonada y reemplazada con una estrategia que presuponga que todo en el cosmos es directamente dependiente de Dios. También espero que ilustrarán lo que puede resultar de combinar el programa no reduccionista con principios específicamente cristianos para el entendimiento de la sociedad y el estado.

EPÍLOGO:
TECTÓNICA DE LA FE

Sostuve en la introducción que una creencia religiosa desempeña un papel en la vida humana análogo al papel que desempeñan en la geografía de la tierra sus grandes placas tectónicas. Los capítulos intermedios han ahora presentado razones para creer que esto es verdad para las teorías mediante las que nos interpretamos a nosotros mismos y nuestro mundo. Hemos visto que, en el fondo, las teorías están impulsadas y reguladas por la idea de divinidad que ha capturado los corazones de sus propugnadores. En ese sentido, una teoría es en cada uno de sus pedazos una expresión de la religión como lo es el culto, si bien es un tipo muy diferente de expresión.

Hemos visto también algunas consecuencias importantes de este descubrimiento para aquellos de nosotros que creemos en Dios. Estas consecuencias fueron desarrolladas detalladamente para ayudarnos a inventar y/o reinterpretar teorías de tal manera que queden internamente reguladas por nuestra fe. Esto fue requerido en lugar del tradicional enfoque de tratar de aliar nuestra fe con teorías de base pagana. Hemos visto por qué armonizar externamente tales teorías con la fe bíblica meramente sirve para enmascarar su más profunda incompatibilidad religiosa.

Pero quizá en este punto se objete algunas veces que también hay otra consecuencia de este descubrimiento que —quizá convenientemente— es pasado por alto. Es que esta posición, si se acepta, solamente servirá para dividir todavía más a las personas y ponerlas en oposición entre sí. Pues significa que las teorías son los productos de comunidades espirituales de fe que desarrollan explicaciones que difieren dependiendo de sus creencias religiosas. Más aún, la posición va más allá de simplemente develar que el control religioso ha de hecho ocurrido. Argumenta que tal control es inevitable porque el papel de la creencia religiosa está incrustado en la misma naturaleza del razonamiento teórico. Por añadidura, reconoce que, debido a que el razonamiento teórico siempre está dirigido por la fe, no puede haber una facultad o procedimiento religiosamente neutral mediante el cual sea posible decidir entre las creencias religiosas mismas. Así que ¿no resultará esta posición en un aislamiento de los "ismos" de la filosofía y la ciencia alentando la intolerancia entre ellos? ¿No servirá el asignar las teorías a las diferentes comunidades de fe para mover a sus propugnadores al tipo de oposición del uno contra el otro que habrá de producir un total derrumbe de la comunicación? ¿No dará lugar a batallas a pedradas en vez de al diálogo?

La respuesta a tales preguntas es que nada podía hallarse más lejos de la verdad. En primer lugar, señalar las causas radicales de las diferencias teóricas no produce por sí mismo intolerancia o carencia de comunicación por parte de aquellos que difieren, así como tampoco produce las diferencias mismas. La intolerancia y la falta de voluntad para comunicarse con aquellos que están en desacuerdo son fruto del pecado que infecta la naturaleza humana, no de develar la causa última de los desacuerdos. Como tal, la intolerancia y sus consecuencias son males que pueden infestar los desacuerdos en filosofía y la ciencia así como en la vida práctica.

La segunda parte de nuestra réplica es aún más importante. Es que el develamiento de las raíces religiosas de las perspectivas teóricas abren camino a una comunicación más fructífera que de otra manera sería imposible. Mis razones para decir esto son, en primer lugar, que si el control religioso es un hecho, entonces los intentos de comunicarse sin ser conscientes del mismo se verán frustrados por sus efectos ocultos. Y, en segundo lugar, donde las partes en un debate ven la razón misma como autónoma y neutral, es difícil que cada una no vea la medida en que el otro difiere como la medida en que el otro no está siendo racional. El peligro es, entonces, que la posición del otro no solamente será rechazada como falsa, sino condenada como irracional. Y, en tanto que la racionalidad sea tomada como una característica el ser humano, será entonces difícil abstenerse de ver no solamente a la otra posición sino a la otra persona como subestándar o incluso subhumana.

Por otro lado, reconocer que todas las personas tienen creencias religiosas que regulan su teorización, puede permitir que los pensadores desarrollen un respeto mutuo por las diferencias teóricas de gran escala del otro, como expresiones de sus creencias de fe alternativas. Pueden entonces ser capaces de apreciar por qué los otros, empezando con sus creencias religiosas contrarias, desarrollaron sus teorías opuestas precisamente del modo en que lo hicieron. Sobre esta base pueden entonces explorar cualesquiera puntos de contacto y acuerdo que puedan tener, así como lograr un mayor entendimiento de la naturaleza de sus diferencias genuinamente irreconciliables. Y esto todo puede hacerse sin la tentación de que alguno de los lados vea al otro como subracional.

De hecho, estos mismos beneficios pueden proceder de las diferencias que ocurren fuera de las teorías. Nuestro enfoque a lo largo de este libro ha sido exclusivamente sobre las teorías. Pero también debemos reconocer un correspondiente impacto de las creencias religiosas en la vida práctica —en los valores personales, las actitudes, las prácticas y los estilos de vida. Tampoco debemos permitirnos pensar en este lado de la vida como religiosamente neutral. Desde un punto de vista bíblico, en estos asuntos, también, o bien servimos al Dios verdadero o a algún sustituto de Dios. Así que aquí, también, debemos reconocer los valores y las prácticas alternativas de otros como resultado de sus convicciones religiosas contrarias, y exhibir el mismo tipo de respeto a sus diferencias que hace posible nuestra concepción de las diferencias teóricas.

Desde luego, el respeto mutuo que estoy propugnando no significa dar rienda suelta al delito. Pero, dejando eso de lado, nos llama a mostrar amor, paciencia y tolerancia con las prácticas y los estilos de vida que pueden hallarse reñidas con las que están inspiradas por la creencia teísta. Tanto en la vida práctica como en la teorización debemos concentrarnos en la tarea de reconocer y desarraigar lo que sea abíblico en nuestras propias prácticas y teorías, en vez de atacar a las de otras comunidades de fe. Solamente entonces estaremos equipados para representar fielmente las consecuencias de la creencia en Dios a lo largo del entero espectro de la vida en beneficio de toda la humanidad.

Ésta es una tarea penosa. Siempre es más fácil condenar a otra persona que limpiar la propia casa. Pero, no importa cuán penosa pueda ser, es mucho más preferible a la única alternativa: el compromiso de la verdad con la falsedad que arriesga perder la dirección propia para el pensamiento y la vida entera.

NOTAS

2. ¿QUÉ ES RELIGIÓN?

1. Algunos académicos dudan que el budismo sea una religión porque el budismo teravada enseña que no hay dioses. Pero, como la mayoría de los budistas cree en dioses, incluiré —por ahora— sólo las versiones no teravada del budismo como religiones.

2. Paul Tillich, *Systematic Theology* (Chicago: University of Chicago Press, 1951), vol. 1, 11–55. Véase también su *The Dynamics of Faith* (Nueva York: Harper & Bros., 1957), 1–40.

3. Tillich, *Dynamics of Faith*, 10, 76-77, 96. Pero compare también su *Systematic Theology*, vol. 1, 211.

4. Tillich, *Dynamics of Faith*, 13.

5. Ibídem, 13, 14. También *Systematic Theology*, vol. 1, 23. Debe ser mencionado que primero niega que Dios sea infinito y luego habla de su infinitud. No sé cómo tomar eso, pero parece que la mayor parte de lo que sigue sigue viendo lo divino como cualquier cosa que sea infinita en los sentidos de ser tanto incondicionado como omnincluyente.

6. Tillich, *Dynamics of Faith*, 12. Despojada de su insistencia en que la inquietud última debe ser por aquello que es infinito en su sentido, la definición de Tillich es tan cercana a la que defiendo que posteriormente lo enlisto, apoyándola. Encarna la misma compenetración básica y, como lo admitiera en comunicación privada conmigo, se deriva del mismo comentario de Lutero que me condujo a ella —el comentario citado más abajo en la nota 22.

7. T. W. Hall, ed., *Introduction to the Study of Religion* (San Francisco: Harper & Row, 1978), 16.

8. Por ejemplo, el Gran Espíritu malo de la cota. Véase James Fraser, *The Golden Bough* (Nueva York: Macmillan, 1951), 308. La concepción de Platón también es un ejemplo pues él insistió en un alma del mundo mala así como en una buena (*Laws* 10, 896).

9. He aquí unas cuantas más. Friedrich Schleiermacher definió la religión como "la suma de los sentimientos más altos", especialmente los sentimientos de dependencia (*On Religion: Speeches to Its Cultured Despisers* [Nueva York: Harper & Row, 1958], 45). Pero seguramente la religión no puede evitar la *creencia*, y todas las creencias tienen un componente conceptual así como un componente sentimental. Por otro lado, Schleiermacher también habló de dependencia del "absoluto" como el núcleo de la re-

ligión, lo cual encaja perfectamente con la definición que defenderé (pero sin estar de acuerdo con su identificación del Absoluto con el universo).

Para evitar las dificultades de una definición esencial, William Tremmel ofrece en vez de ello lo que llama una definición "funcional": una definición de "lo que la religión *hace*" y de la experiencia que subyace a ella (*Religion, What Is It?* [Nueva York: Rhinehart & Winston, 1984], 7).

Desafortunadamente, su descripción de la experiencia religiosa no la distingue, pues la describe solamente como una experiencia de "gran valor y satisfacción —incluso éxtasis". Ello, sin embargo, podría aplicarse igualmente bien a triunfar en un evento deportivo, a ser ovacionado por una interpretación, o a un orgasmo sexual. Más aun, las acciones que especifica como motivadas por la creencia religiosa tampoco las distinguen, pues son descritas como lo que la gente hace para lidiar con lo que es "horrendo", "no manipulable" y "negador de la vida"; y como acciones mediante las cuales tratan de superar su "sentido de finitud". Esto suena equivocado en todo respecto. A veces las personas tratan con lo que es horrendo mediante el retraimiento psicótico, las drogas y el suicidio; y a veces tratan con lo que es negador de la vida llevando una vida salvaje o mediante la delincuencia. Y mientras que el hinduismo y el budismo enseñan que el alcanzar el nirvana nuestra finitud es absorbida por la infinidad divina, el judaísmo, el cristianismo y el islam niegan que las personas puedan llegar a ser alguna vez algo más que criaturas finitas, distintas de Dios.

Otros pensadores alcanzan la definición correcta pero le hacen añadiduras que la tornan parcialmente falsa. Joachim Wach, por ejemplo, dice que la religión es "una respuesta a lo que es experimentado como realidad última ... aquello que condiciona todo ... que nos impresiona y nos desafía" (*The Comparative Study of Religions* [Nueva York: Columbia University Press, 1961], 30). la primera parte suena correcta pero la definición se derrumba al final: las carreras de caballos y los rompecabezas pueden desafiarnos e impresionarnos.

Del mismo modo, la "paráfrasis" ofrecida por Hans Kung es también parcialmente correcta pero parcialmente no. Está equivocado cuando dice que la religión es "una relación social e individual.... Con algo que trasciende o abarca al hombre y su mundo" (*Christianity and the World Religions* [Garden City, N.Y.: Doubleday, 1986], xvi). Ésta es una definición demasiado estrecha porque muchas religiones paganas no consideran a lo divino ni como trascendente ni como omniabarcante, como se explicará en el siguiente capítulo. Kung procede a decir, sin embargo, que la realidad que es el objeto de la creencia religiosa "ha de entenderse siempre como la realidad completamente final y verdadera...". Ello, habré de argumentarlo, es exactamente correcto.

10. For example, W. C. Smith, *The Meaning and End of Religion* (Nueva York: Harper & Row, 1978), esp. xiv, 11-14, 141-46.

11. G. S. Kirk and J. E. Raven, *The Presocratic Philosophers* (Cambridge: Cambridge University Press, 1960), 10-18, 24-31; W. Jaeger, *La teología de los primeros filósofos griegos* (México: Fondo de Cultura Económica, 1952), 10.

12. G. F. Moore, *History of Religions* (Nueva York: Charles Scribner's Sons, 1913), vol. 1, 209-10.

13. Mircea Eliade, *Patterns in Comparative Religion* (Nueva York: Sheed & Ward, 1958), 10-21.

14. E. B. Idowu, *African Traditional Religion* (London: SCM Press, 1973), 135. See also Geoffrey Parrinder's "The Nature of God in African Belief," in *The Ways of Religion*, ed. Roger Eastman (San Francisco: Canfield Press), 493-99; H. Dooyeweerd, *A New Critique of Theoretical Thought*, Philadelphia: Presbyterian & Reformed, 1955), vol. 2, 316; and B. Malinowski, *Magic, Science and Religion* (New York: Doubleday, 1948), 19, 20, 76-79. Also A. C. Bouquet, *Comparative Religion* (London: Penguin, 1962), 45; and M. Nilsson, *A History of Greek Religion* (Oxford: Clarendon, 1967).

15. W. Jaeger, *La teología de los primeros filósofos griegos*)México: Fondo de Cultura Económica, 1952).

16. T. Dantzig, *Number, The Language of Science* (Garden City, N.Y.: Doubleday-Anchor, 1954), 42.

17. Aristóteles no sólo sostuvo la divinidad de las formas, sino que también consideró a la materia como teniendo existencia independiente. Así que fue un dualista religioso y metafísico (*Metafísica* 1042a). En adición a los pensadores ya citados, Tales sostuvo que lo divino era "aquello que no tiene ni principio ni fin" (Jaeger, *La teología de los primeros filósofos griegos*, 29); mientras que Anaximandro dijo que es cualquier cosa que sea "no nacida, no perecedera... y gobernadora de todo" (véase Aristóteles, *Física*, 3.4.203b14).

18. W. E. Albright ha señalado que el nombre santo, propio de Dios, que reveló a Moisés en Éxodo 3:14 YHWH) significa "el que causa el ser". Véase *From the Stone Age to Christianity* (Garden City, N.Y.: Doubleday, 1957), 15-16. El profeta Isaías dice lo mismo de otro modo. Cita a Dios diciendo "no daré mi gloria a otro" (Is. 48:11 RV 1960). Anteriormente Isaías había ya especificado cuál es esa gloria que Dios no tolerará que sea atribuida a nadie más (Is. 6:3): "Santo, santo, santo, Jehová de los ejércitos; toda la tierra está llena de su gloria". Aunque este es un pasaje familiar que ha sido parte de la liturgia cristiana por mucho tiempo, algunos académicos (por ejemplo, J. A. Alexander) han señalado que la última cláusula sería traducida de manera más exacta como "la plenitud de toda la tierra es tu gloria". En otras palabras, como creador, como aquél en el que todo lo demás depende, la gloria de Dios consiste en llenar la tierra con criaturas. Así que creer que cualquier otra cosa es aquello de lo que la tierra depende es tener un Dios sustituto que le roba a Dios su gloria. El Nuevo Testamento dice lo mismo. Romanos 1 habla de todos los humanos como creyendo en Dios como creador o como cambiando "la verdad de Dios por la mentira" poniendo como creador algo creado por

Dios. Y Gá. 4:3 y Col. 1:17 y 2:8 contrasta los famosos cuatro elementos de la antigua metafísica griega (tierra, aire, fuego y agua) con Dios e insiste que el cosmos depende de Dios en Cristo, no de los elementos.

19. Por ejemplo, Ap. 4:11 dice "Señor, digno eres de recibir la gloria y la honra y el poder; porque tú creaste todas las cosas, y por tu voluntad existen y fueron creadas". Y 1 Juan 4:19 pone nuestro amor a Dios sobre la base de que hemos recibido su amor: "Nosotros le amamos a él, porque él nos amó primero".

20. Este es el verdadero significado de la afirmación bíblica: "Dice el necio en su corazón: No hay Dios" (Sal. 14:1). Contrariamente a la manera en que Anselmo la interpretó, ésta no significa que un ateo se contradice a sí mismo sino que cualquiera que piense que carece de dios (divinidad) se engaña a sí mismo.

21. *Institución de la religión cristianaa*, I, xiv, 3.

22. "As I have often said, the trust and faith of the heart alone make both God and an idol. If your faith and trust are right, then your God is the true God. On the other hand, if your trust is false and wrong, then you have not the true God. That to which your heart clings and entrusts itself is, I say, really your God" [Como lo he dicho frecuentemente, la confianza y la fe del corazón solas hacen ambas a Dios y a un ídolo. Si tu fe y confianza son correctas, entonces tu Dios es el verdadero Dios. Por otra parte, si tu confianza es falsa y errónea, entonces no tienes al Dios verdadero. Aquello a lo que tu corazón se aferra y se confía es, digo, realmente tu Dios] (del "Larger Catechism" en el *Book of Concord* [Philadelphia: Fortress, 1959], 365). Véanse también las *Lectures on Romans* en la Library of Christian Classics (Philadelphia: Westminster, 1961), vol. 15, p. 23.

23. Véase Bouquet, *Comparative Religion*, 37; Dooyeweerd, *New Critique,* vol. 1, 57; N. K. Smith, *The Credibility of Divine Existence* (Nueva York: St. Martin's, 1967), 396; William James, *The Varieties of Religious Experience* (Nueva York: Longmans, Green and Co. 1929), 31-34; Eliade, *Patterns in Comparative Religion*, 23-25; C. S. Lewis, *Miracles* (Nueva York: MacMillan, 1948), 15-22; Will Herberg, "The Fundamental Outlook of Hebraic Religion," en *The Ways of Religion*, comp. R. Eastman (Nueva York: Canfield, 1975), 283; Robert Neville, *The Tao and the Daimon* (Albany: State University of Nueva York Press, 1982), 117. Tillich, Kung, y Wach también suscribieron el punto esencial de esta definición a pesar de que la adjuntaron adiciones cuestionables (véanse las notas 6 y 9).

24. M. Nilsson, *History of Greek Religion*, 72.

25. Esta es la razón por la que sólo el budismo entre las religiones principales carece de una explicación de la creación. Véanse los comentarios de Neville en *The Tao and the Daimon*, 116.

26. Algunos críticos han sugerido que el budismo no tiene una idea de la divinidad como la he definido. Esto es simplemente incorrecto. En el famoso diálogo de las Escrituras budistas llamado "The Questions of King Milinda", encontramos esto: "uno puede señalar el camino hacia la realización del Nirvana, pero no puede mostrar una causa de

su producción. ¿Y cual es la razón de esto? Porque el darma, el Nirvana, es incondicionado...no es hecho por nada... es algo que es" (*The Buddhist Scriptures* [Baltimore:
Penguin, 1968], 159). El Canon Pali (Udana 8.3) también asevera que el Nirvana carece de fundamento, carece de desarrollo, carece de asidero". Comentando sobre esto,
Lambert Schmithausen señala que "algunos pasajes incluso hablan del Nirvana como
un estado o esencia metafísica trascendente.... De acuerdo con estos pasajes hay una
realidad metafísica... que también es llamada Nirvana y que preexiste al Nirvana que es
un evento espiritual" (Kung, *Christianity and the World Religions*, 301, 327). Quizá la
enseñanza que más se acerca a sonar como un rechazo de mi definición de "divino" es la
enseñanza de Nagarjuna, un maestro de la rama Shunyavada del budismo de alrededor
de hace 1800 años. Su énfasis en referirse a lo divino como el "vacío"y su aseveración
de que incluso los darmas están "vacíos de realidad" han conducido a algunos a consi-
derarlo como un nihilista ontológico total. Pero el hecho es que nunca dijo tal cosa. Su
aseveración fue que las cosas individuales no tienen realidad en el sentido de que "no
tienen una naturaleza esencial propia, y por lo tanto son impermanentes.... Llegan al
mundo de las apariencias y desaparecen de él en conformidad con la ley de "el origen
dependiente' " (véase Heinz Beckert, "Buddhist Perspectives," en *Christianity and the
World Religions*, 363). Este contraste entre lo que es un notable independiente y lo que
no lo es, presupone la definición de "divino" que estoy defendiendo. La misma conclusión ha sido alcanzada también por otros académicos, tales como David Dilworth
en "Whitehead's Process Realism, the Abhidharma Dharma Theory, and the Mahayana
Critique", *International Philosophical Quarterly*, vol. 18, no. 2 (1978): 162-63; y Robert Neville, *The Tao and the Daimon*, 116. En general, la concepción budista rechaza el
nihilismo ontológico. Considere la siguiente cita de *The Sutra of Hui Neng*, trad. Wang
Mou-lam (Phoenix: H. K. Buddhist Book Distributor Press, 1982):

> To attain supreme enlightenment one must be able to know spontaneously
> one's own nature or Essence of Mind [Suchness], which is neither created
> nor can it be annihilated. (p. 17)
>
> Who would have thought that the Essence of Mind is intrinsically free
> from becoming or annihilation? Who would have thought that the Essence
> of Mind is intrinsically self-sufficient? Who would have thought that all
> things are the manifestations of the Essence of Mind? (p. 20)
>
> Learned audience, when you hear me talk about the Void do not at once
> fall into the idea of vacuity, because that involves the heresy of the doctrine
> of annihilation. (p. 28)

27. Decir que una organización social tiene un propósito central supone el desarrollo
de organizaciones diferenciadas. Donde el único grupo social es una tribu, por ejemplo,
entonces puede no tener un propósito central pero puede abarcar los propósitos que

ahora son servidos por el estado, la institución religiosa, la escuela, la familia extendida, etcétera.

Más aún, incluso donde las organizaciones están diferenciadas, es posible que une la misma persona o grupo de personas puedan actuar como, digamos, una autoridad tanto religiosa como política. Eso no muestra, sin embargo, que la misma institución pueda ser simultáneamente tanto religiosa como política. Más bien, muestra que la misma persona o grupo puede ser la autoridad gobernante en ambas instituciones, actuando a veces en una capacidad, a veces en otra. Así que el hecho de que pueda haber un monarca que también encabeza la institución religiosa o las escuelas de una sociedad no hará que el estado sea lo mismo que una institución religiosa o una escuela. Cada organización retendrá todavía su propósito distintivo.

28. Nicholas Wolterstorff ha ofrecido un penetrante comentario sobre la variabilidad de los sentimientos de confianza ante lo que es visto como una verdad objetiva en su comparación entre Locke y Calvino. Véase "The Assurance of Faith," *Faith and Philosophy*, vol. 7, no. 4 (oct. 1990): 396-417. Véanse también las observaciones de William James en *The Varieties of Religious Experience*, 258.

29. Por ejemplo, H. H. Price, "Belief 'In' and Belief 'That'," *Religious Studies*, vol. 1, no. 1 (oct. 1965): 5-27.

Siguiendo la práctica de los escritores bíblicos, no estaré usando "fe" o "confianza" para designar la creencia de que Dios es real. Ellos usan estos términos solamente para designar la confianza que uno pone en las promesas de Dios, nunca el hecho de su existencia. Ésta es siempre llamada "conocimiento". Véase esp. Deut. 4:35, 1 Sam. 3:7, Sal. 46:10, Isa. 12:2, 1 Tim. 4:3, Juan 6:69, 10:38; 1 Juan 2:3.

30. Hace mucho que Wilfred Cantwell Smith ha tomado la posición de que todas las religiones son igualmente eficaces cuando se trata de traer a las personas a una relación correcta con lo divino, a pesar del hecho de que dar explicaciones contrarias acerca de lo que tiene estatus divino; véase su *The Meaning and End of Religion*. John Hick ha defendido la misma posición en *An Interpretation of Religion* (New Haven: Yale University Press, 1989). Tengo tres comentarios.

Primeramente, es notable que incluso para Smith y Hick las creencias de las varias tradiciones no pueden ser todas *verdaderas*; admiten que es imposible. Lo que sostienen es que todas las personas experimentan la misma Realidad Divina pero luego conceptualizan, explican y elaboran teorías de manera diferente acerca de esa Realidad. Su posición es que, aunque los revestimientos conceptuales estén en desacuerdo, ese hecho no importa para el destino final de cualquiera.

Una seria dificultad que encara la propuesta de Smith/Hick es que simplemente no es verdadera de los reportes de experiencias religiosas dadas por aquellos que las tienen. Como lo muestra William James en *Varieties of Religious Experience*, son las experiencias mismas las que difieren, no meramente las subsecuentes interpretaciones que se les dan.

Más aún, la cuestión de la verdad no puede ser desechada tan fácilmente. O bien lo divino y nuestra relación apropiada con ello son como los concebimos o no lo son, y toda religión insiste en que es crucial que las personas estén en lo correcto en vez de equivocada sobre estos asuntos. Al negar este punto, Smith y Hick están afirmando que todas las religiones del mundo son de hecho *falsas* pero que ello no importa para el destino final de cualquiera. Así que de hecho han inventado una nueva religión que está en desacuerdo con todas las otras en vez de proporcionar una manera para reconciliar las religiones existentes.

31. Los escritores bíblicos mismos insisten en este punto. Mantienen que otras creencias religiosas están atribuyéndole el estatus que pertenece solo a Dios algo distinto de Dios (véase Isa. 42:8, 44:6; Rom. 1:25). Lo que todas las religiones (y todas las personas) ven al menos de manera tenue es que *algo* es divino. Esto es lo que Calvino llamó el "sentido de la divinidad" en todos los humanos, el cual ha estado en un estado deformado desde la Caída en el pecado.

Algo semejante se afirma en otras religiones en favor de sus creencias de divinidad en tanto que opuestas a la creencia en Dios.

32. Lo mismo vale para otros "ismos" en teorías de la realidad. El positivismo, por ejemplo, toma a las percepciones sensoriales como divinas, en vez de a la materia. Como lo dijera Ernst Mach, " entonces es correcta la aserción de que el mundo consiste solamente de nuestras sensaciones. En cuyo caso *sólo* tenemos conocimiento de sensaciones" (*The Analysis of Sensation*, en J. Blackmore, *Ernst Mach* [Berkeley: University of California Press, 1972], 327 n. 14).

J. S. Mill, por el contrario, trató de llevar la explicación un paso más atrás. Cuando se le preguntó que causaba las sensaciones, Mill replicó que son el producto de lo que llamó "las posibilidades permanentes de sensación", y consideró a estas misteriosas entidades como metafísicamente últimas: "existe en la naturaleza un número de cosas permanentes que han subsistido... durante un periodo de tiempo indefinido y probablemente enorme.... Pero no podemos dar una explicación del origen de las causas permanentes mismas.... Todos los fenómenos sin excepción que empiezan existir, esto es, todos excepto las causas primitivas, son efectos inmediatos o remotos de aquellos hechos primitivos o de alguna combinación de ellos" (*Philosophy of Scientific Method*, comp. por E. Nagel [Nueva York: Hafner, 1950], 202-3).

Estas misteriosas entidades son así dejadas por default en el estatus de divinidad pues existen incondicionalmente por lo que concierne al explicación.

O considérese el comentario de Jacques Derrida de que es fundamental a su concepción de la realidad su momento "aneconómico" que le es anunciado, que desciende sobre el y se apodera de él en la forma de una prescripción que nunca le abandona, y es "lo que es más innegablemente *real*" (*Philosophy in a Time of Terror: Dialogues with Jurgen Habermas and Jacques Derrida* [Chicago: University of Chicago Press, 2003], 134).

Del mismo modo, Richard Rorty, a pesar del hecho de que insiste en que deberíamos "tratar de llegar al punto en el que ya no rendimos culto a *nada*, en el que no tratamos *nada* como una cuasidivinidad, en el que tratamos *todo* —nuestro lenguaje, nuestra conciencia, nuestra comunidad— como producto del tiempo y el azar. Alcanzar este punto sería, en palabras de Freud, tratar el azar como digno de determinar nuestro destino " (*Contingency, Irony, and Solidarity* [Cambridge: Cambridge University Press, 1989], 22). A pesar de esta amonestación, Rorty se compromete a especificar una naturaleza básica para esta contingencia ¡que equivale a una creencia religiosa! Pues mientras que todas las (otras) creencias son reducidas al carácter de necesidades prácticas, la independencia de la realidad física/biótica y de la evolución darwiniana son tomadas por el como verdaderas precisamente en el sentido en que niega que se pueda saber que algo es. Pues se alinea con los pragmatistas que "empieza con una explicación darwiniana de los seres humanos como animales que hacen su mejor esfuerzo para arreglárselas con el ambiente —hacen lo más que pueden para desarrollar herramientas que les permitirán disfrutar más placer y menos dolor" ("Relativism: Finding and Making," in *Debating the State of Philosophy*, comp. por J. Niznik and J. Sanders [Westport London: Praeger, 1996], 38). Así que su base para insistir en que nunca se podrá saber que alguna (otra) creencia corresponde con la realidad es su propia creencia de que la evolución biológica lo hace. (Véase también mi artículo "A Critique of Historicism" en *Crítica*, vol. 29, no. 85 (abril 1997).

33. En la otra dirección, podría objetarse que las creencias del tipo (3) no son comunes a todas las religiones. Después de todo, los epicúreos creían en muchos dioses y Aristóteles creía en un dios, pero en ningún caso había creencias del tipo (3) unidas a aquellas creencias.

Debe recordarse, sin embargo, que aquellos dioses eran todos divinos sólo en un sentido secundario. Para los epicúreos, eran los átomos en el espacio los que tenían divinidad *per se*, mientras que para Aristóteles eran las formas y la materia. Y en ambos casos sus divinidades *per se* estaban acompañadas no solamente de creencias secundarias del tipo (2), sino también de creencias del tipo (3).

34. El comentario fue parte de una conferencia sobre la filosofía del lenguaje en la Universidad de Pennsylvania en marzo de 1962.

35.*Institución de la religión cristiana* I, vii, 2.

Cfr. también la experiencia de Alister Hardy: "fue mientras escuchaba un sermón en St. Mary's que me convencí de la realidad de Dios. La emoción estaba en un mínimo.... El sentido de estar convencido tampoco fue básicamente intelectual. Fue simplemente que supe que el predicador estaba diciendo la verdad" (*The Spiritual Nature of Man: A Study of Contemporary Religious Experience* [Oxford: Clarendon, 1979], 100).

Tillich también ha notado que la ampliamente aceptada noción de "fe" como creencia sin evidencia no es una descripción correcta de la experiencia sobre la que se basa la creencia en Dios. Dice que esta errónea concepción de la fe la ve como un "acto de conocimiento con evidencia limitada y que la carencia de evidencia es compensada por un acto de voluntad. . . . Esto no hace justicia al carácter existencial de la fe". Luego agrega: "la certeza de la fe es 'existencial', con lo que se significa que está involucrada la existencia entera [del creyente]. . . . [Es] certeza acerca del propio ser de uno, a saber . . . [su] estar relacionado con algo último o incondicional" (*The Dynamics of Faith*, 34, 35). También habla de esto como la experiencia de ser "asido" por la verdad, más que la de ser un asunto de elección (p. 37).

36. *Knowing with the Heart: Religious Experience and Belief in God* (Downer's Grove, Ill.: InterVarsity Press, 1999). Como la aseveración de que las creencias de divinidad *per se* están basadas en la experiencia religiosa está sometida a una amplia diversidad de malos entendidos, he aquí un breve bosquejo de la posición que defendí en *Knowing*.

"Experiencia religiosa" es tomado como significando cualquier experiencia que genere, profundice o confirme una creencia religiosa. No está, por lo tanto, limitada a experiencias inusuales o extrañas tales como voces, visiones, unión mística con lo divino, o milagros. Tales experiencias relativamente raras de hecho dependen para su significado, argumento, de la experiencia del reconocimiento de la verdad directa —el tipo de experiencia designada en otros contextos como intuición de la autoevidencia de la verdad de una creencia. Tal experiencia directa de la verdad pertenece, sostengo, a experiencias ordinarias (tales como la de simplemente leer la Escritura) así como a las experiencias más inusuales. . . . Defiendo esto, primeramente, mostrando que las restricciones tradicionales sobre la genuina autoevidencia son falsas: no hay ni puede haber ninguna justificación para las afirmaciones de que una creencia es autoevidente solamente si todas las personas racionales la experimentan como tal (como insistieron Descartes y Locke), o que la autoevidencia pertenece solamente a las verdades necesarias y produce creencias infalibles (como sostuvo Aristóteles). Al mismo tiempo, sin embargo, no hay buenas razones para dudar de que las intuiciones de la autoevidencia, como la percepción el razonamiento, son fuentes confiables de verdad. Luego argumento que, bajo las condiciones adecuadas, la autoevidencia con respecto a la divinidad se halla en el mismo bote epistemológico con la autoevidencia de los axiomas lógicos o matemáticos. La explicación es así una defensa de la posición adoptada por Calvino en la cita referida en la nota previa, y también por Pascal, quien lo dijo de esta manera:

> Conocemos la verdad no sólo por la razón, sino aun por el corazón; de este segundo modo es como conocemos los primeros principios, y es en vano que el razonamiento, que ahí no tiene parte, intente combatirlos. . . . Porque el conocimiento de los primeros principios, como que hay espacio, tiempo, movimiento, números [es] tan firme como ninguno de los que nuestros razonamientos nos dan. . . . Por esto, aquellos a quienes Dios ha dado la religión por sentimiento de corazón son bien dichosos, y *bien legítimamente*

persuadidos. (*Pensamientos*, trad. Juan Domínguez Berrueta [Buenos Aires: Ediciones Orbis, S. A., 1984], 162-163. Las cursivas son mías.)

37. Cf. Dooyeweerd, *A New Critique*, vol. 1, 55-57.

38. Un número de pensadores han argumentado recientemente en favor de esta posición. Menciono solamente unos cuantos aquí: Alvin Plantinga, "Reason and Belief in God", en *Faith and Rationality*, comp. Alvin Plantinga y Nicholas Wolterstorff (Notre Dame, Ind.: University of Notre Dame Press, 1983), 16-93; Plantinga, *Warrant and Proper Function* (Oxford: Oxford University Press, 1993) y *Warranted Christian Belief* (Oxford: Oxford University Press, 1999); William Alston, *Perceiving God* (Ithaca: Cornell University Press, 1991); y Nicholas Wolterstorff, "Can Belief in God Be Rational If It Has No Foundations?" in *Faith and Rationality*, 135-86.

También me gustaría enfatizar que acabo de decir que las creencias de divinidad "pueden ser" básicas, para reconocer que para muchas personas no lo son. Muchos adoptan una religión por razones distintas a la de haber experimentado directamente su verdad, razones tales como que les trae consuelo, los une socialmente con otros, o proporciona orden y belleza a sus vidas, etcétera. Frecuentemente estas personas agregan que nadie puede realmente saber si es verdadera alguna creencia de divinidad, y admiten que aceptan sus propias creencias sobre bases pragmáticas tales como que les dan consuelo y esperanza ante la tragedia o la muerte. Tales personas son las que llamado "compañeros de viaje" religiosos en comparación con la observación que hice anteriormente: toda religión principal asevera que los creyentes genuinos son solamente aquellos que ven por sí mismos que las enseñanzas son verdaderas.

Sin embargo, no debiera tomarse esta sugerencia como sugiriendo que los compañeros de viaje religiosos toman a la ligera su afiliación religiosa. Por el contrario, frecuentemente están altamente comprometidos y son fieramente leales. De hecho, encuentro que el fanatismo religioso está fuertemente asociado precisamente con *la lealtad del grupo reemplazando el reconocimiento de la verdad*, de modo que más frecuentemente es un producto del compromiso de un compañero de viaje. Es esta lealtad al grupo lo que frecuentemente induce violaciones de las mismas enseñanzas con las cuales se supone que el grupo está comprometido. En contraste, el genuino reconocimiento de la verdad supera todas las otras lealtades y compromisos.

3. TIPOS DE CREENCIAS RELIGIOSAS

1. W. Jaeger, *La teología de los primeros filósofos griegos*, 22-23.

2. W. Heisenberg, *Physics and Philosophy* (Nueva York: Harper, 1958), 72-73. Hay traducción al español: *Física y filosofía* (Epublibre Antwan, 2013).

3. J. Vander Hoeven, *Karl Marx: The Roots of His Thought* (Amsterdam: Van Gorcum, 1976), 12.

4. J. B. Noss, *Man's Religions* (Nueva York: Macmillan, 1980), 181. Desde luego, también es verdad que hay versiones de las tradiciones panteístas que no son tan extremas y que sostienen solamente que lo divino es más real que las cosas individuales de la experiencia cotidiana. Tales diferencias importantes son típicas de las tradiciones panteístas; sus varias escuelas de pensamiento difieren mucho más ampliamente que, digamos, las diferencias entre los teístas.

5. W. Herberg, "The Fundamental Outlook of Hebraic Religion", op. cit., 283.

6. Ibídem, 284. Este punto será desarrollado con mayor detalle en el capítulo 10.

7. A menos que se indique en contrario, las citas bíblicas serán de la versión Reina-Valera 1960.

8. A. N. Whitehead, *Adventures of Ideas* (Nueva York: Mentor Books, 1955), 108.

9. A. N Whitehead, *Science and the Modern World* (Nueva York, Free Press, 1967), 92.

4. ¿QUÉ ES UNA TEORÍA?

1. Por ejemplo: E. Nagel, *The Structure of Science* (Nueva York: Harcourt, Brace & World, 1961), 1-28; K. Popper, *Conjectures and Refutations* (Nueva York: Harper & Row, 1965), 216; J. Kemeny, A *Philosopher Looks at Science* (Nueva York: Van Nostrand Reinhold, 1959), 156 ff.; R. Giere, *Understanding Scientific Reasoning* (Nueva York: Holt, Reinhart & Watson, 1979), 61, 80, 163; M. Martin, *Concepts of Science in Education* (Nueva York: Scott, Foresman, 1972), 50-58; N. Rescher, *Scientific Explanation* (Nueva York: Free Press, 1970), 8-24; J. J. C. Smart, *Between Philosophy and Science* (Nueva York: Random House, 1968), 53-88; M. Wartofski, *Conceptual Foundations of Scientific Thought* (London: Macmillan, 1968), 35, 240; G. Gale, *Theory of Science* (Nueva York: McGraw-Hill, 1979), 193-235; W. Balzer and C. U. Moulines, eds., *Structuralist Theory of Science: Focal Issues, New Results* (Berlin: Walter de Gruyter, 1996), 1-13; Margaret Morrison and Mary S. Morgan, comps., *Models as Mediators: Perspectives on Natural and Social Sciences* (Cambridge: Cambridge University Press, 1999), 10-37; U. Mäki, "Isolation, Idealization and Truth in Economics," in B. Hamminga and N. B. de Marchi, eds., *Idealization VI: Idealization in Economics. Poznan Studies in the Philosophy of the Sciences and the Humanities*, vol. 38 (Amsterdam: Rodopi, 1994), 147-68.

2. Los puntos principales ofrecidos aquí son un resumen del explicación que da Dooyeweerd en la *New Critique of Theoretical Thought*, véase esp. vol. 1, 38 ss. Dooyeweerd usa su análisis de la abstracción como la base para una "crítica trascendental" de las teorías. Con esto quiere decir que la abstracción es (parte B) la respuesta a la pregunta trascendental: "¿qué hace a las teorías posibles?". Mientras que reconoce que su enfoque está en deuda con Kant, su propio desarrollo del mismo (y sus propias teorías subsecuentes) son sustantivamente no kantianas. Brevemente: Dooyeweerd en-

fatiza que, una vez que Kant planteó la pregunta trascendental "¿qué hace posible la experiencia?", procedió inmediatamente ofrecer una teoría para responderla *sin haber planteado la siguiente, obvia pregunta crítica "¿qué hace posibles las teorías?"*. Como resultado, dice Dooyeweerd, Kant dejó de mantener una actitud genuinamente crítica. En este respecto, el intento de Kant falló del mismo modo que R. Chisholm ha acusado de fallar a todos los argumentos trascendentales pasados en el capítulo 8 de su *The Foundations of Knowing* (Minneapolis: University of Minnesota Press, 1982, 95-99).

En contraste, Dooyeweerd mantiene la postura trascendental ofreciendo un análisis descriptivo de la actividad de la alta abstracción que está sujeta a confirmación en la propia autorreflexión de uno. Al ser confirmada de este modo, la descripción de la abstracción es lo que Dooyeweerd llama "empírica trascendental", en que no depende de suposiciones *a priori* ni es una inferencia cuyas premisas puedan ser negadas. Más aún, más que ser la base de alguna teoría específica, su explicación de la alta abstracción es empleada para derivar criterios de coherencia para todas las teorías. Así que no la usa para demostrar, por ejemplo, que hay un mundo independiente del pensamiento humano como Kant intentó hacerlo —lo que Stroud mostró que no pueden hacer los argumentos trascendentales ("Transcendental Arguments", *Journal of Philosophy* vol. 65, no. 9 [1968]: 241-56). Los criterios de Dooyeweerd, sin embargo, muestran por qué cualquier teoría que intente justificar la negación de un mundo externo a los humanos viola sus criterios, y cae así en una o más de las incoherencias que expone. Estos criterios son formulados posteriormente en este capítulo, y su aplicación a la teoría de Kant se resume más abajo en la nota 18.

3. Nagel, *Structure of Science*, 4, 11.

4. Ejemplos de los tres modos en que la alta abstracción puede estar involucrada en las teorías son los siguientes: (1) no se requiere de la alta abstracción para preguntarse si el agua siempre apaga el fuego, pero sí para preguntar cómo es que el calor es transferido de un objeto a otro. (2) No se requiere de la alta abstracción para proponer la hipótesis de que el agua no habrá de apagar todo tipo de fuego, pero sí para armar la teoría de que el calor es transferido por la colisión de moléculas que están vibrando más rápidamente con moléculas que están vibrando más lentamente. (3) No se requiere de la alta abstracción para pensar en la prueba de arrojar agua sobre los fuegos hasta que se encuentre uno que no sea apagado por el agua. Pero se requiere de la alta abstracción para concebir argumentos y pruebas en favor de la teoría molecular de la transferencia del calor

5. La sociología tiende a ser una bolsa revuelta. Algunas de sus teorías trataron con los aspectos sociales de la vida; esto es, con propiedades, normas y relaciones que tienen que ver con el prestigio, el respeto, el estatus, la costumbre, la tradición, estilos de vestir, etcétera. Otras teorías toman las comunidades sociales como su campo y tratan con uno o más aspectos de las mismas. En el capítulo 12 adoptaré la posición de que

las comunidades se entienden mejor como resultado de los diferentes modos en que se organiza la relación social de autoridad.

6. G. Ryle, *Dilemmas* (Cambridge: Cambridge University Press, 1956), 13.

7. J. Piaget, *Main Trends in Interdisciplinary Thought* (Nueva York: Harper & Row, 1970), 12-13.

8. La aserción de que todas las teorías están reguladas por alguna creencia de divinidad será desarrollada en capítulos posteriores para teorías de la realidad, pero no hay espacio para hacer lo mismo para las epistemologías. Ofrezco una breve explicación de algunos de los modos en que ello también es verdadero de las epistemología en *Knowing with the Heart*, anteriormente citado.

9. Si una teoría propusiese la existencia de una entidad que pudiera ser experimentada directamente aunque todavía no ha sido encontrada, entonces encontrarla *demostraría* que la teoría es verdadera. Por ejemplo, resultó que los astrónomos que teorizaron que había un noveno planeta en nuestro sistema solar estaban en lo correcto cuando Plutón se descubrió en 1930. Otro ejemplo es la teoría de las enfermedades por gérmenes. Siempre que aquello que es propuesto por la teoría efectivamente es encontrado, la propuesta de la teoría deja de ser una conjetura y por ello ya no es una hipótesis. Es innecesario decir, sin embargo, que la vasta mayoría de las teorías en filosofía y las ciencias no son unas que propongan la existencia de entidades que son directamente descubribles.

10. Esto no pretende tomar ningún partido en la actual controversia realismo vs. antirrealismo acerca de las entidades teóricas, pues ambas son demasiado extremas como se encuentran. Pero se halla más cerca de la realista al insistir que las teorías entitarias seguramente *intentan* descubrir entidades hasta ahora insospechadas; aunque al mismo tiempo sostiene que no podemos afirmar justificadamente que lo hemos logrado más allá de toda duda (con la excepción reconocida en la nota previa). El factor principal en la justificación teórica es el que ya ha sido enfatizado: la razón para creer una teoría es que también explica lo que se propone explicar. Así que mientras que "extensión más allá de la intención" y "convergencia de la evidencia" pueden conducir justificadamente a la aceptación de una teoría, aún así puede ser el caso de que lo que es en una teoría que corresponde con la realidad (la razón por la que funciona) es diferente de lo que la teoría propone que es. Más aún, la conclusión acerca de qué teoría —o qué interpretación de una teoría— proporciona la mejor explicación continuará difiriendo de acuerdo con la concepción de la realidad adoptada por el pensador dado, y así también diferirá de acuerdo con la creencia de divinidad del pensador. El resultado es, como frecuentemente nos lo recuerda Dooyeweerd, que "no hay certeza en el ámbito de la teoría", salvo las certezas que le traemos desde la experiencia preteórica.

11. Mi dicho de considerar un aspecto como divino es una expresión elíptica. Más precisamente, se cree que un aspecto cualifica la naturaleza de lo que es divino. Las teorías más antiguas de la realidad tenían el cuidado de especificar no solamente qué *tipo*

de cosa es divina, sino exactamente qué es lo que tiene esa naturaleza. Pero teorías más recientes de la realidad tampoco dispuestas a ser tan comunicativas. Por ejemplo, los materialistas contemporáneos están seguros de que la naturaleza última de la realidad (y por lo tanto la naturaleza de la realidad última) es física, pero ninguno de ellos se comprometerá con exactamente qué cosas o procesos (supuestamente) puramente físicos tienen existencia independiente y son por eso aquellos de lo que todo lo demás depende.

12. Es la desigualdad de la *realidad* transmitida por una asignación de prioridad la que es objetable porque refleja una creencia religiosa pagana. En esta conexión es necesario tener en mente algo que se dijo en el capítulo 2, a saber, que si una explicación retrotrae todo a alguna(s) fuente(s) y luego simplemente se detiene sin decir explícitamente que la fuente tiene realidad independiente, con ello le confiere un estatus independiente a la(s) fuente(s) por default. Hasta donde se nos dice, entonces, la(s) fuente(s) es (son) divina(s).

Esto no es negar, sin embargo, que ciertas propiedades incluidas en un concepto (o en una cosa) pueden ser más importantes para el mismo que otras. Pero mostraré después por qué la importancia más grande que ciertas propiedades pueden tener en un concepto o una cosa se puede explicar mejor sin entronizar el aspecto que las cualifica como divinas, y sin ninguna correspondiente reducción en el estatus ontológico de los aspectos restantes. El mismo hecho de que tal explicación es posible sirve para reforzar el punto de que la persistencia de la reducción ontológica en el pensamiento occidental no brota de ninguna necesidad teórica sino de una perspectiva *religiosa* pagana.

13. Michael Polanyi ha dicho lo mismo con respecto a las reglas para la ciencia que lo que acabo de decir para los conceptos teóricos en *Personal Knowledge* (Nueva York: Harper & Row, 1962): "todas las reglas formales para el procedimiento científico deben resultar ambiguas, pues *serán interpretadas de manera muy diferente de acuerdo con las concepciones particulares acerca de la naturaleza de las cosas que guían al científico*" (167, las cursivas son mías).

Debiera agregarse que al decir esto he estado hablando de conceptos altamente abstractos tanto de objetos percibidos como de entidades inventadas como hipótesis; es decir, conceptos como los que surgen en la ciencia y en la filosofía. En los conceptos que no son altamente abstractos y que aparecen en la configuración del pensamiento y la experiencia ordinarios, las personas difícilmente llegan a darse cuenta de que tipos de propiedades ven como dependientes de qué otro(s) tipo(s). Así que en un contexto no teórico, si se le pregunta las personas cuál de los tipos de propiedades incluidos en su concepto de algo es aquel del que todas las otras cosas dependen, podrían responder honestamente: "no lo sé". Eso no muestra, sin embargo, que carezcan de una creencia de divinidad en lo absoluto, sino sólo que ésta permanece como una presuposición inconsciente. Una investigación adicional de los conceptos de las personas de, digamos, que es ser *humano* (en vez de un salero) es frecuentemente más revelador de sus creencias de divinidad tácitas.

14. Aquí estoy tratando de poner en claro que esto no significa que el hecho de que un científico proponga, defienda o adopte una hipótesis entitaria tenga que deberse a la influencia de algún filósofo en particular. La afirmación no es que alguna visión panorámica de la naturaleza de la realidad *tal y como es elaborada en una teoría filosófica* necesariamente ejerza una influencia reguladora sobre las teorías de la ciencia. Más bien, es el *asunto* de la naturaleza de la realidad el que no puede ser evitado, ya sea que lo que un científico presupone acerca de ella haya sido derivado o no de un filósofo, o haya sido elaborada alguna vez como una teoría en la historia de la filosofía.

15. "[En los casos de disputas sobre teorías] resulta que los dos lados no aceptan los mismos 'hechos' como hechos, y mucho menos la misma 'evidencia' como evidencia.... Pues dentro de dos marcos conceptuales diferentes la misma gama de experiencia adopta la forma de diferentes hechos y diferente evidencia" (Polanyi, *Personal Knowledge*, 167).

16. Algunos críticos han objetado que no tiene caso que ofrezca criterios para teorías si todas son interpretadas bajo el control de alguna creencia de divinidad. Preguntan: "¿No tendrán fuerza los criterios solamente para aquellos que comparten tu creencia de divinidad...?". Otros han planteado el mismo tipo de objeción a mi definición de creencia religiosa, y uno incluso ha sugerido que la tesis del control religioso de las teorías es autorreferencialmente incoherente

Deshagámonos primero de la última crítica. Nuestra tesis no es que todas las teorías sean producidas o nos sean impuestas por alguna creencia de divinidad, así que no hay incoherencia autorreferencial. La tesis es que la naturaleza de los postulados de una teoría siempre es *interpretada* bajo la luz de lo que es presupuesto como divino.

En los casos de creencias que no son hipótesis: he tratado a lo largo de mi exposición de dejar en claro que hay innumerables estados de cosas que son reconocidos en un nivel de experiencia y pensamiento que es compartido por todos por igual (*cfr.* mis comentarios en el capítulo 1). Todo mundo puede reconocer que, digamos, la luz de alto es roja o que hay un árbol en el jardín, etcétera. Esto sigue siendo el caso aún cuando a un nivel más profundo de análisis los conceptos de estos estados de cosas exhiban diferencias relativas a la creencia de divinidad presupuesta (ilustraré en breve esto con el ejemplo de dos personas que se están pasando salero en la comida.) Esto también es verdadero de los criterios ofrecidos y para las teorías, junto con la definición de creencia religiosa, y la tesis acerca del control religioso de las teorías. Son tales estados de cosas y no son ellos mismos *hipótesis*; no son conjeturas educadas propuestas para llenar huecos explicativos.

En este respecto tienen un estatus con respecto a nuestra tesis central análoga a la de la ley de no contradicción. Tampoco ésta es una teoría, sino que es abstraída del aspecto lógico de nuestra experiencia. Como tal puede ser reconocida por cualquiera independientemente de su orientación religiosa. Desde luego, será interpretada a la luz de cualquier creencia que la persona tenga, lo cual es la razón por la que ha sido interpretada de varias maneras como: un producto accidental del modo en que nuestros cerebros han evolucionado, aplicable a nuestro pensamiento pero no a la realidad extramental, aplicable al lenguaje pero no a las matemáticas, aplicable al mundo de la percepción cotidiana pero no en el nivel subatómico, parte del mundo ilusorio que debemos rechazar para ser liberados del ciclo del nacimiento, etcétera.

Del mismo modo, la tesis acerca del control religioso de las teorías, junto con la definición de creencia religiosa y el criterio ofrecido para las teorías, son también estados de cosas derivadas del experiencia. De seguro, serán interpretados desde varios puntos de vista religiosos, pero ello servirá solamente para confirmar nuestra tesis, no para socavarla. (*Cfr. New Critique*, vol. 1, 34-37, 82-86, 545-66; vol. 2, 366-80, 429-34, 466-71; vol. 3, 1-53, 145.)

17. Este criterio arroja una crítica muy diferente de la usual crítica del materialismo dialéctico, la cual es que niega la existencia de creencias y otras actitudes proposicionales. Churchland ha argumentado que la última crítica supone una "psicología *folk*" que incurre en una petición de principio (*A Neuro-Computational Perspective: The Nature of Mind and the Structure of Science* [Cambridge, Mass.: MIT-Bradford, 1989], 111-27). Pero, más que suponer una psicología folk que sostenga que las creencias deben de ser *no físicas*, mi criterio muestra por qué los eliminativistas deben suponer que sus propias aseveraciones tienen propiedades no físicas y son gobernadas por leyes no físicas si han de tener significado y ser verdaderas. Y ello incluye sus aserciones acerca de la psicología *folk*.

18. Este es el criterio que Dooyeweerd considera como la clave para una crítica completamente trascendental de la producción de teorías, de haber pasado por alto a la cual acusa a Kant. De hecho, argumenta que, cuando se aplica a las teorías propias de Kant, resultan descalificadas. Dice Dooyeweerd:

> desde el principio Kant derivó el conocimiento humano solamente de dos orígenes: la sensibilidad y el pensamiento lógico ... siguiendo los pasos del empirismo inglés, empieza con la suposición dogmática de que el 'dato' de la experiencia es de un carácter puramente ... sensorial....
>
> En esta ... actitud la epistemología simplemente dio por sentado aquello que debiera ser el principal problema de cualquier crítica del conocimiento, a saber, la abstracción de las funciones sensorial y lógica de la conciencia respecto de la plena sístasis ... de los ... aspectos de la experiencia humana.... Esta abstracción se lleva a efecto solamente en el pensamiento teórico mediante un proceso de distribución y oposición....
>
> El dato real de la experiencia humana precede a toda [abstracción] teórica.

La suposición de que ciertas funciones de la conciencia, teóricamente aisladas en el ... acto de cognición son los *datos* fue nada menos que el pecado capital cosmológico. (*New Critique*, vol. 2, 431-32)

La cuestión primordial debiera ser: ¿qué abstraemos del dato real de la experiencia? ... y sólo en conjunción irrompible con esta pregunta primordial debiera ser planteado el segundo problema: ¿como puede ser reconciliada la antítesis entre los [aspectos abstraídos] mediante una síntesis ... interaspectual? (Ibídem, 434)

Esta especie de violación del criterio de coherencia autorrealizativa es verdadero no sólo de Kant sino que, como lo muestra Dooyeweerd, típico de la filosofía occidental (*Cfr. New Critique*, vol. 1, 27-162, 297-405; vol. 2, 430 ss., y esp. 493-575.) Regresaremos a este punto nuevamente en capítulos posteriores, por ejemplo en el capítulo 8 (esp. en la nota 2), donde aparecerá que el asunto de cómo caracterizar el dato del experiencia es crucial en las interpretaciones en competencia de la teoría atómica. Y una exposición más completa de la fuerza de la crítica de Dooyeweerd se dará en el capítulo 10.

5. TEORÍAS Y RELIGIÓN: LAS ALTERNATIVAS

1. S. Kierkegaard, *Fear and Trembling and Sickness Unto Death* (Garden City, N.Y.: Doubleday, 1955), 48.

2. Ibídem, 218.

3. S. Kierkegaard, *The Concluding Unscientific Postscript*, reprinted in *Nineteenth-Century Philosophy*, comp. P Gardiner (Nueva York: Free Press, 1964), 306-7.

Varios eruditos expertos en Kierkegaard me han informado que la posición expresada en estas citas en realidad conduce a error, y que su posición real es más parecida a la mía. Admiten, sin embargo, que enunciados tales como los que he citado aquí ciertamente *parecen* indicar que su posición es como yo la describo, y también que este (mal) entendimiento de él mucho ha constituido su legado intelectual. Como eso es el caso, dejaré las citas como ejemplos de la posición que está siendo descrita, con el reconocimiento de que podrían no ser tan exactas con respecto a lo que el mismo Kierkegaard quería decir.

4. F. Schleiermacher, *On Religion: Speeches to Its Cultured Despisers* (Nueva York: Harper & Brothers, 1958), 46.

5. A. N. Whitehead, *Adventures of Ideas* (Nueva York: Mentor Books, 1955), 165. Ésta ha sido una concepción prevaleciente en el pensamiento occidental por mucho tiempo, y ha sido compartida por pensadores que por lo demás difieren ampliamente. Por ejemplo, en su disertación doctoral (Berlin, 1841), Karl Marx citó a David Hume con aprobación como sigue:

> 'Tis certainly a kind of indignity to philosophy, whose sovereign authority
> ought to be everywhere acknowledged, to oblige her on every occasion to
> make apologies for her conclusions, and justify herself. . . . This puts one in
> mind of a king arraigned for high treason against his subjects.

Marx agregó inmediatamente su propio comentario en el sentido de que "the conscious-ness of man [is] the supreme divinity. There must be no god on a level with it" (del "Foreword to Thesis: The Difference between the Natural Philosophy of Democritus and the Natural Philosophy of Epicureus," reprinted in *Marx and Engels on Religion* [Moscow: Foreign Language Publishing House], 14-15).

6. B. Russell, *Why I Am NOT a Christian* (Nueva York: Simon & Schuster, 1957), 32-33.

7. Tomás de Aquino, *De Trinitate* exposition 2.3.

8. En aras de la exactitud histórica, debe agregarse que siempre hubo una mayor tensión de resistencia a la posición escolástica entre los académicos judíos y musulma-nes que entre los cristianos. Muchos pensadores cristianos que adoptaron la posición escolástica general con respecto a la razón y a las creencias de divinidad se sintieron, como resultado de ello, libres para apropiarse muchos conceptos filosóficos griegos al desarrollar sus teologías. Fue así que ellos, por ejemplo, terminaron entendiendo la na-turaleza de Dios como equivalente a las formas platónicas, e interpretaron la idea del alma humana de una manera helenista y no tanto de acuerdo con el modo en que los escritores bíblicos hablaron de ella. Este tópico será tratado con mayor amplitud en el capítulo 10.

9. J. Calvin, *Commentary on the First Book of Moses* (Grand Rapids, Mich.: Eerd-mans, 1948), vol. 1, 63.

6. LA IDEA DEL CONTROL RELIGIOSO

1. Véanse las penetrantes observaciones del artículo de James Barr, "Literality", en *Faith and Philosophy*, vol. 6, no. 4 (1989): 412-28.

2. Quoted in C. C. Gillespie, *Genesis and Geology* (Nueva York: Harper & Brothers, 1959), 53.

3. Howard Van Till ha desarrollado este tema en detalle. Véase *The Fourth Day: What the Bible and the Heavens Are Telling Us about Creation* (Grand Rapids, Mich.: Eerdmans, 1986) y *Portraits of Creation: Biblical and Scientific Perspectives on the World's Formation* (Grand Rapids, Mich.: Eerdmans, 1990).

4. La confusión entre la providencia de Dios y su actuar en la creación es común a una amplia variedad de pensadores. Un ejemplo notable se encuentra en *A Brief History of Time* de Stephen Hawking (Nueva York: Bantam Books, 1988), 136-41, 174-75. El error es también suscrito por Carl Sagan en su introducción al libro.

5. Por ejemplo, *Genesis and the Big Bang* (Nueva York: Bantam Books, 1990) de Gerald Schroeder. Otros escritores recientes van todavía más lejos y tratan de usar evidencia científica para demostrar la existencia de Dios. Sostienen que varias características del universo son tan improbables estadísticamente como para forzar la conclusión de que tienen que haber sido diseñadas inteligentemente. Pero, mientras que los teístas saben todos por revelación que el mundo fue planeado por Dios, la improbabilidad estadística de cualquiera de sus características por sí sola nunca podrá demostrar eso. Ello se debe a que no importa cuán pequeña pudiera ser la probabilidad de cualquier ocurrencia, sólo podría arrojar la conclusión de que fue diseñada si pudiera saberse que ésta probabilidad es más pequeña que la razón de las cosas planeadas a las no planeadas en el universo generalmente. Por ejemplo, supóngase que pudiera mostrarse que la probabilidad de que X se desarrollara aparte de un diseño inteligente es de $1/100,000,000$. Eso no nos diría nada acerca de si era más probable que X hubiese sido diseñado que no *a menos que ya supiéramos que para cada cosa diseñada en el universo hay menos de 100,000,000 de cosas no diseñadas*. Para que funcione el argumento, por lo tanto, tendríamos que tener un acceso previo a la razón de las cosas designadas a no designadas en el universo y compararla con la de la probabilidad de la ocurrencia no planeada de X. Pero no solo que tal información es inasequible, sino que ¡también es dependiente de saber ya si Dios diseñó el mundo! Pues, si lo hizo, entonces no hay cosas no diseñadas en lo absoluto; mientras que si no lo diseñó entonces las únicas cosas inteligentemente diseñadas (de las que tengamos noticia) en el universo son las producidas por los humanos y los animales superiores. El argumento es por lo tanto un entimema, y su premisa suprimida fuerza cualquier inferencia partir de la probabilidad inicial de X a cometer una petición de principio con respecto a la creencia en Dios (véase John Venn, *The Logic of Chance* [Nueva York: Chelsea Pub. Co., 1962].)

6. Es importante observar que la escritura misma da un enunciado de la medida en que podemos esperar que su inspiración garantice su verdad: "Toda la Escritura es inspirada por Dios, y útil para enseñar, para redargüir, para corregir, para instruir en justicia, a fin de que el hombre de Dios sea perfecto, enteramente preparado para toda buena obra" (2 Ti. 3:16). Esto parece encajar admirablemente con lo que he estado llamando el "foco religioso"de la Biblia pues, tomando en su propio contexto, este comentario está hablando del Escritura como proveyendo a un pastor con enseñanzas verdaderas acerca de la "justicia" que es el don del pacto de Dios. No hay la más mínima indicación de que se pretenda que la autoridad inspirada del Escritura se extienda más allá de lo que enseña acerca de Dios, nuestra relación apropiada con Dios y cualquier otra cosa que tendría que ser verdadera para que aquellas enseñanzas fuesen verdaderas

7. N. H. Ridderbos, *Is There a Conflict between Genesis 1 and Natural Science?* (Grand Rapids, Mich.: Eerdmans, 1957). Véase también C. Vanderwaal, *Search the Scriptures* (St. Catherines, Ontario: Paideia Press, 1978), vol. 1, 53 ss. y Meredith Kline y Lee Irons, "The Framework View," en *The Genesis Debate*, comp. por D. Hagopian

(Mission Viejo, California, Crux Press, 2001). He defendido esta lectura del Génesis en "Genesis on the Origin of the Human Race," en *Perspectives on Science and Christian Faith*, vol. 43, no. 1 (1991): 2-13; y en "Is Theism Compatible with Evolution" in *Intelligent Design Creationism and Its Critics*, comp. por Robert Pennock (Cambridge, Mass.: MIT Press, 2001), 513-36.

8. Henry Morris ha expresado todo esto demasiado bien: "pero todavía estaba el problema de la edad de la tierra.... Parecía imposible que Dios hubiese dejado sin resolver un asunto tan importante en su palabra.... ¡Seguramente Dios tiene la respuesta en su palabra!". *The History of Modern Creationism* (San Diego: Master Books, 1984), 96.

9. Esta concepción de la naturaleza humana no es una propuesta nueva, pues ya fue mantenida por varios padres de la Iglesia (por ejemplo, Lactancio) y Calvino, quien afirmaba que "sólo la religión nos hace más excelentes que ellas [las bestias salvajes]" (*Institución*, I, iii, 4). Debe notarse que esto significa que ser religioso es un requerimiento para ser *al menos* humano. Los ángeles también son seres religiosos, pero son sobrehumanos (Ps. 8:5).

10. Joseph Soloveitchik, *The Lonely Man of Faith* (Nueva York: Doubleday, 2006), 22.

11. Se necesita agregar varios puntos aquí. Primeramente, la narrativa no tiene nada que ver con la aseveración de que la feminidad debe su origen a la masculinidad, como lo han sugerido algunas interpretaciones más antiguas. En segundo lugar, evita la afirmación fundamentalista de que el Génesis contiene buena ciencia así como las muchas aseveraciones de los críticos del Génesis que han tratado de acusarlo de ser mala ciencia. Por ejemplo, algunos han leído mal Génesis como implicando que antes de la Caída no había cosas tales como muerte, espinos y cardos o dolores de parto. No es así, lo que el texto dice es que Adán y Eva, habiendo sido los primeros en ser puestos a prueba religiosa, fueron ubicados en un "jardín de Dios" especial en el que se hallaban protegidos de tales cosas. Una vez que desobedecieron a Dios y fueron exiliados de su lugar de protección especial, fueron entonces expuestos a todas las vicisitudes de la vida de las que habían sido previamente resguardados. Que este es el punto de vista del texto se puede ver comparando Gen. 3:24 con Josué 5:13-15 y con el comentario de Josué en Números 14:9.

A estas alturas debieran haber quedado en claro también que no había ninguna objeción religiosa a la idea de una evolución biológica larga como (parte de) la historia de los orígenes humanos. En este respecto es notable que el mismo Génesis hace una referencia velada a otros seres humanos a los que los hijos de Adán y Eva conocían y temían (Gen. 4:14-16). Casi todo mundo, en una primera lectura de estos comentarios, se ha preguntado de dónde procedían esas otras personas. Pero si un proceso evolutivo produjo muchos humanoides alrededor de ese mismo tiempo, esta pregunta se respondería. Otros humanoides podían haberse vuelto completamente humanos poco después de Adán y Eva, y por el mismo paso causal final consistente en que Dios se les hizo conocido. El liderazgo de Adán y Eva con respecto al resto de la razón humana por lo tanto debe ser también tomado como siendo de carácter *religioso* más que biológico: fueron ellos los que fueron puestos a prueba religiosa, así que fueron representantes de todas las personas —las ejemplificaciones universales de la raza humana— con respecto a los mandamientos y promesas de Dios.

Me doy cuenta de que este punto va en contra de una antigua tradición teológica (suscrita, por ejemplo, por Agustín) que insiste que Adán y Eva fueron los ancestros *biológicos* de todos los otros humanos. Pero no pueden encontrar ninguna justificación Escritural en favor de esa posición. La cosa más cercana en la Escritura a tal idea es cuando Adán llama a Eva "madre de todos los vivientes". Pero eso se le dice en el contexto en que se le está prometiendo que uno de sus descendientes habrá de ser el Mesías. Así que el comentario de Adán se refiere al sentido pleno de "vida" que tiene que ver con la relación apropiada con Dios, más que meramente con la descendencia biológica. Parece, por lo tanto, que interpretar el liderazgo *religioso* de Adán sobre la raza humana como equivalente hacerlo el progenitor de todos los humanos es un caso (otro) de darle una interpretación no religiosa (biológica) a un tema religioso. Que esto es un error es aún más claro en el Nuevo Testamento que en el Génesis, pues Jesús es llamado el Mesías y con ello el "nuevo" Adán, pero seguramente su liderazgo sobre la raza humana es exclusivamente religioso pues el nunca fue el ancestro de nadie.

Finalmente, es importante que mucha de la oposición teísta a la teoría de la evolución ha surgido de la confusión mencionada anteriormente entre la providencia de Dios y sus actos milagrosos. El mismo Darwin observó que este sería un punto clave en juego cuando, en la primera edición de *The Origin of Species by Means of Natural Selection* (London: John Murray, 1859), escribió [proporciono mis propias traducciones de las citas cuando lo estimo conveniente, aun cuando exista traducción al español del texto (nota del traductor)]:

> Para mi mente, concuerda mejor con lo que sabemos de las leyes impresas en la materia por el Creador, que la producción y extinción de las habitantes pasados y presentes del mundo debiera haberse debido a causas secundarias, como las que determinan el nacimiento y la muerte del individuo. (p. 488)

Esto suena correcto acerca de los procesos físicos y biológicos que condujeron a la aparición de los últimos prehomínidos, aunque aun deja fuera el paso final requerido para atraer a la existencia seres humanos completos, que es el foco del Génesis. Mucha de la oposición entre fundamentalistas y evolucionistas no teístas puede ser así vista como cada uno insistiendo solamente en su lado favorito de la verdad: uno dice que solo hubieron procesos naturales, el otro dice que sólo hubo una acción directa de Dios.

La razón por la que Darwin finalmente abandonó la posición expresada en la cita de arriba y se convirtiera en un agnóstico religioso, fue que suscribía una *teología* errónea. Estaba convencido de que todo lo que ocurre gradualmente es natural y que solamente los saltos inexplicables en la naturaleza han de ser atribuidos a Dios. Véase Howard Gruber's *Darwin on Man: A Psychological Study of Scientific Creativity* (Chicago: University of Chicago Press, 1981), 242.

12. Mientras he estado criticando la aserción fundamentalista de que la Escritura guía las teorías supliendo o confirmando sus contenidos, también he tratado de dejar en claro que no quiero sugerir que esto *nunca* ocurra. Por ejemplo seguramente es el caso que la Biblia enseña que el universo no es autoexistente y tiene claras enseñanzas acerca de la naturaleza humana, cada una de las cuales han sido negadas por ciertas teorías. Pero, como dije en el capítulo 5, mientras que hay ocasionalmente verdades reveladas que debieran ser parte de una teoría o que pueden confirmar una teoría, éstas son pocas y no pueden constituir un modelo para la relación general entre la creencia religiosa y las teorías, debido a la enseñanza escritural de que la creencia en Dios impacta toda verdad y todo conocimiento.

13. Algunos críticos han objetado que no tiene sentido hablar de creencias inconscientes puesto que para tener una creencia uno debe ser consciente de su contenido. Pienso que esto confunde el sentido disposicional de "creencia" con el manifiesto. Al final del capítulo 2 adopté la posición de que una creencia es una disposición adquirida al considerar un estado de cosas como siendo de hecho el caso y el enunciado que lo describe como verdadero. Esta suerte de disposición puede existir permaneciendo inconsciente para su poseedor, ya sea en el sentido de no estar siendo pensada en un momento dado, como en el sentido de nunca haber sido conscientemente articulada en lo absoluto.

14. Muchas discusiones bien conocidas acerca de la presuposición por filósofos y lingüistas no son relevantes aquí porque tratan con ella en el sentido de condiciones de verdad en vez de condiciones de creencia. Por ejemplo, B. Russell, "On Denoting," *Mind* 15 (1905); P. Strawson, "On Referring," *Mind*, vol. 59, no. 235 (1950), y "Identifying Reference and Truth Values," *Theoria*, vol. 20, pt. 2 (1964); G. Lakoff, "Linguistics and Natural Logic," en *Semantics of Natural Language*, comp. por D. Davidson y G. Harmon (Dordrecht: Riedel, 1972); J. Katz, *Semantic Theory* (Nueva York: Harper & Row, 1972). El uso de "presuposición" en estos artículos como condiciones de verdad es un término técnico que no corresponde a su significado en el habla ordinaria, razón por la cual otros pensadores a veces han designado el significado ordinario mediante otros términos. Isabel Hungerland, por ejemplo, ha propuesto "implicación contextual" en un artículo con ese título (*Inquiry*, vol. 4 [1960]: 211-58). Dierdre Wilson ha llamado al significado técnico "presuposición lógica" y al significado ordinario "presuposición no lógica" (*Presuppositions and Non-Truth Conditional Semantics* [Nueva York: Aca-

demic Press, 1975], 141 ss.). Debiera quedar claro que el sentido de "presuposición" que estoy usando aquí es el significado ordinario o "no lógico".

Un enunciado más formal de la definición de este sentido de "presuposición" es el que sigue:

Se puede decir que una persona *P* que mantiene una creencia *X* presupone otra creencia *Y* relativa a *X*, siempre que:

1. *X* y *Y* no son idénticos;
2. para creer *X*, *P* tendría que creer *Y* sobre fundamentos distintos de *X*; y
3. *P* no deduce *X* de *Y*.

Desde luego, puede haber muchas presuposiciones posibles de una creencia particular, y no necesitan ser mutuamente consistentes.

Debiera observarse que aunque el "tendría" en la cláusula 2 de la definición tiene un aspecto lógico, no es restrictivamente lógica pues su violación no resulta en una contradicción formal. Afirmar creyendo *X* y afirmar (creyendo) ¬*Y*, donde *Y* es una presuposición de *X*, hace que el conjunto de creencias sea "self-assumptively incoherent" más que autocontradictorio. La relación es ampliamente epistémica, más que estrechamente lógica. Strawson ha observado también que algo más que reglas lógicas están involucradas en esta especie de incoherencia, aunque lo señalan una discusión de las presuposiciones como condiciones de verdad más que como condiciones de creencia. Véase su *Introduction to Logical Theory* (London: Methuen, 1967), 175.

15. Frecuentemente se habla de las acciones así como las creencias como teniendo presuposiciones. Esta es una expresión elíptica que, hablando estrictamente, no es exacta. Las personas presuponen; sus acciones pueden estar *motivadas* por lo que presuponen.

16. Nicholas Wolterstorff acuña esta expresión para el modo particular en que las creencias reveladas pueden regular el teorizar en *Reason Within the Bounds of Religion* (Grand Rapids, Mich.: Eerdmans, 1976).

Es interesante que en esta obra Wolterstorff empieza con lo que parece ser una orientación a grandes rasgos escolástica, pero significativamente la enmienda en la dirección que estoy propugnando aquí. Dice, por ejemplo, que las teorías no deben ser solamente consistentes con las creencias religiosas sino también "comportarse" con ellas (72), y que el control ejercido por las creencias religiosas debiera ser "interno" al proceso de teorizar en vez de meramente proveer puntos de control externo (77). Pero no analiza o define "comportarse", ni da una explicación de que sería la meta del control interno vs. el externo. Por lo tanto, ofrezco la posición desarrollada en los capítulos subsecuentes como una exposición de aquellos dos conceptos.

7. THEORIES IN MATHEMATICS

1. A. Whitehead, *Science and Philosophy* (Paterson, N.J.: Littlefield, Adams & Co., 1964), 103.

2. Citado por E. Cassirer in *The Philosophy of the Enlightenment* (Boston: Beacon Press, 1961), 237.

3. Dooyeweerd, *New Critique*, vol. 1, 223-61.

4. *Collected Works of John Stuart Mill*, comp. por J. Robson et al. (Toronto: University of Toronto Press, 1973), libro 2, caps. 5 y 6; y libro 3, cap. 24.

5. B. Russell, *Principles of Mathematics* (Nueva York: W. W. Norton, 1938), xi.

6. Ibídem, 119:

> 1 + 1 is the number of a [logical] class —*w*— which is the logical sum of two classes —*u* and *v*— which have no common term and each have only one term. The chief point to be observed is that the logical addition of classes is the fundamental notion, while the arithmetical addition of numbers is wholly subsequent.

Formalmente, la propuesta de Russell se leería así:

$$(\exists u)(\exists v)(\exists w)\left\{ u \in w \wedge v \in w \wedge u \neq v \wedge (\forall z)[z \in w \rightarrow (z = u \vee z = v)] \right\}.$$

Es difícil simpatizar con la aseveración de Russell de que no está involucrado ningún significado cuantitativo en esta fórmula cuando el símbolo ∈ significa "es miembro de", lo cual no es diferente de "es *un* miembro de". Además, el cuantificador existencial significa "existe al menos *un* x tal que...". Así que la cantidad inevitablemente es tanto presupuesta como referida por el significado de la fórmula, incluso si los cuantificadores de la fórmula recorren solamente clases lógicas.

7. B. Russell. "The Study of Mathematics," reimpreso en *Mysticism and Logic* (Garden City, N.Y.: Doubleday Anchor Books), 65.

8. John Dewey, *Reconstruction in Philosophy* (Boston: Beacon Press, 1964), 156.

9. Ibídem, 149.

10. Ibídem, 137.

11. En aras de la exactitud, debe notarse que la perspectiva biológica no es el paso final de la teoría de la realidad de Dewey. Ello se debe a que él vio el aspecto biológico como dependiente de (o incluido en) lo físico. Así que, en el final análisis, es el aspecto físico (o el físico-biótico) de la creación el que él toma como siendo la naturaleza básica de la realidad.

12. Morris Kline, *El pensamiento matemático de la antigüedad a nuestros días* (Nueva York: Oxford University Press, 1972), 32.

13. Ibídem, 115.

14. Morris Kline, *Mathematics, The Loss of Certainty* (Nueva York: Oxford University Press, 1980), 236.

15. Ibídem, 237.

16. Ibídem, 233.

17. Ibídem, 6.

18. Debiera notarse también que muchos intuicionistas, a la vez que declaran la independencia de lo matemático respecto de otros aspectos de la experiencia, todavía insisten en que las verdades de las matemáticas de alguna manera dependen de la mente humana. Esto causa perplejidad porque parece requerir tanto que las verdades de las matemáticas reflejen algo autoexistente como que sean dependientes. Una manera de reconciliar este conflicto sería decir, con Kronecker, que "Dios creó los números enteros mientras que todo el resto es la obra del hombre". Pero, al comentar la versión del intuicionismo de Brouwer, Karl Popper ha ofrecido una interpretación más para evitar la inconsistencia. Toma la teoría de Brouwer como requiriendo lo que él (Popper) llama un "tercer mundo" de realidad que incluye (al menos) entidades matemáticas y lingüísticas. Al igual que Platón, Popper considera que este mundo es autoexistente ("ontológicamente autónomo"). Pero, a diferencia de Platón, sostiene que es un reino de *posibilidades* que necesitan del pensamiento humano para su actualización. Así que hay un sentido en el que el tercer mundo depende del pensamiento humano aunque sea en otro sentido. La posición de Popper revela, así, una creencia religiosa pagana. Véase su *Objective Knowledge* (Oxford: Clarendon Press, 1972), esp. 128-90.

19. Véase la cita de Mill en la nota 32 al capítulo 2.

20. Por ejemplo, W. V. O. Quine y Nelson Goodman desarrollaron un cálculo formal de individuos para evitar tratar los predicados como representando universales realmente existentes. Véase cap. 2 de *The Structure of Appearance* (Indianapolis: Bobbs, Merrill, 1966), 33 ss.

21. Para más sobre el impacto no reductivo de la creencia de Dios sobre las teorías de las matemáticas, véase Dooyeweerd, *New Critique*, vol. 2, 55-93. esta concepción ha recibido ulterior desarrollo por los siguientes pensadores (entre otros):

D. H. T. Vollenhoven. *De Wijsbegeerte der Wiskunde van Teïstische Standpunt* (Amsterdam: Wed G. Van Soest, 1918).

——. *De Noodzakeljkhbeid eener Christelyjke Logica* (Amsterdam: H. J. Paris, 1932).

——. "Problemen en Richtingen in de Wijsbegeerte der Wiskunde", *Philosophia Reformata*, vol. 1 (1936).

——. "Hoofdlijnen der Logica", *Philosophia Reformata*, vol. 13 (1948).

D. Strauss. "Number Concept and Number Idea", *Philosophia Reformata*, vol. 35, no. 3 (1970) y vol. 35, no. 4 (1971).

A. Tol. "Counting, Number Concept and Numerosity", en *Hearing and Doing: Philosophical Essays Dedicated to Evan Runner*, comp. por J. Kraay (Toronto: Wedge, 1979).

D. Strauss. "Infinity," en *Basic Concepts in Philosophy*, comp. por Z. Van Straaten (Oxford: Oxford University Press, 1981).

——. "Are the Natural Sciences Free from Philosophical Presuppositions?" *Philosophia Reformata*, vol. 46, no. 1 (1981).

——. "Dooyeweerd and Modern Mathematics", *Reformational Forum*, no. 2, 1983, 40-55.

——. "The Nature of Mathematics and Its Supposed Arithmetization", *Proceedings of the Ninth National Congress on Mathematics Education*, 1988, 10-31 (Mathematical Association of South Africa).

——. "The Uniqueness of Number and Space and the Relation between Realism and Nominalism", *Journal for Christian Scholarship*, 1ste & 2de kwartaal, 1990, 104-25.

——. "A Historical Analysis of the Role of Beliefs in the Three Foundational Crises in Mathematics", in *Facets of Faith and Science*, comp. por J. van der Meer (Lanham, Md.: University Press of America, 1997), vol. 2, 217-30.

——. "Primitive Meaning in Mathematics: The Interaction between Commitment, Theoretical Worldview, and Axiomatic Set Theory," en ibídem, vol. 2, 231-56.

——. "Reductionism in Mathematics", *Journal for Christian Scholarship*, Jaargang 37, 1ste & 2de kwartaal, 2001, 71-88.

——. *Paradigms in Mathematics, Physics, and Biology* (Bloemfontein: Teksor, 2001).

——. "Frege's Attack on 'Abstraction' and His Defense of the 'Applicability' of Arithmetic as Part of Logic", *South African Journal of Philosophy*, vol. 22, no. 1 (2003), 63-80.

——. "Is a Christian Mathematics Possible?", *Journal for Christian Scholarship*, 3de & 4de kwartaal, 2003, 31-49.

8. THEORIES IN PHYSICS

1. La circunscripción se deriva parcialmente de James Cornman, *Materialism and Sensations* (New Haven and London: Yale University Press, 1971), 11-12. La distinción entre el carácter activo de una propiedad en tanto que opuesto a uno pasivo será explicada en el capítulo 11.

2. A. Aliotta formula bien este punto:

Cuando ... [Mach] se propone construir una nueva [imagen] del mundo sobre las ruinas de la teoría mecánica, y sustituye el átomo material con el elemento de la sensación, no hace más que reemplazar la mitología mecánica con la sensorial. El átomo era ... una abstracción; ¿qué otra cosa es el elemento sensorial (*The Idealistic Reaction Against Science* [London: Mc-Caskill, 1914], 65)

Éste es, desde luego, el mismo punto sobre el que gira la crítica de Dooyeweerd, y que he llamado el criterio de coherencia autorrealizativa. En la nota 18 del capítulo 4, su crítica fue aplicada a la teoría de Kant, mientras que aquí Aliotta la aplica tanto al materialismo como al fenomenalismo. El punto es crucial, pues cada una de las concepciones contrastadas en este capítulo difiere de las otras en que brota de ideas alternativas acerca del carácter del dato de la experiencia, y cada una de estas ideas es dogmática y violatoria del criterio de coherencia autorrealizativa. Más aún, está claro que en cada caso el dogmatismo nace de una convicción *religiosa* acerca de lo que es autoexistente y por ende divino.

En el capítulo 10 se desarrollará con mayor detalle el criterio de coherencia autorrealizativa para mostrar por qué hace que toda caracterización reductiva de los datos del experiencia sea injustificable en principio.

3. De *The Analysis of Sensations* de Mach, en J. Blackmore, *Ernst Mach* (Berkeley: University of California Press, 1972), 322. Hay traducción al español: *Análisis de las sensaciones* (Barcelona: Alta Fulla, 1987).

4. De Mach, *Conservation of Energy*, ibídem, 86.

5. Ibídem.

6. Blackmore, *Ernst Mach*, 174-75.

7. E. Mach, *Knowledge and Error* (Dordrecht: Reidel, 1976), 354, 358. Hay traducción al español: *Conocimiento y error* (Buenos Aires: Espasa-Calpe, 1948).

8. A. Einstein, *Ideas and Opinions* (Nueva York: Bonanza Books, 1954), 290-91. Hay traducción al español: *Mis ideas y opiniones*, Antoni Bosch, Barcelona, 2000.

9. Ibídem, 22.

10. Ibídem, 23.

11. *Descartes' Selections*, comp. por R. Eaton (Nueva York: Scribners, 1953), 178.

12. Einstein, *Ideas and Opinions*, 295.

13. W. Heisenberg, *Física y filosofía*, 56.

14. Ibídem, 57.

15. Ibídem, 60.

16. Ibídem, 38.

17. Ibídem, cap. 3. Debe mantenerse en mente que el punto aquí no es suscribir la concepción de Einstein sobre la de Heisenberg, o rechazar otras versiones de la física cuántica de Copenhague; mucho menos es defender alguna especie de mecánica newtoniana. Más bien es señalar los modos en que tanto Einstein como Heisenberg adoptan una concepción reduccionista de la realidad y así de la teoría atómica. Así que, aunque ambos arriben a muchas conclusiones en la física que están justificadas

con respecto a la evidencia, sus argumentos también incluyen distorsiones debido a las *razones* reduccionistas dadas para estas conclusiones.

18. Philip Morrison, "The Neutrino," *Scientific American* (enero de 1956): 61.

19. Véase R. Gale, *Theory of Science* (Nueva York: McGraw Hill, 1979), 278 ff., y A. McDonald, J. Klein, y D. Wark, "Solving the Solar Neutrino Problem," *Scientific American* (abril de 2003): 40-49.

20. Mach, *The Analysis of Sensations*, en Blackmore, *Ernst Mach*, 327 n. 14.

21. Einstein, ibídem, p. 11.

22. Para un tratamiento más detallado de la base racionalista de la interpretación de Heisenberg de las relaciones de incertidumbre, véase mi artículo "A Critique of Descartes and Heisenberg", *Philosophia Reformata* (45e Jaargang 1980- N. R. 2): 157-77.

23. Heisenberg, *Physics and Philosophy*, 92. Véase también 144-46.

24. Ibídem, 58.

25. Para más sobre cómo la creencia en Dios conduce a una concepción no reductiva del número, el espacio y la materia, véase Dooyeweerd, *New Critique*, esp. vol. 2, 93-106. Esta concepción ha sido ulteriormente desarrollada por otros pensadores. Por ejemplo:

M. D. Stafleu. "Analysis of Time in Modern Physics", *Philosophia Reformata*, vol. 35 (1970).

——. "Metric and Measurement in Physics", *Philosophia Reformata*, vol. 37 (1972).

——. "The Mathematical and Technical Opening Up of a Field of Science", *Philosophia Reformata* vol. 43 (1978).

——. *Time and Again: A Systematic Analysis of the Foundations of Physics* (Toronto: Wedge, 1980).

——. "Theories as Logically Qualified Artifacts", *Philosophia Reformata* vols. 46, 47 (1981, 1982).

——. "The Kind of Motion We Call Heat", Tydscrif vir Christelike Wetenscap, 1984.

——. *Theories at Work* (Lanham, Md.: University Press of America, 1987).

——. "Criteria for a Law Sphere", *Philosophia Reformata*, vol. 53 (1988).

——. "The Cosmochronological Idea in Natural Science", en *Christian Philosophy at the Close of the Twentieth Century*, comp. por S. Griffoen y B. Balk (Kampen: Kok, 1995).

D. Strauss. "The Significance of Dooyeweerd's Philosophy for the Modern Natural Sciences", in ibídem, 127-38.

R. Clouser. "A Brief Sketch of Dooyeweerd's Philosophy of Science", in *Facets of Faith and Science*, ed. J. van der Meer (Lanham, Md.: University Press of America, 1996), vol. 2, 81-99.

M. D. Stafleu. "The Idea of Natural Law", *Philosophia Reformata*, vol. 64 (1999).

D. Strauss. "Kant and Modern Physics", *South African Journal of Philosophy*, vol. 19, no. 1 (2000), 26-40.

——. *Paradigms in Mathematics, Physics, and Biology* (Bloemfontein: Teksor, 2001).

M. D. Stafleu. "Evolution, History, and the Individual Character of a Person", *Philosophia Reformata*, vol. 67 (2002).

9. TEORÍAS EN PSICOLOGÍA

1. R. Isaacson, M. Hutt, y H. Blum, *Psychology: The Science of Behavior* (Nueva York: Harper & Row, 1965), 6.

2. Ibídem, 7.

3. Jean Piaget, *Main Trends in Psychology* (Nueva York: Harper Torchbook, 1973). Éste parece un buen lugar para recordar que, aunque Dooyeweerd hace una extensa defensa de la lista de aspectos que acepta, no puedo repetirla toda aquí, de modo que he dicho que estaré usando la lista sólo provisionalmente. Piaget, al igual que muchos otros pensadores, parece aceptar la misma lista o algo muy cercano a ella. Pero, repito, ni la crítica de Piaget de las teorías reduccionistas ni mi exposición de la crítica de Dooyeweerd a ellas depende de que esta lista sea exactamente correcta. Las razones en favor de estos se explican en la nota 4 del capítulo 10.

4. Ibídem, 36.

5. J. Watson, *Behaviorism* (Nueva York: W. W. Norton, 1925), 5.

6. Ibídem, 6.

7. E. M. Thorndike, *The Elements of Psychology* (Nueva York: A. G. Seiler, 1913), 2.

8. B. F. Skinner, *Science and Human Behavior* (Nueva York: Nueva York Free Press, 1965), 66.

9. Ibídem, 62.

10. B. F. Skinner, *Contingencies of Reinforcement —A Theoretical Analysis* (Englewood Cliffs, N.J.: Appleton-Century-Crofts, 1969), 7.

11. "Como resultado de esta suposición principal, de que hay una cosa tal como la conciencia, y de que podemos analizarla mediante la introspección ... [no hay] manera de atacar y resolver experimentalmente los problemas psicológicos y de estandarizar los métodos" (*Watson, Behaviorism*, 6.)

12. "¿En qué medida es útil que se nos diga 'bebe porque tiene sed'? Sí tener sed no significa nada más que tener una tendencia a beber, esto es mera redundancia. Si significa que bebe debido a un estado de sed, se invoca un evento causal interno. Si este estado es puramente inferencial —si no se le asignan dimensiones que posibiliten la observación directa— no puede servir como explicación. [Incluso] si tiene propiedades psíquicas, ¿qué papel puede jugar en una ciencia de la conducta?" (Skinner, *Science and Human Behavior*, 33).

13. "Skinner's Utopia: Panacea or Path to Hell?", *Time*, sept. 20, 1971, 52.

14. Piaget, *Main Trends in Psychology*, 37.

15. Richard Lewontin ha admitido francamente este punto: "no es que los métodos e instituciones de la ciencia de alguna manera nos obliguen a aceptar una explicación material del ... mundo, sino al contrario, estamos forzados por nuestra adhesión *previa* a causas materiales a crear un aparato de investigación y un conjunto de conceptos que producen explicaciones materiales, no importa cuán competitivas, no importa cuán mistificadoras para el no iniciado. Más aún, ese materialismo es absoluto, pues no podemos permitir un pie Divino en la puerta.... Apelar a una deidad omnipotente es permitir que en cualquier momento se destruyan las irregularidades de la naturaleza, que puedan suceder milagros (*Nueva York Review of Books*, enero 7, 1997, 31).

16. Alfred Adler, *Cooperation between the Sexes: Writings on Women, Love, Marriage, Sexuality and Its Disorders*, comp. por H. Ansbacher y R. Ansbacher (Nueva York: Doubleday, 1978), 305.

17. Ibídem, 307.

18. *The Individual Psychology of Alfred Adler*, comp. por H. Ansbacher y R. Ansbacher (Nueva York: Basic Books, 1956), 207.

19. Adler, *Cooperation between the Sexes*, 305.

20. Alfred Adler, *Understanding Human Nature* (London: George Allen & Unwin, 1974), 47-48.

21. Adler, *Cooperation between the Sexes*, 176.

22. Alfred Adler, *The Practice and Theory of Individual Psychology* (London: Routledge & Keagan Paul, 1964), 7-8.

23. Adler, *Cooperation between the Sexes*, 281.

24. Adler, *Understanding Human Nature*, 27-28.

25. Ibídem, 31.

26. Ibídem, 26-27.

27. Ibídem, 32.

28. Alfred Adler, *Superiority and Social Interest*, comp. por H. Ansbacher y R. Ansbacher (Evanston, Ill.: Northwestern University Press, 1964), 288.

29. Ibídem, 295.

30. Adler, *Cooperation between the Sexes*, 3-4.

31. Ibídem, 136-37.

32. Ibídem, 135.

33. Ibídem, 270.

34. Ibídem, 256.

35. Ibídem, 270.

36. Ibídem.

37. Adler, *Understanding Human Nature*, 80-81.

38. E. Fromm, *The Crisis of Psychoanalysis* (Nueva York: Holt, Rinehart, Winston, 1970), 47.

39. Ibídem, 48.

40. Ibídem, 52.

41. Ibídem, 117.

42. Ibídem, 119.

43. Ibídem, 121-23.

44. Ibídem, 121.

45. Ibídem.

46. D. Hausdorff, *Eric Fromm* (Nueva York: Twayne, 1972), 48.

47. Ibídem, 90.

48. Ibídem.

49. E. Fromm, *The Heart of Man* (Nueva York: Harper & Row, 1964), 117.

50. Ibídem, 117-23.

51. E. Fromm, *The Art of Loving* (Nueva York: Harper & Row, 1956), 61 ss.

52. En defensa de este crucial punto de inflexión en su pensamiento, Fromm solamente da una breve explicación de las leyes de la lógica occidental ha ser rechazadas, y un número de ilustraciones de enunciados que supuestamente se contradicen entre sí pero no obstante son ambos verdaderos. Pero sería generoso decir que el argumento de Fromm es débil. Primeramente, se las arregla para formular mal las leyes de la lógica, y luego resulta que ninguno de sus ejemplos es en realidad de creencias mutuamente contradictorias. Incluyen, por ejemplo, el dicho taoísta: "la gravedad es la raíz de la ligereza" (*The Art of Loving*, 63). En éste, como en sus otros ejemplos, Fromm confunde combinaciones paradójicas o inusuales de términos o cualidades con contradicciones lógicas.

53. Fromm, *The Art of Loving*, 64.

54. Esto sigue siendo verdadero a pesar de los muchos elementos bíblicos en el pensamiento de Fromm derivados de su herencia judía, especialmente su idea de amor como norma tanto para el individuo como para la sociedad. *Cfr.* Rabbi Jakob Petchowshi, reseña de *The Art of Loving*, "Eric Fromm's Midrash on Love," *Commentary* 22 (dic. 1956): 549.

55. Fromm, *The Art of Loving*, 62.

56. Solomon Asch, *Psychology: A Study of a Science*, comp. por S. Koch (Nueva York: McGraw Hill, 1959), vol. 3, 367.

57. J. A. Brown, *Freud and the Post-Freudians* (Baltimore: Penguin, 1961), 15.

58. El enunciado clásico de este punto se encuentra en la apertura de la *Institución* de Calvino (I, i, 1-2), donde dice:

> Casi toda la suma de nuestra sabiduría, que se deba tener por verdadera y sólida sabiduría, consiste en dos puntos: a saber, en el conocimiento que el hombre debe tener de Dios, y en el conocimiento que debe tener de sí

mismo. ... nadie se puede contemplar asimismo sin que al momento se sienta impulsado a la consideración de Dios....

59. Por ejemplo, Oscar Cullman, *Immortality of the Soul or Resurrection of the Dead?* (Nueva York: MacMillan, 1958); también John Cooper, *Body, Soul and Life Everlasting* (Grand Rapids, Mich.: Eerdmans, 1989).

60. Agustín reconoció que el uso bíblico de la palabra "alma" es usualmente equivalente a "la vida del cuerpo" y no significaba una entidad racional independiente como lo era para Pitágoras, Platón y otros filósofos griegos (*Retractationes* 1, xiii). Encuentro que la escritura es notablemente persistente (aunque no carente de excepciones) en su uso del término "corazón" para designar la unidad central del yo, mientras que el término "espíritu" usualmente se refiere a la diversidad (defunciones, talentos, disposiciones, etcétera) de una persona. "Alma", como notara Agustín, usualmente se usa para designar una persona como un ser con cuerpo, bióticamente viviente.

Debiera agregar, sin embargo, que esta posición no elimina toda dualidad en la idea de naturaleza humana, aun si rechaza los dualismos tradicionales. Ello se debe a que todavía hay una distinción entre la parte de un humano que se destruye en la muerte y el corazón que continúa más allá de la muerte como la identidad permanente de la persona que será restaurada mediante la resurrección a una existencia corporal plena en el reino final de Dios.

61. Esto también significa que creencia es más que "asentimiento intelectual". Como la creencia está enraizada en el corazón, es una condición (disposicional) de toda la persona y no meramente un asunto de razón lógica. Por ejemplo, para ser una creencia, se debe confiar que un concepto lógico o una idea corresponda a su objeto, de manera que la creencia está cualificada por el aspecto fiduciario: una creencia es verdadera si es confiable y confiable si es verdadera. Es en la unidad del corazón que convergen todos los aspectos para formar la creencia en su sentido pleno.

62. G. Allport, *The Person in Psychology* (Boston: Beacon Press, 1968), 13-14.

63. Dooyeweerd, *New Critique*, vol. 1, v.

64. Dooyeweerd, *In the Twilight of Western Thought* (Philadelphia: Presbyterian & Reformed, 1960), 179-80.

10. LA NECESIDAD DE UN NUEVO COMIENZO

1. El énfasis en lo que sigue no recae sobre el impacto universal de la creencia religiosa sobre todo *conocimiento*; recae sólo sobre su impacto en todas las *teorías*. Pero la crítica de la reducción como estrategia de explicación de las teorías realmente tiene una aplicación universal. Pues no sólo toda hipótesis, sino todo concepto, al menos implícitamente, es reduccionista o no lo es.

2. Mientras que todo lo que será desarrollado es una teoría no reduccionista de la realidad, deberá quedar claro que mi tesis es que la creencia en Dios (y otras enseñanzas bíblicas) pueden ser empleadas también para desarrollar una teoría distintiva del conocimiento. Y es posible hacer incidir estas teorías, a su vez, en todas las ciencias. Como mencioné antes, he parafraseado unas cuantas de las consecuencias de este programa para la epistemología en *Knowing with the Heart*.

3. La idea de que la revelación bíblica puede y debiera proporcionar una perspectiva distintiva tal para la interpretación de la totalidad de la vida, si bien no es popular, no es nueva. Juan Calvino la mantuvo en oposición a la prevalente escolástica del siglo dieciséis (véase *Institución*, II, ii, 16–18), y fue revivida en la obra de Abraham Kuyper (1837–1920). Fue Kuyper el que aplicó directamente esta introvisión a las teorías

> especialmente el pensamiento líder que hemos formado en ese ámbito de la vida que abriga nuestro interés principal ejerce poderoso dominio sobre el entero contenido de nuestra conciencia; a saber, nuestras concepciones religiosas,.... Sí, entonces, cometemos un error ... ¿cómo puede dejar de comunicarse desastrosamente a nuestro entero estudio científico? (*Encyclopedia of Sacred Theology* [Nueva York: Scribners Sons, 1898], 109-10).

Esto se refiere tanto a las teorías de la filosofía como a las de la ciencia:

> Se sigue al mismo tiempo que el conocimiento del cosmos como un todo ... la filosofía ... es igualmente propensa a hundirse en el ... pecado [en el sentido de creencia religiosa falsa]. (Ibídem, 113)

Ello, dice Kuyper, se debe a que tal conocimiento surge en respuesta a preguntas que deben incluir

> preguntas acerca del origen y el fin del todo ... preguntas acerca del ser absoluto [no dependiente].(Ibídem, 113)

Por esta razón, la fe bíblica no puede ser confinada a proveer verdades acerca de lo sobrenatural:

> la Santa Escritura no sólo causa que encontremos justificación por la fe, sino que también exhibe el fundamento de toda la vida humana ... que debe gobernar toda la existencia humana (*Lectures on Calvinism* [Grand Rapids, Mich.: Eerdmans, 1976], vi. Éstas fueron las Stone Lectures en el Seminario Princeton de 1898.)

Es esta posición la que se refleja en su comentario más citado:

no hay una sola pulgada cuadrada de nuestra entera existencia humana de la que Cristo no diga: ¡es mía! (*Souvereiniteit in Eigen Kring* [Amsterdam: J. H. Kruyt, 1880], 5)

Ésta es la tradición que ha recibido un desarrollo positivo en la filosofía de Herman Dooyeweerd (1894-1977), cuyas teorías son bosquejadas en los siguientes tres capítulos. Arthur Holmes ha resumido el enfoque de Dooyeweerd como sigue:

> La teología reformada (de la tradición protestante desde Juan Calvino)está insatisfecha con la doctrina tomista de la naturaleza y la gracia y en vez de ella enfatiza la soberanía de Dios sobre toda operación de la naturaleza humana y la igualmente generalizada influencia del pecado. El problema con la razón natural, desde este punto de vista, no es solamente la finitud el hombre sino —de manera igualmente profunda— su pecado. Es pecado afirmar la autonomía de la razón filosófica … y este pecado pervierte el entendimiento filosófico. Acordemente, Dooyeweerd, traza una línea tajante entre la filosofía cristiana, que brota del corazón regenerado en obediencia al Dios soberano, y todas las otras filosofías. ("Christian Philosophy", *Encyclopedia Britannica*, 1974 edition, vol. 4, 555-56).

4. La razón por la que la crítica de la elaboración de teorías que está por ser ofrecida no se aplica solamente a mi particular lista de aspectos es a grandes rasgos esta: una vez que cualquier candidato para el estatus de ser un tipo básico de propiedades y leyes es tomado como siendo suficientemente (lógicamente) distinto de todos los otros como para ser ubicado en la lista de aspectos de un pensador, es con ello también suficientemente distinta para invocar todas los mismos obstáculos para reducir cualquiera de ellos que estoy por aplicar a la lista con la que estoy trabajando. Así que, mientras que puede haber desacuerdos acerca de cuál es la lista correcta, una vez que los aspectos de cualquier lista han sido distinguidos como suficientemente diferentes en *tipo* entre ellos para ser ubicados en la lista, no hay manera de que puedan ser eliminados como ilusorios o sostenido que pueden ser causados por cualquier otro. Esta diferencia cualitativa de un aspecto purgativo es lo que lo hace intratable a la reducción.

En los términos más amplios esto se debe a que: (1) en el caso de la reducción eliminativa, si hay una diferencia cualitativa suficiente para distinguir dos aspectos, entonces no puede ser verdadero que sean idénticos; (2) para la reducción causal, si hay una diferencia cualitativa suficiente para considerarlos como aspectos distintos, entonces no es posible un concepto de una relación causal entre ellos.

5. Una descripción más completa de estos sentidos de reducción es la que sigue:

A. Reducción fuerte

i. *Sustitución de significado*. La naturaleza de la realidad es exclusivamente la del aspecto X, así que todas las cosas sólo tienen propiedades de tipo X y están gobernadas solamente por leyes de tipo X. Esto se defiende argumentando que todos los *términos* que supuestamente tienen significado no-X pueden ser reemplazados con términos-X sin pérdida de significado, mientras que no todos los términos-X pueden ser sustituidos por términos con significado no-X. (Berkeley, Hume y Ayer usaron esta estrategia para defender el fenomenalismo.)

ii. *Identidad factual*. La naturaleza de la realidad es exclusivamente la del aspecto X, de modo que todas las cosas sólo tienen propiedades del tipo X y están gobernadas solamente por leyes de tipo X. Esto se defiende argumentando que aunque el significado de los términos no-X no puede ser reducido al de los términos-X, su *referencia* puede ser de todos modos exclusivamente a cosas-X. La selección del tipo o los tipos de términos que corresponden tanto extensiónalmente como intencionalmente a la naturaleza de la realidad se argumenta sobre la base de su superioridad explicativa. El argumento trata de mostrar que para cualquier cosa, la única o la mejor explicación siempre es una cuyos términos y leyes primitivas son del tipo X. (J. J. C. Smart defendió el materialismo de este modo.)

B. Reducción débil

i. *Dependencia causal*. La naturaleza de la realidad es básicamente la del aspecto X (o de los aspectos X y Y). Es la Xeidad de las cosas lo que hace posible los otros tipos de propiedades y leyes verdaderos de ellas. Así que, si bien los otros aspectos son reales, y pueden ser objetos propios de investigación científica, hay una dependencia causal en una dirección entre los aspectos no-X y el aspecto X. Los aspectos no-X no podrían existir sin X, mientras que X podría existir sin los otros. (Tanto Aristóteles como Descartes defendieron teorías en las que ciertos aspectos era la naturaleza de la "sustancia", mientras que todos los otros aspectos eran accidentales o secundarios a la sustancia.)

ii. *Epifenomenalismo*. Esta versión se parece mucho a la de la dependencia causal, salvo que se piensa que los aspectos no-X son mucho menos reales. Existen, pero ni tiene sus propias leyes ni son objetos propios de la investigación científica. Todas las explicaciones genuinas por lo tanto deben ser dadas exclusivamente en términos de propiedades y leyes-X. (Huxley y Skinner argumentaron que los estados de conciencia son epifenómeno de procesos corporales o de la conducta.)

Estas estrategias pueden ser combinadas de varias maneras dentro de la misma teoría. Un pensador podría argumentar, por ejemplo, que algunos aspectos han de ser eliminados sobre la base de la identidad de significado mientras que otros han de ser eliminados por identidad factual, y al mismo tiempo mantienen que otros más son o bien causalmente dependientes o epifenoménicos.

Las aseveraciones descritas aquí no son los únicos sentidos del término "reducción" como se usa en filosofía, pero sólo estos sentidos están siendo rechazados aquí como siendo objetables tanto filosófica como religiosamente. También debería notarse que algunos filósofos han usado el término "superviniencia" para designar un orden en la aparición de ciertos tipos de propiedades sin desear comprometerse con una reducción entre ellos en ninguno de los sentidos arriba definidos. Ese uso es inobjetable y se halla de hecho cercano a la posición propuesta por Dooyeweerd como alternativa a la reducción en su teoría de la realidad. Debiera notarse, sin embargo, que la superviniencia nunca se toma como algo que ocurre una vez sino como un patrón constante. Como tal, deja sin respuesta la pregunta de por qué las propiedades supervinientes supervienen constantemente precisamente de las maneras en que lo hacen. Cualquier respuesta a eso tendrá que ser reduccionista o que recurrir a una teoría no reduccionista como la de Dooyeweerd.

6. Dooyeweerd, *New Critique*, vol. 1, 34-46.

7. Ibídem, vol. 2, 539.

8. Aquí es pertinente un recordatorio de un comentario que se hizo en el capítulo 2. Ahí señalé que cuando las Escrituras, los mitos, las teologías, etcétera, retrotraen todo hacia algún principio o principios de origen, les confieren con ello el estatus de divinidad, ya sea que los llamen divinos o no. Lo mismo vale para una teoría. Cualquier cosa que postule como aquello que hace posible y real todo lo demás es por ello divino per se, ya sea que el teórico desee o no reconocer ese hecho.

9. Véanse los comentarios de Werner Jaeger sobre *Metafísica* XII, 3, 1070a, de Aristóteles y sobre su *Protéptico* en *Aristotle* (Londres: Oxford University Press, 1960), 49-52. Es la alegada existencia independiente de la mente, debida a nuestra habilidad para concebir las partes del cuerpo, la base de su creencia de que es inmortal y *divina*. Y, como Aristóteles reconoció que cualquier cosa que puede existir independientemente es divina (*Meta.* 1064a34), es significativo que Jaeger cite el *Protéptico* como sigue: "Así nada divino o feliz hallen los hombres, excepto aquello que es lo único digno de afán, lo que hay en nosotros de mente y reflexión, pues de nosotros sólo eso es inmortal y divino" (*Protéptico*, trad. de Santiago González Escudero, p. 14).

10. Por ejemplo, "puesto que de una parte poseo una clara y distinta idea de mí mismo, en tanto que soy sólo una cosa que piensa, e inextensa, y de otra parte una idea precisa de cuerpo, en tanto que es tan sólo una cosa extensa y que no piensa, es manifiesto que yo soy distinto en realidad de mi cuerpo, y que puedo existir sin él" (*Meditaciones metafísicas*, trad. de José Antonio Mígues [Santiago de Chile: www.philosophia.cl / Escuela de Filosofía Universidad ARCIS], 46).

11. Digo "muy parecidos" porque no se hallan exactamente en la misma sección del bote. Un cuadrado y un círculo son dos configuraciones espaciales cuya combinación sabemos intuitivamente que es imposible. En contraste, "*X* independientemente existente", donde *X* es una especie de propiedades y leyes, no es intuitivamente imposible sino simplemente carente de contenido significativo. Así que, mientras que uno designa un conjunto nulo, el otro designa un conjunto vacío. Siguen estando en el mismo bote,

sin embargo, por lo que concierne a los prospectos para justificar sus pretensiones de realidad.

12. *Knowing with the Heart* se enfoca en criticar la prevalente concepción reduccionista de la autoevidencia y en desarrollar una interpretación no reduccionista para reemplazarla.

13. John Meyendorff, *A Study of Gregory Palamas* (Londres: Faith Press, 1964), 130. Véase también J. Pelikan, *Christianity and Classical Culture* (New Haven: Yale University Press, 1997), 53, 252, 256-59.

Desde luego, algunos pensadores teístas ha llegado tan lejos en la adaptación de sus teorías a la tradición pagana que sostienen que muchas realidades distintas de Dios existen de manera no dependiente, siempre y cuando se diga que Dios es el único ser independiente que ha creado todas las entidades no necesarias. (Por ejemplo, Nicholas Wolterstorff en *On Universals* [Chicago: University of Chicago Press, 1970]). Pero nuestra definición de divinidad muestra por que la objeción central a esta posición no es simplemente que entonces existirían cosas que no se hallan bajo el control de Dios; es el *monoteísmo* lo que se halla en riesgo.

14. Algunos escritores recientes han hecho esta aseveración. Véase, por ejemplo, J. Ross, "Analogy as a Rule of Meaning for Religious Language", *International Philosophical Quarterly*, vol. 1, no. 3 (1971): 476; y J. McQuarrie, *Principles of Christian Systematic Theology* (Chicago: University of Chicago Press, 1951), vol. 1, pt. 2, 235 ss.

15. Karl Barth, *Church Dogmatics* (Edinburgh: T. T. Clark, 1964), vol. 2, pte. 1, 230.

16. *Summa Theologica*, q. 46, a. 1.

17. Digo que las acciones de Dios puede ser o bien creadas$_1$ o increadas$_1$, porque la escritura habla de algunas de sus decisiones y propósitos como siendo "antes de los tiempos de los siglos" (2 Tim. 1:9, Tito 1:2), mientras que se habla de otros como teniendo lugar en un tiempo particular. En el caso de los primeros, "acción" sería por lo tanto un término antropomórfico (suponiendo que Dios crió el tiempo como una característica del cosmos). Debería notarse, sin embargo, que en la concepción a ser defendida Dios podría atemporalmente afirmar una decisión un propósito y luego también reafirmarlo temporalmente. En ese caso, la reafirmación sería creada$_1$, increada$_2$, y creada$_3$.

18. Este lenguaje también necesita clarificación, sin embargo, porque la concepción de Dios que habré de contrastar y preferir a la de Anselmo/Aquino sostiene que el ser incondicional de Dios es inconcebible para nosotros. Así, el término "voluntad" no debe tomarse como significando que el ser incognoscible de Dios es literalmente una voluntad más que cualquier otra cosa que pudiéramos concebir. Conforme a esta concepción, el originador ser incognoscible de Dios ha originado (creado$_3$) desde toda la eternidad que tiene precisamente la increada$_2$ naturaleza personal, amorosa, sabia, etcétera, que él mismo revela tener. Así que el término "voluntad" es un término antropomórfico que pretende transmitir la negación (apofántica) de que hay otra cosa, además de su propia realidad incondicional, que no se halle dentro de su control, y afirmar su libertad

incondicional al relacionarse con las criaturas precisamente en los modos que revela como verdaderos de sí mismo. J. Pelikan señala que fue de este modo como los padres capadocios usaron "voluntad" cuando dice que, para ellos, "la 'palabra' [creadora] de Dios, entonces, era igual a la 'voluntad'de Dios, la cual era igual a la acción de Dios —todas estas, desde luego, entendidas en un sentido trascendente y *apofático*, fundamentalmente diferente del sentido que cada uno de estos términos transmitía cuando se aplicaba a las voluntades o acciones humanas" (*Christianity and Classical Culture*, 105). Con estas cualificaciones, entonces, esta alternativa a la concepción AAA puede ser expresada como la posición de que Dios elige lo que es y es lo que elige. Sólo el ser incondicional de Dios es divino per se.

19. *God, Freedom and Evil* (Nueva York: Harper & Row, 1974), 98.

20. *Cfr.* las observaciones de Vladimir Lossky: "... apologistas como Clemente y Orígenes [estaban] demasiado ansiosos de mostrar a los paganos que todos los tesoros de la sabiduría helénica estaban contenidos en la "verdadera filosofía" de la Iglesia y eran sobrepasados por ella. Involuntariamente le acarrearon una especie de síntesis a la contemplación cristiana, un acento de intelectualismo platónico ajeno al espíritu del Evangelio" (*The Vision of God*, Crestwood, N.J.: St Vladimir's Seminary Press, 1983), 65.

21. *Summa Theologica* 1a, q. 3 y 1a, q. 21, a. 1, ad 4. Véase también su *Summa Contra Gentiles* 1, 38, 45, 73.

22. Milwaukee: Marquette University Press, 1980, 53-54.

23. Como me estaré concentrando en la incompatibilidad de la aseidad de Dios con el tomar sus atributos como perfecciones necesariamente existentes, omitiré cualquier tratamiento largo concerniente a la otra premisa AAA que encuentro objetable, a saber, que *solamente*las perfecciones son verdaderas de Dios. Pero encuentro que esta premisa también es un desastre. Para mencionar una cosa, implica que Dios no puede tener relaciones reales, contingentes con la creación. El Aquinate también retrocedió ante esta consecuencia, pero su "solución" de la misma fue tan mala como su teoría de la simplicidad. De hecho propuso que "while creatures are really related to God, in God there is no real relation to creatures, but only a logical one" (*ST*, 1a, q. 13, a. 7; q. 6, a. 2). Eso, sin embargo, no es ni siquiera plausible. ¿Como podemos ser, por ejemplo, verdaderamente amados por Dios al mismo tiempo que no es realmente verdadero que Dios nos ama?

24. *Does God Have a Nature?*, 144.

25. Ibídem, 145-46.

26. Para todavía más razones en contra de la plausibilidad de construir los atributos de Dios como integrados pero dependientes de él, véase Brian Leftow, "God and Abstract Entities," *Faith and Philosophy*, vol. 7, no. 2 (1990): 193-217.

27. Como lo dijera el Aquinate: "All perfections found in creatures pre-exist in God in a higher way" (*ST* q. 14, a. 11).

Claramente, sin embargo, todos los tales atributos son conocidos en nuestra experiencia de la creación y luego son postulados como teniendo un grado perfecto en Dios. Como señala Karl Barth, el resultado de esto es que Dios

> es constituido por una serie de ... atributos que son ... primariamente atributos de la mente humana, en los que la segunda ve sus propias características ... trascendidas en el absoluto ... [Pero de esta manera] nunca llego a un ser absoluto que me confronte y me trascienda, sino solamente, una y otra vez, a mi propio ser. Y al demostrar la existencia de un ser que he evocado mediante mi propia autotrascendencia, sólo tendré éxito una y otra vez en demostrar mi propia existencia. (*Church Dogmatics*, vol. 3, pte. 1, 360)

28. En 2 Timoteo y Tito el texto griego dice literalmente que el plan de Dios fue "antes de los tiempos de los siglos", y 1 Cor. 2:7 provee una formulación similar. Judas hablaba de la gloria, majestad, dominio y potencia "ahora y por todos los siglos". Una traducción reciente ha interpretado el texto de apocalipsis citado como "no haya más demora" en vez de "el tiempo no sería más". Pero basándose en Liddell y Scott (*A Greek English Lexicon*, p. 2005), no hay precedente en la entera lengua griega para usar el verbo ἔσται con χρόνος en vez de καιρός para significar "demora". Además, el tema común de todos estos textos fuertemente sugiere la soberanía de Dios sobre el tiempo.

He defendido esta posición con mayor detalle en otra parte. Véase "Is God Eternal?" en *The Rationality of Theism*, comp. por A. García de la Sienra (Amsterdam: Rodopi, 2000), 273-300. Mi conclusión es que rechazar la no temporalidad de Dios porque es incompatible con la concepción de Dios de AAA incurre en una petición de principio con respecto a la concepción C/R, con la cual no hay tal incompatibilidad. Más aún, si los enunciados escriturales que hablan de Dios siendo "antes" del tiempo y de su destrucción del tiempo se toman literalmente, proporcionan todavía un modo más en que la concepción AAA deja de concordar con la escritura de un modo en que la concepción C/R sí lo hace.

29. Los capadocios también consideraban este texto como altamente importante. Enfatizaron que mientras que el pensamiento griego pagano había dado por sentado que la división última de la realidad era entre lo racional y lo no racional, este texto hace que esa división sea entre el Creador y la criatura considerando incluso lo racional como creación. Véase Pelikan, *Christianity and Classical Culture*, 51-53.

30. Mi traducción aquí sigue cercanamente el texto hebreo en vez de la Septuaginta.

31. Así es también como 2 Pedro 1:4 sería entendida si se tomase como diciendo que los creyentes comparten la "naturaleza humana". Sería la naturaleza creada$_3$ libremente asumida y poseída por el que es divino. No significa que las criaturas habrán de llegar a ser divinas en el sentido panteísta de compartir el ser increado$_{123}$ de Dios .

Sin embargo, ésta no es la única interpretación posible del texto. Es plausible que simplemente afirme que los creyentes son socios de Dios. Véase A. Wolters, "Partners of the Deity" in *Calvin Theological Journal*, vol. 25 (1990): 28-44; y también la postdata en *Calvin Theological Journal*, vol. 26 (1991): 418-20.

32. Por ejemplo, la escritura dice que Dios no puede mentir (Tito 1:2, Heb. 6:18). Pero esta observación ocurre en un contexto explícitamente referido al pacto cuyo sentido es que no puede mentir a los creyentes porque ha prometido no hacerlo. Debe mantenerse en mente que en otros lugares la Escritura específicamente dice que Dios engaña a aquellos que no son creyentes (Ez. 14:9, 1 Tes. 2:11).

33. Las dificultades reseñadas arriba no son las únicas que pueden ser planteadas en contra del neoplatonismo involucrado en ver a Dios como poseyendo todas y solamente perfecciones necesarias. James Ross ha dado una brillante explicación de varias más, incluyendo su violación de la prohibición conjuntista de conjuntos maximales y su incoherente explicación de cómo participan las criaturas de los ejemplares divinos. Véase "God Creator of Kinds and Possibilities: *Requiescant universalia ante res*", en *Rationality, Religious Belief, and Moral Commitment*, comp. por R. Audi y W. Wainwright (Ithaca, N.Y.: Cornell University Press, 1986), 315-34.

34. Pelikan, *Christianity and Classical Culture*, 42, 45, 50-54. Dooyeweerd hizo esta misma observación en su réplica a Cornelius Van Til:

> lo mismo se aplica a ... los así llamados atributos de Dios, [los cuales] son atribuidos a Dios, tales como que se ha revelado al hombre en la Santa Escritura; es decir, dentro del horizonte de [nuestra] experiencia y existencia ... en su sentido propio ... no se pueden atribuir al ser de Dios aspectos de nuestro horizonte temporal como sus propiedades, pues tienen el carácter de criaturas ... [más bien] dan expresión tanto a la presencia de Dios en el mundo temporal como a su absoluta trascendencia; a su presencia, pues implican el entero orden de los ... aspectos [de la creación]; a su trascendencia, pues se refieren al carácter absoluto de Dios, el cual trasciende toda determinación criatural ... esto implica que no debieran ser separadamente llamados absolutos, o ser identificados con el ser absoluto de Dios. [Hacer eso] haría que incluso los hechos centrales de la creación, la caída en el pecado y la redención, fuesen una consecuencia lógicamente necesaria ... que no dejaría lugar a la libertad soberana de la voluntad de Dios. Pues la voluntad de Dios, según su concepción, sólo puede *llevar a cabo* el plan de Dios, no *determinarlo*. (*Jerusalem and Athens*, comp. E. Geehan [Presbyterian and Reformed Pub. Co., 1971], 87-89).

35. Pelikan, *Christianity and Classical Culture*, 55.
36. Ibídem, 209, 210.

37. Ibídem, 214.

38. Ibídem, 40.

39. Ibídem, 55. *Cfr.* la comparación que hace John Meyendorff con la de Orígenes:

El error de Orígenes consistió precisamente en esto, que identificó a Dios con una esencia [cognoscible], y no supo que la inmutabilidad y el movimiento, la incognoscibilidad y la revelación, la supratemporalidad y la acción en el tiempo, podían realmente coexistir, unidas en el ... misterio del ser personal de Dios. (*A Study of St. Gregory Palamas* (Londres: Faith Press, 1964), 223).

40. Pelikan, ibídem, 88.

41. *A Study of St. Gregory Palamas*, 211, 204, 226.

42. Pelikan, ibídem, 212. Véanse también las pp. 231 ss., especialmente la 235, donde el "engendramiento" del Hijo y el Espíritu es explicado como significando que son increados$_{12}$, pero aún así generados por el ser Divino y por lo tanto creados$_3$.

43. Ibídem, 102, 101.

44. *A Study of St. Gregory Palamas*, 131. También Calvino hace la misma observación cuando dice que la trascendencia de Dios significa que no está sujeto a las leyes que gobiernan la creación. Por ejemplo: "No nos imaginamos un Dios sin ley [*exlex*], puesto que Él es su misma ley; pues ...la voluntad de Dios ...es la ley de todas las leyes" (*Institución*, III, xxiii, 2). Es por esta razón que dice: "quienes miden la justicia de Dios por la de los hombres obran muy mal". (*Institución*, III, xxiv, 16).

Dooyeweerd ha subrayado que esta posición de Calvino "cortó de raíz la interferencia de la metafísica especulativa en los asuntos de la religión cristiana" ("*cut off at the root the interference of speculative metaphysics in the affairs of the Christian religion*") rehusándose a "elevar la razón humana al trono de Dios" ("*elevate human reason to the throne of God*") (*New Critique*, vol. 1, 93). Dooyeweerd entonces específicamente aplica la observación general de Calvino a la trascendencia de Dios con respecto a las leyes lógicas (*New Critique*, vol. 1, 144).

45. *The Vision of God*, 85.

46. "Lectures on Genesis", en *Luther's Works*, comp. por J. Pelikan (St. Louis: Concordia Publishing House, 1958), vol. 1, 11.

47. De *The Bondage of the Will*, citado por J. Dillenberger en *Martin Luther* (Garden City, N.Y.: Anchor Books, 1961), 191.

48. P. Althaus, *The Theology of Martin Luther* (Philadelphia: Fortress Press, 1966), 20.

49. *Church Dogmatics*, vol. 3, part 1, secc. 41 (Edinburgh: T. T. Clark, 1964).

50. Así dice Lutero: "Dios es aquel para cuya voluntad no se puede establecer ninguna causa o fundamento como su regla o estándar; pues nada se encuentra al mismo

nivel que él o por encima de él, sino que es él mismo la regla para todas las cosas. Si existiese para él cualquier regla o estándar, ya no podré hacer la voluntad de Dios. Lo que Dios quiere no es correcto porque debiera quererlo, o porque esté ceñido a quererlo … " (*Martin Luther*, ibídem, 196). Y Calvino hace la misma observación: "Con mucha razón se queja san Agustín de que se hace gran ofensa a Dios, cuando se busca la causa de las cosas contra su voluntad (Lib. de Gent)" (*Institución*, I, xiv, 1).

51. El punto aquí tiene que ver con una definición real de rojo tal que uno pudiese conocer su cualidad de color a partir de la sola definición. Por ende, no servirá ofrecer una circunscripción tal como "el matiz que vemos cuando nuestra vista es normal y estamos expuesto a luz de tal y tal longitud de onda". Tendríamos que saber ya qué apariencia tiene rojo para poder establecer sus parámetros de longitud de onda. Lo mismo vale para otros intentos tales como "el color de la sangre o de un rubí", etcétera.

52. Por ejemplo, cuando usamos el término "causa" para expresar que Dios es el creador del mundo. Es una idea más que un concepto. Ningún concepto que tengamos de causalidad corresponde al carácter creador de Dios: no es ni formal, ni final, ni material, ni eficiente; tampoco es ninguna de las relaciones causales cualificadas físicamente, bióticamente, sensorialmente, históricamente, o económicamente, etcétera, pues *Dios es el creador de todos los tipos de causalidad que se encuentran en el cosmos*. Pero, despojada de éstas y toda otra especificación conceptual (el tiempo y todas las leyes), todo lo que queda es la idea límite de una cosa produciendo otra en un sentido no especificado. Sólo de este modo, designando una idea límite, puede el término "causa" ser usado para designar la dependencia de todo lo distinto de Dios con respecto a Dios.

Otro ejemplo es el término "podría"cuando se aplica a Dios. Cuando preguntamos si Dios podría haber creado el mundo de una manera distinta a como lo hizo, o si podría haber hecho las leyes que gobiernan la posibilidad diferentes de lo que son para nuestra experiencia, estamos usando "podría" como una idea límite, no un concepto. Nuestros conceptos de "podría"son todos sentidos de posibilidad delimitados por leyes que valen en el cosmos —leyes que Dios creó. (Por ende, Dios no creó eligiendo entre posibilidades previamente existentes, sino que creó todo sentido de posibilidad que podamos conceptualizar.) Despojada de todas las especificaciones aspectuales (y otras), sin embargo, podemos usar la idea límite de que Dios "podría" haber creado otras leyes de posibilidad de las cuales ahora no podemos ni siquiera formarnos una idea, pues nuestro conocer está gobernado por las leyes que de hecho creó. Es ésta la razón por la que preguntar si Dios podía haber hecho leyes diferentes no equivale a preguntar si es *lógicamente* posible que las leyes de la lógica fueran distintas de las que son. Una respuesta afirmativa esa pregunta arroja una contradicción. Pero esa no es la manera correcta de entender la cuestión. Más bien, la cuestión usa "podría" para referirse a la idea límite de la base ontológica de todo tipo de posibilidad que se encuentra en el cosmos. Esa base es, desde luego, el incognoscible y originador ser de Dios. Lo mismo vale para la idea de que Dios "adopta" relaciones y propiedades para sí mismo. Eso, también, es una idea límite que significa que hace que sean verdaderas de él de una manera que no es especificable por nosotros.

53. *Does God Have A Nature?*, 139-40.

54. Un punto análogo también se pierde en el tratamiento que hacen los libros de lógica estándar de la "paradoja" de que un argumento inconsistente implica cualquier conclusión [véase, por ejemplo, *Introduction to Logic*, I. Copi y C. Cohen (Upper Saddle River, N.J.: Prentice Hall, 2002), 375-78]. Se supone que la paradoja es que un argumento con premisas inconsistentes implica válidamente cualquier conclusión. La paradoja es en realidad el resultado de olvidar que evaluar si un argumento implica su conclusión es el proyecto de ver si su conclusión hubiera sido verdadera *si sus premisas fueran verdaderas*. La aserción de que un argumento inconsistente implica toda conclusión ignora el comentario en itálicas y deja de observar que es la consecuencia de abandonar el proyecto de ver qué otra cosa hubiera sido verdadera si las premisas lo fueran. Pues, si las premisas inconsistentes fueran verdaderas, *la ley de no contradicción sería falsa y no se seguiría ninguna conclusión porque no habría ninguna cosa tal como la implicación*. Es este desplazamiento el que produce la ilusión de implicación universal; desplaza el proyecto usual de evaluación al metaproyecto de imponer la ley de no contradicción a un argumento cuyas premisas la niegan. Por favor no entienda esto como la recomendación de que se rechace o se dude la ley de no contradicción. Es seguramente correcto mantener la ley y rechazar una o más de las premisas de un argumento inconsistente. Pero no es un procedimiento propio abandonar el proyecto usual de la evaluación lógica sin reconocer ese desplazamiento.

La importancia de esta observación es que el mismo desplazamiento no reconocido en proyecto frecuentemente se traspone a la concepción C/R de Dios por aquellos que la critican por decir que Dios creó la ley de no contradicción. Los críticos alegan que tal concepción conduce requerir que dos creencias contradictorias acerca de Dios sean verdaderas. Pero de hecho no hace tal cosa. No hay ejemplos de contradicciones que se *sigan* de tratar de conseguir qué sería el caso si la ley de no contradicción existiese porque no hubiese una cosa tal como la consecuencia lógica y porque *ningún concepto que podamos formar en conformidad con esa ley habrá de producir un ejemplo de algo que no esté gobernado por esa ley*. Así que nada contradictorio acerca de Dios se sigue de la concepción de que su ser increado trasciende las leyes lógicas, y cualquier ejemplo putativo de lo que (supuestamente) sería verdadero si la ley no se aplicase a Dios es —al igual que la paradoja de que premisas inconsistentes implica toda conclusión— un caso de imponer la ley de no contradicción a su esencia trascendente para criticar la afirmación de que la ley no se le aplica. Tal crítica por lo tanto no logra mostrar ninguna fisura en la posición C/R, y no es más que un rechazo dogmático de la misma.

55. Esta posición es agradablemente explicada por C. S. Lewis en su libro *Miracles* (Nueva York: Macmillan, 1948), 69-70.

56. William Alston ha comentado perspicazmente sobre el rango de posibilidades para el lenguaje religioso:

> Pero desde luego hay varias modos en que los términos de criaturas pueden ser usados para hablar de Dios … Estos modos incluyen:

> (1) Univocidad directa. Términos ordinarios son usados en los mismos sentidos ordinarios para referirse a Dios y a los seres humanos.

> (2) Univocidad modificada. Se pueden definir o establecer de otra manera significados tales que los términos pueden ser usados con aquellos significados tanto de Dios como de los seres humanos

> (3) Significados literales especiales. Se puede dar a los términos, o pueden de otra manera adoptar, sentidos técnicos especiales en los cuales se aplican a Dios.

> (4) Analogía. Se puede dar extensiones analógicas a los términos para criaturas de manera que sean aplicables a Dios.

> (5) Metáfora. Términos que se aplica literalmente a las criaturas pueden ser aplicados metafóricamente a Dios.

> (6) Símbolo. Ídem para "símbolo" en uno u otro significado de ese término. Los partisanos más radicales de la otreidad [de Dios], desde Dionisio pasando por el Aquinate hasta Tillich se inclinan por algo en el rango entre (4) y (6) y rechazan explícitamente (1). La posibilidad de (3) ha sido casi completamente ignorada y (2) no ha corrido con mejor suerte. (*Divine Nature and Human Language* [Ithaca, N.Y.: Cornell University Press, 1989], 65)

Tal y como entiendo el fracaso de Alston, mi concepción es que la mayor parte del lenguaje de la Escritura corresponde a sus (1), (2) y (3), mientras que hay ocasiones de usos de los tipos (4) y (5), aunque tendría que agregar a todas ellas mi comentario acerca de la diferencia en importancia, más que en significado, de cualquiera de aquellos usos del lenguaje. El tipo (6) es demasiado vago para que pueda hacer un juicio, aunque diré que ningún lenguaje escritural acerca de Dios es jamás simbólico en el sentido de Tillich.

57. Para una crítica penetrante de los prospectos de tal proyecto, véase James Ross, "The Crash of Modal Metaphysics," *Review of Metaphysics*, vol. 43, no. 2 (1989).

La trascendencia de Dios con respecto a las leyes de la lógica es también la razón por la cual es adverso a su divinidad intentar demostrar su existencia. Como Dooyeweerd alguna vez lo dijera: *cualquier cosa que puede ser demostrada por ello ya no sería*

Dios. Es decir, nada que pueda ser demostrado usando las leyes de la lógica podría ser su creador.

58. Para un tratamiento más detallado de este tema y una réplica más completa a las objeciones al mismo, véase mi "Religious Language: A New Look at an Old Problem", en *Rationality in the Calvinian Tradition* (Lanham, Md.: University Press of America, 1983), 385-407; y "Divine Accommodation: An Alternative Theory of Religious Language", en el *Tydskrif vir Christelike Wetenscap* (Bloemfontein: 2de Kwartaal, 1988): 94-127.

11. UNA TEORÍA NO REDUCCIONISTA DE LA REALIDAD

1. La teoría del marco nómico presentada aquí es un resumen de la teoría desarrollada primeramente por Herman Dooyeweerd en su *Wijsbegeerte de Wetsidee* (Ámsterdam, 1935), la cual fue posteriormente expandida como la *New Critique of Theoretical Thought* y ulteriormente elaborada en otras publicaciones. Una lista de las traducciones al español de las obras principales de Dooyeweerd es proporcionada en la nota final a este capítulo.

2. La teoría no reduccionista de la realidad que va a ser presentada en este capítulo es ofrecida como ampliamente teísta, presuponiendo así la creencia común a los judíos, los cristianos y los musulmanes en un Creador trascendente.

Como ya lo he dicho, además del modo en que la creencia en Dios requiere una concepción no reduccionista de la realidad, las Escrituras también contienen enseñanzas específicas que pueden impactar nuestras teorías. Y también dije que encuentro que estas enseñanzas adicionales impactan más frecuentemente a las teorías que tratan de los aspectos más altos en mi lista provisional que a las que tratan de los más bajos. Así, mientras que no encuentro enseñanzas escriturales que provean información específica para las teorías en matemáticas, física, biología, lógica, etcétera, aparte de que sus datos todos son creados por Dios, encuentro enseñanzas específicas concernientes a la naturaleza humana y los aspectos social, diquético y ético de la vida humana. Conforme aplique la ontología no reduccionista al aspecto social y a una teoría del estado en capítulos posteriores, estaré por lo tanto combinándola con algunas de estas enseñanzas adicionales. Y puesto que muchas de éstas se encuentran se encuentran únicamente (o primariamente) en el Nuevo Testamento, las teorías resultantes serán no sólo ampliamente teístas, sino específicamente cristianas. No me atrevo a decir hasta qué punto serán aceptables también a los judíos o los musulmanes, pero sospecho que habrá un importante traslape.

3. Dooyeweerd da por sentado que las leyes causales se originan con el aspecto físico, pues no hay relaciones causales que se den entre propiedades matemáticas, espaciales o cinéticas. Desde el aspecto físico hacia arriba en nuestra lista de aspectos, sin embargo, sí hay relaciones de causa y efecto, así que habla de la causalidad como "fundada" en

el aspecto físico aunque no restringida a él. Aspectos más altos que el físico cada uno aporta elementos adicionales a las relaciones causales, de tal manera que experimentamos sentidos de causalidad bióticos, sensoriales, sociales, económicos, legales, etcétera, además de los físicos. Véase *New Critique*, vol. 2, 41, 110; vol. 3, 34 ss.

4. A pesar de estar abierta a revisión, encuentro que esta lista ha sido defendida de modo convincente por Dooyeweerd. Véase *New Critique*, vol. 2, 79–163.

5. T. Dantzig, *Number: The Language of Science* (Garden City, N.Y: Doubleday, 1954), 2-3.

6. Véase Dooyeweerd, *New Critique*, vol. 1, 93-106; y M. D. Stafleu, *Time and Again* (Toronto: Wedge, 1980), 80 ss.

7. Dos comentarios: Primero, las propuestas objetivista y subjetivista acerca de las leyes son ambas implausibles. ¿Cómo podrían ser las leyes solamente nuestras generalizaciones sobre las naturalezas fijas de las cosas, como dice el objetivismo? Si no hay conexiones gobernadas por leyes entre las propiedades, las cosas no podrían tener naturalezas fijas. ¿O cómo podrían todas las leyes ser suplidas a la experiencia por la mente, como dice el subjetivismo? A menos que haya de entrada leyes gobernando la mente sin ser creaciones de ella, ¿qué explicaría la uniformidad de los modos en que la mente impone leyes a la experiencia? Segundo, si bien he estado enfatizando un enfoque no reduccionista con respecto a los aspectos, no debe pasarse por alto que las teorías también han sido reduccionistas de otros modos. Acabamos de ver, *e.g.*, que algunos han tratado de reducir las leyes a cosas, mientras que otras han tratado de reducir las cosas a leyes. La teoría del marco nómico se opone igualmente a todas esas reducciones, considerando en vez de ello que todos los lados del mundo creado existen en mutua correlación. Y los mismos argumentos que da contra la reducción de aspectos pueden ser desplegados también en contra de esos otros tipos.

8. El orden exacto de la precondicionalidad está tan abierto a revisión como lo están los elementos de la lista, y algunos defensores de la teoría del marco nómico han propuesto alternativas. La teoría que está siendo bosquejada aquí necesitaría modificación si la lista o su orden fuesen diferentes, pero no sería afectada en lo esencial. Cualesquiera aspectos que fueran tomados como genuinos seguirían siendo considerados como directamente dependientes de Dios, igualmente reales, y mutuamente irreducibles.

9. Dos observaciones parecen hallarse en orden aquí: (1) investigación reciente sugiere que ciertos animales pueden también tener funciones lógicas o lingüísticas activas limitadas. Véase "Conversations with a Gorilla", Francine Patterson, *National Geographic* (octubre de 1978). (2) Hay una buena razón para suponer que los organismos unicelulares no debieran ser clasificados ni como plantas ni como animales. Véase Uko Zylstra, "Dooyeweerd's Concept of Classification in Biology", en *Life Is Religion*, comp. por H. Vander Goot (St. Catherines, Ontario: Paideia Press, 1981), 239-48.

10. El hecho de que los humanos tienen funciones activas en todo aspecto no es, sin embargo, su única diferencia respecto de otras criaturas. Como mencionamos en

el capítulo 9, la identidad de cada humano está centrada en el ego, al que la Escritura llama el "corazón" o el "alma", el cual es la unidad de todas las funciones humanas aspectuales, el asiento de la conciencia, y es lo que la mayoría de los teólogos afirman que sobrevive a la muerte del cuerpo y provee así la continuada existencia de una persona entre la muerte y la resurrección. Nuestra teoría explica esos puntos como significando que, desde una perspectiva bíblica, el corazón humano tiene un lado "prefuncional" que no se agota por sus funciones temporales bajo las leyes aspectuales. Esto tiene dos consecuencias importantes: (1) permite una genuina libertad humana de pensamiento y acción relativa a las leyes de cada aspecto. Pues mientras que los humanos están limitados en su acciones por lo que es posibilitado o imposibilitado por las leyes aspectuales y las relaciones causales, no son creados o determinados por esas leyes; y (2) el carácter esencialmente religioso del corazón humano no es idéntico a su función en el aspecto fiduciario de confianza o fe. Más bien, el carácter religioso del corazón yace en su disposición prefuncional innata de estar orientado hacia Dios o cualquier divinidad que ponga en su lugar. Esto incluye el mismo entendimiento y todo lo demás a la luz de tal orientación del corazón. Así que la orientación también dirige cada uno de los actos concretos de confianza de la persona. Son solamente estos actos los que están cualificados por el aspecto fiduciario. Por estas (y otras) razones, sostenemos que los humanos carecen de función cualificadora —un punto que será explicado en breve.

11. Sí, esto significa que las leyes de todo aspecto han existido "desde la fundación del mundo". Debe observarse que el tipo de teoría de la emergencia a la que aquí se objeta no es una que simplemente vea una jerarquía entre aspectos (con la que estamos de acuerdo), sino la que reduce un aspecto a otro en uno u otro de los sentidos objetables formulados en la nota 5 del último capítulo. Así que si "emergencia" se usa sin ningún compromiso con cualquiera de aquellos sentidos, la teoría del marco nómico no tiene ninguna objeción a la misma.

12. Las teorías de la emergencia del tipo que estoy objetando comercian así con nuestro uso preordinario científico del término "causa" en aras de su plausibilidad, mientras que es el sentido científico del término el que necesitan. En el habla ordinaria frecuentemente hablamos de que un evento causa otro aunque no sea a la vez una condición necesaria y suficiente para el otro, que es lo que se busca en la ciencia. Andre Troost (*The Christian Ethos* [Bloemfontein: Patmos, 1983]) ha dado un buen ejemplo de cómo se habla ordinariamente de eventos cualificados por diferentes aspectos como causas unos de otros, pero no son causas en el sentido de ser condiciones necesarias y suficientes. Supóngase, dice Troost, que un violinista se corta el dedo mientras prepara la cena. En el sentido ordinario de "causa", diríamos que el corte (físico) causó su dolor (sensorial), lo que causó que cometiera un error que (estéticamente) arruinara un concierto, lo que causó que fuese (legalmente) despedida, lo que causó que dijera majaderías (no éticas). Pero, en cada caso, el evento precedente no era una condición ni necesaria ni suficiente de su sucesor. Cada precondición podía haber ocurrido sin el

resultado correspondiente, y cada resultado podía haber ocurrido sin el evento que de hecho lo ocasionó.

A veces se objeta en este punto que la teoría del marco nómico realmente no elimina todo reduccionismo, puesto que toma todos los aspectos como siendo dependientes de Dios, y de esta manera los reduce todos a Dios. La respuesta es que reducción no es lo mismo que dependencia, incluso si muchas teorías intentan lograr la reducción argumentando que un aspecto depende de otro. La diferencia es esta: mientras que todos los aspectos dependen de Dios, no se reducen en estatus relativo entre ellos por esa dependencia. Todos son constituyentes del cosmos creado igualmente reales, si bien dependientes.

13. A pesar de este énfasis, sería inexacto llamar a ésta una teoría del realismo intuitivo. "Experiencia intuitiva" pretende referirse a la experiencia como la tenemos antes de romperla mediante la abstracción alta, así que no es una hipótesis en lo absoluto. El resultado de nuestra crítica es que las teorías de la realidad no pueden negar la experiencia intuitiva indiscriminadamente, o aspectos enteros de la misma, sin incurrir en seria incoherencia. Las teorías deben explicar la experiencia intuitiva, no eliminarla mediante explicaciones. De este modo la teoría del marco nómico cumple con el aforismo de Wittgenstein de que la filosofía debiera "dejar todo como está", incluso mejor que lo que lo hicieron sus propias teorías (*Investigaciones filosóficas*, parte 1, secc. 124).

14. Dooyeweerd desarrolla esta idea en detalle y demuestra que tales conexiones no pueden ser descartadas como meras figuras de habla. Véase *New Critique*, vol. 2, pp. 55–180, y también su monografía "De analogische grondbegrippen der vakwetenschappen en hun betrekking tot de structuur van de menselijken ervaringshorizon", en *Mededelingen der Koninglijke Nederlandse Akademie van Wetenschappen*, afd. Letterkunde, New Series, vol. 17, no. 6 (Amsterdam: Noord-Hollandsche Uitgevers Maatschappij, 1954). (La traducción al inglés de este artículo, no publicada, se debe a Robert Knudsen.)

15. Dooyeweerd, *New Critique*, vol. 3, 53-153.

16. Lo que he llamado aquí "leyes tipo", Dooyeweerd llama "estructuras de individualidad", las que él describió como posibilitando "el arreglo típico de los ... aspectos dentro de un todo estructural". (Véase *New Critique*, vol. 3, pp. 78–153.) He alterado la expresión porque "estructura de individualidad" está sujeta a ser confundida con la organización factual de los individuos particulares, en vez de ser entendida como las leyes que hacen posible la organización de propiedades para dar lugar a los tipos de individuos que descubrimos en el mundo. (Como se notó anteriormente, Dooyeweerd debe haber obtenido esta idea de Calvino, quién habló de una "ley de la creación" que determina "la naturaleza particular de cada clase de seres" (*Institución*, II, ii, 16).

Debiera observarse también que las leyes tipo conectan las propiedades de una cosa de una manera rígida con respecto a las propiedades de aspectos más bajos en la lista (las leyes rígidas son leyes que no pueden ser violadas por las criaturas). Así que no hay variación en los modos en que las propiedades matemáticas, espaciales, cinemáticas o físicas se combinan en cosas del mismo tipo. Pero las propiedades de los aspectos que tienen un orden normativo (un orden que no es rígido sino que puede ser violado por las criaturas) son combinadas por leyes tipo en modos que tampoco son rígidos. Así que, para propiedades de los aspectos del biótico hacia arriba, las leyes tipo permiten variabilidad en cómo se combinan las propiedades de aquellos aspectos en cosas del mismo tipo. Es por ello que puede haber margaritas o cerdos deformes, así como deformes culturas, enunciados, estados, estatuas, arte, etcétera, los cuales sin embargo son margaritas, cerdos, culturas, enunciados, y así consecutivamente. Este punto será explicado más plenamente en los siguientes capítulos.

17. Hablar de una cosa como el "ensamblado estructural individual de todas sus propiedades" no pretende aligerar el hecho de que las cosas están hechas de partes. Más bien refleja la lección de la filosofía moderna de que el análisis continuado de las partes termina en el análisis de las propiedades. Nuestra diferencia respecto de los modos en que esa lección ha sido aplicada en las teorías de base pagana es que mientras que éstas han insistido en buscar uno o dos tipos de propiedades que hagan a todas las demás posibles o reales (o en las cuales se resuelvan todas las demás), nosotros sostenemos que ningún aspecto desempeña alguno de los dos papeles.

18. La base religiosa de esta tesis fue argumentada anteriormente; véase especialmente la cita de Gregorio Palamas referida en la nota 13 del capítulo 10. Consecuencias adicionales de esta concepción incluyen las siguientes: son las leyes tipo en conjunción con las leyes de los aspectos las que determinan qué cosas son realmente posibles, puesto que las posibilidades de los aspectos solas no pueden hacer eso —ni siquiera la posibilidad lógica, como frecuentemente se ha supuesto que es el caso (por ejemplo por Leibniz tanto en *Meditations on Knowledge, Truth, and Ideas* como en *On the Method of Distinguishing Real from Imaginary Phenomena*). La mera ausencia de contradicción lógica de un concepto no muestra que corresponda a una entidad o estado de cosas posible. Por ejemplo, el concepto de círculo cuadrado puede ser desempacado como una figura plana con cuatro lados iguales y cuatro ángulos interiores cuyo perímetro es en todo punto equidistante de su centro. No hay ninguna contradicción estrictamente lógica en tal definición; su incoherencia se halla en las incompatibilidades espaciales que asevera, las cuales no pueden ser descubiertas mediante la pura lógica. Así que un círculo cuadrado no es lógicamente imposible; es espacialmente imposible. O considere la conclusión de Leibniz de que no hay un límite real a la velocidad porque no hay un límite lógico a concebir un incremento de cualquier velocidad. Esta carencia de límite lógico/conceptual no impide que haya un límite físico real a la velocidad, como se ha mostrado en la física relativista. Es por ello que el hecho de que nos sea posible formar un concepto consistente de roca parlante no significa que tal cosa sea verdaderamente posible; el concepto de una cosa puede ser posible mientras que la cosa concebida no lo es. Al mismo tiempo, el hecho de que no haya una ley tipo que haga posible tal cosa

no la hace imposible en el sentido usualmente significado por el término; a saber, que tal cosa violaría una ley. Así que una roca parlante no es imposible del mismo modo que afirmar "*A* y no-*A*", o al modo que lo es el círculo cuadrado. Por esta razón, "no posible" con respecto a las leyes tipo no es equivalente a "imposible" (James Ross defiende una tesis similar en el artículo anteriormente citado, "God, Creator of Things and Possibilities").

19. Dooyeweerd ha usado esta teoría para analizar las etapas de cambio en la madera de un árbol, a partir de su cualificación biótica como una cosa natural, a través de su conversión en material semiformado al ser cortado su tronco, a la conversión de su tronco en tablas, y finalmente a la transformación de las tablas en un producto acabado como una silla (*New Critique*, vol. 3, pp. 129–132). Conozco otros pocos filósofos que han intentado llevar a cabo tal proyecto, y ninguno de ellos con éxito. También provee un análisis extenso de la naturaleza de un libro, y lo contrasta con el fracasado intento de Aristóteles (ibídem, vol. 3, pp. 150–153).

Las obras de Dooyeweerd, originalmente en neerlandés, están siendo ahora traducidas al inglés y publicadas por Edwin Mellen Press de Lewiston, Nueva York, Queenston, Ontario y Lampeter, Reino Unido. Ya disponible en esta serie se encuentra una republicación de *A New Critique of Theoretical Thought* (4 vols.), *In the Twilight of Western Thought*, *Roots of Western Culture*, *Christian Philosophy and the Meaning of History*, *Essays in Legal, Social, and Political Philosophy*, *Encyclopedia of the Science of Law* (3 vols.), y el vol. 1 de *Reformation and Scholasticism in Philosophy* (3 vols.). Los volúmenes faltantes de esta última obra, así como otros ensayos y monografías cortos, están programados para aparecer en breve. También algunas de las obras de Dooyeweerd han sido traducidas al español: *Raíces de la cultura occidental* (CLIÉ, Barcelona, 1998); *En el ocaso del pensamiento occidental* (por aparecer en CLIÉ, Barcelona). Existe el Proyecto Valera, cuya ambición es traducir los cuatro volúmenes de *A New Critique of Theoretical Thought*.

12. UNA TEORÍA NO REDUCCIONISTA DE LA SOCIEDAD

1. Esto se refiere, repito, a las comunidades *organizadas* —aquellas con liderazgo oficial, no a las desorganizadas que sólo tienen líderes carismáticos. Así que mi uso del término "comunidad" no es el mismo que el modo en que se usa cuando hablamos de, digamos, "la comunidad afroamericana", "la comunidad gay" o "la comunidad de habla francesa", etcétera.

De ahora en adelante, por lo tanto, siempre uso el término para significar una comunidad con un liderazgo reconocido, de modo que cada clase y tipo de comunidad será vista como un artefacto que organiza la relación social de *autoridad* de acuerdo con sus funciones fundante y guía.

2. En este contexto, "religioso" se usa en el sentido de creencias y prácticas religiosas "secundarias"como se explicó en el capítulo 2. Son las comunidades cuyo propósito estructural es ayudar a sus miembros a lograr una relación apropiada con cualquier cosa que sea crea que es divina.

3. La explicación de las comunidades sociales dadas aquí ha tratado de permanecer tan cercana a la de Dooyeweerd como ello es posible. Pero debe observarse que varios pensadores que han intentado desarrollarla ulteriormente han sentido que es necesario introducir distinciones y conceptos alternativos para mantener su actitud no reduccionista. Véase por ejemplo M. D. Stafleu, "On Aesthetically Qualified Characters and Their Mutual Interlacements", *Philosophia Reformata*, vol. 68 (2003): 137-47. Stafleu y otros también defienden la posición de que hay un aspecto distintivamente político.

Éstas y otras variantes de la teoría del marco nómico se hallan más allá del alcance de esta obra, cuyo propósito es solamente proporcionar una introducción al modo en que pueden desarrollarse teorías no reduccionistas.

4. Ni tampoco la idea de propósito estructural de una institución nos compromete decir que su propósito es siempre realizado en cada etapa de desarrollo histórico, o en todo ambiente cultural. Así lo dice Dooyeweerd:

> Cuando decimos que un matrimonio, un estado una iglesia, etc., tienen una naturaleza constante, determinada por sus principios estructurales, no queremos decir que *todas* estas [organizaciones] sociales han sido realizadas en toda fase del desarrollo humano de la humanidad. Sólo queremos decir que la *naturaleza interna* de estos tipos de relaciones sociales no puede ser dependiente de condiciones históricas variables de la sociedad humana. Esto es decir, tan pronto como se realizan en la sociedad humana factual, parecen estar atadas a sus principios estructurales sin los cuales no podríamos tener ninguna experiencia social de ellos ... esto no quita nada a la gran variabilidad de las ... formas en que se realizan. (*New Critique*, vol. 3, 170-71)

5. Esto es una continuación del comentario hecho en el capítulo 10 acerca de la diferencia entre la idea bíblica de perfección y la idea de perfección derivada de la filosofía griega antigua. Allí nuestra razón para rechazar la doctrina tradicional de las perfecciones de Dios fue que la idea que empleaba es claramente la idea pagana griega y no la bíblica.

6. Las teorías objetivistas mejor conocidas, como las de Platón y Aristóteles, han tratado de darle la vuelta esta dificultad considerando a la naturaleza de cualquier cosa capaz de violar una norma como fuertemente dualista. Se supone que el dualismo da cuenta de la habilidad de una cosa para actuar de manera contraria a una norma diciendo que el orden normativo es intrínseco solamente un lado de la dualidad y es desobedecido por el otro lado. El problema con esto es que los dos lados de la dualidad son

entonces mutuamente excluyentes en la naturaleza de manera que es imposible explicar cómo podrían formar una unión, ya no digamos una unidad individual. *Cfr.* la crítica de Dooyeweerd en la *New Critique*, vol. 3, 10-18.

7. Digo "usualmente"porque la teoría de Thomas Hobbes es una notable excepción. Hobbes empezó con una posición individualista pero luego argumentó que el mejor estado que las personas pueden construir es uno que no permite límites a la autoridad gubernamental, dejando a los ciudadanos sin derechos salvo la autopreservación

8. Dooyeweerd también llama a las relaciones todo-todo "relaciones encápticas" (*New Critique*, vol. 3, 627-784). Pienso que es confundente, sin embargo, usar el mismo término para las relaciones todo-todo en las que ninguno es un subtodo del otro. Así que usado la expresión "todo-todo"para el primero y retenido "encapsulado" sólo para el segundo.

9. Aristotle, *Metafísica*, libro Z, 1043a.

10. Algunos pensadores tomistas se han referido a lo que estoy llamando una concepción "jerárquica" de la sociedad como la concepción "subsidiaria". Véase, por ejemplo, Yves Simon, *Philosophy of Democracy* (Chicago: University of Chicago Press, 1951), y *A General Theory of Authority* (Notre Dame: University of Notre Dame Press, 1962). como resultará pronto aparente, nuestra teoría rechaza la concepción jerárquica como visión global de la sociedad, aunque reconoce jerarquía dentro de la misma comunidad y entre comunidades auxiliares formadas expresamente para apoyar y servir a otra — por ejemplo, una organización formada para conseguir dinero para una escuela o una orquesta.

Así que la teoría del marco nómico reconoce que la subsidiariedad es un principio valioso para la operación interna de instituciones específicas. Tomada de este modo, la subsidiariedad puede combinarse con la idea de soberanía de las esferas para la totalidad de la sociedad para proveer la base de una teoría de la sociedad poderosa, con bases teístas. Pero, como la idea de subsidiariedad es bien conocida, mientras que la soberanía en su propia esfera no lo es, me estaré concentrando en lo que sigue en la segunda.

11. Véanse las Stone Lectures que Kuyper dio en Princeton, intituladas *Calvinism* (Grand Rapids, Mich.: Eerdmans, 1976). en esta conexión es importante observar que mientras que la teoría de la soberanía en su propia esfera explica las naturalezas de las comunidades sociales en términos de sus aspectos cualificadores, esto no es decir que una vez que una comunidad esté formada tiene derechos de propiedad sobre los aspectos que cualifica su función guía. Los negocios no son los únicos que pueden opinar en asuntos económicos, así como no sólo el estado está ocupado con la justicia o las escuelas con la educación. Todas las personas y todas las comunidades participan constantemente en las esferas sociales.

12. Dooyeweerd señala que el fracaso en desarrollar comunidades diferenciadas correspondientes a las distintas preocupaciones de la vida es el sello distintivo de las sociedades primitivas. En ellas hay usualmente una sola comunidad, tal como una familia

extendida o una tribu, que es el solo curador de todos los intereses sociales. Da una explicación de como tal carencia de diferenciación ha sido superada en la historia a través de lo que llama el "proceso de apertura", y de como está dirigido este proceso por la creencia religiosa. (Véase *New Critique*, vol. 2, 68-72, 192 ss., y esp. 298-330.)

13. Aunque el Estado está cualificado por su función guía diquética, está ulteriormente limitado al tener a la justicia *pública* como su propósito estructural. Su deber ejecutivo, por lo tanto, no se extiende a cosas tales como contradecir las ideas de los padres acerca de la hora de ir a la cama para sus hijos, o las reglas una iglesia acerca de quién puede participar en sus sacramentos, etcétera, incluso si aquellas ideas son realmente injustas. Esto se volverá más claro cuando se explique la ley tipo para el Estado en el siguiente capítulo.

También debe notarse que aceptamos aquí la suposición tradicional de que la justicia pública incluye la responsabilidad gubernamental con la seguridad pública. Así que cae dentro de esta definición no solamente la defensa nacional y la represión del delito, sino la inspección de aviones, puentes, comida y medicinas, y la vigilancia de las carreteras.

14. Dooyeweerd ofrece una extensa crítica de un número de teoría sociales principales para establecer este punto. Véase *New Critique*, vol. 3, 198-261.

15. Véanse las observaciones de Calvino en la *Institución*, III, ix, 6.

16. La defensa clásica de la libertad de expresión y prensa fue realizada por el calvinista puritano John Milton en su ensayo "Areopagitica" (1644).

13. UNA TEORÍA NO REDUCCIONISTA DEL ESTADO

1. Dooyeweerd, *New Critique*, vol. 3, 380.

2. El proceso histórico por el cual surgieron los estados y asumieron formas diferentes es otro lado de su variación. Ese lado es tomado en cuenta por el análisis de Dooyeweerd del "proceso de apertura" histórico de las comunidades sociales al que se aludió en la nota 12 del capítulo 12. (En adición a las referencias dadas en esa nota, véase también *New Critique*, vol. 2, 181-92, 335-65).

Esto da cabida al hecho de que a veces los estados no ha sido nada más que organizaciones para defender un territorio, mientras que las leyes emergieron de las decisiones de las cortes en vez de ser estatutos del estado —como en el caso de la ley común anglosajona. Así que la explicación de la naturaleza del Estado que estoy a punto de dar supone un Estado plenamente desarrollado o "abierto" destinado a establecer un orden de justicia pública. Que ésta es la naturaleza de un estado plenamente desarrollado fue reconocido tan tempranamente como Aristóteles cuando subrayó "Justice is the bond of men in states, for the administration of justice, which is the determination of what is just, is the principle of order in political society" (*Política* 253a37-39).

3. Dos comentarios:

El primero es que este contraste en los castigos fue trazado con el tratamiento de los adultos en mente. Los padres son frecuentemente obligados a usar la fuerza para refrenar a los niños pequeños, por ejemplo, cuando un pequeño es confinado a un corral o un niño es castigado. Al mismo tiempo, desde luego, el estado seguramente tiene el deber de proteger a los niños de abusos de tal fuerza paternal, especialmente cuando este riesgo la vida o la salud del niño.

El segundo tiene que ver con la mención de la pena de muerte. La sanción bíblica de muerte por asesinato premeditado está clara tanto en la Tora como en el Nuevo Testamento (*cfr.* Gen. 9:6 y Rom. 13:4), pero esta basada en que la víctima es imagen de Dios así que no puede ser desechada como relativa al tiempo particular o a las circunstancias en que fue escrita. Encuentro, por lo tanto, que su amplia abolición en Europa refleja una base humanista, más que bíblica, para la interpretación de la justicia

Más aún, el argumento de que si es erróneo matar a otro humano entonces la pena de muerte también es errónea, es absurdo. No hay ninguna acción que pueda adoptarse para castigar el delito que no sería ella misma un delito si no fuera el castigo legal de un delito. Por ejemplo, sería robo tomar el dinero de otros en contra de su voluntad a menos que sea una multa por un delito impuesta por una autoridad legítima; y sería secuestro y represión ilegal encarcelar a otra persona al menos que sea del mismo modo castigo por un delito impuesto por una autoridad legítima. Lo mismo vale para la ejecución.

Pienso, sin embargo, que el castigo capital debiera de ser impuesto solamente por el asesinato premeditado, cuando la evidencia es abrumadora, y después de que haya habido una revisión por una corte de apelación para garantizar que se observó el procedimiento judicial apropiado. Por añadidura, propugno una segunda revisión, por un comité independiente, de los hechos en tales casos para revisar la evidencia y los testigos.

4. Agustín, *The City of God* bk. 19, 12-17. Dooyeweerd también mantuvo esta concepción en *The Christian Idea of the State* (Nutley, N.J.: Craig Press, 1968), 40. Aquí específicamente se alinea con Agustín contra el Aquinate, quien sostuvo (como lo hago yo) que solamente es el poder militar del Estado el que es resultado del pecado. (Estoy de acuerdo, sin embargo, con Dooyeweerd al rechazar las razones del Aquinate para su concepción).

5. James Skillen, "The Bible, Politics, and Democracy", ponencia presentada en una conferencia patrocinada por el Centre for Religion and Society del Rockford Institute, Wheaton, Ill., Nov. 1985, 6.

6. Frecuentemente pasamos por alto el hecho de que el ejercicio de la fuerza no tiene que ser violento o amenazar con violencia. La erección de una caseta de peaje o la ubicación de una barrera temporal a lo largo de una calle son también formas de fuerza. Así como lo es poner candados a una propiedad confiscada por la retención de salarios. *Cfr.* N. K. Smith, "The Moral Sanction of Force", *The Credibility of Divine Existence* (Nueva York: St. Martin's Press, 1967), 214 ss.

7. Esto no es sugerir que el Estado *nunca* puede ser la parte ofendida. En casos tales como la tradición, el robo de propiedad estatal o la evasión de impuestos, claramente lo es.

8. Los materiales proporcionados por el estado de Pensilvania para la educación de los conductores que tomé en la secundaria hacen explícitamente esta aseveración.

9. La distinción entre un derecho *per se* y el derecho a una libertad es que un derecho *per se* tiene que ver con los beneficios que los ciudadanos reciben directamente del Estado, tal como la protección ante la invasión y el delito. Un derecho secundario, por otro lado, es un derecho de los ciudadanos a ser libres de actuar de cierto modo sea que deseen o no ejercer esa libertad. Así, mientras que tenemos un derecho *per se* a ser protegidos del delito, no tenemos un derecho *per se* a casarnos o hacer negocios pues nadie que no desee casarse con nosotros o hacer negocios con nosotros viola nuestros derechos. Lo que tenemos es el derecho a tener la *libertad* de casarnos o de hacer negocios. Así que, mientras que manejar no es un derecho *per se*, en la concepción de la soberanía en su propia esfera es un derecho en este secundario sentido de ser una libertad.

10. *Cfr.* las observaciones de Otto Von Bismarck justificando su edición del telegrama Ems para incitar a la guerra franco-prusiana (*Bismarck, the Man and the Statesman: Being the Reminiscences of Otto, Prince of Bismarck*, trad. por A. J. Butler [Nueva York: Harper & Row, 1899], vol. 2, 97-101).

11. Es fascinante observar como el individualismo de la Declaración da lugar a un colectivismo de regla de la mayoría en la constitución de los Estados Unidos. Pues donde la Declaración habla de derechos *inalienables*, los derechos enlistados en la Constitución son todos *enmiendas* que pueden ser repudiadas mediante el voto del Congreso o de los estados. Así que no hay ni un solo derecho enlistado en la Constitución de los Estados Unidos que tenga la garantía de ser inalienable.

12. Jefferson había propuesto originalmente la redacción: "Sostenemos que estas verdades son sagradas e innegables". Franklin pensó eso sonaba demasiado religioso y lo convenció de poner en su lugar la frase más racionalista: "Sostenemos que estas verdades son autoevidentes". No obstante, había habido una fuerte conexión hecha entre la autoevidencia y la verdad religiosa entre los puritanos, quienes (antes de Locke) también habían conectado la enseñanza bíblica con la idea de un gobierno limitado. Fue una combinación de la teoría de Locke con la más antigua herencia puritana la que fue propugnada por los colonos. Véase Staughton Lynd, *Intellectual Origins of American Radicalism* (Nueva York: Pantheon, 1968), 20, 24-31.

Debe notarse que aunque el término "derechos" no figura en la Escritura, la idea si lo hace. Como un derecho es un beneficio o inmunidad que no se le puede negar a una persona sin cometer injusticia (en el caso de un derecho legal) o sin falta de amor (en el caso de un derecho ético o moral), entonces tanto la ley de Moisés como la historia del buen samaritano, por ejemplo, claramente enseñan que todos los humanos tienen derechos por virtud de haber sido creados a imagen de Dios.

13. Jefferson se refiere a las "Leyes de la Naturaleza y el Dios de la Naturaleza" en el párrafo inicial. Sin embargo, no conectó específicamente esta alusión a su tesis acerca de los derechos individuales. Más bien, la conecta solamente con el "rango separado pero igual" al cual dice que los Estados Unidos tienen derecho entre las naciones. Muchas discusiones subsecuentes de los derechos han seguido desde entonces su liderazgo, no conectando los derechos con las normas

14. A veces me ha sido sugerido que realmente no necesitamos ninguna teoría para explicar la creencia en los derechos, pues no tienen que ser nada más que construcciones pragmáticas. Todo lo que necesitamos, se dice, es estar de acuerdo en que las personas tienen derechos, y del mismo modo resultarán las limitaciones al poder del estado.

Nada podría estar más alejado de la verdad. De hecho, la concepción pragmática de los derechos se autoderrota pragmáticamente. Una vez que se acuerda que realmente no existen tales cosas, y que solamente estamos pretendiendo que existen, el resultado práctico será doble: por un lado, nadie habrá de ser constreñido por ninguna formulación de los mismos, mientras que por el otro todo mundo querrá que se declare que son cualquier cosa que favorezca sus intereses. El resultado político práctico sería un completo caos. Además, si los derechos son vistos como las invenciones de aquellos que tienen el poder político, y así como cualquier cosa que el Estado considera que es útil conferir a su ciudadanos, la concepción pragmática de los derechos resulta inmediatamente en una concepción colectivista del estado, así que no proporciona ningún límite por principios al poder del Estado. Es así que una concepción pragmática de los derechos destruye las consecuencias prácticas más importantes que ha producido la creencia en derechos reales.

15. Por ejemplo, Mary Warren, "On the Moral and Legal Status of Abortion", *Monist*, vol. 57, no. 1 (1973): 55; y Michael Tooley, "Abortion and Infanticide," *Philosophy and Public Affairs*, vol. 2 (1971).

16. Thomas Hayes, "A Biological View," *Commonwealth*, vol. 85 (marzo de 1967): 677-78.

17. Es interesante en esta conexión que todavía más escritores han tratado de evitar estas consecuencias basando los derechos en la capacidad de *sentir* de un ser más que en su capacidad de *pensar* y así han concluido que los animales también tienen derechos. Desde el punto de vista de la concepción del marco nómico de los derechos, ambas teorías están todavía demasiado limitadas al estar atadas a la condición subjetiva de los seres en cuestión. En nuestra concepción, no solamente los animales, sino la totalidad de la creación inanimada tiene derechos —al menos indirectamente. Ello se debe a que los humanos tienen obligaciones diquéticas (y éticas) no solamente hacia otros seres humanos, sino a Dios y de esa manera a la totalidad de su creación. Se nos ha encargado, por ejemplo, que cuidemos y mejoremos la creación porque ha sido confiada a nuestro

cuidado por Dios. Es sobre este fundamento que podemos explicar por qué es erróneo, por ejemplo, contaminar el aire o el agua aún se hacerlo no daña a nadie que viva actualmente. Otras teorías, sin embargo, no pueden explicar cómo podría tener derechos una generación futura con respecto a nuestras acciones cuando todavía ni siquiera existe.

18. Es una fuente de gran confusión que la mayoría de las discusiones políticas ilegales de lo que es llamado "ética" sean incapaces de distinguir adecuadamente entre el aspecto ético y el aspecto diquético. Frecuentemente, los asuntos de justicia que no son de carácter *público*, y que por lo tanto no son asuntos acerca de los cuales pueda el estado promulgar leyes, o incluso asuntos de justicia pública acerca de los cuales el Estado tenga que emitir un estatuto, son llamados asuntos "éticos" o "morales" aún cuando caigan bajo las normas de justicia más que del amor.

19. Recorriendo la ficción de que las corporaciones son personas para darles una posición legal ante las Cortes, todavía deja sin cubrir la posición legal de las no corporaciones. La inadecuación de esta concepción ha venido a ser reconocida especialmente desde el trabajo de Hohfeld. Que las cortes no puedan proporcionar adecuadamente remedios de tales en la suposición de que sólo los individuos tienen derechos, es mostrado por casos tales como las acciones de clase y otras que involucran partes no hohfeldianas. Véase R. Cover, O. Fiss, y J. Resnik, *Procedure* (Nueva York: Westbury, 1988).

20. James Skillen ha formulado esta parte de la teoría muy bien en su artículo "Going Beyond Liberalism to Christian Social Philosophy" en *Christian Scholar's Review*, vol. 19, no. 3 (1990). Skillen enfatiza que la insistencia de la teoría del marco nómico en que el gobierno sea parejo con todos no es una concesión al relativismo. Más bien, es una cuestión de *justicia* cuya

> base bíblica es esta: Dios es paciente y misericordioso hasta el juicio final.... [Éste es] un testimonio no de un desinterés relativista por parte de Dios hacia el pecado, sino más bien de su misericordia y gracia. Si Dios es paciente ... entonces nosotros, también, debemos ser así....
>
> Si el gobierno se contiene para no forzar a todos los ciudadanos a profesar una fe, o para obligar a todos los padres a enviar sus hijos a un solo sistema escolar, o para forzar a todas las amistades a satisfacer los mismos patrones de comportamiento sexual, no por ello actúa como un relativista.... El gobierno no cumple sus deberes ante Dios cuando busca promover la justicia pública, lo cual incluye una protección plena de los derechos confesionales de aquellas instituciones y relaciones no políticas, no gubernamentales, que deben ser libres obedecer o desobedecer las leyes de Dios en sus propios ámbitos.

21. Véanse los comentarios de Bob Goudzwaard en *Capitalism and Progress* (Grand Rapids, Mich.: Eerdmans, 1979), 110-13.

22. En noviembre de 1986, el primer ministro japonés, Yasuhiro Nakasone, comentó públicamente que los Estados Unidos estaba sufriendo un declive nacional porque estaban permitiendo que su población se diluyera mediante una mezcla de razas.

23. Más que eso, diríamos que incluso si una escuela propugna un punto de vista religioso, político o ético particular, aún así debería de recibir igual apoyo de los impuestos que el gobierno impone para pagar la educación, cualquiera que sea, que requiere que reciban su ciudadanos. Esto se debe a que (1) no hay algo así como una educación religiosamente neutral, ya que toda teoría o interpretación supone alguna u otra creencia de divinidad, y (2) la soberanía de las esferas requiere que el gobierno no favorezca ningún punto de vista religioso sobre otro. Sin embargo, la política educativa actual en los Estados Unidos hace precisamente eso. Otorga fondos o una escuela en la medida en que sus profesores sean inconscientes de la suposiciones religiosas de las concepciones que enseñan, y se rehúsa a otorgar fondos a las escuelas cuyos profesores son conscientes de sus presuposiciones religiosas y tratan de enseñar sus materias desde ese unificado punto de vista.

Desde la perspectiva de la soberanía en su propia esfera, la justicia requiere que o todas las escuelas sean apoyadas igualmente o no lo sea ningún en lo absoluto. Como argumentara J. S. Mill, el deber del Estado es requerir educación universal, no proporcionarla. Mill agrega que si el gobierno adoptase tal política entonces podría

> dejar que los padres obtengan la educación donde y cuando les parezca, y contentarse con [apoyarla]. ... Voy tan lejos como el que más al despreciar que la totalidad o una gran parte de la educación del pueblo debiera estar en las manos del estado. ... Una educación estatal general no es más que una estratagema para moldear las personas para que sean exactamente iguales; y ... el molde ... es el que le agrade al poder predominante en el gobierno ... con lo cual establece un despotismo sobre la mente, conduciendo por una tendencia natural a uno sobre el cuerpo. (*On Liberty*, comp. por D. Spitz [Nueva York: W. W. Norton Co., 1975], 97-98)

24. Para más sobre la teoría social o política en general, véase P. Marshall y R. Vander Vennen, comps., *Social Science in Christian Perspective* (Lanham, Md.: University Press of America, 1988); Bruce Wearne: *The Theory and Scholarship of Talcott Parsons to 1951 —A Critical Commentary* (Cambridge: Cambridge University Press, 1989), "Elias and Parsons: Two Transformations of the Problem-Historical Method", en *Talcott Parsons Today: His Theory and Legacy in Contemporary Sociology*, comp. por E. J. Trevino (Lanham, Md.: Rowman & Littlefield, 2001), y "Deism and the Absence of Christian Sociology", *Philosophia Reformata*, vol. 68 (2003); D. Koyzis, *Political Visions and Illusions* (Downers Grove, Ill.: InterVarsity Press, 2003); y D. Strauss, *Reintegrating Social Theory* (forthcoming, 2005).

Para más sobre el tema del papel apropiado del gobierno en la educación, véase R. McCarthy *et al.*, *Society State, and Schools* (Grand Rapids, Mich.: Eerdmans, 1981); R. McCarthy, J. Skillen y W. Harper, *Disestablishment a Second Time: Genuine Pluralism for America's Schools* (Grand Rapids, Mich.: Christian University Press y Eerdmans, 1982); Charles Glenn, *The Myth of the Common School* (University of Massachusetts Press, 1987); James Skillen, comp. por E., *The School Choice Controversy* (Grand Rapids, Mich.: Baker Books, 1993); Charles Glenn and Jan de Groof, *Finding the Right Balance: Freedom, Autonomy, and Accountability in Education* (Utrecht: Lemma, 2002); y Steven Vryhof, *Between Memory and Vision: The Case for Faith-Based Schooling* (Grand Rapids, Mich.: Eerdmans, 2004).

Sobre el tema de cómo son conducidas las elecciones, véase *Justice for Representation*, un artículo que declara la posición del Center for Public Justice, Washington, D.C., por James Skillen, Director de investigación del Centro. El Centro está dedicado a educar a las personas en la conexión entre fe bíblica y temas políticos a través de la teoría del marco nómico. Se puede contactar el centro en: inquiries@cpjustice.org mientras que www.cpjustice.org es el domicilio de su sitio web.

Para trabajo adicional sobre los temas de derechos humanos, véase Johan Van Der Vyver, *Seven Lectures on Human Rights* (Capetown: Juta, 1976); Max Stackhouse, *Creeds, Society, and Human Rights: A Study in Three Cultures* (Grand Rapids, Mich.: Eerdmans, 1984); Paul Marshall, "Dooyeweerd's Theory of Empirical Rights", en *The Legacy of Herman Dooyeweerd*, comp. por C. T. McIntire (Lanham, Md.: University Press of America, 1985); John Witte, "The Development of Dooyeweerd's Theory of Rights", en *Political Theory and Christian Vision*, comp. por J. Chaplin y P. Marshall (Lanham, Md.: University Press of America, 1994); y "Universal Rights and the Role of the State", en *Sovereignty at the Crossroads*, comp. por L. Lugo (Lanham, Md.: Rowman & Littlefield, 1996).

Sobre el asunto del Estado, la pobreza y el bienestar, véase Paul Marshall, *Thine is the Kingdom* (Grand Rapids, Mich.: Eerdmans, 1984), esp. pp. 90-113. Sobre la justicia económica más en general, véase Bob Goudzwaard, *Capitalism and Progress*, trad. y comp. de Josina Zylstra (Toronto y Grand Rapids, Mich.: Wedgewood and Eerdmans, 1979); Alan Storkey, *Transforming Economics: A Christian Way to Employment* (London: SPCK, 1986); R. Goudzwaard y H. de Lange, *Beyond Poverty and Affluence*, trad. y comp. de R. Vander Vennen (Grand Rapids, Mich.: Eerdmans, 1995); D. Strauss, "Capitalism and Economic Theory in Social Philosophic Perspective", en *Journal for Christian Scholarship*, 1ste & 2de Kwartaal, 1997: 85-106; y D. Donaldson y S. Carlson-Thies, *A Revolution of Compassion* (Grand Rapids, Mich.: Baker, 2003).

Sobre asuntos ambientales, véase *Tending the Garden*, comp. por Wesley Grandberg-Michaelson (Grand Rapids, Mich.: Eerdmans, 1987).

Sobre el matrimonio y la familia, véanse las excelentes obras de James Olthuis: *I Pledge You My Troth* (Nueva York: Harper & Row, 1975) y *Keeping Our Troth* (San Francisco: Harper & Row, 1986).

AAA, 247, 249, 251
AAA en aras de la brevedad, 237
absoluto, 24
abstracción, 74, 80, 220, 221, 226
académicos judíos, 114
activa o pasivamente, 296
activas, 310
actos inmorales, 64
Adan y Eva, 319
Adler, Alfred, 201, 206
Agustín, 136, 227, 237, 238, 263, 269, 360, 378
Ahura Mazda, 24
Allport, Gordon, 214
alma, 116, 138, 197, 213
Alá, 59
amor, 61, 64, *véase* Dios, *véase* marxismo, *véase* Dios por los humanos, *véase* Dios por los humanos, *véase* aspecto ético, *véase* Escrituras, *véase* Dios, *véase* justicia, *véase* matrimonio, *véase* Adan y Eva, *véase* aspecto ético, *véase* estrecho de los vínculos humanos, *véase* aspecto ético, *véase* aspecto ético, *véase* aspecto ético, *véase* matrimonio, *véase* aspecto ético
    de Dios, 17
    Dios para los humanos, 17
amor/seede Dios, 61
amor/aspecto ético, 287
amor/Fromm, Eric, 208
Anselmo, 237, 242, 243
antiguos griegos, 55

Aristoteles, *véase* pensadores católicos, *véase* precisión, *véase* ley de no contradicción, *véase* dualidad mente-cuerpo, *véase* objetivismo, *véase* sexo, *véase* objetivismo, *véase* colectivista, *véase* parte y todo, *véase* naturaleza de la autoridad
Aristoteles/teoría de las Formas, 324
Aristóteles
    argumento del Primer Motor, 13
    definición de lo divino, 13
arreglo de dependecia bíblico, 260
arreglo de dependencia, 32, 52, 68
arreglo de dependencia pagano, 52, 166
arreglo de dependencia panteísta, 56
arreglos de dependencia, 51
artefacto, 319
artefactos, 287, 307, 313, 317, 338, 357
Asch, Solomon, 211
aseidad, 242, 257
aseidad de Dios, 243, 244, 246, 247
asignaciones de prioridad, 92, 148, 184
asignación de prioridad, 90
asignación prioritaria, 94
aspecto, 80
aspecto cualificador, 297, 303
aspecto económico, 294, 310
aspecto espacial, 284
aspecto específicamente social, 315
aspecto fiduciario, 332
aspecto físico, 286
aspecto sensorial, *véase* filosofía, *véase* filosofía, *véase* física, *véase* psicología, *véase* física, *véase*

psicología, *véase* psicología, *véase* psicología
aspecto sensorial/física, 181
aspecto sensorial/teoría del marco nómico, 297
aspecto sensorial], *véase* psicología
aspecto ético, 287, 349
aspectos, 79, 158, 159, 184, 185, 218, 219, 352
aspectos de la experiencia /cosas, *véase* conexión entre los aspectos
aspectos de la experiencia cosas /teoría del marco nómico, 283
aspectos de la experiencia/cosas, *véase* lista/orden, *véase* económico, *véase* propiedades, *véase* económico, *véase* epistemología/ontología, *véase* autoexistencia, *véase* sensorial, *véase* matemáticas, *véase* sensorial, *véase* física, *véase* sensorial, *véase* autoexistencia, *véase* sensorial, *véase* lista/orden, *véase* psicología, *véase* sensoriales, *véase* clases básicas de propiedades leyes, *véase* propiedades, *véase* reducción, *véase* lógica, *véase* conexión entre los aspectos, *véase* pancreacionismo, *véase* principios de, *véase* físico, *véase* tipos básicos de propiedades y leyes, *véase* teoría del marco nómico, *véase* cinético, *véase* cuantitativo, *véase* físico, *véase* histórico, *véase* lista/orden, *véase* diquético, *véase* ética, *véase* ético, *véase* amor, *véase* fídico, *véase* lista/orden, *véase* orden, *véase* propiedades, *véase*

teoría del marco nómico, *véase* económico, *véase* lista/orden, *véase* lógica, *véase* principios de, *véase* tipos de leyes y propiedades, *véase* cualificación, *véase* sensorial, *véase* diquético, *véase* social, *véase* conexión entre los aspectos, *véase* principios, *véase* común denominador, *véase* calificación, *véase* físicas, *véase* organización interna, *véase* económico, *véase* fiduciaria, *véase* glosario de términos, *véase* organización interna, *véase* tipo básico de propiedades y leyes, *véase* social, *véase* fiduciaria, *véase* ética, *véase* conexión entre los aspectos, *véase* lista/orden, *véase* orden, *véase* económico, *véase* fiduciaria, *véase* fiduciario, *véase* social, *véase* ética, *véase* soberanía en su propia esfera, *véase* diquética, *véase* diquético, *véase* ética
aspectos de la experiencia/cosas1, *véase* calificación
aspectos de la experiencia]/cosas, *véase* sensorial
aspectos distintos del espacial, 298
aspectual, 296
ateo, 1, 34
ateísmo, 66
atributos, 237, 249
atributos de Dios, 237, 257
atributos revelados de Dios, 272
autoevidencia, *véase* Escritura, *véase* dirigida por la fe, *véase* pecado, *véase* escritura, *véase* lo

divino, *véase* presuposiciones básicas

sinónimo para, 24

autoexistencia, *véase* de materia, *véase* aspectos individuales, *véase* leyes matemáticas, *véase* del universo, *véase* verdades lógicas, *véase* solamente de Dios, *véase* aspectos individuales, *véase* leyes matemáticas, *véase* solamente en Dios, *véase* solamente Dios, *véase* solamente en Dios

de Dios, 27

y leyes matemáticas, 36

autoexistencia/seede la materia, 54

autoexistencia/seeleyes matemáticas, 53

autoridad, *véase* vida social organizada, 334, *véase* comunidades, 335, *véase* basada en la Escritura, *véase* comunidades, *véase* Calvino, Juan, *véase* Aristoteles, *véase* Marx, Karl, *véase* Rousseau, Jean-Jacques, *véase* totalitario, *véase* concepción cristiana teísta, *véase* totalitaria, *véase* Calvino, Juan, *véase* en poder del estado, *véase* poder del estado, *véase* totalitario, *véase* poder del estado, *véase* justicia pública, *véase* concepción cristiana teísta, *véase* totalitarismo, *véase* poder del estado

Babilonia, 21

Barth, Karl, 235, 239, 261

Basilio, 256, 259, 266

Basilio de Cesarea, 258

Berkeley, George, 176, 177

Bertrand, Russell, 171

Beza, Teodoro, 124

Biblia, *véase* creación, *véase* creación, *véase* naturaleza humana, *véase* naturaleza humana, *véase* el espíritu, *véase* conocer a Dios, *véase* corazón, *véase* creación, *véase* enfoque religioso, *véase* foco religioso, *véase* naturaleza humana, *véase* el espíritu, *véase* el espíritu, *véase* naturaleza humana, *véase* corazón, *véase* ipseidad, *véase* creación, *véase* creación, *véase* pancreacionismo, *véase* naturaleza humana, *véase* pancreacionismo, *véase* pancreacionismo, *véase* fundamentalismo, *véase* teoría del marco nómico, *véase* naturaleza humana, *véase* corazón, *véase* amor, *véase* sexo, *véase* corazón, *véase* autoridad, *véase* teoría no reduccionista, *véase* defensa nacional

creación, 16

creación, 11

Bouquet, A. C., 27

Brahmán Atman/seerealidad no dependiente, 58

Brahmán-Atman

como creador, 32

como realidad no dependiente, 28, 41

creencia religiosa, 18

definición, 15

no dependiente de la realidad, 24

Brower, Luitzen, 162, 163

Brown, John A., 211

budismo, *véase* arreglo de dependencia, *véase* y nada

como una religión, 33
lo divino, 31
Nada, 24
nada, 15
y lo divino, 15, 27
budismo teravada, 32
budismo theravada, 34
budismo/seearreglo de dependencia, 56
budismo/seecomo panteísta, 56
budismo/seeexperiencia directa, 62
Bélgica, 376
Biblia, *véase* pancreacionismo
bíblica, 60, 64, 65
bíblicas, 133
bíblico, 59

C/R, 262, 272
calvinistas, 351
Calvino, Juan, 46, 112, *véase* compara-
        ciones a los capadocios, *véase*
        lenguaje acerca de Dios, 350,
        véase influencia en los colo-
        nos americanos, *véase* limi-
        tadas de autoridad
        y la realidad incondicional de Dios,
        27
Canadá, 377
Cantor, Georg, 165
Caos, 21
capadocios, 258
capadocios/reforma, *véase* teología, *véase*
        teología
capadocios/reformas, *véase* teología
ciega, 103
ciencia y filosofía, 76
ciencias, 78, 141
cinético, 286
coherencias/incoherencias en teorías, *véase*
        criterios para juzgar, *véase* es-
        colasticismo, *véase* conductis-

mo, *véase* abstracción, *véase*
        teología C/R
colectivismo, 366, 367
colectivistas, 329, 335
como realidad no dependiente
        Brahmán-Atman, 36
complejo de inferioridad, 202
comunidades, 316, *véase* definición, *véase*
        funciones, 318, *véase* ley ti-
        po, *véase* deformadas, *véase*
        funciones, *véase* propósito es-
        tructural, *véase* dilema indi-
        vidualista/colectivista, *véase* ar-
        tefactos, *véase* reino espiritual
        de Dios, 334, *véase* autoridad,
        véase relación parte-todo, 336,
        véase propósito estructural, 341,
        véase autoridad, *véase* políti-
        ca
concepción construccionista, 192
concepto, 270
concepto-conocimiento, 265
conceptos analógicos, 298, 300
conciencia religiosa, 140
conducta, 193
conductismo, 193, 198, 201
conductista, 200
conexidad interaspectual, 300, 301
conexión entre los aspectos, 219, 220,
        223, 225, 230, 321
confianza, 38, 40, 41, 103, *véase* cie-
        ga, *véase* ciega, *véase* falsa
        creencia religiosa, *véase* in-
        condicionalmente, *véase* as-
        pecto fídico, *véase* organiza-
        ciones
        ciega, 46
        significado de, 38
confianza ciega, 46, 116
conocer a Dios, 109

conocimiento, 60, 84, 90, 91, 109, 111
conocimiento de Dios, 110
constituyentes, 369
contingencias del refuerzo, 195
corazón, 120, 212, 214, 332
corporaciones, 372, 375
creación, 134, 135, 141, 250, 258, 282
creencia, 109, 110
creencia de divinidad, 35, 111, 141, 142, 166, 185, 230, 231
creencia de la divinidad, 113, 125
creencia en un ser supremo, 14
creencia pagana de divinidad, *véase* arreglo de dependencia, *véase* reduccionismo, *véase* reduccionismo
creencia religiosa, 2, 7, 11, 27, 29, 38, 46–48, 123, 129, 282
creencias, 19
    religiosas
        en sentido secundario, 19, 20
    secundarias, 21
creencias de divinidad, 36, 40, 44, 45, 103, 125, 127
creencias divinas paganas, *véase* reduccionista
creencias paganas de divinidad, *véase* en la antigua Grecia, *véase* arreglo de dependencia, *véase* en la antigua Grecia, *véase* reduccionismo, *véase* intenta justificar, *véase* acomodado por los teístas, *véase* acomodados por los teístas, *véase* intenta justificar, *véase* reduccionismo, *véase* normas, *véase* justicia pública
creencias paganas de divinidad/seeen la antigua Grecia, 56

creencias paganas divinas, *véase* teorías matemáticas, *véase* teorías físicas, *véase* teorías psicológicas
creencias religiosas, 279
creencias secundarias, 29, 43–45, 58
cristianismo, *véase* doctrina de la creación, *véase* salvación, *véase* racionalismo, *véase* fundamentalismo, *véase* doctrina de la creación, *véase* fundamentalismo, *véase* realidad última, *véase* salvación, *véase* doctrina de la creación, *véase* doctrina de la creación, *véase* teología C/R, *véase* realidad última, *véase* concepción de la sociedad, *véase* vista de la sociedad, *véase* destino final, *véase* soberanía de esfera, *véase* vista de la sociedad
doctrina de la creación, 11, 16
el pacto con Dios y su encarnación, 28
ordenamiento apropiado de los valores, 17
cristianismo/seedoctrina de la creación, 59
criterio, 100
criterios, 97
crítica, 251
cualificado, 326
cuantitativo, 286
cuerpo, 138, 213, 226
cuidado médico, 379

Declaración de Independencia, 368
declaración de independencia, 351

definicion/explicación de términos, *véase*
    incoherencias en teorías, *véase*
    presuposiciones
definiciones, 22, 190
    explicación de términos
    creencias religiosas/divinidad, 31
definiciones/explicaciones de términos,
    véase teorías psicológicas
definición, 27, 29, 81
definición de religión
    creencia religiosa, 2
definición/explicacion de los términos,
    véase creación
definición/explicación de los términos,
    véase aspectos de la experien-
    cia/cosas
definición/explicación de términos, *véase*
    teorías/hipótesis, *véase* filosofía,
    véase entidades, *véase* presu-
    posiciones, *véase* conceptos,
    véase leyes, *véase* función, *véase*
    activo/pasivo, *véase* aspectos
    de la experiencia/cosas, *véase*
    conceptos analógicos, *véase*
    cualificación, *véase* aspectos
    de la experiencia/cosas, *véase*
    activo/pasivo, *véase* aspectos
    de la experiencia/cosas, *véase*
    calificación, *véase* función, *véase*
    proposito estructural, *véase* co-
    munidades, *véase* sociedad, *véase*
    todo cápsula, *véase* soberanía
    en su propia esfera, *véase* es-
    tado
confianza, 38
creencia religiosa, 11
creencias religiosas/divinidad, 37,
    38
fe, 16, 38
lo divino, 14, 25

realidad, 15, 24
del estado, 360, 362, 366, 378, 380
democracia, 347, 348
dependencia, 58, 60
dependencia pagana como panteísta, 59
derecho, 368
derechos, *véase* teoría individualista de
    la sociedad, *véase* democra-
    cia, *véase* teoría del marco nómi-
    co, *véase* relativo al estado,
    366, *véase* colectivismo, *véase*
    relativo al estado, *véase* so-
    beranía de esfera, *véase* teorías
    individualistas de la sociedad,
    véase fuente, *véase* inaliena-
    bles, 369, *véase* distinción en-
    tre los aspectos, *véase* normas,
    370, *véase* inalienables, *véase*
    moral, *véase* justicia pública,
    véase fuente, *véase* teoría del
    marco nómico
derechos/, 333
Descartes, Rene, 100
Descartes, René, 180, 226, 268
destino, 1, 29, 43, 61, 63
destino final, 361
determinismo, 204
determinista, 206
Dewey, John, 159, 160, 162, 169, 171
Dharmakaya, 18, 24, 58
diferencias, 383, 384
dilema individualismo/colectivismo, 330
Dios, *véase* distinto de su universo, *véase*
    amor por los humanos, *véase*
    naturaleza humana, *véase* pac-
    to, *véase* redención, *véase* re-
    lación apropiada con, *véase*
    naturaleza humana, *véase* ser-
    vir, *véase* escolástica, *véase*
    gracia, *véase* gracia, *véase* re-

lación del corazón, *véase* fundamentalismo, *véase* providencia, *véase* pacto, *véase* naturaleza humana, *véase* redención, *véase* relación apropiada, *véase* providencia, 141, *véase*
conocimiento, *véase* escolásticismo, *véase* autoexistencia,
véase relación con el corazón,
véase dependencia directa, *véase*
reduccionistas, *véase* conocer,
véase dependencia directa, *véase*
atributos, *véase* tradiciones teológicas AAA, 238, *véase* perfecciones, *véase* aseidad, *véase*
gracia, *véase* amor por los humanos, *véase* naturaleza, *véase*
teorías reduccionistas, 250, *véase*
pancreacionismo, *véase* voluntad, *véase* conocimiento, *véase*
relación del corazón, *véase* Encarnación, *véase* Salvador, *véase*
naturaleza humana, *véase* naturaleza, *véase* aseidad, *véase*
atributos, *véase* pacto, *véase*
perfeccciones, 258, *véase* tradiciones teológicas C/R, *véase*
trascendente, *véase* pancreacionismo, *véase* autoexistencia, *véase* pancreacionismo, *véase*
autoexistencia, *véase* naturaleza, *véase* trascendente, *véase*
gracia, *véase* pactos, *véase* trascendente, *véase* gracia, *véase*
teorías reduccionistas, *véase*
autoexistente, *véase* pancreacionismo, *véase* pacto, *véase*
naturaleza humana, *véase* relacionado con el corazón, *véase*
relación del corazón

/pacto, 242
amor para los humanos, 17
autoexistencia, 26
como realidad última, 27
distinto de él, 15
en la encarnación, 28
la relación del corazón con, 26
pacto de, 28
realidad última, 15
dios, 15
Dios como creador, *véase* causalidad,
      véase cuenta de Génesis, *véase*
      creación ex nihilo, *véase* días
      de la creación, *véase* signifi-
      cado de término creado, *véase*
      creación ex nihilo, *véase* crea-
      ción ex-nihilo, *véase* todas las
      cosas, *véase* todas las cosas
Dios con la humanidad, 259
Dios creador
      todos los valores, 17
dioses, 12, 14, 17, 21, 22
diquética, 358
diquéticas, 362
diquético, 299
divinidad, 21, 29, 170
divinidades, *véase* tipo pagano, *véase*
      tipo panteísta, *véase* tipo bíbli-
      co
      Dios, 21
      dioses, 12, 17
      en las religiones del mundo, 30, 31
      puntos en común, 24
      religiones en el mundo, 18
      secundaria, 21
divino *per se*, 66, 68
doctrina bíblica de la creación, 251
doctrina de la creación, 257
doctrina de la Trinidad, 259
doctrina taoísta del Ying-Yang, 55

Does God have a Nature?, 244

Dooyeweerd, Herman, 27, *véase* del corazon, *véase* en la concepción bíblica, *véase* naturaleza humana, *véase* estado

Dooyeweerd, Herman/seedefinición de las incoherencias en las teorías, 98

Dooyeweerd, Herman, *véase* conceptos analógicos, *véase* naturaleza de las formas sociales

dualidad mente-cuerpo, 196

dualismo, 55, 213

día del juicio, 213

días de la actividad formativa de Dios, 135

economía, *véase* Fromm, Eric, *véase* principio de la soberanía de esfera, *véase* principios de la soberanía de esfera, *véase* el estado

economía/seeteorías de justicia, 77

económicas, 326, *véase* marxismo

económico, *véase* marxismo, *véase* justicia

económicos/seemarxismo, 89

educación, 379, 380

Einstein, Albert, 178, 180, 183, 185, 297

El arte de amar, 207, 208

el espíritu, 64

el estado, *véase* democracia, *véase* teorías de justicia, *véase* Calvino, Juan, *véase* control totalitario, *véase* democracia, *véase* Calvino, Juan, *véase* separación de la iglesia, *véase* administración de la justicia pública, *véase* ley tipo, *véase* derechos, *véase* administración de la justicia pública, *véase* poder, *véase* soberanía en su propia esfera, *véase* teorías de justicia, *véase* administración de la justicia pública, *véase* soberanía de esfera, *véase* ley tipo, *véase* administración de la justicia pública, *véase* propósito estructural, *véase* soberanía de esfera, *véase* comparado con la familia, *véase* soberanía de esfera, *véase* control totalitario, *véase* derechos, *véase* propósitos estructurales, *véase* soberanía de esfera, *véase* distinción de nación, 374, *véase* diversidad religiosa, étnica, lingüística, *véase* soberanía de esfera, *véase* diversidad religiosa/étnica/lingüística, *véase* ley tipo, *véase* bienestar, *véase* pobreza, *véase* administración de la justicia pública, *véase* cuidado médico, *véase* educación, *véase* tributación

el Renacimiento, 122

elaboración, 3

elaboración de teorías, 5

Eliade, Mircea, 27

Encarnación, 255

encarnación, 28

Engels, Friedrich, 204

enlistados, 76

entidades, *véase* significado de, *véase* matemático, *véase* matemático, *véase* matemático, *véase* visión pagana de la divinidad, *véase* materialismo, *véase* abstractas, *véase* creación, *véase*

abstractas, *véase* aspecto cualificador, *véase* teoría del marco nómico
/abstracto, 240
Formas, 25
entidades abstractas, 234, 240, 251, 254
entidades/seesignificado de, 84
entitarias, 86
epicureísmo, 13
epistemología, 82, 231
escolasticismo, 125
escolástica, 115, 120, 121, 141
Escritura, 211, 255, 257
escritura, 213
espíritu, 211
estado, *véase* control totalitario, 355, *véase* definición, *véase* perspectiva, 356, *véase* poder, *véase* poder, *véase* poder, *véase* propósito estructural, *véase* separación de la iglesia y, 378
estrategia de reducción, 232, *véase* críticas religiosas
estímulo, 193
estímulo-respuesta, 194, 199
ética, 14, 33, 287, 319, 325, 370
éticas, 371
ético, 287
étnico, 376
evaluación, 86
existencia, 265, 267
experiencia, *véase* religiosa, 63, *véase* aspectos, *véase* directo, bases para creer, *véase* religiosa, *véase* dirigir como base para la creencia, *véase* mística, *véase* religioso
directa, 46
experiencia ordinaria, 77
experiencia religiosa, 61, 112, 227

experiencia/seemística, 57

familia, 358, 360
fe, 38, 40, *véase* confianza ciega, 104, *véase* relacion con la razón, 106, *véase* confianza ciega, 113, *véase* relación con la razón, 116, *véase* confianza ciega, 118, 120, *véase* naturaleza esencial de la realidad, *véase* lenguaje fídicamente cualificado, *véase* a traves de la revelación, *véase* lucha consciente, *véase* obligatorio para todo teísta, *véase* creencia religiosa, *véase* naturaleza humana, *véase* creencia religiosa
confianza ciega, 46
creencia religiosa, 16
creencias religiosas, 44
definición de Tillich, 16
y creencia religiosa, 38
fe ciega, 112
fiduciaria, 310, 317, 326
filosofía, 81
filosofía social, 321, 356
filosofía y las ciencias, 43
filósofos presocráticos, 24
Formas, 25
Freud, Sigmund, 98, 201, 205
Fromm, Eric, 205, 206, 208, 210
funciones, *véase* activas y pasivas, *véase* calificativo, *véase* activas y pasivas, *véase* activas y pasivas, *véase* fundante, *véase* guía, *véase* activas y pasivas, *véase* activas y pasivas, *véase* definiciones, *véase* glosario de términos, *véase* comunidades, *véase* activas y pasivas, *véase* fun-

dante, *véase* guía, *véase* guía, *véase* calificadoras, *véase* comunidades, *véase* relación parte-todo
funciones activas, 293, 296, 317
funciones activas y pasivas, 304
funciones aspectuales activas, 305
funciones cualificadoras, 297
funciones fundante y guía, 312
función activa, 308, 312
función cualificadora, 312
función fundante, 308, 313, 317
función guía, 317, 319
función pasiva, 307
fundamentalismo, 126, 129, 277
fundamentalista, 130, 134, 141
fundamentalistas, 137
fundamentos, 373
fídico, 288
física, 176, 181, 183, 186, 187, 223
físico, 304
físicos, 185

gracia, 117, 119, 120, 242, 271
gracia de Dios, 279
Gregorio de Nisa, 255, 258
Gregorio Nasianceno, 258
Gregorio Palamas, 233, 259
griega, 58
guía, 308
Génesis, 134, 141

hechos, 324
Hegel, Georg Wilhelm Friedrich, 378
Heisenberg, Werner, 181, 183, 184, 186
Helmholtz, Hermann, 189
Herberg, Will, 27, 59, 63, 212
Hesíodo, 21, 53
hinduismo, 27, 32, 56
Hipaso, 162

hipótesis, 84, 97, 155, 158
hipótesis entitaria, 84, 156
hipótesis/teorías, *véase* regulación de
historia política de los Estados Unidos, 366
histórico, 287
Hobbes, Thomas, 329, 378
hombre, 137, 139
Homero, 21
humanidad, 255
Humanismo, 126
Hume, David, 176, 178

idea limite, 267, 273
idea límite, 264
ideas en la mente de dios, 244
ídolo, 26
ilusión, 32
Immanuel Kant, 289
independencia, 24
independiente, 29
indios americanos, 370
individual, 367
individualismo, 365
individualista, 328, 368, 373, 376
individualistas, 335
infinito, 15, 165
instituciones/organizaciones, *véase* tipos de autoridades, *véase* naturales, *véase* teoría del marco nómico, *véase* norma de justicia, *véase* propósito estructural, *véase* norma de la justicia, *véase* relación parte-todo, *véase* propósitos estructurales, *véase* separado del estado, *véase* autoridad económicamente cualificada
significado de, 316
instrumentalismo, 161

intuicionismo, 165
intuicionista, 163
intuicionistas, 163, 165
ipseidad, 212, 214
irracionalismo religioso, 106
irracionalista, 103, 141
Isaias, 361
Isaías, 253
islam, 16
Israel, 377

jainitas, 24
James, William, 27, 193
Jefferson, , 368, 373
Jefferson, Thomas, 351
Jehová, 254
Jorge III, 351, 354, 368
judaísmo, 16
justicia, 362, 376, 379
justicia pública, *véase* el estado, *véase*
          el estado, *véase* el estado, *véase*
          el estado, 371, 373, *véase* di-
          versidad
justificación, 231
justificar, 227

Kami, 22, 24, 53
Kierkegaard, Søren, 105
Kierkegaard,3 Søren, 104
Kirwan, Richard, 130
Kline, Morris, 163, 165
Kung, Hans, 27
Kuyper, Abraham, 341

la creencia forma-materia, 55
la familia, 318, 347
la Reforma, 368
la vida después de la muerte, 213
lado ley, 285
lado ley de la realidad, 285

las familias, 374
Leibniz, Gottfried Wilhelm Friedrich,
          155, 156, 162
lenguaje, 234, 243, 270, 273
lenguaje común, 376
lenguaje religioso, 235
Lewis, Clarence Irving, 189
Lewis, Clive Staples, 27
ley de Boyle, 173
ley de no contradicción, 209, 222, 268,
          269, 323
ley de Pascal, 173
ley del efecto, 194
ley tipo, 285, 307, 310, 313, 319, 339,
          341, 357, 358
leyes, 284, 285
leyes divinamente establecido, 290
leyes tipo, 305
libertad, *véase* razón, *véase* determinis-
          mo, *véase* racionalidad, *véase*
          normas, *véase* el estado, *véase*
          religión, *véase* religión, *véase*
          soberanía en su propia esfera
          en el estado, *véase* soberanía
          de esfera, *véase* soberanía de
          esfera, *véase* soberanía de es-
          fera en el estado, *véase* sobe-
          ranía de esfera en el estado
libertad de religión, 362
libertad/seeel espíritu, 64
libertades, *véase* soberanía de la esfera
          en el estado, *véase* soberanía
          en su propia esfera en el esta-
          do
lista, 78, 86, 322
lista provisional de aspectos, 285
lo divino, 31, *véase* en religiones no
          teístas, *véase* en panteísmo,
          véase divinidad per se, *véase*
          autoevidente, *véase* principios

de la razón, *véase* principios
de la razón, *véase* principios
de la razón
como central a las tradiciones reli-
    giosas, 20
como centro de las tradiciones re-
    ligiosas, 24
como principios de la razón, 46
en Aristóteles, 13, 25
en el politeísmo, 31
no dependiente, 31, 35
no dependiente de, 21
politeísmo, 29
Locke, John, 333, 334
Lossky, 259
Lutero, Martín, 27, 123, 260
luz, 110
lógica, *véase* suposición enciclopédica,
    véase presuposiciones, *véase*
    matemáticas, *véase* visión in-
    tuicionista, *véase* realidad últi-
    ma, *véase* física, *véase* física,
    véase realidad última, *véase*
    psicología, 202, 203, *véase* psi-
    cología, 222, *véase* ley de no
    contradicción, 223, *véase* psi-
    cología, *véase* abstracción, *véase*
    realidad última, *véase* aseidad
    de Dios, 250, *véase* aseidad
    de Dios, *véase* aseidad de Dios,
    véase ser trascendente de Dios,
    véase aspectos de la ley, *véase*
    función que cualifica
lógica/realidad última, 179
lógica/seecomo ilusión, 57
lógica/seejuzgar las teorías, 96
lógico/seeargumentos lógicos, 85, 88
lógico/seerealidad última, 83

Mach, Ernst, 175, 181, 184, 297

Macrina, 258
Mana, 22, 24
Maquiavelo, Nicolás, 378
marco, 362
marco nómico, 285, 296
Marx, Karl, 204, *véase* guía de creen-
    cias en sus teorías, 207, 333,
    véase colectivista, 344, *véase*
    naturaleza de la autoridad
Marx, Karl/seecomo ateo, 54
Marx, Karl/seecreencias que guían sus
    teorías, 54, 89
Marx, Karl/seeteoría de la historia, 89
Marx, Karl/creencias basadas en sus teorías,
    344
marxismo, 54
marxista, 89, 204, 206
matemáticas, 153, 154, 156, 158, 162,
    166, 169, 170
materia, 55, 200
materialismo, 35, 43, 44, 46, 97
materialista, 54, 196, 200
matrimonio, 319, 367
Maya, 32, 57
Melanchton, Phillip, 124
mente, 226
metafísicas, 49
metafísico, 48, 133
milagros, 131
Mill, John Stuart, 157, 158, 168, 171
mito, 73
mitos babilonios, 21
modelos de dependencia, 31
Moisés, 135
monoteísmo, 22
morales, 13
moralidad, 371
moralidad pública, 371
mundo, 162
mundo antiguo, 35

mundo de los números, 167
muro de separación, 342, 351
muro de separación entre iglesia y estado, 373

Nada, 24, 58
naturaleza, 358
naturaleza del estado, *véase* naturaleza
naturaleza humana, *véase* Adler, Alfred, 211, 215
naturaleza humana, puntos de vista, *véase* paganismo griego dualista , *véase* paganismo griego dualista, *véase* tradiciones panteístas, *véase* tradiciones bíblicas, *véase* tradiciones bíblicas, *véase* Escritura, *véase* historia del Génesis, *véase* creado en la imagen de Dios, *véase* conductismo, *véase* creados a imagen de Dios, *véase* Escritura, *véase* solista, *véase* Dooyeweerd, Herman, *véase* reduccionista, *véase* Escritura, *véase* religiosa, *véase* creados a imagen de Dios, *véase* religioso, *véase* religioso
naturaleza humana, vistas de
    como religioso, 47
naturaleza humana,puntos de vista, *véase* creado en la imagen de Dios, *véase* teología AAA, *véase* Escritura
naturaleza humana/puntos de vista, *véase* historia del Génesis
naturalismo metodológico, 141
nazi, 378
Nederlandia, 376
negocio, 372
negocios, 376

negros, 370
neutral, 111, 141
neutrino, 183
Neville, Robert, 27
Nirvana, 58, 59, 63
no contradicción, 208
no dependiente, *véase* en ciencia y filosofía, *véase* arreglo de dependencia, 225, *véase* teorías reduccionistas, *véase* experiencia religiosa pagana, *véase* aseidad de Dios, *véase* teología C/R
    como caracteristica de la divinidad, 31
    como característica de divinidad, 21, 35
    en ciencia y filosofía, 36, 42
    y la naturaleza religiosa de los humanos, 47
no neutralidad, 124, 252
no ser, 15
norma, 377
normas, 321, 328, 362
Nuevo Testamento, 17, 109, 110, 253, 341
Numen, 22, 24, 53
númericas, 158
número, 153, 155
números, 25, 171

objetivismo, 288, 290, 324, 327
obligatorio para todo teísta, 281
Okeanos, 21
omnipresente, 2, 4
ontología, 82, 231
ontológica, 90, 91
orden público, 371
Orenda, 22, 24
organización, 305

pacto, 61, 134, 140
pagana, 54
paganas, 227
pagano, 52, 167, 232
Pakistán, 377
pancreacionismo, 262
pancreación, 255, 260, 282
panteísta, 56, 59, 60
Pascal, Blaise, 112, 113
pasivas, 310
Pauli, Wolfgang, 183
pecado, *véase* condición de la natura-
        leza humana, *véase* creencia
        en una falsa divinidad, *véase*
        original, *véase* creencia en una
        falsa divinidad, *véase* origi-
        nal, *véase* necesidad del esta-
        do
pecado original, 247, 280
pecado/seecomo condición de la natu-
        raleza humana, 63
pecado/seeintolerancia, 384
perfecciones, 248, 257
perfección, 238
perspectiva, 89, 156, 200
perspectival, 196
Piaget, Jean, 82, 192, 199, 201
pitagórica, 53, 186
pitagóricos, 12, 25, 162
Pitágoras, 155
Platinga, Alvin, 238, 244, 245, 247, 267
Platón, *véase* razón y creencias religio-
        sas, 155, *véase* divinidad de
        los números, 158, 162, *véase*
        divinidad de los números, *véase*
        divinidad de los números, *véase*
        dualidad cuerpo-alma, *véase*
        teología AAA, *véase* ámbito
        de perfecciones, *véase* teología
        AAA, *véase* formas de

Formas, 25
platónico, 167
pobreza, 380
poco valorados, 17
poder, 344, 353, 356, 358, 362, 378
poder del estado, 362
Poincaré, Henri, 162
Poincaré, Henry, 165
posición radicalmente bíblica, 108, 113,
        124, 126
presuposiciones, 125, 143, 145, 147, 201,
        278
presuposición, 142
principio de inseparabilidad aspectual,
        300
principio de irreducibilidad aspectual,
        296
principio de irreductibilidad, 282
principio de la soberanía de esfera, 373
principio de universalidad aspectual, 296
principios, 185, 186
principios de la teoría teísta, *véase* as-
        pecto de irreductibilidad, *véase*
        pancreación, *véase* universa-
        lidad aspectual
principios de las teorías teístas, *véase*
        inseparabilidad aspectual
propiedades, 78, *véase* en relacion con
        los aspectos, 81, 91, *véase* en
        relacion de los aspectos, 95,
        219, *véase* en relación a los
        aspectos, 223, *véase* abstrac-
        ción, *véase* teología AAA, 250,
        véase creado por Dios, 258,
        véase teología C/R, *véase* de
        Dios y de las Criaturas, 290,
        véase teoría del marco nómi-
        co, 293, *véase* activo y pasi-
        vo, *véase* activas y pasivas,

véase teoría del marco nómico

propiedades/en relación con los aspectos, 290

proposito estructural, 319

propósito estructural, *véase* artefactos, *véase* matrimonio, *véase* artefactos, *véase* comunidades, *véase* determinado por la ley tipo, *véase* partido político, *véase* determinado por la ley tipo, 341, 358, 362, *véase* estado

propósitos estructurales, *véase* instituciones/organizaciones, *véase* determinado por la ley tipo, 340, *véase* instituciones/organizaciones, *véase* comunidades, *véase* soberanía en su propia esfera, *véase* del estado, *véase* determinado por la ley tipo

protestantismo, 124

providencia, 131, 133

psicología, 190, 191, 193, 197, 200, 201, 208, 210, 211

puritanismo, 368

puritanos, 351

racionalismo, 109, 122, 126

racionalismo religioso, 106

racionalista, 114

radicalmente, 113, 124

razon, principios de, *véase* escolástica religiosa

razón, 113, 121

razón, principios de, *véase* relación con la fe, *véase* racionalismo religioso, *véase* racionalidad
con estatus divino, 46

razón, principios de/tener estado divino, 185

razón/principios de, *véase* irracionalismo religioso, *véase* racionalismo religioso

realidad, 25, 28, 84, 90, 92, 96, 179, 180, 184, 186

realidad última, 43, 45, *véase* continuo/discontinuo, *véase* continuo/discontinuo, *véase* como Nirvana, *véase* unidad mística, *véase* Nirvana, *véase* continuo/discontinuo, *véase* teoría radicalmente teísta, *véase* lógica, *véase* teorías radicalmente teístas, *véase* como lo divino, *véase* ciencias naturales, *véase* en la concepcion cristiana, *véase* implícito en todas las teorías, *véase* no reduccionista, *véase* teorías matemáticas, *véase* números, *véase* números, *véase* teorías matemáticas, *véase* lógica, *véase* números, *véase* teorías físicas, *véase* lógica, *véase* teorías matemáticas, *véase* lógica, *véase* teorías psicológicas, *véase* materialismo, 209, *véase* teorías de la psicología, *véase* unidad mística, *véase* unidad mística, *véase* no reduccionista, *véase* conexión entre los aspectos, *véase* lógico, *véase* conexión entre los aspectos, *véase* teorías radicalmente teístas, *véase* teología, *véase* concepción cristiana teísta, *véase* no reduccionista, *véase* no reduccionista

como lo divino, 24, 27, 47

como Nirvana, 33

creencias secundarias, 43

definiciones de, 15
definición de, 22
en las ciencia naturales, 44
implícita en todas las teorías, 34, 43
la necesidad humana de buscarla, 47
números, 25
y las creencias metafísicas, 48
realidad/última, *véase* teoría radicalmente teísta, *véase* implicito en todas las teorías
redención, 61, 63, 138
reduccionismo, 192, 201, 205
reduccionista, 283
reduccionistas, 231
reducción, 234
reducción como estrategia, *véase* resumen de deficiencias, *véase* abandonar
reducción, como estrategia, *véase* sin esperanza
reducción,como estrategia, *véase* críticas filosóficas, *véase* teología AAA
reencarnación, 59
reforma, 126
relaciones cápsula, 338
relaciones encapsuladas, 337
relaciones todo-todo, 340
relación parte-todo, 335
religiones del misterio griegas, 35
religiones/creencias de divinidad, *véase* creencia religiosa
creencia religiosa, 2
diferencias basadas en, 4
errores seductores acerca de, 2
errores sobre, 1, 4
fundamentalismo, 6
ideas más populares, 5

omnipresente, 2
religiosa, 141
religiosamente, 111
religioso, 139
/creencias divinas
bases para, 17
religioso/creencia de divinidad, *véase* materia/energia
religioso/creencia divina, *véase* diferencias basadas en, *véase* profunda, *véase* racionalismo religioso, *véase* materialismo, *véase* bases para, *véase* pagano
religioso/creencias de divinidad
bases para, 44
confianza, 46
fe, 45
materialismo, 46
no dependencia en todo, 35
no dependiente en todo, 44
principios de la razón, 46
religioso/creencias divinas, *véase* materia/energía, *véase* panteísta, *véase* tipo bíblico, *véase* regulación de hipótesis/teorías, *véase* pagano, *véase* regulación de hipótesis/teorías, *véase* materialismo, *véase* confianza, *véase* irracionalismo religioso, *véase* principios de la razón, *véase* racionalismo religioso, *véase* posición radicalmente bíblica, *véase* basado en la experiencia directa, *véase* no dependiente de todo, *véase* confianza, *véase* confianza, *véase* conflicto de alternativas, *véase* racionalismo religioso, *véase* bases, *véase* posición radicalmente bíbli-

ca, *véase* fundamentalismo, *véase* fundamentalismo, *véase* posición radicalmente bíblica, *véase* errores sobre, *véase* escolásticismo religioso, *véase* irracionalismo religioso, *véase* presuposiciones básicas, *véase* diferencias basadas en, *véase* diferencias basadas en, *véase* diferencias basadas en, *véase* pagano, *véase* regulación de las hipótesis/teorías, *véase* física, *véase* principios de la razón, *véase* pagana, *véase* materialismo, *véase* materia/energia, *véase* pagana, *véase* psicología, *véase* panteísta, *véase* aspectos, *véase* no dependiente de todo, *véase* regulación de hipótesis/teorías, *véase* conexión entre los aspectos, *véase* reduccionismo, *véase* lógica, *véase* pagana, *véase* conexión entre los aspectos, *véase* principios de la razón, *véase* reduccionismo, *véase* fundamentalismo, *véase* posición radicalmente bíblica, *véase* posición radicalmente bíblica, *véase* diferencias basadas en, *véase* fe, *véase* presuposiciones básicas, *véase* principios de la razón, *véase* regulación de hipótesis/teorías
basadas en la experiencia directa, 47
bases para, 27, 42
definiciones de, 38
en Aristóteles, 13, 25
en el mundo de las religiones, 31
En las religiones del mundo, 30

materia/energía, 36
materialismo, 35, 43
religiones en el mundo, 18
y confianza, 38
y fe, 38
religioso/creencias religiosas, *véase* comparado con las placas tectónicas
religiosos, 120, 378
religiosos/creencias divinas, *véase* pagano, *véase* no dependiente de todo, *véase* regulación de hipótesis/teorías, *véase* fe
religión hebraica, 60
religión/creencia religiosa
    ideas populares sobre, 1
    inconsistencias, 1
religión/creencias divinas
    ideas más populares, 13
renacentista, 126
respuesta, 193
resurrección, 28, 213
revelacion/verdad revelada, *véase* concepción radicalmente bíblica
revelación, 62–64
revelación/verdad revelada, *véase* tradiciones bíblicas, *véase* propósito de la creación, *véase* salvación, *véase* pecado, *véase* posición racionalista, *véase* fe, *véase* posicion escolastica, *véase* posición escolástica, *véase* tradiciones bíblicas, *véase* Calvino, Juan, *véase* fundamentalismo, *véase* Dios para la humanidad, *véase* naturaleza humana, *véase* Dios por la humanidad, *véase* naturaleza de Dios, *véase* Dios por la humanidad, *véase* Dios por la

humanidad, *véase* naturaleza
de Dios, *véase* Dios por los
humanos, *véase* fundamentalismo, *véase* fe, *véase* la familia
revelación/verdades reveladas, *véase* atributos de Dios
revelado, 61
revelados, 140
revelándose, 139
Rousseau, Jean-Jacques, 207, 344
Russell, Bertrand, 108, 158, 159, 168
Ryle, Gilbert, 81
réplicas, 251

sabiduría, 110, 114, 255, 256
salvación, 61, 63
salvador, 233
Schleiermacher, Friedrich, 104, 105
secundario, 29
sensorial, 176
sensoriales, 185
ser trascendente de Dios, 269
simplicidad, 243, 244
sinto, 13, 22, 24
sintoísmo, 13
sinónimos
     no dependiente, 24
Skillen, James, 360
Skinner, Burrhus Frederic, 199
Smith, Norman Kemp, 27
soberanía de esfera, *véase* estado, *véase*
sociedad, *véase* el estado, *véase*
el estado, *véase* guiado por
la escritura, *véase* el estado,
véase creencias religiosas /ins-
tituciones, *véase* diversidad religiosa, *véase* garantizar la integridad, *véase* sociedad, *véase*

el estado, 377, *véase* diversidad religiosa, 378
soberanía de esfera/visión de conjunto,
356
soberanía en su propia esfera, *véase* sociedad, *véase* garantizar la integridad, 354, *véase* el estado
social, 342
sociales, 341, 352
sociedad, *véase* ley tipo, *véase* significado de, *véase* ley tipo, *véase*
normas versus hechos, *véase*
teoría del marco nómico, 328,
véase individualismo versus
colectivismo, 335, *véase* relación parte-todo, 340, *véase*
concepción jerárquica, *véase*
soberanía en su propia esfera,
véase estructuralmente pluralista, 344, *véase* multiplicidad
de autoridades, *véase* concepción cristiana teísta, *véase* ley
tipo, *véase* concepción cristiana teísta, *véase* ley tipo, *véase*
soberanía en su propia esfera,
véase concepción teísta cristiana, *véase* soberanía de esfera
sociología, 321, 324
subjetiva, 368
subjetivismo, 288, 324, 328
subjetivista, 324
subtodo, 341
sufrimiento injusto, 271
Suiza, 377
suposición, 149

Talidad, 24, 58
Tao, 24
taoistas, 98

taoísmo, 18, 58
teología AAA, 237
teoria del marco nómico, *véase* aspectos y propiedades
teorias reduccionistas, *véase* psicología, *véase* doctrina biblica
teorias/hipótesis, guiadas por principios de la razón, *véase* reduccionista
teoría, 300
teoría atómica, 174, 175, 184, 187
teoría de las Formas de Aristoteles, 324
teoría de marco nómico, 373
teoría del marco nómico, 282, *véase* bases biblicas, *véase* principios de, *véase* aspectos y propiedades, *véase* significado de la ley, *véase* aspectos y propiedades, *véase* bases biblicas, *véase* bases biblicas, 292, *véase* principios, *véase* conceptos analógicos, *véase* principios, *véase* orden temporal, *véase* calificación, *véase* resumen de los conceptos, *véase* aplicado al aspecto social, *véase* realidad última, *véase* calificación, *véase* dilema individualista/colectivista, *véase* derechos, *véase* derechos, *véase* aplicado a los aspectos sociales, *véase* justicia pública, *véase* justicia pública, *véase* asuntos especificamente políticos, *véase* justicia pública, *véase* justicia pública, *véase* individualismo, 374, *véase* defensores de
teoría del mundo de los números, 164, 168
teoría del mundo número, 158

teoría general de la realidad, 82
teoría general del conocimiento, 82
teorías, 72, 75, 81, 86, 90, 95, 96, 101, 133, 141,
hipótesis, guiadas por creencia divina141, 154, 185, 186, 219, 225, 230, 280, 296, 383, 385
teorías /hipótesis,guiadas por creencia divina, *véase* conexión entre los aspectos
teorías de la emergencia, 295
teorías de la psicología, *véase* lógica
teorías de la realidad, 231
teorías de perspectiva, 91
teorías del conocimiento, 231
teorías del sentido común, 76
teorías en la filosofía y en las ciencias, 42
teorías entitarias, 97
teorías filosóficas de la realidad, 91
teorías físicas, *véase* malentendidos, *véase* realidad última, *véase* teoría atómica, *véase* Mach, Ernst, *véase* aspectos, *véase* Einstein, Albert, *véase* aspectos, *véase* Heisenberg, Werner, *véase* Einstein, Albert, *véase* importancia de las diferencias, *véase* aspectos, *véase* papel de la religión, *véase* concepción reduccionista, *véase* aspectos
teorías generales de la realidad, 90
teorías matemáticas, *véase* perspectiva general, *véase* realidad última, *véase* teoría del mundo numérico, *véase* teorías de perspectiva, *véase* Mill, John Stuart, *véase* Rusell, Bertrand, *véase* Dewey, John, *véase* importancia de las diferencias, *véase*

intuicionistas, *véase* infinito, *véase* teoría del mundo numérico, *véase* creencia divina, *véase* papel de la religión, *véase* teoría del mundo de los números, *véase* Mill, John Stuart, *véase* Dewey, John, *véase* pagana, *véase* papel de la religión, *véase* realidad última

realidad última en, 36

teorías matemáticas/aspectos, 158

teorías perspectivales, 95, 97

teorías psicológicas, *véase* aspectos, *véase* definiciones, *véase* inadecuación de la definición, *véase* Piaget, Jean, *véase* teorías reduccionistas, *véase* conductismo, *véase* James, William, *véase* Skinner, *véase* Thorndike, Edward Lee, *véase* Watson, Broadus John, *véase* realidad última, *véase* aspectos, *véase* incoherencias en teorías, *véase* Watson, Broadus John, *véase* Piaget, Jean, *véase* Adler, *véase* Freud, Sigmund, *véase* teorías reduccionistas, *véase* lógica, *véase* normal, *véase* marxismo, *véase* Freud, Sigmund, *véase* Fromm, Eric, *véase* aspectos, *véase* Freud, Sigmund, *véase* aspectos, *véase* creencias panteístas, *véase* escritura, *véase* teorías reduccionistas

teorías psicológicas/seePiaget, Jean, 82

teorías psicológicas/normal, 205

teorías reduccionistas, *véase* significado de, *véase* psicología, *véase* psicología, *véase* aspectos, *véase* fuerte/débil, *véase* conexión entre los aspectos, *véase* fuerte/débil, *véase* intenta justificar, *véase* fuerte/débil, *véase* conexión entre los aspectos, *véase* acomodado por los teístas, *véase* epistemología, 232, *véase* doctrina biblica, *véase* fuerte/débil, *véase* acomodado por teístas, *véase* resumen de deficiencias, 281, *véase* compromiso pagano, *véase* doctrina bíblica, *véase* fuerte/débil, *véase* justicia pública /religiosa, 231

teorías tradicionales de la realidad, 83

teorías/hipotesis, *véase* sentido común y abstracto

teorías/hipótesis, *véase* conocimiento, *véase* definiciones, *véase* mitos, en comparación con, *véase* sentido común y abstracto, *véase* tipos de, *véase* conocimiento, *véase* entidad, *véase* rol de experimentación, *véase* verificación de evaluación, *véase* entidad, *véase* conocimiento, *véase* entidades, *véase* juzgar, *véase* conocimiento, *véase* neutralidad religiosa imposible, *véase* neutralidad religiosa imposible, *véase* neutralidad religiosa imposible, *véase* neutralidad religiosa imposible, *véase* conocimiento, *véase* emergencia, *véase* totalitarismo, *véase* totalitarismo, *véase* totalitarismo, *véase* totalitarismo, *véase* totalitarismo

neutralidad religiosa imposible en, 4

neutralidad religiosa imposible en
las, 44
no neutralidad de las teorías, 3
proceso de elaboración, 3
tradiciones religiosas comparadas
con, 43, 48
teorías/hipótesis guiadas por creencia divina, *véase* reduccionista
teorías/hipótesis guiadas por la creencia de divinidad
inevitable de, 45
teorías/hipótesis guiadas por la creencia divina
inevitable, 36
teorías/hipótesis, guiadas por creencia
divina, *véase* ciencia y filosofía, *véase* realidad, naturaleza de la, *véase* no neutralidad de todas las teorías, *véase*
asignaciones de prioridad, *véase*
ciencia y filosofía, *véase* no
neutralidad en todas las teorías,
véase no neutralidad en todas
las teorías, *véase* fundamentalismo, 133, *véase* ciencia y
filosofía, *véase* desacuerdos basados en, *véase* inevitable, *véase*
desacuerdos basados en, *véase*
naturaleza esencial de la realidad, *véase* perspectiva, *véase*
reduccionista, *véase* Perspectiva, 200, *véase* reduccionista, *véase* reduccionista, *véase*
inevitable, *véase* ciencia y fio-
sofía, *véase* conexión entre los
aspectos, *véase* conexión entre los aspectos, *véase* en filosofía y las ciencias
teorías/hipótesis, guiadas por creencias
divinas, *véase* perspectivas, *véase*

radicalmente teísta, *véase* inevitable, *véase* desacuerdos basados en, *véase* perspectivas,
véase pagana/teísta, *véase* tanto en la ciencia como en la filosofía
teorías/hipótesis, guiadas por la creencia divina
desacuerdos, 4
teorías/hipótesis, guiado por la creencia
divina
inevitable de, 5
teorías/hipótesis, guiados por creencias
divinas, *véase* desacuerdos basados en
teorías/hipótesis, guía de creencias divinas, *véase* perspectiva
teorías/hipótesis,guiadas por creencia divina, *véase* radicalmente teísta,
véase desacuerdos basados en,
véase no neutralidad en todas
las teorías, *véase* reduccionista, *véase* fundamentalismo, *véase*
tanto en la filosofía como en
las ciencias, *véase* radicalmente teísta, *véase* principios de,
véase principios, *véase* radicalmente teísta
teorías/hipótesis,guiadas por creencias
divinas, *véase* principios, *véase*
radicalmente teísta, *véase* pa-
gano/teísta
teorías/hipótesis,guiadas por la experiencia divina, *véase* no neutralidad de todas las teorias
teorías/hipótesis,guiados por creencias
divinas, *véase* no neutralidad
de todas las teorías

teorías/hipótesis,guía de creencias divinas, *véase* no neutralidad en todas las teorías
Tertuliano, 114
teísta, 282, 362, 375, *véase* obligaciones de
teístas, 231, *véase* reduccionismo, 235, *véase* reduccionismo, *véase* reduccionismo, 279, *véase* obligaciones, *véase* obligaciones de
Thorndike, Edward Lee, 194
tiempo, 301, 302
Tilich, Paul, 15, 16
Tillich, Paul, 27
tipo pagano, 52, 54
toda, 219
todas las cosas, 252, 254
todo, 332, 334
Tomás Aquino, *véase* Encarnación
Tomás de Aquino, 115, *véase* teología, 118, *véase* razón y fe, 119, *véase* influencia de Aristóteles, *véase* estrategia reduccionista, 242, *véase* perfecciones de Dios, *véase* simplicidad doctrinal, 244, *véase* perfecciones de los dioses, 248
totalitaria, 346
totalitario, 345, 349
totalitarismo, 348
tradicional, 237
tradiciones bíblicas, 60
tradiciones religiosas, 43
tributación, 379

Vacío, 58
vacío, 15
valor, 18
valor más alto, 59

verdad, 109, *véase* creencia en Dios, 110, 111, *véase* creer en Dios, 120, *véase* suposiciones fundamentalistas, *véase* creer en Dios, *véase* Dewey, John, *véase* libertad genuina para reconocer, *véase* libertad de reconocer, *véase* libertad para reconocer, *véase* suposiciones fundamentalistas
verdad necesaria, 250
verdadera felicidad, 61
verdades, 118, 129, 169
verdades necesarias, 244, 259, 262, 267, 269
vida eterna, 61, 63, 137, 213
voto, 346, 348

Wach, Joachim, 27
Wakan, 22, 24
Washington, George, 354
Watson, Broadus John, 197, 199
Watson, John Broadus, 193
Weil, Hermann, 162
Weyl, Herman, 164
Whitehead, Alfred North, 1, 106
Whitehead, North Alfred, 64, 154
Wundt, Wilhem, 189

Ziff, Paul, 46
zoroastrismo, 13, 24

Acerca del Cántaro Institute
Heredando, Informando, Inspirando

El Cántaro Institute es una organización cristiana evangélica confesional establecida en el año 2020, la cual busca recuperar las riquezas del protestantismo español para la renovación y edificación de la Iglesia contemporánea y promover la filosofía cristiana de la vida para la reforma religiosa del Occidente y el mundo Iberoaméricano.

Creemos que a medida que la Iglesia cristiana regresa a la fuente de las Escrituras como su última autoridad para todo conocimiento y vida, y sabiamente aplica la verdad de Dios a cada aspecto de la vida, fiel en espíritu a los reformadores, su actividad misiológica resultará no solo en la renovación de la persona humana, sino también en la reforma de la cultura, un resultado inevitable cuando la verdadera amplitud y naturaleza del evangelio es expuesta y aplicada.

www.ingramcontent.com/pod-product-compliance
Lightning Source LLC
Chambersburg PA
CBHW061131120626
46546CB00005B/1733